Miracles et convulsions
Conflits religieux et culture populaire
en France moderne

奇蹟《きせき》と痙攣《けいれん》

近代フランスの宗教対立と民衆文化

蔵持不三也

言叢社

《奇蹟とは数学的法則や、神聖かつ普遍・永遠の法則に対する冒瀆である》

（ヴォルテール『哲学辞典』より）

《奇蹟に疑いを抱かせようとする者を、私はどれほど憎むことか》

（パスカル『パンセ』より）

奇蹟と痙攣　目次

第3章　聖職者通信　85

第4章　奇蹟の系譜――ポール＝ロワイヤルから　111

第5章　奇蹟の語り――墓地閉鎖前　141

〈装丁図版〉
カバー：表　サン・メダール教会の助祭パリスの墓
　　　　裏　本文90ページ
折返し：表　本文461ページ
　　　　裏　本文189ページ

本書関連地図

ランス
パリ
ポール・ロワイヤル・デ・シャン
トロワ
ファラン
リヨン
サン＝メダール＝アン＝フォレ
サン＝テティエンヌ
アンブラン
スネ
モンペリエ
ペズナス
マルセイユ

パリの小教区（1730 年）

（出典：Marie-José Michel,《La paroisse Saint-Médard au faubourg Saint-Marceau》,
in *Revue d'histoire moderne et contemporaine,* t. XXV, 1979, p.180）

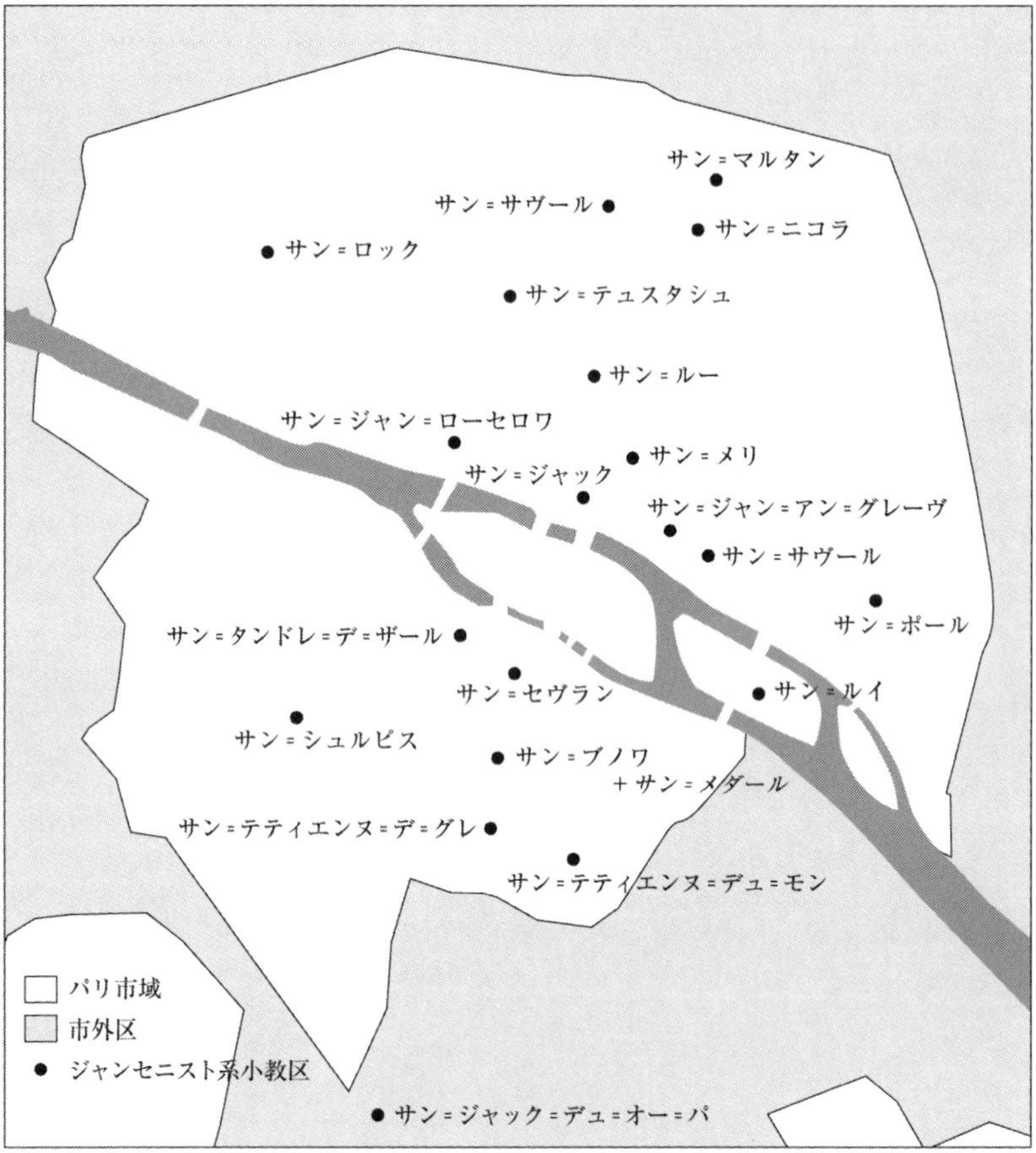

序章

奇蹟と痙攣

図１　サン＝メダール教会の墓地跡（著者撮影）

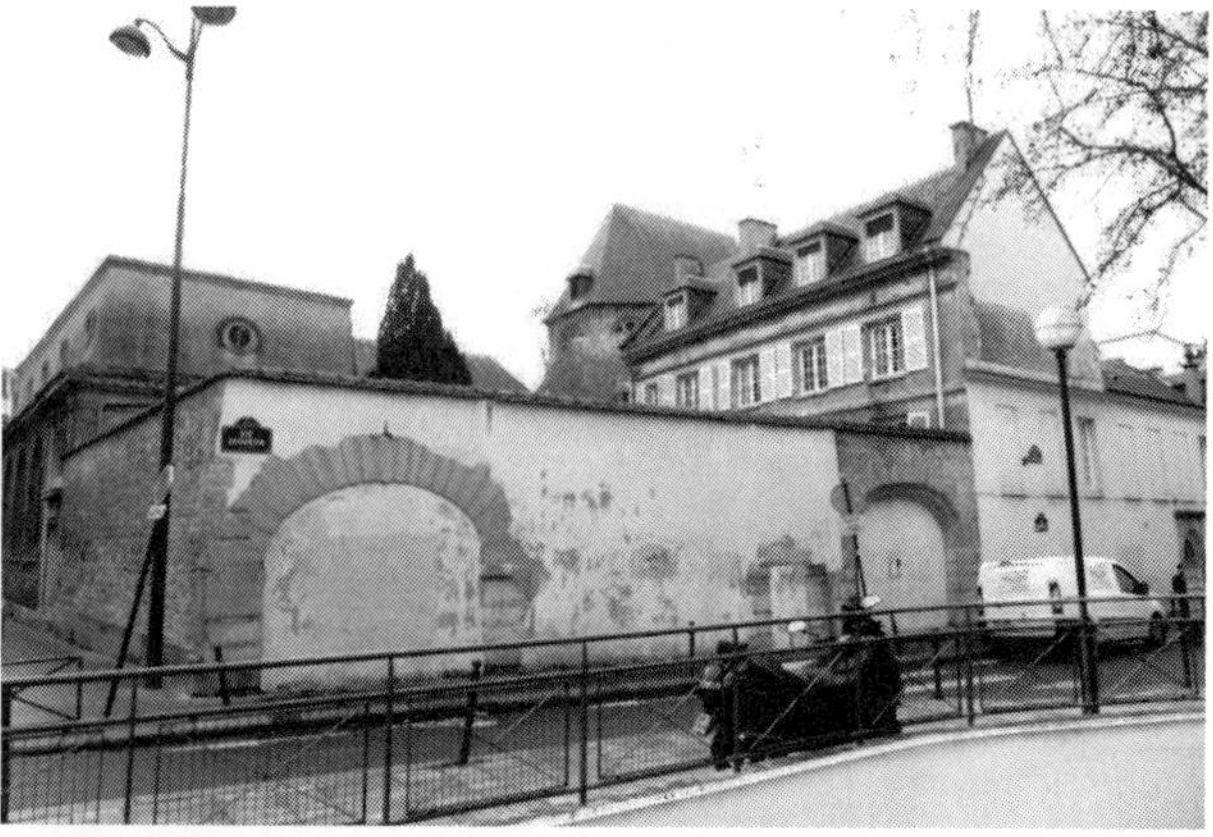
図２　同教会の壁で塞がれた旧墓地入り口（同上）

春の気配が微塵も感じられない一七三二年二月のある日、パリのセーヌ左岸、サン＝メダール（Saint-Médard）教会の今は撤去されて久しい墓地の入り口に、このような張り紙が貼り出された。(1)

De par le Roy défense à Dieu
De faire miracle en ce lieu.
（王命により、
神がこの場所で奇蹟をなすことを禁ずる）

頭韻と脚韻を踏んだこの二行詩をいったいだれがつくり、だれが貼ったかは不明である。むろん目に一丁字ない人物が書いたわけではないだろう。ましてや押韻。となれば、それなりの知識人が書いたものに違いない。張り紙自体はすぐさまパリ市中の話題となった。むろん治安当局としても、犯人探しに躍起となったろう。それにしても、国王が神に奇蹟を起こしてはならぬと命ずるとは、いささか風刺が効きすぎているではないか。

問題のサン＝メダール教会とは、サント＝ジュヌヴィエーヴの丘、ヴィクトル・ユゴーやジャン＝ジャック・ルソー、エミール・ゾラといった、フランスの英雄たちが眠る霊廟パンテオンの裏手から、ムフタール通りを南下した角にある。かつてパリからイタリアへと向かう街道の一翼を担っていたこの通りは、一世紀にローマ人が敷設した市内最古の歴史を有し、今も昔も総菜店や鮮魚・精肉店などが所狭しと立ち並んでいる、パリの代表的な庶民地区である。ジョルジュ・シムノン作『小さな聖人』（一九六五年）(2)の主人公ルイ・キュシャは、作者がかつて住んでいたこのムフタール通りで生まれてもいる。

同教会発行の広報誌によれば、八八五年にパリを攻囲したノルマン人を避けて、聖《サン》メダール(3)終焉の地である北仏ピカルディ地方のノワイヨンに逃れたサント＝ジュヌヴィエーヴ修道院の参事会員たちが、同地のサン＝メダール修道院から聖人の聖遺物（一部）をパリに移したという。そして、彼らがビエーヴル河岸に建立した礼拝堂にこれを安置し、礼拝堂をサン＝メダール教会に奉献したともいう。教会堂の建立は一五世紀から一八世紀にかけておこなわれ、一五一二年、教会堂の南東脇に墓地が設けられた。だが、カトリック勢力の指導者ギーズ公によるヴァシーでのユグノー虐殺事件――定説ではこれが一連のユグノー（プロテスタント）戦争の契機とされる――が起きる三か月前の一五六一年一二月二七日、サン＝メダール教会は暴徒たちに蹂躙される。いわゆる「サン＝メダールの騒動」である。その顚末は以下の通りである――。

この日、カトリック教徒たちが教会の鐘を鳴らし、当時、ユグノーの指導者が住んでいた教区内の染色職人の持ち家（ないしユグノーたちが持っていたゴブラン地区のパトリアルシュ館）で、ジャン・マロなる牧師が教徒たちに説教するのを妨げようとした。そこでユグノーは代表を送って、その妨害をやめさせようとしたが、かえってカトリックたちの怒りを煽り、彼らは投石や弩で威嚇して代表を追い払った。のみならず、問題の家を襲い、これに火もつけた。それに対し、ユグノーも反撃し、教会を荒らした。やがて騒ぎを知った親ユグノーの夜警隊長ジャン・ド・ガボストンが、手勢六〇人あまりを従えて駆けつけ、騎乗のまま教会内に入って荒れ狂うカトリックたちを逮捕する。しかし、騒動はそれで治まらなかった。聖職者六人を含む逮捕者三〇人はシャトレ裁判所に連行・拘留され、カトリックとプロテスタント双方の評定官が事件を審理することになった。裁判の結果、最終的にサン＝メダール教会でのミサが禁止されるとともに、ユグノーたちにも説教の会場を他所に移すことが命じられ、逮捕者は全員釈放された。ただ、あろうことか馬に乗って教会堂内にはいったことが冒瀆罪にあたるとして、夜警隊長だけは絞首刑に処され、遺骸は市中引き回しの上、最終的に切り刻まれて放棄された(4)。

こうした歴史的な試練を乗り越えて、一六五五年、サン＝メダール教会と小教区はパリ大司教と、その委託を受けたサント＝ジュヌヴィエーヴ修道院の管轄下に入る。だが、試練はなおも続く。フランス革命期の一七九三年、革命政府によって一切の祭儀が禁じられ、教会堂も閉鎖されてしまうのである。幸いなことに、この状態は長くは続かず、早くも一七九六年、国民公会によって再開されたという。

では、問題の張り紙とは何か。その引き金となったのは、同年一月二七日に出された、「サン＝メダール小教区の小墓地を封鎖することに関する王命」である。いささか訳出しにくい文面だが、大意をとれば以下のようになるだろう。

国王はサン＝メダール小教区の墓地の一か所で起きた、そして今もなお日々起きている、とりわけさまざまな者たちが僥倖としてそこで見せびらかす変化や高揚の際に起きているすべての出来事に鑑みて、以下の命を下すものである。すなわち、この者たちを逮捕し、かなりの数にのぼる医師（内科医）や外科医に調べさせ、これらの変化や高揚の原因および性質に関する報告書を作成させるとともに、判断を下させた。その結果、前記医師や外科医たちは全員一致でこれらの変化が痙攣や超自然的なこととはまったく無縁で、完全に当事者たちの意図によるものであり、結果として明らかに人々を欺き、その軽信を煽りたてたことを確認かつ上申した。そこで国王（ルイ一五世）はかかる言語道断な振る舞いのみならず、破廉恥な言動や盗み、無軌道さを相次いで引き起こす集会も完全にやめさせるのが妥当と判断した。国王はかかる事態の解決を強く望み、パリ大司教が去る七月一五日に出した教書に対する違反や不服従を禁ずるものである。また、任命された医師や外科医たちが署名した一月一日、一五日、一七日、一八日、一九日の報告書に鑑みて、国王はサン＝メダール小教区の小墓地の門が、埋葬の場合を除いて、つねに閉鎖されたままにし、開門を禁じることを命じる。同様に、目的と地位・身分を問わず、いかなる者も前記墓地周辺の通りやその他の通り、広場ないし家に集まるのを禁ずる。これに背いた場合は、見せしめの刑を科すものとする。国務評定官やパリ市警察総代行官、パリ奉行（・・・）は、本王令を確認し、しかるべき場所に掲示・公表して遵守されるよう監視する旨命じる。[5]（以下、丸括弧内は蔵持）

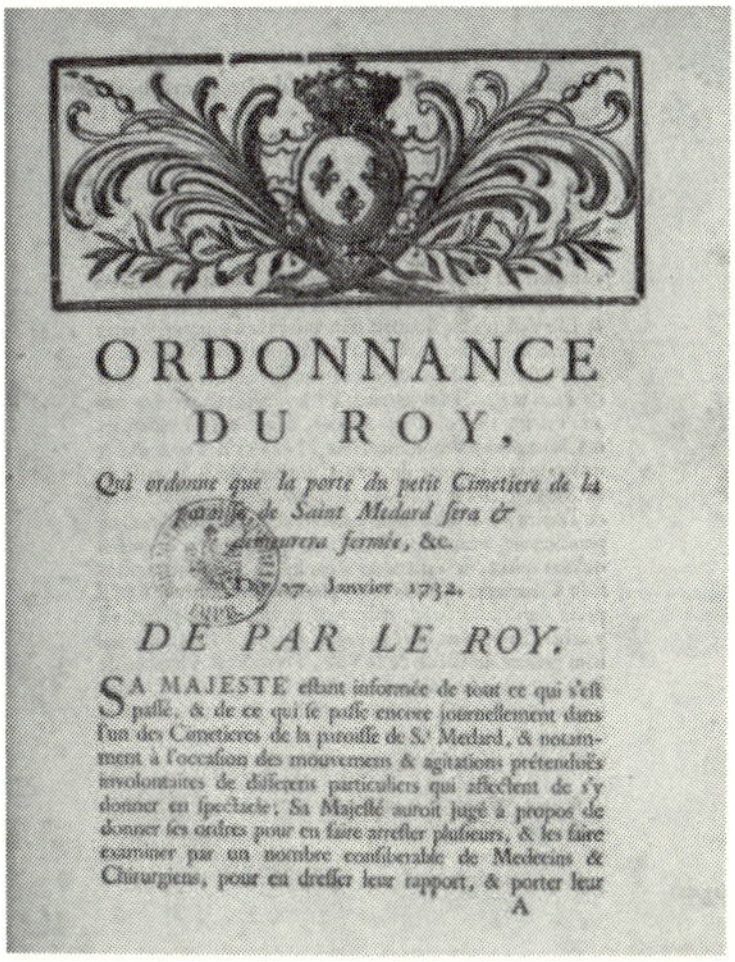
ORDONNANCE
DU ROY,
Qui ordonne que la porte du petit Cimetiere de la paroisse de Saint Medard sera & demeurera fermée, &c.
Du 27. Janvier 1732.
DE PAR LE ROY.
SA MAJESTE estant informée de tout ce qui s'est passé, & de ce qui se passe encore journellement dans l'un des Cimetieres de la paroisse de S.t Medard, & notamment à l'occasion des mouvemens & agitations prétenduës involontaires de differens particuliers qui affectent de s'y donner en spectacle; Sa Majesté auroit jugé à propos de donner ses ordres pour en faire arrester plusieurs, & les faire examiner par un nombre considerable de Medecins & Chirurgiens, pour en dresser leur rapport, & porter leur
A

図3　サン＝メダール教会墓地の封鎖を命じた1732年1月27日王令（国立古文書館、筆者撮影）

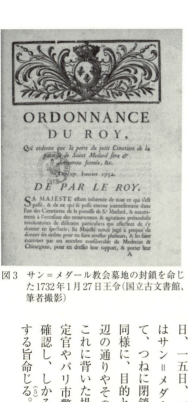

図4　フランソワ・ド・パリス（18世紀の版画、作者不明）

この王令を受けて、時のパリ警察総代行官（警視総監の前身）ルネ・エロー（一六九一―一七四〇）は、二日後の一月二九日、ただでさえ夜明けが遅い時期の午前四時頃、凍えるような寒さもものかわ、騎馬夜警や武装守備隊二〇人あまりを出動させて墓地を閉鎖した。サン＝メダール地区の住民たちの驚きはいかばかりだったか。むろん、参詣者を相手にかなりの利をあげていたであろう周辺の商人たちも狼狽したに違いない。墓地がスキャンダラスな所業の原因になる。それが閉鎖の理由だった。むろん、以後はそこでの埋葬はおろか、隣接地での集会すら禁じられた。

それにしても、いささか主意の不明な王令ではある。明らかにここには重要な言葉が抜けているのだ。いや、あえて落としているとすべきだろう。だが、「変化や高揚《ムーヴモン・エ・アジタシオン》」や医師・外科医といった語から容易に推測できるように、この故意の言い落としは快癒の《奇蹟》である。つまり、民衆がこの小墓地や周辺に集まって、奇蹟現象をことさらに言いたてたり、騒いだりするのを禁ずる。これが主意なのだ。むろん、こうした曖昧な書き方でも、これを読めた当時の者なら、言わんとすることの理解はできた。その端的な現れが、あのエスプリの効いた、そしておそらくはジャンセニスト(6)の手になる張り紙なのである。では、ここではいかなる奇蹟が起きたのか――。

ことの発端は、サン＝メダール教会のひとりの助祭が、一七二七年五月一日、セーヌ左岸、ブルギニョン通り（現ポール＝ロワヤル大通り）の二八番地で息を引きとったことにある。享年三七。平均寿命が三五歳前後であった当時からすれば(7)、決して早世というわけではない。だが、それは一介の聖職者の死ではなかった。この聖職者の死を契機に、以後数年間、二〇〇例以上を数える奇蹟的な快癒の報告書とその奇蹟譚が、まさに一種の社会現象としてパリを席巻したからである。助祭の名はフランソワ・ド・パリス（François de Pâris）。清貧・無私と慈善心をもって、ムフタール界隈、

図5　パリ大司教ノアイユ肖像画、イヤサント・リゴー（1659—1743）作

旧フォブール・サン＝マルセル（サン＝メダール小教区）の貧者たちに奉仕し、それがたたって命を縮めた彼は、晩年にはすでに一部で「聖人」として敬われ、ときのパリ大司教ルイ＝アントワヌ・ノアイユ枢機卿（在任一六九五—一七二九）からも「福者」の尊称を授かっている。「奇蹟」とは、いうまでもなくそうした崇敬の延長上にあった。パリ高等法院の弁護士エドモン＝ジャン＝フランソワ・バルビエ（一六八七—一七七一）もまた、史料価値の高い『摂政時代およびルイ一五世の治世時代の年代記もしくはバルビエ日記』（以下、『日記』と記す）の一七三二年二月の箇所でこの張り紙に言及し、そのあとで、当時パリ市中で歌われていた戯れ歌を紹介している（これもまた脚韻を踏んでいるが、残念ながらそれを訳文に反映させることは難しい）。

聖パリスが病人を
幾度となく跳ね回らせる。
これこそ素晴らしい奇蹟！
だが、それよりは、
あるロヨラをソドムからシテール島へと向かわせた
ラ・カディエールを信じよう。(8)

イグナチオ・デ・ロヨラが創設したイエズス会の神父ジャン＝バティスト・ジラールが、一七三一年、若い女性告解者のマリ＝カトリーヌ・ラ・カディエールを誘惑し、ふたりが深い関係になったとして告発されながら、修道会の働きかけによって南仏エクスの高等法院で双方が無罪となった。この戯れ歌はパリスの聖性と奇蹟を引き合いに出しながら、パリスを批判してやまなかったイエズス会の無法ぶりを揶揄したもので、シテール（キュテラ）島とは、ペロポネソス半島とクレタ島のあいだにある島。古代アフロディテ信仰の中心地とされ、転義で「恋の国」を意味する。同様の戯れ歌やシャンソンはほかにもあるが、いずれの場合も、パリスが正統性の審級となっている。そこには民衆一般のパリスに対する想いを克明にみてとることができる。

むろん、イエズス会としてもこうした攻撃的な風刺や揶揄に手をこまねいていたわけではなかった。たとえば一七三二年、文学教師・劇作家で、ジャンセニストたちとの論争にも積極的に加わったイエズス会士のギヨーム＝ヤサント・ブージャン（一六九〇―一七四三）は、その八幕ものの喜劇『逃げ出した聖人もしくは奇蹟商人たちの破産』の最後に、主人公の商人の下僕マテュランに次のようなセリフを吐かせている。「さよなら、奇蹟の大市よ。商人たちは皆破産した」(9)。ジャンセニストを商人に見立て、彼らが扱う奇蹟などは所詮売れない品物にすぎない。イエズス会士の意趣返しである。

ところで、一七三二年といえば、ルイ一四世没後の疲弊した国庫を回復するとの触れ込みで、幼王ルイ一五世の摂政をつとめていたオルレアン公フィリップ二世（一六七四―一七二三）に取り入った、天才的かつシャルラタン的金融・経済理論家のスコットランド人ジョン・ロー（一六七一―一七二九）が、紙幣とミシシッピー会社の株券操作、通称「ロー＝システム」でバブル経済を引き起こし、文字通りバブルがはじけて失脚してから七年目にあたる。三〇〇人をゆうに超える一味を操って悪事のかぎりを尽くし、パリを恐怖のどん底に陥れた世紀の大盗賊ルイ＝ドミニク・カルトゥーシュ（一六九三―一七二一）が、生家からほど近いパリ市庁舎前のグレーヴ広場で車刑に処されてから一一年後、一味の残党に対する裁判もそろそろ終わりを迎えようとしていた(10)。さらに一七三〇年には、冷夏と凶作のため、パリでもフォブール・サン＝タントワヌ地区のパン商たちが、パン価を四倍以上引き上げるよう当局に求めて一揆をおこしているが、末期的な経済危機も、宰相フルリー枢機卿の辣腕でなんとか乗り切り、「回復の時代」

を迎えていた。幼王もすでに二二歳となっており、ある意味で、王国はたしかに一応の安定期に入っていた。

たしかにこの一七三二年八月には、パリ高等法院が後述する反ジャンセニスム教勅「ウニゲニトゥス」(一七一三年、本書第2章参照)の登録を拒み、ジャンセニスト系評定官が追放されるという、きな臭い出来事は起きているものの、「国王」といい、「奇蹟」といい、張り紙の文言は——たとえ民衆の生活になおも十分な安寧が訪れておらず、生活上の不平不満が随所に渦巻いていたとしても——そうした状況自体に対する揶揄ではないだろう。

冒頭の張り紙は、じつはこのサン＝メダール教会の墓地に一七二七年五月に埋葬された助祭の墓で、夥しい数の奇蹟的な快癒が起き、そのマス・ヒステリックな現象に危機感を抱いたパリ大司教が、国王と治安当局を動かして、一七三二年一月二七日、王令によってついに墓地を閉鎖したことへの風刺なのである。いや、むろん奇蹟が奇蹟として終始しただけなら、おそらく体制側の危機意識をさほど煽ることはなかったろう。何よりもキリスト教とは、聖人たちによる無数の奇蹟とその語りを通して発展した宗教だからだ。聖人・福者・尊者という信仰のヒエラルキー自体は、まさに奇蹟の数ないし大きさによって規定されてもきたはずだ。にもかかわらず、啓蒙思想真っ盛りのこの時期、なにゆえ当局は民衆から福者として尊崇をあつめた助祭が眠る墓地を閉鎖したのか、しなければならなかったのか。なにゆえ奇蹟を封じ込めようとしたのか。

そこには「声」があった。しばしば無文字・無名の奇蹟体験者が、たしかに多くが公証人や代書人の手を借りてはいるものの、自らの来歴と助祭パリスのとりなしによる快癒へといたる経緯を綿々と記した報告書を作成しているのだ。その末尾には自分の名を記し、奇蹟の証人複数の名も連記した。これら報告書の大部分は印刷され、一部はシャトレ裁判所に提出され、一部は巷間密かに売られた。允許を得ない地下出版であってみれば、はたしてどれほどの分量が市中に出回り、その収益がだれに帰属したかは不明だが、ともかくも非合法の「文書」がなかば公然と世に出る。識字率の低さは身近な識字者による代読で補えた。こうして民衆が民衆の声と向き合う。それは間違いなくフランス社会では前代未聞のことだった。

何しろ主題がおそらくだれにとっても最大級の関心事である快癒の奇蹟である。報告書に基づく、いやおそらくは何ほどか増幅された奇蹟譚が噂となって広まるにさほど時間はかからなかったはずだ。しかも奇蹟自体、前述したように反キリスト教的なものでは決してない。イエスはもとより、聖人たちもまたさまざまな奇蹟の体現者であり、少なくとも中世の歴代国王たちもまた、リュシアン・フェーヴルとともに社会史を提唱したマルク・ブロックが『奇蹟をなす王』（一九二四年）[11]で説いたように、瘰癧《るいれき》治しの奇蹟によって自らの異能を民衆に示そうとした。だが、快癒の奇蹟――より正鵠を期していえば、「快癒の奇蹟譚」――は、しかじかの病を不治と断じた既存の医学への信頼をなにほどか損ない、結果的に新たな幻想の共同体を築くようになった。むろん当局は、やがて「世論」を構築することになるこの「声」の行方を畏れた。民衆の「声」を抑圧する。それは古来より続く権力の習性であり、感性でもある。そのかぎりにおいていえば、まさに冒頭の風刺的な張り紙とはこうした「声」の表象と位置づけられるだろう。

だが、当局が畏れたのはそれだけではなかった。助祭パリスは当時のカトリック社会、とくにイエズス会に抗していたジャンセニストであり、彼にかかわる一連の奇蹟が、ポール＝ロワイヤル修道院[12]が閉鎖されて拠点を失っていたジャンセニストたちの、教勢拡大に用いられていたからである。いうまでもなく、奇蹟体験者たちのほとんどは、ジャンセニスムとは無縁の存在だった。なかにはジャンセニストの存在は知っていても、助祭がジャンセニストであったことを知らなかった者すらいただろう。この助祭のとりなしによって神の恩寵に与かり、不知の宿痾《しゅくあ》から解き放たれたいと願う病人たちにとってみれば、重要なのは快癒の現実であり、神学的な背景や論争などでは決してなかった。にもかかわらず、ジャンセニストたちはこうした一種の聖人信仰＝メシアニズムを自分たちの主張に採り入れた。採り入れることで、それまではおもに知識層、すなわち聖職者やパリの高等法院、ソルボンヌなどの一部の神学思想だったジャンセニスムを、民衆レベルまで及ぼそうとした。神学の内容ではなく、奇蹟という如実な現実によってである。

民衆史ないし社会史の先駆者とされるジュール・ミシュレは、一八六二年に上梓した『魔女』で、皮肉たっぷりにこう記している。「ヤンセニウス派のひと（ジャンセニスト）は、あんなに熱烈な信仰に燃えていたが、まるまる一世紀をつうじて、ばかばかしいほんの些細な奇蹟しか手に入れることができなかった。イエズス会士たちはさらにまた運が悪く、あんなに権力をもち、あんなに金をもっていたのに、どんな代償を払ってもとうとう奇蹟を買いとることができなかった」[13]。民衆の声に耳を傾けたはずのミシュレにしては、いささか安直な物言いだが、彼が生きた一九世紀も中葉となれば、ジャンセニストたちの表立った活動はほとんど姿を消し、パリスの奇蹟もまたその研究者や物好きなディレッタントを除いて、人々の記憶の彼方に追い立てられていただろう。

とすれば、歴史の深層にこだわったにもかかわらず、ミシュレをもってしても、「ばかばかしいほんの些細な奇蹟」という言葉にみられるような「パリス現象」、つまりパリスのとりなしによる奇蹟（的快癒）とそれに付随する民衆の信仰や言動に対して、誤解や偏見を抱いたとしてもむべなるかなといえるだろう。少なくとも彼は、奇蹟的快癒やその言説、ジャンセニストたちやイエズス会、さらに高等法院や王権などによる正負の介在などを有機的な構成要素とする「歴史の生態系」に気づいていなかった。そのことだけは確かである。

このパリス現象にはさらに興味深いことがある。パリスの遺骸や墓を詣でた病人たちが、しばしば痙攣《コンヴュルション》（convulsion）とともに病から解放されるようになったというのだ。ここから助祭パリスの奇蹟に与った者たちは、ときにその奇蹟を信じた者も含めて、のちに体制側から「痙攣者《コンヴュルショネール》（convulsionnaires）」と総称されるようになる。もとより痙攣はひとり病者にのみあったのではない。まさに社会そのものが痙攣していたのだが、ともあれ彼らの多くはジャンセニストを自称し、あるいはジャンセニストとみなされて、治安当局や教会から断罪される。そして彼ら痙攣者たちの一部は、なおもパリスの遺徳が人々の記憶に生々しく残っていた一七三〇年代から「痙攣派《コンヴュルショネール》」と呼ばれるエキセントリックな秘密結社をパリや地方で組織していく。そして新たな霊的指導者やその思想をいただいて分派し、イエス・キリストの受難や殉教、終末論あるいは千年王国論などを結びつけた独自の神学と精神世界を標榜していくようになる。

だが、ジャンセニスムが伝統的に唱えてきた神の「真理」を求めつつ、信者たちの痙攣や「スール」（字義は「修道女」）と呼ばれる女性幻視者による予言、「スクール」（字義は「救い」）という名の「血の儀式」をおこなう彼ら痙攣派は、宗教・治安当局やイエズス会はもとより、パリスの奇蹟が遠のいた一七四〇年代には、後述するように、多くのジャンセニストやその機関紙ともいうべき《聖職者通信》からも断罪され、民衆からも乖離していく。それでも時代を生き延びた彼らは、やがて一部はフランス革命を支持し、一部は新たな拠点であるリヨンおよびその周辺において、反革命＝王党派と結びついていく。しかし、一九世紀後葉、新たな精神医学によって神意に由来するとしていた痙攣は神経症と断じられ、痙攣派もまた「狂人」との烙印を押されて、最終的に一九世紀後葉に歴史の舞台から姿を消していくのだった。

本書は一種の「聖人信仰」――パリスはヴァチカン教皇庁から正式に列聖されてこそいないが、前述したように、民衆からは「福者」として聖人視されていた――から出立した、本来素朴であるはずの、だがいつに変わらぬ民衆の快癒願望やメシアニズムを確実に表象する奇蹟のありよう、いわば民衆文化としての奇蹟現象を啓蒙時代の一八世紀のパリに追い、さらにその後の異様な展開を一九世紀まで検討するものである。それはまた、この現象が、パリスが身を置いていたジャンセニスム＝ガリカニスム（フランス教会独立主義）＝上訴派（後述）＝反教勅派の布教戦略のうちに組み込まれ、それゆえに反ジャンセニスムのイエズス会と結んだ宗教・政治権力から異端的・反社会的なるものとして断罪され、最後にファナティックな民衆運動へと変質していくメカニズムに目を向けることでもある。

はたしてジャンセニストたちの運動が、カトリシズムの構造的な再構築を目指したものだったのかどうか、にわかには判断できないが、おりからの出版文化の興隆を背景として、いわば「文書闘争」の様相も呈していた。その過程では、はじめて反権力的なものとしての「世論」も登場する。パリス信仰を原点とする快癒待望としての一種のメシアニズムは、膨大な奇蹟体験者の報告書とその頒布、さらに奇蹟譚を解釈・再解釈した「噂」という形で、それを抑圧しようとする体制の意図を尻目に、たしかに民衆に「声」を与えた。民衆はまさに一連の奇蹟譚を語ることで、自らの「声」を獲得していったともいえる。そしてその「声」が、度重なる権力当局からの抑圧を跳ねのけて、やがてフランス革命の叫び声へと重なっていく。弾圧に抗する民衆文化。ありていにいえばそうなるだろう。本書が目指す地平のひとつはここにある。

一方、本書はまたほぼ同じ時期を扱った前著『英雄の表徴』(14)と過不足なく好一対をなす。前著では、大盗賊カルトゥーシュをとりあげ、芝居や評伝などで彼を英雄化・神聖化していった民衆文化のメカニズムを素描した。これに対し、本書では、カルトゥーシュより三年早く生まれ、六年遅く没した助祭パリスの英雄的な営為が、同じ一八世紀の啓蒙主義の時代に、ほかならぬ「奇蹟」という聖なる現象と救いのイマジネール（集団的想像力）によって脱聖化されていく歴史の慣性を追う。バブル期のパリという光の中の闇を生きたカルトゥーシュと、パリの貧民街という闇の中の光を生きたパリス。歴史とはすぐれて諧謔的な特性を帯びているが、前著を正の諧謔史と呼べば、おそらく本書はまさに負の諧謔史となるだろう。

第1章　助祭パリスの生涯

パリス伝

では、こうした啓蒙時代の大きな社会現象の原点となった助祭パリスとはいかなる人物だったのか。まず、そこからみていこう。

パリスの大まかな生涯については、その墓碑銘（後出）にみてとれるが、興味深いことに、彼が没して四年後の一七三一年、さながら申し合わせたように三冊のパリス伝が上梓されている。しかもいずれも題名はほぼ同じで『助祭フランソワ・ド・パリス氏の生涯』。そのうちの一冊は、ジャンセニストの地理学者ジャン・ルイ・バルボー・ド・ラ・ブリュイエール（一七一〇―八一）の八〇頁あまりの概略版[1]。だが、刊行当時、著者はまだ二〇歳を過ぎたばかりである。もう一冊は、当時、ジャンセニスムの指導的立場のひとりだったジャン＝バティスト・ル・セーヌ・ド・メニユ・デトマール、通称デトマールないしエトマール神父[2]（一六八二―一七七〇）の弟子で、『教会における上訴派の奇蹟の正統性』（一七三四年）の著者でもあるオラトリオ会士のピエール・ボワイエ（一六七七―一七五五）が、ブリュッセルで出した本文一七九頁、省察一七頁からなる評伝である[3]。年若い師と同様、ジャンセニスムに身を置いていたボワイエは、かなり活発な運動家だったようで、ジャンセニスムと敵対していたイエズス会に対する攻撃文書を数点著し、とくに『異教の教義とイエズス会の教義の類似』（一七二六年）は焚書処分にあっている。そして、のちに彼は北仏モン・サン＝ミシェル、次いでパリ東郊ヴァンセンヌ城の牢獄に幽閉され、獄死した。生前、彼はサン＝メダール教会に足繁く通ってパリスの墓を詣で、パリスの奇蹟を起こす力を力説したという[4]。

これら二冊に較べ、ジャンセニストの司祭でフィギュリストだったバルテルミー・ドワイヤン（一六九五―一七七二）の『パリ司教区の助祭パリス氏の生涯』（以下『生涯』と略記する）は、全体で二四〇頁あまり[5]。フィギュリストとは、後段で縷々紹介するように、新約聖書を、予型としての旧約聖書に基づいて象徴的かつタイポロジックに解釈すると同時に、初期教会の理想の真理を復活させようとする、つまり聖書の終末論的・千年王国的な予言に基づいて教会の現状を改革しようとする、いわゆる「フィギュリスム」（旧約象徴論）の共鳴者を指す[6]。そのドワイヤ

図６　B・ドワイヤン『生涯』、1731年版扉頁
（国立ポール＝ロワイヤル・デ・シャン博物館、筆者撮影）

ンの書は、パリス自身とブルシエなるパリスの聴罪司祭のメモに基づいたとされる一種の聖人伝で、パリスの奇蹟に関する記述がほとんどないにもかかわらず、また、当時巷間出回っていた廉価な青本（ビブリオテーク・ブルー）の平均販格の三〇倍（！）にもなる、一リーヴル一八ソルという高額だったにもかかわらず、初版後、一七三二年、三三年（増補版）、三七年と版を重ねている。しかも一七三八年には、『日々の聖人伝』（一九三〇年）の著者で、やはりジャンセニストの神学者クロード＝ピエール・グジェ（一六九七—一七六三）のメモなどを加えた増補改訂版、四三年には本文二一七頁に加えて、二五六頁の「興味深い文書集」を載せた『パリ司教区の助祭である福者フランソワ・ド・パリスの生涯』(7)を、ユトレヒトで上梓してもいる。これらの版の発行部数は不明とするほかないが、こうして幾度となく版を重ねたことからして、当時、ドワイヤンのパリス伝がもっとも評判を呼んだことは間違いないだろう。そのことはまた、以後のパリス伝のほとんどが『生涯』を下敷きに、ときに一文をそのまま何の断りもなく借用していることからもうかがえる。

ちなみに、バルビエの『日記』は一七三二年一月の出来事として、次のように記している。

> 少し前に新しい『パリスの生涯』が印刷された。噂によると、パリの大司教はこの書を断罪するための教書を用意し、これを允許なしの印刷物として発禁にする高等法院の裁決を待っていた。だが、教書はついに出されなかった。ジャンセニスト側のこうした活動を破壊するのは、たしかにかなりの困難を伴うものである(8)。

ここで指摘された「新たなパリス伝」がだれの手になるものか、筆者はまだ確認しえていないが、少なくともそれは危うく発禁処分の対象になりかけた。こうした状況下で、ドワイヤンの『生涯』は大司教の警戒と反発をはねのけて着実に版を重ねていった。この事実は、バルビエがいうジャンセニストの力のみならず、すでに数多くの奇蹟が報告され、その苛酷なまでの禁欲と貧者救済によって人びとに聖人視されていた、亡きパリスのカリスマ性の大きさを端的に示すものといえるだろう。

一方、パリス自身が編んだとされる著作——実際にいつ頃書かれたかは不明（いずれも死後刊行）——も三冊ある。『信仰のおもな神秘を含む真実の知識』（Science du vrai qui contient les principaux mystères de la foi, 1733）、『聖パウロのガラテア人への手紙解説』（Explication de l'Épître de S. Paul aux Galates, 1733）、『さまざまな倫理問題に関する考察』（Méditation sur divers sujets de morale, 1788）。しかし、これらはいずれも彼の神学を扱ったものであり、自らの人生や生活にかかわる言及はほとんどない[9]。

したがって、以下ではドワイヤンの『生涯』に基づいて、パリスの来歴を紹介しておこう。ただ、前掲の拙著『英雄の表徴』（第四章）で指摘しておいたように、「評伝」の書き手は、いったいにその立ち位置や目的によって、ことがらの真実を伝えることより、むしろ伝えたいことを史実化しようとする傾向がある。『生涯』もまた、パリスの聖化や異能化ないし英雄化に頁の多くを割いている。解釈されたパリス像もしくは賛美の美学。記述はまさにそうしたものとしてである。史料たりえない資料。おそらくそう言ってもいいだろう。ただ、『生涯』はパリスの死後間もなく刊行されているため、彼の記憶をなおも鮮明に宿している読者を想定すれば、あまり法外なことは書けなかったはずだ。本章が『生涯』に準拠する所以だが、ここでは少なくとも書き手の主観が多少とも入りにくいパリスの生涯の主な出来事のみを、他の資料と適宜照合しつつ紹介したい（記述が必ずしも時系列で並んでおらず、文章も他のパリス本と較べてかなり読みにくい箇所がある。むろん翻訳不能というわけではないが、記述の整序化は必要だろう）。

パリスの出立

『生涯』やその他のパリス伝が一致して記しているように、フランソワ・ド・パリスはシャンパーニュ地方ブランクールの領主で、パリ高等法院の第二訴願審査部評定官でもあったニコラを父、北仏ランスの市長（ないし国王秘書官）の娘シャルロット・ロランを母として、一六九〇年六月三〇日、パリに生まれている。二〇〇年以上続くというこの典型的な法服貴族は、フランス北東部のメスやパリの高等法院に代々評定官を送りこんできた。同家の長男だったフランソワは、いずれは立派な後継ぎにと願う親の意向で、七歳のとき、ナンテールのサン＝トーギュスタン修道会（サント＝ジュヌヴィエーヴ教会とする説もある）の律修参事会が営む学寮に預けられる。この修道会にギリシア正教会の研究で知られたアンセルム・ド・パリス（一六八三没）をはじめ、数人のオジが入っていたためである。だが、幼くして親元から引き離されたためか、寄宿生活にはなじめなかった。のちに自らが書いた小文（死後発見）のなかでその幼さゆえの愚行を後悔することになるが、パリスは仲間たちと藁を暖炉に集め、あろうことか寄宿舎を燃やそうとしたという。あるいはそのことがあったためか、三年後、パリスは参事会の庇護から離れ、親元に戻る。人嫌いで、祈ることしか愉しみを見いだせなかった息子に両親は次々と家庭教師をつけたが、そのうちのひとりは乱暴に彼を扱い、体罰も辞さなかった。しかし、一六六一年に枢機卿マザランが創設したマザラン学寮のユマニスム教授となる、もうひとりの家庭教師ルースロの導きによって、学問への目を開かれたという。

やがて彼は学寮に入る。なぜか『生涯』にはこの学寮がどこだったか明記はないが、たとえば一三〇年以上ののちの刊行で、明らかにこの書に拠っているピエール＝フランソワ・マテューの『サン＝メダールの奇蹟体験者や痙攣派の物語』（一八六四年、以下『物語』）は、パリスが一〇歳になると、哲学や法学を学ぶため、マザラン学寮に入れられたとしている。(10) 作家・薬学教授で科学・薬学雑誌にも寄稿していたギヨーム・ルイ・フィギエ（一八一九―九四）も、この書とほぼ同時期に、やはり『生涯』を底本として著した『近代の不可思議史』で、同様にパリスがマザラン学寮

に入ったとしている。(11)

『生涯』はこう続ける。

パリス氏はどこにおいても自分の義務を確実に果たした。学寮では同年(一六歳)の者たちすべての模範たりうる存在となった。実家にいても、志操に欠けるところはなかった。ひきこもったまま、散歩や遊戯、世間の娯楽などを避け、自分が賢いと思う二、三の勉強仲間に会うだけで満足していた。彼は優しさや穏やかさ、親切心、さらに他人の求めに注意を向ける賢明かつキリスト教的な心配りによってだれからも愛され、私欲とも無縁だった。(・・・)日曜日や祭日でも、パリス氏は、平日の学業に傾けた勤勉さを快楽や浪費によって少しでも損なおうとはしなかった。ひたすらより長い時間の祈りと、より熱の入った聖書の講読。まさにこれが彼にとっての祝日の癒しだった。そんな彼がより積極的に出かけてしばしばミサに与ったのは、サン=ジェルマン=デ=プレ教会だった。(12)

だが、こうして聖職への道を模索する息子に対し、父親は容赦なかった。次男や三男ならいざしらず、家督を継ぐべき長男が聖職者になるというのは、当時としてはたしかにいささか例外に属する。当然のことながら、これに憤った父親は法曹界への道を歩ませようとする。そんな父親の慫慂もだしがたく、パリスは法学部(パリ大学?)に入る。一八歳のときである。そして、禁欲を旨としながらひたすら学業に専念し、法学の学士号をえる。本来なら、これで前途は洋洋と開ける。おそらく両親もそう喜んだことだろう。だが、聖職へのパリスの思いはいささかも揺るがず、二一歳になると、パリ北郊オーベルヴィリエのノートル=ダム=デ=ヴェルテュ修道院で一週間の黙想をおこなうことを許される。

それからややあって、「聖マグロワールの家」(サン・マグロワール神学校)に受け入れを認められ、俗服のまま、数か月間、黙想中心の寮生活を送る。ここはパリ司教アンリ・ド・ゴンディ(一五七二―一六二二)の慫慂を受けて、

図７　旧サン＝マグロワール神学校（20世紀初頭）

一六一八年――この年の八月、サン＝モール修道会の創設が認められ、やがてベネディクト会修道院の大部分を吸収していく――、オラトリオ会がソルボンヌの裏手、サン＝ジャック通りのサン＝マグロワール大修道院跡地に創設した、パリで最初の神学校である。同修道会に入っていたラ・フォンテーヌ（一六二一―九五）が一六四一年に修練士として入学し、ルイ一四世に捧げた弔辞で知られる説教家ジャン＝バティスト・マシヨン（一六六三―一七四二）も、一時期弁論術を教えていた名門校だった。しかし、のちに『恩寵の問題に関するヤンセニウスへの賛否』（一七一七年）を著すジャンセニストで、典礼改革などで鳴らした上訴派の論争家ジャック・ジュベ（一六七四―一七四五）が教鞭をとるなど、そこはパリ・ジャンセニスムの重要な拠点でもあった。カトリーヌ・メールに倣っていえば、まさにここは一八世紀のジャンセニスム理解にはなくてはならない神学校だった[13]。

その「異端」の牙城たる神学校になぜ入るようになったのか、名門ということなら、一五六三年に創設されたイエズス会系のルイ＝ル＝グラン学寮[14]（現在のリセ・ルイ＝ル＝グラン）を選んでもよかったのではないか。あるいはこの時期、すでにパリスはジャンセニスムに対する神学的ないし宗教的な関心を抱いていたのだろうか。今となってはそれを確認する術はないが、『生涯』によれば、当時の校長は「真理へ大きな愛とそれを教えようとする熱意、さらにそれを愛させようとする優しさ」で知られるガファレルだったという。彼は教勅「ウニゲニトゥス」に反対して、一七二九年、アンジェに追放され、その地で没した硬骨の人物でもあった[15]。

この神学校にパリスがいつまでいたかは分からない。分かっているのは、彼が他の神学生同様、デトマールらによるフィギリスム的聖書釈義を学んだということと、一七一二年、つまり二二歳になったときに天然痘に罹ったということである。痕が残って世間に醜い顔を晒すことがないよう、親はあらゆる措置を講じようとしたが、彼はそれに激しく抵抗して、病を受け入れようとするのだった。天然痘に罹ったパリスについて、フィギエはこう書いている。「息子の顔が醜くなるのを案じた両親は、この病がもたらす結末を避けるため、当時適切とされていたあらゆる方法を用いようとした。だが、そうした人間の予防策に憤ったこの若者は、断固としてそれを拒んだ[16]」。

一方、マテューは「痕が残らないようあらゆる予防策を講じようとしたが、彼はそれに抵抗し、反対に自分が得ることができるはずの魅力を顔から奪うこの出来事を、一種の恩寵として受け入れた[17]」。いずれもその典拠となった『生涯』の記述と表現に若干の異同はあるものの、疫病が引き起こす人間的な怯えや不安を超克するパリスの非凡さないし超人さを強調しようとする意図は同じである。

負の出来事を試練として、聖性を際立たせる正へと転位させる対比的対合。一連のカルトゥーシュ伝承で指摘しておいたこうした手法は、まさに評伝のひとつの特性ないし常套手段といえる。ちなみに、天然痘は一七七四年にルイ一五世の命を奪い、のちにはマリー＝アントワネットもその後遺症で顔にあばたが残ったという。

パリスの時代、天然痘に対する「措置」とはいかなるものだったか。たとえば、あのノストラダムスやフランソワ・ラブレーが学んだ、南仏モンペリエ大学医学部で医学を修め、のちにフランス中部オルレアン近郊で医業を営み、「貧者の父」と讃えられたポール・デュベ（一六一二頃―九八）の『貧者の内科医と外科医』を取り上げておこう。一六六九年の初版以降、少なくとも一七九三年までに八版を数えたこのベストセラー医書で、彼は天然痘の治療法についてこう記している。

天然痘の予兆である高熱が出た場合、さらにそれに続いて身体が震え出したら、刺胳を恐れてはならない。これをおこなえば、膿疱を消すことができるだろう。膿疱が消えれば、熱も収まり、刺胳の必要がなくなる。なおも高熱が続く場合は、内臓の炎症やその他の偶発症状を防ぐため、(刺胳によって)血液を抜き出す。これは決して難しいことではない。膿疱性の発疹が徐々にできた場合は、レンズ豆やマツムシソウ、スコルディウム(・・・)などの葉を煎じ、少量の砂糖を加えて頻繁に服用する。また、フタナミソウやシシウドの根から抽出した煎じ薬を用いてもよい。この膿疱があまりにも急激に大きくなった場合には、トルメンチラソルの根や鹿の角、大麦、クローバーの葉などでつくった煎じ薬に、砂糖を少量入れて飲む。さらに、足底や手のひら、あるいは顔にかなりの痛みがある場合は、タチアオイやカミツレの葉を煎じたもので患部を温湿布し、さらに瞼の上にオオバコの抽出液に少量のサフランを混ぜた糊膏を貼る。(18)

それから一世紀後、ジュベと同窓の医師で菌学者でもあったジャン・ジャック・ポーレ(一七四〇―一八二六)は、一七六八年に編んだ『天然痘の歴史』において、天然痘が遺伝によるとする当時の一般的な理解を退けて、これがペストと並ぶ二大感染病だとし、その対策として、室内の空気を浄化する必要性を説いている。それには月桂樹やマンネンロウ、ラベンダーなどの葉をひと掴み袋に入れて混ぜ合わせ、煙突のない部屋全体を塞ぎ、干し草や藁の束と一緒によく熾きた火にくべて燻蒸すればよいとしている。これらの素材がなければ、タバコの葉や酢、ビャクシンの種ないし枝といったより身近なもので代用できるとも指摘する。(19)

パリスがいかなる治療を受けたか、『生涯』に明記はないが、おそらくそれは、いずれ奇蹟報告集のなかでみるような治療、すなわち刺胳や煎じ薬中心の手当が「治療」としておこなわれていたことは間違いないだろう。いずれにせよ、パリスが天然痘に罹ってから約半世紀後の医学でも、啓蒙思想時代の理性や合理主義のイメージとは裏腹に、レベルはなおもこの程度だった。

それでもこうした「治療」が効いたのか、あるいは神の恩寵ゆえか、なんとか一命を取りとめたパリスは、しかし世俗に対する関心をすっかり失って聖職者への道を自らに課し、それまでの従順さをかなぐり捨て、親元にいながら謹慎・絶食生活に入る。そして一七一三年(二三歳)一月、ついに親からサン＝マグロワール神学校に戻る許可を得る。

入寮は四月（一二月とする説もある）に母親が他界したため少し遅れたが、八月、本格的に聖職者への道を歩み始める。当然のことながら、彼は真剣に聖書や神学、さらに一連の教父文学を研究し、侍祭に叙された翌一七一四年からは、すでに修得していたギリシア語（やラテン語）に加えて、ヘブライ語も学んだ。だが、この年、前年に続いて彼を不幸が襲う。一七一四年三月、父が他界したのである。遺産の整理は母方のオジで、パリ高等法院大法廷の評定官だったジェローム・ル・フェロンによってなされた。そして一〇万リーヴル以上の遺産は、遺言により、家督を継いだ弟に四分の三、パリスには四分の一が与えられた。これにより、彼は毎年数千リーヴルを年金のかたちで受け取ることになった。それに加えて、のちにパリスには聖職禄として一五〇リーヴルが支払われたという(20)。

『生涯』には、パリスがこの父の死に落胆した様子は描かれていないが、彼は相続した家具や銀食器類を売り払って、その代金を年金ともども貧しい人々に与えたという。いささか面妖なことに、ドワイヤンはまた『生涯』の一七三三年の増補版で、パリスが大量の亜麻布やリネンに加えて、一六〇マール（一マールは約一四四・八グラム）の銀器を相続し、これらを地方の貧しい聖職者に提供したとしている(21)。はたしていずれの記述が史実なのか、確かめるすべはないが、一七一四年一二月、パリスはついに剃髪する。おそらく、両親が相次いで他界したこの時期を境に、パリスの眼差しは自らの贖罪や神学的関心から貧者の生そのものへと向けられるようになったのだろう。あるいは彼のそんな眼差しの彼方には、アッシジの聖フランチェスコや高潔をもって知られた前述の聖メダールがいたかもしれない――前年の九月には、教勅「ウニゲニトゥス」が発布され、その受け入れを巡って、一五世紀初頭以来のガリカニスム、すなわちフランス教会独立主義(22)を標榜する国内の教会と高等法院、さらに王権を巻き込んでの大きな嵐が巻き上がっていた。のちにパリスも教勅の撤回と署名を拒否する上訴派として、一八世紀のフランスを揺さぶったイエズス会とジャンセニストの対立に身を置くことになるが、当時、彼にはまだこの教勅問題は切実なものではなかったようだ。

『生涯』にはなぜかルイ一四世が没した一七一五年と、ジョン・ローによるバブル経済の引き金となった一般銀行が創設された一六年に関する記述が抜けている。増補改訂版もしかりである。マテューの『物語』も同様だが、フィギエによれば、一七一五年――『生涯』では一七一四年――、パリスは下級聖職位を受け入れることに同意し、サン＝マグロワール神学校と同じサン＝ジャック通りに面した、サン＝ジャック＝デュ＝オ＝パ教会の教理問答教師に任じられたという。ここでパリスははじめてスルプリ（聖職者がミサの際に着る袖広の白い上衣）をまとったともいう[23]。真偽のほどはさだかでないが、この教会もまたジャンセニスムの普及に与って大いに力があった。

一七一七年、二七歳になったパリスは、神学校を出て、高等法院の評定官になったばかりの若い弟ジェローム＝ニコラ（一六九五―一七三九）を周囲の危険から守るため、以後弟が結婚するまでの二年間、生活をともにするようになる[24]。このあいだでも、パリスは断食や徹夜の刻苦勉励、さらに黙想を欠かすことがなかった。そんな彼の念頭にあったのは、荒野の隠修士やパリ南西部、シュヴルーズの谷にあったポール＝ロワヤル・デ・シャン（Port-Royal des Champs）修道院（以下、引用文以外はデ・シャン修道院と表記する）の孤独な生活だった。少なくともこの頃にはすでにジャンセニスムに深く傾倒していた彼は、フランスにおけるジャンセニスムの発祥の地であり、以後もパリのポール＝ロワイヤル修道院ともどもその中心地だったため、ルイ一四世の命で一七〇九年に閉鎖された修道院を訪れ、その荒廃ぶりに涙を流したという。

一七一七年から三年間、彼は毎年パリ南西部の村ボワシー＝スー＝サン＝ヨンを訪れ、黙想と聖書追究、さらに教会史や神学、とりわけ聖アウグスティヌスや説教家ナジアンゾスのグレゴリウス（三三〇頃―三九〇頃）の神学を研究するため、六ないし七か月過ごすようになる。住まいは友人のエマール・ダンジュアンが提供してくれた（この人物はパリス一族のボワシー領主エマール・ド・パリスで、ジャンセニスムの共鳴者だったとする説もあるが、確証はない）。やがてパリスは、ボワシーの主任司祭から依頼され、村の子供たちに読み書きやカテキスム（カトリック要理）を教えるようになる。日曜日には村人に福音書も読み聞かせた。

聖職者パリス

一七一八年四月、受難の主日（復活祭二週間前）直前の土曜日（おそらく四月二日）もしくは聖週間最後の土曜日、パリスは副助祭の叙任を受け入れる。しかし、それは望んだことでなかった。生涯かけて苦行者としての道を歩もうとしていたからである。それから数か月後、彼はパリを離れ、その北東部の古都ランスに移る。あるいはここが一族の出身地だったためか、彼は前任者が他界して空席になっていた聖堂参事会員に推される。逡巡したパリスは、ジャック＝ジョセフ・デュゲ（一六四九―一七三三）に相談する。一七一七年に『疑悩論』を上梓し、のちにユダヤ教徒のキリスト教改宗問題についても書くようになる元オラトリオ会士のデュゲは、弟子のデトマールとともに、サン＝マグロワール神学校で神学を講じていた有名なジャンセニト聖職者で、前述の新しい神学「フィギュリスム」の創唱者だった（ただ、この時期のデュゲはジャンセニストの過激派と距離を置いていた）[25]。相談を受けた彼は、神の意志だとしてパリスに参事会員への就任を受け入れるよう諭すが、最終的にパリスはその助言を断り、パリに戻る。

図8　デュゲの肖像画（18世紀、作者不明）

一七一九年、弟の結婚を機に、パリスは北仏バイユーの司教（在任一三〇六―一二）だったギヨーム・ボネが、司教区の子弟に教育の機会を与えるため、一三〇八年にセーヌ左岸のアルプ通りに創設した、バイユー学寮に小部屋を借りて移り住む。ここでなら自由に隠修士的な苦行生活が送れる。彼はそれを喜んだ。事実、一日中部屋に籠り、部屋を出るのは食事時間だけ。あとは友人たちを部屋に招き、半刻ほど会話する程度だった。冬でも暖房せず、毛の靴下で足を温めればよしとしていた。辛うじて手元に残っていた銀製の食器も売り払い、前述したように代価を貧しい人々に与えた。そんな彼の部屋には、ときに教区を追われたジャンセニストたち――たとえばアブヴィル首席司祭のシリ・ド・ルヴィニ――も一時期仮寓したという。バビュティなるパリの書店主（おそらくセーヌ河岸のオーギュスタン通りに店を構えていたフランソワ・バビュティ）もかくまわれた。

　こうしてひっそりと生活するのを心がけていたつもりだが、一七一九年、パリスは指呼の間にあったサン＝コーム教会の主任司祭から、若い聖職者の教育を切望される。断るわけにはいかなかった。ただ、教会内部での栄達や信徒群の導きに、つまり自分とは真反対の志向を有する彼らに対し、パリスはイエス・キリストに関する高度な知識や慈悲の心などを教え伝えた。巧言令色や高慢さ、無知の罪などについても教え戒めた。やがてマルセイユでペストが猖獗《しょうけつ》を極めていた一七二〇年八月、パリスはパリ北西郊のポントワーズに弟を訪れている。王権と対立した結果、高等法院がこの地に「追放」されて間もなくだった。目的は弟の消息を確かめると同時に、教勅「ウニゲニトゥス」の受け入れを拒むよう求めるため、そしてすでに枯渇していた喜捨用の資金を融通してもらうためだった。むろん兄想いの弟であってみれば、異存のあるはずがなかった。

　一七二〇年一〇月、パリスは銀行券一万リーヴル、現金一万リーヴル、計二万リーヴルの「返済金」（遺産決済金）を受けることになる。これがどのようなものか、『生涯』は何も語っていないが、一七二〇年一〇月といえば、前述したジョン・ローのバブル経済が破綻し、一〇日には、翌一一月一日をもって、王立銀行内の銀行券二六億九六〇〇万リーヴルの通用を停止するとの布告が出されるまでになっていた。銀行が自ら発行した兌換券を自らが葬り去る。それは過不足なく銀行の破産宣言を意味した。

　世事に疎いパリスといえども、そのことは知っていたのだろう。かねてより信頼を置いていた高等法院の弁護士に相談し、裁判をせず、相手を悲しませることもしたくないとして、最終的に紙屑同然の銀行券も受け入れる。むろん、残った現金一万リーヴルも、いずれ貧者や病人たちに配るようになるが、その一部は、一四六〇年にサント＝ジュヌヴィエーヴの丘、つまりマグロワール神学校の近くに創設され、イグナチオ・デ・ロヨラやフランシスコ・デ・ザビエルも学んだ、サント＝バルブ学寮の学生たちの奨学金に振り分けた。当時、恵まれた大家の召使でも毎月一八〇リーヴルの給金がせいぜいだったところからすれば、この払い戻し金がどれほどのものだったかが分かるだろう。それを惜しげもなく残らず貧民救済に向けたというのである。『生涯』はここでひとつのエピソードを語っている。

パリスの善意に与った者すべてが、それを感謝していたとは限らない。あるとき、パリスは脚を骨折して数日間かかっている外科医に支払う金がないと申し出た女性（の代理人）に、二五リーヴル渡した。翌日、残りの費用も支払い、辛さを慰めようと訪ねて行くと、（歩けないはずの）彼女は家にいなかった。パリスが見舞に来たことを知った彼女はバイユーの学寮に彼を訪ねた。本来なら非難してしかるべき彼女に対し、彼はいつもの優しさをもって接した。ところが、彼女はパリスを口汚く罵った。(26)

嘘が露見しての開き直り。盗人猛々しいとはまさにこのことをいうのだろうが、いかにもありそうな話ではある。貧者のなかにはたしかにこうした不届き者もいたはずだ。

同年一二月、三〇歳のパリスは助祭に叙される。自分たちの生活を奈落の底に陥れたとして憤る市民たちの怨嗟をあとに、ジョン・ローが息子とともに命からがらパリを脱出した頃である。『生涯』には前述した払い戻し金のエピソードを除いて、なぜか混沌としたパリの様子に関する言及がほとんどみられない。この無関心が何に由来するのか、即断は控えるが、助祭に任ぜられて数か月後、彼をサン＝ジェルマン地区にあるサン＝コーム教会の主任司祭に推す動きが起きる（二年前から、彼は前任の主任司祭から、この教会の若い聖職者たちに対する教育を託されていた）。だが、それには大きな障害があった。この辞職を許されない聖職禄はパリ大学神学部の管理下にあり、その承認を得るのは至難の業だった。さらに、当時のパリ大司教ノアイユがこの助祭に反感を抱いていた（のちに態度を変える）。そして何よりも、その資格なしとする助祭自身の卑下を克服するのが難しかったからである。荒野の隠修士としての道。パリスはなおもそれを希求していた。

翌一七二一年末、パリスはアルプ通りに立ち並ぶ学寮のひとつ、ジュスティス学寮内に居を定める。一三五三年、ノートル＝ダム司教座大聖堂（バイユー）の参事会員だったジャン・ド・ジュスティスが他界直前に創設し、一七六四年(27)に太陽王ルイ一四世の名を冠したルイ＝ル＝グラン学寮に吸収されることになるこの学寮で、彼は、告解・禁欲と祈りの日々

図9　ポール＝ロワイヤル・デ・シャンの旧「小さな学校」校舎（筆者撮影）

を送りながら、デ・シャン修道院付設の「小さな学校《プティット＝ゼコル》」で子弟の教育にあたっていた、ソリテール（solitaire）と呼ばれた隠修士たち[28]に関する文献を集めた。パリスにとって彼らソリテールこそが理想像だったからである。

おそらくそのことがあったためだろう、ある日、彼はパリ西郊、ドミニコ会やウルスラ女子修道会、カプチン会などの修道院が立ち並び、ソリテールたちからも聖地視されていたポワシを訪れ、グラールなる貴族に会っている。この七五歳近くの人物は日に一度しか食事をせず、口にするのは野菜だけ、ひとりのときは水しか飲まなかった。板を組み合わせただけのベッドで、数時間休息をとる日々を送っていた。老グラールのこうした生活に、パリスは苦行者のひとつの典型をみた。そしてそれは、やがて彼自身が実践する新たな苦行の原型ともなる。

一七二二年にはまた、パリスはパリ南東方のムランにも赴いている。賛美してやまないサン＝モール修道会のベネディクト会士クロード・レオテ（一六八〇頃生）と会うためである。レオテは「ウニゲニトゥス」の受け入れを拒む上訴派ジャンセニストの一員で、世俗化したベネディクト会の修道者小会議《ディエット》にも激しく抵抗していた。上訴派と考えを共有していたパリスは、この闘士に何を求めたのか。自らの隠棲に対する意見である。その際、どのような話がなされたか、当然のことながら『生涯』は何も触れていないが、代わりに一七三一年五月四日にサンスで書かれた彼に関する書簡（差出人不明）を収載している。それによると、レオテは一一年の長きにわたって、マルディ・グラ（四旬節直前の火曜日）から聖火曜日（復活祭直前の火曜日）まで、じつに四〇日ものあいだ、ミサのときを除いて食べ物を一切摂らず、聖水曜日と聖木曜日に辛うじて牛乳のスープを口にするだけだったという。この潔斎期間中、彼は外出することもしなかった。四旬節以外でも、毎週水曜日と金曜日は完全な断食を守った。日に三ないし四時間しか眠らず、それも居室の椅子や床の上でだったともいう。むろん、このレオテの生きざまもパリスの大きな規範となった。

摂政オルレアン公が没した一七二三年、パリスはムフタール通りと交差するアルバレート通りに移る。(29)ここには薬草園のジャルダン・デ・ザポティケール――のちにセーヌ寄りに移転して王立薬草園(現パリ植物園)となる――や、シトー会系の聖女アガタ女子修道院、さらには「悪い手本」の隣にいる貧しい娘たちを、放縦な生活から遠ざけることを最大の目的としていた、プロヴィダンス・ド・デュ(字義は「神の摂理」)女子修道院もあった。彼が住まいに選んだのは、四階の手狭な部屋で、アパルトマンの住人は貧民だけだったが、貧しさを神の祝福と信じる彼にとっては、この貧しい住人たちとの交流はむしろ喜ばしいことだった。しかし、それは長続きしなかった。ある日、四半期分の家賃を取りに来た女家主が、現金はおろか、家賃のカタになりそうな家具ひとつもたないパリスのみすぼらしさに不安を抱いて、彼を追い出してしまったからである。

こうして追い立てられたパリスが次に住んだのは、古典派建築家のフランソワ・マンサール(一五九八―一六六六)が設計したヴァル゠ド゠グラース修道院を挟んで、アルバレート通りの反対側にあるフォブール・サン゠ジャック通りの部屋だった。一七二四年初頭、彼はここで、ソリテールたちに倣って、数人からなるささやかな共同体を立ち上げる。この年の復活祭主日(四月一六日)まで、日曜日と祝日のミサに参加する以外は一歩も部屋を出ず、自らを罪人として贖罪の祈りに明け暮れる。彼はそれを仲間たちと実践した。四旬節のあいだは断食をし、そのために衰弱してしばしば痙攣に襲われるようになった。それでも彼は信念を曲げず、「主が自分から身を隠すと思えれば思えるほど、彼はその姿を激しく求めた」(30)という。

二月に物乞いや浮浪者たちに対する取締令が出された一七二四年の復活祭主日、パリスはだれからも知られることのない、そしてより厳しい隠遁生活を求めて、庶民的というより、当時パリでもっとも貧しかったフォブール・サン゠マルソー(マルセル)地区のブルギニョン(ブルゴーニュ)通りに引っ越す。当時、サン゠メダール教会の主任司祭だったニコラ・ポマールの慫慂に応じたのである。あるいは、この教会の近くに、サン゠ジャック゠デュ゠オー゠パ教会のジャンセニスト主任司祭(在任一七〇四―三二)で、聖職俸をすべて貧しい教区民に与えていたというジャン・

デムーラン（生没年不詳）や、やはりジャンセニストで、同様の救貧活動で知られていたサン＝セヴラン教会の主任司祭ジャン・ピネル（在任一七〇四―三〇）がいたためだったかもしれない。[31] サン＝メダール教会から数百メートル南にあったこの通りは、現在はポール＝ロワイヤル大通りに組み込まれているが、興味深いことに、前述したアルバレート通りといい、前住地といい、彼が選んだ住まいはいずれもサン＝メダール教会から一キロとは離れていない。貧しい人びとと共に住む。彼の思いはなおもそこにあったのだろう。半世紀以上あとの記述だが、革命前夜のパリを点描した有名な『タブロー・ド・パリ』（一七八一―一八八年）のなかで、ルイ＝セバスチャン・メルシエ（一七四〇―一八一四）は、この地区についてこう記している。

図10　ブルギニョン通りにあったパリスの仮寓（作画者不明）

そこは、もっとも貧しく、もっとも不穏で、もっとも手に負えないパリの下層民が住んでいる街区である。（…）まさに町の中心的な活動から遠く離れたこのフォブール・サン＝マルセル（サン＝マルソー）の住居のなかには、破産した男、世をすねた者、錬金術師、偏執狂、わずかな年金で暮らしている男などが隠れ住み、それにまた学問にいそしむ賢者もいくらかいるが、（…）この地帯に足を踏み入れるようなことがあるとすれば、それは好奇心からだ。そこには人をひきつけるものなど何もない。見物すべき名所などただのひとつもない。ここの人たちは、セーヌ川のほとりの礼儀正しい住民たるパリっ子とは何の関係もない民衆だ。[32]

さらにメルシエは、後述するパリスの奇蹟の話などをさながら実見したように書き記しているが、それにしてもいささかエキセントリックな書きようである。ルーヴル宮近くで店を構えていた裕福な武具商を父とし、マザラン枢機卿の遺志を受けて一六八八年に創設された、カトル・ナシオン学寮で学んだエリート層に属するメルシエにとって、半世紀前とさほど変わらぬこの界隈は、我慢のならないものだった。二五歳で文筆家になることを決意した彼は、やがて革命期にジャコバン派からジロンド派に鞍替えし、劇作家として、さらに政治の世界でも国民公会や五百人会の議員になるという輝かしい経歴を残すが、パリスは逆に少し背伸びすれば手に入る栄達の道を拒み、「もっとも貧しく、もっとも不穏で、もっとも手に負えない」界隈に自らの生を委ねた。そして、この新たな生活でも、たえず自らを卑下しながら祈りと告解に明け暮れ、サラダと命名した生野菜と水だけの食事で辛うじて日々をつないだ。それでも手元不如意はどうしようもなかったのだろう、やむなく彼は弟のジェローム＝ニコラに手紙をしたため、なにがしかの金銭を受け取っている。だが、その弟にしても、もはやパリスに会うことはできなかった。兄がバイユーやジュスティスの学寮に滞在していたときは、しばしば日曜日に会い、食事をしたものだったが、今や兄は自らの狭い部屋を隠修所に変えてしまっていたからである。稀にではあれこの部屋を訪れることができたのは、貧者だけだった。

いささか信じがたい話だが、『生涯』によれば、パリスは六〇〇〇リーヴルに相当するほどの蔵書をもっていたという。むろん、現実にこれだけの蔵書を手狭な部屋に収納することは明らかに不可能である。これもまたパリスの偉大さを強調する対比的対合となるだろう。真偽の詮索は措くとして、いずれにしても苦行者には不釣り合いな蔵書数である。そこで彼は、隠修士として最低限必要な書物だけ残して他をすべて売却し、例によって代価を小教区の貧者たちに配ったともいう。

この一七二四年、パリスは施しの資金を捻出するため、ある靴下製造親方に弟子入りしている。当時、徒弟の平均年齢が一四歳頃から二〇歳前後だったことからすれば、三四歳での徒弟というのは、むろん例外に属する。これもまたパリス伝が一致して述べているエピソードだが、なぜこの業種だったのかの明示はない(33)。そしてこの親方から作業台を二八〇リーヴルで買い受けることになった。だが、それを引き渡す段になって、親方はパリスとそのような取引はしていないと主張するのだった。むろん、前払い金は返してくれなかった。彼の友人たちの勧めもあって、パリスはこのことを裁判所に訴えようとする。

しかし、彼はそれを思いとどまった。『生涯』に収載されているパリス自身の手になるという訴状によれば、こうした訴えは聖書の教えに背くからだという。そこで彼は作業台を他に求めた。代金は三〇〇リーヴル。（前回同様？）弟が用立ててくれた。図11は、その際、パリスが一七二四年八月二六日にジャック・ギアールなる親方と交わした、自筆の署名入り証文である。庶民同士が取り交わした（文書作成者はパリス）、それだけに歴史的にきわめて貴重な文書である。繰り返しが多い文書だが、煩をいとわず内容の大略を紹介しておこう。

靴下および他のメリヤス製品の親方・商人ジャック・ギアールと聖職者フランソワは、本日から半年間、親方の仕事を修得することに合意した。親方はそのために必要な一切のものを提供し、パリスは親方に最初に一〇〇リーヴル、徒弟期間終了時に一〇〇リーヴル、合計二〇〇リーヴルを支払うこととする。ただし、パリスが徒弟期間中に親方の工房で作ったものはすべて親方に帰属する。(34)

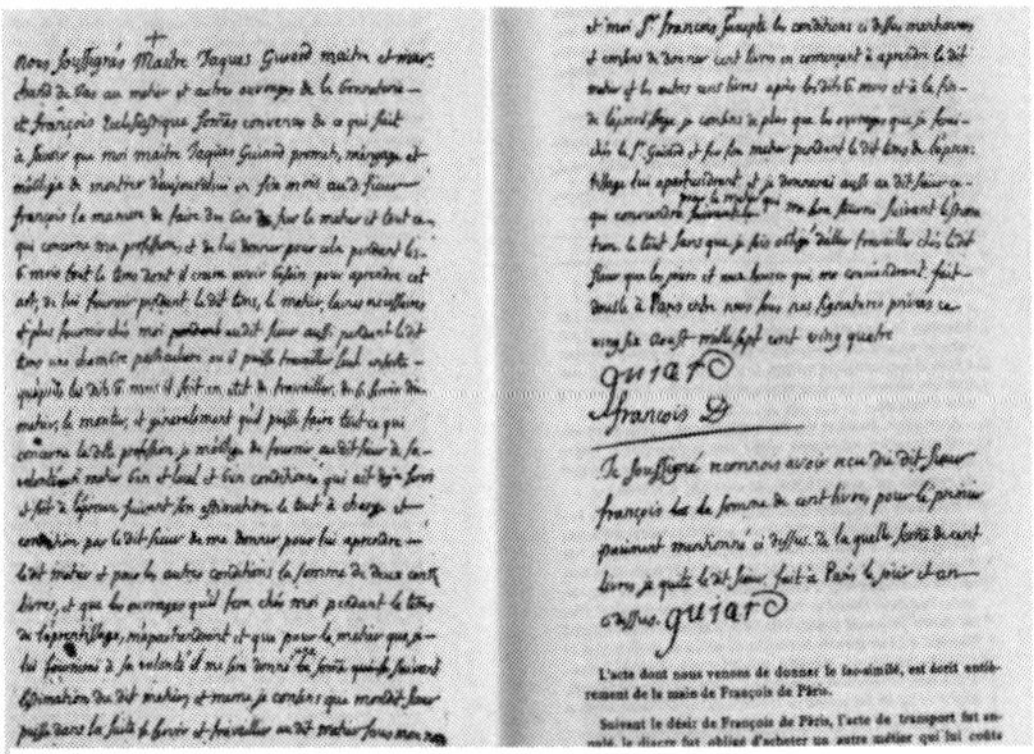
L'acte dont nous venons de donner le fac-similé, est écrit entièrement de la main de François de Pâris.

図11　パリスの自筆証文
（P. Valet, *Le diâcre Pâris* ... pp. 14-15）

この証文によれば、パリスは徒弟修業のため、作業台の購入費用のほかにさらに二〇〇リーヴルを支払うことになっていた。パリの歴史・考古・芸術委員会のポール・ヴァレによれば、ギヤール親方は以前はさまざまな仕事を手広くおこない、かなり安楽な生活をしていたが、問題の時期には商いが不調で借財を背負い、証文を交わした三か月後には逐電してしまったという。(35)

おそらくパリスはそうした親方の経済的状況を知らなかった。知らぬまま、詐欺的な取引に応じてしまったのだ。世間知らずといえばそれまでだが、むしろ他人を疑わないこうした無垢さこそが、パリス信仰が生まれる契機のひとつになったといえなくもない。それからちょうど一〇か月後の一七二五年六月二六日、彼はルーセという親方と同様の契約を交わしている。ただ、この親方のもとで、パリスがどれほど職人としての腕を磨いたかは不明である。(36)

一七二四年にはまた、パリスは数年間禁欲苦行を続けている友人に次のような手紙を書き送っている。これも彼の人となりを知る上で興味深いものである。パリのサン＝シュルピス教会を去り、世俗を離れて隠修士の日々を送っていたスイスないしサヴォイア出身の司祭カステラの著書を所望したあとで、彼はこう記している。

断言しますが、私は貴兄に悲惨な状態を引き起こしている苦痛を最大限受け止めます。しかし、貴兄の苦しみにはおそらく慰めも伴っているはずです。貴兄の心を慈愛が支配する限り、その苦しみはさほどのものとはならないでしょう。われわれに無縁のものとの別離は、苦しむにたりません。(・・・)ムッシュー、貴兄のすべての苦痛は、心が他のすべてのものから目覚めてひたすら神に向かえば霧散します。神のなかにのみ慰めを求めて下さい。(37)

宛先の友人が誰なのか明記はないが、明らかにパリスはこのアドバイスを自分にも向けている。それはそのままパリス自身の覚悟の表明でもあったのだろう。ブルギニョン通りの部屋で、パリスは独住の隠修士を目指したはずだが、とき経ずして数人が彼のもとに集まり、前住地と同様、一種の共同体がかたちづくられた。『生涯』の著者は、彼らをデ・シャン修道院の隠修士になぞらえて「ソリテール」と呼んでいる。パリの下町にありながら、この俗世を離れたささやかな共同体では三通りの共同の実践、すなわち祈りと隠棲、そして肉体の苦行が掟となっていた。それ以外は基本的に自由だったが、だれもが毎日二時に起きた。むろん、生活の中心は祈りで、それは日の出一時間前の賛課《ロード》、日の出一時間後の一時課《プリム》、午前九時頃の三時課《ティエルス》、正午の六時課《セクスト》、午後三時頃の九時課《ノン》、日没後の晩課《ヴェープル》、そして一日を締めくくる就寝前の終課《コンプリ》も欠かしてはならなかった。六時課と九時課のあいだは静読と手作業と庭の手入れ(どこの庭かは不明)に費やされたという。

彼らソリテールたちの食事はといえば、穀類と野菜、すなわち米やレンズ豆、エンドウ豆、ソラマメが主体で、肉もなければ魚もない。必要がなければバターもミルクも卵も摂らなかった。ワインは常時数瓶用意していたが、それを開けるのは特別な場合だけで、パリスは数年来ワインを口にしていなかった。食事のあと、手作業をしながら互いに言葉を交わしたが、それも半刻たらずだった。それから各自居室に戻ったり、読書や庭仕事に精を出したりして時間を費やした。晩課のあとの午後六時半頃、全員が集まって荒野の修道士たちの生涯などに関する書を静読し、七時頃には互いに信仰確認をおこなった。むろん、召使などはいなく、それぞれが交代で料理とはとても呼べそうにない食事を用意し、掃除も分担した。日々の費用もまた各人が可能な範囲で持ち寄り、その供出金の多寡による上下はなかった。

『生涯』によれば、この頃、パリスは真理を求める一方で、ソリテールたちの教え、ヤンセニウスとその著『アウグスティヌス』（一六四〇年、死後刊行、後述）、さらに恩寵の教えやキリスト教の倫理に対するイエズス会の策謀などについて深く考え、多くの人びとがそれを知っていたという。そして『生涯』はこうも記している。いささか謎めいた書きようである。

図 12　ヤンセニウス肖像画、
ジャン・モラン（1605 頃－ 50）作

> 真理を称えたため、パリス氏は、かねてより、そして今も多少とも教養ないし熱情に欠ける者たちのなかで呼ばれているもの、すなわちジャンセニストだった。とくにイエズス会士たちについて彼がどう考えていたかは、その死の直前に彼の口から出た一種の格言によって判断できる。「彼らの正体を暴露しすぎてはならない[38]」。

虚心坦懐に読めば、ジャンセニストという呼称はすでに知識人のあいだでは用いられず、庶民のあいだでのみ生き延びていたことになる。たしかに『生涯』全体を通して、パリスがそう自称したとする記述はないが、いずれにせよ著者が自分にも向けられていたはずのこの呼称をむしろ冷やかにとらえていることだけは間違いない。一方、死の間際に彼が遺言のように発したイエズス会士に対する言葉は、マテューの『物語』以降の評伝に好んで取り上げられているものの、むろん真偽のほどは分からない。ただ、『物語』には、パリスが彼らイエズス会士たちを神の真理に背く者だとして非難するくだりが数か所みられる。たとえば、教勅「ウニゲニトゥス」が一七一三年に出されて以来、自らその意味を学び、より詳しくそれを知る年長者たちからも教えを請うた彼は、教勅が真理への愛に対する攻撃だとして反発し、これが教皇庁ではなく、イエズス会の意図によるものと弾じたという。そして、教会総会議に教勅の撤回を求めた四司教の上訴を支持したともいう。

この上訴問題については次章で詳しくみていくが、一七二四年八月一四日、パリスは、上訴派四司教のひとりだったモンペリエ司教（在任一六九七—一七三八）のコルベール・ド・クロワシに書状をしたためている。この司教は、ルイ一四世のもとで重商主義政策によって絶対王政の経済的基盤を確立しようとした、財務総監ジャン＝バティスト・コルベールの甥でもあった。『生涯』には書状の全文が載せられているが、そのなかで、彼はさまざまな締め付けにもかかわらず、司教が断固として「真理」を擁護していることを称え、教勅には信仰が認められず、それゆえ自分もまた上訴者の列に加わっていること、神の恩寵によって、自分が教勅受入れの署名を拒んでいること、こうした自分の姿勢に対し、いずれ迫害が及ぶだろう。しかし真理を希求する自分にとって、それは苦しみではなく、むしろ喜びをもって待ち望んでいると明言している(39)。しかし、この書状の狙いは、文面からはうかがえない紙背にあった。なぜか『物語』は明記していないが、じつは一七二一年、この司教は新教皇インノケンティウス一三世の圧力に屈して、「ウニゲニトゥス」を認める信仰宣誓書の署名を受け入れていたのだ。そのかぎりにおいて、パリスの書状は抗議であった。だが、それに対する返信はなかった。

教勅がいかなる誤謬に満ちているのか、『物語』はこれについても詳述していないが、この書状から判断する限り、教勅に反対することは神の真理を奉持することにほかならない。そこには後述するジャンセニストとイエズス会との確執とは距離を置いた、求道者パリスの姿をみとてることができる。パリスを小教区に呼び寄せ、彼に聖歌隊に入って歌ったり、若い聖職者たちを教育したりするよう求めた主任司祭のポマールもまたジャンセニストで、教勅反対派だった。[41]

バスティーユに近いフォブール・サン＝タントワヌ地区で飢饉蜂起が起きた一七二五年前後には、そうしたパリスの「名声」を聞きつけて、前述したシリ・ド・ルヴィニのほかにも、さまざまな人物が共同体の仲間入りをする。そのうちのひとりユルバン・オーギュスタン・マビロー（一六七二―一七三四）はオラトリオ会士で、一七三〇年代前半、後述する反ウニゲニトゥス＝反イエズス会のジャンセニスト機関紙《聖職者通信》の編集陣に入っている。[42]『物語』に登場しているコンジという人物が彼で、フランドル地方の貴族の出だという。彼は二年間あまりパリスと起居をともにし、食事の世話もした。パリスの臨終にも立ち会った。だが、「聖助祭」の没後まもなく、自分も病を得て、パリの慈善院で貧しいまま息を引き取っている。遺骸は当時パリで最大だったサン＝マルセル地区のクラマール墓地に埋葬されたが、何人かがその遺骨を求めて崇敬の対象にしようとしたともいう。そしてもうひとり、「ムッシューT」とのみ記された人物もいた。彼がいつパリスに仕えるようになったかは不明だが、この人物もまたコンジ同様、パリスを見送っている。

一七二六年のある日、ドザンジャン（一七三一年没）という反教勅派のジャンセニストがパリスを訪ねてくる。北仏ブーローニュの反ジャンセニストとして知られた司教ジャン＝マリ・アンリオー（在任一七二四―三八）から追放された、カレーの聴罪司祭である。『物語』の注記によれば、彼はパリス同様の厳格な苦行者で、四旬節のあいだは夜八時に食事を摂るだけ、それ以外の日々も粗末な食べ物で満足していたという。そして、最下層の人々の教導にとくに熱情を注いでもいた。そのドザンジャンを食事に招いたパリスは、彼にこう言ったという。「このパンは昨日の、米は一昨日（に炊いた）のものです」。米とはいささか意外だが、それは黒くて苦味がかったものだった。ドザンジャンがコンジに、なぜ米が黒変しているのか尋ねると、彼が調理中、天井から落ちてきた煤の塊だと答えたという。[43]

だが、ひたすら神の真理をもとめるための戦いを展開するうえで、パリスに残された時間はもはや少なすぎた。飢えすらも神の恩寵と考えていたが、苦行と度重なる断食がたたったのだろう、一七二七年の四旬節期間中（三月）に幾度となく痙攣を起こした。みかねた主任司祭ポマールが清潔な寝具――それまでパリスは敷布を使わず、サージの肌着だ

図13　パリスの死（作者不明、18世紀）

けで寝ていた――と滋養のある食事を与えてくれた。医師の診察も受けさせた。だが、その好意も衰弱した彼の体力を回復させるまでにいたらなかった。一七二七年四月には膝の腫瘍と高熱に苦しみ、弟ジェロームの再三にわたる見舞にもかかわらず、五月一日木曜日、ポマールから終油の秘蹟を受けたあと、いまわの際に、信頼できる友人に「ウニゲニトゥス」を受け入れてはならないと言いおいて、弟たちに見守られながら、ついに不帰の客となる。

死に臨んで、パリスは自筆で遺言書をしたため、サン＝マグロワール神学校時代の恩師で、遺言書の執行を託したデュゲ・バニョルに対し、貧民救済活動を高く評価していたオラトリア会の司祭（だれかは不明）に三五〇リーヴルの終身年金を与えること、最期まで従ってくれたムッシューTに二〇〇リーヴル、コンジに三〇〇リーヴルの年金、さらにサン＝メダール教会の聖職者ひとりひとりに一〇リーヴルを遺贈することなどを依頼したという。ただ、パリのフランス国立図書館に所蔵されている、一七二七年四月三〇日付けの署名入りの一二項目からなる彼の遺言書には、自分のあとを継いだ者たちに三〇〇～三五〇リーヴル、デュゲ・バニョルに一二〇〇リーヴルを遺贈することや、弟妹たちに両親のために祈りを捧げることなどに加えて、次のような一文が記されているだけである。

「私が一か月前に参列したミル氏と同じように、小さな墓地に質素に埋葬してくれるように[44]」。

こうしてパリスは、サン＝メダール教会に隣接する墓地に埋葬される[45]。遺言書にある「ミル氏」がいかなる人物かは不明である。だが、この遺言書は貧者とともに生きたいかにもパリスらしいものといえる。実際に彼の葬儀がどのように、営まれたのか。『生涯』によれば、「五月三日の土曜日、数人の高位聖職者やその慈悲心や学識で際立っていた数多くの聖職者、尊敬に値する高徳な貴婦人たちが、この高名な真理の聴罪司祭の葬儀に列席した。それは控えめなものだったが、荘厳な祭式だった。（・・・）人々は祝福に与れるよう、先を競うようにして彼の柩に触れ、あるいはそれをみつめた」という。[46] 前述したように、すでに奇蹟はその葬儀を待たずに起きていたが、『生涯』はさらに、パリスを見舞った際、大司教ノアイユは高潔さと禁欲・苦行の人生が助祭の最大の奇蹟だと称えた。それに対し、パリスは自分が教勅「ウニゲニトゥス」と信仰宣誓書につねに反対してきた、と答えたともいう。[47]

むろん、こうしたエピソードがどこまで真実か定かではないが、パリスの死から一〇か月ほど経った一七二八年三月、弟のジェローム＝ニコラが亡き兄のため、ノアイユの了承のもと、サン＝メダール教会の墓地に墓碑を建てる。彼は墓碑銘にラテン語でこう刻ませた。


神とキリスト教のためにだけ生きた者は、つねに十全に生きたといえる。

ここに眠るパリ教会の助祭フランソワ・ド・パリスは、ごく幼いときから貧しい者たちに心を動かされ、神の世界にまで昇って、神にのみ仕えた。

幼くしてすでに神聖な心に満ちていた彼は、
一家の長子でありながら、肩書や名誉、さらに先祖からの仕事まで拒み、若いときから人間的な栄誉を越えたところに身を置いた。

たしかに才知には欠けていたが、彼は家具を売って、その代価を自らが愛し、支える貧者たちに与えた、生存中も収入を彼らに分け与えた。

彼は手仕事によって糊口を凌いだが、口にしたのは、嗚呼、はたして食べ物と呼べるものだったか（！）。

聖パウロの忠実な模倣者である彼は、
やがて助祭に叙せられ、数々の書物から汲みだした膨大な知をもって、高位者から命じられた聖職者たちの教育にあたった。彼は彼らの身分が引き受けるべきすべての義務を教え込んだ。

自らをもっとも崇高な聖職者の模範とする彼は、

広がり始めたその徳の評判に不安を覚え、この小教区に移って人びとの目に入らない隠れ家に住み、神のみぞ知るさまざまな世話や介護に明け暮れた。

俗世とその魔力に対する勝利者である彼は、

苦行の喜びによって自らの霊魂を鍛え、数年ものあいだ、日に一度きりの食事、水ときわめて粗末なパン、ときに野菜を加えただけで体を維持した。

こうして咆哮する（内なる）獅子を制御しながら、

彼は地面の上に横たわり、束の間だけ眠った。そしてだれもが言うように、その眠りすら祈りのために中断させた。いや、むしろ彼の覚醒と祈りは短い眠りを挟んで継続したというべきだろう。

祈りと願いの人である彼は、

自らに神を渇望させた激しい信仰と、つねに身に着けていた十字架を抱きしめながら、自らを喜びで満たした強い願望に突き動かされた。

そして、熱火より慈悲の火で自らを燃やしながら、

一七二七年五月一日、彼は主のみもとで静かな眠りについた。享年三七。

苦行の無垢な犠牲者として。(48)

兄への愛情と敬意とに満ちたこの墓碑銘から、苦行者としてのパリスの生涯が克明に読み取れる。「Hieronimus-Nicolaus de Paris in suprema Parisiensi curia Senator dilectissimo fratri（パリ高等法院評定官ジェローム＝ニコラ・ド・パリス、愛する兄を亡くした悲しみを和らげるため、その墓にこの墓碑銘を刻ませた）」という文言にも、ようやく責任を果たしたという安心感のみならず、一種の矜持すら感じ取れる。むろん、この兄思いの弟は、兄が人びとから慕われていた、いや、むしろ聖者として崇敬されていたことは十分知っていた。すでにその死の直後から「奇蹟」が起きており、以後、彼が墓碑を建てるまで、同様の出来事が相次ぎ、またたくまにそれが巷間、噂となって広まっていたからだ。

しかし、それまでの奇蹟は、じつはやがて生まれる「パリス現象」の序曲でしかなかった。以下ではそうした奇蹟の具体例をみていくことになるが、それに先立って苦行者パリスのもうひとつの顔、つまりジャンセニスト＝上訴派としての顔を検討しておく必要がある。パリス現象がまさにこの顔と密接に結びついているからである。いささか厄介な作業だが、それには教勅「ウニゲニトゥス」およびその後の状況を検討しなければならない。

第2章
上訴派パリス

教勅「ウニゲニトゥス」の背景

一六六九年一月、教皇クレメンス九世によって教勅「教会の平和」（「クレメンスの平和」とも。本書第4章参照）が出される。ジャンセニスム問題の決着を図っていたルイ一四世もこれを支持したことにより、デ・シャン修道院の再開が認められ、ソリテールのサシ（第1章註28参照）もバスティーユ監獄から釈放された。当時、パリには次のような戯歌が出回ったという。

ジャンセニストとイエズス会士たちの長く続いたこの有名な対立に
ようやく幸運な幕が引かれた。
双方が大きな利を得たと言っているが、
それについて彼らが我々に言うことによれば、
ジャンセニストたちは笑い、イエズス会士たちは怒っている。[1]

翌一六七〇年、パスカルの『パンセ』が上梓され、さらにその翌年には、当時フランス・ジャンセニストの指導的な立場にあった、パスキエ・ケネル[2]（一六三四—一七一九）の『新約聖書に関する道徳的省察[3]』（一六八七—九二年。以下『省察』と記す）の第一部ともいうべき論考、「福音史家たちの道徳概要もしくは四福音書に関するキリスト教的思想」も発表された（一六八七年二月には、出版を統制していたパリ大学神学部の博士たちが、『省察』のもととなる「使徒言行録」や「聖パウロの書簡集」、「ヨハネの黙示録」などに対して、それらが「カトリックや使徒、ローマの信仰」に合致しており、「これら一連の著作が人々に有益」だとして出版の許可を与えている[4]）。

後述するように、やがて筆禍を招くことになる『省察』は、しかしかなりの評判を呼び、一六九四年には新装版も出るほどだった。ソルボンヌの神学博士で『良心問題事典』（2巻、一七四四年、死後刊行）の編者でもあるジェルマン・

フロマゴー（一六四〇—一七〇五）は、この書を検閲の対象、つまり禁書にすべきだと主張した。だが、それは大きな声にはならなかった。事実、当時シャロン＝シュル＝マルヌ司教だったノアイユは、翌一六九五年六月、つまりパリ大司教に任じられる二か月前に、教区のすべての聖職者に宛てて次のような教書を出している。

（・・・）具体的にいえば、著者は厳粛にして該博な省察でこの書の価値を高め、豊かなものとしています。教父たちが新約聖書についてきわめて美しくかつ感動的に書いたものを集め、それによって、この書を説得力のある優しさと光に満ちた要約に仕立て上げているのです。そこではさまざまな問題が明確に説かれ、宗教（キリスト教）の至高の真理が聖霊の力と優しさとともに論じられ、どれほど頑な心にでもそうした真理を味あわせてくれます。(5)

それゆえ、この書を熟読して自らの書架に置き、そこに盛り込まれた「イエス・キリストの優れた知」を教区民の説教に用いるとともに、他の人々にも薦めてほしい。ノアイユはこう求めてもいる。時期は不明だが（友人のノアイユがパリ大司教になって以降）、祖父と父が高等法院の評定官をつとめ、自らはパリ近郊モーの司教で当代最高の説教者との名声をかちえていた、ジャック＝ベニーニュ・ボシュエ（一六二七—一七〇四）もまた、『省察』に惜しみない賛辞を送っている。ガリカニスムを思想的基盤のひとつとするジャンセニストたちにとっても、「政治的なガリカニスム」（カトリーヌ・メール）を標榜したこの書はなによりの僥倖となった。おそらく彼らはケネルを、アンリ四世を信奉したガリカニスムの神学者で、パリ大学神学部長の職にありながら、ドミニコ会が主唱した教皇の無謬性や教会会議に対する教皇権の優位に反対し、リシュリュー枢機卿から反教会的だとして危険視された、エドモン・リシェ（一五六〇—一六三一）を「開祖」とするリシュリストとみてもいた。(6)

一方、ポール＝ロワイヤルの名声もまた日ごとに増幅していった。たとえばのちに書簡文学と呼ばれる境地を開いたセヴィニェ侯爵夫人（一六二六—九六）——祖母はジュネーヴ司教のフランソワ・ド・サル（フランシスコ・サレジオ。一五六七―一六二二）とともに、一六一〇年に聖母訪問会を創設し、のちに列聖されるジャンヌ・ド・シャンタル（一五七二―一六四一）――は、プロヴァンス貴族のグリニャン伯に嫁いだ娘フランソワーズ（一六三二―一七一四）と、二五年にわたって書簡を頻繁に交わしたが、一六七四年一月二六日、この愛娘にこう書き送っている。

ポール＝ロワイヤルはテーベ（初期キリスト教時代の独住修士たちが集まっていたナイル東岸の聖地）です。楽園です。キリスト教の信仰全体が整えられた砂漠でもあります。（・・・）そこにはだれからも知られていないソリテール（隠修士）が五、六人いて、聖ヨアンネス・クリマコス（五七九―六四九。『天国への階梯』を著した修道士）に倣って苦行の日々を送っています。その修道女たちはまさにまごうかたなき地上の天使です。しかし、マドモワゼル・ド・ヴェルテュは想像しがたい苦しみと極端なまでの忍耐をもって、この修道院で生涯をまっとうしようとしています。でも、おそらくひと月も耐えられないでしょう。そこで奉仕している人々は、荷車曳きや牧童、さらに職人にいたるまで、だれもが気高く、慎み深い。あなたに告白しましょう。私がかつて好んで語っていたこの神聖な孤独を目の当たりしして歓喜したということを。その場所はおぞましい谷ですが、救いに値するように生きるには、じつに適した地でもあります。(7)

この書簡に登場するマドモワゼル・ド・ヴェルテュとは、ヴェルテュ伯クロード・ダオグールの娘カトリーヌ（一六一七―九二）である。彼女は、ソリテールのアントワヌ・サングラン（一六〇七―六四）を、彼の死後はル・メートル・ド・サシを聴罪司祭として、一六七〇年、デ・シャン修道院に入り、修道誓願こそしなかったが、セヴィニェ夫人の予想に反して、修練女の白衣をまといながら質素な祈りの日々を終生送った。修道院への寄進者でもあった彼女は死後、その墓地に埋葬されている。予想こそ外れたが、人界を離れて祈りに明け暮れるデ・シャン修道院の生活は、パリの社交界でその人ありと謳われた当代一流の知識人にとっても、桃源郷ならぬ理想郷にほかならなかった。

だが、こうしてジャンセニストの勢いがさらに増してくると、ルイ一四世はそれを改めて国家権力に対する危険要因とみた。一六九八年には「教会の平和」に反対していたイエズス会からのケネルの『省察』に対する攻撃も始まり、一七〇三年には、国内の司教としては初めてとなるアプト司教の『省察』批判の教書も出された。一七〇四年には、教皇クレメンス一一世もジャンセニスムを断罪する教勅、「ヴィネアム・ドミニ・サバオト（万軍の主のブドウ園）」を公布して、フランス聖職者会議に送付した。同会議はこれを受け入れたが、その内容を正当に精査した上での条件をつけた。

おそらくそこには、「モーの鷲」と称されたボシュエが立案し、一六八二年の聖職者会議で唱えられた「四か条の宣言」を明確化したガリカリスムへの、教皇の介入を拒もうとする意図があった。教皇との和解を図ったルイ一四世によって、一六九三年に撤回されることになるこの宣言は、①教皇権は信仰に対してのみ至高であり、②教会総会議はコンスタンツ公会議の教令により、教皇の上位にある、③教会の威信は教会法によって規制される、④教皇の判断は教会総会議の同意がなければ無謬ではないという四か条からなっていた。明らかにこれは教皇の絶対権力を牽制するフランス教会の異議申し立てでもあった(8)。

こうした対応に怒った教皇はルイ一四世に書簡を送り、教勅を実践する司教のみを支持するよう、厳しく抗議した。教皇の側近で、前記教勅の草稿を作成した反ジャンセニスム・教皇至上主義者で、一七一五年に枢機卿団会長、翌年には禁書目録省の長官になったカルロ・ファブロニ枢機卿（一六五一―一七二七）もまた、聖職者会議の議長だったノアイユ大司教が、『省察』を高く評価していたとして公に批判した。あるいはこの頃からか、ノアイユはジャンセニストたちと一線を画すようになる。その手始めは、一七〇八年に出したポール＝ロワイヤルの修道女たちに対する秘蹟の禁止だった。翌年にはデ・シャン修道院の閉鎖も決め、それにより、修道女たちが修道院から追放された。その一方で、一七一一年、ノアイユは『省察』を非難した司教たちの教書に反対し、これらの教書を書いたとおぼしきイエズス会士たちに教区内での活動を禁じてもいる。

こうしたノアイユの動きにはいささか整合性が欠けているといわざるをえないが、明らかにそこにはこれから起こりうる事態にどう対処するべきかという、彼の懸念をみてとることができるだろう。事実、その懸念は現実のものとなる。この一七一一年、ルイ一四世の最後の聴罪司祭で、『新約聖書の省察にみる反逆者にして異端のケネル神父』（一七〇五年）を著した、イエズス会士のミシェル・ル・テリエ（一六四三―一七一九）が、多くの司教を動員して『省察』を批判させようと考え、手始めにノアイユを弾劾するよう国王に働きかけたのである。これを受けて、ルイ一四世は教皇に『省察』に対する教勅を出すよう求める。ベネディクト会士で反教勅派（上訴派）だったヴァンサン・テュイリエによれば、その際、国王は諮問会議に次の三点を検討させたという。

1. フランスの自由を損なうことなく、直接教皇に働きかけ、ケネルの書を断罪するよう求めることができるか。
2. どのような教勅であれば、王国の慣例と共存できるか。
3. 国王が望むような教勅を教皇が拒む口実をいかにして取り除くか。(9)

はたしてこの諮問がいつの時期になされ、どのような結論になったかは不明だが、自らの権威ではすでに抑えきれなくなっている国内のジャンセニストたちを、ケネルの書を一種のスケープゴートにして教皇に抑えてもらう。教皇権に対するフランス教会の独立を主張するガリカニスムを支持していたはずの国王の振る舞いとしては、いささか理解に苦しむところだが、その振る舞いがいかなる結果を招くことになるか、おそらく晩年に近い国王には予測がつかないことだった。

そして一七一三年九月八日、教皇クレメンス一一世はジャンセニスム弾圧の教勅「ウニゲニトゥス・デイ・フィリウス（神により生み出されたひとり子）」、通称「ウニゲニトゥス」を出す。(10) 一六五三年、インノケンティウス一〇世（在位一六四四―五五）が教勅「クム・オカジオーネ」で断罪した、ヤンセニウスの『アウグスティヌス』を再評価したケネルの『省察』から一〇一の命題を取り上げ、それを異端として弾じて、前例と同様、フランスの聖職者たちにその受け入れの署名を迫ったのである。(11) ル・テリエが草稿を書いたとされるそれは、次のような言挙げから始まる。

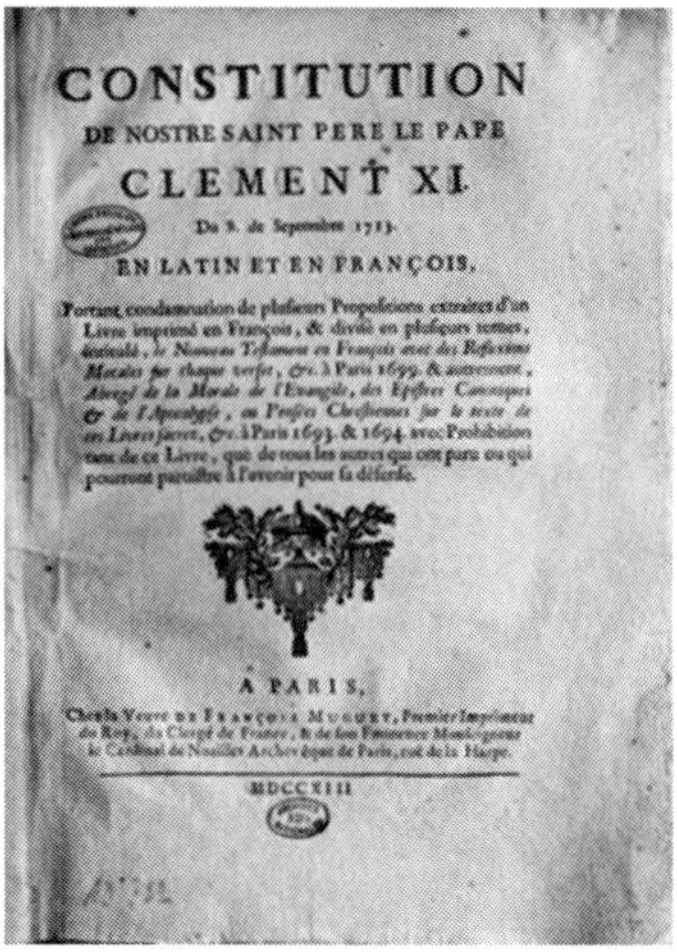

図 14　教勅「ウニゲニトゥス」扉頁
(国立ポール＝ロワイヤル・デ・シャン博物館。筆者撮影)

われわれと万民の救いのために人の子となった神のひとり子が、その弟子たちに真理を教えたとき、そして、使徒たちを介して教会を教え導いたとき、この生まれつつあった教会にさまざまな戒律を授けた。だが、後代にその教会を揺すぶるものを見越した神は、必要に応じて有益かつ優れた警告を発する。[12]

教勅の「ウニゲニトゥス」とはこの言挙げの冒頭にある文言――「あなた（神）のひとり子の身体である唯一の教会」（アウグスティヌス『告白』、第六巻第四章）――に由来するが、ここには教勅が「神による警告」だとする暗喩がみてとれる。教勅はさらにこう続ける。

この書（『省察』）については、それがカトリックの真理といくつかの誤った、そして危険な教理を混在させているところから、われわれはすでに断罪しておいた。にもかかわらず、それは一切の誤りとは無縁の書の代わりに数多くの者たちの考えになおも浸透している。（・・・）そして、その有害な主張をあらゆる国民、あらゆる王国に最大限伝播させるため、ラテン語にも翻訳されている。われわれに託された主を信じる者たちの群れが、きわめて蠱惑的かつ欺瞞的な企みによって破滅の道に引き込まれていくのを目の当たりにすることは、われわれにとってじつに大きな苦しみだった。そこで、われわれの司牧的な懸念や正統な信仰に対する真の熱情を抱く人々から寄せられた数々の非難、さらにとくにわれわれの尊敬おくあたわざる数多くの兄弟や司教たち、とくにフランスの司教たちの書状や祈りに応えるべく、われわれはより効果的な打開策によって、なおも出回り、時が経つにつれて由々しき結果を生み出しかねない悪の流れを止める決心をした。[13]

パスキエ・ケネルの名こそ明示されていないが、書名を出せばそれだけで聖職者たちに通じた。このことは『省察』がそれほど普及していたという事実を物語る。しかし、教皇の危惧はこの書がラテン語に訳されて、さらに出回ることにあった。換言すれば、フランス語の原著だけなら、さほど危機感を抱かずにすんだとも思われる。

こうした言挙げに続いて、いよいよ一〇一の命題を列挙する。それぞれの命題には関連する聖書の文言が付記されている（校注者や引用者によっては、さらにラテン語とフランス語が対訳されている）。ここでそのすべてをみるにはいかないゆえ、いくつか紹介するにとどめよう。

第一の命題　神とその恩寵を失った魂には、罪とそれに続くもの、たとえば傲慢な貧しさや怠惰ゆえの欠如、すなわち労働や祈り、さらにあらゆる善行に対する無力ないし無能さ以外に何が残るのか。

第一〇の命題　われわれの罪に対する神の哀れみは、罪びとに対する神の愛である。それは恩寵の根源である。この恩寵は神の全能の手による働きであり、なにものもそれを妨げたり遅らせたりすることはできない。

第一二の命題　神がいつ、いかなる場所でも魂を救おうと望めば、疑う余地のない結果が神の意志に沿って生まれる。

第一三の命題　神が魂を救おうと望み、その恩寵の内的な手でそれに触れれば、人間のいかなる意思もそれに抗うことはできない。

第二五の命題　神はその御心によってのみ、魂を照らし、肉体と同様、それを癒す。

第二九の命題　教会の外に恩寵は存在しない。

第三〇の命題　神がイエス・キリストを介して救おうと思う者は、だれであれそのようになる。

第四五の命題　神の愛が罪びとの心を支配しなくなれば、必然的にその心は肉欲に支配され、あらゆる働きが汚濁にまみれる。

第六〇の命題　苦しみに対する危惧のみが改悛を煽る場合、この改悛が激しくなればなるほど、それは絶望へと向かう。

第六六の命題　神に近づこうとする者は、野獣のような情念を携えて来てはならず、本能や獣のような怖れによってではなく、子供のような信仰と愛によって行動しなければならない。

第六五の命題　（ユダヤ教の）モーセと預言者たち、祭司や律法学者たちは神に子供を与えることなく没した。彼らはただ惧れから奴隷たちを生み出しただけである。

第七九の命題　いつ、いかなる場所でも、そしてだれであれ、聖書から福音を学び、それによって（神の）心や慈悲、神秘を知ることが有益かつ必要である。

第九七の命題　もっとも敬虔で、教会ともっとも密接に結びついている者たちが、それに相応しくない、あるいはすでにそこから離れているとして見られ、扱われるといったことはしばしば起こりうる。だが、義者は人間たちの考えではなく、神への信仰によって生きる。

第一〇一の命題　もはや何ものも神の御心やイエス・キリストの教えに反対することはできない。通常のこととして、教会で宣誓もおこなう。さもなければ、偽誓をおこなう機会が増え、弱者や無知な者たちに罠が仕掛けられ、ときには神の名と真理がよこしまな者たちの意図に用いられるだろう。（14）

「ウニゲニトゥス」で列挙されたこれら一〇一の命題は、それぞれ『省察』のどこに対応箇所があるのかについての明示がない。その典拠にしても、たとえば第九七の命題では「このイエスこそ、《あなた方、家を建てる者に捨てられたが、隅の親石となった石》です」（『使徒言行録』4.11）、最後の第一〇一の命題では「《はい》は《はい》、《いいえ》は《いいえ》」とだけ言いなさい。それ以上のことは悪魔から来る」（「マタイによる福音書」5.37）のように、命題との関連づけにはかなりの類推を必要とする。まさにそうした曖昧さが、「クム・オカジオーネ」の場合と同様、やがて大きな論争を招く所以となった。

こうして自分の働きかけで出された教勅をパリ郊外のフォンテーヌブロー城で受け取った国王は、そのコピーをノアイユ枢機卿に渡す。渡されたノアイユはおそらく事態の深刻さを感知したのだろう、早くも九月二八日には教書をしたため、「教皇が断罪した著書の冒頭に小職の名前が載っていることに苦しむほかない」として、『省察』に対する認可を撤回する。そして、この断罪がなされてから最初に同書を見捨てたのは自分であるとまで主張し、さらに司教区民に対し、『省察』を読んだり所持したりすることを禁じ、さらにこの書を見つけたら、宗教裁判所の文書担当にそれを提出するよう命じてもいる。[15] 機を見て敏というべきか、風見鶏というべきか。少なくともこの大司教は逡巡の人だった。[16]

それについては、じつに興味深い書がある。パリのサン＝トノレ参事会教会の参事会員だった、ノアイユ側近の神学博士ジャン＝ジャック・ボワロー（一六四九―一七三五）に宛てた二四頁の小冊子で、題名は『大司教区のボワロー神父に向けた教会問題――一六九五年のシャロン＝シュル＝マルヌ司教だったルイ＝アントワヌ・ド・ノアイユ氏と、一六九六年のパリ大司教ルイ＝アントワヌ・ド・ノアイユ氏のいずれを信じるべきだろうか』[17]。著者に名を連ねているのは、ロレーヌ地方のベネディクト会士でジャンセニストであったヒラリオン・モニエ（一六四六―一七〇七）と、ベネディクト会系のサン＝ヴァンヌ＝エ＝サン＝イデュルプ会修道士でジャンセニストだったティエリー・ド・ヴィエクスヌ（一六五九―一七三五）、さらに、北仏ルーアンのイエズス会学寮の修辞学教授ガブリエル・ダニエル（一六四九―一七二八）と、やはりイエズス会士で、『ネストリウス派の歴史』（一六九八年）などの著書があるルイ・ドゥーサン（一六五二―一七一六）。敵対勢力に属する著者たちが、いわば呉越同舟的に共同で執筆するという事例を筆者はほかに知らないが、こうしてノアイユはジャンセニストとイエズス会士双方からその変節が疑問視されていたのだ。たしかに職位の違いに由来するとはいえ、ポール＝ロワイヤル修道院に対する姿勢同様、教勅に対する彼の姿勢にも一貫性はみられない。

教勅公布の翌月、すなわち一七一三年一〇月、ルイ一四世は国内の司教たちをパリに集めて、この教勅を無条件で受け入れるよう迫る。教皇無謬論を奉じる若干の司教を除いて、ほとんどの司教がイエズス会の主張をなぞったような内容に当惑し、少なくとも趣旨の説明を求めるべきだとする意見が大勢を占めた。そこで国王は一七一四年一月頃、王国全体に教勅の受け入れを命じる公開状を高等法院に登録すると同時に、教勅を検討する委員会を立ち上げ、イエズス会に近いストラスブール司教のロアン枢機卿（一六七四—一七四九）にその主宰を託す。だが、実際にこの委員会を主導したのはロアンから実質的な権限を委ねられたテリエだった。はたしてそこでいかなる議論がなされたのかは不明だが、最終的に四〇人あまりの司教が教勅の受け入れに同意した。反対者はノアイユと八人の司教だけだった。むろん、教勅が自分の失脚を意図していることを知っていたはずのノアイユは、配下の聖職者たちに自分の許可なしに教勅を受け入れないよう指示し、背いた場合は停職処分も辞さないとの司教教書を送りつけた。(18)

ここにもまた、ノアイユのぶれがみてとれるが、ともあれそれは教勅賛成派と反対派のあいだで起きる本格的な「文書闘争」の始まりだった。近代史家のデール・クレイによれば、「ウニゲニトゥス」を巡っては、一七一四年だけでじつに二〇〇〇点以上の著作が発表されているという。(19) たとえば、歴代フランス国王の戴冠式が営まれていたシャンパーニュ地方のランス司教座聖堂で参事会員をつとめていた、神学者のクロード・ル・ペルティエ（一六七〇—一七四三）は、一七一四年、匿名で『ケネル神父の新約聖書断罪に関する教皇勅書の擁護』を著している。そのなかで彼は、「ケネル神父の誤りを支持し、人々に普遍的な教会の審判に対する偏見を抱かせようとする者たちが日々数を増している」とし、さらに「きわめて正当に断罪されたばかりのこの新約聖書の著者は、教会全体の正義の非難を免れることはできないだろう。それが無知ないし悪意によっておぞましい誤りを数多く説いているからである」と難じて、次のように結んでいる。

最後に、筆者はこのささやかな書を通して、いかにして教会が勝利をおさめたかを示し、国王が宗教にいかに貢献し、そしていかなる不滅の栄光を得たかを理解してもらいたい。そして光の父と真理の精神に対しては、本書を読むすべての人々が、教会のさまざまな決定に固く結びつきながら真理を見出し、光を照らして下さるよう、それを守れるよう、信仰告白の力を与えて下さるよう願うものである。(20)

ありていにいえば、こうした『省察』論駁書はほとんどが同様の記述を踏襲している。そこでは神学的な議論を云々するというより、この書とケネルを異端と断じ、ひたすら教勅を信奉して、読者にそれを訴えるという意図だけが突出してみられる。むろんこれらの論駁書によって、教勅の受け入れ反対派が納得するはずもなかった。たとえば膨大な著作を残したジャンセニストの神学者・檄文執筆者で、助祭パリスが他界する前年の一七二六年にオランダに亡命した神学者ニコラ・ル・グロ（一六七五―一七五一）は、一七一五年五月、『教勅ウニゲニトゥスに関するさまざまな疑問への回答』と題した論争の書で、教勅が教会の教義から逸脱したものだと断じてはばからない(21)。こうした教会の教義からの逸脱ないし神やイエス・キリスト、あるいは使徒の教えに対する背反といった論法は、教勅支持派もまた反対派を断罪する際に好んで用いた。それは一連の論争が神学的なものというより、むしろ政治的、いや、より正鵠を期していえば、両集団の露骨な勢力争いであったことを端的に示している。

ともあれ、この教勅によって、パリ大司教ノアイユは『省察』の認可を取り消す。だが、なおも教勅自体の受け入れを首肯しなかった。こうした態度に不満を抱いた教皇は、ノアイユをローマに召喚して詰問し、必要とあらば、司教冠を取り上げるとの意向を示した。しかし、国王はこれをガリカニスムへの由々しき侵犯とみてとり(22)、一七一五年七月、ノアイユをはじめとする教勅反対派を査問する王命を公布する。ジャンセニストが多数を占めていた高等法院の大法廷は、この王令の登録を拒んだ。評定官たちはそれが教会や司教の権利を毀損すると考えたのである(23)。そこで国王は、問題の最終的な決着を図るため、全国司教会議の招集を決意する。さらに、自ら高等法院に親裁座を設け、王令の受入れを強制しようともした。だが、それはいずれも実現しなかった(24)。同年九月、華美さと戦争を好んだ太陽王が、国庫を枯渇させて他界したからである。享年七七。在位はじつに七二年に及んだ。後継はまだ五歳になったばかりのルイ一五世だった。

教勅のことがフランス各地で知られるようになると、戯れ歌や風刺詩が盛んに登場するようになった（その一部は次章で検討することになる《聖職者通信》に載っている）。アンリ・デュラントンの論文「金で売り渡した神学」によれば、たとえば「ウニゲニトゥス」が出され、《聖職者通信》のプロトタイプが創刊された一七一三年末、ある詩人（おそらくジャンセニスト）がこのような詩を発表したという。

クレメンスよ、おまえのウニゲニトゥス、
この不恰好で愚かな子供は、
やがてガリア（フランスの古称）でしこたま儲けるだろう。
だけど俺たちの聖職者は、こいつをひどい目に遭わせるはずだ（・・・）[25]。

作者がいかなる詩人かは不明だが、そこには教勅の末路が予示されている。あるいは詩人的な直感ないし霊感と呼ぶべきか。風刺詩の予見もここまでくれば見事というほかない。さらに別の詩人は、教勅で断罪された一〇一の命題それぞれを主題として詩作しているともいう[26]。

上訴派の登場

幼王ルイ一五世の摂政となった前王の甥オルレアン公フィリップ二世は、一七一五年一〇月、自らが主宰する摂政会議の下に、財務・外務・軍事などを管掌させる七つの評議会を設ける。これがいわゆるポリシノディ体制（多元会議制）である。こうして彼は政治体制を固めたが、重要な課題は危機的状況にあった財務の改善だった。そこで従来の財務総監を廃し、財務評議会を新設して、その舵取りをノアイユ大司教の一族であるノアイユ公に託す。彼は国家債務の削減と緊縮財政、そして国庫の潤沢化という難問に立ち向かうことになるが、ここに登場するのが、前述したジョン・ローである。一七一六年五月、彼はかねてよりオルレアン公に要望していた自らを経営の責任者に据えた個人銀行を開設し、同月二〇日には一般銀行《バンク・ジェネラル》の規約に関する国王特許状が新たに出される（高等法院への登録は同月二五日）。やがて彼はこの実質的な個人銀行を改組した（一七一八年一二月）王立銀行が発行する兌換券と、アメリカ大陸の開発と交易を扱う西方会社（一七一七年八月創設）の株券を高騰させるいわゆるロー・システムによって、フランス社会にバブル経済をしかけていくことになる。その詳細もまた拙著『英雄の表徴』（前出）に譲るが、一七一七年初頭、オルレアン公は教皇との関係改善を図るため、数人の司教を招いて、教勅「ウニゲニトゥス」の受け入れを求める。それを知ったパリや地方の司祭たちは、大司教に受け入れを拒むよう迫った。ソルボンヌの神学者たちもまたその列に加わった。

そして、ローマで教勅の撤回を求めるフランスの司教たちからの書状が燃やされた一七一七年三月、ジャンセニストの四司教、すなわちモンペリエ司教コルベール（前出）、ブローニュ司教ピエール・ド・ラングル（在任一六九八―一七二四）、ミルポワ司教ピエール・ド・ラ・ブルー（同一六七九―一七二〇）、そしてスネ司教ジャン・ソアナン（同一六九五―一七二七）が、全国の聖職者にそれを受け入れる証として署名を強制する、この教勅の撤回を教会総会議に上訴《アペル》（appel）する。これが上訴派《アプラン》（appelant）という呼称の由来となる。[27] この上訴は全国的な反響を呼び、のちに変節するパリ大司教のノアイユをはじめ、彼の弟でシャロン＝シュル＝マルヌ司教だった、ルイ＝ガストン・ド・ノアイユほか約三〇人の司教、ソルボンヌやナント、ヴェルダンなどの大学人、教会参事会員、修道士、司祭などからなる、かなりの数に上る上訴派が登場するようになった。

では、彼らはどれほどいたのだろうか。たとえば、「ウニゲニトゥス」に関する書としてはおそらく最大（二〇〇〇頁以上！）と思われる、通称『上訴文書集成』（四巻、一七五三年）を編んだ、ソアナンの朋友で、サン＝マグロワール神学校出身のフィギュリストでもあったガブリエル＝ニコラ・ニヴェル（一六八七―一七六一）は、それ以前の一七一九年に上梓した三巻本の『信仰の叫び』で、「バール神に屈従しなかった人々」――つまり「ウニゲニトゥス」（バール神！）に反対した者たち――が七〇〇〇人いるとしている。[28] 一方、ニヴェルの『上訴文書集成』を分析したドミニク・ディネとマリ＝クロード・ディネ＝ルコントは、この大著と他のさまざまな出典に基づきながら、反教勅派の数を算出している。それによれば、一七一七・一八年当時、たとえば北仏ルーアン司教区では、一四〇〇近い小教区のうちで上訴派は二七六人、モー司教区では全聖職者の六パーセント、パリ北東方のサンリス司教区では一三パーセント、パリ盆地北部のボーヴェー司教区では二〇パーセント、さらにパリでは二〇七一人が上訴派・再上訴派だったという(29)。

一方、マリ＝ジョゼ・ミシェルはパリの主任司祭四五〇人のうち、三分の二から四分の三がジャンセニストだったとする(30)。さらに気鋭のジャンセニスム研究家のニコラ・リヨン＝カーンは、これらの先行研究に目を向けつつ、いささか奇をてらった題名の著『裏帳簿』で、フランス全体の上訴派・再上訴派の数を六五〇〇―七〇〇〇人と見積もり、そのうち二〇七一人がパリ在住だったとしている(31)。こうした数値は諸説あって実態を特定することは難しいが、いずれにせよ助祭パリスもまた上訴派・再上訴派のひとりだったことに間違いはない(32)。

ガリカニスムの守護者たるパリ高等法院もまた、教勅の登録を拒んだ。こうしてこの問題は、神学論争から一気に社会・政治問題へと発展していった。一〇月には教勅問題の沈静化を命じる国王宣言も出されたが、それでことはおさまらず、一二月にはパリの司祭たちが大司教に書状を送り、強制された沈黙は真理を害する行為だと唱えた。

このような動きに対し、当然のことながら反上訴派＝教勅支持派も寡黙ではいられなかった。その先端に立ったのが、たとえば一七一五年、ルイ一四世の寵姫マントノン夫人の後押しにより、三七歳という異例の若さでソワソン司教となった、反ジャンセニスト運動の指導者のひとりジャン・ランゲ・ド・ジェルジ（一六七七―一七五三）である。ブルゴーニュ地方の中心都市ディジョンで、一四世紀から続く同地方最古の名門貴族に生まれた彼の父親はブルゴーニュ高等法院主席検察官、弟はパリのサン＝シュルピス教会主任司祭だった。ランゲはソワソン司教在任中、聖母訪問会修道女で聖心崇拝を唱導し、のちに列聖されるマルグリト＝マリ・アラコク（一六四七―九〇）の幻視体験、すなわちキリストが数度彼女の前に姿を現し、一六七五年にはその心臓を啓示するという体験を調査している。そしてこの調査結果を、一七二九年『マルグリト＝マリ・アラコクの生涯』として著したが、聖心崇拝に反対するジャンセニストたちから手厳しい攻撃を受けていた。

のちにアカデミー・フランセーズ会員選出の際に激しく競った、ヴォルテールやモンテスキューなどとも対立していた彼は、その一方で国内外に連絡網をめぐらせ、奇蹟報告書を含む宗教問題に関する情報を熱心に集めていた。こうして彼のもとに集まった一七〇五年から四二年までの文書はおよそ四六〇〇点――ほぼ半数は手書きで、そのうち

図15 ランゲ肖像画。シャルル＝ジョゼフ・ナトワール（1700 − 77）作。制作年不詳

の一五〇〇点は彼に宛てられた手紙、彼自身の手紙（コピー）は一八五点――にのぼり、おそらく当時としてはいかなるジャンセニストも匹敵しえない例外的な情報量の持ち主だった。[33]

その膨大な情報を駆使して、一七一七年、ランゲはアヴィニョンの検邪聖省印刷所から上訴派反駁の匿名の書、『教勅ウニゲニトゥスのための重要な文書集成』を上梓している。「ヤンセニウスとケネル神父の擁護者たちの誤謬について」と題したその第一部を、彼は「今日フランス教会を揺るがしている混乱において喫緊の課題は、真理の擁護者と誤謬の支持者たちを識別することであり」、「新奇さは誤謬の徴」という一文から始める。[34] そして、ヤンセニウスとケネルの支持者たち、すなわち「かつてなかったほど数を増し、一致して教会に刃向かい、問題を起こそうとしている自由思想家で無信仰な者たち」を、ときにルター派やカルヴァン派と結びつけながら、「毒蛇にも等しい」彼らは、普遍的教会の代表であり、カトリックの真の教義の体現者である無謬の教皇が公布した「ウニゲニトゥス」に反対する異端であると繰り返し指弾する。「アリウス派やペラギウス派、マニ教徒」以上に不可解かつ欺瞞的だとも批判した。[35] さらに「新奇さや教会および教皇への不服従、よこしまな信仰、欺瞞、偽誓、偽善、良俗の霍乱、詐術、暴力からなる一派（上訴派）の精神に、真理はない」と断じたあとで、彼は次のように結論づける。

あなたがたは教皇の裁きが自分のところまで及ぶことはないと期待している。しかし、神の法廷での裁きをいかにして免れることができるだろうか。恐ろしい、だが公正な神の審判。(・・・)今日教会を乱しているさまざまな誤謬に好意的であったということを、まさに死の瞬間に悔やむ人々が必ずあるはずだ。だが、教皇の教勅に従ったことを悔やむ者は決して一人もいないはずである。(36)

おそらく国内の聖職者に向けて編まれたであろうこの書には、奇妙なことになぜ教勅の撤回が断罪されなければならないのかが書かれていない。ヤンセニウスの五命題(次章参照)やケネルの一〇一命題を検討することもなく、無謬の教皇が発した教勅ゆえ、真摯にそれに従い、受け入れなければならない。およそ聖職者には不似合いな呪詛のような言葉を用いながら、ひたすらそう主張するのである。むろんそこにガリカニスムに対する配慮もない。その彼が、一七二一年、「知の殿堂」とよばれるアカデミー・フランセーズの定員四〇人だけの会員に選ばれている。前任者はパリ警察総代行官や国璽尚書などを歴任した、ダルジャンソン侯マルク＝ルネ・ド・ヴォワイエ。歴史の表舞台に名を残す前任者の重さと較べれば、ランゲはあまりにも軽量である。おそらくそこにはなんらかの政治力が働いたのだろうが、いささか理解しがたい話ではある。彼はまた、前述したように啓蒙思想を敵視したことでも知られる。

それにしても面妖なのは、自分をソワソン司教に任じたルイ一四世が没し、後ろ盾となったマントノン夫人がサン＝シルに逼塞した一七一五年当時、ランゲは教勅「ウニゲニトゥス」に対して明確な態度を示していなかった。ローマではガリカニスムを支持する熱心な教勅反対派とみなされてもいた。(37)だが、前述の書にみられるように、一七一七年にはすでに強硬な教勅支持派となっている。同年一二月一八日、前出の弟ジャン＝バティストは、ランゲに書状をしたため、摂政オルレアン公の和解策に従うよう求めている。これに対し、ランゲは六日後の一二月二四日、弟にこう書き送っている。「司教の半数以上が、教勅反対派の主張を認めてはならないと言っている。そうである以上、和解などというのは空しい期待でしかない」。(38)

この返答に、もはや躊躇はない。はたしてランゲのこうした転向は何に由来するのか。あるいは教勅に対してフランス国内の高位聖職者たちがどのような態度を示すのか、それを確認して自らの立ち位置を決めたのか。詳細は不明とするほかないが、いずれにせよのちにアカデミー入りしたという事実からすれば、彼がイエズス会のみならず、教皇と王権とのいわば仲介役を担っていたことは疑いない。
ランゲによるパリスの「奇蹟」批判については、のちに詳しく触れることにして、一七一八年五月、ランゲ同様、ルイ一四世と教皇との仲介役をもって任じていたモー司教のアンリ＝ポン・ド・ビシィ（一六五七―一七三七）は、国内の教勅受け入れ派の司教たちに回状を送りつけ、上訴を批判する教書を出すよう求めた。さらに九月、クレメンス一一世は教勅に絶対的な服従をしない聖職者をローマ教会から追放する、つまり破門するとの教皇書簡を出す。しかし、この強攻策は事態にかえって火に油をさす結果を招いた。サン＝マロやラオンをはじめとする司教たちが、公然と反対の教書を発表するようになったからである。さらにパリのみならず、全国の高等法院も教皇書簡を不当だと宣言した。ノアイユ大司教もまた、一〇月三日付けの教書で上訴の正当性を訴えたあと、イングランドのリンカーン司教ロバート・グロステスト（一一七五―一二五三）の教書（原文ラテン語）を例に引きながら、次のように記している。

小職としましては、貴職たちに対し、その信仰と学識、さらに教会の自由に対する確固たる信念やローマ教皇の真の名誉を支える熱意によって際立っている、イングランドの高名な司教の例を手本とすることを提案するものです。（・・・）この高位聖職者は教皇インノケンティウス四世の勅令に反対することを不可欠としながら、司教の特性と教皇の権威とに負うべきのものを両立させたからです。ロベール（ロバート）司教はこう書いています。「小職は無垢の尊敬心をもって（教皇がその代理である）使徒の命に従いますが、使徒の精神に反するような命に対しては、わが教皇の名誉のために反対し、抗議します。これによって、小職は神の法が自分に課した二通りの責務を全うするのです。（・・・）教皇庁はすべてを築く存在であって、何ものも破壊できない。その権威のすべてはまさにそこにあります。しかしながら、小職が受け取った書簡は使徒の聖性とまったく合致せず、それに完全に反し、背いてもいます。それゆえ小職はこれに一切従わず、敬虔な息子の心と感情をもって、この書簡に抗い、反対するものです。ノン・オベディィオ、コントラディィコ（私は従わず、反対する）」。さらにこの学識のある司教は他の司教たちにこう続けて説いています。「貴職たちは小職を強く非難してはなりません。小職の抵抗が自分の父親の名誉を守る子の行為である以上、不服従でも反抗でもないからです[39]」。

ここで援用されたグロステスト司教は神学者であると同時に科学者でもあり、ロジャー・ベーコンの師としても知られる。イングランド議会制度の基盤を築いたレスター伯シモン・ド・モンフォール（一二〇八―六五）とも親交があった彼は、イングランド司教団の独立を目指していたが、時の教皇がその聖職者叙任権を振りかざして、リンカーンの司教に自分の甥を据えようとしたため、すでに晩年ではあったが、余力を振り絞ってそれに反対したのである。彼の抵抗の論理は、教皇を越えて使徒にまで遡るものだった。明らかにノアイユは「司教団の独立」をガリカニスムの合わせ鏡と考え、四世紀以上前のグロステストの手法を真似て、上訴の正当性と正統性を訴えようとしたのである。さらに翌一七一九年、ノアイユ大司教は「ウニゲニトゥス」に関する教書のなかで、その立場をより鮮明に打ち出す。

教皇が自らに与えられている無謬性の名において教勅への全面的な服従を求めるなら、（・・・）われわれの新たな教書の原理原則と闘うようになる。われわれとしてはとりわけそうした対応をしたくはない。ただ、この問題はフランスの司牧者全員のものであり、こうした教皇の要求に反対することは（フランスの）教会や国家の利となるだろう[40]。

フランス教会の独立を守る自分は、教皇の無謬性をかざしてガリカニスムを侵犯しようとする教勅を認めない。この教書にはそうした転向前のノアイユの矜持が克明にみてとれる。

だが、パスキエ・ケネルが亡命先のアムステルダムで八五歳という長寿を全うしてから四か月後、そしてロー＝システムが失敗し、バブル経済が瓦解して摂政オルレアン公の信を失い[41]、四面楚歌となったジョン・ローが、紙くず同然となった株券や紙幣を手に襲いかかってくる民衆の怨嗟を逃れて、なりふり構わずパリを脱出する三か月前の一七二〇年三月、摂政オルレアン公は王宮に多くの司教を集め、教勅問題の解決を図る――当初この摂政はジャンセニストに多少とも好意的だった。だが、それがローマの不興を買い、空位司教職の任命を拒否されるに及んで、やむなく姿勢を変えざるをえなくなった――。そこで出された和解案は、教勅にかかわる教義集を作成して、司教たちが四人一組で速やかに読み、それを地方の司教たちに送って署名させるというものだった。

同年八月、国王はこの和解案を支持する王令を、摂政の経済政策に反対してポントワーズに追放されていた高等法院に送り、登録させようとした。だが、高等法院はまたもやこれを拒み、国務会議の司法機関だった大評定院もまたそれに倣った。そこでオルレアン公は賛成派の廷臣や貴族たちを引き連れて大評定院に乗り込み、登録をせまる。そして一二月、ブロワに追放すると脅された高等法院は、パリへの帰還と上訴のことを明記するとの条件つきでついに王令を登録する。これに対し、前記四司教は改めて上訴文を作成し、数多くの司祭や修道士たちもまたその上訴文を書き直した。オラトリオ会士のピエール・フランソワ・ラベルによれば、助祭パリスもそれに加わったという。(42) 彼らがのちに再上訴派と呼ばれるようになる。

そして自らが発した教勅の結末を見届けることもなく、インノケンティウス一三世(教皇在位一七二一―二四年)にあとを託してクレメンス一一世が他界した一七二一年三月、パリでは警察総代行官(在任一七二〇―二二)で、のちに参事院評議官などを歴任することになるガブリエル・ド・ボードリが、オルレアン公の命でかなりの数にのぼる再上訴派の尋問を開始する。しかし、それでも反「ウニゲニトゥス」の動きはおさまらず、七司教が改めて勅令撤回の書簡を送る。しかし、新教皇はこの書簡を断罪し、信仰宣誓書の署名を命じる教皇書簡を出す。これを受けて、フランスでは全大学の神学部に対し、入学志願者への署名を強制する王令が出される。その結果、モンペリエ大学神学部は、「教会の平和」を守ることを条件に、ついに署名を受け入れる。反教勅四司教の一翼を担っていたモンペリエ司教のコルベール・ド・クロワシもそれに同意した。八月のことである。前述したパリスのコルベール宛書状は、まさにそれに対する異議申し立てだった。

ジャンセニストに好意的だったとされるボシュエの後任でモー司教をつとめた、反ジャンセニストで教勅派のアンリ・ポン・ド・ビシ枢機卿（一六五七―一七三七）は、これに力を得て、翌一七二二年、外国の枢機卿たちに「ウニゲニトゥス」への署名を求める教書を送る。しかし、翌年、高等法院と一部の再上訴派司教はこの教書がフランス教会の原理原則に反するとして反対し、さらにオルレアン公が没した翌一七二四年には、元サン＝マグロワール神学校の教授で、若いパリスの相談役だったデュゲ神父（前出）が、モンペリエ司教にその誤りを批判する書状を送りつける。デュゲにしてみれば、同司教の署名賛成は我慢がならない背信行為として映ったのだろう。だが、司教はすでに王権と結びついていた。やがてデュゲは国務会議の裁決で断罪され、身を隠さざるをえなくなる。

在位三年も経たずに没したインノケンティウス一三世のあとをついで、一七二四年、七五歳という高齢にもかかわらず教皇に即位したベネディクトゥス一三世の時代になると、事態は大きく変わる。この教皇がドミニコ会に送った教書のなかで、人間の救済は絶対的な神意によってあらかじめ定められているという「無償の救霊予定説」や、原罪によって堕落した人間は、神の恩寵が有効に作動してはじめて救われるとする「効果的恩寵」といった、ジャンセニスムのかねてよりの主張を盛り込んだからである。この主張は、人間の本性が原罪以後も変わらず、自らの自由意志によって神の恩寵を得ることができるとする、モリナ主義者たち(43)やイエズス会（しばしば両者は同一視された）の不満を買った。さらに彼は、翌一七二五年、イエズス会の誤りを告発した一二の文書を承認している。その一方で、この教皇は五月にローマで司教区会議を招集し、「ウニゲニトゥス」が信仰規範であるとする教令をまとめてもいる。

そうした動きの一方で、同月三一日、上訴派にとって願ってもない僥倖が起きる。パリのサン＝タントワヌ地区に住む家具職親方ラ・フォス（ラフォス）の妻で、二〇年来、月経過多で極度に苦しんでいたアンヌ・シャルリエ四五歳が、同地区のサント＝マルグリト小教区で、上訴派の主任司祭ジャン＝バティスト・ゴワ（一六六六―一七三八）が主宰した聖体祭の宗教行列に参加し、奇蹟的に快癒したのである(44)。さらに同年一一月と一二月には、北仏ブーローニュの上訴派司祭ソヴァージュ（不詳）の墓でも、数人が同様の奇蹟に与った(45)。それだけではない、一七二七年一月六日にはアムステルダムでも奇蹟が起きている。一二年間さまざまな病に苦しんできた娘が、上訴派のユトレヒト司教のミサに出て快癒したというのだ。むろんこうした「奇蹟」は、教勅支持派《コンスティテュショネール》にとってきわめて不都合かつ不快な出来事となり、ジャンセニスト＝上訴派にしてみれば、神慮が自分たちにあるとする論理を具体的に展開する格好の事例となった。そしてこの論理は、やがて助祭パリスの死を契機として生まれる、数多くの奇蹟的快癒によって一気に増幅していくのだった。

ソアナン問題

助祭パリスが没して四か月後の一七二七年九月、今度は上訴派にとって由々しき出来事が起きる。アルプス南麓のアンブランで開かれた教会管区会議が、最初に上訴をおこなった四司教のひとりであるスネ司教で、オラトリオ会の四大説教者のひとりと目され、ルイ一四世をして「天上からのトランペット」と呼ばしめたジャン・ソアナンの司教権を、八〇歳（！）という高齢も鑑みずに剥奪し、追放したのである。彼が同年三月、教勅への署名強制を非難するとともに、上訴派を賛美した。それが表向きの理由だったが、おそらく真の目的は、彼を一種のスケープゴートにして、反対派に圧力をかけるところにあった。

図16　ジャン・ソアナン肖像画（作者・制作年不明）

一六九六年にノアイユ大司教によって聖職に叙任された彼は、自分の聴罪司祭でもあったケネルの提言に共感していた。この管区会議を主宰したのは、反ジャンセニストのアンブラン大司教。全盛期のジョン・ローと親しく交わり、ロー・システムのおかげで巨利を得たゲラン・ド・タンサン

（一六八〇―一七五五）だった。のちに枢機卿やリヨン大司教となる彼は、あの『百科全書』を編んだダランベールの母で、恋多き文人でもあったクロディーヌの兄であり、先祖には、一六世紀後葉の南仏ロマンで、カルナヴァルを契機に起きた民衆蜂起を、体制側の指導者として弾圧した裁判官のアントワヌ・ゲランがいた。(46) おそらくソアナンはこの受難を予感して、一七二七年六月二五日にタンサン大司教宛に次のような書状をしたためている。

教会管区会議の目的は、猊下、神の恩寵によって教会の伝統的な教義や福音書の聖なる道徳をわずかばかり愛しているひとりの（大）司教に大きな慰めを与えるところにあります。小職はこれまでそれらを説いて生き、いずれそれらを支えるために死ぬでしょう。教会管区会議を再開するということを幾度となく求めて、フランス教会がついに一〇〇年ぶりに開かれるということを、小職は神に感謝します。敬虔な国王がわれわれに確約されているように、そこではあくまでも教会法にのっとってさまざまな問題が扱われるでしょう。当然会議ではこの線に沿って議論がなされると期待されます。特段の策謀は（カトリックの）伝統のもとに壊滅するでしょう。猊下が神の御心を徐々に体現されることを、衷心より神に願うものであります（・・・）。(47)

キリスト教と教会の何たるかをほとんど心得てもいない一介の司教が、自分の満足のため、フランス教会に生涯を賭してきた私を断罪する。まことに片腹痛いことである。この書面にはソアナンの精一杯の皮肉と抗議が満ちている。だが、結局のところ、そうした彼の想いは一蹴され、フランス中南部にあるベネディクト会系のラ・シェーズ＝デュ修道院に追放されてしまう。一四世紀中葉の黒死病後に描かれた、「ダンス・マカブル（死の舞踏）」の壁画で有名なこの修道院は、一七八六年に王妃アントワネットにまつわる首飾り事件に連座して追われた、ストラスブール司教のロアン大司教も受け入れている。「神の椅子《シェーズ・デュ》」とはよくいったもので、ソアナンは修道士たちから手厚く迎えられ、この地で九三歳（！）という、当時としてはまさに記録的な長寿を全うすることになる。そしてきわめて興味深いことに、彼の死後、そのとりなしで少なからぬ奇蹟的快癒が起きるようになる。(48) あるいは彼もまた助祭パリスのような貞潔で清貧と奉仕の日々を送ったのだろうか。

ともあれ、ソアナンに対するこの制裁措置は大きな反響を呼んだ。その如実な証拠は、キリスト単性論を唱えて断罪された、コンスタンティノポリスの修道院長エウテュケス（三七八頃—四五四）の主張を正当とした、四四九年のエフェソス教会会議、すなわち「盗賊教会会議」に対する蔑称に倣って、教会管区会議が「アンブラン盗賊会議」と揶揄されたことである。より具体的な反発としては、管区会議の決定が不正かつ誤りだとして、パリ高等法院弁護士五〇人が、一七二七年一〇月、同法院弁護士会会長で教会法の大家と目されていたミシェル・デュ・ペレ（一六四〇頃—一七三〇）を筆頭に、連名で国王に意見書を提出したことがあげられるだろう。彼ら弁護士たちはアンブラン会議の決定が「教会（クレメンス）の平和」の不変の原則と権威を損なうものであり、そのかぎりにおいて、決定は「（権利の）乱用と不正」以外のなにものでもないと明記している。(49) 同様の意見書は翌一七二八年一月にも内容と署名者五〇人の顔ぶれを若干替えて出されている。彼ら弁護士たちの同僚だったが、どうやら行動を共にすることがなかった、というよりむしろ反意を抱いていたと思われるバルビエは、『日記』の一七二八年一月と二月でこれら二通りの意見書のことに触れている。それによれば、彼は入手こそできなかったが、五〇頁に及ぶ「あまりにも長すぎる」二度目の意見書を読んで、こう指摘している。

繰り返すが、これは国法の原理原則とフランス教会の自由を明確に提示した見事な著作である。ただ、明らかにそれは意見書というより、むしろ（ジャンセニストの）党派的な熱情に突き動かされた弁護士たちによる意図的な中傷である。彼らは国家のなかで、良かれ悪しかれ受け入れられてきた国王の権威や教皇および全司教たちの権威に敬意を払うことなく、独自に教会の偉大な真理を唱えることができるのは、自分たちだけだと信じていた。(50)

さらにバルビエは、意見書に署名した五〇人の弁護士のうち、内容をよく理解していたのは六ないし七人だけであり、残りは何も分かっていなかったとし、「幸い私の父と私はこれら五〇人の弁護士リストに入っていなかった」と記したあとで、署名弁護士たちを揶揄した長々としたシャンソンを紹介しているが、(51)今となってはいささか晦渋なその内容の分析については他日を期したい。彼のアンブラン会議に対する言及はそこまでである。

ちなみに、バルビエは『日記』の一七二七年一〇月に、伝聞として「じつに馬鹿げた版画」のことを紹介している。アンブラン会議のさまを風刺したもので、そこではソアナン司教が被告人よろしく、だが頭部を栄光の光に囲まれて下段に配され、議長(タンサン大司教)は一枚の紙(おそらく裁決書)を手にしている。彼の肘掛け椅子の後ろには鼻眼鏡をかけたイエズス会士がひとり控え、両側に置かれた肘掛け椅子にはイエズス会士たちが座り、それぞれが膝の上に司教をひとり乗せているという。(52)はたして誰の手になる版画かは不明だが、同種の戯画はおそらくほかにもあっただろう。たとえ制作者がジャンセニストないしその同調者ではないとしても、民衆の感性はつねに権力に批判的だったからだ。

かつて筆者は『英雄の表徴』において、一七二〇年にジョン・ローのバブル経済が破綻したとき、彼やロー＝システムに対する戯れ歌や風刺画を取りあげて分析しておいたが、(53)多くが匿名でつくられたものとはいえ、そうした風刺なり揶揄なりを受け入れる諧謔精神を民衆はすでにして身につけていた。その精神が声を生み出し、こうして生み出された声が、今度はすぐれて民衆的な文化を後押しした。そして、やがて彼ら民衆が自らを自らの言葉で表出するようになる。

一方、やはりパリ高等法院の弁護士だったマテュー・マレ(一六六四—一七三七)——彼もジャンセニストたちとは距離を置いていた——の死後出版になる『パリ日記』(一八六三—六八年)の一七二七年八月の記述によれば、デュ・プレたちの意見書は二部構成、すなわち前半は「ウニゲニトゥス」受け入れ拒否の問題、後半はソアナンが「教会の平和」に従って署名した信仰宣誓書(?)の問題からなっているという。ただ、面妖なことに、意見書は弁護士二〇人(!)の連名で作成され、一七二七年七月に印刷されているとしている。(54)とすれば、ソアナン追放劇の二か月前に出されたことになり、時間的なずれがある。おそらくは誤解だろう。ただ、「ウニゲニトゥス」問題に関する彼の関心はきわめて高く、『パリ日記』ではバルビエ以上に多くの頁を割いている。たとえばマレは、その一七二七年九月の項で、アンブラン会議をあてこすった次のような風刺歌を紹介している。

この黒い会議、
それは会議かサバト（魔女集会）か。
もっとも高潔な司教に反対する者は、
かなり荒れ狂っているのではないか？
そこでは教会法が一顧だにされず、
ファリドンデーヌ、ファリドンドン＊、
さながらこの会議は、
わが友バルバリ流のバルビ（ロトの一種）といえる。(55)
＊この二語は「リフレイン」を原義とするはやし言葉

本題に戻ろう。教勅の受け入れと信仰宣誓書への署名を強制されていた、小規模なカマルドリ会の修道士一五人もまた、それを拒んで弁護士たちに続いた。そのため、彼らはパリから追放された。翌一七二八年三月には、一二人の司教が国王にソアナンの復権を求める連名の訴状を出す。だが、連名の最初にパリ大司教ノアイユの名があったにもかかわらず、ルイ一五世の師傅で、当時政治の実権を握っていた枢機卿アンドレ＝エルキュル・ド・フルリー（一六五三―一七四三）は、その訴状を一顧だにすることなく司教たちに送り返してしまう。

しかし、枢機卿のこの対応はあまりにも性急すぎた。たしかに彼は教皇至上主義者たちにも圧力をかけて問題の決着を図ろうとしたが、教勅に反対し、ジャンセニストたちに多少とも共感を抱いていたパリの司祭二〇〇人と他の聖職者四〇〇人が一斉に立ち上がって、ノアイユにソアナンへの善処を求める動きへと発展していったからだ。(56) ル・グロによると、一七二八年六月にはソアナンに心を寄せた者は地方の司祭や修道士合わせて一五〇〇人にのぼり、そのうち四〇〇人がパスキエ・ケネルが属していたベネディクト会士だったという[57]。ベネディクト会とジャンセニスムの関係がどうだったか、必ずしも明確ではないものの、おそらくこれら四〇〇人がすべてジャンセニスムに好意的であったわけではないだろう。だが、同月、モンペリエ司教は国王に書状を送り、フランス教会内のすべての混乱はイエズス会に起因すると指摘する一方で、ジャンセニストと呼ばれる者たちを一掃するよう提言してもいる。

こうしてジャンセニストたちは逮捕され、追放ないし投獄の憂き目にあうことになる。そのなかにはソルボンヌ出身の神学者で、ケネルの友人でもあり、『ソルボンヌの神学者四〇人が署名した良心の問題に関する歴史』（八巻、一七〇五―一一年）の編者だったニコラ・プティピエ（一六六五―一七四七）や、ベネディクトゥス一四世からその学識を高く評価されていたフランドルの教会法学者で、ガリカニスムの擁護者をもって任じていた八二歳のゼーヘル・ヴァン・エスプン（一六四六―一七二八）もいた。とりわけルーヴァン大学を追われた後者は哀れで、現オランダのアメルスフールトに追放直後に他界している。

これによりソアナン問題は一応の決着をみた。だが、一七二九年七月一日、タンサン大司教はラ・シェーズ＝デュにいるソアナンに長大な書状を書き送っている。その内容は、一七二七年八月に「教会の無謬的権威」とアンブラン教会管区会議での決定の不正を批判した、ソアナンの司教教書の主張を具体的に取り上げ、ひとつひとつ反論したものである。それは、前述した書状でキリスト教に対する認識を、ソアナンから暗示的に揶揄されたことへの意趣返しと思えなくもない。その結論部で、彼はあからさまにこう書いているからである。

貴職におかれましては、以上述べてきました小職の見解を精読されれば、貴職が司教教書で確立しようとされた原理原則が、じつはカトリック信仰の基盤を損ない、単純ではありますが、特別な吟味を必要とするものになるということがご理解いただけると思います。貴職の眼前にあります断崖の恐ろしい光景に目をむけてください。そして、しかるべき服従に真摯に舞い戻ることで、本来進むべき道に戻り、教会に再び喜びを与えてください[58]。

アンブラン司教区の聖職者たちにも公開されたこの書状からは、明らかに勝利者の尊大さが読み取れる。はたしてこれにソアナンがいかなる対応をしたか。モンペリエ司教の司書で、ソアナンとも交流があったジャン＝バティスト・ゴーティエ（一六八五―一七五五）が、ソアナンの死後一〇年目の一七五〇年にケルンで刊行した大著『スネ司教ソアナン氏の生涯』にも、それに関する記述はない。しかし、ソアナンについては、本書にとってとりわけ興味深いことがある。助祭パリスの奇蹟がさかんに喧伝されていた一七三一年、居室のドア近くにあった段差を踏み外して肩を脱臼した彼が、サン＝マグロワール神学校時代の友人だったパリスにとりなしを願って完治したというのである。[59] いや、それだけではない。前述したように、彼が一七四〇年に没したのち、その墓で宿痾に苦しんでいた数人の病者が奇蹟的に快癒したともいう。教会の権力闘争で敗北した司教ソアナンが、こうして民衆的な聖人としてトーマテュルジュ（奇蹟をなす者）へと転位していった。この経緯についてはいずれ検討することにして、そろそろ教勅「ウニゲニトゥス」問題の顛末をみておこう。

「ウニゲニトゥス」問題の顛末

ジャンセニストを主体とする上訴派・再上訴派と、イエズス会中心の教勅支持派との文書合戦は続いた。だが、一七二九年に没したノアイユ大司教の後任であるシャルル・ド・ヴァンティミル[60]（一六五五―一七四六）と、一七四六年にパリ大司教となったクリストフ・ド・ボーモン（一七〇三―八一）は、いずれも筋金入りの反ジャンセニストだった。パリス現象の弾圧を図った前者については後述するが、一七四九年、ボーモンは司教区内の司祭たちに対し、「ウニゲニトゥス」を認めない者や、ジャンセニストの司祭に信仰告白をおこなった者には聖体拝領や終油の秘蹟を授けないよう指示する。[61] これを受けて、一七五二年、サン＝ティティエンヌ＝デュ＝モン教会（パンテオンの傍らにあるこの教会には、パスカルやラシーヌが眠っている）の司祭が、教勅拒否者に終油の秘蹟を拒んでいる。

パリ高等法院はこれにただちに反発し、この司祭を弾劾するとともに、同様の行動をとった聖職者たちの聖職禄を没収するとの裁決を出す。告解証明書や聴罪司祭の名前の告知、あるいは教勅「ウニゲニトゥス」の受け入れがないからといって、秘蹟を公に拒否することはできないとしたのである。[62] だが、国王ルイ一五世は国務会議を開き、この裁決を無効化してしまう。これに憤った高等法院は、一七五三年、大建白書を出して王権を批判し、その結果、再びポントワーズに追放されてしまう。しかし、なおもジャンセニストないし上訴派系の評定官が力をもっていた同法院は、地方の高等法院や租税法院を巻き込んで反撃する。折から租税王令の登録問題を抱えていた王権は、結局妥協を余儀なくされ、法院の追放を撤回し、翌五四年には封印状をもって、法院によるボーモン流罪を追認するほかなかった。[63]

　そして、ジャンセニストや痙攣派（本書第8章以下参照）に対する迫害に憤っていたとされるロベール＝フランソワ・ダミアン（一七一五生）が、ルイ一五世暗殺未遂で逮捕され、八つ裂きの刑に処された前年の一七五六年、王権は王国の宿痾ともいうべき教勅問題を何とか解決しようとする。そこで教皇ベネディクトゥス一四世（在位一七四〇―五八）と「ウニゲニトゥス」の扱いを協議する。幸いこの教皇はディドロたちの通称『百科全書』に好意を示したり、ローマ大学に外科学部や解剖学博物館を創設したりするなど、開明的な思想の持ち主だった。何か月にも及んだ協議の結果、教皇は「ウニゲニトゥス」がいささか教条主義的なものであることを認め、ジャンセニスト＝上訴派に対する厳しい強制と処罰を緩和することを国王に求めた、回勅「エクス・オムニブス」を公布する。

　これでようやく、一件落着と思えた。だが、高等法院はこの回勅の登録を拒んでしまう。そこで同年一一月、国王は回勅が信仰戒律の価値をもたないとの宣言を布告したのち、法院の親裁座（前出）に陣取って、回勅の登録を強制した。そして、最終的に高等法院はこれを受け入れる。こうして過去半世紀にわたってフランス社会を揺さぶった「ウニゲニトゥス」問題にひとまず決着がつくのであった。

　たしかにそれは部分的にガリカニスムの勝利であり、ジャンセニストや（再）上訴派にとっても喜びとなっただろう。加えて一七六二年、前任の啓蒙的教皇とは裏腹に、『百科全書』を禁書にした親イエズス会の教皇クレメンス一三世（在位一七五八―六九）の反対を押し切って、パリ高等法院はイエズス会士を管区内から追放する裁決を出す。

きっかけとなったのは、あるスキャンダルだった。その主人公はアントワヌ・ラヴァレット（一七〇八—六七）。パリのクレルモン学寮で神学を教えていたイエズス会士の彼は、一七四一年、同修道会からマルティニク諸島への宣教師として派遣される。だが、宣教活動をすすめるためには経済的な問題があった。その困窮を克服するため、彼はサトウキビや藍などの栽培を手がけ、本国に輸出したのである。

むろん、教会法によれば、聖職者の商活動は禁止だった。一七五一年、この商活動が本国に知られて告発され、五三年、ラヴァレットはマルティニクから召喚され、高等法院で申し開きをしなければならなかった。ところが、一七五四年、時のイエズス会総長イナッツィオ・ヴィスコンティ（在位一七五一—五五）は、南米宣教団の団長として彼を再度マルティニクに派遣する。そこでラヴァレットは禁令を無視してマルセイユの仲買人たちから六二〇万リーヴルもの莫大な融資を受け、商活動を再開する。しかし、彼は不運だった。疫病によって現地の労働力が枯渇し、加えて凶作。本国へ農産物を運ぶ船舶も数隻海賊に拿捕されてしまったのだ。

こうして事業は頓挫し、融資を回収できなくなった仲買人たちが、南仏エクスの高等法院に彼を告訴した。案件はのちにパリ高等法院へ移され、一七六二年、イエズス会を断罪する裁決が出される。そして一七六四年一一月、王令によってイエズス会はフランスから追放され、財産も没収された。同様の措置はすでに一七五九年にポルトガルでもなされており、六七年には、スペインもそれに続いた。だが、イエズス会の危難はそれで終わらなかった。一七六九年、彼らの擁護者だった教皇クレメンス一三世が没し、四年後、後継のクレメンス一四世（在位一七六九—七四年）が小教勅「ドミヌス・アク・レデンプトール（主と贖い主）」を発して、ついにイエズス会は解散に追い込まれたのである。(64)

こうしたイエズス会の受難は、しかしジャンセニストたちが自由を謳歌できるようになったことを意味しない。彼らは依然として当局の厳しい監視のもとにおかれたからである。むろんそれには、後述するように、彼らの運動自体が一部ながら狂信的なセクト化へと向かっていったということと無縁ではない。

改めて考えれば、いったい教勅「ウニゲニトゥス」とは何だったのか、何でありえたのか。フランス近代史家のデイル・ヴァン・クレーは、この教勅が時代の社会的・政治的な帰趨に影響力を及ぼしただけでなく、ポスト＝トリエント公会議におけるキリスト教会の大きなジレンマ、いわば西欧カトリシズムの葛藤因となったという点で、「ウニゲニトゥスの世紀」と呼ばしめるような時代のひとつのランドマークになったとしている(65)。

「ウニゲニトゥス」問題は決してフランスの一八世紀全体をゆすぶったわけではないが、たしかにそれはキリスト教の歴史を通じて、つねにその深層に存在していた軋轢、つまり教義的・政治的・社会的対立を克明に顕在化させた。ただ、このことをより正確に見極めるには、「文書闘争」のさらに奥部へ足を踏み入れなければならないだろう。少なくともこの教勅が時代とともに変質していったということは間違いないからだ。パスキエ・ケネルに対するクレメンス一一世の一〇一の命題断罪から出立したはずのそれは、その教勅受け入れと信仰宣誓書の署名問題へと転位し、さらにジャンセニスト迫害の手段となり、最終的に後代の教皇がその強制力を否定するにいたる。見方によっては、それはイエズス会に近い教皇が、ケネルの『省察』を格好の素材として、ガリカニスムを奉じるフランスの聖職者たちを、自らの権威に服従させようとしたとも思える。だが、それは結果的にフランス（およびフランドル）の反教皇勢力を活気づけただけでなく、伝統的な教皇無謬説への疑念を掻き立て、さらにフランス国内でのイエズス会の失墜をも招いた。

一七三七年、イエズス会士で外交官でもあったシストロン司教のピエール＝フランソワ・ラフィトー（一六八五―一七六四）は、一八二〇年まで五版を重ねた『教勅ウニゲニトゥスの歴史』で、次のように記している。

反対派（上訴派）は怪しげな教勅の歴史を民衆に説いているが、そこで説かれていることはすべてが偽りである。そこには毒そのものと思えるようなさまざまな逸話が加えられており、あらゆることが捏造され、地獄だけが与えることができる色で染めあげられている《聖職者通信》をたえず広めようとしている。それはたえずあらゆる場所で人々に迷妄を抱かせようとしており、大量の中傷や讒言《ざんげん》を真理と対立させようともしているのである(66)。

すでに幾度となくみてきた、そして以後、反ジャンセニスト勢力によって幾度となく繰り返されるこうした口調自体はさておき、ここで指摘したいのは、この一文にあるジャンセニスト系地下新聞の《聖職者通信》が、まさに一七二八年二月、つまり一二人の司教が国王に、アンブラン教会管区会議で追放されたソアナンの復権を求める連名の訴状を出した前月、ジャンセニストの助祭アレクシス・ドゥゼサール（一六八七―一七七四）によって創刊――より正鵠を期していえば「第二次創刊」――されたということである。パリの書肆ルクレールを版元とし、以後の地下出版のモデルとなったとされるこの縦二段組の週刊紙が、「ウニゲニトゥス」とイエズス会を、そしてときには王権や教皇すら批判して、ジャンセニストの枠を超えて世論に訴えかけ、と同時に、新たな「世論」をつくりあげていったのだ。たしかに一部の啓蒙思想家たち、たとえばダランベール（匿名）によって「ファナティズムと憎悪だけで掻き立てられた新聞[67]」と弾じられこそすれ、《聖職者通信》はパリスにかかわるものだけでなく、かなりの数に上る奇蹟を取り上げ、それらをジャンセニスムと神の恩寵と結びつけ、人々の関心を引き寄せもした。それだけではない。パリをはじめとする国内の主要都市や、ときにローマやロンドンなど、外国の都市にもインフォーマントを抱え、宗教以外にも政治や社会の時事問題までも取り上げた、当時としては間違いなく第一級の情報紙でもあった。とすれば、ここでこの新聞について一瞥しておく必要があるだろう。

第3章
聖職者通信

創刊

ジャンセニストたちの機関紙である《聖職者通信《ヌーヴェル・エクレジアスティク》》(Nouvelles Ecclésiastiques)――「教会通信」とも訳せる――は、教勅「ウニゲニトゥス」が出された一七一三年、それを批判するために誕生している。この年にはジャンセニスムを毛嫌いしていたが、教勅にも反発したヴォルテールが、「この上もなくおぞましい悪に、天はわれわれを見棄てている」から始まる『世界の悪に対する頌歌』を上梓し、反教勅＝上訴派のローラン＝フランソワ・ブルシエが問題の書『被造物に関する神の行為について』(六巻)を編み、さらにデトマール(前出)が『教勅ウニゲニトゥスを撤回させるために不可欠な聖職者総会提出用の論考』を著している。つまり、この新聞は、一部ではあれ、フランス国内のそうした反教勅の風潮を背景として創刊されたといえる。ただ、創刊者がだれなのかは、今も不明である。むろんジャンセニストであったことは間違いない[1]。

創刊時、この新聞のタイトルは《通信《ヌーヴェル》》(Nouvelles)だった。一七二八年、それは《聖職者通信もしくは教勅ウニゲニトゥスの歴史に資するための回顧録》(Nouvelles Ecclésiastiques, ou Mémoires pour servir à l'histoire de la Constitution Unigenitus)と改称し、一八〇三年まで刊行された。一七一三年の復刻版(刊行年不明)には、主タイトルに添えて、「フランスに教勅が到来してからこの《聖職者通信》の印刷が開始された一七二八年二月二三日まで」という、いささか謎めいた副題がついているが、それはこの新聞が当初は手書きで、不定期刊だったことを意味する。そこには、《ホラント文学新聞》一七一三年九月・一〇月合併号の第二巻に載せられたパリからの手紙の抜粋として、次のような記述が見られる。「パリ全体を揺さぶっている重大ニュースは、ケネル神父の新約聖書に反対する教勅が届いたことである。まことに埒もない話だが、教皇座の文書でこれほど不当と思えるものはついぞなかった。そこでは真理が誤りだとして攻撃されているのだ。道徳の聖性や戒律の純粋さへの配慮もない[2]」。わずか二頁たらずの紙面だが、これが教勅「ウニゲニトゥス」への、そして教勅を支持するイエズス会やモリナ派への宣戦布告だった(興味深いことに、一七二八年三月一日には、地下印刷所の捜索を難しくする静かなタイポグラフィー・ロールによる印刷を禁じる王令が出されている)。

バルビエはその『日記』の一七二八年六月に次のようにしたためている。

去る五月二九日、報告書ないし聖職者通信の名のもとで教勅(ウニゲニトゥス)に言及するものすべてを、允許なしで印刷することを禁じ、違反者に体刑を科すとする国王宣言がはじめて出された。そこにはまた執筆者を追放刑に処すともある。にもかかわらず、六月前半には、四葉の聖職者通信がなおも印刷・頒布された。王権にしてみれば、王令に従わせることができず、刊行場所も見つけられないというのは、たしかに屈辱的なことである。(3)

一七二八年六月前半ということであれば、この《聖職者通信》は三日と一〇日に出されている。ただ、バルビエの記述とは異なり、分量はそれぞれ一〇頁と六頁である。前者、すなわち六月三日版には、フランス南西部アルビ近郊のカストル司教(在任一七〇五—三六)で博学をもって知られたオノレ・ド・キクランが、上訴派司教のひとりモールパ司教に宛てた一七二八年四月一一日付けの書状が載せられている。そこには「教会の平和」とガリカニスムを不可侵のものとして支持し、返す刀で教勅「ウニゲニトゥス」をそれを侵犯するものとして断罪している。また、パリのサント゠カトリーヌ教区の律修参事会員たちが、ノアイユ大司教にアンブラン管区会議の決定を批判する意見書を出したことも、パリ情報として取り上げられている。たしかにこれは、王令の無視である。

まさにそれゆえの地下出版だが、興味深いことに、この号にはパリ北東、ランス近郊のアヴネにある上訴派助祭ジェラール・ルスの奇蹟に関する記述もある。一七二八年五月にシャンパーニュ地方エペルネの公証人スタパールから受け取った手紙の採録で、それによれば、一〇年来麻痺で苦しんでいた妻の症状が悪化し、右目が失明し、介添人なしでは歩行もできなくなったという。さらに左半身が完全に麻痺し、六週間前、ついに治療に当たっていた内科医と外科医は恢復不可能との診断を下した。そこで、聖霊降臨祭前日の土曜日(五月一五日)、介添人とともに馬車でアヴネに赴き、ルスの墓を詣でてそのとりなしを祈ったところ、翌日、奇蹟的に快癒したという。さらにパリ南東郊イエール近郊のグロボワにあるカマルドリ修道院の修道士についても触れている。六週間前から病が重篤化し、死を覚悟した彼は終油の秘蹟を上長者に願い出たところ、「ウニゲニトゥス」に反対して署名を拒んでいたため、秘蹟にあずかれず、やむなく近隣の在俗司祭にそれを依頼したともある。

一方、六月一〇日の《聖職者通信》には、フランス南西部ピレネー地方のトゥルネからの手紙に記されていた、モエンの主任司祭に関する同様の秘蹟拒否問題が取り上げられている。この司祭（おそらくジャンセニスト）は五月二六日に他界したが、主任司祭だったにもかかわらず、教会は彼の死を秘密にし、終油の秘蹟も教会墓地に埋葬するのも拒み、夜、墓地以外（？）の場所に密かに埋めた。翌日、そこで遊んでいた子供たちが新たな盛り土に気がつき、そこを掘ってみると、柩が出てきた。長らく患っていた司祭が死んだのではと疑った彼らは、村人たちにそれを告げると、修道士や司祭からジャンセニスムに教化されていた男女が集まり、教会の上長者から破門するとの脅しにも屈せず、柩を掘り出して移葬したという。

この号にはまた前号に載せた公証人スタパールの手紙の追記がある。それによれば、ルスは一七二七年五月九日（助祭パリスの死後八日目）、五〇歳前後で他界したが、生前、聖職禄からのわずかな収入を貧者たちに分け与えていたという。だが、「ウニゲニトゥス」に反対して、アヴネの主任司祭から追放されていたため、終油の秘蹟を受けられず、教会墓地にも埋葬されなかった。それを知った小教区民たちは、ルスと親交のあった近くのマルイユ教会の主任司祭に頼み込んで、遺骸をその墓地に埋葬してもらった。やがて、ルスの墓を詣でた病者たちが次々と奇蹟的に快癒したとの噂が一帯に出回ると、ランス大司教はアヴネの主任司祭にこの「巡礼」を禁止するよう指示し、違反者は破門に処すると布告した。しかし、スタパールの妻はルスのとりなしによる快癒を信じ、破門覚悟でマルイユに赴いたのだという。ほかにもパリのサン＝ジェルマン＝デ＝プレ修道院のベネディクト会士が、教勅に署名するという過ちを犯したことに対して、神の赦しを乞うといった記事もみられる。

むろんジャンセニスト系のプロパガンダ新聞であってみれば、彼らに都合のよい記事のみを集めているが、とくにルスの墓地にかかわる「奇蹟」は、パリスのそれとともに以後さまざまな文書に取り上げられるようになる。この事実は、とりもなおさず《聖職者通信》が、ジャンセニスト勢力に有利な情報の発信源としての役割を果たしていたことを端的に示しているといえるだろう。

はたしてバルビエがどこまで知っていたかは不明だが、《聖職者通信》は一七二八年二月以降に印刷紙になったものの、しばらくは不定期刊だった。だが、一七二九年の二月には一五日から二二日までの一週間で四回出され、さらに一七三〇年から週刊となり、ナポレオン一世とピウス七世のコンコルダ（政教協約）がなって二年後の一八〇三年まで、つまり一七六四年にルイ一五世によってフランスのイエズス会が解散[4]させられたあとまで、幾度か紙名を変えながら七五年間刊行されることになる。むろん、廃刊まで当局からついに認可されることはなく、印刷・配布はもちろん、所持することも禁止されていたが、それでもときに発行部数は六〇〇〇部を越えた。さらに、各号は毎年合本され、官憲の目を盗んで配布ないし頒布もされた。

図17《聖職者通信》1728 － 30年版表紙

図17は、一七二八年から三〇年までの合本で、その表紙には前述したアンブラン管区会議（上段）やバスティーユ（下段）、小舟でモン・サン＝ミシェルへ追放される修道士（右上、後述）、聖女バルブによる教化（右下）、反ジャンセニスト司教アンリオーによる修道院破壊（左上）の様子が描かれ、さらに左下には、一七二九年、北仏ルーアンで反教勅文書を売り歩いたとして逮捕され、三年間首枷の刑に処された哀れなマルタン・ボードリエの姿も見える。いずれもこの合本に記事がある主題で、読者はこれをインデックスとして内容に入ることができた。

むろん、こうした情報誌は《聖職者通信》がはじめてではなかった。フランスではすでに出版・印刷業者のジャンおよびエティエンヌ・リシェ兄弟による、一六一一年創刊の合法的な雑誌《メルキュール・フランソワ》（一六四八年廃刊）や、その後継ともいうべき一六七二年からの《メルキュール・ド・フランス》（一九六五年廃刊）、さらにルイ一三世の侍医だったテオフラスト・ルノドー(5)（一五八六―一六五三）が、リシュリュー枢機卿を後援者として一六三一年に刊行した週刊紙《ラ・ガゼッタ・ド・フランス》（一九一五年廃刊）が刊行されていた。ただ、宗教関連問題を中心とする情報誌としては、これが最初だった(6)。

この《聖職者通信》は、「新聞」という性格上、当然のことながらパリを含むフランス各地や外国から寄せられたさまざまな話を主体とし、前述したような奇蹟譚は、各地の教区の状況や人物消息などと同様、その重要な分野となっている。むろんそれらの記事は、イエズス会批判とジャンセニスト擁護という指針に沿って書かれ、たとえば一七七五年のルイ一六世の戴冠といった国家的な出来事は意図的に（？）看過しているが、一七三〇年からは、毎年新年号の冒頭に編集主幹の一種の論説が載るようになる。「ウニゲニトゥス」に反対する聖職者たちの書簡を分析した『信じること、苦しむこと、抵抗すること』（二〇〇九年）などの著作があるフランソワズ・ド・ノワルフォンテーヌらの精緻な研究によれば、以後三一号までに書かれた論説はおよそ四〇〇頁（七五万字）にのぼるという(7)。たとえば一七三二年一月一日号の論説は次のように始まる。

> 神慮の格別な庇護によって、本誌は創刊五年目に入ることができた。神が祝福し、守ってくださるかぎり、われわれはさらに刊行を続けていこう。この事業を立ち上げさせた原因がなおも存在しているだけでなく、むしろ日ごとに増幅しているからである。（…）混乱を引き起こす彼らが、罰せられることもなくその口や文章で生み出している嘘は、真理を偽りの姿でほとんど覆い隠せなくなっている(8)。

「創刊五年目」というのは、公には一七二八年創刊となっていることによるが、ここで告発されている「彼ら」とは、いうまでもなくイエズス会や「ウニゲニトゥス」支持派、つまり反ジャンセニスト勢力を指す。表現こそ異なるものの、こうして論説は毎年反対勢力との対決姿勢を明確にし、自分たちが神の真理を守り続けると宣言して筆をおく。

《聖職者通信》に関してさらに特筆すべきは、一七二八年から六〇年までにそこに取り上げられた内容、すなわち人物や出来事、組織などを網羅・解説し、すべてに《聖職者通信》の掲載年と頁を付した『聖職者通信の理論的・アルファベット順目録』が、本紙同様、やはり二段組（各七三行）で一七六七年に刊行されていることである。編者ド・ボンヌマール神父の詳細は不明だが、第一巻は八九六頁、第二巻は一〇四五頁という文字通りの労作である(9)。当然そこには本書でこれまで取り上げた人物や事項も大半が盛り込まれているが、たとえばパリスにかかわる奇蹟にいたっては、私算ではおよそ七〇か所（！）に言及がある。むろんそれは《聖職者通信》本体における言及の多さを意味するが、この『目録』は、それを一瞥するだけで――といっても、大変な労力を必要とするだろう――、ジャンセニストとイエズス会士が繰り広げていた当時の宗教的・社会的・政治的な状況をみてとることができる。そのかぎりにおいて、これは目録でありながらまさにもうひとつの百科全書ともいえる。なによりも需要なのは、ジャンセニスムとガリカニスムの結節点(10)という特性を帯びながら、《聖職者通信》が聖俗双方の権威に抗う姿勢を貫き通し、革命期までの世論形成に重要な役割を担ったという事実である(11)。

《聖職者通信》の資金と編集者たち

では、《聖職者通信》の肝心の資金は、どこから出ていたのか。おそらくフランス近代史上もっとも有名な「裏帳簿《ボワッタ・ペレット》」からである。一六九五年につくられたこの資金は、伝承によれば、デ・シャンの「小さな学校」でラシーヌの師だったソリテールのピエール・ニコルが、ルイ一四世や教皇から迫害されたジャンセニストたちを支援するため、下女のペレットに託したものだという。下女はこの浄財を牛乳壺に入れて隠したともいう。むろんこれは単なる伝承にすぎないが、一七世紀前葉に追放・離散を余儀なくされたジャンセニストたちを援助する資金があったことは間違いない。その出所はどこか。まさに『裏帳簿』と題したニコル・リヨン＝カーンの一八世紀パリのジャンセニスム研究書によれば、それは（ジャンセニストやその共鳴者たちの）寄付金や遺贈金に加えて、個人やラングドック、ブルターニュ、ブルゴーニュ各地方およびパリ市への貸付金利などを原資とし、弁護士を中心とする管理人たちが代々それを運営していった。その資本金はときに二五〇万～三〇〇万リーヴルにも達し、法定金利四～五パーセントで融資して、年間一〇万～一二万リーヴルの収入があった。ただし、これらの貸し付けはあくまでも「もぐり」であり、それだけに貸し手と借り手のあいだに信頼関係がなければならなかったという[12]。

こうして寄付・遺贈金や「闇金融」などで得た収入の一部がいくつかの「裏帳簿」に分けられ、迫害されたジャンセニストの支援や《聖職者通信》の発行に向けられたのである。なかにはパリ高等法院の弁護士ジャック＝ジョゼフ・テクシエ（一七〇三頃－七〇）のように、一七四〇年頃に新たに《通信》用基金を設立し、自らその管理者となる者もいた。テクシエはパリ・ジャンセニストの勢力が強かったサン＝タンドレ＝デ＝ザール小教区の自宅を、しばしばその編集者たちの隠れ家や作業所に提供してもいた。興味深いことに、一七二九年に結婚した妻は警察総代行官エロー配下の捜査官の娘。バルビエは指揮下にある捜査官や警視、騎馬警察隊長のうち、四分の三が親ジャンセニストだったとしている[13]。根拠は希薄だが、あるいはテクシエの義父もそうした親ジャンセニストのひとりだったのだろうか。いずれにせよ、おそらくエローはテクシエの「裏帳簿」のことを知らなかっただろう。まさに灯台下暗しである。

こうして資金的な裏付けを得て刊行された《聖職者通信》は、前述したようにフランス国内外の膨大な情報を満載している。ときに問答形式で自分たちの主張を訴えたその論説ともども、記事はすべて無署名である。しかし、編集・執筆陣の顔ぶれはある程度分かっている。一七二八年から三二年にかけてはフィリップおよびエリ・ブシェ兄弟、マルク・アントワヌおよびジャン＝バティスト・ドゥゼサール兄弟、フォンテーヌ・ド・ラ・カサール、ルイ・トロワイヤ・ダシニ、ピエール・ヴァイヤン、フランソワ・ジュベール、フィリップ・ブルシエ、一七二九年から六一年まではジャック・フォンテーヌ・ド・ラ・ロシュ、六一年から九三年まではクロード・ゲナン・ド・サンマルク、ルイ・ギディ、ノエル・カステラ・ド・ラリエール、そして最終期の九三年から一八〇三年までは、ジャン＝バティスト・ムトンが単独で編集を受け持った。

これら編集・論説者たちはむろんいずれもジャンセニストの聖職者である。まず、ドゥゼサール兄弟の弟マルク・アントワヌ（一六八三―一七四五）は、《聖職者通信》の創刊者（第二次）とされる兄のジャン＝バティスト（一六八一―一七六二）と同様、熱烈なジャンセニスト＝上訴派だったが、一七三〇年六月、エローの配下によって居所を突き止められ、違法出版の廉でバスティーユに投獄されてしまう。釈放は六年後だった。自由の身になった彼は、官憲の監視をうけながら、なおも《聖職者通信》の編集に携わり、反ジャンセニスト勢力に向けて激しい攻撃の筆をおくことはなかった。グルノーブルの司祭だった反教勅派のダシニ（一六八七頃―一七六三）は、パリに出てきたのち、サルペトリエールやビセートル施療院で施設付き司祭となった。[14] だが、彼を《聖職者通信》の最重要編集者と見ていた治安当局の捜索・検挙の対象となり、一七二八年一〇月に逮捕・投獄されている。釈放は翌年五月だった。

　さらに、晩年まで三〇年以上の長きにわたって主幹をつとめ、健筆を振るっていたラ・ロシュ（一六八八―一七六二）は、フランス中部、トゥール司教区マントランの主任司祭だった。上訴派の彼はパリスが天然痘にかかり、そして「ウニゲニトゥス」が出される一年前の一七一二年、パリで司祭に叙されている。司教ソアナンに近かった彼は、論争家としても知られており、おそらくアンブラン教会管区会議とソアナン追放に関する当時の《聖職者通信》の記事は、多くが彼の手になるものと思われる。また、助祭パリスの奇蹟について、多くの記事を手がけたのも彼だったという。

　これら編集者のうち、本書後段とのかかわりでとくに興味深い人物として、シャンパーニュ地方トロワ司教区の司祭だったヴァイヤン（一六八八頃―一七六一）を忘れてはならない。のちに彼は自らをメシアとするファナティックな奇蹟集団を組織し、バスティーユに投獄されるが、彼に関する詳細は痙攣派について論じることになる第7章で取り上げる。《聖職者通信》

図 18　サン＝テティエンヌ＝デュ＝モン教会（筆者撮影）

のもうひとりの編集者であるジュベール（一六八三―一七六三）は、南仏モンペリエの司祭だった。彼もまた、違法出版と禁止文書所持の罪名で、一七三〇年一一月にバスティーユ送りとなっている。この牢獄で先住のヴァイヤンに感化されたかどうかは不明だが、《聖職者通信》を離れて二年後の一七四四年から痙攣派の集団に加わった。

一方、ソルボンヌの神学博士だったブシェ（一七五四没）は、サン＝テティエンヌ・デュ・モン教会でカテキスムを教え、司教ソアナンに傾倒して一七二〇年に上訴派となったが、同年、摂政オルレアン公が教勅問題に決着をつけるために出した和解案に反対して母校から追放された。さらに一七三〇年には、ノアイユの後任となったパリ大司教ヴァンティミル（後出）によって、ジャンセニスト派のサン＝テティエンヌ＝デュ＝モン教会司祭の職を奪われてもいる。

フィリップ・ブシェの奇蹟論

だが、これら《聖職者通信》の編集陣のなかでもっとも重要な人物は、エリの弟で檄文執筆者でもあったフィリップ・ブシェ（一六九一―一七六八）だろう。彼は助祭パリスの一年後にパリ北東方のコンピエーニュで金銀細工師を父として生まれ、パリスとほぼ同時期にフィギュリスムの牙城でもあったサン＝マグロワール神学校に入り、デュゲやその弟子であるデトマールに師事している。とすれば、彼はパリスを個人的に知っていた。つまり彼らは「級友」だったはずである。残念ながらふたりにどのような交流があったかまでは不明だが、《聖職者通信》に頻出するパリス関連記事の一部は、おそらく彼が書いたものだろう。

彼はまたその奇蹟論を「手紙」の形式で書いている。たとえば、一七三二年一月、匿名の「パリス氏の奇蹟に関するイルの神父の第三の手紙」（以下「第三の手紙」と記す）である。副題は「《ある神学者による諸奇蹟に関する論考》と題した文書への回答に資するため」。頒価は九ソルとそこそこ高価だが、同じ著者による一七三二年二月一五日の日付が入った「パリス氏の奇蹟に関するイルの神父の第四の手紙――《ある神学者による諸奇蹟に関する論考》に完全に反駁するために」（以下、「第四の手紙」）——は、一五ソルもする。

　この二通の手紙より前、一七三一年九月一〇日にやはり自分の名を伏字にして書いた「パリス氏の墓で起きた諸奇蹟に関するその考察を知らせるため、パリの友人に宛てた＊＊＊氏の第一の手紙」と、同年一一月二七日の日付が入った「パリス氏の諸奇蹟に関するイルの神父の第二の手紙」には、なぜか頒価が明記されていない。地下出版であることは間違いないとして、あるいは無償で配布されたのだろうか。いずれにせよ、これらの手紙はパリス＝奇蹟関連資料のなかできわめて特異なものといえる。パリスを直接かつ身近に知っていたはずの人物によって書かれたという点で、である。

　警察総代行官のエローから要注意人物としてマークされ、《聖職者通信》の発行所や治安当局から関連施設とみなされていたソルボンヌやサン＝マグロワール神学校、ランス学寮、サン＝ティレール修道会などが捜索された一七二八年、ブシェはオランダのマーストリヒトに逃避している。彼がパリの地を踏んだのは、亡き級友の奇蹟譚が巷間出回り始めてまもなくの時期だった。だが、一七三〇年、彼は上訴派の指導的立場にあった、そしてのちに「痙攣派」を弾劾するようになる、ジャンセニストの司祭ガブリエル・ニコラ・ニヴェル（一六八六—一七六一）らとともに、治安当局から《地獄の新聞》と名指しされていた《聖職者通信》を編集・刊行したとして、短期間ながらバスティーユに投獄されている[15]。

　ブシェの一連の手紙が書かれた時期は、まさに奇蹟が数多く「生み出されていた」時期で、それを伝える《聖職者通信》への治安当局の目が一段と厳しくなってもいた。これらの手紙が秘密裏に出されたのは、おそらくその目から逃れるためだったのだろう。むろんその全体的な主張は、奇蹟の実例や神学的な議論を延々と展開した点を除けば、後述するモンジュロンの大部な奇蹟集成とほぼ同じで、パリスの奇蹟の正統性やそれを偽りとして認めようとしない、パリ大司教ヴァンティミルを代表とする多数派批判にある。神の慈悲によって起きた奇蹟を認めないなら、聖書の奇蹟も偽りとなるのではないか。まさにフィギュリストの面目躍如といったところである。

　第一の手紙は言挙げ程度で内容にさほど目立つ特徴はないが、第二の手紙には、一七三一年七月一五日に出されたパリ大司教の教書――サン＝メダールでパリスの遺徳を称えることを禁じ、同時にサン＝メダールでの奇蹟、とくにアンヌ・ラ・フランスの奇蹟（後述）を弾劾したもの――に対する批判とともに、シャティヨン公ポール・ド・モンモランシ＝リュクサンブール（一六六四―一七三一）が死の直前、つまり一七三一年八月六日に書いた手紙が紹介されている。この手紙によれば、八年前からシャティヨン公に仕えていたサヴォワ地方出身の召使の息子が、パリスの墓で九日間祈祷をおこない[16]、奇蹟的に快癒したという。残念ながら、筆者の手元に同公爵の手紙がないため、詳細な内容を知ることができないが、公爵はこの奇蹟を真正なものと信じていたという[17]。名門貴族ですらこうして奇蹟の証人になっている。それは明らかにヴァンティミル大司教の教書に対する反証ではないか。ブシェがこの手紙を取り上げた意図がそこにあるはずだ。

さらに「第三の手紙」には、モンペリエ大司教区のラ・モット司祭ベシュラン（本書第5章参照）に対する、匿名で刊行年も刊行地も不明の攻撃文書「ある神学者による奇蹟論」（以下、「奇蹟論」と記す）が取り上げられている。これまで幾度か引用しておいた一七三一年刊になるル・グロの『主たる出来事の年代概要』には、一七三一年八月二三日の出来事として、「足の障害に加えて麻痺もあった司祭ベシュランが、聖助祭（パリス）の墓で快癒を求めた」とあり、一〇月には「司祭ベシュランの身に起きたような痙攣（と奇蹟的な快癒）が、より広く見られるようになった」とある[18]。ベシュランの名前の綴りは若干違っているが、おそらく同一人物とみなしてよいだろう。とすれば、ブシェの一連の手紙は、奇蹟体験者による一種の神学論として特異なものといえる。他の反ベシュラン論はいずれもとるにたりないものだが、自らがその恩恵に与ったパリス＝奇蹟対合を攻撃したこの「奇蹟論」は看過できない。「第三の手書き」でブシェがそう書き出す所以はおそらくここにあった。

これは技巧を凝らした文書であり、信者たちにとって賢明かつ有益な教書を示す風を装いながら、実際は彼らの素朴さに罠を張り巡らせることしか狙っていない。一見するかぎり控えめだが、その裏には夥しい敵意と悪意を隠している。この論は力を帯びているだけではなく、慎重な精神さえ魅惑することができるのだ[19]。

これだけ読めば、ジャンセニスト、反ジャンセニストいずれの手になるものか、見分けがつかない。こうした批判は、ジャンセニストたちだけではなく、攻守ところを入れ替えれば、そのまま反ジャンセニスト派によっても用いられてもいるからだ。あるかあらぬか、ブシェは続く一文で「敵に向ける武器はそのまま自分に向けられる」とも記している。事実、奇蹟を巡る多くの文書は、反対派のものであれ支持者のものであれ、対象の名を入れ替えれば、それだけで反対の攻撃文書となりうる。ニコラウス・クザーヌスの言葉をもじれば、まさに「相反するものの一致」とでもいえるだろう。

ブシェはさらにこの「奇蹟論」の内容が、一七三一年七月一五日に出された前述のヴァンティミル大司教の教書に似ているとし、さらに筆鋒を鋭くして、「ウニゲニトゥス」を教会の無謬神託とみなす上訴派をカトリックから逸脱した異端とまで断じている、とする。[20] そして、肝心の奇蹟について、彼は反対派の代表である大司教の次のような言葉を取り上げている。「さまざまな奇蹟がサン゠メダールで生まれているなら、もはや宗教（キリスト教）はなきに等しい。イエス・キリストはわれわれを騙し、その教会を見捨てた」。[21] だが、大司教の教書にそうした文言はない。

ありていにいえば、「奇蹟論」にも前述したようなパリス゠奇蹟対合はおろか、ベシュランに関する言及すらない。旧約聖書でヨシュアが太陽の運行を止めたことやイエスがラザロを生き返らせたことなどを、「自然の掟に対して生まれた」、そして「被造物の力を超えた徳性」である奇蹟の原型とし、聖アウグスティヌスが偽りの奇蹟で人々を惑わしていたドナトゥス派を論破したこと——ただし、アウグスティヌスの有名な奇蹟の定義、すなわち「奇蹟は自然に反するものではなく、自然について人間が知っていることに反するもの」とする定義については触れられていない——、さらにリヨン大司教だった聖ダゴベール（七六九頃—八四〇）が、南仏のユゼスで報告されたさまざまな奇蹟を偽りと弾じたことなどに触れながら、「奇蹟論」の著者は次のような問を立てる。

1. 奇蹟が起きたとする者は、それに値するようないかなる信仰や聖性を持ち合わせていたか。
2. 奇蹟の結果と効果はどうか。それは習俗の矯正や信仰の強化に役立つことができるのか。
3. 奇蹟を得るため、いわゆる聖人を崇めることは正当か。
4. 教会上層部は新しい奇蹟を認めてきたか。
5. 問題のできごとは本当に奇蹟なのか。
6. それは確実かつ終始一貫しているのか。[22]

こうした問は最終的にひとつの論理へと収斂している。聖書に記された奇蹟を除いて、教会の正統な権威によって認められない奇蹟を喧伝するのは、まさに異端の所業であり、無知で信じやすい民がどれほどそうした奇蹟に賛同しても、所詮はいかなる権威ももちえない――。読みようによっては、やはりいずれの陣営にも通用するであろう、いわば中間的なこの論旨のいったいどこが反ジャンセニスムなのか、反ベシュランなのか。

しかし、ブシェはたとえば「奇蹟論」にある、「賢明にして明晰な人物たちが、しかじかの出来事を自然の力を超えるものと一致して判断した場合は、それが偽りでないと認めなければならない」という一文を取り上げ、「この神学者の考えによれば、パリス氏のさまざまな奇蹟を否定する者たちは現代の賢明にして明晰な人物たち」ではないとする。[23]これらの奇蹟がいずれも真正なものだからである。この逆説は「奇蹟論」の問の4と直接かかわるが、そこには神の恩寵によって、つまり人間の能力を超えたところで実現する奇蹟の真偽を、教会権力者たちがなぜ見定めることができるのかという、奇蹟支持派たちの一貫した主張がみてとれる。そして、まさにこうした教会権力批判ゆえに、しばしばジャンセニストたちはプロテスタントと意図的かつ戦略的に同一視されたのである。

ブシェはさらに「上訴派はこの神学者に最後の一撃を与える」として、こう続ける。

彼ら（上訴派）が言うように、吟味することなしに奇蹟を断罪し否定する者たちに、「賢明かつ明晰」な人々の名を示してはならない。とくにこうした奇蹟がきわめて数多く起こってかなりの物議を醸しているかぎり、そして他のより大きな奇蹟と較べてもいささかも遜色がなく、教会から外れた宗派のなかで他界したひとりの人物によってなされた奇蹟が、同じ宗派の人々から支持されているかぎりは、そうである。この人々こそ「賢明かつ明断」と呼ばれるに相応しい。彼らは多くの注意を払って奇蹟を調査・吟味したあとで、あらゆる規律に則りながら、これらが真実の奇蹟であると確信し、彼らに耳を傾けようとするすべての者たちに語りかけてそれを伝えるのだ。(24)

こうしてブシェは「奇蹟論」の言葉を逆手にとりながら、「賢明かつ明断」な人物とは、教会権力者ではなく、ひとりパリスの墓での奇蹟が神によってのみなされると認める者の謂だとするのだ。ただ、彼は迂闊にか故意にかある事実を記していない。パリ大司教が、後述するように、アンヌ・ル・フランクの奇蹟についてかなり徹底した証人調べをしている、という事実をである。

はたしてブシェが「奇蹟論」をいかにして入手したのかは、シャティヨン公の手紙同様、不明とするほかはない。前述したように、これがなぜベシュラン批判につながるのかもよくわからない。わかるのは、彼がこの「奇蹟論」を俎上に載せて、反奇蹟派を攻撃しようとした意図である。そして、その攻撃は「第四の手紙」でさらなる展開をみせる。そこにはブシェ自身の奇蹟体験が登場する。

一部で主張されているように、パリス氏が狂信家だったかどうか私は知らない。教会の決定に背いたまま他界したのかどうかもわからない。私が知っているのは、自分がかつて盲目であったが、今では目が見えるということである。かつて私は麻痺に苦しんでいたが、今では歩け、自由に動ける。かつては耳が聞こえず、言葉も話せなかったが、いまでは聞こえ、話せるまでになっている。いかにしてそうなったかと問われれば、簡単にこう答えることができる。パリス氏が奇蹟をなしていた聖人であり、私がその墓に詣で、確信をもって彼に祈り、快癒したと。だが、人は言う。教会が教勅「ウニゲニトゥス」をもって語り、教会の声は神の声ではないかと。たしかにそうである。さらにこうも言うだろう。この人物は教会に背いて没しており、そのかぎりにおいて、彼が教会の内側で死を迎えたと認めるわけにはいかないと。(・・・)だが、パリス氏は私の目が見えるようにし、耳を開き、舌を自由にし、麻痺を治してくれた。神は罪人の願いを聞き入れず、神に仕える者、神意に従う者の願いを聞き届ける。世界の初めから、狂信者や異端、教会の外で死んだ者たちが盲人の目を癒し、聞こえない耳をきこえるように、話せない口を話せるように、さらに麻痺者を歩けるようにしたことを聞いたことがない(25)。

「教会の外で死んだ」という表現は、パリスが上訴派として生きたことを意味するが、「奇蹟論」にはパリスに関する言及は一切ない。卑見するかぎり、ジャンセニスト反駁文のいかなるものも、パリスを狂信家と難じたものはない。にもかかわらず、ブシェがあえて両者を並べ立てる。その修辞学の意図は改めて指摘するまでもないだろうが、彼にとって自らが授かった奇蹟を否定することは、恩人でもあるパリスの聖性自体を否定することだった。おそらくそれはブシェが後半生を賭して貫こうとした信念だった。まさにこの信念こそが、これらの手紙を書かせた最大の動機だったとも思える。

《聖職者通信》における助祭パリスとその奇蹟

では、《聖職者通信》に助祭パリスと彼にかかわる奇蹟はどのように取り上げられているのだろうか。それに関する記事は、一七二八年から五三年にかけて約四〇か所にある。これらの記事が扱った具体的な奇蹟事例は本書第6章に譲るが、たとえば一七二九年五月二〇日の同紙には、サン＝メダール教会の主任司祭が大司教ノアイユを「上訴派で再上訴派でもあった」パリスの墓に案内し、彼の生涯とそのとりなしによるさまざまな奇蹟について語ったとしている。そして、それを聞いた大司教は感動して涙を流し、パリスが早世していなかったなら、彼を是非にでも主任司祭にするよう大司教に願い出ただろうという司祭の言葉に対し、こう答えたともいう。「自分としても喜んで彼を主任司祭に命じただろう。これほど立派な人物を司祭に叙するということは、教会への大きな贈り物となるはずだ」[26]。むろん、このやり取り、とくにノアイユの言葉自体の真偽は不明だが、この記事には《聖職者通信》の大司教に対する評価が何ほどかみてとれる。

さらに一七三一年四月九日号には、バスティーユ監獄付きの聴罪司祭だったイエズス会士のクーヴリニの談話が記されている。それによれば、彼はパリスによる一連の奇蹟を欺瞞だと断じて、こう語ったという。「先日、エロー氏（パリ警察総代行官）を訪ねた際、氏はある人物が助祭の新しい奇蹟を確信しているというので、深く調べたところ、欺瞞だったことが分かったと私に言った」。そして、エローによってなされた調査に基づけば、パリス自身がエローを改宗させない限り、これら奇蹟の真正性はまったく認められないと断じたともいう[27]。

この記事を信用すれば、これもまた「奇蹟＝欺瞞・虚偽＝ジャンセニスト（上訴派）」という定番のトリアードとなるが、そもそもクーヴリニという司祭は《聖職者通信》に対して誹謗中傷を繰り返していただけでなく、反教勅文書を印刷した廉で、市庁舎前のグレーヴ広場、つまり大盗賊カルトゥーシュなどが処刑された広場で三日間首枷刑に服したのち、バスティーユに投獄されたジャン・ジョゼフ・グリヨに対し、幾度となく奇蹟が偽りであると告白するよう迫ったとされる[28]。彼はまた前記ボードリエの逮捕にも一役買い、さらに一七三五年八月には、パリ西方にあるフォントルヴロー会のオート＝ブリイエール女子修道院に乗り込み、かねてよりの友人だった修道院長に、四年前の一七三一年九月に修道女に起きたという奇蹟（詳細不明）の徹底的な調査を求めている。そして、調査対象をとくに「ウニゲニトゥス」の信仰宣誓書に対する署名を拒み、上訴派や再上訴派に共鳴してイエズス会に反発していた修道女に絞った。その結果、奇蹟の反証は入手できなかったが、これにより、修道院は無秩序状態に陥ったという[29]。

それから三年後の一七三八年、ジャンセニストで反イエズス会の風刺詩人ジュワン・ニコラ（一六八四―一七五七）が、かつて北仏アランソンの司祭だったクーヴリニを揶揄した、次のような戯唄をつくっている。

崇高にして偉大な名声をもつ
アランソンの町で、
ある嘆かわしい出来事が起きた。
子供にいたるまで
誰もがそれを知っており、
今でも誰もが語り継いでいる。

町の立派な神父様が告解を聴いていた。
男の告解者はごくわずか、
若くておとなしい、慈善心の持ち主である
女の告解者は群れをなし、
女性らしいささやかな罪を
昼夜を分かたず告白していた。

善良な老「ドラゴン」
もしくは少なくとも当たり前の男たちが
自分の罪過を償い除くため、
たまに告解にやってくる。
この神父様は手早く彼らの告解を済ませる。
どうせ連中はそれから一〇年は姿を見せないから。

だが、貴女のような
素朴で優しい娘の場合、
別の教導が必要となる。
すべてを語ることなく、
教えるに値することを
残しておくのだ。
（以下、略）(30)

あとは容易に想像できるだろう。ご立派な司祭クーヴリニが信者の娘を誘惑した。聖職者に対する風刺はほとんどがそれに尽きる。一七二九年、「ウニゲニトゥス」を拒んでパリ北方サルセルの主任司祭の座を追われた詩人は、その意趣返しとばかりに、「嘆かわしい出来事」の顛末を語るのだ。こうした彼一流の風刺詩は、任地だったサルセルの名をとって「サルセラド文学」と呼ばれるが、むろんこのクーヴリニが揶揄されたような醜聞とかかわっていたかどうかは不明である。

本題に戻ろう。《聖職者通信》の一七三一年一一月二〇日号には、北仏ランス発として次のような記事がある。聖母生誕の祝日（九月八日）、この地に所領を有するパリ高等法院評定官のパリス氏（助祭パリスの弟ジェローム＝ニコラ）の召使モルソーが告解をするためランスに来て、レンヌのカプチン会士ボナヴァンテュールにそれを依頼した。召使の告解をすべて聴いたあと、彼がパリス氏に仕えていると知ったこの修道士は、主人の兄である神父（助祭）の聖遺物を持っているかどうか尋ねた。モルソーは居室に少し持っていると答えた。答えて、言葉を撤回しようとした。だが、それは叶わず、彼は長い尋問を受けることになった。主人からそれをもらったのでなければ、盗んだことになるのではないか。とすれば、それは瀆聖となる。さらにボナヴァンテュールは尋ねた。この神父は取るに足らないものをたくさん持っており、それをたえず人に配っていた。おそらくお前は彼を聖人としてみているが、自分は教会の外で死んだひとりの男としかみていない。とすれば、お前はジャンセニストではないか。そう詰問されて、哀れな召使は奇蹟を否定したという。(31) 召使モルソーはまさに誘導尋問にかかったわけだが、彼がジャンセニストだったかどうかは不明である。得意顔でパリスの聖遺物を持っていると言ったばかりの災難。記事はジャンセニストの敵がまさに思わぬところ、いや身近にすらいることを示すと同時に、注意を呼びかけてもいるのだろう。

同じ号にはまたピレネー地方のレクトゥールでのエピソードも取り上げられている。この町に住む司教座聖堂参事会員で聖職禄受給者の修道士デュレは、「ウニゲニトゥス」の署名を迫る司教教書を拒んで、北仏の離島モン・サン＝ミシェル修道院に追放された（図17参照）。今でこそ、モン・サン＝ミシェルは世界遺産にも登録された観光地として知られているが、革命期までは品行の悪い貴族の子弟を矯正するためだけでなく、主にジャンセニストや風刺文書作者たちを幽閉する監獄として用いられ、「海のバスティーユ」と呼ばれていた。やがて追放から戻ったデュレは、（信仰宣誓書に署名したのち）、一時期イエズス会とカプチン会の修道院で贖罪の日々を送ったとされる。だが、実際のところ、この署名を悔やんだ彼は、聖職を辞した。その際、隠棲の動機を手紙にしたため、友人を介して司教に届けるよう頼んだ。これを受け取った司教は、しかしデュレが長いあいだ教勅に反対していたことへの反省文だとして、これを公表してしまう。それを知ったデュレは司教に手紙を送り、そのなかで司教の曲解に抗議し、同時に自分が「聖助祭フランソワ・ド・パリス」の比類のない偉大な奇蹟を信じていると言明したという。(32)

興味深いことに、イエズス会はもとより、ここでもまたカプチン会が反ジャンセニスムの修道会として登場している。イタリア人司祭のマテオ・デ・バッシ（一四九五―一五五二）が、アッシジの聖フランチェスコの清貧を範として創設したこの修道会（呼称は修道頭巾《カプッチョ》から）が、ジャンセニスムやジャンセニストに対してどのような立ち位置だったかは必ずしも明確ではない。たしかにフランスのみならず、イングランドでも二〇年間説教活動をおこなったカプチン会士のザカリ・ド・リジュー（リジューのザカリア、一五九六―一六六一）は、筆法激しくジャンセニスムを攻撃したことで知られる。だが、バスク地方のカプチン会士ヤサントは、一六五六年、ヤンセニウスの「誤謬かつ異端的な五命題を人々にまき散らした」として、教皇から断罪されている。(33)

カプチン会に対する《聖職者通信》の見方は、じつはパリスによるある奇蹟を語る一七三一年八月二六日の記事に如実に示されている。奇蹟体験者はパリのセーヌ右岸、キャーンズ＝ヴァン地区に住んでいたジャック・ピエール・ドンデ。二七年前に脳溢血に襲われ、以後右半身が麻痺していた。右目も不自由で三本の指も硬直して動かなかった。だが、パリスのとりなしを願っておこなった九日間祈祷の五日目（同年七月五日）、症状が恢復した。その後、同地区の司祭に告解後の罪の赦しを求めたところ、パリスに祈ったとして秘蹟を拒まれてしまう。やがてふたりのカプチン会士がやってきて、彼と奇蹟の真偽について議論となり、修道士たちは彼らが「ルシフェル」や「異端」などと呼ぶ人物のとりなしによる奇蹟を否定した。これに対し、記事の書き手はこう断じている。「ルシフェルや異端は、彼らカプチン会士たちにほかならない(34)」。

廃刊

前述したように、《聖職者通信》は最盛期に発行部数が六〇〇〇部にも達したという。むろんこの数値の信憑性を担保する資料はないが、すくなくとも当時の読書慣行からすれば、これを自ら読む者、読んでもらう者、さらに回し読む者などを合わせれば、読者数は発行部数の何倍にもなっただろう。だが、あくまでも非合法新聞である以上、《聖職者通信》はつねに取締りの対象だった。

一七一三年の教勅「ウニゲニトゥス」に対抗して誕生し、二八年の第二次創刊から本格的にフランス全土、ときに外国の信仰・教会問題をジャンセニストやジャンセニスムの立場から綿密に取り上げてきた同通信は、一七五四年にその教勅問題が束の間の落着をみたあとでも、発刊が続けられた。だが、フランス革命を境にその継続に由々しき赤信号がともることになる――。

憲法制定国民議会が一七九〇年七月に定めた新たな法律、すなわち国内のカトリック教会を国家の管理下に置き、各審級の参事会を廃止して聖職者の特権（聖職禄など）を剥奪し、国家から俸給を得る公務員にするという「聖職者民事基本法」とどう対峙するか。この新法は何よりも「国民と法と国王に忠実であることを誓う」ことを全聖職者に課したのである。もとより敬虔なカトリックだった国王はこれに困惑したが、認可を余儀なくされた。だが、ときの教皇ピウス六世（在位一七七五―九九）はこれに激しく反発し、宣誓者には破門も辞さないとの姿勢を示したため、カトリック教会における立憲派聖職者と宣誓拒否派聖職者の対立が表面化した。

何かしら教勅派と反教勅派の対立を想い起こさせるこの対立は、やがて一般信徒をも巻き込むようになる。パリやその周辺およびピレネー地方、フランス南東部では民事基本法の宣誓派が多かったが、信仰の根強い西部や北部では宣誓拒否派が多数を占め、その一部は、たとえば一七九三年のヴァンデ地方のように、王党派と協力して農民を主体とする反革命の反乱を扇動した。[35] 教勅問題では《聖職者通信》編集陣におそらく乱れはなかった。フランス革命時、当然編集陣の顔ぶれは変わっていたが、基本的に革命自体には賛同していた。ただ、この民事基本法では対応が分かれた。こころみに一七九二年一月九日号の記事をみておこう。

この記事はまず「フランス革命は成った。連帯へのきっかけが与えられ、法の帝国が始まる。思想は自由となり、それは権利の根本でもある」という一文から始まる。そして、一七九一年に憲法制定国民議会のメンバーだった一部の県の司教たち三三名[36]がパリで上梓した、二三六頁の『フランス聖職者民事基本法に対する教会と道徳および宗教の真の原理原則の同意』（以下、『同意』と記す）――販価はパリ三六フラン、地方四八フラン――を取り上げ、次のように書いている。

この記念すべき議会において、人間性の厳粛な回復に貢献したあと、それぞれの教区に戻る前に、これら高位聖職者たちは反対派の高位聖職者たちが『聖職者民事基本法に関する原理原則の論述』（以下、『論述』）やその他多くの文書の中で、さしたる根拠もなしにおこなったいわれのない不正な批判を、基本法に対する復讐とみなした。革命は熱情や利害を傷つけたが、この基本法はそれとはほとんど相反するものである。それゆえ、こうした基本法を攻撃する著作は、堅固さというよりむしろ敵意に満ちているといえる。[37]

ここには聖職者民事基本法に対する《聖職者通信》の姿勢が端的にみてとれる。たしかに、『同意』にはこのような一文が明記されている。「われわれが聖職者民事基本法を守るために建てた城壁は、その堅固さをすべからく歴史に負っており、信仰にかかわること以外、教会が法や王、立法府に従わなければならないことは明らかである」[38]。その共同執筆者（署名は三人のみ）の筆頭者であるパリ司教のジャン＝バティスト・ゴベル（一七二七—九四）は、筆者の調査地の一つであるアルザス地方南部の宗教都市タン出身で[39]、聖職者民事基本法に宣誓した最初の司教として知られる。一七九二年四月、バーゼル司教を追放して文民委員となり、権力を乱用したとして非難された彼は、一七九三年一一月七日、国民公会に赤い帽子をかぶり、司教冠と司教杖を手にして現れ、聖職の放棄を言明し、他の聖職者たちがそれに続いた。図19はそんな彼を揶揄した戯画で、長い奇妙な鼻をした鳥頭の聖職者たちを従えたゴベルが教会の中に入ろうとしている。行列の最後は、「公共の誓い」、つまり一七九〇年七月四日に憲法制定国民議会で宣言された、「私は国家と法に忠誠を誓い、議会によって定められ、国王によって裁可された憲法を全力で支えます」という誓約が入った棺を担ぐ悪魔である。それにしても、この戯画の意図するところは何か。明らかにそれは、ゴベルが策動したとされる一七九二年八月の宣誓拒否聖職者に対する国外退去や、投獄中の反革命派ないしそうみなされた囚人が一〇〇〇人以上虐殺された九月の事件を受けている。翌年ゴベルが国民公会でかぶっていた赤い帽子とは、虐殺をおこなった義勇兵

図 19　ゴベルの戯画「公共の誓いの葬列」（1792 年、作者不明）

たちがかぶっていたものでもあった。

いささか話が逸脱したが、『同意』が批判した『論述』とはいかなるもであったのか。教皇が聖職者民事基本法を断罪し、国民議会がこの新法に対する宣誓拒否聖職者のリスト作成を議決した一七九一年三月、ルーアン大司教だった反革命・反基本法派のロシュフコー枢機卿（一七一二―一八〇〇）を筆頭とする高位聖職者の議員たちが名を連ねて作成したそこには、この基本法に対する批判が盛り込まれている。その根本的な主張は、アウグスティヌスの言葉を援用した次の一文にある。「われわれは自分たちのためではなく、われわれが福音や秘蹟を授ける人々のための司教なのである」[40]。そのかぎりにおいて、たとえば聖職者を選挙で選ぶとしても、選ばれた一般人がミサをあげ、説教をし、告解の秘蹟をおこなうことができるのではないか[41]。

一七九二年当時、《聖職者通信》の主幹はオラトリオ会士で革命派のクロード・ゲナン・ド・サン＝マルク（一七三〇―一八〇七）だった。無署名ではあるが、前出の記事はおそらく彼が書いたものだろう[42]。だが、同紙編集者の一部は基本法に反対し、かつて「ウニゲニトゥス」では鉄壁の団結を誇っていた編集陣は、なおもジャンセニスムを奉持しながら、分裂を余儀なくされる。この反対派を率いたアンリ・ジャビノー（一七二四―九二）は、筆禍によってバスティーユに投獄されたことがある弁護士で、カテキスム（カトリック要理）を重視するキリスト教教義普及会の一員でもあった。一七九一年、彼は反《通信》的な《聖職者通信もしくは聖職者民事基本法と称するものの歴史に資するための覚書》を自ら立ち上げたが、翌年、急逝している。

一方が聖職者民事基本法に賛成し、他方が反対する。双方の真の理由はなおも不明とするほかないが、こうして分裂した《聖職者通信》を最後の編集者として支えたのが、基本法派のジャン＝バティスト・ムトン神父（一七四〇頃―一八〇三）だった。一七九二年、ムトンは、一七一三年に反教勅派が迫害を逃れて共同体をつくっていたユトレヒト――オラトリオ会の代牧（布教地司教）だったが、一七〇三年にローマから破門された、親ジャンセニスムのペトルス・コッド（一六四八―一七一〇）の終焉の地――に移り、九四年一月一日から同地の書肆J・シェリンフからなおも《聖職者通信》の刊行を隔週で続けた。だが、彼の死の直前に出た一八〇三年五月一〇日号をもって、この新聞

はついに廃刊のやむなきにいたる。同地のジャンセニスト共同体が解体したこともあって、後継者は出なかった。(43)

思えば、一七一三年の第一次創刊から九〇年、一七二八年の第二次創刊からでも七五年。たしかに非合法ではあったものの、《聖職者通信》はたえずジャンセニストの機関紙として、宗教やそれにまつわる政治的・社会的な出来事を発信してきた。一八世紀のフランスにおいて、それは数少ない長寿紙だった。所期の目的からすれば、この新聞は「ウニゲニトゥス」問題の終結をもって廃刊となってもよかった。筆者はかつてアルザス地方の祝祭に触れて、文化の生態系においては、ひとたび構築された「文化」は、たとえ本来的な目的が消失してもなおも自立的な持続を求めるものであり、それこそが文化の慣性であり、規制力にほかならないと指摘したことがあるが、(44)おそらく《聖職者通信》もまたそうしたものとしてあった。なくなれば、ジャンセニストの拠点が失われるだけでなく、彼らが「読者」と紡いできたネットワークも瓦解する。だが、その規制力も社会の営み、すなわち文化の生態系自体を一変させる革命を契機として瓦解した。イマジネール（集団的想像力）としてのジャンセニスムはさておくとして、ジャンセニストたちがいつまで存在したか、存在しえたか。この問題もまたにわかに断定できないが、少なくともこの新聞の廃刊がその存続を決定的に危うくしたとだけはいえるだろう。

さて、一七二七年に没した助祭パリスであってみれば、翌年に第二次創刊を迎えた《聖職者通信》に目を通すことはできなかった。あるいはそのプロトタイプは手にしたかもしれないが、それを立証する史料はない。ただ、前述したように、彼による奇蹟が巷間広まるうえで、この新聞が果たした役割は間違いなく大きかった。では、具体的にどのような「奇蹟（的快癒）」が生まれたのか。それにはフランス・ジャンセニズムの原点ともいうべきポール＝ロワイヤルに立ち戻る必要がある。

第4章
奇蹟の系譜——ポール＝ロワイヤルから

奇蹟とジャンセニスム

前述したように、キリスト教の歴史はおびただしい「奇蹟」によって彩られている。奇蹟の度合いによって聖人と尊者と福者が位階化されているのだ。ごく最近の事例では、ローマ教皇庁より二度の奇蹟が認められたマザー・テレサが、死後二〇年も経っていない、いわば例外的な早さで二〇一六年九月に列聖されている。こうした奇蹟の原点は、いうまでもなくイエスがおこなったそれにある。だが、ことパリス関連の奇蹟、とりわけジャンセニスムとかかわる奇蹟についていえば、その原型はおそらくパリのポール＝ロワイヤル修道院で起きた出来事を嚆矢とする。

それは一六五六年三月二四日に起きた——。四旬節中のこの日、修道院の一室で、一〇歳の誓願修道女がキリストの聖荊冠に触れ、宿痾の涙瘻炎が奇蹟的に治ったという。キリスト教の長い歴史のなかで、奇蹟譚は無数にあるが、この奇蹟はとりわけ注目に値するものだった。この少女が、クレルモンの租税法院評定官の娘というより、むしろブレーズ・パスカル（一六二三—六二）の姪、つまりパスカル伝を書いた五歳違いの姉ジルベルトの娘マルグリット・ペリエ（一六四六—一七三三）だったからである。一六歳（一六四〇年）に『円錐曲線試論』を発表し、一九歳で機械式計算機を完成させた早熟の天才パスカルが、一六五四年の馬車からの転落事故を契機に、いわゆる「決定的回心」を体験したことはつとに知られているが、それには、二年前にポール＝ロワイヤル修道院に入り、翌年修道誓願をした二歳下の妹で、詩人としてのちに名を馳せるジャクリーヌと、フランス・ジャンセニスムの霊的指導者だったサン＝シラン（一五八一—一六四三）の影響があった。そのパスカルが、デ・シャン修道院付属のレ・グランジュ館で[1]、ルイ・ド・モンタルの筆名を用いて書き

図20　マルグリット・ペリエの奉納画。制作者・制作年不明。国立ポール＝ロワイヤル・デ・シャン博物館（筆者撮影）

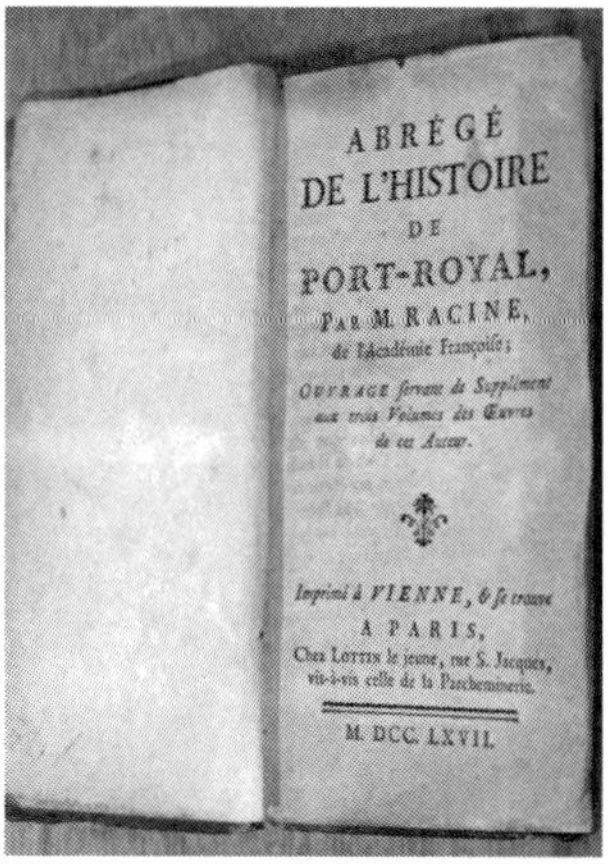

図21　ラシーヌ『ポール＝ロワイヤル略史』初版、1767年。国立ポール＝ロワイヤル・デ・シャン博物館（筆者撮影）

始めたジャンセニスム擁護の書、通称『プロヴァンシアル』の第五の手紙の四日後に起きた姪の奇蹟こそ、やがて『パンセ』（初版一六六九年）を執筆する上で重要な動機となったともいう。(2)

デ・シャンの「小さな学校」で学んだラシーヌの『ポール＝ロワイヤル略史』によれば、ペリエに奇蹟的な快癒をもたらした聖荊は、じつはラ・ポトゥリという高位聖職者が収集した聖遺物のひとつ（ただし、聖荊冠の荊棘一本！）で、一六五六年の四旬節の第三金曜日にあたる三月二四日に、ポール＝ロワイヤル修道院に貸し出されていたという。(3) ラシーヌに言及はないが、このピエール・ロワ・ド・ラ・ポトゥリ（一五八六―一六七〇）は、デ・シャン修道院の後立てだったアルノー家の親族で、サント＝ジュヌヴィエーヴの丘にあるサン＝ジャック＝デュ＝オー＝パ教会の前に住んでいた。ジャンセニストの作家・神学者で、サシらソリテールたちとも親交があり、ポール＝ロワイヤルに入って五年目の一六六九年にバスティーユに投獄されているニコラ・フォンテーヌ（一六二五―一七〇九）によれば、あろうことかラ・ポトゥリは、ルイ一三世の母后マリ・ド・メディシスのために、サント＝シャペル礼拝堂に保管されていた聖荊冠から荊棘を二本引き抜いたというのだ。(4)

現在、シテ島の最高裁判所（司法宮）敷地内にあり、ステンドグラスで有名なこの礼拝堂は、一二四八年に建立されているが、それはセーヌ川の中の島、すなわちサン＝ルイ島の名祖となっている聖王ルイ九世（在位一二二六―七〇）が、コンスタンティノポリスの最後のラテン皇帝ボードゥアン二世（在位一二二八―六一）から購入した聖荊冠を、他の聖十字架の聖遺物とともに安置するために建てたという。(5) むろんこれらの聖遺物が真正のものだったかどうかは不明とするほかない。事実、聖荊と称されるものは、大英博物館や北仏ランスの司教座聖堂をはじめとして、ヨーロッパ各地に数多く存在している。なかには、中世各地を渡り歩いていた聖遺物売りから購入したものもあるだろうが、ともあれ、マリ・ド・メディシスが宰相リシュリュー枢機卿との権力闘争に破れて一六三一年にブリュッセルに亡命していることからすれば、ラ・ポトゥリによる荊棘の抜き取りは当然それ以前になされたことになる。

それにしても、抜き取った荊棘の一本は彼が保管していたとして、もう一本の荊棘は母后の手元にあったのだろうか。それについては後述するが、いずれにせよその彼が聖遺物を修道院に安置した日に、ペリエの奇蹟が起きたというのだ。ポール＝ロワイヤル修道院長のメール・アンジェリクは、当時修道院が置かれていた状況に鑑みて、奇蹟が噂にならないよう修道女たちに箝口令を敷いた。しかし、数日後には早くも外科医たちが診察に来てペリエの奇蹟的な快癒を確認し、その驚きを喧伝した。やがて噂は王太后（ルイ一四世の母アンヌ・ドートリシュ）の耳にも入る。外科医たちの証明書がにわかには信じられなかった彼女は、国王の首席外科医を修道院に派遣して、ことの真実を調べさせた。報告の内容は予想に反して「神の御業」を裏付けるものだった。パリの司教総代理もまた数名の医師の証明書やソルボンヌの有力な神学者たちの意見を聴取し、最終的に奇蹟が真実であるとの裁定を下し、「金曜日ごとに聖なる茨の聖遺物がポール＝ロワイヤルの御堂に陳列されて、信者に拝ませる」ことにしたともいう(6)。

前述したように、トリエント公会議（一五四五—六三年）は、各地で数多く報告される治癒奇蹟に対応するため、当該地区を管轄する司教に対し、三人以上の医師や外科医、調剤師によって当事者の症状を診断させ、奇蹟が真正なものであるかどうかを判断するよう決めている。ペリエの奇蹟もまたそれに倣って、医師たちの調査を受けたわけである。その医師団のなかには、王立医学校の教授で国王の筆頭侍医でもあったシャルル・ブヴァール（一五七二—一六五八）もいた。彼らはソルボンヌの神学者たちとともに、ペリエの快癒が奇蹟によるものとの報告書を作成する。そして奇蹟から二か月以上経った一六五六年六月八日、パスカルがパリの宗教裁判所に届け出て、姪の奇蹟は正式に承認される。おそらくそれからまもなく、ジャクリーヌ・パスカル(7)はこの姪の奇蹟を詩のなかで取り上げている。

（…………）

こうして過酷な季節の冬にもかかわらず、

一本の木が聖なる館の中で花を咲かせる。

私たちはその驚くべき出来事に希望を見出した。
そして、誤りでしかない夜の夢を見ながら、
眠りが休息に甘んじているとき、
真実があなたの下女に現れた。(8)

この詩は、前年の厳冬にもかかわらず、ポール＝ロワイヤル修道院の庭園に立っていた木が花を咲かせたことを受けて書かれたものだというが、むろんそこにはマルグリトの奇蹟が暗示されているはずだ。一方、同修道院の第二代院長アニェス・アルノーは、姉のアンジェリク・アルノー院長時代に起きたこの奇蹟について、一六五七年一月一〇日にしたためた、修道女アンジェリク・ド・サント＝アニェス宛の見舞いの手紙で次のように触れている。

信仰を篤くして神に求めれば、病者がその身体の健康を得るのと同様に、私たちもまた心の治癒を得るでしょう。聖遺物（聖荊）に触れさえすれば、あらゆる願いや祈り、そしてあらゆる文字や言葉をたえず受け入れてもらえます。お分かりいただけるでしょうか。私たちにとって、おそらくそれはすべて私たちがつねに自分の心に問いかけて、この聖荊の徳性を感じさせるべき配慮のありようなのです。まさに聖荊こそが、私たちの心に入ってよこしまなものを追い出し、慈愛を差し入れてくれるのです。(9)

この書面にマルグリト・ペリエの名前はなく、奇蹟そのものに対する言及もないが、明らかにアニェスは聖荊の効験を信じている。そして、興味深いことに、手紙の最後に、「拙い手ながら自分が描き、聖荊に触れさせた小さな聖画」を送るとも書いている。はたしてこの聖画がいかなるものか明示はないものの、ここには力を帯びた呪物に触れたものもまたその呪力を帯びるという、一種の共感呪術（J・フレイザーの接触・感染呪術）をみることもできるだろう。あるいはこうした聖画が護符ないし特効薬として、病人たちに配られていたのだろうか。

奇蹟の行方

ともあれ、ペリエの奇蹟はポール＝ロワイヤルにとって単なる僥倖にはとどまらなかった。メール・アンジェリクやメール・アニェスの兄で、反マザラン派のロベール・アルノー・ダンディイ（一五八九―一六七四）もまた、隠棲の地であるパリ東方のポンポンヌで編んだ『回想録』（一六六七年）のなかで、自らが間近で確認したであろうこの奇蹟について次のように記している。

（一六五六年五月五日にソリテールの生活に戻ったことに同意する、仇敵のマザラン枢機卿からの書状を受け取るより一か月以上前の）一六五六年三月二四日、神はパリのポール＝ロワイヤルで聖荊によって偉大な奇蹟をなし、以後、多くの奇蹟がそれに続いた。これらすべての奇蹟は清純無垢な修道女たちのために神が発する天上の声と同様、彼女たちの仲間を慰め、何よりもその敵対者たちを驚かせた。（…）イエズス会士たちは公の、だがスキャンダラスな文書によって、こうした奇蹟が偽りであると躍起になって信じ込ませようとした。[10]（傍点は筆者、以下同）。

この奇蹟の信憑性については、より後代のサント＝ブーヴ（一八〇四―六九）もこう書いている。

だが、奇蹟の信憑性は間違いないところである。もっとも権威のある医師たちは、四月一四日（聖金曜日）に作成した証明書のなかで明示している。彼らによれば、自然の通常の力を越えたこうした治癒は、積極的な人びとをひたすら神秘につくよう掻き立てた。世論が声を発し、さまざまな情報が順当な手続きを踏んで形づくられた。パリの司教総代理だったデュ・ソーセ氏は、かなりの疑いを抱きながら修道院を訪れたが、自らが記録したこの治癒を目の当たりにして、その疑いを変えなければならなかった。一六五六年一〇月二二日、もうひとりの司教総代理オデンク氏は、当時遍歴中だった司教レ氏の名で、厳粛に所見をもって奇蹟を認め、テ・デウムが挙行された。フォブールの住民たちは陸続と教会（修道院）につめかけ、瀕死の貴族たちは人を遣って聖遺物の奇蹟にすがった。こうして聖荊による奇蹟と治癒はひと月もしないうちに一四例にまで増え、さらに八〇例にまでにのぼった。（・・・）一方、最初の奇蹟は医学や教会の権威によって事実と認定された。イエズス会士たちもそれを否定するより解釈しようと考え、最終的に悪魔がそれをおこなったと言わざるをえなくなった。(11)

ローザンヌ・アカデミーで一八三七年から三八年にかけておこなった講演をもとに編まれた、このサント＝ブーヴの書は、ポール＝ロワイヤルとデ・シャン修道院の全貌を伝えるものとして定評がある。フェルナン・ブローデルが唱えたような、「全体史の試み」（ジャン・モリノ）だとの高い評価も受けている。だが、一連の出来事よりすでに二世紀近くたってから書かれており、その内容の信憑性には多少とも疑問を抱かざるをえない。たとえば奇蹟が「八〇例」も起きたとする具体的な根拠の明示はない。

その吟味は他日を期すとして、当然のことながら、ジャンセニストたちは正式に承認されたペリエの奇蹟を神が彼らの主張を嘉《よみ》する証として喧伝する。これに対し、ジェンセニストと対立していたイエズス会勢力は、奇蹟を何とか否定しようと躍起だった。その先陣にたったのが、同修道会が経営するパリのリセ・ルイ＝ル＝グラン院長で、ルイ一五世の聴罪司祭でもあったフランソワ・アンナ（アナとも。一五九〇―一六七〇）である。彼はおびただしい数のジャンセニスム反駁文を、さながら何かに憑かれたかのように量産している。たとえば、『ポール＝ロワイヤルの秘書が復活祭以降に広めた手紙にみられる、さまざまな著者に引用されたジャンセニストたちの善意』という、一見ジャンセニスムを賞賛するような題名――むろん「善意（ボンヌ・フォワ）」とは皮肉である――の序文で、アンナは次のように書いている。

私は奇蹟の真贋を議論したりはしない。とくにこれらの奇蹟がジャンセニスムをまったく疑問視しない人物たちによって認められ、正当化されている場合はなおさらのことである。思うに、奇蹟は信じなければならない。私が問題とするのは、彼ら（ジャンセニストたち）がこの信仰を利用しようとする点であり、断罪された教義がじつは真なるものであることを示そうと、奇蹟を取り上げ、方向づけようとする点なのである。こうした意図はきわめて無謀かつ破廉恥な振る舞いであり、懲罰に値する[12]。

おそらく問題の奇蹟の吟味が終わってまもなく編まれたと思われるこの書は、本文で「ポール＝ロワイヤルの秘書」、つまりパスカルの手紙を批判している（これをパスカルの『プロヴァンシアル』のアンナに対する反論と対比して分析すれば、それだけで興味深い研究となるだろうが、今は措く）。一六五七年、アンナはまた『さまざまな奇蹟にかかわるカトリックの真理の擁護、「ポール＝ロワイヤルで起きたとされる聖荊の出来事に関する不可欠な観察」と題された文書に対する、ポール＝ロワイヤル諸氏の返答の偽装と詐術への反論』という、相変わらず長い題名の小冊子で、次のように断罪している。

たしかに、これら（ポール＝ロワイヤルの修道院の）関係者たちのだれかがこの聖荊を手に取って人々に見せ、病人たちに触れされようとするなら、信仰の秘密のなかで、内的に語るイエス・キリストの声を聞かなければならない。それはこう語りかけているはずだ。「想い出しなさい。汝が手にしている荊冠こそ、汝の傲慢さと不服従を宥すために我が頭に突き刺さったものであり、この荊冠による傷から流れ出た血は、汝を救うため、人々を、すべての人々を救うためにある、ということを[13]」。

『プロヴァンシアル』に繰り返し登場する――当然、批判の対象として――アンナは、こうして聖荊の奇蹟が神の祝福では決してなく、神が異端ジャンセニスムを放棄するよう諭した証だと難じるのだ。さらに、この奇蹟をとりあげたアニェス修道院長の『聖なる奇蹟の祈り』を「イエス・キリストにそむく陰謀の最初の産物」とまで切って捨てる。これに対し、パスカルは一六五六年一二月四日付の「第一六の手紙」のなかで、多少とも控えめに反撃する。

> このきよらかなおとめたちが、その定めに従って日夜、聖なる秘蹟に宿りますイエス・キリストを礼拝しているあいだも、あなたがたは、日夜、彼女たちがイエス・キリストは聖体のうちにも、父なる神の右にもいまさぬと信じているのだとふれまわってやまないのです。(14)

神の摂理を挟んでの、つまり神学的な文脈でのこうした相反する奇蹟解釈は、やがてパリスの奇蹟現象でも繰り返しみられるが、パスカルはまた、死の七年後に刊行された『パンセ』（一六六九年）の第一三章（奇跡）のなかで、偽りの奇蹟があるのは真の奇蹟があるからで、真の宗教があるから偽りの宗教もあるという一種の弁証法を語ったあと、こう記してもいる。「ここに一つの聖なる遺物がある。ここにこの世の君主の権力もおよばぬ救い主の荊の冠の一部がある。その荊がわれわれのために流されたあの血潮の特別な力によって、奇跡をおこなったのだ。いまや神は親しくこの家を選び、そこで彼の力を現されたのだ」(15)。この一文が姪の奇蹟と一族のことを指していることは言を俟つまい。

ここでとくに指摘しておくべきことは、ポール＝ロワイヤル修道院とジャンセニスムにとって、一六五六年は特別な年だったという点である。フランス・ジャンセニスムの理論的指導者だったサン＝シランが出獄してまもなく世を去って一〇年後の一六五三年、ガリレイを宗教裁判にかけたこと（一六三三年）でも知られるウルバヌス八世（在位一六二三―四四）の後任教皇インノケンティウス一〇世（在位一六四四―五五）が、教勅「クム・オカジオーネ（現下の状況について）」を発布して、前教皇が一〇年前に禁書としたヤンセニウスの『アウグスティヌス』に、異端的な「五命題」が含まれるとして改めて断罪する。そして、一六五六年、インノケンティウス一〇世の後任で、のちにサン＝ピエトロ広場を完成させたことでも知られる教皇アレクサンデル七世（在位一六五五―六七）が、教勅「アド・サクラム〔聖なるもの〕」によって、改めて「五命題」を異端的なものとして論難したのである。

キリスト教界においても、「異端」とは少数派ないし少数意見の謂いであり、公会議はまさにそれを排除するための契機だったが、この「五命題」とは、フランスの反ヤンセニウス派司教たちが『アウグスティヌス』からジャンセニスムの攻撃材料として抽出したもので、彼らはこれを教皇に提示し、断罪を要請したのだった。その内容は概ね以下の通りである。①神の律法のあるものは、たとえ義人が自力によってそれを守ろうと望みかつ努めても、守ることができない。律法を全うする恩寵も彼らに欠けている。②本性が堕落した状態では、内的恩寵に決して抗いえない。③本性が堕落した状態では、ある行為が功徳ないし罪に値するためには、人間にとって必然性を持たぬ自由は必要とされず、強制がない自由だけで十分である。④半ペラギウス派は、個々の行為、そして信仰の始まりに対してさえ、先行する内的恩寵の必要性を認めていた。しかし人間の意志がこの恩寵に抗うことも従うこともできると主張したがために、彼らは異端であった。⑤キリストは例外なく万人のために死んだとか血を流したというのは、半ペラギウス的異端である。[16]

この断罪に対しては、ジャンセニスト陣営から五命題を異端として認めるものの〔法問題〕、それが『アウグスティヌス』には見いだせない〔事実問題〕とする異議申し立てがなされる。一方、モリニストたちは、この五命題批判を支持した。一六五四年三月、枢機卿マザランはルーヴル宮で高位聖職者会議を開く。その会議を仕切ったのがフランソワ・アンナだった。同会議は自らが指名した調査員たちの報告に基づいて、五命題がヤンセニウスのものだとして教勅の受け入れを決める。マザランはその決議を教皇に報告する一方、国内の全聖職者に署名を課そうとした。だが、ローマからの独立とフランス教会の独自路線を唱えるガリカニスムの擁護者をもって自任する高等法院の反対で、その目論見は成就しなかった。[17] これにより、五命題問題は決着したかにみえた。

しかし、一六五五年、モリニスト＝イエズス会士たちは、ソルボンヌの神学教授アントワヌ・アルノーを、「五命題」を認めない異端だとして大学に告発し、翌一六五六年一月、つまり、ペリエの奇蹟の二か月前、アルノーは意見を同じくする他の一〇人あまりの博士——そのなかには童話作家シャルル・ペローの弟ニコラ〔一六二四—一六六二〕もいた――ともども大学を追われてしまう。[18] その該博な神学やジャンセニスム擁護で名を馳せ、師サン＝シランの甥であるマルタン・ド・バルコス（一六〇〇―七五）の協力を得て、有名なイエズス会反駁書『頻繁なる聖体拝領について』[19]（一六四三年）をものして、グラン・アルノーとも呼ばれた彼はまた、ポール＝ロワイヤルの初代院長メール・アンジェリクやその後継者であるメール・アニェスの弟でもあった。[20] パスカルが『プロヴァンシアル』第一の手紙を発表し、アルノーを擁護してイエズス会を攻撃したのは、この追放劇から一〇日後の一月二三日のことだった。だが、その支援も功を奏さず、アルノーの名は博士号取得者の名簿から抹消される。こうして二年後、教皇クレメンス九世による「教会の平和」によってルイ一四世に重用されるまで、パスカルに『プロヴァンシアル』の執筆を慫慂したとされるアルノーは、デ・シャン修道院に逼塞しなければならなかった。

ポール＝ロワイヤルの受難

ところが、そのデ・シャンにも迫害の手が及ぶようになる。アルノーがソルボンヌを追われて二か月後、シャトレ裁判所の民事代行官で、有名なラ・ボワザン夫人の毒殺事件[21]に連座して、一六七六年に処刑されたブランヴィリエ夫人の父親でもあったドルー・ドブレが、イエズス会の要請を認めた国王の命で査察に入ったのである。[22] サン・シラン亡き後、同修道院では、司祭アントワヌ・サングラン（一六〇七―六四）が霊的指導者となっていた。彼は一六三三年に病人の介護や貧者のための奉仕をおこなう愛徳修道女会を創設して死後列聖されるヴァンサン・ド・ポールを師と仰ぎ、三七年からはサン・シランを信奉していた。この査察の目的は、おそらく政権と密着したイエズス会の教育と真っ向から相対していた、「小さな学校」を閉鎖に追い込むことだった。これを案じた一部生徒の親たちは、子供を退学させて他所に転校させた（最終的に学校は一六六〇年三月に廃校を余儀なくされ、そこで教鞭を執っていたソリテールたちもまた、翌年にはグランジュを退却せざるをえなくなった）。つまり、マルグリト・ペリエの奇蹟とは、まさにポール＝ロワイヤルの存亡がかかった時期に起きてもいたのである。[23]

ジャンセニストの神学者ニコラ・ル・グロは、匿名の書『教勅ウニゲニトゥスに先立って生じた、もしくはそれに続いて起きた主な出来事に関する略史』において、この奇蹟がパリの司教総代理の書簡によって認められ、ポール＝ロワイヤル修道院を取り潰そうとする策謀を一時沙汰止みにしたとしている。[24] だが、その「沙汰止み」も長くは続かなかった。一六六一年二月、聖職者会議が改めて「クム・オカジオーネ」の受け入れを決め、のちに「ウニゲニトゥス」でもその手法が採用されることになる、通称「信仰宣誓書」（フォルミュレール）を定める。これを受けて、マザランが没して一か月後の同年四月、ルイ一四世が国務諮問会議でこれを決定し、王国内の修道士や修道女を含むすべての聖職者にそれへの署名を強制する。その信仰宣誓書の内容は以下の通りだった。

> 私は教皇イノケンティウス一〇世が一六五三年五月三一日に出し、一六五六年一〇月一六日にアレクサンデル七世の教勅によって決定された教勅に真摯に同意します。私はこれらの教勅に従うことを明確に認め、コルネリウス・ジャンセニウス（ヤンセニウス）の書『アウグスティヌス』のなかに含まれている、そして、前記二教皇や司教たちによって断罪された五命題をすべて弾劾します。この考えは聖アウグスティヌスのものではなく、神聖な教義の真の意味をジャンセニウスが誤って説明したものだからであります。[25]

当然のことながら、この宣誓書を認めることは、ジャンセニストとしてのアイデンティティを放棄することを意味する。それが教皇＝国王＝聖職者会議の狙いだった。こうしてこの署名強制は、助祭パリス時代の教勅「ウニゲニトゥス」の場合と同様、ジャンセニスト迫害のための強力な踏み絵となる。

フランス南東部ガップ近郊のロースで、羊飼いの少女ブノワト・ランキュレル（一六四七―一七一八）に聖母が出現した――以後、彼女は五四年間この僥倖を得ることとなる――一六六四年、ポール＝ロワイヤルは祝福とは裏腹な試練にさらに向き合わざるをえなくなる。この年三月にパリ大司教となった反ジャンセニスムの急先鋒アルドゥアン・ド・ボーモン・ド・ペレフィクス（一六〇六―七一）が、六月、「われらが聖父インノケンティウス一〇世とアレクサンデル七世の教勅実施のために作成された教書への署名」を定めた新たな教書を出し、自らパリのポール＝ロワイヤル修道院に何度か足を運んで、修道女たちに追放をちらつかせて署名を強要したのである。だが、それでも埒があかなかったため、八月、大司教は今度は騎馬隊長や射手を伴って、ポール＝ロワイヤルに赴く。そして、最後通牒として署名を強いたが、その威嚇も功を奏さなかった。その際、大司教はこう言って嘆いたという。「彼女たちは天使のように純粋だが、悪魔のように傲慢である」[26]。説得を諦めた大司教は、反対派の修道女一二人をパリの別の修道院に強制的に移し、残りはフランソワ・ド・サルが一六一〇年に創設した署名派の聖母訪問会の権威下に置いた。一一月、あくまでも執拗な大司教は状況を打開しようとはるばるデ・シャンを訪れ、改めて修道女たちに署名を迫った。しかし、やはり激しい抵抗を受けたため、彼女たちに秘蹟に与ることだけでなく、外部と交流することすらも一切禁じた。

こうしてデ・シャンに残った八〇人あまりの修道女たちは、騎馬警察隊長とその従卒たちの監視下に置かれ、さまざまな嫌がらせや禁止を甘受しなければならなかった。マドレーヌ・ド・リニの修道院長（在職一六六一―七五）という肩書きも名ばかりとなった。当時の状況をつぶさに見ていたはずのラシーヌの『ポール＝ロワイヤル略史』は、残念ながらこの年で終わっているが、これら修道女たちの悲運は、一六六八年八月に、署名拒否派のシャロン司教たち四司教が、教皇クレメンス九世に署名受け入れの調書を送付して歓迎された、いわゆる「教会の平和」まで続いた。「外側を教皇に、内側を四司教に与えた」（大法官アンリ・フランソワ・ダゲソー）この和約について、サント＝ブーヴは『ポール＝ロワイヤル』でこう記している。

一六六九年（一六六八年）の「教会の平和」署名時、ポール＝ロワイヤルはその権利を回復した。パリ司教総代理は禁止を撤廃するため鉄門に姿をあらわし、点火された蝋燭の真ん中では、聖歌隊員たちがテ・デウムの先唱をつとめた。鐘が激しく打ち鳴らされ、あちこちから急ぎ駆けつけた近隣の貧しい人びとはだれもが感動を分かち合い、「三年半ものあいだついぞ聞くことのなかった」祝福の鐘の音を耳にして驚き、大喜びした[27]。

一九世紀初頭に生まれたこの近代批評の確立者の文言は、それゆえあくまでも想像の文学的所産にすぎない。とはいえ、修道院がこうした喜びに沸き返ったことだけは間違いないだろう。一六六九年二月一三日、デ・シャン修道院に、カルヴァン派の説教とパリ東部クレ＝スイイ墓地への埋葬を禁じたモー司教で、院長の兄弟でもあったドミニク・ド・リニ（一六二三—八一）が秘密裏に訪れる。アントワヌ・アルノーとル・メートル・ド・サシも同道していた。はたして彼らが何を説いたのかは詳らかではないが、翌日、修道女たちはパリ大司教からの要望書に署名し、その四日後、のちにサント司教になる司教総代理ギヨーム・ド・ラ・ブリュネティエール（一六三〇—一七〇二）から、秘蹟の挙行や修練女や寄宿生の受け入れを認められるようになる。だが、これ以後、デ・シャン修道院はポール＝ロワイヤルと完全に切り離される。

図22　ロングヴィル公爵夫人肖像画
（作者・制作年不詳）

こうしてポール＝ロワイヤルとデ・シャンの歴史は新たな局面を迎えることになる。それには、ルイ一三世の寵臣で、マリ・ド・メディシスの摂政政治に反対したブルボン＝コンデ公アンリ二世の娘ロングヴィル公爵夫人（一六一九—七九）が深くかかわっていた。フロンドの乱の精神的な指導者[28]でもあった彼女は、愛人のラ・ロシュフコーと別れ、アントワヌ・サングランによって信仰生活に入り、帰還が許されたソリテールらとともに、終焉の地となるデ・シャン修道院に移り住んだ。そして、他界するまで、彼女はルイ一四世の庇護を受け、自らも同修道院に財政的な援助を続けた。

仏蘭戦争が終息した一六七八年、ポール＝ロワイヤルは名門出の、だがなかなかに気丈な修道女を新院長に迎える。メール・アンジェリク・ド・サン＝ジャン（一六二四—八四）である。初代院長メール・アンジェリクの姪であった彼女は、一六四一年にデ・シャン修道院に入り、三年後に修道立願をしている。だが、それから二〇年後の一六六四年、信仰宣誓文の署名を頑なに拒んで、他の修道女一一人ともども逮捕され、お告げのマリア女子修道会に身柄を預けられ、前述の「教会の平和」まで、じつに四年ものあいだ秘蹟の権利を奪われた経歴をもつ。その幽閉体験をまとめたのが、一七一一年に死後刊行された『闇の扉で』である。彼女の詳細は、故小田桐光隆氏の秀逸なポール＝ロワイヤル論(29)に譲るが、ここで特筆しておきたいのは、その父ロベール・アルノー・ダンディイのことである。

アルノー・ダンディイはとくに財務に長けた国務評定官として、反ジャンセニストのマリ・ド・メディシスに重用されながら、のちにサン＝シランと親交を結び、娘が修道立願した年にデ・シャンでのソリテール生活に入っている。『イエス・キリストの生涯に関する詩』（一六三四年）を編んだり、ヤンセニウスの内省人の改造に関する陳述（一六四二年）やアウグスティヌスの『告白』を翻訳したり（一六四九年）、さらには前記『回想録』まで著している詩人・作家・翻訳家で、樹木栽培にも一家言を有してもいたという。彼は前歴ゆえに他のソリテールから多少とも敬遠され、やむなくグランジュ近くに家を建て、一六五三年までそこに住んだ。その間、『ル・シド』論争でコルネイユと対立した劇作家ジョルジュ・デ・スキュデリの妹の作家マドレール・ド・スキュデリ――その大河小説『クレリー』（一六五四―六〇年）には、彼をモデルとした人物が登場している――や、アンリ四世とマリ・ド・メディシスの孫で、ルイ一四世の従姉にあたるアンヌ・マリ・ルイズ・ドルレアン、通称ラ・グランド・マドモワゼルなどの知識人や宮廷人をしばしば招いたものだった。デ・シャンを離れたのちも修道院とは連絡を保ち、前述した娘たちの逮捕時には、パリ大司教にその釈放を働きかけたもいう。そして、息子シモン・アルノー・ド・ポンポンヌが国務卿になった一年後、デ・シャンで波乱に富んだ生涯の幕を閉じている。

前述のモー司教ボシュエが『聖書に基づく政治学』を上梓した一六七九年、ポール＝ロワイヤル修道院は相次ぐ不幸に見舞われる。熱心な庇護者だったロングヴィル公爵夫人や信仰宣誓文署名反対派のボーヴェー司教ニコラ・ショアール・ド・ビュザンヴァルが、それぞれ四月と七月に他界したのである。この年の五月には、デ・シャン修道院は意外な人物の、しかし決して喜ばしくはない訪問も受けている。パリ大司教のフランソワ・ド・シャンヴァロン（在位一六七一―九五）が訪れたのである。前任者のボーモン同様、反ジャンセニストだった彼は、ル・メートル・ド・サシやラシーヌと面会したあと、修道院長に国王が新しい修練女の受け入れを禁じ、聖職志願者や寄宿生を送り返すこと、さらに建物からすべての聖職者を追放することを決定したと告げる。これにより、聴罪司祭やその近親者たちがデ・シャンを追われ、ポール＝ロワイヤルの精神的な支柱のひとりであったアントワヌ・アルノーも、パリを去ってブリュッセルに難を避けた。

一六八二年三月、聖職者会議は前述したように「四か条宣言」を定めてフランス教会のローマ教皇からの分離、いわゆるガリカニスムへと舵を切る。たしかにそれはフランス王権による聖職者叙任権を認めこそすれ、実際には決してローマからの独立を確実にするものではなかった。まさにそのことがフランス・ジャンセニスムやポール＝ロワイヤルに幾多の試練や災厄となって降りかかるようになる。だが、これについては後述することにして、本題に戻ろう。

一六八四年一月、ポンポンヌに移っていたサシと修道院長のメール・アンジェリク・ド・サン＝ジャンが物故し、翌月、新たな修道院長に、一六六九年から七八年までこの職位にあったマリ・ド・サント＝マドレーヌ・デュ・ファルジが再任される。彼女がいかなる女性であったか、筆者は寡聞にして多くを知らないが、おそらく彼女もまた壮健ではなかった。一六八九年まで三年たらず修道院を率いたあと、病に倒れてその職位を辞しているからである。

その彼女の脆弱な体を診ていたと思われる修道院の医師ジャン・アモンも、一六八七年、六九歳で他界している。北仏シェルブールの裕福な弁護士の家に生まれた彼は、パリ大学医学部を出てから、パリ市庁舎に近いサン＝メリ小教区で医業を営み、名医の評判をほしいままにしていた。だが、三三歳になった一六五〇年、かねてより昵懇にしていたアントワヌ・アルノーやアントワヌ・サングランらの影響を受けて、親が決めた許嫁との結婚を取りやめ、すべての財産を貧者に分け与えて、デ・シャンでソリテールの生活をするようになる。ただ、デ・シャンに来た当初、医師として奉仕するつもりはなかった。パンと水を摂るだけの苦行を実践し、畑を耕す。それだけで充足していた。だが、やがてアルノーに請われてその秘書となる。そして、一六四三年にソワソン伯の侍医を辞して最初期のソリテールの一員となり、デ・シャン修道院の初代医師をつとめていたヴィクトル・パリュが、五〇年五月、四六歳で世を去っていたため、アルノーの慫慂を受け入れて修道女やソリテール、「小さな学校」の児童たち、さらには修道院に疾病の快癒を求めてやってくる近隣住民たちを診るようになった(30)。マルグリト・ペリエの奇蹟を、他の三人の医師とともに検証してもいる。一六七九年にはロングヴィル公爵夫人を、その侍医であったドゥニ・ドダール（一六三四―一七〇七）とともに看取ってもいる。[31]『孤独について』（一七三四年、死後刊行）や『慈悲論』（二巻、一六七五年）など多くの著作をものし、ポール＝ロワイヤルにかかわった主要人物たちのラテン語墓碑銘も相当数作成している彼がそこで実践したのは、その後任となったジャンセニストのフィリップ・エケ[32]（一六六一―一七三七）同様、まさに「貧者の医学」だった。四〇年におよぶ日々をこうした医術に捧げたアモンの亡骸は、デ・シャンに埋葬される。興味深いことに、ラシーヌの亡骸もまた、一六九九年、その遺言に従って、アモンの墓の近くに葬られている。この事実は、アモンの存在がひとりラシーヌのみならず、デ・シャンにとってもいかに大きかったかを示すものといえるだろう。

一六八九年、そのラシーヌの叔母アニェス・ド・サント＝テクルがデ・シャンの修道院長となる。彼女は一七〇〇年まで職責を全うすることになるが、その一一年間もまた、修道院は苦難のうちにあった。一六九五年にパリ大司教となったルイ＝アントワヌ・ド・ノアイユは、ポール＝ロワイヤルに好意的であり、修道女たちに少なからぬ期待を抱かせた。だが、それも就任最初のうちだった。ラシーヌは死の数か月前、姪がデ・シャンの修道女になることをこの大司教から禁じられている。同様の抑圧は国王からもなされた。しかし、それはやがて始まる本格的な弾圧の前触れにすぎなかった。

フランス国王軍がスペイン領ネーデルラントのラミーユでイングランド軍に敗北した一七〇五年、かねてよりジャンセニスムを壊滅させようとしていたルイ一四世は、ガリカニスムをかなぐり捨てて教皇クレメンス一一世と交渉し、ポール＝ロワイヤルの聖職者や修道女たちを追放するとの教勅を出させる。明らかにこれはクレメンス九世による「教会の平和」を反故にする措置だった。そして、一七〇〇年からデ・シャン修道院の院長をつとめていたエリザベト・ド・サン＝タンヌが没した一七〇六年、同修道院は国務院の採決によって新たな修練女の受け入れを再び禁じられ、翌年、王令によって「修道院」の資格が取り消される。あるいはそれは、神に仕えるためにパリ高等法院の弁護士を辞し、同修道院で苦行をおこなうかたわら、家畜小屋の使用人を監督してもいたクロード・ルノワールとその仲間たちが、国王弑逆を図って失敗し、バスティーユ送りとなった事件とかかわっているのだろうか。[33]事件の真相は

図23　デ・シャン修道女たちの追放
（ジャコブ・フォルケマ作版画、1750年）

不明だが、一七〇八年、デ・シャンはいよいよ最大の危機を迎える。この年の三月、教皇は修道女たちにデ・シャンの教会と修道院の利用を認めた。ところが、ルイ一四世がこれに異議を申し立てた結果、ついに九月、デ・シャンを廃止する二度目の教勅を出すに至った。一一月には同様の趣旨が記された国王の公開状も出される。パリの高等法院はこの教勅と公開状を正式に登録した。

そして未曾有の厳冬で、フランス各地で多くの餓死者がでた一七〇九年の七月、ジャンセニストに好意的だったノアイユ大司教は、国王の圧力によってデ・シャン修道院の閉鎖に同意し、その財産をパリのポール＝ロワイヤルに移管させる決定を下す。これを受けて、一〇月一日、後者の女子修道院長だったマダム・シャトー＝レノーがデ・シャンを訪れる。だが、当然のことながら修道女たちは自分たちが選挙で選んでいない彼女を歓迎せず、修道院長と認めることすら拒んだ。シャトー＝レノーはこれを国務院に報告し、改めて自分の地位を確認してもらう。そして一〇月二六日、国務院はついにデ・シャン修道院から修道女の追放を最終的に決定する。この決定によって登場するのが、二代目のパリ警察総代官だったダルジャンソン侯マルク＝ルネ・ド・ヴォワイエ（前出）である。彼はノアイユの許可のもと、一〇月二九日にデ・シャン修道院に踏み込み、修道立願者一五人と助修女七人を捕えてそれぞれ馬車に乗せ、異なる遠隔地の修道院に追放した。副院長のルイズ・ド・サント＝アナスタジだけは高齢と病身であることを理由に、介添えの修道女とともに、希望するブロワのウルスラ会女子修道院に移ることを認められた。翌日には、ひとり残された修道院最高齢（八六歳）の修道女も、担架に乗せられてパリ西方のマントに送られた。[34]

それから二か月以上経った一七一〇年一月、国務院はデ・シャン修道院の解体とともに、他の建物の競売を決定する。その裁決文には次のように書かれていたという。

国務院においてすべてを熟慮された国王は、ポール＝ロワイヤル・デ・シャン修道院を構成する建物を、囲いの内側のみならず外側にあるものも含めて、ただちに解体するよう命じられた。ただし、教会ないし礼拝堂付き司祭およびパリのポール＝ロワイヤルによって設けられた、小作人ないし庭園師のための住宅を除くものとする。(35)

この決定により、一七一〇年五月、デ・シャンの施設は競売にかけられ、安すぎると嘆くポール＝ロワイヤル女子修道院長の不承不承の承認をとりつけて、四七〇〇リーヴルで落札される。落札者はオルレアンの建物施工業者だった。デ・シャン修道院の解体工事はただちにかつ休みなくおこなわれ、一七一一年六月には鳩小屋のみが残るだけとなった。そして、同年末までには、デ・シャンに埋葬されていた引き取り手のない三〇〇〇体あまりの遺骸が掘り出され、ヴェルサイユ近郊のサン＝ランベール小教区にあった共同墓穴に入れられた。ラシーヌの遺骸は最終的にサン＝テティエンヌ＝デュ＝モン教会に移された。(36)

一方、デ・シャン修道院に移されていた聖荊は、パリのポール＝ロワイヤル修道院に戻された。その聖性に関する議論を尻目に、「(デ・シャン)修道院が過去とともに破壊されたにもかかわらず、それはなおも崇敬の対象となっていた」という。(37) そして、教勅「ウニゲニトゥス」が出された一七一三年、修道院自体と囲壁も解体された。こうしてデ・シャン修道院は、その輝かしい歴史を閉じて廃墟となっていくのだった。むろんそれは、ジャンセニストやこの高潔な修道院のことを知る人々の哀嘆を誘わずにはおかなかった。たとえばジャンセニストの神学者ニコラ・プティピエ（前出）は、すでに一七〇八年、その著『宗教的信条』において、この修道院を次のように悼んでいる。

ポール＝ロワイヤル修道院は解体することができるが、のちの世はこのかくも神聖な修道院がいかなる罪を犯していないにもかかわらず、修道女たちの野望や狂った出費によってでも、意見の相違や無謀に建てられた豪華な建造物、さらに一〇〇年前に確立し、なおもしっかりと保たれている規律の緩みによってでもなく、信じがたいことだが、むしろ宗教的な几帳面さやキリスト教の真摯さを毅然と守っていたために、ついに滅びたという事実を忘れたりはしないだろう。(38)

プティピエは一七〇三年、教皇から断罪されたヤンセニウスの五命題の受入れに対し、「良心問題」としてソルボンヌの学者四〇人とともにそれに反対している。やがて彼は教皇からの翻意要請を拒み、オランダに逃れて親友ケネルと合流し、のちに「ウニゲニトゥス」のきわめて強硬な反対者となる。この文面を裏読みすれば、そうした彼の生きざまとポール＝ロワイヤル修道院とがいわば合わせ鏡になっていることに気づくだろう。

一方、のちにパリス伝を編むピエール・ボワイエとデトマールもまた、一七一〇年の初版以後四版を重ねる共著『ポール＝ロワイヤル・デ・シャンの聖なる修道院の破壊に強く心を揺さぶられたある魂の呻吟』において、こう記している。

主よ、あなたの乙女たちの聖なる集団が連れ去られたあとでも、人間の敵はなおも彼女たちの聖地を憎んでいました。彼らはきわめて神聖な足が立ち止まった場所まで徹底的に破壊しようとしたのです。《主よ、覚えていてください／エドムの子らを／エルサレムのあの日を／彼らがこう言ったのを／「裸にせよ、裸にせよ、この都の基まで」（旧約聖書『詩篇 137』）》。それゆえ、あなたがご自身の聖なる栄光を輝かせるのは、もはやこの家（修道院）ではありません。あなたの溢れんばかりの恩寵に恍惚と酔いしれ、聖なる道と呼ばれていた道を見ていたこの幽処、あなたがもっとも愛おしむ者の心に話しかけようとされる幽処は、かつてそうであったように、暗くおぞましい砂漠と化したのです。死すべき体をまとったこれら天使たちの代わりに、そこで聞こえてきたのは、もはや恐ろしい獣たちの叫び声だけです。嗚呼、わが主よ、多くの高名な人々を引きつけた、きわめて貴重かつ尊敬に値すべきこれら偉大な建物、偉大な記念物は、今では醜い灰塵の集まりにすぎなくなっているのです。[39]

『詩篇』の一文を引用しながら、デ・シャンを見捨てられたエルサレムになぞらえ、破壊者たちを人間の敵＝獣と見立てる。こうしたレトリックはしばしば護教文学にみられる常套手段だが、たしかにこの『呻吟』は、デ・シャンの修道女をはじめとする関係者の怒りと諦めを代弁したものといえる。だが、それは単なる修道院の解体ではなかった。フランス・ジャンセニスムの拠点として清貧と無私・無欲を教是とし、ときに教皇や国王の意志に逆ってまで、神の真理を求めて祈りと苦行に明け暮れた紛れもない宗教共同体の解体であり、当時の知性を代表するソリテールたちによる教育機関の、さらに有力者たちの庇護や支援を受けながら、周辺住民に対する施物や治療行為もおこなった一種の慈善組織の解体でもあった。一方、パリのポール＝ロワイヤル修道院は聖母訪問会に帰属し、革命期までなんとか永らえるが、すでにして体制に抵抗する気風を失い、独自の文化を生み出した過去の輝きとも絶縁したその余命は、いかなる奇蹟からも見放された、いわば残照にも似たものだった。

こうしてポール＝ロワイヤルの歴史的な使命は終息するが、前章でみておいたように、助祭パリスは、まさにデ・シャン修道院の衰亡・解体期に登場し、その精神をジャンセニストとしての自らの生のうちに過不足なく受け継いだ存在だった。清貧、苦行、無私・無欲、他者愛ないし慈善、そして神の真理の模索・・・。『物語』によれば、彼は廃墟となったデ・シャン修道院を訪れたという。真偽のほどはさておき、少なくともポール＝ロワイヤルの修道女やソリテールたちが日々の実践しようとしていたこれらの徳目を、この助祭は間違いなく自らに義務づけながら生きたはずだ。そしてその伝承ないし解釈された生涯は、パリス亡きあと、彼のとりなしで生まれたとされる幾多の「奇蹟」を信じ、称える者たち――ジャンセニストであるなしを問わず――に、真理の聖域としてのポール＝ロワイヤルというイマジネールを、多少とも郷愁的な形で伝えた。

では、聖莿のその後はどうなったのか。そこには次のような興味深い物語が待っている。以下では急いでそれをみていこう。

聖荊の再発見

デ・シャン修道院の解体に伴ってパリのポール＝ロワイヤルに戻されたそれは、前述したようになおも崇敬の対象となっていたとするメナールの指摘もあるが、いつしか修道院内で忘れさられてしまった。ところが一七三〇年代、ある女性がそれを再発見する。女性の名はルイズ＝アデレイド・ドルレアン（一六九八―一七四三）。ルイ一五世の摂政だったオルレアン公フィリップ二世の次女で、ルイ一四世の大姪にあたる。彼女については、のちにアレクサンドル・デュマ（父）が、その『摂政時代年代記』（一八四九年）で「美しい肌に目、繊細な手、真珠のような歯・・・」と最大限の賛辞を捧げているが[40]、ジャンセニスムを支持していたため、一七三四年、パリ東部にあったベネディクト会系のシェル修道院長職を辞し、フォブール・サン＝タントワヌ地区の同じベネディクト会系修道院に逼塞を余儀なくされていた。神学はもとより、音楽やダンスをよくし、さらに外科学にも関心を抱いていた彼女は、一七三五年、教勅に反対してシェーズ＝デュー修道院に追放されていた、スネ司教のジャン・ソアナン（本書第2章参照）に次のような手紙を書き送っている。

（・・・）七か月ほど前になるでしょうか、私はデ・シャンの聖荊が、パリのポール＝ロワイヤル修道院できわめて悲惨な状態に置かれていることを知りました。その聖遺物函は溶かされ、だれひとりとしてそれを敬っていないのです。そこで私は同修道院の院長（マリ＝ルイズ・パラティヌ）にそれを自分の手元に置きたいと、手紙を書きました。返事はこうでした。自分としては願ってもないことですが、それを認めるにはパリ大司教（ヴァンティミル）の許可が必要です。そこで私は大司教に手紙をしたためましたが、彼は修道院長に対し、このことを判断するしかるべき場所が決まるまで、聖荊を私に見せるのを禁じました。（・・・）。しかし、一週間前の金曜日、私は聖荊をどうしても見に行こうと思いたちました。それは聖遺物函とは似てもにつかぬ、そして栄光とはまったく無縁のココヤシの小箱に入っていました。私は修道院長に申し出ました。聖遺物がとても崇敬されるような状態にないので、喜んで預からせていただきます、と。そのようなことになれば、大司教がお怒りになるでしょう。彼女がそう言いましたので、彼の怒りは私が引き受けますと答えました。(41)

こうしてルイズ＝アデレイドが聖荊を「盗む」のを黙認した修道院長は、翌日、大司教に彼女が自分の意向を無視してそれを持ち去ったと報告する。それを受けて、大司教はただちにある聖職者を憤りの書状とともにルイズ＝アデレイドのもとに送り、聖遺物の返却を求めた。それに従わないなら、オルレアン家、必要なら国王によって彼女を拘束せざるをえなくなる。書状にはそう記されていた。そこでルイズ＝アデレイドは、聖遺物をだれにも譲ったりしないで大切に保管し、大司教自身にはそれを見にきてもらいたい、そしてこのことはふたりだけの秘密にしておきたいと、穏やかかつ丁寧に返事した。前任者のノアイユ大司教とは異なり、かねてよりジャンセニストたちには否定的な態度をとってきた大司教だったが、なにしろ相手は元摂政の娘。強権を発動することは難しかったのだろう。やむなくルイズ＝アデレイドのもとを訪れ、彼女が奇蹟を信じたりしないよう求めた。これに対し、彼女はこう応じたという。「奇蹟があったということを想定させないはずの宗教が、私にそれが事実であったかどうかを確認させるでしょう。そして、あなたの在任中に、イエス・キリストがはっきりとした形でそれを言明されるなら、あなたにとっては大いなる幸運となるはずです」。いささかもってまわった言い方だが、それを聞いて安心した大司教は聖遺物を吟味し、彼女に返した。その後、ふたりは冗談を言い合い、やがて大司教は立ち去ったという。

ルイズ＝アデレイドは用心のため、この手紙を燃やし、これについて他言無用と追伸している。さらに、聖荊のもとの所有者であるラ・ポトゥリが卒中に襲われ、前日に（臨終の）秘蹟を受けたと記し、ソアナンに彼のために祈ってくれるよう頼んでもいる。(42)

燃やしてほしいとの追伸にもかかわらず、この手紙（日付はない）がこうして残っている。あるいはソアナン司教はこれを残すことについて何らかの考えがあったのか。それを明らかにするのはできない相談だが、彼は一七三五年一一月二九日付けの返信で、どれほど宗教的な目的があったとしても、「盗み」は正当化されないとしながら、さらに修道院長が同意し、大司教が口をつぐむなら、その価値を知っているルイズ＝アデレイドがそれを保管することは認められるとしている(43)。

だが、面白い話はこれからである。たしかに聖荊は二本あった。一七四〇年にバルボー・ド・ラ・ブリュイエールが編んだ『ユトレヒト選集』には、「現在パリのポール＝ロワイヤル修道院にいる修道女たちは、そこで一六五七年(一六五六年の間違い)に起きたことにまったく無関心であり、聖荊を無用の物として、前シェル女子修道院長のオルレアン夫人に与えた。明らかに彼女たちはポール＝ロワイヤルのかつての精神を捨て去って、この聖遺物を軽視している(44)」とある。おそらくそれは、これら修道女たちがジャンセニスムに対する関心ももはや抱いていなかったことを端的に示しているはずだが、パリスの伝記をものしたラ・ブリュイエール(本書一七頁参照)によれば、オルレアン夫人ことルイズ＝アデレイドに渡った聖荊のほかに、毎週金曜日にポール＝ロワイヤルで一般に公開されていた聖荊があったという(45)。とすれば、これはラ・ポトゥリがサント＝シャペル礼拝堂の聖荊冠から抜き取って、マリ・ド・メディシスに与えたとされたもう一本の聖荊だったのか(本書一〇六頁参照)。

そして革命後の一七九一年八月、立法議会の命によって修道院の財産が没収された際、聖荊は聖遺物函から出されたまま、行方不明になっており、聖遺物箱も溶かされていたという。これはルイズ＝アデレイドが「盗んだ」聖荊と符合する。とすれば、公開されていたもう一本の聖荊はどうなったのか。伝承によれば、それはシャトレ裁判所の評定官やセーヌ県選出代議員、さらにコンセイユ・デタ主任審理官などを歴任したカメ・ド・ラ・ボナルディエール男爵の手に渡ったというが、現在、ポール＝ロワイヤル図書館に安置されているという聖荊(筆者未確認)は、はたしていずれのものなのか。その入手経緯ともども、いささか気になるところではある。

ともあれ、こうしたペリエの奇蹟は、それがジャンセニスムと結びついた——より正鵠を期していえば、結びつけられた——という点で、さらにイエズス会対ジャンセニストの宗教的・政治的な対立の局面に位置していたという点でも、助祭パリスのそれと過不足なく通底する。異なるのは、一七世紀と一八世紀という時代的な背景に加えて、前者が修道院という閉鎖された社会のなかで起きたのに対し、後者が市井の人々の時代を超えて構造化していたメシアニズムを改めて呼び覚ましたということ、つまり前者がペリエ本人だけで完結したのに対し、多少とも神話化された死者パリスの奇蹟が多くの病者に及んでいること、そしてそれがのちに「痙攣」という新たな特徴を帯びていったということにある。とはいえ、両者は病の治癒というイマジネール（集団的想像力）においては何ら変わるところがなかったはずだ。その限りにおいて、まさにパリスによる奇蹟とは、ペリエの聖荊奇蹟を祖型としていたともいえるだろう。だが、ここに大きな疑問がある。フランス・ジャンセニスムの拠点であったポール＝ロワイヤル修道院での奇蹟は、マルグリト・ペリエだけに起きていたわけではなかった。にもかかわらず、他の奇蹟はジャンセニストとイエズス会の対立の構図に組み込まれることはなかった。なぜか。それに答えるには、この修道院での他の事例をみておく必要があるだろう。

奇蹟の場としてのポール＝ロワイヤル

前述したように、サント＝ブーヴはポール＝ロワイヤルで八〇例もの奇蹟が生まれたとしている。この数はいささか誇張がすぎると思われるが、「奇蹟」とされる出来事はすでにペリエの奇蹟以前からあった。たとえば、一六四七年にデ・シャンのソリテールの一員となった司祭のボードリ・ド・サン＝ジル・ダソン（一六一七―六八）は、一六五五年四月から五六年九月までの日々を綴った『日記』に、当然のことながらペリエの奇蹟に触れ、さらにそれより九か月前に起きた事例も紹介している。それによれば、一六五五年六月、パリのポール＝ロワイヤル修道院の寄宿生だった一四ないし一五歳のスコットランド出身の少女が、胃および周辺部位が腫れて激痛を覚えていたという。痙攣も起きていた。そこで患部を聖遺物に押し当てると、苦痛はたちどころに霧散した。修道院の医師ゲノーはそれを奇蹟だとした。だが、まもなく痛みが再発し、腫れももとのままだった。やがて彼女はデ・シャンに連れて行かれ、専属医師のジャン・アモン(46)に診せた。しかし、ゲノーと同じで、手の施しようがないとの診断だった。あとは神にすがるほかはない。こうして少女は七月一二日の朝、九日間祈祷を開始し、教師役の修道女のジェルトリュードとともに聖体の前で祈った。しばらくすると、突然少女が叫んだ。「さっきまで痛かったのに、治りました!」。驚いて修道女が駆け寄り、患部を手で触ると、腫れは消えていた。アモンも診察したが、たしかに「患部は本来あるべき状態に戻っていた」(47)。

はたしてこの少女が患部に押し当てた聖遺物が何だったのか、また具体的に九日間祈祷の何日目に奇蹟が起きたのか。ダソンは明記していないが、あるいはペリエのときと同じように、ことを表沙汰にはしたくないとする修道院長の意向が働いたのか、この「奇蹟」のことは『日記』以外には見当たらない。三人以上の医師たちによる正当な奇蹟の確認もされず、報告書も作成されていない。あるかあらぬか、ジャンセニストたちによる注目も浴びなかった。それはペリエの「奇蹟」と際立った対照をなしている。

さらに一六五七年には、イエズス会にとっては想定外の、そしてポール=ロワイヤルとジャンセニストたちにとっては願ってもない奇蹟が起きる。その人物は、ルイ一三世の寵臣で、フランス同輩衆としてより、むしろデカルトのラテン語原文による『省察』(一六四一年)の最初の仏訳者として知られる、ルイ=シャルル・ド・リュイヌ公(一六二〇―九〇)の執事だったリシェなる弁護士。主人はソリテールたちと親交をもち、「ポール=ロワイヤルの紳士たち」の新約聖書の翻訳作業にも加わり、さらにデ・シャン修道院近くにヴォーミリエ城を築き、パスカルや「小さな学校」時代のラシーヌたちを住まわせるほどのジャンセニスト(ないし支持者)だった。にもかかわらず、そして娘がデ・シャンの寄宿生だったにもかかわらず、リシェは妻の反対を押しのけて、前記アンナや王妃の聴罪司祭たちとポール=ロワイヤルの弾劾書を作成していた。そんなリシェを改心させようと、娘と妻は聖荊棘に九日間祈祷をおこなった。その最終日のことだった。いつものように勤めのために家を出た彼は、一〇〇歩も行かないうちに突然激しい頭痛に襲われ、高熱も発症する。地面を這うようにしてようやく家に戻り、瀕死の状態でベッドに横になったまま、神が自分の所業を罰したのだと悟った。そこで彼は王妃の聴罪司祭と友人の司教に渡してあった弾劾書を取り戻し、妻にそれらを燃やすよう命じたという。それから妻の聴罪司祭だったサングラン(前出)を呼びに行かせ、罪を告白して神の赦しを乞うのだった。そして床についてから四〇日目、快癒した彼はポール＝ロワイヤルに赴いて神に感謝の祈りを捧げたという。(48)

医師たちから不治と宣告された病が祈りや献身によって快癒する現象を奇蹟と呼ぶなら、はたしてこれが奇蹟なのかどうか疑問なしとしない。記述自体、リシェの快癒から一世紀以上経っており、史実性も疑わしい。そして何よりも著者（匿名）のジェローム・ブゾワニュ（一六八六―一七六三）はジャンセニストの聖職者で、教勅「ウニゲニトゥス」の反対派だった。それゆえ、一七一八年に取得したソルボンヌの博士号を抹消され、二九年にはパリから追放処分にあってもいる。とすれば、どこまで客観性を帯びた記述なのか。それもまた問わなければならないだろう。(49)また、宗教史家のジャン＝ルイ・カンタンによれば、当時「リュイヌ公の執事」リシェの妻は「グランド＝ジャンセニスト」と呼ばれていたという。(50)ともあれ、このリシェはやがて弁護士を廃業し、ポール＝ロワイヤルに移ってソリテールとなり、長いあいだ過水症で苦しんだのち、一六五九年、四七歳で没している。『ポール＝ロワイヤル史』全六巻という大著を編んだブゾワニュを信じれば、稀有な事例ではあるものの、こうしてポール＝ロワイヤルの奇蹟は敵対勢力をも引きこんだことになる。

これら一連の「奇蹟」のなかで、おそらくペリエのそれとならんで知られたのが、修練女だったカトリーヌ・ド・サント＝シュザンヌ（一六三六―八六）の快癒である。一六六二年一月、二年前からリウマチで動かなくなっていた両足の自由を、九日間祈祷のあとで取り戻したというのである。(51)快癒まで、この修練女は刺胳や下剤、入浴、湿布、油脂摩擦など、考えられうるあらゆる手当てを受けたが、すべて効果がなかった。(52)彼女の父親は、一六四八年にパリのポール＝ロワイヤル、のちにデ・シャンの専属画家となるフィリップ・ド・シャンペーニュ(53)（一六〇二―七四）である。

この奇蹟に対する医師たちの正式な検証はなされていないが、シャンペーニュはその感謝の印として、エクス＝ヴォート（奉納画）を制作している。現在ルーヴル美術館に展示されているのがそれだが、そこには椅子に身を横たえたカトリーヌの前で、かすかな神の光を浴びながら祈りを捧げるメール・アニェスの姿が印象的に描かれている（図24）。美術史家で、デ シャン修道院跡地にある国立ポール＝ロワイヤル・デ・シャン博物館の創設者でもあったベルナール・

図24　メール・アニェス（左）とカトリーヌ・ド・サント＝シュザンヌ（右）。シャンペーニュ作、1662年。ルーヴル美術館蔵（筆者撮影）

ドリヴァルによれば、合掌しているアニェスは自らの魂を切り離して神のなかに入る忘我（extase）ではなく、神が彼女のなかに入った入我（intase）の状態にあるという。[54] はたして画面左手の壁面に書かれている文章が何なのか、残念ながらドルヴィルは言及していないが、父親にとって、医師に見放された愛娘の快癒はまさに奇蹟以外の何ものでもなかった。だが、こうした奇蹟も圧倒的な力で押し寄せる大波に抗することはできなかった。

一方、アルノー・ダンディイは自らがまとめた修道院長メール・アンジェリク・アルノーの回想録のなかで、修道女マリ・デ・ザンジュ・ド・フーの奇蹟を報告している。一人称でしたためられたそれによれば、この修道女は薪を集めに行った際、転倒して薪束の下敷きになり、頭を打って三〇分近く失神してしまったという。しばらくして我に返り、修道院の自室に戻った。そして、そのことを上級修道女に報告すると、具合が悪ければ、刺胳をしなければならないと進言された。だが、良くなっていたので、その必要ない。そう答えたものの、数日後、激しい頭痛に襲われる。身動きが叶わず、物音も聞こえず、その症状は次第に悪化していった。そのため、晩課にも出席できず、大食堂にも行けなくなった。そこで再び上級修道女に面会するが、もはや言葉を発することができず、仕草で症状を訴えるほかなかった。上級修道女はそのことを修道院長に報告し、その指示で、マリを夜通し介護する。翌朝、マリはユダヤ人外科医に手紙を書き、自分の症状を告げる。そして日に四度、刺胳をしてもらう。それによって少し具合が良くなったが、痙攣が始まった。心臓にも激痛が走る。夕食後、外科医が修道院を再訪し、改めて彼女に刺胳をおこなう。しかし、それでも症状は一向に改善せず、一二週間、硬いものが食べられなかった。薬を飲んでも頭痛をもたらすだけだった。これを見て、修道院長は悪霊が贖罪の苦行を止めさせるため、マリの頭に入り込んでおり、外科医では治せる見込みがないと言う。そして、修道院長の指示に従って、断食をしながら修道院の厳格な規則すべてを守ると、頭痛はおさまり、それを目の当たりにした修道女たちは驚いて、口々に「奇蹟が起きた」と叫んだという(55)。

ポール＝ロワイヤルを舞台とする奇蹟はほかにも多々あるが、今となってはむろんその真偽を確かめる術はない。だが、ありていにいえば、奇蹟とはあるのではない。つくられるものなのである。当事者がしかじかの出来事を奇蹟として信じる。これが奇蹟の最低要件なのであり、そこに論理は必ずしも必要ではない。むしろ論理を超えたものとしてある。このイマジネーション（個人的想像力）が、しばしば外在的な要因や働きかけによってイマジネール（集団的想像力）へと発展的に転位するとき、はじめて奇蹟は論理を獲得する。宗教的な奇蹟（非宗教的な奇跡ではない）の場合、こうしてそれは過たず信仰の対象となる。ポール＝ロワイヤルの一連の奇蹟的出来事とは、まさにすぐれて無垢な修道院というトポスを要因とし、ジャンセニストたちの働きかけによって「奇蹟」となった。そしてその歴史の遺伝子は、やがて姿を変えて助祭パリスによる奇蹟へと受け継がれていったともいえる。では、それは具体的にどのようなものだったのか。次章でそれを少し詳しくみていこう。

第5章

奇蹟の語り——墓地閉鎖前

『奇蹟集成』の背景

パリ市立歴史図書館（BHVP）は、一五八四年に建てられたセーヌ右岸マレ地区のラモワニョン館にある。見事な天井装飾を誇る図書館で、その所蔵になる一〇分冊の『奇蹟集成』には、一〇四人の奇蹟体験がまとめられている（第一分冊：四人、第二分冊：一三人、第三分冊：二〇人、第四分冊：九人、第五分冊：八人、第六分冊：六人、第七分冊：九人、第八分冊：一一人、第九分冊：一二人、第一〇分冊：一二人）。ただし、これらの分冊番号は、年代順を意味しない。各分冊に載せられた事例の配列も年代順とはなっていない。第三分冊から第一〇分冊までの題名はいずれも「パリス氏の墓で、氏のとりなしによって起きた諸奇蹟」とあるだけだが、第一分冊のそれは、「パリス氏の墓で、氏のとりなしによって起きた諸奇蹟に関する調査報告集成」とあり、「故ノアイユ枢機卿の命で作成され、公証人サヴィニ氏に委託され、一七三一年八月一三日、パリの主任司祭二三名が大司教ヴァンティミル氏に提示したもので、目的はこれらの報告書を人々に厳粛に発表し、彼らにそれらを真の奇蹟として示すところにある」という副題が付されている。

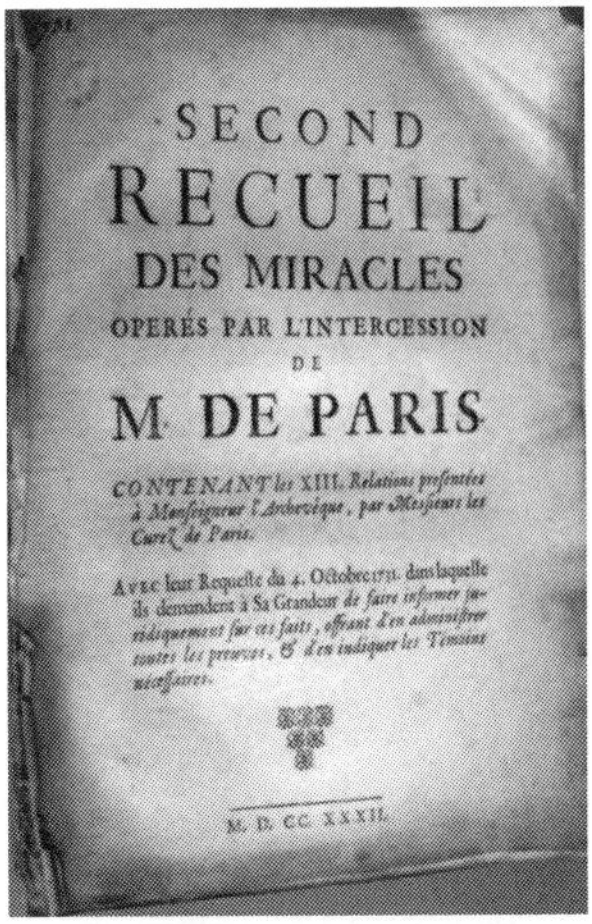

図25 『奇蹟集成』第2分冊扉頁。BHVP（筆者撮影）

この調査は、パリスによる奇蹟に好意的だったパリ大司教ノアイユの命を受け、サン＝ピエール＝デ＝ザルシ教会の主任司祭で、パリ宗教裁判所副所長、サン＝ニコラ・デュ・ルーヴル司教座聖堂首席参事会員、さらにノアイユの顧問でもあったアシル・トマソンが、同宗教裁判所の書記官イザボーとともに、一七二八年の六月から八月にかけて七度おこなったものである[1]。ただ、肝心の調査報告書は、ノアイユが一七二九年に他界したため日の目を見ることがなかった。これについては、パリのブラン＝マントー修道院長で、ベツレヘム司教（名誉職）でもあった反ジャンセニスト・反上訴派のベネディクト会士ルイ・ラタストないしラ・タスト（一六九二－一七五四）が、「痙攣および現下のいわゆる奇蹟を擁護する著作家たちへの神学的書簡」においてこう記している。

一七二八年、当時宗教裁判所の副所長だったトマサン氏に対し、サン＝メダールの小墓地に埋葬された助祭パリス氏のとりなしに帰せられるいくつかの奇蹟に関する調査が報告された。同年六月二二日に始まり、八月一二日に終わったこれらの調査は、極秘のまま、三年近くものあいだ、深い忘却のうちに埋没していた。だが、一七三一年八月一〇日、名前は不明だが、ある人物が公証人サヴィニ氏のもとで作成された写しを五通持参した。同氏はそれらを原本と照合したうえで、持参人に原本とともに返却した。(2)

そしてラタストは、八月一一日、オラトリオ会の司祭フーケがサヴィニを訪れ、寄託証書を作成させた。そこで（ジャンセニスト系の）主任司祭たちが、ノアイユの後任のヴァンティミル大司教にこれを提出し、その公刊を求めた、というのである。だが、すでに明らかなように、ヴァンティミルは反ジャンセニスト＝反奇蹟派のリーダー格。とすれば、彼がこの報告書を公刊するはずもなかった。握りつぶした。おそらくそうだろう。そこで彼ら司祭たちは、一七三一年一〇月四日、ヴァンティミルに新たな奇蹟報告書を突きつける。それが『奇蹟集成』の第二分冊、すなわち「パリの主任司祭たちによって大司教に提出された一三通りの報告書を含む、パリス氏のとりなしによって起きた第二奇蹟集成。添書として、これらの出来事を告知してすべての証拠を管理し、それをしかるべき証人たちに示すことを大司教に求める一七三一年一〇月四日の要望書(3)」である。詳細は不明だが、ヴァンティミルはトマサンが作成したこの要望書もまた握りつぶした。それどころか、前述したように一部の奇蹟を非難にすることに腐心するようになったのである。

こうした背景をもつ『奇蹟集成』は、この二分冊以外は公証人(4)が主たる作成者となっている。語りはすべて体験者自身のもので、多くが一人称、ときに三人称で書かれており、文末に自署と作成の日付が付されている。病名や症状については、医師から聞いたとおぼしき専門的な医学用語が多少入っているものの、その語りからは、当時の人々の生活ぶりや医術や薬学の内容、さらにほとんどの夫婦が別称であることや、親族はもとより、自分の年齢さえ「・・

歳位」と記すいささか信じられない庶民の現実なども読み取れる。(5) とすれば、これら一連の報告書は、たくまずして一八世紀における民衆文化の貴重な情報源になっているといえる。

それぞれの報告書は短いもので二頁たらず、長いものは奇蹟の証人による証言や関連文書を併載してゆうに五〇頁を超える。ただ、その配列にさしたる編集意図はみられず、いかにも恣意的な寄せ集めといった印象を受ける。しかし、これらの奇蹟報告書は明らかに流布を目的として印刷されており、一部（あるいは全部か？）は市販のための販価が記されている。おそらくそれらは書店＝印刷所や行商人《コルポルトゥール》たちによって売りさばかれた。なにしろ当時は、「青（表紙）本《ビブリオテーク・ブルー》」と呼ばれる廉価本(6)に代表される出版文化が隆盛しており、おそらく一七三一年七月頃からサン＝メダール教会の聖具室で頒布されるようになったパリスの肖像画(7)もまた、行商人を介して密かに流通されていた。

とすれば、これらの報告書が允許を得ずに巷間出回り、奇蹟譚を伝聞や憶測に基づく噂以上に、まさに如実なものとして広めていったと考えてもよいだろう。しかも『奇蹟集成』に組み込まれた報告書はあくまでも一部であり、後述するように、それ以外にも数多くの報告書が印刷されている。全体ではたしてどれほどの数となるだろうか（むろん頒布用ではない手書きの報告書もある）。ただ、質はともかく、少なくともその分量において、いつに変わらぬイマジネール、すなわち人々の快癒への渇望や救いのメシアニズムを、具体的かつ身近なかたちで呼び覚ましたであろうこれら報告書は、レトリックや深遠な省察とは無縁だが、一種の「奇蹟文学」とも呼びうるものといえる。

カレ・ド・モンジュロン

そして、この奇蹟文学に色を添える——こういってよければ——のが、パリ出身の上訴派ジャンセニストで、フィギュリスト（旧約象徴論者）だったカレ・ド・モンジュロン（一六八六—一七五四）が一七三七年に著した、全三巻の大著『サンス大司教の反論にもかかわらず、パリス氏および他の上訴派のとりなしによって起きた諸奇蹟の真実』（以後『諸奇蹟の真実』と記す）である。この書が助祭パリスにかかわる奇蹟をすべて欺瞞・虚偽と決めつけるサンス大司

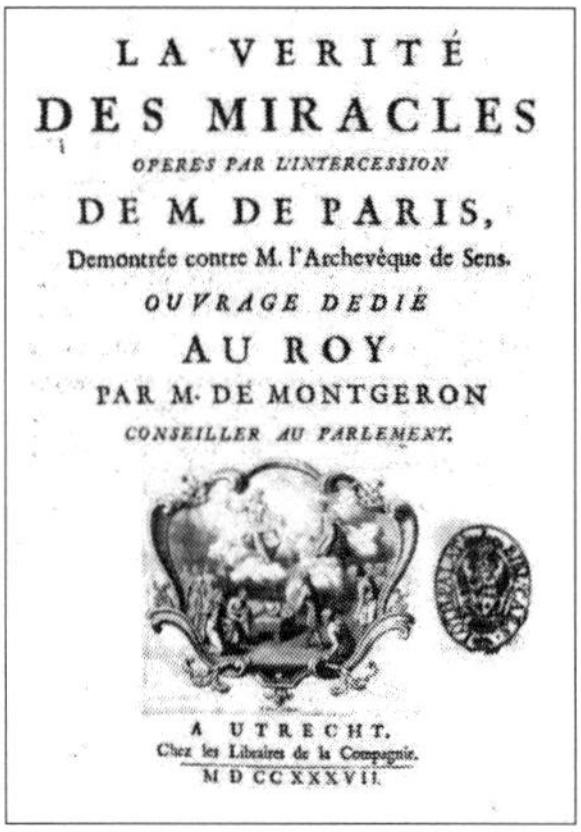
LA VERITÉ
DES MIRACLES
OPERES PAR L'INTERCESSION
DE M. DE PARIS,
Demontrée contre M. l'Archevêque de Sens.
OUVRAGE DEDIÉ
AU ROY
PAR M. DE MONTGERON
CONSEILLER AU PARLEMENT.
A UTRECHT,
Chez les Libraires de la Compagnie.
M DCC XXXVII.

図26『諸奇蹟の真実』（初版）扉頁

教ランゲ・ド・ジェルジを反駁するために編まれたということは、その題名から端的にみてとれるだろう。とすれば、ここで少しモンジュロンについて触れておかなければならない。

　筆者の手元にある同書の増補改訂版[8]（一七六五年）によれば、彼の父ギ・ド・モンジュロンは国務院における案件を報告したり、宮内裁判所の裁判を担当したりする訴願審査官で、一七〇五年にベリー地方、三年後にはリモージュ地方の総督となったという。母とは四歳のときに死別している。寡夫となった父は息子を自由奔放に育てた。あるかあらぬか、一七〇七年、二〇歳の彼は父の任地ブールジュで貴婦人に懸想し、父の名を騙って恋文を出したりもしている。この回顧談には彼がどのような教育を受けたかについての言及はほとんどないが、二五歳になった一七一一年、パリに戻った彼は高等法院の評定官職を買っている。いわゆる「買官」である。

　一七一九年、カレ・ド・モンジュロンは重篤な赤痢に罹り、生死が危ぶまれるほどだった。やがて病から回復すると、自分を買ってくれていた国璽尚書のもとで、ジャンセニストたちの迫害に身を捧げる。それは若い頃から心に宿っていた鬱屈とした闇を払ってくれるはずだった。一七三一年九月、父親の莫大な遺産で「この上もない至福を享受していた」彼に決定的な回心の契機が訪れる。巷間話題となっているパリスの墓を詣で、奇蹟を求めて集まっていた病人たちの真摯な姿と祈りを目の当たりにして強烈な印象を受け、一連の奇蹟の信憑性を信じるようになったというのだ。だが、翌一七三二年五月三日、そうした彼の回心を狙い撃ちしたような国務院裁決が出される。同年六月一日号の《聖職者通信》によれば、それは大略以下のような内容だった。

　パリ司教区の助祭パリス氏のとりなしによって奇蹟的に起きたと主張されているいくつかの治癒を契機として、人々の心をたえず掻き立て、さらに教会に反対する者たちに武器を提供し、教勅「ウニゲニトゥス」に関して王国内の分断を図り、王令や、この問題に関するすべての議論や異議申し立てを終わらせるために国王が一七三一年九月五日に出した裁決の条項に対しても、抵抗を目論む動きがある。これらすべての動きに鑑みて、去る一月二七日の王令や、上記の問題に関する二件の誹謗文書に対する翌四月二四日の裁決によって、すでにこの問題に自らの権威をもって介入している国王は、教会と国家の平安を乱す新たな機会となりかねないことすべてを避けるため、なおもその動向を注視する意向を固めた。そのため、国王と国務院は、（・・・）いかなる者であれ、そしていかなる名前や題名であれ、前記奇蹟や教勅「ウニゲニトゥス」に関して議論を引き起こす、あるいはそれにかかわるような著作や記録ないし文書を作成・印刷したり、販売・配布したりすることを禁じるものとする。一七三一年九月五日の裁決に明記されたすべての罰則は、宗教の教えに背き、教皇庁や教皇、司教たちに敬意を払わず、教会や国王の権威を無視し、さらに王室の権利やフランス教会《エグリーズ・ガリカン》の自由にも反対する誹謗・中傷文書の著者や印刷業者ないし配布人に対して、その文書の形態や内容に即して適用される。

図 27 国王に『諸奇蹟の真実』を差し出すモンジュロン
（レストゥー 2 世作挿絵）

この裁決を受けて、同年八月、ルイ一五世の命によって高等法院のジャンセニストないしジャンセニスムに好意的な評定官一三九人が追放処分にあう。モンジュロンもそのひとりだった。追放先は中央山地オーヴェルニュ地方のヴィク＝シュル＝セール。追放令は同年一二月に撤回されるが、彼はパリに戻らず、ラ・シェーズ＝デュに追放されていたジャン・ソアナン前司教（前出）を訪ね、奇蹟譚の執筆を督励されたという[9]。

翌一七三三年、モンジュロンはパリに戻り、奇蹟に関する公証人証書や証言などを集めて『諸奇蹟の真実』（第一巻）をまとめ、フランス・ロココを代表するジャン・レストゥー二世（一六九二―一七六八）に挿絵を依頼する。こうして一七三七年に完成し、二週間後には早くも絶版となるこの書を、彼はオルレアン公ルイ一世やパリ高等法院長、オーセールやモンペリエなどの司教たちに提出する。さらに、ある痙攣派の予言に従って、七月、ヴェルサイユの国王にこれを献上しようとした。予言によれば、うまく国王に会って、目的が達せられるという。いささか怪しい話だが、運よく宮殿に忍び込んだ彼が、ルイ一五世が食事をする部屋の扉の陰に控えていると、幸いにも扉が開く。そこで彼は国王の前に進み出て、跪いたまま王室の紋章を入れた皮製表紙の著書を差し出し、その内容の説明と同時に教勅「ウニゲニトゥス」を批判し、上訴派や痙攣派たちを弁護したという。

　そこまではたしかに予言通りだった。だが、国王はオルレアン公のあとを受けて国政を担い、聖職者に教勅の承認を迫っていたフルリー枢機卿にその書を託してしまう。そうとは知らず、宮廷人たちの驚きとも羨望ともつかぬ眼差しを背後に感じながらモンジュロンはヴェルサイユ宮をあとにし、おそらく意気揚々帰宅した。そしてその夜、彼は枢機卿の命を受けた警吏たちに、何の前触れもなく逮捕され、封印状によってバスティーユ監獄に投獄されてしまう。著書も初版五〇〇〇部（？）すべてが焚書処分となった。それから三か月後の一〇月、高等法院は建白書を国王に提出してモンジュロンの釈放を求めたが、徒労に終わった。

　おそらく彼の逮捕劇の背景には、この書で名指しで批判された、サンス大司教ジェルジの暗躍もあったはずだ。自分の著作に容赦ない批判を浴びせかけた反対派の著書など、けっして認めることができない相談だった。こうして一七三七年、モンジュロンは南仏ニーム近郊のヴィルヌーヴ＝レ＝ザヴィニョンのベネディクト会系修道院に移送される。この町で彼はジャンセニストの友人たちとこまめに書簡をやりとりし、ジャンセニストの書籍を無償学校に提供した。これが災いして、アヴィニョン司教の不興を買い、一度ならずそのミサに与るのを拒まれて、今度はローヌ＝アルプ地方のヴィヴィエに追放された[10]。高等法院はそれに対しても異議を申し立てたが、助祭パリスの弟ジェローム＝ニコラが没した一七三九年、城塞内に幽閉される。むろん、幽閉の身ではあっても、食事と家賃は払わなければならなかった。しかし、それで意気を沮喪することはなく、一七四一年から四七年にかけて『諸奇蹟の真実』の第二・第三巻を書き上げる(11)。それから七年後の一七五四年、モンジュロンはヴァランスで獄死する。奇しくもそれは、国王が教勅「ウニゲニトゥス」に関する言及を禁止した年であり、ローヌ河岸のこの町で、義賊マンドランが極刑の車裂きに処されて三一歳の短い人生を終える前年のことだった(12)。

『諸奇蹟の真実』の増補改訂版は、すでに紹介しておいたジャンセニストのニコラ・ル・グロの緒言に続いて、国王への献辞が記されている。そこには以下のような確信に満ちた文言がみられる。

本献上書が立証しておりますさまざまな事実は公になっており、抗いがたいものであります。それゆえ、これらの事実は明々白々で疑いを差し挟むことができないものでもあります。小職としましては、国王陛下におかれまして、今日、神が間違いなく数多くの奇蹟によってこの王国に姿を現していることをお認めくだされば、王たちの王を称えてくれるものと思わざるをえません(13)。

この一文は、国王がこれらの奇蹟を認めなければ、神の祝福に与れないとも読める。そして、モンジュロンは奇蹟的快癒例（八件）が「事実」だとしてその概略を記し、献辞をこう締めくくる。

陛下の王国におきまして、陛下が神とともにあらゆる善の作り手であり、あらゆる真理の支持者、あらゆる徳の庇護者であるというきわめて偉大な栄光は、けっして朽ちることがなく、儚いものではないでしょう。この栄光は何世紀にもわたって続くだけでなく、不滅の王冠がそれに報いてくださるはずです(14)。

これもまた、裏読みすれば奇蹟を信じることが王国の存続を保証する、つまり、信じなければ王国に未来はないということになるのだろうが、前述したように、この献上本は国王の手には渡らなかった。もし渡っていたなら、国王はいかなる反応を示したか。いささか興味を惹かれるところである。それにしても、そもそもモンジュロンは奇蹟をどう考えていたのか。それには次の一文が手がかりとなる。

奇蹟とはもっとも明白かつもっとも説得力のある手段であり、聖書の権威をまったく認めない者たちに、われわれの宗教の神を示すために役立つほとんど唯一のものであった。しかし、奇蹟はそれを実証する証言の力以外に証拠をもつことができなかった。奇蹟がわれわれの眼前でなされただけでなく、それを目撃したと証明する紛れもない信仰の持ち主によっても立証されるとき、人は奇蹟を信じざるをえなくなるが、これこそが永遠の真実なのである。(15)

ここには奇蹟＝ジャンセニスム＝上訴派という連関性を、ことあるごとに強調してやまなかったモンジュロンの立ち位置は明示されていないが、その一方で、題名にあるように、パリスによる奇蹟をすべて欺瞞ないし詐術として否定し、葬り去ろうとしている教勅派のサンス大司教を代表とする守旧派へのあてこすりは明確にみてとれる。そうしたモンジュロンの姿勢が端的に現れているのが、『諸奇蹟の真実』の巻末に併載された「諸奇蹟から導き出すべき結論。それに反対する異議への回答」と題された一文である。「奇蹟は神の声である。神が奇蹟を通してその存在を目に見えるかたちし、人間たちと交信する」という言挙げから始まるそこで、彼は次のように書いている。

いつの時代にもカトリック教会に奇蹟があったことは確かである。そのことはひろく認められている。ところが、サンス大司教はできるかぎりそうした奇蹟の権威を貶めることを目的として著した司教教書のなかで、「神の子がその教会に際限なく奇蹟を約束し、(・・・)それを信仰と結びつけてきた」と記している。とすれば、きわめて明らかなように、調査もせずにする奇蹟を否定することは罪といえる。彼は現代におけるさまざまな奇蹟を反駁するために公刊した教書において、この真理を認めなければならないのだ。(16)

まさにこの真理こそが、助祭パリスが生涯を賭して求め続けたものということになるのだろうが、奇蹟が神によってなされるものである以上、それを信じない、もしくは否定しようとするのは真理、すなわち神意に背くことにほかならない。「事実、神はあらゆる地を奇蹟によって改宗させた。偶像崇拝者たちがその俗信すべてを捨て去り、皇帝たちが磔刑になった神の崇拝者となり、さらに誤った知恵の虚飾や無価値なものをありがたいものとしていた哲学者たちが、信仰の素朴さへと向かうようになったのは、まさにさまざまな奇蹟を目の当たりにしたからなのである」[17]。モンジュロンはそう断言してもいる。

こうした彼の論法を辿っていけば、いうまでもなくジャンセニスム＝上訴派のレゾン・デートルへと行き着くはずだ。そして、それはそのままサンス大司教への反論となる。何よりも大司教はその教書のなかで、「真の奇蹟、明らかに神による奇蹟、イエス・キリストの奇蹟と同様の奇蹟は教義や聖性、さらに驚くべき使命の格好の証拠である」とし、「キリスト教において奇蹟が証拠たりえないと言い張るつもりはない」とまで書いているではないか[18]。モンジュロンの攻撃はいささかエキセントリックながら容赦ない。そこでは、神の奇蹟＝真理ではなく、パリスの奇蹟＝ジャンセニスムという対合を問題とする、サンス大司教の立ち位置は等閑視されている。

さらにモンジュロンは、返す刀で教勅、すなわち一七三〇年三月二四日の高等法院で、ルイ一五世が親裁座によって高等法院にその登録を強要した王令で国法化された、つまり「教会と国家の法」として定められた「ウニゲニトゥス」についても批判する。

この漠とした断罪、この不可解な判断のなかに明確にみてとれるのは、教皇（クレメンス一一世）が神の啓示に基づく教理にほとんど立脚していないという点と、その教勅が、イエズス会や近代の決疑論者たちが教会内部に広めた、弛緩して力のない道徳が有する新たな害とは真反対の真理を、疑わしい異端に仕立て上げることを目的としていたという点である。クレメンス一一世は聖書に啓示された真理を自分が何かを決定する際の原則とせ

ず、教勅の内容も福音書に強く敵対する新しい道徳の原則を認めるためだけに書かれているのだ。(19)

クレメンス一一世自身と彼が一七一三年に発した教勅は、キリスト教から逸脱している。モンジュロンはそう指摘する。さらに続けて、彼はケネルの一〇一の命題をさしたる根拠もなしに弾劾したこの教勅が、「伝統的な教義とイエス・キリストの道徳をなおも信奉している者たち」、つまりジャンセニストたちを異端として扱っているとも指摘する。いくらモジュロンが聖職に身を置くものではないとしても、そしてすでにクレメンス一一世が他界(一七二一年)して一〇年以上経っているとしても、いやしくもローマ教皇が発し、ガリカニスムを標榜するフランス教会の圧倒的多数が受け入れている教勅を、ここまであからさまかつ悪しざまに非難した言説はさほどないだろう。モンジュロンが獄死を余儀なくされた所以である。

証言と証拠と証人。おそらくモンジュロンにとって、奇蹟を奇蹟たらしめるものはこの三点だった。彼が『諸奇蹟の真実』で奇蹟そのものだけでなく、こうした外在的な要素にも執拗なまでにこだわる理由はここにある。それにしても、計八人の奇蹟を語るモンジュロンのこだわりは尋常ではない。奇蹟の経緯から始めて証人リスト、さらにそれぞれの奇蹟の正当性を語る数十通にのぼる公証人証書にいたるまで、五〇〜六〇頁を費やしているのだ。では、実際にどのような奇蹟が起きていたのか。いささか回り道した感なきにしもあらずだが、以下では『奇蹟集成』を軸に、そして『諸奇蹟の事実』を補完的に引用しながら時系列的に見ていこう(【 】は『諸奇蹟の事実』からの引用を示す)。まず、パリスの死からサン=メダール教会の墓地が閉鎖される一七三二年一月二九日までの「奇蹟」である。

奇蹟事例Ⅰ

『奇蹟集成』にある報告書のうち、助祭パリスにかかわる最初の「奇蹟」、つまり「不治とみなされた病が奇蹟的に治癒したと信じられた病人の体験」の事例は、彼が埋葬された日、すなわち死後二日目の一七二七年五月三日に起きている。この奇蹟に与ったのは、ルイズ・マドレーヌ・ベニェなる六二歳の寡婦だった。サン＝メダール小教区に属するサン＝マルセル地区のリヨネ通りに面し、蹄鉄の看板がかかった家に四〇年あまり住み、生糸の揚返しを仕事としながら、一七〇六年から二五年ものあいだ左手の麻痺に苦しんでいた。目に一丁字ない彼女がシテ島にあるシャトレ裁判所の公証人レモンを訪れ、奇蹟のあらましを口述によって作成してもらった一七三三年一一月五日の報告書、「埋葬当日の一七二七年五月三日、福者フランソワ・ド・パリスの家で、聖助祭の足に接吻し、腕を柩にこすりつけたマドレーヌ・ベニェ自身に突然起きた最初の奇蹟に関する報告[20]」には、大略以下のようなことが三人称で記されている。

●事例1　ルイズ・マドレーヌ・ベニェの場合

正確な月日は覚えていないものの、ゴブラン織り工場近くの旅籠に雷が落ちて大火となった日のこと、サン＝メダール教会のミサから戻ると、突然左腕に激痛が走り、やがてその激痛は肩から手首まで広がった。そのため、仕事は一切できず、家事も息子に頼むほかなかった。腕の痛みは日を追うごとに数と強さを増し、翌年には食材を切ったり、服を着たり脱いだりすることもできなくなり、家事のみならず、何をするにも子供たちの手を借りなければならなくなった。それをなんとかしようと、いろいろ手段を探っていると、近くに住む鍛冶師のガブリエル・シュヴロ氏が同情して、板に紐をつけ、その両端に両腕を通す補強具を作ってくれた。おかげで、不自由さが多少補えた。

ベニェは生前のパリス氏がスルプラ（祭服）を着てサン＝メダール教会でカテキスムを授けたり、自分と同じ建物に住む病人を見舞ったりする姿をしばしば見かけていた。彼が貧者の苦しみを和らげ、少なからぬ施物を与えていたことも知っていた。当初は一介の貧しい聖職者にすぎないとみていたが、パリス氏がこうした徳行によって聖人視されるようになると、そのとりなしにすがれば、医者から見放された自分の病が癒えるのではないかと思うようにもなった。その矢先、パリス氏が他界した。埋葬日の朝八時、彼女は不自由な体をおして、介添えの娘たちとともに彼の部屋を訪れる。そして、屍衣に包まれていたパリス氏の前に跪き、その足に接吻して、快癒のとりなしを哀願した。

やがて故人がサン＝メダール小教区の奉仕者たちによって納棺されると、ベニェはその柩に痛む腕をこすりつけた。聖職者たちの先導で出棺が行われたあとも、彼女はなおも跪いたままパリス氏の部屋にとどまった。すると、突然痛みが消え失せ、まるで不自由を感じなくなった。以前のように、腕に力も戻り、絹糸を括ることができるようになった。彼女の不自由さを知っていた多くの人々が、その奇蹟の証人となっている。この一七二七年五月三日以来、ベニェはたえず神の奇瑞を称え、突然の快癒をとりなしてくれた聖人（パリス）に感謝し続けている。さらにその話を聴きにくる人々に経緯を語っているが、さらに下記の公証人に文書として残すことを依頼した。公証人のひとりレモンの事務所にて、一七三三年一二月五日午後。出頭者は書くことも署名することもできないため、公証人が本証書の正本を作成した。

署名　公証人レモン

この報告書の特異点は、主人公が生前のパリスを直接目の当たりにしており、その没後の様子も語っているところにある。加えて、パリスの死後二日目の奇蹟。前述したように、奇蹟が真正なものであるかどうかは、トリエント公会議で定められたように、当該地区を管轄する司教が任命した三人以上の医師や外科医、調剤師によって病人や怪我人の症状を診断および判断がなされなければならない。ベニェの場合、明らかにそれはなされていなかった。だが、当時の医術に期待できない快癒への強い願いに駆られた民衆にとって、教会的な「正統な手続き」など関心の埒外にあったはずだ。内科医や外科医が治療を断念した難病ないし宿痾が治ればよい。それだけでよかった。これが民衆の論理であり、奇蹟信仰のありようだった。さらにいえば、ヤコブス・ド・ウォラギネの『黄金伝説』を引き合いに出すまでもなく、奇蹟譚にとって重要なのは、必ずしも出来事の「真実」ではなく、むしろその「物語」なのである。そこでは「物語」が噂という形によって喧伝され、やがて「真実」へと転位する。ベニェを嚆矢とする一連の奇蹟譚もまたそれを待望する人びとの噂となり、それに伴っておそらく物語も増幅されていったことだろう。

こうして少なからぬ人々がブルゴーニュ通りのパリスの居室につめかけ、家具に入っていたあらゆるものを「聖遺物」として持ち帰るようになる。彼がその上で息を引き取った厚布を争って引きちぎり、たちまちにしてそれはあとかたもなくなったともいう。ただし、これら聖遺物の行方がどうなったかは不明だが、おそらく一部は護符として保管されたのだろう。

改めて指摘するまでもなく、聖遺物が呪力を帯びており、疾病や怪我の治療に効果があるとするのは、伝統的な民間信仰や民間医療にしばしばみられる、一種の共感呪術的なフェティシズムにほかならない。聖遺物はまた礼拝堂や教会堂の建立や聖地巡礼の契機ともなったが、ありていにいえば、礼拝堂や教会堂の起源伝承に登場するしかじかの聖人ゆかりの聖遺物は、まさにそうした治癒力を帯びている——たとえそれがあえかなる願いであったとしても——とされるがゆえに、「聖なるもの」なのである。そこでは信仰と快癒とが不可分に結びついている。それを知ってか知らずか、ベニェもまた他の者たち同様、埋葬の日にパリスの部屋に入れてもらい、出棺前の遺骸の足元に接吻し、棺に自分の麻痺した右手をこすりつけた。出棺後、彼女は腕の麻痺が消えうせたことに気づいた。以後、何の不自由もなく仕事に戻ったというのである。たしかにトリエント公会議が定めた奇蹟認定の手続きからはずれていたため、彼女の奇蹟（ただし、バルビエやマレの『日記』にはこれに関する記載はない）は教会当局からの正式な認定はなされていない。だが、パリスの死後、その終の棲家となった家が聖地化したという。

ベニェの奇蹟譚が巷間広まったためだろう、時期は不明だが、パリスの亡骸がサン゠メダール教会の墓地に埋葬されるようになると、その墓にからんだ奇蹟が数多くみられるようになる。後述するように、そこでは病人が墓の盛り土を掘って持ち帰り、これを薬と信じて服用したり、硬膏やガーゼのように患部にあてがったり、あるいはスープや聖別した水に入れて飲む、さらには墓の周りに生えていたマロニエの枝を傷口に押しあてたりする者もいた。今は埋められている墓地の井戸から水をくんで、これを霊薬のように服用した病人も少なくなかった。こうした一種のフェティシズムはパリス現象に頻出するが、なかには墓地で本人や親が九日間祈祷（ヌヴェーヌ）をおこなったり、はなはだしい場合には、最高二四ソルもの謝礼を払って、貧者に代祷を頼んだりした事例もあった。

不治を宣告された、あるいは本人がそう思いこんでいる病や怪我が、聖人ないし聖人視された人物のとりなしとその聖遺物にすがることで奇蹟的に快癒する、あるいは快癒したと思いこむ。この第一項＝絶望（不治）から第二項＝祈り（とりなし）を経て第三項＝歓喜（快癒）へと向かうプロセスを、筆者は「奇蹟の文法」と呼ぶ。パリスの事例だけでなく、古来より奇蹟的快癒とされるものはほとんどがこうした文法にのっとっているはずだが、以後、縷々検討していく一連の快癒譚は、当事者がその経緯を自らの言葉で語り、文書化したということに加えて、とりわけ第二項の多様性という点でも際立った特徴を示している。

次の事例は、パリ北部オーベルヴィリエ村に住んでいた農婦のものである。「美徳の聖母」像をいただくこの村は古くから巡礼地となっており、一六一一年にオラトリオ会をパリに創設した枢機卿ピエール・ド・ベリュル（一五七五―一六二九）が、一二一年、同会系の美徳の聖母修道院をこの地に建立している。以来、フランス・カトリックの霊的センターのひとつとなったここには、のちのジュネーヴ司教で神秘主義者の聖フランソワ・ド・サル（一五六七―一六二二）や前出の聖ヴァンサン・ド・ポール、さらにラシーヌの息子で、ジャンセニストだったため、フルリー枢機卿からアカデミー・フランセーズ入りを拒まれた、詩人のルイ（第４章註３６参照）らが一時滞在していた。そして、一七世紀末から一八世紀初頭にかけて、この地はオラトリオ会士たちが数多くジャンセニスムの支持者となり、パリに次ぐジャンセニストの拠点となった。問題の農婦エリザベト・ボノーの奇蹟報告書は、他のそれにしばしばみられるように、一人称で書かれている。

●事例２　エリザベト・ボノーの場合

私ことエリザベト・ボノー三四歳位（報告書作成時。以下同）は、一七一九年冬、他の人たちと農作業をしている際、隣人のひとりが、冗談まじりで私にそこにあったキャベツの束を担げるかどうかと言った。そこで私はウィと答え、かなりの重さになるこの束を苦労して担いだ。その際、私は身体に違和感を覚えたが、さほど気にとめなかった。それからしばらくして、四旬節の頃、私は高熱で寝込み、身体中が名状しがたい痛みに襲われた。胃や胸、さらに腹や腰までが膨らみ、内科医や外科医たちが往診してくれたが、原因は分からなかった。のちにそれはブ・ル・レ・だと教えられた。こうした肥大はそれから三年続き、さまざま薬を試したが無駄だった。この期間、私はベッドに横たわることができなかった。肥大がさらにひどくなって、呼吸が困難になったからである。当時、近隣に住んでいた外科医の故ラ・プレル氏は長いあいだ腕や足に幾度となく刺胳を施して下剤をかけ、煎じ薬なども調合してくれたが、やはり効果はほとんどなかった。たとえ効果があったとしても、それは一時的なもので、それが過ぎれば胃や胸に再び水が溜まった。

やがてヴェルテュ（シャンパーニュ地方）に別荘をもつボー＝メニル氏が、私の症状によく効くという水をくれた。そこでしばらくそれを服用すると、たしかに腫れが完全に消え去り、現在に至っている。だが、それと入れ替わるかのように、今度は右腕にリウマチ性の痛みを覚え、右脇と右足にもその症状が出はじめた。こうして私は右手・右足の自由を失い、松葉杖ないし介添人なしには歩けなくなった。体力も日増しに衰え、寝たきり状態になって、教会にも通えなくなった。だれもが私に死期が近づいたと思い、聖体祭儀と終油の秘蹟を受けさせた。それでも何とか死を免れたが、そうこうするうちに子宮下垂も発症した。原因は数年前のキャベツ束運びにあった。激しい痛みが続き、告解時にも跪くことができず、私の聴罪司祭であるオラトリオ会の神父は、親切にも教会の一室で立ったまま告白を聴いてくれた。

一七二七年の四旬節の頃（三月）、私の症状はそれまで以上に悪化し、周りの者たちは改めて私の死が近いことを確信したという。そこで臨終の聖体拝領に与った。聖ヤコブと聖クリストフの祝日（七月二五日。現在、後者の祝日は八月二一日に移動）には、再度、終油の秘蹟を受けた。だが、まさにそうした状況にあって、私は三か月近く前（五月一日）に亡くなったパリス氏の奇蹟の話を耳にし、神の慈悲にすがることを心に決めた。そこで一七二七年七月二六日、私はだれにも言わずに、パリス氏に向けての九日間祈祷をはじめた、翌日、私が信頼している女性が見舞いに来てくれたので、祈祷のことを密かに告げ、パリス氏の聖遺物を入手してくれるよう頼んだ。二八日、早速彼女は私にそれ（複数）を持ってきてくれた。その際、神の偉大な救い主として、パリス氏のほかにルス氏もおり、これらふたりのとりなしを祈ることを勧めてくれた。

女性が帰ったあと、私は聖遺物を身に付け、ベッドから起き上がって、松葉杖と介添人に支えられながら室内を少し歩いた。その夜はまんじりともせずに、ひたすらパリス氏とルス氏のとりなしを願って祈り続けた。そして九日間祈祷四日目の二九日早朝四時頃、私は症状が消えていることに気づく。完治したのだ。感激した私は神に感謝し、隣室にいる母のもとに自分の姿を見せた。それを見て驚いた母もまた感涙に咽びながら神に感謝の祈りを捧げた。父はパリに行っており、帰宅して私の快癒を目の当たりにした。母は早速隣人たちにこのことを告げ、ほどなくして私の奇蹟的な快癒は村人全員が知るところとなった。まもなくオラトリオ会の顔見知りの神父数人も駆けつけて、ことの真偽を確かめ、それを修道士たちに報告した。私もまた一一時頃に教会に赴き、ミサに与ってからオラトリオ会修道院を訪れた。修道士たちはだれもが私の快癒を確認した。

翌三〇日は収穫の日だった。私は麦を積み込んで畑から戻ってきた荷車に上がって荷降しを手伝った。むろん、病に襲われて以来はじめての作業である。この日から、私は畑や家で元通りの仕事をするようになった。そして聖ロックの祝日（八月一六日）、私はパリに出てサン＝メダール教会に詣でた。パリス氏のとりなしで快癒したことを神に感謝するためである。その際、サン＝マルタン門まで馬で行き、そこから教会まで歩いた。住まいは現在もなおヴェルテュにある。

パリ、一七二八年五月一日。署名　エリザベト・ボノー(21)

以下、縷々見ていくことになる奇蹟の語りで、まず最初に驚かされるのは、報告者たちの信じられないほどの記憶力である。四旬節やそれに続く復活祭といった、キリスト教暦に重要な暦日ならいざしらず、症状が変化した平凡な週日まで明確に覚えている。にもかかわらず、自分の年齢についての認識はいささか心もとなく、「・・位」とする。前述したように洗礼時の教会記録を見れば明確になるのだろうが、日々の生活において、実年齢を知る必要はおそらくなかった。

それはさておき、エリザベトはあるいは女だてらに力を自慢していたのだろうか、重いキャベツ束を担いで身体を損なった。これもまた、病因としては珍しい事例である。だが、それはヴェルテュ村に別荘を有する人物がくれた「水」で治った。はたしてこの「霊水」が何なのか、エリザベトは明示していないが、文中にあるブールレとは現代フランス語では「脂肪の塊」を指す。一七五九年に出されたセザール＝ピエール・リシュレ（一六二八―九八）の『フランス語辞典』（初版一六八〇年）によれば、浮腫性疾患者の腰の周りにできた腫れだという。[22] その手当のため、彼女は近隣の外科医から下剤（浣腸）や煎じ薬とともに、刺胳を施されている。以下の報告書に頻出するこの刺胳とは古代医学から受け継いだ伝統的な瀉血法で、皮下を走る小静脈に針を刺して悪血を抜き取るものである。これについて、たとえばドイツのアルンハルト公国に生まれ、ネーデルラントのハーグで没したシャルラタン出身の医師で、植物学や錬金術にも精通していたとされるジャン＝アドリアン・エルヴェシウス[23]（ヘルヴェティウス、一六六一？―一七二七）は、一七二四年に著した『最頻発する病とその治癒に適した医薬に関する論考』で次のように記している。

刺胳は医術のうちでもっとも有効な手当のひとつである。（…）その基本的な目的は、膨らみすぎた血管に隙間を開け、血液の過度なたぎりを減らして、うっ血や激痛、炎症、沈着および出血を予防・回避するところにある。こうして大部分の発熱の初期に刺胳を施せば、血管の通りがよくなり、血液の過度の滞留も緩和できる。[24]

百科全書派で、禁書処分となった『精神論』（一七五八年）の著者でもある詩人・思想家のクロード＝アドリアン・エルヴェシウス[25]（一七一五―七一）を孫にもつこの医師は、さらに続けて、刺胳の回数は症状の度合いや病人の年齢と体力、さらに血液の性質に応じて定めなければならず、血液があまりにも多すぎる場合は刺胳が不可欠だが、余分な血液を抜いたらそれをやめなければならないともしている。[26]

しかし、エリザベト・ボノーの場合をはじめとする一連の奇蹟報告書において、刺胳が効果を発揮したという事例は皆無に近い。むろん、それが効力を発揮していたなら、病であれ怪我であれ「不治」とはならず、したがって奇蹟も起こらなかったはずだが、これをもってただちに刺胳が無効だとみなすのは短絡にすぎる。報告書はたしかに無効な刺胳例を集めたものであり、効果があった刺胳の事例は当然のことながら言説化されていない。何よりも刺胳が役に立たぬものなら、「刺胳は医術のうちでもっとも有効な手当のひとつである」とはならないだろう。いわばそこには言説分析が内包する陥穽があるのだ(27)。

エリザベトを診察した外科医が、はたしてこうした医書の進言をどこまで考慮していたかは不明だが、興味深いことに、エリザベト・ボノーは奇蹟的な快癒を得るまで実際にパリスの墓を訪れておらず、その複数の聖遺物で一種のリウマチや子宮下垂が快癒し、のちに墓を詣でている。後出の報告書からすれば、おそらくこの聖遺物もまた墓の土やパリスのベッドの木片、着衣の切れ端、あるいは肖像画だったと思われるが、知人がいかにしてそれを入手したかの記述はない。だが、その代わりというべきか、彼女はパリスのみならず、前述した上訴派助祭のジェラール・ルスにもとりなしを祈っている。複数の聖人に加護を求める事例はほかにもあるが、最終的に快癒はパリスのおかげとなっている。まさに藁をもつかむ思いの病人が、ひとりより複数の加護を願う方がより効果的だったと考えても、決して不思議ではない。まさにこれこそが民間信仰というものだろう。ちなみに、彼女が馬から降りてサン＝メダール教会まで歩いたというパリ右岸のサン＝マルタン門には、一六七四年にルイ一四世がラインおよびフランシュ＝コンテ戦役での戦勝を祝って、シャルル五世の市壁跡地に建てた凱旋門がある。ここから教会までの距離は八キロメートルあまり。その道のりを彼女は至福感を噛みしめるようにして歩いたはずだ。

次に紹介する八四歳の女性は、パリスの奇蹟に与ったとされる病人のなかでおそらく最高齢に属するだろう。一九三四年二月に作成されたその報告書にはパリスをよく知る人物が登場している。

●事例3　ローランス・マニャンの場合

私ことローランス・マニャンは、サン＝ジェルヴェ援助女子修道院（パリ右岸マレ地区）の回転箱担当修道女《トゥーリエール》で、聖ジェルヴェ小教区のタンプル旧道（現在のヴィエイユ・デュ・タンプル通り）にある修道院と隣接した家に三〇年前から住んでいる。六六歳になった一七一六年、激しい頭痛に襲われて眠れず、顔は黄色く、視力も弱まり、体力も極端なまでに衰弱した。

私を診察してくれた国王の侍医ジェリ氏は、数種の薬を調合してくれたが、その成分は分からない。分かっているのは、それらがいずれも効き目がなかったことである。ジェリ氏にそう訴えると、私の病は脳内に「リウマチ」が発症したためで、不治だと答えた。そして、生きたければ食事療法しかないとも進言した。その進言を守って、子牛の肉少量と薬草の入ったブイヨンを毎日摂り、二週間おきに浣腸をしてもらい、月に一度は修道院で覚えた刺胳を自分の手でおこなった。だが、回復には程遠かった。それからは仕事もできず、ひたすら修道女たちに支えられて生きた。当時、私は七階に住んでいたが、家賃の三三リーヴルは修道院に住んでいた修道女のギシャンが、親切にも遺言で私に残してくれた年金をあてることができた。ある日、もはや治療の効果がないことを悟ったジェリ氏は、サン＝ジャック＝ド＝ロピタル修道院に住むある司祭の散薬を毎日服用するよう命じた。そこでこれを試してみたが、やはり無駄だった。こうしていたずらに時が過ぎていった。いつしか私は苦しみから逃れるため、死を望むようになったが、その訪れはなかった。

一七二七年八月、サン＝メダール教会の主任司祭ポマール氏が修道院を訪れ、パリス氏の墓でいくつも奇蹟が起きていると修道女たちに告げた。私に対して変わることなく慈悲をかけてくれていた彼女たちに急かされて、私もまた直接ポマール氏から話を聴いた。その際、氏は私を勇気づけてくれるため、顎下の腫れ（甲状腺腫）に苦しんでいた女性が、パリス氏に九日間祈祷をおこなって全快した話もしてくれた。そこで私もまた、七七歳という高齢にもかかわらず、そして一一年ものあいだ不眠症にも悩まされていたにもかかわらず、二時間あまりの道のりを、杖を頼りに連日サン＝メダール教会に詣で、九日間祈祷に入った。ポマール氏はそんな私に「苦行聖人」（パリス）のベッドの木片をくれた。[28] 私はそれを枕元に置き、今もそこに安置している。

九日間祈祷の七日目、サン＝メダール教会を出てキリスト教義普及会の修道院近くにさしかかった私は、自分が別人であるように感じた。宿痾が消え失せていたのだ。パリス氏がとりなしてくれた。思わず快哉を叫んで神を称えた。さながら別の世界にいるようでもあった。その喜びとともに、歳にしては軽い歩みで修道院へと帰った。残り二日の九日間祈祷を続けた私は、もはや頭痛も不眠とも縁が切れ、身体に力も戻った。そして一七二七年一〇月三日、私は杖なしでサン＝メダール教会に詣で、二度目の九日間祈祷に入った。

この奇蹟的快癒のあと、私は高熱を伴う肺炎と胸痛に罹った。胸痛を発症したのは昨一七三三年のクリスマスで、かなり危険な状態に陥った。修道女たちやその内科医であるレオーテ氏は、私の死期が近いと信じて疑わなかった。だが、そうした状態であっても頭痛に苦しむことはなく、今ではそれらもすっかり治っている。この状態は神がいずれ私を招いてくれるまで続くはずである。

パリ、一七三四年二月二一日。署名　ローランス・マニャン(29)

ローランスが発症した「脳内のリウマチ」とはいかなるものか。これだけでは判断しかねるが、興味深いことに、ここでは前章で紹介しておいたサン＝メダール教会の主任司祭でジャンセニストだったニコラ・ポマールが、パリスのベッドの木片を老嬢に与えている。おそらくは老嬢に求められるままにそうしたのだろうが、このエピソードは、マドレーヌ・ベニェが奇蹟的に快癒してから三か月もたたないうちから、すでにして聖職者自身がパリスの「遺品」を治癒力を帯びた聖遺物とみなしていた、ということを端的に示しているのだ。つまり、遺品＝聖遺物＝呪物という聖人信仰を特徴づけるイマジネールが、ジャンセニストたちの新たな意味づけによって確実に構築されていたともいえる。だからこそこの聖遺物は、九日間祈祷と同様の効力を不治の病人にもたらした。

だが、その奇蹟的な快癒のあと、ローランスは重篤な肺炎と胸痛を発症している。それに対して、彼女はパリスのとりなしにすがっていない。すがらなくても治癒したというのである。生死の境目をさまようほどの病態であれば、当然パリスに加護を求めてよいはずだが、いささか間尺に合わない話ではある。いずれにせよ、報告書の作成が奇蹟的快癒から六年半後となっているのは、この二度目の病が癒えるのを待っていたためだろう。

ベニェたちの奇蹟譚がまだパリの人々の間でしきりと囁かれていたであろう一七二七年九月、今度はピエール・ルロという商人がパリスの墓に詣で、奇蹟に与っている。この奇蹟を精査するため、ノアイユ大司教はトマソン（前出）をコミセールに任じる。それを受けて、トマソンはほかの二四名とともに調査委員会を組織する。そして一七三一年五月二二日、パリ裁判所執達吏ルナールの令状によって本人や関係者を呼び出し、三時間ほど聞き取りをして、八月一三日、公証人立会のもとで報告書を作成する。奇蹟が起こったとされる時期から四年近くかかった理由は不明だが、こうして本人の申し立てに基づいて作成された報告書は、前述したようにパリ大司教ヴァンティミルに提出されている。だが、前任者のノアイユと異なり、教勅派の指導者で、ジャンセニストたちの弾圧を図った彼が、『奇蹟集成』の第一分冊におさめられたこの報告書を受け入れるはずはなかった。

●事例4　ピエール・ルロの場合

サン＝テュスタシュ小教区（パリ、セーヌ右岸の中央市場近郊）のトヌヌリ通りに居住する古着・古道具商のピエール・ラロ三五歳は、本日、パリ宗教裁判所の執行吏ルニョー氏に呼び出され、真実のみを話すという宣誓をしたのち、パリ大司教ノアイユ枢機卿に提出された故フランソワ・ド・パリス氏に帰せられる奇蹟報告書と、本年（一七二七年）六月一五日に大司教が作成した命令書を読み、以下のことを陳述した。

それによれば、証人ルロは一七二五年末、左足の数か所に潰瘍ができ、それがもとで足が腫れ、立つこともできなくなった。座る際には左足を支えるためにスツールが必要にもなった。そこで、パリの宣誓外科医であるジャンソン氏に治療を求めた。最初の診察時、外科医は証人に刺胳を施し、パップ剤と軟膏および他の薬剤を患部に貼った。だが、それから一年半ないし二年近く、症状は一向に改善せず、それどころかむしろ日増しに悪化していった。一七二七年九月、友人のひとりで、ブールラベ通りに住むボタン商のフォルジェ氏が証人に、サン＝メダールの小墓地に埋葬され、その神へのとりなしで懇願者の多くが快癒しているというパリス氏にすがるよう進言した。

こうして証人は九日間祈祷をおこなうことを決意し、パリス氏の墓に詣でた。九日間祈祷の初日、証人は店の徒弟ふたりを伴い、杖をつきながら歩いて墓地に赴いた。（約四キロの道のりを）三時間あまりかけて教会に着くと、パリス氏の墓地に向かい、初対面ではあったが、サン＝メダール小教区在住の貧しい女性に対し、一二スーの報酬と引き換えに、自分が九日間祈祷をおこなう際の介添えを依頼した。証人はひとりではそれをすることができなかったからである。それから証人は教会の聖具室係に、パリス氏のとりなしで自分の足が治るよう、ミサを挙げてくれるよう頼んだ。すると、この聖具室係はパリス氏のベッドの木片をくれた。帰宅した証人は、教会に行く前以上に辛く、どれほどの病人でも味わったことがないような疲労感を覚えた。それでも証人はもらった木片を足にあてがい、ベッドに横になった。

やがてパリス氏の墓での九日間祈祷が進むにつれ、症状が改善していき、五日目には苦痛を覚えずに歩けるようになった。薬を一切使わなかったにもかかわらず、九日目には足を覆うほどだった潰瘍もあらかた消え失せ、もっとも大きな潰瘍の名残である瘻瘤《いりゅう》がひとつあるだけとなった。それからしばらくして、証人は完全な快癒を願って二度目の九日間祈祷をおこなうことにした。今度は前回とは別の女性にパリス氏の墓での代祷を頼んだ。そして九日目、ついに瘻瘤がなくなった。こうして一七二七年九月以降、以前のように容易に歩けるようになった。それ以来、証人はしばしばサン＝メダール教会に通い、パリス氏のとりなしによって快癒したことに対して神に感謝を捧げている。

以上が、証人の語ったことである。証人は読み書きができないため、本供述書を読み聞かせて改めて内容が真実かどうかを確認した。署名　トマサン、イザボー(30)

この供述書には、ルロを治療した外科医ニコラ・ド・ジャンソンの言明書に加えて、パリスによる快癒、すなわちルロの足にあった「エキュ貨大のかなり赤い、そして中央部が窪んで、周囲に吹き出物がある傷」が消失したことを確認したという、ルロと同じ通りに住む同業者の妻フランソワズ・マルシャン二九歳や、ルロの症状を快癒まで間近でみていた彼の二〇歳になる徒弟ふたりの言明書も添付されている（いずれも当人の署名入り）。ジャンソンにしてみれば、自分の処方が効果なく、最終的にパリスのとりなしで患者が快癒したことを認めることは、なんとも口惜しい話ではあっただろうが、むろん言明書にそのことは触れられていない。

さらにこの供述書には、興味深いことが記されている。サン＝メダール教会の聖具室係がルロに「パリス氏のベッドの木片をくれた」というのだ。ローランス・マニャンの場合は、主任司祭のポマールからこの木片を授かっているが、おそらくこうしたパリスの「遺品」は聖具室に相当量安置され、病人ないしその付き添いたちの求めに応じて、なにがしかの浄財と引き換えに配布されていたのだろう。のちに報告書にしばしば登場する墓地の土や井戸水、あるいは彼の祭服の切れ端も配布されていた。むろんこれらの聖遺物が希望者全員に配られたのかどうかは不明だが、こうして配られた聖遺物が奇蹟をもたらしたとするフェティシズムが巷間喧伝されることによって、「パリス信仰」が増幅していったことだけは間違いない。そしてそれは、墓地が閉鎖されあとの奇蹟にも、さらに痙攣派の狂信的な実践にも重要な役割を果たすことになる。そのかぎりにおいて、この信仰の発祥地はパリスの墓地とともに、ほかならぬ聖具室にあったともいえるだろう。

事例2のエリザベト・ボノーは助祭パリスとともにルスの加護も願ったが、なかには次の事例のように、教勅「ウニゲニトゥス」で断罪され、一七一九年、亡命の地アムステルダムで使徒座書記官たちから終油の秘蹟を受けて没した、あのパスキエ・ケネル（前章参照）のとりなしを求めた病人もいた。

●事例5　ジュヌヴィエーヴ・コランの場合

私ことジュヌヴィエーヴ・コラン四八歳は、書店商だった故ジャン・コランと故マルグリト・デュブルイユ（夫婦別姓）の娘で、住まいはパリのサン＝ティレール小教区、エコス通り（セーヌ左岸の五区）にある。

一七〇〇年、私は突然左側の咽喉にランセットで切られたかのような激痛を覚えた。しかし、まもなく痛みが治まったので、それ以上気にはとめなかった。ところが同じ日の夜、食事をしようとしたとき、痛みを覚えた部位のリンパ節がクルミの実大に膨れあがった。舌下のもうひとつのリンパ節もそれと連動して腫れ、以後二年間、舌を動かせないほど痛みが続いた。そこで母に相談し、この種の症状に精通しているという調剤師のディオン氏に診てもらった。すると、彼は症状をそれまで放置して薬も求めなかったといって私を叱り、咽喉の患部に石鹸の膏薬を貼り、それがひとりでに剥がれ落ちるまで待つと同時に、二週間ごとに瀉血をするよう命じた。

その指示を実行する前、私は当時オテル＝デュー（慈善院。字義は「神の館」。現パリ市立総合病院）の外科医だったムトロ氏にディオン氏が言ったことを相談した。すると彼は膏薬に加えて、足と腕に刺胳を施さなければならないと答えた。そこで私は刺胳を受け、石鹸の膏薬を六週間あまり貼り続け、二週間ごとに瀉血もした。だが、こうした手当にもかかわらず、私の症状は一向に改善しなかった。そこでフォブール・サン＝ジェルマンに住む別の調剤師ボールデュク氏を訪ねると、彼は優しい言葉で慰めてくれた。彼なら治してくれるかもしれない。そんな希望も抱かせた。彼は私のためにディアボタヌムとディヴィゴの硬膏を調合し、これを貼れば腺の硬さが取れるだろうと言った。さらに瀉血用の練り薬も調合し、最初は一週間ごと、ついで二日に一度瀉血をおこなうよう指示した。私はある期間その指示通りにした。しかし、効果は出ず、快癒の期待は薄れていった。

私は再びムトロ氏を頼った。彼は私の腕と足に刺胳をし、それから一週間、朝晩に名前の知らない白い小さな丸薬を三粒飲ませた。だが、かなり強い薬だったため、日に一粒服用するだけにした。それを知った彼は、リンパ節の腫れを除くことは絶望的になると警告したが、私はディアボタヌムとディヴィゴの硬膏を貼り、さらにサン＝ジャン・ド・ラトラン通り（セーヌ左岸の旧通り）の調剤師ラ・ガルデル氏が調合してくれた小さな丸薬を飲むだけにした。

一八歳から一九歳にかけて、私は一年に一、二度刺胳をおこない、症状が悪化したときにだけさまざまな人物に相談をもちかけた。そのうちのひとりである愛徳修道会の調剤修道士は、薬を止めたと知ってもはや手の施しようがなく、いつかベッドの上で死んでいるだろうと露骨に言い放った。同じことはムトロ氏も母に話していた。三一歳のときには、サン＝マルタン修道院の愛徳修道女たちを訪ねた。彼女たちは私の症状を調べたのち、一八歳の頃から膿が出ていた舌の筋下の穴から濃硫酸を注入して、患部を焼かなければならないと言った。私にはその危険を冒すことができなかった。さらに、サン＝ヴィクトル通り（セーヌ左岸。エロイーズとの禁断の愛で知られるアベラールや聖ベルナルドゥスが足しげく出入りしていたサン＝ヴィクトル大修道院があった）の有名な外科医アルノー氏に受診した。彼は舌下腺を切って、そこにできた石を摘出することを進言した。だが、私はそれも拒んだ。

こうして私は、もはや頼るものは神の慈悲のみと悟り、すべてを神に委ねようと決意した。一七二七年、咽喉のリンパ節はさらに膨れ、舌を動かすのも困難になった。やむなく一八年ぶりに再びムトロ氏に診察してもらったが、症状と心の重さを軽くしてはもらえなかった。そこで私は自分の不信心を神に謝り、偉大なふたりの神の僕、すなわち少し前に聖徳の香りに包まれて他界したパリス神父と、神意を帯びた真理の擁護者であり、そのために苦しんだケネル師のとりなしを祈った。だが、口惜しいことにパリス氏の墓を詣でる途中で、姉（妹？）が病に罹り、家に戻らざるをえなかった。そうこうするうちに咽喉のリンパ節がさらに腫れて、下あごの歯肉を突き上げるまでになった。もはや固形物は食べられず、辛うじて液状のものしか咽喉を通らなかった。このままでは飢え死にする。私はそれに怯えた。

一七二七年一〇月、隣家の外科医で、姉の診察に来ていたショーヴト氏に私の口腔内を診てもらった。腫瘍ができているので、硝酸銀棒で焼灼しなければならない。それが彼の見立てだった。しかし、これまでの経緯を説明すると、彼は自分の診断が誤っていることを認めた。同月一一日、私はその墓でさまざまな奇蹟が起きている福者パリス氏のベッドの木片を口に含み、前述したふたりのとりなしを祈ったが、痛みはさらに増し、口腔内に新たな紫色のしこりもできた。それをショーヴト氏に見せると、油脂分の多いイチジクの実をミルクで煮立て、それで嗽《うがい》をすれば炎症が治まるとのことだった。調剤師のラ・ガルデル氏にその話をすると、埒もない進言だと一蹴され、あごの下を手術する以外に方途はないと断言された。

ところが、同日（正確には一二日日曜日）、より有効な薬が手に入った。ある誠実な人物がパリス氏の下着の切れ端を送ってくれたのである。私はこれを口に含んで患部に当て、神の下僕ふたりの加護を求めて、居室の隅にあった磔刑像に心のなかで祈った。祈り終えて口から切れ端を取り出すと、大量の粘液がさながら一本の杖のようにつながって出てきた。福者のベッドの木片を掲げながら鏡を見ると、紫色だった口腔内が白くなっている。やはりショーヴト氏が言ったような腫瘍ないし膿瘍ができていたのか。舌はかなり冷たくなって動かすこともできなかった。

そこで翌月曜日の朝六時半頃、私は九日間祈祷のために、病が癒えた姉とともにサン＝メダールに詣でようとした。

ところが、小さなランタンを手に家を出ようとしたら、子供たちが駆け寄ってきてそれをもぎ取り、小川に投げ捨ててしまった。そんな悪童たちに憤りを覚えたが、これは神が恩寵を与えてくれるための前兆かもしれないと思いなおし、壊れたランタンを拾い上げた。すると、突然痛みが消え失せた。「治ったわ！」。思わずそう叫んだ。驚いたことに、オリーブの実ほどの硬い乾いた石が膿や血を伴わずに口から出てきたのだ。歯を覆うほど盛り上がっていた肉の腫れも、舌下の膨らんだリンパ節もすっかり消えた。喜んだ私は通りの端にあった姉妹のひとりが営んでいる店に行き、彼女とそこにいた数人の人々にこの奇蹟を話した。それから家に戻ると、舌が自由に動かせるようになったせいで、激しい空腹感を覚えた。

翌朝、私は急いでパリス氏の墓に詣で、感謝の祈りを捧げた。そして、教会の聖具室に行き、主が私に与えた恩寵の奇蹟を説明し、さらに快癒までの概略を報告書にまとめてもらった。その後も私はパリス氏の墓で九日間祈祷を続け、それと同時にケネル氏にも祈った。ラ・ガルデル氏はリンパ節の腫れがなくなり、石が出てきたことを知って、大いなる奇蹟が起きたと言った。私はこの石を奇蹟的な快癒と神の忠実な僕によるとりなしの証拠として今も大切に保存している。のちに私は瘻孔や痔疾になったが、それもパリス氏とケネル師に祈って速やかに治った。

私が自らの手で書き記した以上のことはすべて真実である。そして、必要とあれば、どこであれそれを確認・立証する用意がある。パリ、一七三三年三月八日、自署　ジュヌヴィエーヴ・コラン[31]。

この報告書は公証人や司祭、あるいは代書人ではなく、ジュヌヴィエーヴ本人が作成したという。末尾にはおそらくジュヌヴィエーヴの姉であろう、マリ・コランの自署が末尾に添えられているが、それ以外の証人名はない。とすれば、これはいかなる経緯で『奇蹟集成』の第五分冊に収載されるようになったのだろうか。また、サン＝メダール教会の聖具室で「快癒までの概略を報告書にまとめてもらった」とあるが、こちらの報告書はどうなったのか。いささか気になるところではある。

さて、ジュヌヴィエーヴを苦しめた病だが、これはかなり重度なリンパ節炎ないし咽頭炎だったと思われる。ただ、咽喉ないし口腔内から出てきたという「石」の正体はわからない。いずれにせよ、他の事例同様、この事例でもパリスのベッドの木片や着衣の切れ端が効力を発揮している。それと対比的に、医師の治療や薬剤はほとんど効果を発揮していない。不治の不治たる所以であり、それゆえの奇蹟ということになるが、ここで何よりも興味深いのは、彼女がパリスはもとより、前述したようにパスキエ・ケネルにも快癒のとりなしを求めているということである。彼女がジャンセニストだったか、その共鳴者だったかは不明だが、父親が書店商だったということからすれば、あるいはケネルの著作に接していたのかもしれない。自ら報告書を作成することができた珍しい女性である。当然読むこともできたであろう。しかも、「神意を帯びた真理の擁護者」としてケネルの生きざまを的確に把握してもいる。とすれば、彼女の快癒をジャンセニスムによる恰好の奇蹟として喧伝できたはずだが、なぜかモンジュロンはこれに関して言及していない。

この事例ではまたディアボタヌムとディヴィゴという硬膏が用いられたとある。いずれも当然のことながら消炎効果を有しているが、水銀入りの蝋硬膏（蝋に油脂を混ぜた硬膏）である後者は、おそらく慣行化していた（？）間違った表記で、イタリアの医師ジョヴァンニ・ダ・ヴィゴ（一四五〇頃―一五二五）が考案したことから、一般にはヴィゴと呼ばれていた。一六九六年の初版以来、一七四八年まで六版を重ねた医学博士ニコラ・レメリ（一六四五―一七一五）の『普遍的薬局方』によれば、このヴィゴ硬膏は脂腺嚢腫にとくに効果があるという[32]。

一方、ディアボタヌムはディドロとダランベールの『一群の文筆家たちが執筆した百科全書、あるいは科学・技芸・手工業の理論的辞典』、通称『百科全書』（一七五一年）に、化学者で薬剤師でもあったガブリエル・フランソワ・ヴネル（一七二三―七五）による次のような説明がある。すなわち、ディアボタヌムはガレノス（二世紀）の時代から用いられているが、パリの内科医ブロンデルが考案したそれは、ゴボウやフキ、キンセンカ、セリなどの新しい葉と根を砕き、水とともに煮て煎出する。それからこれにクラリセージやクサノオウ、セリの圧搾液各一リーヴル（五〇〇グラム）を加えて湯煎鍋で蒸発させ、こうして抽出した混合液をガルバヌム（芳香性のゴム質樹脂）とオポパナックス（セリ科の多年草）などの抽出液一リーヴルと混ぜ合わせる。これを硬膏にしたものがディアボタヌム（字義は

「植物から作った薬《ボタヌム・ディア》」）だという（33）。

伝統的な医術では、このディアボタヌムとヴィゴはしばしば同列的なものとして扱われていた。たとえばフランス王立科学アカデミーの終身事務局長で、『百科全書』の寄稿者でもあった外科医アントワヌ・ルイ（一七二三―九二）――「ルイゾン」ないし「ルイゼット」とも呼ばれたギロチン台の考案者のひとり――が、フランス革命期の一七八九年に上梓した二巻本の『外科学事典』には、「弾力性のある腫瘍を軽減緩和する硬膏」として、ディアボタヌムとヴィゴ石鹸がジアキロン（単鉛硬膏）などとともに併記されている（34）。おそらく当時はかなり一般的に用いられていたようで、北仏コタンタン半島南西部の町クータンスにおける一八世紀後葉の一般人の遺産目録にも載っていたという（35）。とすれば、これらの硬膏がジュヌヴィエーヴ・コランの場合とは異なり、それなりに効果を発揮していたことは疑いえないだろう。

事例に戻ろう。『奇蹟集成』の第九分冊に載せられているフランソワズ・フォンテーヌは政府高官の娘で、九歳のときに奇蹟に与ったという。その報告書は母親、すなわち国務評定官でパリの市債監査官フォンテーヌの妻である、ドゥニーズ・ラルダンの一人称で書かれている。

●事例6　フランソワズ・フォンテーヌの場合

サン＝ジェルマン・ローセロワ小教区（ルーヴル宮近郊）のメジスリ河岸通りに住んでいた私の娘フランソワズは、一七二四年、目にいくつもの角膜瘢痕ができた。失明するのではと危惧した私は、かかりつけの外科医だった故ギタール氏に診察してもらった。彼は娘の腕と足に刺胳を施し、薬も調合してくれたが、効き目はなく、やがて悪液が顔全体に広まって鼻が膨らみ、口唇が分厚くなり、目も炎症で真っ赤になって、視力も著しく衰えた。それを見て、ギタール氏はそれまでの薬のほかに、新たに水で薄めたミルクとミルクで薄めた紅茶を飲ませたが、やはり効果はなかった。

私同様、娘の容体を案じていた夫は、高名な眼科医であるトゥールーズ氏に診察させることにした。娘の目を慎重に診察した彼は、手術以外に瘢痕を取り除く術はないと断言した。しかし、手術はかなりの痛みを伴い、必ずしも成功するとは限らないとも言うのだった。それを聞いて怯えた私は、手術の提案を拒んだ。やむなくこの外科医は薬を調合してくれたが、やはり症状に改善はみられず、それどころか、さらに悪化の一途を辿っていった。

そんなある日、イラリオンという修道士がこの種の病を治療するのに長けていると教えられた私は、彼が住んでいたイシ（パリ南西郊イシ＝レ＝ムリノーのことか？）へと娘を連れて行った。そして、トゥールーズ氏の所見を述べ、手術に反対したことを話すと、彼は私の考えが正しいと言い、彼がドラゴンと読んでいた角膜瘢痕は、いかなる薬をもってしても治せないが、目蓋の動きで消し去ることができると断言した。しかし、この修道士では娘の眼疾は治せない。そう確信した私は、万策尽きたとの思いで絶望感に打ちひしがれた。

それから数か月後、再び希望が訪れた。王国最高の眼科医であるジャンドロン氏なら、娘の眼疾を治せるというのだ。そこで彼の友人である国務院主任審理官のデュジャルダン氏に紹介状を書いてもらい、それを携えて、夫と五か月前から失明状態になっていた娘ともども、氏が住むオートゥイユ（パリ西郊。現一六区）へ赴いた。一七二八年四月一九日のことである。その診察によれば、娘の眼疾は黒胆汁に由来するものであり、不治の病で、いずれ目が腐るだろうということだった。その言葉に私たちは一縷の望みを絶たれた。その際、彼は煎じ薬を調合してくれたが、それを服用すれば、快癒は無理でも、症状を多少とも和らげることができるかもしれないと言った。帰宅後、指示された煎じ薬を娘に飲ませた。ただ、効果は期待しなかった。

吉報は思わぬところから来た。同じ一九日、同じ建物に住む婦人が、涙顔で娘の居室がある三階へと階段を昇る私を呼び止め、理由を尋ねて同情し、「教区司祭」だったパリス氏が起こしている奇蹟のことを教えてくれたのだ。そして、その墓で九日間祈祷をすれば、娘の目が治るはずだとも言った。そこで翌四月二〇日、私はジャンドロン氏の煎じ薬を捨ててサン＝メダール教会に赴き、福者パリス氏の墓前で跪き、娘の快癒をひたすら祈った。すると、名状しがたい想いがこみ上げ、涙がとめどもなく流れた。それから私は聖具室へ行き、福者のベッドの木片を授かった。娘に聖遺物として身につけさせるためにである。

ミサに出席したのち、教会から疲労困憊の体で帰宅した私は、娘の居室に行こうと階段を昇った。すると、その足音に気づいた娘の叫び声が聞こえた。「ママ、少し見えるわ！」。それを聞いて、急いで娘のもとに駆けつけると、その目は炎症や瘢痕が前よりよくなり、多少とも澄んで明るくなっていた。試しに室内のさまざまなものを眼前に差し出すと、娘はそれを見分けることができた。神が恩寵を授けてくれた（！）。そこで私は、教会の聖具室でもらった聖遺物を娘につけさせ、夜、自室に戻ってまんじりともせずに朝を待った。

翌朝、急いで娘の部屋に行くと、目の状態はさらに改善しており、瘢痕も薄れ、鼻や唇の膨らみも小さくなっていた。そして九日間祈祷の最終日にあたる四月二八日、娘の目は完全に治り、鼻や唇の膨らみもなくなった。まさに別人になったようだった。この奇蹟的な快癒はただちに噂となって広まり、多くの人が私たちのもとを訪れた。ノアイユ大司教も祝福の言葉を送ってくれた。七月四日、娘をサン＝メダール教会に同道して聖具室に出向き、奇蹟を報告すると、担当者はそれを台帳に書き入れた。

パリ、一七三四年四月一二日。署名　ドゥニーズ・ラルダン(36)

この報告書でもまた、サン＝メダール教会の聖具室で入手した、パリスのベッドの木片が快癒に大きな役割を担ったという。聖具室には、不自由な体の病人が、パリスのとりなしによって自分の足で歩けるようになった結果、もはや不要として納めた松葉杖、つまり奇蹟の物証も少なからずあった。病人たちはまさにそれを目の当たりにして、救いの現実を確信したはずである。イラリオンという修道士については不詳とするほかないが、「王国最高の眼科医」だというジャンドロンは、おそらく摂政オルレアン公の侍医をつとめていたクロード＝デエ＝ジャンドロン（一六六三―一七五〇）のことだろう。一五二九年にあのノストラダムスが、そして翌年には、『ガルガンチョワ物語』と『パンタグリュエル物語』の作者で修道士でもあったフランソワ・ラブレーが入学している(37)、中世三大医学部のひとつとされたモンペリエ大学医学部で医学博士号をとったという。しかし、その名医の腕をもってしても、フランソワズの眼疾を治せなかった。

ここで見落としてならないのは、フランソワズの奇蹟的快癒をパリ大司教ノアイユが祝福したという記述である。すでに指摘しておいたように、この大司教はパリスに共感して彼を「福者」と呼んだ。おそらくそれが通称化していったのだろう。ほとんどの報告書がパリスをそう呼んでいる所以だが、こうした祝福は、ノアイユ自身が奇蹟を認めていたことの証左といえる。ただ、報告書が快癒から六年近く（！）経ってから作成された理由は不明である。

一連の奇蹟報告書のなかで、おそらくもっとも反響が大きく、それだけに物議をかもしたのは、二八年間不治の病に冒されていたアンヌ・ル・フラン三七歳（無職）のものである。彼女の報告者は一七三一年五月に作成されているが（提出先不明）、コンスティテュショネール（教勅支持者）たちはこれに怒って、報告書自体を破棄しようとしたという。[38] この事実は、イエズス会を主体とする教勅支持者たちが、「奇蹟＝パリス」対合を「ジャンセニスト＝反教勅」対合に重ね合わせてみていたことを端的に示している。たしかに彼らイエズス会士たちは、パリス＝奇蹟＝ジャンセニスム（＝上訴派）というトリアードを異端と弾じ、それが民衆心理に影響を与えるとして警戒心をいっかな解こうとしなかった。

あるいはその運動が実を結んだのだろうか、同年六月にはパリ宗教裁判所が「偽りもしくは捏造された奇蹟を現実に起きたとする詐欺的な報告」を取り締まるようになる。これは奇蹟待望者とジャンセニストたちにとって由々しきことだった。どれほど真正な奇蹟であっても、因果律とは無縁ないし超越的なものであり、見方によれば欺瞞的なものと断じられる可能性があるからだ。奇蹟が人間の力を越えたものによって起きたことが立証されれば、教会もそれを原則的に真正なものと認めざるをえないだろうが、実際のところ、そうした認定を受けた「真正」の奇蹟例は数少ない。ともあれ、こうして一七三一年七月一一日、パリ大司教のヴァンティミルは、アンヌ・ル・フランの奇蹟を捏造であると断じ、神がパリスのとりなしを介して奇蹟をおこなったりはしないと主張し、パリスの墓での一切の礼拝を禁じる三四頁もの教書を出すまでになる。それは以後、数多く報告される奇蹟譚に対する教会当局の態度を決定するものとなる。

この教書は、副題が「さまざまな奇蹟、とくにパリ・サン＝メダール教会のパリス氏の墓地で起きた奇蹟、とくに一七三〇年一一月三日にバルテレミ小教区のアンヌ・ル・フランに起きた奇蹟の報告と証拠に関する言明書」となっている。ここに明示された「言明書」とは、一七三一年三月六日に、アンヌ・ル・フランが公証人に依頼して作成・

印刷したもので、本文三八頁。文末に公証人ロワゾンの名前に加えて、七〇人の署名が付された証明書（五〇人は一通の証明書に連署）が添付されている。(39) ル・フラン本人の一人称による語りは、その本文の後半部（五頁）にある。まず、それからみていこう。

●事例7　アンヌ・ル・フランの場合

九歳になった一七〇三年のある日、私アンヌ・ル・フランは突然失神し、丸二日間、舌が喉の奥に入って口腔内の感覚がなくなった。医者はこれを見て、幾度となく手足や咽喉に刺胳を施し、薬も飲ませた。その効果か、舌は次第に元通りになっていった。だが、やがて神経が麻痺して、体を折り曲げることもできず、ベッドに横たわったままとなった。痙攣は日増しに数を増し、ついには日に六〇回も起きるまでになる。もはやいかなる薬も効かなくなった。この痙攣が収まると、全身がむくみ出し、高熱も続いた。胸と脇腹に激痛もあった。こうした状態は、ときに外出ができるほど症状が軽くなったり、死ぬかと思うほど重篤化したりしながら一七〇七年まで続き、終油の秘蹟を七度受けた。

一七〇九年五月一九日の聖霊降臨祭から八月まで、私は激しい下痢に襲われ、ひどい日には二五回も沐浴せざるをえなかった。全身のむくみに加えて、喀血もあった。病にかかって以来、私を診てきた内科医のフレーヌ氏は考えられるすべての薬を調合してくれたが、症状は一向に改善せず、次第に体力が衰えていった。外科医のデュプレシス氏は幾度も刺胳をおこなったが、やはり効果はなかった。この状態はさらに九年続き、医者たちはもはや治る見込みがないと諦めた。

一七一八年四月一七日復活祭主日、呼吸困難に陥った私は腕と足に刺胳をしてもらい、吐剤も飲んだ。だが、両足はまったく動かなくなり、次の聖霊降臨祭（六月五日）には四時間ほど目が見えなくなった。しばらくして左目だけは見えるようになったが、眼鏡なしでは読むことも作業することもできなかった。右目にいたってはリヤール銅貨とエキュ銀貨の区別さえできないほどだった。

一七二一年九月、私はアイルランド人の内科医に診察を受ける。この内科医は、他の症状の改善は期待できないが、入浴すれば足だけは動かせるようになると請け負った。たしかにその言葉通り、少し歩けるようになり、ミサに出たいと思うまでになった。同年の待降節第一日曜日（一一月二七日）、何年かぶりに外出する。だが、たちまち息苦しくなって、辛うじて家に戻った。そして、手足に刺胳を受け、吐剤も飲んだ。翌一七二二年二月二二日の四旬節第一日曜日、私は医者たちが外出を禁じたにもかかわらず、改めてミサに出ようとした。だが、結果は前回と同じだった。四月一三日、三度目を試みたが、それもついに実現せず、症状が重く、刺胳と吐剤に頼らざるをえなかった。そうした症状は以後変わることなく続いた。

一七二八年のある日、私の症状を最初から知っていた女性が訪ねてきて、福者パリス氏のとりなしで神にすがるよう進言してくれた。神が聖福者を介してその力を示している。女性はこう説いたが、私は自分には信仰心がまったくないと答え、それ以来、女性はこの話を一切しなくなった。こうして私は快癒を絶望視し、唯一苦しみから逃れさせてくれる「薬」である死に備えようとする。そんな私を慰めてくれる者もいなかった。ただ、バルテレミ小教区の主任司祭だったレール氏だけは、しばしば私を訪れて勇気づけてくれた。

昨年の主の昇天祭（一七三〇年五月二五日）、私は福者パリス氏の墓でさまざまな奇蹟が起こっていることを耳にする。以前なら信じたりはしなかったが、毎日のようにそれが起きているという話に突き動かされて、ある人物に、自分のためにサン＝メダール教会で九日間祈祷をしてくれるよう頼んだ。だが、神が自分の不信心を罰しているのか、まだその慈悲が自分に及ぶときではなかったのか、症状はほとんど変わらなかった。一〇月四日、主任司祭が交代したが、新任の彼には好意をもてず、そのミサに出る気もなかった。

一〇月二六日、以前、奇蹟のことを話してくれた女性がやってきた。私はこの親切な女性に自分の想いを告げ、自分の代わりにサン＝メダール教会で祈ってくれるよう頼んだ。彼女は了承してくれた。私自身もまた、居室で九日間祈祷を始めた。二日後の一〇月二八日、小教区の新任司祭たちが聖体を持って私を訪れた。毎年四度の大祭には、小教区内の病人にそうすることが慣例となっていたからである。そして、彼らは聖マルセルの祝日に、私に聖体を拝受するよう勧めた。これを聞いて、嫌悪感を制するまではいかなかったが、私は新任司祭ともっと早く知り合うべきだったと涙ながらに答えた。

九日間祈祷の最終日にあたる死者の日（一一月二日）、つまり聖マルセルの祝日（現在は一月一六日）の夜、私はサン＝メダール教会に詣でようと思い立った。右目はまったく見えず、全身のむくみや胸と脇腹に痛み、さらに足にも激痛を抱えながら、翌朝七時、症状がよくなるとの願いに突き動かされて馬車に乗った。教会に着き、パリス氏の墓に詣でて祈ると、たちまち痛みが消え失せた。だが、ミサに出て、二度の聖体奉挙のあいだ、激しい痛みに襲われて立っていることができなくなり、全身の力が失せて、着衣も汗まみれとなった。しかし、それでも必死に跪き、聖体拝受に与ると、力が戻ってくるのを感じた。ミサのあと、断食をしていた私はビスケットと水（ワイン？）を少量口にする。すると、たしかに力が蘇って、待たせてあった馬車まで何の苦もなく歩いていけた。

帰宅すると（当時、アンヌはシテ島のバリユリ通り、現在のパレ大通りに住んでいた）、もはや身体のむくみは消え、視力も完全に回復して、いかなる症状も覚えなかった。ただ、両足はまだ力が入らず、歩くことも、居室がある六階までひとりで階段を上がることもできなかった。翌日には、疝痛（下痢？）も少しあったが、体液を大量に出して（浣腸？）収まった。それ以来、症状はすっかりよくなり、胸や脇腹の痛みもない。睡眠や食欲も平常で、眼鏡なしでも読んだり作業したりできるようになっている。自由に歩け、ミサにも行ける。何の不都合も覚えずに断食や小斎もおこなえるようになっている。


語りに若干の矛盾はあるが（傍線部）、アンヌ・ル・フランのいささか複雑な病はこうして奇蹟的に「快癒」したという。他の奇蹟譚同様、この語りでもまた当事者が何年も前の日付を、さながら日記でもつけていたかのように明確に記憶している。たしかにキリスト教暦の重要な行事や聖人の祝日と結びつける日付の記憶法は一般に実践されていたはずだが、前述したような年齢に対するこだわりの曖昧さと対照的であり、その正確さはまさに奇跡に近い。

さて、このアンヌ・ル・フランの語りを踏まえて、「言明書」の匿名の書き手は以下のように報告する。

教皇ベネディクトゥス一三世は一七二五年、何世紀にもわたって教会内で起きているこの種の奇蹟伝承を明らかにするため、ローマで緊急の書を刊行している。そこには、一七世紀にポール＝ロワイヤルで今も存命のマドモワゼル・ペリエに起きた、有名な聖荊の奇蹟も含まれている。（・・・）現在もまた毎日のように奇蹟が生まれており、たとえば、サント＝マルグリト小教区でラ・フォス夫人に奇蹟が起き、噂がいたるところに広まっているのである。この奇蹟とそれが引き起こした異常なまでの反響を知らされたベネディクトゥス教皇は、神が次々と起こるであろうさまざまな奇蹟に人々の関心を喚起する徴候だとみなしている。[40]

こう言挙げしてから、この書き手はユトレヒトや北仏のリール、リヨン、ランスなどでの奇蹟に加えて、前述したルスの奇蹟にも言及し、アンヌ・ル・フランの奇蹟報告書が詳細かつ一般に広まった最初のものであると指摘する。だが、どうやら彼の主眼はそこにはない。「上訴派の大義は神の大義である」と主張して、神が上訴派にアンヌの奇蹟を介して示したその意思を、教勅派が否定しようとしている。そう告発するのだ。ここまでくれば、もはや書き手がジャンセニスト＝上訴派であることは疑う余地がない。そして、この教勅派の「代表」としてソワソン司教を俎上にのせ、たとえば彼がこう言っていると非難する。「奇蹟が（神意の）確実な証言となるには、教会の証言、あるいは教会が説く真理に従わなければならない[41]」。もしそうだとするなら、神による奇蹟は、教会によって規定されることになるのではないか。教会が神意を規制するのではないか。教会はいつ、いかなる権利によって、神の上に立つようになったのか・・・。こうしてソワソン司教の言葉を取り上げながら、書き手はジャンセニスムの主張を展開していく。そして最後に、彼はこう書き記す。

教勅派がその数と権威を頼んで真実の擁護者たちを抑圧しようとしても、所詮無駄なことである。神の約束は不変だからである。神は教会のなかにその真実の証人をつねに十分な数だけ保ち、守り続ける。敵がこの証人たちをどれほど苦しめようと、彼らの数は増える一方だろう。（・・・）地上から真実をなくすため、真実に背を向けてさまざまな命令を出せばよい。だが、あなた方のいかなる脅迫にもかかわらず、その命令が実現することはないだろう。神がわれわれとともにあり、その意思を奇蹟によって明らかにするからである。(42)

ここに登場するソワソン司教とは、前述したように反パスキエ・ケネル派の、そして当然反ジャンセニストの急先鋒だった、ジャン＝ジョゼフ・ランゲ・ド・ジェルジのことである。《通信》の目録にじつに三三頁にわたって言及がみられることからすれば、彼がジャンセニストの攻撃対象としていかに大きな敵であったがわかる。「言明書」の書き手は、しかし知らなかった。じつはランゲは一七一五年からつとめていたソワソン司教職を三〇年に辞し、同年、つまりそれまで彼を疎んじていたノアイユ大司教が没した翌年に、サンス大司教に昇進していたということを、である。以後、ジャンセニストによる教勅派批判でしばしば槍玉に挙げられるようになるのが、サンス大司教時代のランゲであった。

この「言明書」は、アンヌ・ル・フランの奇蹟を盾にしてのジャンセニスト＝上訴派＝反教勅派による、反ジャンセニスト＝教勅派へのきわめて明確な宣戦布告ともいえる。当然のことながら、教勅派としてもそれを看過したりしない。「言明書」から四か月後に出された、パリ大司教ヴァンティミルの教書はまさにその強力な反撃であった。では、それはいかなるものであったか。その狙いがアンヌ・ル・フランの奇蹟を欺瞞とするものであったことは前述したとおりだが、むろんその真の目的は、ジャンセニストが主張の根拠とする奇蹟そのものの欺瞞性を訴えるところにあった。

「わが司教区のすべての信者たち」に宛てた教書のなかで、パリ大司教はまず、一部の者が、「教会法と司教区法を無視して、われわれが法的に認めていない奇蹟」を広めようとし、「きわめて危険な結果をもたらすであろう迷妄によって、教会が決して承認していない宗教的信仰に正統性を与えようとしている」(43)現状を指摘する。そして、新たな奇蹟は、司教が「真実かつ慈悲に見合ったもの」と判断したものに限って認められるとしたトリエント公会議の決定と、それを踏まえて、一六九七年九月二六日にノアイユ大司教が出した司教区規定に言及する。つまり、ヴァンティミル大司教は新たな奇蹟をおしなべて否定するものではないが、それには自分の承認が不可欠であるとするのだ。

こうしてパリ大司教は「言明書」に明記されたアンヌ・ル・フランの奇蹟譚を克明に検証し、論述の矛盾と奇蹟自体の欺瞞性を追求していく。そして、「無知な娘で、宗教的な論争とは無縁の下層階級に属している」アンヌが快癒したという、サン＝マルセルの祝日の四か月後でも、依然として身体が脆弱な回復期にあり、完全な快癒とはなお程遠いものだった。とすれば、そこに神意が及んだとはとうてい思えないとする。それを例証するため、彼はまず、「パリ大学医学部の高名な内科医二名と、きわめて経験豊かな宣誓外科医三名」に「言明書」と証言の内容を分析させ、教書に添付された報告書にあるように、アンヌの病が決して「不治」ではないとの診断を引き出す。つまり、不治の病が奇蹟によって快癒したとする言説を覆そうとしたのである。

おそらくこの専門家たちの報告に基づいて、大司教はさらに「言明書」に添付されている証人たちの証言に着目する。たとえば、アンヌとしばしば会っていた第六番目の証人は、アンヌの母親同様、彼女が眼鏡をかけている姿を見たことがなく、それゆえ目の状態が悪かったとは一度も気づかなかったとしている。アンヌの実の兄弟ですら、彼女の視力が弱かったとは証言していない。アンヌの語りに出てくる外科医のデュプレシスは、一五年ものあいだ彼女を診察してきたが、アンヌが一七一八年から右目を失明したというのは誤りで、ただ弱視だったにすぎないとする。五年間治療していた外科医にいたっては、アンヌに眼疾はなく、眼鏡なしで読んだり、仕事をしたりしていたと明言している。さらに、子供時代からアンヌを知っている女性の証言には、（九歳で発症したという）アンヌは一二歳から一四歳まで何人かの親方のもとで働いていたが、一〇年以上前には自由に歩き、きわめて健康そうだったとある。第一の証人もまた、アンヌが同時期、町で日雇いとして肩掛けを作っていたと証言している。一方、アンヌと同じ建物に住んでいた証人によれば、一七三〇年の復活祭頃、彼女が健康を取り戻していて、すでに刺胳も受けておらず、両足も不都合が見られず、室内を自由に歩いていたという。同じことは、隣人三人もまた一様に証言している。[44] とすれば、九日間祈祷をおこなう前から、すでに体調はかなりよくなっていたことになるのではないか。ヴァンティミルはそう指摘するのだ。

大司教の分析はさらに続く――。帰宅したアンヌは六階の居室までひとりで階段を上ったとあるが、二番目の証人によれば、サン＝メダール教会からの帰途、御者がアンヌを引き上げて馬車に乗せ、居室のある建物の三階まで抱えて上がり、そこから六階まで隣人二人がその重い身体を支えながら運んだという。このことは、他の証言からも裏づけられる。さらに別の証言では、（快癒したはずの）アンヌは嘔吐や胸の痛みが収まらず、外出する際はなおもひとりないし数人に身体を支えてもらわなければならなかったという。八番目の証人はまた、（快癒から一か月後の）一二月に入っても、アンヌが居室内で、さながら歩き始めた子供のように家具に身を預けなければ歩けなかったと証言している・・・。

こうしてヴァンティミル大司教は、証人たちの言説からアンヌ・ル・フランの語りと乖離ないし矛盾する「真実」を導き出し――むろん、善意の証人たちにとって、それは想定外のことだったろう――、次のように「奇蹟」を弾劾する。

小職のいとも親愛なる兄弟たちよ、これが人々に信じ込ませようとした手法にほかならない。人々を驚かせ、証明書を無理矢理作り上げるための策略と奸計。証明書を改竄・偽造する不実さとよこしまな信念。まさにこのような手口によって、アンヌ・ル・フランがパリス氏のとりなしによって奇蹟的に快癒したということを、純朴な人々に信じ込ませようとしたのである。[45]

そして最後に、「言明書」の書き手が主張する奇蹟の真実とは上訴派の唱える真実であり、そこにあるのは捏造と欺瞞だとして、大司教はこう結論づける。

以上、すべてのことに鑑みて、われわれは去る一一月三日にアンヌ・ル・フランに起きたという奇蹟が偽りかつ捏造であり、それゆえ司教区会議の規定第XXX（ママ）条を改訂し、教会法に叶った吟味を経た上で、われわれがその真実を認め、法的に宣言する奇蹟以外の公表を禁じる。さらに、パリス氏にいかなる信仰も捧げてはならず、その墓を称えたり、彼のためにミサをあげることも、あげさせたりすることも禁じるものとする。さらにわれわれは、捏造と欺瞞に満ちている「言明書」と題された文書が、信者たちを誘惑して、教皇をはじめとする聖職者たちに害をなし、教会によって断罪された過ちを助長していることを断罪する。それゆえ、この「言明書」を読んだり所持したりすることも禁ずる。[46]

引用文中、XXXとなっている規定の条項がいかなるものか、筆者は寡聞にして詳細を知らないが、興味深いことに名指しで自分の奇蹟を否定されたアンヌ・ル・フランも黙ってはいない。一七三一年九月三日、代理人に上訴文を作成してもらい、奇蹟報告書を添えて、高等法院にヴァンティミルの教書を訴える。三七歳になる今日までたえず病に苦しめられ、二〇回近く終油の秘蹟を受けたが、神意によってパリスの墓で奇蹟的に快癒したというのである。そして、その奇蹟を真実だと認める証人一二〇人（！）の自署を添えた報告書を、半年前の一七三一年三月三日に公証人ロワゾンの事務所に提出した。以来、この報告書のコピーが巷間出回るようになっているが、当人はそれにまったく関与していない。にもかかわらず、パリ大司教は自分の奇蹟を嘘偽りとする教書を、市内の各小教区に配布したことを問題視する。

アンヌ・ル・フランは気高い大司教に対してなおも敬意を抱いているが、教書のなかで自分と真実の証人たちを中傷しているのは理解できない。とりわけ教書は、彼女が党派（ジャンセニスト）の手先となって、人々を篭絡して正統な権威に反対させ、国家と教会に混乱を引き起こすと書いているではないか。自分に及んだ奇蹟が超自然的なことだとして、いったいそのどこが犯罪なのか。それゆえ宗教裁判所で自分に対する予審がなされ、その結果が高等法院の書記課に送られ、破毀院の検事長が奇蹟報告書と大司教の教書にある内容を改めて審理してほしい。それによって事の次第が明らかとなり、自分の名誉が回復できるよう願っているともする。[47]

この上訴に対し、はたしていかなる裁決がなされたか。一七三四年一一月一日の《聖職者通信》には「彼女の訴えが大法廷から認められた」[48]とある。とすれば、大司教に対し、何らかの処分が下されたとも思えるが、詳細は不明である。だが、何の後ろ盾もないと思える一介の女性が、こうしてパリ大司教の権威に立ち向かう。これもまた奇蹟の力というべきかも知れないが、すでに時代はこうした異議申し立てを可能にする段階に入っていたのだろう。

それはさておき、ヴァンティミルはこの教書を決定的に有効なものとするための措置を明記していなかった。違反者に対する罰則である。あるかあらぬか、高等法院弁護士のバルビエは『日記』（一七三一年七月）のなかでこの教書について紹介したあと、こう記している。「聖ジャック＝聖クリストフの祝日（七月二九日）、早朝四時から、誰もサン＝メダール教会や（パリスの墓）がある墓地に入れなくなった。民衆は一度は打ちひしがれたものの、それでも容易に迷いから醒めなかった」(49)。

だが、バルビエは、おそらく実際に教会に足を運んではいなかった。八月になると、彼は前言を翻し、この教書が重視されず、奇蹟をからかおうとしてパリスの墓に出向いた偽の病人（ガブリエル・ガンティエのこと。事例21）を含めて、以前に増して奇蹟の報告がなされるようになったとしているが(50)、たしかに病人は少なくとも小教区教会や礼拝所に張り出されたこの教書と大司教の意向もものかわ、さながら司牧の権威に挑戦するかのように奇蹟を求めて陸続とパリスの墓につめかけた。もとよりそれは彼らの切実な願いを物語っているが、と同時に、なおも基本的に刺胳や吐剤、あるいは湿布薬などに頼らざるをえない「正統医学」の無力さと限界を端的に示すものであり、さらにいえば、彼ら病人の快癒への願いは教会当局の禁令をあえて侵すほど強いものだった。

だが、ヴァンティミルにアンヌ・ル・フランの抵抗以上に大きな衝撃を与えたのは、コンティ公爵夫人マリ・テレーズ・ブルボン（一六六六―一七三二）の事例だったろう。バルビエによれば（ただし、公爵夫人の名前は明記なし）、数年前から失明状態にあった夫人は、死去前年の一七三一年八月一七日、豪華な四輪馬車三台を連ねてサン＝メダール教会を訪れ、九日間祈祷を始めている。祈祷の初日と最終日だけ教会に行き、あとの日は他の者に代祷をしてもらった彼女は、どうやら奇蹟的な快癒にまではいたらなかったようである(51)。しかしながら、大司教の禁令を無視してのフランス王族の一員によるサン＝メダール詣で。大司教にとってみれば、それはまさに腸が煮えくり返る行為だったはずだ。

それだけではない。ジャンセニスト聖職者のなかにも、当然のことながら、ヴァンティミルの大司教教書の受け入れを公然と拒むものは少なくなかった。たとえばパリのセーヌ左岸、ノートル＝ダム・デ・プレ小教区のヴォージラール通りにあり、パスキエ・ケネル派の拠点のひとつだったベネディクト修道会の女子小修道院長ルーシュは、「（教書を出した）大司教の権力といっても、せいぜいインド更紗を裁断する程度のもの」、さらに教書の文面を「些細で取るに足らない軽口」と断じて憚らなかったという。二八年の在任期間中、一八年前から復活祭を祝わず、信仰告白もおこなってこなかった小修道院長のこうした態度に怒った参事会員のクレモン・ド・カプドヴィルは、一七三一年七月三〇日、ヴァンティミル大司教に問題だとして通知し、これを受けて、大司教は「この異端の拠点を廃墟にすべく」、その金庫に蓄えられていた三万三〇〇〇リーヴルを差し押さえたともいう。[52]

さらに同年八月二三日には、かねてより足が悪く、麻痺にも苦しんでいたベシュランなる神父がパリスの墓に詣で、快癒を祈願している。バルビエが『日記』(一七三一年九月)で書いているところによれば、彼はジャンセニストのモンペリエ司教からパリに送られたという。ベシュランがジャンセニストだったかどうか、『日記』に明記はないが、彼のオジはモンペリエの司教座参事会員で、とくに前述した同司教区のビシ枢機卿の下にいた人物の甥である。モリニスト派だった彼は、モンペリエ神学校の校長をしていたオラトリオ会士の上訴派フーリエを、上訴派の先駆者だったモンペリエ司教コルベールを称えたとして告発している。さらにこのオジは、ときの政権を握っていた反ジャンセニストのフルリー枢機卿に甥のベシュランを断罪する書状を送ってもいる。とすれば、ベシュランを上訴派(=ジャンセニスト)ないしそのシンパだったとしても間違いはないだろう。

「若い頃から片足が他方の足より短かかったベシュランは、現在三度目の九日間祈祷をおこなっており、(墓地に)しばしば昼夜を問わず、毎日詣でて墓石沿いに仰向けに寝かせてもらい、祈りを捧げている。そして、しばしば呼吸ができないほどの痙攣に襲われ、顔は蒼白、口からは泡を吐き、周りの者の制止を押し切って、高さ一ピエ(約三二センチ)の墓石の上に必死に立とうとしている。墓地には連日高名な外科医たちがやってきてベシュランを診察しているが、ある者はそれでも彼が歩けない、ある者は歩けるようになったと言い、ある者は足の状態が同じ、ある者ははるかによくなったとも言っている・・・」[53]。

このバルビエの記述からは、ベシュランが奇蹟に与ったのかどうかは必ずしも明確ではないが、バルビエと同じパリ高等法院の弁護士だったマテュー・マレ(一六六四―一七三七)もまたベシュランに関心を抱いていた。彼はその一七三一年九月一七日付けの書簡で、アンヌ・ル・フランの奇蹟報告書が一般に販売されていることや、ローマで『パリスの生涯』が死刑執行人の手で焼却処分されたことなどに触れたあと、ベシュランの話を聞きつけたパリ中の市民が、サン＝メダールの墓地に集まっていると記している。[54] さらにマレは、同月三〇日の書簡で、ベシュランの「奇蹟」がなおも進行中で、墓地での祈りの際に痙攣に二二回（！）も襲われているとしている。そして、人々はこの痙攣が偽りのものか本物か、判断をしかねているが、ベシュラン司祭は信者たちから尊敬を集める立派な人物だとも付言する。[55]

こうしてみれば、ヴァンティミル大司教の教書公布の前後に起きたアンヌ・ル・フランとベシュランの「奇蹟」が、少なくともパリでかなりの話題となったことは間違いないだろう。バルビエが改めて言うように、教書はほとんど実効性をもたなかった。事実、教書が出された八月には一二人、墓地が閉鎖される一七三二年一月二九日までには約四〇人がパリスの墓を詣でて奇蹟的な快癒に与ったとしているのだ。その限りにおいていえば、大司教は一連の奇蹟とジャンセニストとの関わりについてはたしかに見通してはいたものの、民衆のメシアニズム、つまりパリス信仰と奇蹟待望の根強さを完全に見誤っていた。とすれば、教書から約半年後の一七三二年一月二七日、前述したように、ヴァンティミル大司教はサン＝メダール墓地の封鎖を命じるが、こうした教書に対する、いや自らの権威に対する無視や軽視が、彼の決定にとって重要な動因となったことは疑いえない。

そして一七三五年、前述したサンス大司教ランゲによる執拗なまでの奇蹟反駁の教書――なぜか表紙は一七四三年刊となっている――が出される。そこでランゲは奇蹟を称えるモンペリエ司教を手厳しく批判し、ヴァンティミル大司教の教書を全面的に支持しながら、「上訴派の考えを抱き、臨終のときまで彼らを支持し続けて他界したある男」、つまりパリスの墓で起きたアンヌ・ル・フランやベシュランの奇蹟を取り上げている。もはや彼が何を言おうとしているのか、改めて指摘するまでもないだろうが、その長々とした教書の主張をあえて要約すれば次のようになるだろう。前記「言明書」が際限なく繰り返しているような、奇蹟体験者たちが聞いたとする「神の声」とは、所詮は上訴派たちの言葉にすぎない。つまり、奇蹟とはことごとく偽りであり、上訴派の創作にほかならない。[56] むろん、こうした断罪はパリス現象を根底から覆そうとするランゲのジャンセニスト批判と過不足なく共通していた。はたして奇蹟（的快癒）が事実だったのかどうかはさておき、少なくともアンヌ・ル・フランの事例が、本人の必死の抗弁にもかかわらず、こうして反ジャンセニスト陣営に格好の攻撃材料を与えた。そのことだけは間違いないだろう。

いささか長い検討となったが、次は、一七三一年八月二六日の《聖職者通信》に、二〇〇〇人以上（!）が目撃したと記されている六五歳の女性マルグリト・ティボーの奇蹟報告である。この目撃者数はいささか誇大ではあるが、それはそのまま彼女の奇蹟譚がかなり人口に膾炙していたことを物語るものといえるだろう。

●事例8　マルグリト・ティボーの場合

サン＝シュルピス教会近くのフォソワイユール通り（現在のセルヴァンドニ通り）に住んでいた私は、一七二三年の聖霊降臨祭の頃（五月中旬）、激しい発作【腹痛】に襲われた。この発作はなんとか六週間で治ったが、左半身に麻痺が残った。それからしばらくは時折腹に疝痛を覚えたほかはほぼ健康だった。

図29　サン＝シュルピス教会（筆者撮影）

一七二六年初頭、腹部が膨れ出す。そこで医師のルノーム氏に診察してもらうと、診断は水と風邪による過水症だった。そこで刺胳を二度、浣腸を数度施してもらうと、痛みが和らいだ。しかし、むくみは残り、まもなくひとりでは外出ができなくなった。祭日や日曜日のミサに行く際は、一六、七年間同居していた孫娘カトリーヌの肩を借りた。改めてルノーム氏の診察を受け、服薬を継続したが、効き目はなく、症状は悪化の一途をたどって、ついに体を動かすこともできなくなった。

一七二八年九月末頃、サン＝シュルピス教会での日曜ミサに行った。それは最後の参加となった。腫れが非常に大きくなって痛みが亢進したため、四階にある居室に戻るには、孫娘のほかに二人の助けが必要となったからだ。その日以来、私は部屋から一歩も出ることができなくなった。左の手足も完全に動かなくなった。診察に来たルノーム氏が孫娘に語ったところによれば、私の病は過水症と麻痺とリウマチを併発しており、翌年の春まで回復は困難だという。

　この医師にかかってから一年半後、私は担当医をル・コワントル氏に代える。だが、一年におよぶその手当も薬も、ルノーム氏の場合と同様、ほとんど効果がなかった。そんな私の症状を哀れんだある紳士が、名医との評判があったラ・ソンヌ氏のもとに連れて行ってくれた。しかし、毎週二回の浣腸を受けたが、結果は同様で、この医師はとても自分の手には負えないとして手を引いてしまった。やむなくル・コワントル氏にかかることにし、一年間その治療らしきものを受けた。だが、治療費がかかったために家賃の支払いに困り、一七三〇年四月六日の聖木曜日を選んで、サン＝セヴラン小教区のアルプ通りにあった、ロウソク商メティエ氏のより家賃の安い持ち家に転居した（半世紀後のこの通りには、ジロンド派の後ろ盾として強権をふるったが、一七九三年一一月、政敵となったロベスピエールらの暗躍で革命裁判所から死刑を宣せられ、斬首の直前、有名な辞世の言、「おお、自由よ、お前の名でどれほどの罪が犯されたことか！」を遺して斬首されたマダム・ローランが住んでいた）。

　転居して二週間ほど経ったあと、教区の「貧者の医師」であるコニエ氏に二、三度往診してもらったが、何の処方もされなかった。治る見込みがなかったからである。私に残されたのは祈りと聖書および信仰書の読書だけだった。それだけが心に平安をもたらしてくれた。ときには当時のさまざまな問題に関する著作を読んだが、これらは教会が罹っている病を私に教えてくれた。

　同年一二月末、ある篤志家の婦人が私の状態を気遣って医師ショメル氏を送ってくれた。この医師に浣腸をしてもらうが、身体があまりにも疲れたので、それは一回きりだった。こうし

図30　パリスの墓に横たわるマルグリット・ティボー（ジャン・レストゥー2世作版画、以下同）

てすべての手を尽くしても改善されない症状やその長期化、体力の衰えなどから、私は自分の死が近いことを悟る。すでにベッドに長時間とどまることができず、長椅子で一日の大半を過ごさなければならなかった。クリスマス・イヴからは眠ることすらままならず、ベッドで寝ようと試みたが、それも叶わなかった。

一七三一年の復活祭（三月二五日）、サン＝セヴラン教会の主任司祭は、他の聖職者たちとともに、小教区内の病者たちを訪れて聖体拝領をおこなうことを慣行としていたが、私もまたその恩恵にあずかった。だが、復活祭をすぎると、病状はさらに悪化する。そして五月末、みかねた友人が差し向けてくれた外科医は、肺を触診し、静脈に血液が残っておらず、動脈の血だけが心臓に入っているとの診断を下す。だが、手当らしきものはなかった。身体からは一切の力が抜け、全身のむくみが拡大して、さながら怪物のようだった。

これを知った聴罪司祭は私の死期が近いことを確信し、終油の秘蹟を施してくれた。その週末、五五歳ほどの人物がやってきて、私の生地シャルトルの旧友から託された手紙を渡す。そこには私の病態を知らせるよう書かれていた。そこで自分の様子を説明すると、彼はこう言った。「あなたは治ろうとしていない」。そこで私が答える。「いや、何人もの医師に診てもらいました。薬も服用しました」。「そうではない」。男が続ける。「この近くには多くの奇蹟をおこなった聖人がいるではないですか。各地で話題になっている助祭パリスです。その墓を訪れなさい。行けば治ると確信できます。私はそうして治った人をひとり知っているのです・・・」。

この人物が帰ると、入れ替わりに聖職者がやってきた。私が先刻の話をすると、その情報に驚き、自分の心に力が湧いたなら、おそらく彼は神が遣わした人物ではないかと言う。そこで私はサン＝メダール教会を訪れることを決意し、翌日、再訪した聖職者に対してこう言った。「私は自分の快癒を求めるのではなく、福者パリス氏の真実と聖性の顕れを求めに行きます」。この決意を聖職者から聞かされた聴罪司祭も賛成し、翌日、すなわち六月一一日（月曜日）から聴罪司祭と九日間祈祷を始める。祈祷初日、なおも私の心配をしてくれていた前述の婦人が、再びショメル氏を差し向けてくれた。彼は煎じ薬とブイヨンのなかにセル・ヴェジェタル（塩性植物由来の洗塩）を入れて服用するよう指示した。しかし、これもまたほとんど効果がなかった。

同じ週の土曜日、コニエ医師に往診してもらったところ、彼は私の部屋に入るなり、こう言った。「どうして欲しいのですか。自分が治ると私に言ってもらいたいのですか。そんな空約束はできません！」。そこで私は、新たな診察を頼みたいので、同僚の医師ふたりに往診をしてくれるよう、先生から頼んでもらえないかと言った。彼はそれを受け入れ、翌日、コル・ドヴィヤール氏とエピヌ氏が来てくれた。彼らは私の腹部や足、左手などを診察したあと、私の腕に刺胳を二度施し、浣腸も数度試みた。さらにチャービル（セリ科の香味野菜）の抽出液も飲ませた。両足に四度、つま先に二度、軽く傷をつける乱切りもおこなったが、私はもはやこうした施術に期待できなかった。

六月一八日、ついに私はパリス氏の墓を詣でることを決め、友人ふたりに介添えを頼んだ。ふたりは私が九日間祈祷をおこなっていることを知って同意するが、狭い階段を上って私を運び上げた苦労にこりて依頼を断る。だが、私はこう言って説得した。「これ（パリスの墓を詣でること）は私が生きながらえようとしたり、全快して苦しみを終わらせようとしたりするためではなく、真理を称えるための参詣なの」。この言葉を聞いて、友人たちは同意してくれた。

九日間祈祷の最終日となる翌一九日早朝、この友人ふたりと彼らの下僕ふたりが、狭すぎる籠（運搬用椅子）に乗せてサン＝メダール教会まで連れて行ってくれた。私は孫娘のカトリーヌが持参した毛布をパリス氏の墓の傍らに敷いてもらい、その上に横たわった。横たわるやいなや、息苦しさを覚え、口が開いて、舌が飛び出した。それを見て驚いただれかが藁を持ってきて頭を上げさせたが、たいした助けにはならなかった。それでも一五分ほど祈ると、数日前から「死者のように冷たかった」左半身に燃えるような熱さが走った。さらに足と右腕の神経と筋肉が激しくひきつり、まるで身体を無理に引き伸ばされたようだった。しかし、まさにこのときだった。痛みが突然消え失せたのだ。そこで私は全身の力を振り絞って身を起こし、墓を向いたままミゼレレを唱えた。それからまだ歩けない幼児のようによろよろと立ち上がった。これを見てだれかが叫んだ。「奇蹟だ！」。私も叫んだ。「これをなさったのは神よ！」。

そして神に感謝を捧げたあと、私はカトリーヌにサンダルを持ってくるよう言った。昨夜は小さすぎたサンダルが、今はすんなりとはける。来たときは狭かった籠もゆったりと座れた。墓地を出て、教会のサン＝ミシェル小堂で籠から降り、藁椅子に座ってミサを聞いた。使徒書簡の朗唱時、隣席の信者が青ざめた顔色をしている私にメリッサ

図 31　奇蹟後のマルグリト・ティボー

水を差し出してくれた。長年動かなかった掌でそれを受け、手と顔につける。福音書の朗唱時には介助なしで立ち上がり、立ったまま頁を開いた。聖体拝領のときは、祭壇までひとりで歩いて席に戻れた。

ミサのあと、帰宅してベッドに横たわると、半刻もしないうちに、奇蹟を知って人々がやってきた。その数は日を追って多くなり、朝六時頃から夜八時頃まで私の部屋は立錐の余地がないほどになった。私はこれら訪問客たちにパリス氏の墓での体験を話した。言葉に尽きることはなかった。その午後五時頃、毎週日曜日に往診を頼んでいた医師五人が噂を聞きつけてやってきて、私の腹部が柔らかく、むくみもなくなっているのに驚く。前日までの押しつけられるような痛みはすでになく、左手の腫れも引いて、右手と同じように自由に動かせた。ベッドの毛布をはねのけ、手を使わずに足を出し入れするという、長年望んでいた動作も不自由なくできた。そんな私を見て、医師のひとりはこう言った。「あなたは私たちより元気になりましたな」。

翌日、起床した私は長年カトリーヌの手を煩わせていた着替えもひとりですませた。もはや痛みはなく、鼠径部や肝臓付近、さらに腋下と左乳房のあいだにあった痛みもなくなっていた。一日中起きていることもできるようになった。そこで六月二八日（木曜日）の朝、感謝のための九日間祈祷を新たに始めようとサン＝メダール教会に赴き、祭壇に跪拝してからパリス氏の墓を詣で、同様に跪拝して、快癒の喜びとともに祈りを捧げた。

奇蹟の日以降、私は健常者と同様に寝たり食べたりすることができるようになった。編み物や裁縫をし、介添えなしで階段もあがれるようになった。神の慈悲と福者パリス氏のとりなしに感謝して、以上のことが真実であることを示すため、私はこの報告書を作成するものである。

一七三二年七月一〇日、署名　マルグリト・ティボー。[57]

マルグリトを苦しめた過水症、すなわち水腫ないし浮腫とは、液状成分が間質の結合組織内や体腔内に過剰に蓄積した症状で、液の九五パーセント以上が水分で、他に細胞成分や蛋白を含むという。[58] デ・シャン修道院で修道女たちの治療にあたったフィリップ・エケ（前出）の有名な医書、『貧者たちの内・外科と薬学』（初版一七三九年）によれば、その治療法は可及的速やかに穿刺をおこない、下腹部の臓器に滲出した水分をすべて取り除いて、悪化を防ぐことだという。と同時に、強壮効果のある薬草、たとえばワレモコウやニガヨモギ、セイヨウカキドオシなどを煮て煎じたスープを微細な鉄屑とともに服用すれば、小血球が脈管に固定し、その重みでリンパ液が下腹部に滲出するのを妨げることができるともいう。[59] 穿刺はともかく、鉄屑まで飲むとはいささか極端な処方だが、これが当時の代表的な医師の医術だった。

他の奇蹟報告書と同様、この報告書にも奇蹟体験者が診察を受けた医師たちが数人登場している。マルグリトの語りからするかぎり、これらの医師たちがエケの処方を踏襲していたとは思えないが、ともあれこうして医師たちの名を語りのなかに盛り込むことは、本人がどこまで意識していたかはさておき、少なくとも奇蹟、というよりむしろ報告書の内容の正当性を裏打ちする一種の仕掛けでもあった。不治ないし治療困難とみなした彼らが、超自然的な快癒に脱帽する。こうして医師たちはすみやかに証人へと転位する。それによって結果的に報告書が説得力を得るようになったのである。

さらにこの事例で興味深いのは、マルグリト——生業は不明——が女性でありながら識字者、つまり社会的にある程度の階層にいたと思えるにもかかわらず、間借り人だったということである。治療費のために、より安い家賃の部屋に転居したとの文面からすれば、識字者＝上層階層＝富裕者という図式は、少なくとも彼女の場合は当てはまりそうにない。

この事例について、サンス大司教ランゲは報告書の一文、すなわち「ときには当時のさまざまな問題に関する著作を読んだが、これらは教会が罹っている病を私に教えてくれた」という箇所をとらえて、彼女がジャンセニスト＝上訴派と新聖人（パリス）の信奉者だったと断言する。「かなりの学識があったこの女性は、彼女の聖人とその信条を称えるためだけに奇蹟を望んだ」[60]。そして、常套手段である医師たちの診断書を提示する。そのうちのひとりであるカナトという宣誓外科医は、次のように報告している。

　私は一度マドモワゼル・ティボーを診察した。シルバ氏の話では、この患者は左手の指三本が強直しているとのことだった。その手を診察したところ、人差し指と中指、それに薬指が強直して曲げることもできなかった。患者はそれでもその手を使い、鍛えていると話した。去る七月以来、私は彼女を診察していないため、この三本の指を動かせるようになったかどうかは分からない。

　パリ、一七三一年九月九日。私はここに陳述したこと以外については語っていないと断言するものである。

　署名　カナト[61]。

　さらに大司教はスペイン王妃やオルレアン公の侍医、そして国王竜騎兵隊の軍医でもあった外科医の診断書も添えているが、いずれの診断書もマルグリト・ティボーの指が、「奇蹟」のあとでも快癒していないと証言する。こうして大司教は奇蹟と報告書が偽りであると断定する。この断定が正しいのか誤っているのか、判断はできないが、はたして彼女は本当にジャンセニスト＝上訴派だったのか。少なくとも、その報告書にそれを匂わせる記述はみられない。「シルバ氏」に関する言及もない。

　これに対し、モンジュロンは前記『諸奇蹟の真実』で一〇〇頁あまりを割いて延々とこの事例を論じている。はたしてどこからの情報なのか、報告書の何倍にも膨らんだその記述のなかで、彼もまた大司教と同様、マルグリトをジャンセニストとみている。たとえばマルグリトの転居の理由である。モンジュロンによれば、それはサン＝シュルピス小教区の聴罪司祭が、彼女にとっては「あまりにも恐ろしい教勅派だった」からだという[62]。たしかにサン＝シュルピス教会といえば、かつてウニゲニトゥス支持者の主任司祭がジャンセニストの埋葬を拒んだ過去をもつ。パリスの時代でも、そこは教勅派ないしイエズス会の拠点のひとつだった。だが、マルグリトがその小教区民であり、知的階級に属する（?）貴婦人だったとしても、はたして転居を余儀なくさせるほど教勅派に抵抗を覚えていたのか、疑問なしとしない。

報告書に記述はないが、奇蹟から八日経った六月二七日、パリ警察総代行官エローの命を受けて、高名な宮廷医師のシルヴァ――おそらくランゲが引用した宣誓外科医の報告書にある「シルバ氏」――がマルグリト宅を訪れたともいう。奇蹟が偽りであることを調べ、エローに報告するためである。だが、有能をもって知られるシルヴァであっても、エローの意向とは裏腹に、その報告は奇蹟が起きたことを覆すことができなかった。一七三四年一〇月一七日付きのエロー宛書状で、シルヴァはこの警察総代行官の関心を満足させることができないと断ったうえで、次のように記しているという。

彼女が小職に語ったところによりますと、長いあいだ動かなかった腕が動かせ、手首や指もまた、同様に動かせます。以前は二本（三本?）の指が、過水症ではなく、硬直症のために指節が密着して折り曲げることができませんでした。（・・・）貴下が小職に話してくれた過水症につきましては、腹部や両足および両太腿を調べておりません。病人がベッドに寝ているところを見てもおりませんが、彼女は何の不自由もなく歩いております。マドモワゼル・ティボーのことにつきまして、小職が正確に知りえたことは以上です。(63)

何とも頼りのない調査報告だが、マルグリトの以前の状態を知らなかったシルヴァとしては、彼女の話と現状とを比較せざるをえず、奇蹟が起きなかったと断定することはとてもできる相談ではなかった。そしてエローやランゲの思惑ものかわ、やがて、噂を聞きつけてパリ中から訪問客がマルグリトを訪れるようになる。そのため、彼女は疲労困憊するが、それにもかかわらず、サン＝メダール教会で二度目の九日間祈祷をおこなう。今度は多くの信者たちも加わった。さらに、奇蹟の前にマルグリト宅を訪れた三人の医師たちも改めて彼女に会い、飽くことなく奇蹟を称え、こう明言したという。「見たところ、彼女は申し分なく健康そのものである」(64)。

当然のことながら、この明白な奇蹟を否定しようとするサンス大司教に対し、モンジュロンは随所で、いささか抑えた口調で、だが執拗に批判している。たとえば大司教が奇蹟を偽りとする根拠としたマルグリトの左手指の強直も、治癒不可能とするすべての医師の診断にもかかわらず、数人の証人が治ったと確認・証言しているとする(65)。にもかかわらず、サンス大司教はそうした証言を否定し、自分に都合のよい証言、つまり奇蹟を偽りと難じることを可能にしてくれる証言だけを認める。パリの警察総代行官ですら、自分がマルグリトのもとに送り込んだ医師や外科医たちの報告書を読んだあとでは寡黙とならざるをえず、目立った行動もとらなかったではないか・・・。

こうしてモンジュロンはサンス大司教の言説を次々と打ち崩していく。相手が根拠とする証言を、自分が集めた別の証言によって、である。むろんこれは、いわば「後出しジャンケン」であり、先に出した大司教はつねに不利な立場にある。はたしてモンジュロンの一方的な攻勢に対し、大司教がいかに反論したか、筆者は寡聞にしてその詳細を知らないが、明確なのは、そこではジャンセニスト＝上訴派と教勅派＝イエズス会という勢力が、奇蹟体験者のリアリティを超えて激しく対立していたという現実である。

ところで、このマルグリト・ティボーの奇蹟譚には後日談がある。エディンバラ出身の経験論者デイヴィッド・ヒューム（一七一一―七六）がアンヌ・ル・フランの事例ともども、これに言及しているのだ。ヒュームといえば、駐仏イギリス大使となったハートフォード卿の秘書官としてパリに赴任する三〇年近く前、すなわち一七三五年から三七年までフランス西北部のラ・フレーシュに滞在し、『人間本性論』を同地で著している（刊行は一七三九―四〇年）。そして、一七四八年に上梓した『人間知性研究』の第一〇章「奇蹟論」で、そのラ・フレーシュ滞在中に耳にしたであろうパリスの奇蹟についてこう指摘している。

フランスにおいて、最近パリス師の墓の上でおこなわれたといわれている奇蹟以上に多くの奇蹟が、一個人に帰せられたことは確かになかった。この僧侶《ママ》は有名なヤンセニウス主義者で、この人の聖人的性格について庶民達は、あのように長い間、だまされていた。病人の治癒、聾唖者《ママ》に聴覚を、盲人《ママ》に視覚を与えることが、この神聖な墓地の日常的な効験としていたるところで語られた。しかし、たくさんの奇蹟が問題の余地のないほど廉直な判者の前で、信用と名声をもつ証人に証言され、（・・・）ただちにその場で証明された。これだけではない。それらの奇蹟の物語は出版され、いたるところに配布された。また、イェズイット（イエズス会士）達も、学識のある団体で、政府から支援されており、これらの奇蹟が行われたともてはやす人々の意見に決定的な敵対者であるにもかかわらず、それらの奇蹟をはっきりと否認し、嘘と見抜くことがどうしてもできなかった。(66)

さらにヒュームは、「奇蹟論」本文の原注で、奇蹟の「虚偽性を暴露するため、全権を与えられていた警視総監（警察総代行官）エロー」が当事者を逮捕すると同時に、証人と証言の内容を検討しながら、「それらを否定するのに、十分な結論には決して達しえなかった(67)」としている。奇蹟を「自然の法則の侵害」とする彼の発想自体、奇蹟を超自然的現象とする当時のどちらかといえばありふれた見方に属しており、そこからはパリス現象を否定するような考えは生まれそうにない。だが、そうした彼の反奇蹟論の特徴は、奇蹟とされる事象そのものでなく、むしろ奇蹟をめぐる言説、すなわち証人とその証言の危うさに着目した点にある。同じ原注で、彼は書いている。

ティボウ（ティボー）嬢の事件に関して、彼（エロー）は彼女を調べるためかの有名なド・シルヴァを派遣した。彼女の証言は、きわめて奇妙（興味深いもの）であった。医者の言によると、彼女が証人によって証言されているように、重病であったことはありえないという。なぜなら、医者が見出したようなそれほど完全に回復した状態に、彼女があれほど短期間になりうることは、不可能だったからである。(68)

シルヴァの名前も出ていることからして、このティボーがマルグリト・ティボーだったことは間違いない（管見のかぎりでいえば、一連のヒューム論にその指摘はない）。はたして彼は彼女の奇蹟報告書を読んでいるのか。少なくとも「奇蹟論」からはそれをうかがわせる記述が見当たらない。とすれば、歴史学や政治哲学にも一家言を有していたこのイギリスの碩学は、シルヴァの調査結果——けっして奇蹟自体を否定したものではない！——のみに基づいて、彼女の快癒、いや、パリス現象全体を、彼が疑問視する帰納法によって断罪しているといわざるをえない。一方の証言、権力側の証言のみをとりあげ、彼女の奇蹟を認めた医師を含む一〇名以上の証人の証言を顧みない。加えて、自らの快癒を奇蹟と信じた人々が、自らの言葉でその経緯を語った、いわば「生の声」による証言すらも等閑視しているのだ。何よりもヒュームはパリス自身についてどれほど知っていたのか。たとえしかじかの奇蹟が偽りのものだったとしても、そしてパリスがイエスと異なって生前に奇蹟を起こしたりはしなかったとしても、少なくとも救いを求める人々にとって、おそらくこの一介の助祭がじつはイエスと限りなく近い存在だったということをも、彼は一顧だにしていない。いや、「だまされている」という言葉で切り捨てているのだ。そのかぎりにおいて、彼はランゲやエローと同様の立ち位置にあったといえるだろう。

さらにいえば、事象の因果関係を「習慣」から観るという画期的な発想を立ち上げながら、ヒュームはついに決定的に重要なある事実を看過してもいた。「奇蹟」がイマジネール、つまり奇蹟を待望する集団的・社会的想像力のなかで生起しているという事実である。このイマジネールはそれを迷妄や欺瞞だと難じる知識人の了解をはるかに凌駕していた。現象としての奇蹟は、奇蹟体験者や証人、審判者たちが舞台の上でそれぞれの役を演じて台詞を語り、それを舞台の下でみつめる観客としての民衆からなる一種の社会劇としてもある。それが芝居として成立するための最大の要因、それこそが時代状況としてのイマジネールだともいえる。どれほど優れた演出でも、このイマジネールから逸脱していれば、芝居は単なる児戯でしかない。パリス現象が社会的に大きな反響を呼んだという事実は、まさにそれが時代のイマジネールに過不足なく呼応していたことを示しているのだ。ヒュームは明らかにこうしたメカニズムを理解していなかった。

一方、ベネディクト会士の聖書釈義家で、大著『ハンガリー、ボヘミア、モラヴィア、シレジアの天使や悪霊、精霊、亡霊、吸血鬼の出現に関する考察』（一七四六年）でも知られるオーギュスタン・カルメ（一六七二—一七五七）は、ヒュームより数年早い一七四〇年に『奇蹟論』（Dissertation sur les miracles）を著し、奇蹟と教義についてこう述べているという。

教義は奇蹟を援け、奇蹟は教義を支える。両者は不可分で切り離すことができない。これらは互いに固く結びつけられた原理原則であり、人々はけっしてその一方だけを判断してはならない。教義がなければ奇蹟もないからである。信仰はそれぞれを理解し、真の信者は奇蹟によって立証された教義と、聖なる教義を伴う奇蹟に帰依するのだ。(69)

東欧諸国の吸血鬼伝承に着目した最初期の聖職者である碩学カルメをもってしても、その奇蹟論はことほどさようにあまりにも近視眼的ないし短絡的なものだった。はたして奇蹟ないし奇蹟的快癒を唱える人々のいったいどれほどが「教義」を心得ていたのか。さらにいえば、奇蹟（的快癒）が起きてから、いわば後付けで教義らしきものが生み出され、あるいは既存のそれとの整合が図られ、ときには教義が奇蹟を自らのうちに組み込んだのではなかったか。むろん、カルメもまたイマジネールの規制力を看過していた。だが、こうしたカルメのような奇蹟論が、当時はそれなりの説得力をもって一部で受け入れたことは間違いないだろう。

次の事例もマルグリト・ティボーとほぼ同時期に起きている。これについても、ランゲが取り上げて難じ、モンジュロンが執拗に反論しているが、この報告書でとくに着目したいのは、本人が痙攣を体験したということである。

●事例9　マリ＝アンヌ・クロノーの場合

マリ＝アンヌ・クロノー六八歳は、一六六三年、ソミュール（フランス西部ロワール河岸の町）のもっとも裕福な商人を父として生まれたが、この父は不幸にして異端の毒に侵されていた【彼女を哀れんだ神意によって親元から離され、慈悲深い人々に預けられた。彼らはマリ＝アンヌに真理の教えを説き、きわめて純粋な信仰のなかで育てた】。こうして彼女は異端のもとで豊かに生きるより、貧しい罪びとのなかで生きることを決意し、（一七一一年から）パリ左岸サン＝

ジャック通りにある書店主の家に住むガルニエ姉妹の下女として働くようになった。

だが、一七三〇年一一月一日の夕方六時頃、セーヌの中洲、シテ島のオテル＝デュー（慈善院）で突然発作を起こし、半時間ほど言葉が出なかった。それはガルニエ姉妹とオテル＝デューの修道女——姉妹の妹ないし姉——を前にしてのことだった。与えられたメリッサ水（古代から精神的な疾患や胃炎・消化促進・鎮痛・鎮静剤として用いられてきた薬草抽出液）を大量に飲んだあと、幾分気分がよくなり、姉妹に腕を支えられて帰宅した。だが、言葉がなおも自由ではなかったため、姉妹の一方が腕に刺胳を施し、さらに吐剤を飲ませたが、さほど効果はなかった。

翌朝、オテル＝デューの主任外科医ブドゥー氏の甥である外科医クレリ氏が往診し、二度瀉血をしてくれたおかげで、症状が多少改善した。一週間後、オテル＝デューを出てプティ・シャトレ（セーヌ河岸の旧要塞）にさしかかったとき、彼女は不意に凍てつくような寒さを覚え、左半身が麻痺した。何とかサン＝ジャック通りの坂下にある版画師ガレ氏の家まで不自由な体を引きずっていった。だが、激しい痙攣に見舞われ、再び言葉が出なくなった。そこでガレ夫人はマリ＝アンヌに簡単な手当てをし、下女に言いつけて彼女をガルニエ宅まで送らせた。こうして帰宅したマリ＝アンヌを見て、姉妹はただちにベッドに横たわらせ、吐剤を飲ませた。しかし、激しい痙攣がおさまらなかったため、前に刺胳を施した姉（妹）は、午前一時頃、再び腕に刺胳をおこなった。さらに翌朝、クレリ氏が来て、マリ＝アンヌの足に刺胳を施し、必要と思える薬剤を投与した。しかし、話したり歩いたりするのはなおもかなり難しい状態だった。

聖トマの祝日（一二月二一日。現在は七月三日）の前々日、マリ＝アンヌがなおも呂律が回らなかったため、ガルニエ姉妹は彼女をオテル＝デューに連れて行って受診させた。医師たちの診断で、彼女は公現祭（一月六日）まで入院した。その間、彼女は（毎日？）腕に数回、咽喉に一回刺胳を受け、大量の薬も飲んだ。だが、それでも効果がなかったため、医師たちはもはや施す術がないと判断し、本人もそれを強く望んでいたので、女主人たちのもとに帰すことにした【オテル＝デューに着くと、スロンなる医師がただちに彼女に吐剤を飲ませ、咽喉から手足にかけて順々に刺胳を施した。だが、こうした手当は症状を軽くするどころか、いたずらに彼女を疲れさせるだけだった。そこで医師は同院ではとても治療ができないと判断し、一七三一年一月六日、彼女を連れ帰るようジャンヌに通知するのだった】。

図 32　松葉杖と肩紐姿のマリ＝アンヌ・クロノー

迎えに来たのはガルニエ姉（妹）【ジャンヌ】だった。マリ＝アンヌは杖をついていたが、左足を上げることができず、歩行にはひどい痛みが伴った。そのため、オテル＝デューの階段を下りるには、階下で待っていた男ふたりが担ぐ二輪の輿に頼らざるをえなかった。こうしてなんとか帰宅したものの、舌の麻痺はなおも続き、左半身の麻痺も肩から爪先まで広がっていた。

　年が明けて一七三一年も四旬節に入った頃（二月一一日・一二日）、松葉杖を使おうとしたが、不自由な体ではそれもかなわず、やむなく肩から誘導紐を提げて麻痺した足を支えるようにした【女主人ジャンヌは創意工夫に長けており、松葉杖をついたたま、麻痺した左足を右手で持ち上げて歩ける肩紐を作ってくれた。それによって歩行時の痛みは若干和らいだが、不自由さは一向に解消できなかった】。それでもガルニエ姉妹の制止もきかずに毎日ミサに出かけ、復活祭主日（三月二五日）には、症状の好転を願って、介添えなしにひとりでパリス氏の墓まで赴いた。この日、マリ＝アンヌは夜明けとともに居室を出て、戻ったのは夜八時だった【信仰心の篤いジャンヌはサン＝メダールに行きたいというマリ＝アンヌのたっての願いを聞き入れ、馬車を用意しようとする。だが、マリ＝アンヌは苦しくても歩いて行く方が神の慈悲に与れると考え、この折角の好意を拒み、一七三一年三月二六日早朝、松葉杖と肩紐を頼りに教会に向かい、苦労と苦痛の末、ようやく一〇時頃に到着した。帰宅は夜七時頃だった】。だが、この最初の参詣では、症状が軽くなるどころか、かえって悪化した。長い時間補助具を用いたために、体に無理な負担がかかったのである。

　一か月後、マリ＝アンヌは再びパリス氏の墓に詣でて祈りを捧げる。そのお陰で麻痺の箇所が多少軽くなった気がしたが、それでも松葉杖と肩紐なしでは動きがとれなかった。そうこうするうちに、女主人の一方【ジャンヌ】が重い病に罹り、危篤状態に陥った【五月二四日に発症した重篤な熱病は容易に快癒せず、高名な医師のバイイとオテル＝デュー筆頭外科医のブドゥーが毎日この女主人を手当したが、症状は一向に改善しなかった】。そこでマリ＝アンヌは改めてパリス氏の墓に赴き、恩人の恢復を祈った。やがて恩人は幾分症状がよくなったが、危険を脱したわけではなかった。

六月一三日、マリ＝アンヌは不自由な体ながらサン＝メダールに赴く。自分のことはさておいて、女主人のことだけを願うためだった。墓地に着くと、彼女は十字を切り、たどたどしい言葉で祈った。そして、周りの人々に支えられながら、パリス氏の墓石に接吻をした。さらに墓石の上に横たわらせてもらい、皆で一緒に女主人のために祈った。その祈りのさなか、彼女は麻痺していた足の踵が動くことに気づいた。足を支えていた肩紐が切れたのでは。そう思うと、介添えなしに帰宅できるだろうか不安になった。それでも祈りが終わるまで墓石の上にいた。すると、突然全身が軽くなるのを覚え、麻痺していた半身が内側から震えだした。あるいは症状が改善したのかとも思ったが、彼女にとって気がかりだったのは、女主人のことだけだった。それからマリ＝アンヌは慣習にしたがって墓地にいた貧しい女性たちに何がしかの喜捨をした。すると、そのうちのひとりが彼女のあとから教会に入り、マリ＝アンヌの代わりに九日間祈祷をおこなうと申し出てくれた。この善意に改めて礼をして帰宅した。

居室に戻ると、マリ＝アンヌは自分が松葉杖も肩紐もなしに歩けることに気づいた。目もはっきり見えるようになった。神がパリス氏のとりなしによって彼女のなかにその力と慈悲を示したのだ。外出も松葉杖には頼らず、杖をつくだけで十分だった。階段の昇降も楽になった。水の入ったバケツを四階の居室に運ぶのも、もはや苦にはならなかった。舌のもつれもすっかり元通りとなった。こうして六月二六日、ガルニエ姉妹は彼女が快癒したとして喜んでくれた。

本報告書は末尾に自署した者のひとりが、アンヌ＝マリ・クロノー氏の求めに応じて作成したものである。そして、われわれが、無筆な本人に数度読みきかせたあと、報告書の内容がすべて真実であることを確認した。さらに彼女は、必要とあらば、どこででもそれを証明する用意があるとも言明している。以上。

パリのサン＝セヴラン小教区・通りに住まいする宣誓代書人かつサン＝ピエール・デ・ザルシ小教区財産管理委員のルイ・ミシェル、同サン＝テティエンヌ・デュ・モン小教区、サント＝ジュヌヴィエーの通りに住まいする元貴金属・宝石加工親方ピエール・ル・ロワ、サン＝ブノワ小教区、カンブレ広場の版画師・版画商ロベール・エケ、サン

＝エティエンヌ・デュ・モン小教区、サン＝ジャン・ド・ボーヴェ通りに住まいする商人ポール・フランソワは、本報告書が正当なものであることを認め、署名した。

パリ、一七三一年七月二〇日、自署　ミシェル、ル・ロワ、R・エケ、ル・ブラン。(70)

パリスによる奇蹟の特徴として、墓地における痙攣があることはこれまで繰り返し指摘しておいたが、すでに墓地を訪れる前から体が痙攣していたマリ＝アンヌは、女主人の恢復を願って墓地で一心に祈っている際、突然それを体験し、やがて自分の病が快方へと向かったという。ただ、報告書にはマリ＝アンヌがかかったであろう医師の名はオテル＝デューの外科医のみである。しかし、彼は証人とはなっておらず、珍しいことに証人の顔ぶれに医者はひとりも入っていない（『諸奇蹟の真実』には、彼女の治療に当たった医師数人やオテル＝デューで働いていた修道女一二人のほかに、半身麻痺だったマリ＝アンヌとひとりで歩く彼女を目撃した版画商の息子ポワルティなど、数十人の名が列挙されている）。この報告書による奇蹟譚もまた、医師による不治の診断↓パリスのとりなし↓快癒という「奇蹟の文法」(71)をなぞっているものの、これらの証人と彼女の関係、さらに証人となった経緯は不明である。

それはさておき、墓地に集まった人々の前で起きた痙攣は、当人が意識するとしないとにかかわらず、衆目が注視するいわば「奇蹟の演劇化」という様相を帯びていた。パリスの墓前での単なる祈りだけでなく、その唐突で異様かつエキセントリックな所作によって、奇蹟へと至る過程をより可視的なものとしたからである。しかし、いずれ確認するように、それは奇蹟譚全体からすれば少数であり、そのかぎりにおいて、これらパリスによる奇蹟の痙攣《コンヴュルシオン》体験者を、一部の論考のようにセクト化した狂信的な「痙攣派《コンヴュルショネール》」と呼んだり、同一視したりするのは妥当ではない。

それにしても、この報告書にはいささか気になる点がある。病の女主人に対するわが身を忘れての献身が奇蹟を呼び込んだ。文面からはそう読み取れるが、とすれば肝心の女主人の病はどうなったのか。面妖なことに報告書はそれに触れずじまいで終わっている。なによりも、ガルニエ姉妹それぞれの名も明記されていない。【　】で挿入しておいたように、アンヌ＝マリのことを六四頁にわたってとりあげたモンジュロンの『諸奇蹟の真実』では、ジャンヌ・

ガルニエのみが登場している。

　モンジュロンによれば、マリ＝アンヌは一六六三年、この町（ソミュール）でもっとも豊かな商人の娘だったという。だが、不幸にして異端の毒に侵されたため、子供だったにもかかわらず、報告書にあるように、やがて彼女は罪びとたちの家で過ごすより貧しく生きることを誓い、カトリックの地で異端の富裕市民の下女として働く道を選び、イングランドにいる両親に会いに行こうとはしなかったともいう(72)。

　ここでの異端とは明らかにプロテスタント（ないしカルヴァン派）を指すが、だとすれば、ガルニエ姉（妹）もまたその異端＝プロテスタントということになり、マリ＝アンヌを介して、カトリックのサン＝メダール教会墓地に眠る助祭パリスに快癒のとりなしを願ったことになる。にわかには信じがたい話である。しかし、モンジュロンにとっておそらくそれはさしたる問題ではなかった。彼もまたジャンヌ・ガルニエの病がどうなったか記してはいないが、彼にとって重要だったのは、奇蹟が確実に起きたということを示すところにあった。たとえば彼は、かねてよりマリ＝アンヌの哀れな姿を知っており、ジャンヌの診療もおこなっていたふたりの医師が、その奇蹟証明書にこう書いているとする。「（マリ＝アンヌが）突然治癒し、話し、歩き、不自由なく動ける(73)」。

　では、サンス大司教ランゲはこの事例をどうみているか。彼が奇蹟を否定しようとしていたことはすでに幾度か指摘しておいたが、それはマリ＝アンヌの奇蹟に対しても変わることがなかった。大司教は「奇蹟《ミラクル》」ではなく、「驚異《プロディージュ》」という語を慎重に選びながら、次のように書いている。


　それは驚異的な出来事である。だが、まったくの自然の驚異にほかならない。問題の夜、ある不安がマリ＝アンヌ・クロノーを襲った。女主人の断末魔を思わせるような叫び声を聞いた彼女は、ただちにベッドからとび起き、松葉杖や肩紐など、麻痺した体に必要な装具をすべて忘れて、瀕死の状態にある女主人のもとに駆けつけて世話をした。自分自身が治っていることも気づかずに、である(74)。

たしかに何らかの「奇蹟」が起こったとしても、それが聖人ないし聖人視された人物のとりなしに由来するのか、自然的な快癒なのかを見定めるのは不可能に近い。ランゲが奇蹟をまやかしとする決定的な論拠がここにある(75)。しかし、この事例では、彼はマリ＝アンヌの奇蹟報告書にこう加筆したうえで、さらにパリの聖フランシスコ会原始会則派の修道士パトリスからの一七三四年七月二八日付け、つまり報告書作成時期から三年あまり経ってしたためられた書状を援用している。それによれば、たしかにマリ＝アンヌは「奇蹟」から数週間は自由に歩けるようになったが、パリスの墓を詣でる際には再び松葉杖と肩紐を用いるようになったという。さらにこの書状にも出てくるオテル＝デューの修道女の言葉などを引きながら、ランゲがいかなる結論を導き出したか、もはや改めて示す必要はないだろう。あえていえば、その文末の一言を引用するだけでよい。「上訴派は敗れた(76)」。

「後出し」のモンジュロンは、むろんそれに反撃する。もしランゲの言い条が正しければ、自分が集めた医師や聖職者を含む六〇人あまりの証人による奇蹟の証言は、すべて偽証となるのか。そう反論するのである。大司教とのこのあたりのやりとりも所詮はこれまでの繰り返しであり、もはや多言を要しないだろう。ここでもまた、教勅派（＝大司教）が奇蹟を欺瞞と弾じ、反教勅派（＝モンジュロン）がそれに抗弁するという定式化した図式がみてとれるからである。

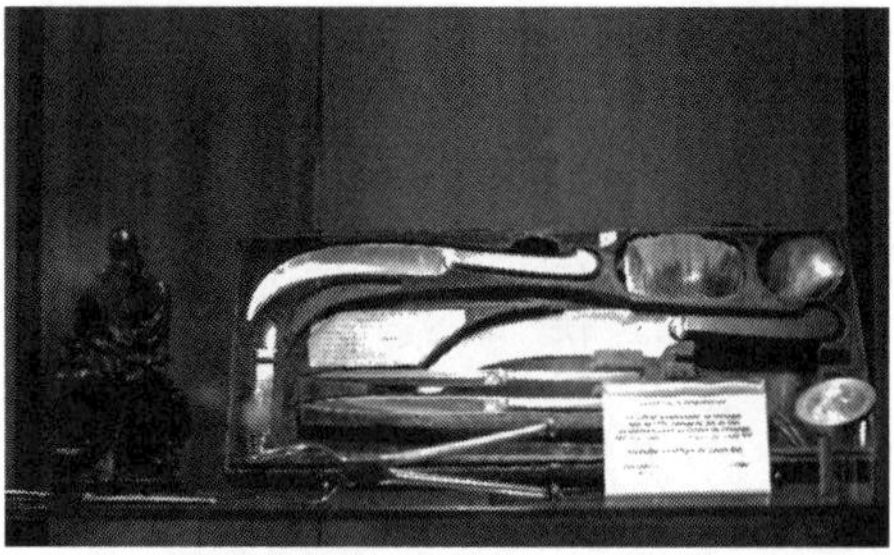

図33　外科用切断具、1175年。パリ大学医学部博物館（筆者撮影）

もう少し事例を検討しておこう。一連の奇蹟譚のなかには、刺胳の施術ミスで右腕が不随となり、裁判で賠償金を勝ち取ったのち、最終的にパリスのとりなしで腕が快癒したという珍しい事例もある。次のマルグリト・ユタンの場合がそれである。

●事例10　マルグリト・ユタンの場合

二〇歳になった一七〇二年、私はランス（パリ北東シャンパーニュ地方）にある聖女マルト女子修道院で働き出した。神とこの修道院で育てられた貧しい少女たちに奉仕するためである。修道院に来た時期は酷暑で、そのため院長は希望者に入浴を認めていた。私は皆のために喜んで風呂の準備をしたが、自分は入浴しないと一部から非難された。そこで入浴したが、湯水が汚れていたせいか、激しい腹痛に襲われてしまった。それを知った母は、面倒をみるために、私を家に帰らせた。やがて修道院に戻る際、人が刺胳を勧めてくれた。修道院付きの外科医ソー氏が九月初旬の水曜日、早朝四時に往診してくれ、私の腕のあちこちに刺胳を施した。しかし、その後、私は震えと激痛に襲われ、夜にはさらに状態が悪化した。おそらく腕の包帯がきつすぎるためだった。そこで包帯を外したが、震えと痛みはおさまらなかった。

翌日、人を介して、ソー氏に往診を頼んだ。私を苦しめている腕の様子を診てもらうためである。彼は申し出を受け入れたが、一向に来る気配はなかった。催促させると、それは自分の仕事ではない。彼はそう答えた。やむなく他の外科医たちに私の症状を知らせると、全員が口を揃えて私が身体不随になると言った。だが、だれも私の腕を治療しようとする者はいなかった。責任を負いたくなかったからである。そうこうするあいだに腕の傷口から赤い膿が出て、ガーゼと包帯を濡らすようになった。

私の両親はソー氏の態度に怒りを覚え、彼をランスのバイヤージュ（初審裁判所）に訴えた。これを受理したバイヤージュは一七〇二年一〇月二三日、事情を把握するため、内科医のメイイ氏と外科医のマルタンおよびデュボワ両氏を私のもとに送り込んだ。こうして来診した三人は、刺胳が正しくなされたかどうかを調べた。さらに、麻痺の様子や話し方、歩き方、四肢の動き方などを検査し、腕以外は何ら問題がないこと、そして屈腱が刺胳時に損傷したことを確認し、調書を作成した。その一方で、彼らは医薬や彼らの医術で私の腕が治らないか、あるいは多少とも症状がよくならないかどうかをみようとし、ソー氏立会いのもとで、そしてしばしば他の外科医も呼んで四か月近く治療した。だが、それでも腕の具合は一向に改善せず、いたずらに私に苦痛を与えるだけだった。

こうして外科医たちは、ある日、私の腕を切開して調べるとの結論を出す。ロウソクの芯に触れるには、外側のロウを取り除かなければならない。彼らはそんな喩えで私を納得させようとした。かなりの痛みを伴う手術だとも言った。やがて手術具が並べられ、いよいよ切開というとき、私の家族から敬われていたある人物が、この手術で私の痙攣がおさまり、腕が自由に動けるようになるのかと尋ねた。すると、彼らは保証の限りではないと答えた。そのとき、ひとりの外科医が私に近寄り、手術を拒む方がよいと耳打ちした。痛みにとても耐えられないだろう。そう言うのだった。そこで私は手術を拒否した。外科医たちはなすすべもなく立ち去り、以後、二度と現れることはなかった。ソー氏だけはそれからも二週間ほど往診してくれたが、治療が失敗したことで、彼の評判は地に落ちた。

ちょうどその頃、ブルゴーニュ公がランスを通りかかり、同行していた彼の内科医や外科医数人が私を診察してくれた。そのなかには有名なディオニ氏もいた。私の前では互いにラテン語で話していたため、彼らが何を考えていたかはわからないが、ディオニ氏によれば、この地方にはかなりの精度を求められる手術に精通した外科医は皆無であり、私が症状を多少でも軽くしたいなら、パリに行くしかないという。そこで私は母親ともども乗合馬車でパリに向かった。道中、私は腕をつり包帯で支え、彼女の膝に乗せたままだった。それでも馬車が揺れると痛みが増し、たえず悲鳴をあげた。

パリに着くと、人の勧めに従ってサン＝コーム医学校（現パリ大学医学部）に出向いた。そこには多くの外科医がおり、彼らは私のことを熱っぽく話し合った。そのうちのひとりで、オテル＝デュー（慈善院）の外科医でもあったプティ氏は、私の腕を見て学生たちにこう言った。「見たまえ、諸君、これは諸君たちにとっていい教訓である。刺胳に失敗すると、こういう結果になるのだ」。そして、彼は彼らに私の症状をいくつか指摘した。私は絶望してその場を去った。一方、もうひとりのソーレ氏も私の腕を注意深く診察したあとで、母に言った。「マダム、辛いでしょうが、それに加えて、あなたの時間とお金までも失う必要はありません。もはや手の施しようがないのですから」。

同月末（詳細不明）、私はランスに戻った。この頃には、おさまることのない腕の震えが胃まで揺さぶり、食べたものすべてを吐くようになっていた（それは以後一一年以上続くことになる）。王国最高の外科医たちでもそうした私の症状を治せない。そう認識した両親は、裁判を回避するためにソー氏と和解案を出し、共通の友人たちがその仲介をしてくれた。こうして最終的に、ソー氏が三〇〇リーヴルを私に支払うことになった。だが、いざ支払う段になって、彼はいくつかの条件をぶつけてきた。その結果、和解は頓挫し、いよいよランスのバイヤージュで裁判となった。

裁判では、一七〇二年一〇月二〇日に調書を作成した内科医や外科医たちが、一七〇三年五月五日に真実のみを話すとの宣誓をおこない、彼らは四か月近く治療したにもかかわらず、私の状態が同じであると陳述した。出頭したソー氏は最終的な判決を避けようと、四通りの所見書を提出し、前述した和解案を有効にしようとした。これにより、告訴は却下された。そこで両親は彼を高等法院に控訴することにした。一七〇三年一一月、私は再びパリに向かった。同月二九日、私は高等法院院長のアルレ氏（アシル・ド・アルレ三世。検事総長を経て、一六八九年に院長就任。同名の初代院長の孫。本書第4章註46参照）に訴状を提出した。それは刺胳に失敗して私を不随にしたことに対する損害補償金と、以後の不自由な生活に対する終身年金をソー氏に支払わせることを求めるものだった。一方、ソー氏もまた一七〇四年一月二六日に訴状を提出し、私からこうむったさまざまな悪口や侮辱による損害・損失への補償を求めた。そして同月三〇日、ソー氏に五〇エキュ（一五〇リーヴル）と裁判費用全額を支払わせる裁決が最終的に出された。翌二月二九日、彼は総額で四〇〇リーヴル四スー九ドゥニエを払った。

迂闊なことに、私は高等法院長に感謝の言葉を伝えるのを忘れた。にもかかわらず、彼は親切にも私が望むなら、思い煩うことなく日々が送れるパリの修道院を紹介すると言ってよこした。何か所かに宛てた手書きの紹介状もくれた。母は娘が離れて暮らすことに不承知だったが、私は院長にただちにその好意をありがたく受け入れると返事し、一七〇四年の復活祭の翌日（三月二四日）、ランスに戻った。

しかし、戻っても症状は同じで、睡眠中でも吐き気と右手の痙攣に襲われた。睡眠中でも続いていた。もはや医師に頼ることもできず、あとは神意に委ねるだけと心に決めて、ランスの聖マルクル廃疾者救済院や孤児修道院に入り、後者では左手で字を書く訓練をした。同時に、サン＝サンフォリヤン教会の主任司祭ロジエ氏が、ランスの貧者たちに大量の施物を配る仕事を与えてくれた。それから約三〇年間、私はこの仕事に専念した。おかげて、街中の人から知られるようにもなった。

一七一三年ないし一四年、私を一〇年あまり苦しめてきた吐き気がおさまった。腕の痙攣も同様だったが、動かせない状態は変わらなかった。そして一七三〇年。パリス氏の墓で奇蹟が起きているとの噂が聞こえてきて、そこに詣でたいと願うようになった。それまでに街中の評判になっていたルス氏（本書第3章参照）の墓に詣でたことがあったが、ついに快癒の奇蹟は起きなかった。だが、パリに行くにしても、年老いた母親や私の支援を頼みにしている貧者たちを放り出すわけにはいかなかった。高い費用をかけてパリまで行き、治らずに帰ってきたらどうなるか。私は悩んだ。

しかし、最終的に私は神を選んだ。一七三一年六月、私は母に許しを請い、快癒を祈ってくれる人々に見送られてランスを後にした。パリに着くと、早速九日間祈祷を始めた。その初日である六月一一日、私は断食をしてサン＝メダール教会に詣で、ミサに与った。福者パリス氏のとりなしも願ったが、この日は人が多すぎて墓に近づくことはできなかった。

翌日朝、サン＝メダール教会に行く途中、私は左腕に激痛を覚えたが、介添人のおかげで何とか聖助祭の墓に詣でることができた。その日の夕刻、あまりの痛さに左腕のつり包帯を外さなければならないほどだった。しかし、小指が自由に動かせるのに気づいた。一瞬、何事かわからなかったが、われに返ると、歓喜の涙を流し、神を称えた。それから二日経つと、すべての指が自由に動き、腕の肉も元通りになった。だが、それはときに赤みや青みを帯び、ときに黒ずんだりと変色し、腕自体、なおも硬直したままで力が入らなかった。

やがて私は二度目の九日間祈祷に入り、その六日目、少し軽くなったような右腕を試しに上げてみると、楽にそれができた。神の慈悲がついに及んだ。思わず十字を切って、神と福者に感謝した。喜び勇んで修道院に帰り、皆にそのことを知らせた。翌日、腕の力はさらに強くなった。三度目の九日間祈祷初日、私はつり包帯ではなく、細紐だけで腕を支えてサン＝メダール教会に赴いたが、三日後には、一切の支えは不要となり、腕の痛みも完全に消えた。この祈祷期間が終わる頃には、腕の痛み変色もなくなり、曲げ伸ばしも不自由を感じなくなった。右手で字を書いたり、編み物や縫い物をしたり、糸を紡いだりすることもできるようになった。全能なる神と福者パリス氏に祈りと感謝を捧げる所以である。

一七三二年一〇月一日、署名　マルグリト・ユタン（右手で）、マルグリト・ユタン（左手で）(77)。

この報告書には一七〇二年一〇月一九日に作成された内科医や外科医たちの調書と、一七〇四年一月三〇日のパリ高等法院による裁決文が添付されている。その内容の大筋は報告書に記されているので紹介を割愛するが、これらの添付書類によれば、彼女はイレール・ユタンとマリ・レオナールの娘で、母親は管財人ルミ・トマの妻だという。つまり、母親はマルグリトの実父と死別(?)したのち、再婚したことになる。

報告書によれば、彼女は施療院付き外科医による拙い刺胳がもとで屈腱が傷つき、それによって腕が不随になったという。いわゆる医療過誤である。当時の医術レベルでは刺胳はごく一般的な治療法であり、他の報告書にもあるように、ときには日に二〇回近く施されたりもした。マリ=アンヌ・クロノーの報告書に記されているように、素人(姉妹)がそれをおこなうことすらあった。とすれば、この種の医療事故がさほどあったとは思われないが、それに対する訴訟はかなり稀だったろう。裁判には、知的・資金的基盤が不可欠だったからである。幸いなことに、マルグリトの場合はそれがあった。母親の再婚相手が法的な知識と財産を有していたであろう管財人だったからである。おそらく訴訟自体はこの義父が実質的に進めたと思われる。事実、彼はマルグリト本人やその母ともども、告訴人に名を連ねている。いずれにせよ、医療過誤訴訟をここまで赤裸々に語っている奇蹟譚はほかに見当たらない。ちなみに、主人公のマルグリトは通称スール(修道女)と呼ばれていた。とすれば、彼女は聖女マルト[78]ゆかりの修道院で働いていたというより、修道女となっていたのか。詳細は不明である。モンジュロンもランス大司教もなぜかこの奇蹟譚に言及していない。

さて、パリスの奇蹟に浴したのはほとんどがフランス人だったが、なかには——例外的に——外国人もいた。『奇蹟集成』第二分冊に載せられた報告書によれば、スペイン国務卿兼王室財務評定官の長男で、パリのナヴァール(ナバラ)寄宿学校の寮生だった若いドン・アルフォンス・デ・パラシオス(年齢不明)が、その奇蹟を授かったという。次の報告書はスペイン語からの仏訳である。

●事例11　アルフォンス・デ・パラシオスの場合

スペインのイエペス(トレド近郊)に住んでいた私は、五、六年前に病気がもとで左目を失明し、最近フアニト・アギラという若者に殴打されて以来、右目にも不調を覚えるようになった。昨年（一七三〇年）一月、勉学のためにパリに出てきた。だが、今年の一月、眼がうっ血して学業を続けることができなくなった。さらに小さな潰瘍が二つできたが、四旬節の終わる頃（三月中旬）、眼科医に診せることなく、マケール夫人の水で治った。こうして学業を再開したが、それからまもなくすると、視力が極度に衰え、文章を数行読むだけで目が充血し、目の前に厚い雲がかかるようになった。それでも父や妹に手紙を書いたが、かなりの苦痛をともない、疲れもひどかった。ただ、手紙を書かなければ、私が失明したのではないかと両親がさらに心配するだろう。そう思うと、どうしてもそうせざるをえなかった。書くことが完全にできなくなると、司祭のマヌエル師が代筆してくれた。

　そんなある日、パリス氏の墓での奇蹟を耳にし、神の慈悲で再び目が見えるようになるのでとの期待を抱くようになった。そこで私は九日間祈祷を思い立ち、【寄宿学校長で、アルフォンスの師傅でもあったピノーに】願い出る。しかし、その願いは却下されてしまう。そうこうするうちに、新たな奇蹟が幾度も起きているとの話を聞き、自分のなかでパリス氏への信頼が増幅するのを感じた私は、教師たちに九日間祈祷を認めるようさらに求め、ついに許可を得ることができた。こうして私は本年一七三一年六月二五日朝、念願のサン＝メダール教会を訪れ、氏の墓で九日間祈祷を始め、教会でのミサにも与った。その目的は、私の魂の回心と救い、両親と祖国スペインに対するしかるべき恩寵、神の御名の称揚とフランソワ・ド・パリス氏の聖性の臨在、そして私の目の快癒にあった。

　だが、それからというもの、目の症状はかえってひどくなる一方で、もはやサン＝メダール教会に行くことができなくなった。事実、六月二六日にはどれほど弱い光でも耐えられず、いかなる物も見分けられなくなった。金槌で目をつぶされるような痛みもあった。陽光を避けるため、部屋から一歩も出られなくなった。こうした状態はサンティーヴ氏がはじめて私のもとを訪れた六月三〇日の土曜日まで続いた。彼は私の目の症状がかなり悪化しており、潰瘍が炎症を起こしているとして、処方を指示した。その日のうちに腕に、翌日には足に刺胳を施し、パンやワイン、肉を控える代わりに、塩分を除いた子牛と鶏のブイヨンを摂ること、調剤師が用意したタチアオイの根の抽出水にアヘンチンキ（止瀉・鎮咳・鎮痛剤）を少量まぜた液で、日に三〇ないし四〇回洗眼すること、川の水で日に二回浣腸することなどである。そうすれば、眼疾自体は完治しないまでも、一週間後には陽光による苦痛は若干よくなるだろうという。

六月三〇日、父が私のためにフランスに送り出したオンサンブレ伯がやってきて、私の目の症状を確かめ、眼科医に診てもらうよう指示した。すでにサンティーヴ氏に診察してもらったというと、この眼科医は信用できないので、その処方に従ってはならないという。そして、いとこのフィルティエール氏に、私をオートゥイユ（パリ西郊）の高名な医師ジャンドロン氏のもとに連れて行くよう命じる。詳細は彼の診断書にあるので割愛するが【アルフォンスを初診したジャンドロンは、その眼疾が視神経に由来すると診断し、不治の病だとして治療を断った】、私はなおも九日間祈祷を続けた。そして同じ三〇日の夜、目の状態が少し良くなったような気がした私は、就寝前、サンティーヴ氏が処方してくれたタチアオイの水に浸した布を目にあてた。翌七月一日日曜日、再診に来た同氏は私が刺胳をしていないのを知って不満を述べ、失明の惧れがあると忠告するのだった。だが、もはや私に彼の処方は不要だった。

じつは前日、ある人物がパリス氏の屍衣（下着）の切れ端を持ってきてくれ、それを七月二日まで目の上に置いたまま寝たのである。そして三日（九日間祈祷の最終日）の払暁、その聖遺物を取って窓の方を見ると、わずかな光にもかかわらず、窓越しに中庭の向こう側にある家が見えた【九日間祈祷八日目の朝三時、目覚めたアルフォンスは眼疾がよくなっていることに驚き、夢を見ているのではと疑いもした。だが、もはや痛みはなく、目の闇も消えていた。ただ、完全に症状がなくなったわけではなかった。物がはっきり見えるまではいかず、視野には赤く燃えるような線がなおも一本入っていた。そこでアルフォンスが再び「祝福の聖所」に詣でると、昼過ぎには彼の熱心な崇敬が報われる。「前夜まで赤く痛みがあった異様な目」の症状が突然好転して生き生きと輝きだし、強い陽光を浴びても目眩を覚えることはなくなった。墓につめかけた人々による塵埃も苦にはならなくなった。「（神の）手の力が彼に光を取り戻してくれた」のである。帰宅するやいなや、アルフォンスは急いで読み書きを試してみた。不自由はなかった。絵の教師がやってきて、彼に絵を書かせたが、それも難なくやってのけた。その日、夜まで字を書き続けたが、別段疲れも感じなかった】。

そのことをただちに寄宿寮の教師に告げ、朝六時半頃、パリス氏の墓を詣でた。視力はまだ完全に回復していなかったが、墓石の上で一時間近く神に祈り、ミサに出てから再び墓に戻って祈り続けた。もはや埃も陽光も暑さも気にはならなかった。それどころか、墓石から身を起こすと、すべてがはっきりと見えるようになっていたのだ。

翌火曜日、サンティーヴ氏は墓地から戻った私の目を注意深く診察して驚いた。だが、その場にいた人物から完治したのかと尋ねられた彼は、ノンと答え、なおも私の目に小さな白斑が見えるとして、完治するには彼の処方を実践しなければならない。そう言いおいて、恥ずかしそうに立ち去った。

七月四日水曜日、快癒を喜んでくれたオンサンブレ氏の勧めに従い、私は再びフィルティエール氏の案内でジャンドロン氏を訪れる。ジャンドロン氏はオラトリオ会の司祭と庭園を散策中だった。彼もまた私を見て驚き、フィルティエール氏がパリス氏の墓での九日間祈祷によって快癒したと告げると【庭にいた彼は、患者が介添人なしにひとりで歩き、目隠しもなく、顔に降り注ぐ陽光を嫌がりもしていないことを遠くから目の当たりにして驚く。自分が見ていることがにわかには信じられず、思わずこう叫んだ。「いったい何があったのですか、ムッシュー、目がよくなっているようです」。問われて、アルフォンスは九日間祈祷での出来事を説明した】、ジャンドロン氏は、どれほど有能な医師でも三か月かけてもできないようなことを、パリス氏がたった一晩でおこなったのかと絶句するのだった。そして、これほど速やかな治癒は奇蹟そのものだと断言し、このことも診断書に追加すると言うのだった――。

図34　奇蹟後のアルフォンス

以下、報告書にはオンサンブレ伯やフィルティエールをはじめとするこの奇蹟的快癒の証人たちの名が二四人列挙され、さらに「以上記した内容は、スペイン語で作成した長い報告書を忠実に抜粋したものである」と断り書きを入れたあ

と、末尾に「パリ、一七三一年八月二四日、アルフォンス・デ・パラシオス」との自署がある。(79)

若いアルフォンスが留学したナヴァール寄宿学校は、一三〇四年、端麗王フィリップ四世（国王在位一二八五―一三一四）の王妃ジャンヌ・ド・ナヴァール（フランス語読み）が、セーヌ左岸、サン＝ミシェル地区のサン＝タンドレ＝デ＝ザール通りに有していた邸館を改築し、一三〇四年、自分の郷里であるスペイン北東部のナバラ（ナヴァール）から来た子弟の教育用に遺贈したものである。この寄宿学校はやがてフランス王室の財政的な庇護のもと、門戸を開いて貧しい子弟を受け入れ、文法や論理学、神学などを教えるようになった。一四七五年からはノートル＝ダム司教座聖堂の聖歌隊員も養成するようになり、その希望者には奨学金も下賜された。革命期に閉鎖されるまで、同学校はフランス史に大きな足跡を残す人物を輩出しているが、本書との関連でいえば、リシュリュー枢機卿やボシュエもまたここで学んだ。

アルフォンスがなぜこの学校を選んだかは不明だが、彼の奇蹟でもパリスの屍衣の切れ端が、不治とみなされていた眼疾の快癒に重要な役割を果たしている。この聖遺物にかかわる接触・感染呪術のフェティシズムについては、すでに縷々指摘しておいたので繰り返さないが、報告書に出てくる「ある人物」もまた、教会（の聖具室）で手に入れたのだろうか。こうしたジャンセニスト系聖遺物については、当然のことながらイエズス会の反発があった。その急先鋒のひとりが、ジャンセニストの富裕層をあてこすった『女医者』（一七三〇年）などの喜劇で知られた、イエズス会の神父ギヨーム＝ヤサント・ブージャン（本書序章参照）だった。このブージャン神父はかなりの評判をとったというその戯曲『逃げ出した聖人もしくは奇蹟商人たちの破産』のなかでも、痙攣者に近くの庭から掘り出した土をサン＝メダール墓地の土だと偽って振りかけたり、ケネルのかつらだとしてジャンセニストの裁判官に売りつけたりする場面を盛り込みながら、ジャンセニストを揶揄している。(80)

本題に戻ろう。この事例に対してもサンス大司教は批判をしている。彼は自らの教書で事例の経過を一通り記したあと、パラシオスの奇蹟報告書がスペイン語原文からの抜粋訳である点に注目する。つまり、このフランス語報告書は本人が書いたわけではなく、信用が置けないというのだ。しかも留学しているにもかかわらず、フランス語ができなかった（?）パラシオスは、その訳文を読まずに署名したともする。そして、彼が父親に充てた手紙の内容などを引きながら、九日間祈祷を始めるや、パラシオスは目の痛みが亢進してそれを続けることができず、結局寄宿学校の教師が彼の代わりにそれをおこなったといった、細部にわたる異同を指摘する。そして、「新しい聖人」（パリスのこと）にはパラシオスの眼疾を治す力はなく、ただ自然がその治癒を支えただけにすぎず、アンヌ・ル・フラン（前出）の場合と同様、「その報告書は偽りの塊りであり、すべてが二枚舌とごまかし、そして嘘を並べ立てた悪巧み」だと結論づける。(81)

では、モンジュロンはこれにどう反論しているか。パラシオスの事例では、マルグリト・ティボーの事例ほどではないにしても、彼は『諸奇蹟の真実』で七六頁を費やして、証人たちとその証言を事細かに記している。それによれば、この大司教はさまざまな奇蹟を中傷するため、あらゆる手段を試みており、それがすべて徒労に終わると、次には奇蹟の証人たちを偽善者ないし欺瞞者だと断罪したという。(82)こうした言説ももはや詳述の必要がないだろう。ただ、彼はランゲの結論を覆すため、「見事な書体で書かれた一八頁からなる」スペイン語版を公証人に提出する。一方、アルフォンスもまた、一七三一年八月二三日前夜、兄弟たちとスペインに戻る前に同じ公証人の事務所に出向き、公正証書の作成を依頼しようとした。だが、どのような証書を作成すべきかわからなかった公証人は、その依頼を断る。そこで彼は、自分の仕事や信仰、さらに亡きパリスのとりなしで身の上に起きた奇蹟を、公証人や仲間および他の一二人の立会人の面前でフランス語で記して簡略な報告書に仕上げ、これをもとに公正証書が作成された。

そして一七三一年一〇月、アルフォンスの陳述書（公正証書?）は他の一二通の報告書とともに、パリの司祭二二人によってパリ大司教に提出される。にもかかわらず、サンス大司教はなおもそれが偽りのものであるという姿勢をいっかな変えようとはしなかった。「アルフォンスの眼疾は数日間我慢して食事療法をすれば、自然に治癒するうっ血にすぎない。事実、かつてパリの高名な調剤師のジョフロワ氏の処方で数度治ったではないか」。サンス大司教はそう主張したという。これに対し、アルフォンスもまた自分の眼疾が奇蹟的に治癒したと抗弁する。

こうした一連のやりとりがどこでなされたのか、これについてもモンジュロンは明確にしていない。まさに隔靴掻痒といったところだが、ここまできていよいよ証人たちが登場するようになる。まず、寄宿学校長はアルフォンスが治癒以前には眠ることもままならないほど眼痛に苦しんでいた事実を証言する。眼科医やジャンドロンもまた、同様の証言をおこなった。ことここに至ってもなお、サンス大司教はこれら証人たちが虚言を弄していると非難して動じない。前述の公証人を訪れ、アルフォンスの報告書が偽りのものであるということを証明させようともしているとする。(83)

この大司教はなぜそれほどまでに奇蹟を認めまいと腐心したのか。もし上訴派であるパリスのとりなしで奇蹟が起きたとなれば、教勅「ウニゲニトゥス」の正統性が危うくなる。さらに一七三四年一一月にスペインの宗教裁判所の圧力で、アルフォンスが自らの奇蹟を偽りと認めて署名したという、スペイン語の調書のフランス語訳——モンジュロンによれば偽文書——を手に入れたとする大司教としては、それだけは何としてでも阻止しなければならない。以後も綿々と続けられるモンジュロンの論述を要約すればそうなるだろう。たしかに若いスペイン貴族のアルフォンスがジャンセニストだったとは考えにくい。しかし、そのこと自体はモンジュロンにとって、いや大司教にとってももはやさしたる問題ではなかった。助祭パリスによる奇蹟を立証することがジャンセニスムの、反証することが反ジャンセニスムの論理を正当化することにつながっていた。つまり、繰り返しを怖れずに言えば、アルフォンスの奇蹟もまたすでにアルフォンス個人を超えて、守旧派＝反ジャンセニスト＝教勅派と改革派＝ジャンセニスト＝上訴派との対立の構図に組み込まれていたのである。換言すれば、それは奇蹟という因果律的に立証不可能な現象を、否定ないし肯定して自らの論理に取り込もうとするジャンセニスムと反ジャンセニスムの「代理戦争」ともいえる。

いささか先を急ぎすぎたが、モンジュロンはさらにそれまでの経緯を七つの命題にまとめ、その一つひとつに長いコメントを加えたあと、最後に三二通の公正証書を付載して、アルフォンスの奇蹟を正当化しようとする。記述の繰り返しこそ多いものの、その尋常ならざるこだわりはまさに対極に位置するサンス大司教の執念と好一対をなす。

次の報告書もまた同じ第二分冊にある。奇蹟体験者は現在のベルギー南部に生まれた梳毛工で、一人称の語りとなっている。

●事例12　フィリップ・セルジャンの場合

私ことエノー地方モンス出身のフィリップ・セルジャン二七歳は、以下のように言明・証明するものである――。一七二九年の聖マルタンの祝日（一一月一一日）頃、右腕全体が一種のリウマチに襲われ、その自由と機能を失った。そこで私は二か月前に結婚して以来住んでいたリエージュ地方ディナンのシャルルマーニュという外科医【施療院医師ファブリ】に診察してもらい、刺胳を施してもらった。だが、効果はなかった【それどころか、目の前に霧が立ち込めたかのように視野がおぼつかなくなり、文字を読むことさえできなくなってしまった】。まもなく【二日後】腎臓に痛みが走り、両足も日を追って悪くなっていった。こうして二週間後にはベッドから起き上がれなくなり、悲しいことに妻に寝返りをさせてもらうほどだった。

【一七三〇年二月、卒中を発症して朝六時から夕方まで意識を喪う。これにより右半身が不随となり、その腿や手足の皮膚が青く変色した】。翌三月、私はオペラトゥール（民間治療師）に診てもらう。彼はみずから命名した「賢者（哲学）のオイル」を一八本用いて治療してくれた。おかげで症状が軽くなり、ベッドの柱につかまって立てるようになった。だが、長時間立ったままでいることはできなかった。オペラトゥールは手当てを諦めて去っていった。やむなく再びシャルルマーニュ氏に治療を求めた。彼は私をあらゆる種類の薬草が入った風呂に入れたが、それでも効果が出ないと分かると、エクス・ラ・シャペル（ベルギー国境に近いドイツのアーヘン）の温泉で湯治をするよう勧めた。そこで一七三〇年六月二二日、私はディナンの司教座聖堂付司祭だったピエール・マレシャル氏と、幾度か私を診察したことのある同じ町の内科医フロレン・ファブリ氏の証明書を手に入れ、親切な介添人ともどもエクス・ラ・シャペルへ向かった。歩行が困難だったため、道中は馬車と船を乗り継いだ。

エクス・ラ・シャペルには二週間滞在し、朝晩温浴した。そのおかげで腰に少し力が入るようになった。しかし、麻痺した足に変化はなかった。少しでも体を動かそうとすると全身が震え、倒れた。やむなくその状態でディナンに戻ったが、生計をたてることはできない相談だった。【施物と妻のささやかな仕事だけが頼りのどん底生活を一年近く送ったのち、障害をもつために働けず、糊口の資を得ることができない貧しい者たちを収容してくれる、パリのビセートル施療院に入れる道がたやすく見つかると信じて――このモンジュロンの記述には以後の展開と齟齬がある】、私は妻と幼い娘を伴って、ランス（フランス北部）に赴き、ガルドブレ【多くの梳毛工を抱える親切な工場主】のもとで働くことになった。座ったままで羊毛を梳く作業なら、右手の力をさほど必要とせず、私にも十分できる仕事だった。ある日、この町に住む同郷のカンブレ夫人が私の状況に同情を寄せ、数度食事に招いてくれた。三週間の滞在中、二、三度宿泊した慈善院で、私はル・モワヌ修道女と知り合い、ある内科医を紹介された。ただ、彼が言うには、私を治せるのは神しかいないとのことだった。

ランスでもほとんど稼げなかった私は、ついにパリのオジ【コエフレル】を頼ることにした。カンブレ夫人がその兄弟であるモン・ヴァレリャン（パリ西郊）のノワレ神父にあてた推薦状を書いてくれた。この神父の紹介で、今年（一七三一年）六月一四日にビセートル施療院に宿泊することができた。私は同施療院に七月四日土曜日まで滞在し、オジで民兵隊第一中隊の伍長だったジャン・ロマン・デテルベク、通称ベルガルドの勧めに従って、福者フランソワ・ド・パリス氏の墓に詣でることにした。妻とオバも大賛成だった。そして今月（七月）七日、ビセートル施療院長【共同寝室監督】にその旨を伝え、外出の許可を得た。翌八日の日曜日、私は馬車でサン＝メダール教会に赴き、九日間祈祷を始めた。連日教会で神に祈り、さらにパリス氏の墓石の上でひれ伏して快癒を祈った。

そして火曜日、祈りの最中に痛みが激化し、死んでしまうとの叫び声をあげるほどだった。それから全身に大量の汗をかいたあと、足の指が突然動くことに気づいた。長いあいだ忘れていた感覚だった。治った。そう思った私は地面に顔を押し当てて神に感謝し、松葉杖なしに歩いて教会堂の聖具室に行き、自分の身に起きたことを報告した。さらにオジのもとに、やはり松葉杖を使わず、だれにも介添を頼まずに出向いて同様の話をした【たまたま幼い娘の産着を着替えさせていたオバは、奇蹟が起きたことを知って、この娘を裸のまま前掛けでくるみ、急ぎサン＝メダール教会に駆けつけた。そして、甥が聖具室から人々に囲まれたまま足取りも軽く出てくるのを見て、思わず地面に座り込んだ。喜びと驚きと感謝の念が心の中で入り混じり、涙がとめどもなく溢れ出るのを抑えることができなかった】。

この日以来、麻痺していた手足が次第に力を取り戻していった。完全に快癒したのである。そこで私は、福者のとりなしで神が私に授けてくれた慈悲に感謝するとともに、それを証言するため、本報告書を作成した。この報告書に書かれていることはすべて真実であり、求められれば、どこであれそれを提出する用意がある。

一七三一年七月二五日　署名　フィリップ・セルジャン(84)

例によって奇蹟報告書よりはるかに詳細な『諸奇蹟の真実』は、たとえば次のようなエピソードを語っている――。一七三〇年五月、暖炉の前に座っていたセルジャンは燃えている燠を自ら右足のふくらはぎにあて、その皮膚と肉が焼けるのをじっと見つめていた。火が麻痺した右足の感覚を呼び戻してくれるのではないか。彼は絶望のあまり、そこまで考えたのだという。妻は在宅だったが、たまたまこの悲劇的な場にいなかった。しかし、肉が焼ける異臭に気づいて暖炉まで駆け寄り、夫から燠を奪い取り、涙ながらに夫の行為を責めたというのだ(85)。

また、セルジャンのビセートル施療院入りについては、再会した甥の様子に驚いたオジがすぐにサン＝メダール教会の主任司祭コエフレルに紹介し、セルジャンをビセートルの麻痺患者用の共同大寝室に入れてくれるよう頼んだという。これを受けて、六月一一日、コエフレルはビセートル当局者宛てに証明書をしたためた。そこにはセルジャンの麻痺がひどくて働けないこと、他に財産もないことなどが記されていた。それから三日後の六月一四日、セルジャンはビセートル施療院に収容されたともいう。ランスからパリまでの川船乗車賃は、親切にもカンブレ夫人が払ってくれたともしている。さらに、ビセートルに移って数日後、面会にやってきたオジが、セルジャンにパリスの墓で起きている奇蹟について話したが、セルジャン本人はその話にはさほど興味がなく、この「聖人」のことも知らなかった。しかし同月二四日、妻がマドモワゼル・ティボーの奇蹟的な快癒（事例8）について教えたことで、パリスの奇蹟にすがるようになったともいう。

さらに「奇蹟」の様子について、モンジュロンは次のように詳述している。

九日間祈祷三日目の七月一〇日、セルジャンが墓の上に横たわっていると、突然、長いあいだ無感覚で動かず、すっかりやせ細っていた右の腿と足が強烈に痛みはじめ、激しく揺れ出す。痙攣が起きたのだ。やがてその神経と筋肉が力と柔軟性、さらに弾力をも取り戻し、硬直して干からびていたような四肢が、鞭のような音を立てて動くようになった。この超自然的な出来事を目の当たりにして、墓地にいた者たちは皆一様に驚き、感動した。すでにセルジャンの麻痺は止まり、身体の硬直も収まった。青ざめていた四肢の色も正常になった。目を上げると、すべての物がはっきりと見えた。一七二九年の一一月からつねに視野を妨げていた靄が、今や完全に消え失せたのだ。もはや手足も自由に動かせる。力も入れられる。セルジャンはパリスの墓の上にまっすぐに立ち、自分が快癒したことを喜び、パリスと神に感謝の念に捧げた。それから周囲のひとりが手にしていた聖書を取って、「テ・デウム」を先唱し、みながそれに和した。奇蹟を称える叫び声も四方からあがった。(86)

この事例に対するサンス大司教のコメントは見当たらない。とすればモンジュロンの筆鋒もおとなしくなるというものだが、彼はさらにセルジャンのその後を以下のように伝えている――。奇蹟翌日の七月一一日、セルジャンはビセートル施療院で他の多くの収容者たちに自分の快癒を語った。彼らにその奇蹟を信じさせるには、自分の姿を見せるだけで十分だった。それから救貧院長のラ・シャペルや修道院長のジュリ、さらに麻痺患者室担当の修道女フォンテーヌらがいる部屋に入った。だれもが四日前の彼の姿と較べて驚き、神を称えた。そして、ジュリとフォンテーヌは自分たちが目の当たりにしていること、目の当たりにしたこと、つまり不治の病に冒されていたセルジャンとそれが完治したセルジャンのことを証明書にしたためた。やがて高等法院の主席検察官も姿を見せ、セルジャンや修道院長たちにいろいろ尋ね、実際に彼を歩かせてもみた。

数日後、セルジャンはパリ警察総代行官のエローから書状を受け取る。そのなかで、エローはビセートルの経理係にセルジャンを麻痺患者担当にするよう求めたが、セルジャンはエローの好意にすがるより、むしろ外に出て自ら糊口の資を稼ぐことを選んだ。一方、セルジャンのオバは奇蹟後につめかける訪問客の対応に疲れ、甥のためにフォブール・サン゠マルソー地区のグラシューズ通りに部屋を借りた。家賃は年間二四リーヴルだった。道路から一段低い部屋で、四方を囲まれていたため、妻は不満を漏らしたが、セルジャンは何ら不都合を覚えず、奇蹟後五日目から働き出すようになった。

こうしてセルジャンが貧しいながら半年以上生活を営んでいた頃、身なりのよいある人物がやってきて、彼にパリスの墓での奇蹟をなぜそれほど称えるのか尋ねた。それに対し、セルジャンは快癒が事実であり、なにものもそれを公にしたり、神を称えたりすることを妨げられないと答えた。これに対し、この人物はこう言ったという。「見たところ、あなた（セルジャン）の生活は決して楽そうではない。もしパリスの墓での快癒がなかったとする書類に署名さえしてくれれば、一〇〇ピストル（一ピストルは約一〇リーヴル）もの大金をただちに提供する・・・」。これについては、一七三二年四月三〇日の《聖職者通信》も記している。それによれば、この年の一月末ないし二月初め、ひとりの軍人がセルジャンをビセートル施療院に訪れ、一〇〇ピストルを提供する代わりに、奇蹟が偽りだったとする書面に署名を迫った。だが、セルジャンはそれを断ったという(87)。いずれの記録もこの人物がイエズス会士だったのか、サンス大司教が差し向けた者か、あるいは警察の密使だったか、言及はしていない。ただ、反ジャンセニスト＝上訴派であったことは間違いないだろう。

さらにモンジュロンによれば、一七三二年四月、セルジャンは自分に好意的だったはずのエローが彼を逮捕・投獄する命令を下したと知らされる。そこで彼はパリを離れ、ランスやディナン、モンス、リエージュと移って難を避けた。これらの地はいずれもイエズス会士たちに治められていたが、神の加護で追求を免れた。そして最終的にパリに戻った彼は、しばしば迫害を受けたものの、真実を守るため、あえて正々堂々と人々の前に姿を現すのだった(88)。

こうしてセルジャンの奇蹟を語ったあと、定式に従って、モンジュロンは高等法院の主席検察官やセルジャンを麻痺患者用の大共同寝室に受け入れたビセートル施療院院長、前記ジュリとラ・フォンテーヌ、サン＝メダール教会聖具室係の神父モネスト、特別な証人としてモン＝ヴァレリヤン修道院の新院長ノワレやサン＝メダール教会の主任司祭コエフレル、そして意外にもセルジャンを迫害したはずのエローなどを証人として、彼らの証言を列挙している(89)。

この事例でとくに興味深いのは、セルジャンが痙攣ののちに快癒したというモンジュロンの指摘である。第二分冊の特殊性ゆえか、セルジャンの語りのなかにはみられないが、実際に痙攣が介在する「奇蹟の文法」を体験をしたとすれば、彼が男性としてはその最初の体現者となる（ただし、男性の痙攣体験者は少数）。

それについては後段で詳しく考察することにして、ここで注目したいもう一点は、民間治療者としてのオペラトゥールが登場していることである。いうところのオペラトゥールとは、正規の教育を受けず、経験だけで医業や売薬業を営む、つまり偽医者（や偽調剤師）の謂でもあったシャルラタンに近く、むしろしばしば同一視されて「インシズール」（字義は外科医の「切開刀」）とも呼ばれていた。そのオペラトゥールが「賢者（哲学）のオイル」で彼を治療したというのだ。いささか怪しげな医薬だが、たしかに当時、これらオペラトゥールたちはシャルラタン同様、正統な医学を修めたわけではなく、伝統的な治療法に基づいて医療をおこなっていた。ただ、遍歴を基本とするシャルラタンと異なり、ほとんどの場合、彼らは基本的に居住する町村ないし近隣で活動していた。

これらオペラトゥール＝シャルラタンのうち、歴史に名を残すほど有名なのは、膨大な知を背景に『ファンタジアや対話、逆説、あけすけさ、出会い、笑話、諸概念などを含む、タバラン著作の世界的目録』（一六二二年）を編んだタバランことアントワヌ・ジラール（一五八四―一六二六）と、「偉大なるトマ」と自称したグラン・トマのふたりである。いずれもそのシャルラタニズムで巨万の富を築いたが、前者は一七世紀当時、パリでもっとも殷賑を極めていたポン＝ヌフ橋に近接するドーフィヌ広場に仮設舞台をこしらえ、そのうえでイタリア出身の役者たち（コンメディア・デラルテ）に客寄せ芝居《パラード》を演じさせ、口上よろしくオルヴィエタンなどの「万能薬」ないし「霊薬」を売りつけた。一方、後者は一八世紀前葉、このポン＝ヌフ橋に鉄製の台車を据え、派手な衣装をまとってその上に立ち、患者に苦痛を与えずに抜歯をおこなったという[90]。

はたしてセルジャンを治療したオペラトゥールがいかなる人物だったは不明だが、ありていにいえば、効果に乏しい刺胳や施術、さらにことあるごとに浣腸にすがる正統な医者と、得意の口上を駆使して怪しげな代物を万能薬や霊薬だとして売りつけたり、怪しげな施術をおこなったりした非正統な治療者の医術上の差は、まさに皮膜の間であったろう。むろんあえかなる治癒の願いを抱く病人にしてみれば、正統であれ非正統であり、自分の願いをかなえてくれさえすればどちらでもよかった。

次に登場するのはパリのサン＝ジュリアン小教区に住む二〇歳の学生で、出身は北仏ピカルディ地方のラオン。父親はラオン塩税局の徴税人だった。一七三〇年一一月、法学教授コニェ（おそらく仲買人から国有財産局長となったフランソワ＝エティエンヌ・コニュの父）のもとで学ぶため、パリに出る。翌年五月三一日、彼はフォブール・サン＝タントワヌ地区にあるサント＝マルグリト小教区での聖体祭の宗教行列に参加した。これは同小教区の住民だったラ・フォス夫人が、一七二五年五月三一日、聖体のおかげで奇蹟的に不治の病が快癒したことを記念して毎年営まれる行事だった（本書第2章参照）。

●事例13　ジャン＝バティスト・ル・ドゥーの場合

行事が終わって早々、私は学寮の部屋に戻って暖をとったが、翌日、風邪をひいて声が出ず、空咳ばかりできつくなり、胸に痛みも覚えるようになる。食欲はなく、夜も眠れなくなった。六月一六日の土曜日には、具合がさらに悪くなって高熱に悩まされ、手足にひどい疲労感もあった。同宿や外の下宿に住む友人たちから刺胳を勧められていたが、そのうち全快すると思って気にはとめなかった。しかし、翌日曜日にはミサに行けないほど症状が悪化した。高熱と頭痛に加えて脇腹に痛みがあり、呼吸さえ困難となった。朝八時半頃、執拗な咳を聞きつけた隣室の友人が来て刺胳を勧める。忠告に従って、翌日刺胳を受けると返事したが、そのつもりはなかった。それから数日間、友人はさらに悪化した咳を案じて、外科医を連れてくる。しかし、外科医が施してくれた刺胳はまったく効き目がなく、症状は亢進する一方だった。心配した友人たちが交代でベッドに付き添ってくれたが、完全な不眠症に陥り、苦しみが募っていった。

七月のある月曜日、修道医師が来診して腕の刺胳を繰り返し受けるよう指示し、強心用の水剤を調合してくれる。しかし、それもまた徒労に終わり、翌火曜日の朝、衰弱しきった身体で、終油と聖体の秘蹟を受けた。このとき以降、意識が混濁し、失神もたびたび起こるようになる。そんななか、同宿の聖職者が来室して、パリス氏の聖遺物（肖像画）を枕元に置く。この助祭にかかわる奇蹟のことは、パリに来る前から一連の報告書で知っており、父親の口からもパリス氏が「聖人」だと幾度となく聞かされていた。そこでこの肖像画をベッドの下に置き、接吻を繰り返した。すると、症状が軽くなっていくのを実感できた。

木曜日の午後、来室した友人のひとりに、食欲が出て、全快したようだと告げると、友人はその言葉を信じず、肩をそびやかして、「可哀想に！　熱にうかされている」と嘆いた。だが、彼に続いてやってきた数人の友人に同じ言葉をかけると、そのうちのひとりが私を抱いて、「これこそまさにパリス氏のおかげだ！」と叫んだ。別のひとりは、前日まで、明日は君の埋葬に行くことになると考えていたという。

友人たちの連絡を受けてやってきた外科医は、私の肺を触診し、回復していることを知って驚き、こう言った。「君は神に感謝しなければならない」。続いて来室した修道医師もまた、肺を触診して同様に驚き、「朝とはすっかり変わっている。頭痛はまだあるか」と尋ねた。問われて「ノン」と答えると、彼は私をベッドに寝かせ、膝を立てさせたまま腹部に触れ、こう叫んだ。「これでもう心配ない。ムッシュー、君は私などよりはるかに名医だ！」。彼は私を見る前までは、かなり症状が重いので、翌日の食事はスープだけ摂らせようと考えていたという。それから私は自分で身支度を整え、他の階にいる友人たちの部屋を訪ねて礼を言い、さらに夕刻には学寮の外に住む友人たちにも礼をしに行った。

そして翌朝、七時頃に起床して、友人数人と連れ立ってサン゠メダール教会に詣で、パリス氏のとりなしに感謝するため、九日間祈祷をおこなうことにした。帰途には買い物をしたが、すでに身体に不自由さはまったくなく、以前と同じ状態になっていた。

一七三一年七月二八日　署名　ル・ドゥー(91)。

この奇蹟譚で興味深いのは、まず、終油と聖体の秘蹟を受けた重篤なル・ドゥーが、エリザベト・ボノー（事例

2）のような地方在住者の場合はさておき、パリにいながらパリスの墓を訪れることなく奇蹟的に快癒したとしている点である。その意味でこれは例外的な奇蹟といえる。しかし、彼はパリスの肖像画（版画）を枕元に置いて接吻を繰り返したという。とすれば、一七三一年七月以前、つまりパリスが没して二か月も経たぬうちにすでにこの種の肖像画が市中に出回っていたことになる。事実、バルビエは『日記』の一七三一年七月のなかで、「福者パリスの肖像画」がつくられ、（行商人によって）呼び売りされていると書いている。『日記』の校注者によれば、それは上体を曲げたパリスが磔刑像の前で祈りを捧げているものだったという。(92) とすれば、本書図版4のパリス像だと思われるが、だれの作かは知る術がない。

さらに注目しなければならないのは、ル・ドゥーがパリスによる奇蹟の報告書を、パリに出る以前、おそらく生地の北仏ラオンで読んでいたということである。それは一連の奇蹟報告書が、おそらく行商人によって地方まで売られていた事実を意味する。これらの奇蹟譚が広まった背景には、まさに時代の出版文化が大きく与って力があったといえるだろう。

次のマルグリト・フランソワ・デュシェヌの奇蹟もまた、同じ一七三一年七月に起きている。ランゲの司教教書によれば、彼女はサン＝ジェルマン＝デ＝プレ大修道院の中庭に店を構えていた、貧しい下着職人の娘だったという。(93) にもかかわらず、識字者で、その奇蹟報告書を自らの手で作成している。

●事例14　マルグリト・フランソワズ・デュシェヌの場合

私ことマルグリト・フランソワズ・デュシェヌ二二ないし二三歳は、五年前、つまり一七二六年の四旬節（三―四月）に、店の看板が頭上に落ちてきて地面に倒され、一時間近く気を失った。それ以来、頭痛を覚え、薬を飲んでも一向によくならなかった【事故の数日後にそれを知った母親は驚き、ただちに娘をサン＝ジェルマン＝デ＝プレ修道院の修道士で、調剤師兼外科医でもあったマテュラン・ジェネストのもとに連れて行く。だが、すでに脳に腫瘍が出来つつあった。幾度となく刺胳をしてもらい、薬もいろいろ服用させたが頭痛はさらに激しさを増す一方で、高熱も一向に改善しなかった】。

不運はそれだけでなかった。翌一七二七年一〇月四日、つまり私の守護聖人である聖フランソワの祝日の朝六時、私は箱を三つ抱えたまま、自宅の階段の上から中段まで転げ、さらに階下まで滑り落ちてしまったのだ。その際、最後の段に胸と胃、そして頭部と右の脇腹をドアにしたたか打ちつけた。それ以来、左半身に痛みが走り、九日間祈祷の三日目まで続いた。その間、私は横たわって寝ることができず、ベッドに腰をかけて眠るほかなかった。この事故の二日後、私は大量の吐血をした。そこで腕に刺胳をしてもらい、多少症状がよくなった気がした。だが、【吐血と】高熱はなおも続き、それはサン＝メダールでの九日間祈祷初日まで変わらなかった。

さらに一七二八年五月、大雨の日、露店の上を屋根代わりに覆っていた油布を畳もうとして足を滑らせ、作業台の端に鳩尾をぶつけて失神してしまった。しばらくして我に返り、解体作業を続けようとしたところ、目眩に襲われて、再び作業台から落ちた。その衝撃は一度目より激しく、口から恐ろしい量の血を吐いたほどだった。何とか居室に戻ったが、椅子に座るやいなや意識を失った。そのことを母に知らせようとは思わなかった。だが、数日後、症状がかなり悪化したため、もはや秘密にしておくことはできなかった。

図 35　奇蹟前のデュシェヌ

それから数日経った朝五時ごろ、油布を取り付けようとして作業台に上った私は、体力が衰えていたためだろう、今度は修道院の鉄柵の上に落ちてしまった。この三度目の転落事故以来、体は完全に動かなくなり、頭痛も激しくなった。加えて熱も日増しに高くなり、しばしば痙攣して意識を失うまでになった。この激しい痙攣で、歯が一本折れもした。吐血もまた日に三、四度となり、血の量も増していった。人の話では、胸の血管が切れたためだという。食べたものも一週間に数度吐くようになった。胸膜炎。医師の見立てではそうだった。こうして瀕死の状態に陥った私は、幾度も終油の秘蹟を受けた。

一方、サン＝ジェルマンの調剤修道士が手足に幾度となく刺胳をしてくれ、彼が私の病状に有効と思った薬もあれこれ服用したが、症状は軽減するどころか、かえって悪化していった。そして一〇か月ほど前（一七三〇年一〇月）、サン＝シュルピス小教区の「貧者の医師」のひとりコスタル氏が、主任司祭に連れられて私を診察し、できるだけのことはするが、重篤ゆえ、完治できるとは請合いないと母に告げた。それからしばらくのあいだ、コスタル氏は私の治療に当たったが、高熱と頭痛、吐血はなおも続いた。これに対し、彼は一日に四回の刺胳をおこない、七ないし八パレット（目盛り付きビーカー）分の血を瀉血した【彼は一度に大量に口から出る血を見て、患者が窒息死するのではと案じ、最初のうちは二四時間のうちに四度刺胳を施した。だが、その効果が一向に現れないのを知って、足への刺胳をひと月に四度するだけにした。あとは患者に同情することしかできなかった】。もはや軽い食べ物でも少量しか咽喉を通らず【この時期、異常気象で暑さが続き、何か冷たい飲み物をマルグリトに与えようとしても、その胃が受け付けなかった】、一二日ごとにスープを浣腸器で体内に押し込む方法も試みられたが、やがて無気力状態に陥った。まもなくブイヨン状にした薬も飲めなくなった。しばしば痙攣も起きて、何人もが倒れかかる私の体を支えてくれた。

昨年末から年明けにかけて、一種の卒中に幾度か襲われた。舌は口の中で膨らみ、唇も分厚くなった。当時、私の顔は紫色で、意識は朦朧としていた。この頃には両目の脇からも出血があった【顔色は紫変し、舌は濃い黒味を帯びて、口蓋に張り付いたかのように動かなくなった。口は歪み、咽喉はひどく腫れ、唇も蒼白となり、その顔相はまさに死者のそれを思わせるほどだった。爪のあいだや目尻からも血が染み出すようになった】。だが、手当てといえば刺胳しかなく、大量の血を抜き採ったためか、もはや血液に粘着性がなく、水のようになっていた。この頃には目も見えず、耳も聞こえず、話すことすらできなくなった。（一七三一年）一月にはまた左半身全体が麻痺し、その手足が動かなくなった。腕は極度に腫れ、爪が肉に食いこんで、そこから出血していた。左足も右足よりはるかに腫れ、腕と同様冷たくなった。

今年の聖体祭前日の五月二三日、転地療養のため、【父に頼んで】ヴィルジュイフ（パリ南郊）近郊のソーセにある女子修道院に連れ出してもらった。だが、修道院に着くやいなや、症状はかえって重くなり、刺胳のために、その町で急ぎ外科医を探さなければならなくなった。そこには一週間滞在したが、修道女たちはだれもが私の死期が近いと思った。私のベッドが置かれた部屋の渉外担当修道女が、ベッドの上で身動きひとつしておらず、意識もない私を見つけたからである。すでにコスタル氏も、私の病が不治だとして、六月一〇日から治療を止めていた。

もはや私に残された道は、神にすがることだけだった。当初、私はパリス氏に祈ってそのとりなしを願うつもりはなかった。だが、彼の墓で連日奇蹟が起きていると知らされ、私の小教区にあるサン＝サンフォリャン教会でパリス氏に捧げる九日間祈祷を始めた。この祈祷のあいだ、症状は一向によくならなかったが、七月一四日の聖ボナヴァンテュールの祝日、ミサに与るため、不自由な手足を叱咤しながら這うようにしてコルドリエ会の教会に赴くと、神の声が聞こえた。福者パリス氏の墓に詣で、直ちに回復は望めないまでも、一〇度九日間祈祷をするようにという声だった。そこで私は母にそのことを打ち明けた。そして、私の症状を見て馬車を用意するという母の申し出を断り、自分の足で詣でることにした。

こうして七月一六日、私は悲惨な状態のまま九日間祈祷を再び始めることにした。しかし、家を出る前、私は大量の吐血をし、やむなくサン＝メダール教会まで、近所の三人に連れて行ってもらった【一六日の払暁四時、マルグリトは母親と知人の夫人に支えられて家を出る。全身が恐ろしいまでの悪寒に覆われ、左足が動かず、咽喉が膨れあがり、舌が怯えたように口に張り付き、腕が凍えたように硬直していた。それでも彼女の心に萎えるものはなかった】。教会まで三時間かかった。通りすがりの人々は私の様子を目の当たりにして衝撃を受け、そんな病人を歩かせているとして介添人たちを非難した。サン＝メダールに着くと、福者の墓石の上に乗せてもらった。それから一五分ほどは意識があったが、やがて失神し、気がつくと墓地のなかにいた。人の話では、墓石の上で私の顔が紫色となり、瘤のように膨れ上がったという。さらに、骨のきしむ音まで聞こえ、大きな叫び声をあげたともいう。

この九日間祈祷の初日、出血と嘔吐、頭痛、高熱は完全におさまった。翌日、サン＝メダールを再訪した私は、再び墓石の上で意識を失ったが、声が戻り、胸を圧迫していた腫れもひいた。三日目にはベッドに体を伸ばして寝られるようになった。これは四年ぶりのことだった。四日目には歩行を始め、介添人つきながらサン＝メダール教会まで足を伸ばした。墓石の上でなおも失神し、帰りの足取りもかなりつらいものがあった。ただ、この日、腫れはすべて消え去った。五日目、体力は目立って回復した。それでもなお、パリス氏の墓石で意識を失ったが、帰りの足取りは以前より軽く感じられた。この日はまた、麻痺していたはずの左手と引きずっていた足も自在に動くようになった。しかし、腕にはまだ強い痛みが残っていた。

そして六日目。私はやはり歩いてサン＝メダールまで赴いたが、それまでの痛みはなかった。そこで介添えのひとりに脇を支えてもらいながら、墓ではるかに長い時間祈りを捧げ、さらにほとんど不都合を覚えずに、跪いたままミサに与り、歩いて帰宅した。この日を機に、体調は完全に回復した。そこで私は九日間祈祷を終え、神の恩恵に感謝するため、新たな九日間祈祷を始めた。こうした二度の九日間祈祷のあいだ、私は毎朝コップ一杯の水を飲み、夜にはパリス氏の墓の土をその中に入れて飲んだ。食欲も元通りとなり、体力も戻った。神が私のためになした驚異的な出来事を聞きたいと、多くの人々がやってきたため、その応対で疲れてはいるものの、現在、私はまったくの健康状態にある。

パリ、一七三一年八月二〇日、署名　マルグリト・フランソワズ・デュシェヌ(94)

文面から読み取るかぎり、あまりにも不運すぎる女性のじつにすさまじい病態である。「幾度も終油の秘蹟」に与ったともいう。その絶望的な状況からの快癒。たとえそこに優れた医学が介在したとしても、「奇蹟」と呼ぶに値するだろう。この報告書には、マルグリトの自署に続いて、「娘の病とパリス氏のとりなしによる快癒についてまとめた本報告書のさまざまな出来事を承知している」とする、母フランソワズ・パピリオン――デュシェヌは父方の姓――の署名入り添書もある。彼女の両親も夫婦別姓だったが、すでに指摘しておいたように、当時の民衆間ではそれはむしろ一般的だった。それにしても、子供でも、高齢者でもないのに、作業中の四度の転倒事故とはどうしたことか。不注意といえば不注意、迂闊といえばあまりにも迂闊すぎる。あるいは最初の事故の後遺症でもあったのか。詳細は不明とするほかないが、彼女の場合、とくにパリスの墓石の上での度重なる失神が特徴的である。さらに、ここでもまたさながら特効薬でもあるかのように、サン＝メダール墓地の土によって快癒したとなっている。そしてマルグリトもやはり墓石に乗って祈っている。「墓前での祈り」と訳せなくもないが、当時、こうした礼拝法はかなり一般化していたのかもしれない。

さて、サンス大司教の教書によれば、マルグリトの親はパリ最古の大修道院の中庭で商いをしていたという。俗世と切り離された聖域たるべき修道院の敷地内での商い。にわかには信じられないが、大司教の言葉である。よもや偽りではないだろう。ただ、客が誰なのかはいささか気になる。彼はまた、サン＝ジェルマン＝デ＝プレの代官プレがこの不思議な快癒を報告するため、パリ警察総代行官のエローに宛てた一七三一年七月二八日付の書状のオリジナルを持っているとし、代官がマルグリトの奇蹟を真実と率直に認めたのは明らかに誤りだとする。一七二七年の最初の落下によってマルグリトの生理が止まり、四年後にそれが戻っただけのことであり、彼女の病はすべてそこに由来するとするのだ。さらに大司教は、サン＝ジェルマンに近いサン＝ニコラ・デュ・シャルドネ神学校の校長ルファヴレの署名入り言明書を取り上げ、マルグリトは過水症や麻痺とは無縁であり、パリスの墓を詣でる二ないし三か月前にはすでに体調（生理）が回復していたとする。そして彼は「上訴派の凱歌はまさにこうした欺瞞に基づいている」[95]と弾じるのである。

定式化した攻撃には定式化した反撃とばかりに、モンジュロンもやはり証人を列挙する。そのひとりである近衛隊筆頭外科医カナックはエローの主治医でもあり、マルグリトの快癒を超自然的な奇蹟によると断言している。とすれば、サンス大司教としてもその言葉を一概に否定するわけにはいかなかっただろう。さらに、この奇蹟を創世奇蹟と比較した書簡をモンジュロンに送ってきたという、国王の侍医クロードもまた証人に名を連ねている。こうして証人を列挙したあとで、モンジュロンは唐突に「ヴォワ・ピュブリク（Voix publique）」と言い出す。「世間一般の声」、あるいは「世論」ということになるのだろうが、彼はこの語を次のように説明している。「私がここでヴォワ・ピュブリクと呼ぶのは、快癒までマルグリト・フランソワズ・デュシェヌが置かれていた恐ろしい状態を知っており、彼女が哀れみや恐怖、不安から解放されたことを等しく喜び、さらに彼女が（九日間祈祷の）六日目で完全に健康を回復したことを見て驚いた（・・・）すべての親族や隣人、友人たちの明確で正確かつ一致した証言を通して発露した信仰の最初の声である」。

この考えを敷衍すれば、彼女の奇蹟を信じる者は信仰者だということになる。そして、ボシュエの後任として一七〇四年にモー司教となり、サンス大司教同様、「ウニゲニトゥス」を熱烈に支持・擁護し、『教勅ウニゲニトゥスに関する神学論』（一七二二年）まで著した枢機卿ビシ（一六五七―一七三七）やその同調者たちを、奇蹟という神の真理に対して「陰険な陰謀」を働く者と弾劾する。(96) ここにはモンジュロンの異様なまでの敵愾心をみてとることができる。

不治の病を宣告され、ときに幾度か「終油の秘蹟（extrema unctio）」を受けながら、パリスの奇蹟によって快癒する。これは奇蹟報告書に頻出するパターン、つまり「奇蹟の文法」だが、カトリック教会の伝統では、元来この秘蹟は「病者の塗油（unctio infirmorum）」と呼ばれ（『マルコによる福音書』6・13）、病人に身体的・精神的な快癒を与えるためのものだった。しかし、中世のカロリング朝時代に臨終者に対する秘蹟へと転位され、それからおよそ一二〇〇年経った第二ヴァチカン公会議後の一九七二年から、再び「病者の塗油」に戻されている。したがって、本書が対象とする時代は「終油の秘蹟」と呼ばなければならない。

次の事例は子供の頃から激しい痙攣に悩み、パリの守護聖女ジュヌヴィエーヴ（四二〇頃―五〇〇頃）――フン族の侵攻を未然に防いだとされる――の祝日にこの秘蹟に与り、やがて死の淵から帰還した娘の奇蹟譚である。

●事例15　ジャンヌ＝マルグリト・デュティユーの場合

私ことジャンヌ＝マルグリト・デュティユー二〇歳は、シテ島のサン＝ジェルマン・ル・ヴィエイユ（サン＝ジェルマン・ル・ヴュー）小教区、カランドル通り（シテ島を南北に縦貫する現在のパレ大通り）に住む理髪師（かつら師）ピエール・デュティユーとジャンヌ・ジュルダンの娘である。一七二一年末から九年間、重篤な病に苦しみ、痙攣も頻繁に、ときには一日で二〇回以上も起きていた。そのため、私が倒れて怪我をしたりしないよう、だれかの助けが必要となった。こうした痙攣を治す、あるいは数を減らすべく、同じ小教区の内科医で数年前に物故したムラン氏が、症状に効くというさまざまな薬を調合してくれたが、一向に効き目は現れなかった。つぎに腕に刺胳を施してくれたものの、かえって症状が悪化した。そこで足に刺胳をしてもらうと、辛さが少し和らいだ。しかし、それも束の間にすぎなかった。ムラン氏は私の体内に熱がこもっているとして、改めて足に幾度か刺胳をしてくれた。おかげでそれから六週間はかなり症状が改善した。

一六歳の頃、胃と頭と背中の具合が悪くなった。これもまた体内の熱のためで、この熱は一七三一年七月六日に司祭・パリス氏の墓で完治するまで続いた。その間、かかりつけの外科医がムラン氏の代わりの内科医を探すよう進言した。そこで少し前まで小教区のいた内科医スロン氏の診察を受けるようになった。彼はそれまで私が受けてきた治療を両親から聞き、私の身体の衰弱ぶりから、投薬だけで刺胳は避けたが、それで効果がなかったため、やはり刺胳を施すようになった。さらにこの内科医は、私をメーヌ公の侍医をつとめていた彼の父親のもとに数度連れて行って受診させた。その結果、刺胳を継続する一方で、阿片の投与と食事療法も併用することになった。そして一か月。高熱はなおもおさまらず、スロン氏はつぎに多くの患者を治したというキナ皮の服用を勧めた。おかげで症状はすこし安定した。しかし、二週間もすると元通りとなり、再び刺胳と阿片による治療法が用いられるようになった。

こうしてさまざまな治療がなされたが、二〇歳になるまで症状はときに多少好転するものの、結果的には悪化の一途をたどった。一七三〇年一二月からはゆっくり眠ることもできなくなり、食欲も衰えて体力を失い、著しく衰弱した。そして翌一七三一年一月、内臓の炎症で胃が圧迫されるような激痛に襲われた。そこで体中に刺胳を施してもらったが、一向に効き目はなく、医師たちはもはや終油の秘蹟を受けなければならないと判断するまでになった。それに従って、聖女ジュヌヴィエーヴの祝日（一月三日）、私はこの秘蹟に与った。それからというもの、症状はさらに重くなっていった。医師を替えて刺胳をしてもらっても、私の危機的な状況は変わらなかった。

そんななか、私の病に同情していた慈悲深い数人から、パリス氏の墓に詣でたらどうかと勧められる。私自身、じつはそのことをかねてより考えていた。そこでサン＝ジェルマン・ル・ヴュー教会の主任司祭に相談すると、司祭は概ね賛成した。ただ、身体の治癒もさることながら、魂の浄化にも努めなければならないと言われた。この言葉に従って、それからしばらくは快癒を願うより、ひたすら祈りに身を捧げた。

　こうして一七三一年七月六日朝六時頃、私は父の家まで迎えに来てくれた馬車でサン＝メダール教会へと向かった。同じ小教区の三人が付き添ってくれた。五時間あまりかかって教会に着くと、祭壇の下に平伏して祈り、病人や付き添い人で立錐の余地もないほどの墓地に詣でた。血の気がすっかり退いた私の顔を見て、何人もが私の付き添い人たちに尋ねた。どんな病なのか、と。人並みに押されてなかなかパリス氏の墓石に近づけなかったが、何とかたどり着いて、墓前に弱々しく跪いたまま、半時ほど祈り続けた。それから教会に戻り、ミサに出席した。しかし、断食をしていたため身体に力が入らず、三時間ほど続いたその途中で幾度も倒れそうになった。ミサが終わると、喉を潤すようにと、だれかが冷たいワインを持ってきてくれた。だが、少し飲みこめただけだった。そのあと、再び墓に赴いた。先刻よりは歩くのが多少楽になっていたが、腹部が激しく痛んで、ものの一五分と跪いていられなかった。

　そこで帰宅しようと馬車に乗った。不思議なことに、馬車に揺られても苦痛は感じなかった。家に着くと、父親が私の変化を見て驚いた。サン＝ジェルマン・ル・ヴューの主任司祭もやって来て、同様の驚きを隠さなかった。まもなく家は私の噂を聞きつけた人々で溢れかえるようになる。二日前までは絶望的な状態にあった娘がなぜ元気そうになったのか。皆口々にそう言った。この日から、症状が軽くなり、もはや刺胳や投薬に頼らずともよくなった。ただ、首筋に大きな瘤状の突起ができて疼き始めた。名医の評判を勝ち得ていた外科医のコリニョン氏にみせたところ、もはや神の手に委ねるほかはないという。しかし、この突起もそれから数日後に消え、以後、私は身体のどこかに不調を覚えることはなくなった。

　一七三二年一月二四日、パリ、署名　ジャンヌ＝マルグリト・デュティユー(97)

　一日に二〇回以上も痙攣していたというジャンヌ＝マルグリトが、その主任司祭に相談したサン＝ジェルマン・ル・ヴュー教会は、一三六〇年に小教区教会として創建されたもので、革命後の一七九六年に閉鎖されたのち、パリ警視庁の庁舎となっている。信者がパリスの墓に詣でて、そのとりなしを願うという信者の申し出に賛同したことからすれば、この主任司祭は少なくともジャンセニストに反感は抱いていなかっただろう。

右の報告書でとくに興味を惹かれるのは、阿片に加えて、解熱剤にキナ皮（quinquina）が用いられていることである。これはペルー先住民のケチュア族がキナキナ（kinakina）と呼んでいたキナノキの樹皮である。今もなおマラリアの特効薬であるキニーネの原料として用いられているが、一七世紀頃に西欧世界にもたらされたペルー産のこの高価な樹皮は、「ペルーの樹皮」や「解熱樹皮」などと呼ばれて、熱病全般の良薬として珍重された。一説によれば、キナがヨーロッパで成功したのは、ペルー副王（総督）のチンチョン（Chinchon）伯爵夫人が、これを服して熱病から奇蹟的に快癒したことによるという。キナノキの学名（cinchona）はこの故事に由来するというが、ローザンヌ出身の医師で、名著『オナニズム』（一七六〇年）で知られるサミュエル・ティソ（一七二七―九七）も、一七六二年に著した『健康に関する国民への意見』のなかで、解熱剤としてのキナの効能を称えている。

一九世紀に入ってもそうした効能は信じられており、たとえば北仏ドゥエの医師ピエール＝ジョゼフ・ポティエ（一七三六―一八二三）もまた、一八〇六年の上梓になる『キナ皮の利用と間欠熱の処方についての提言』で次のように書いている。

キナ皮はモルヒネ作用のある薬剤だが、高熱が続く場合は、かなりの量、たとえば日に一オンスを服してもよい。筆者の観察では、キナノキの煎じ薬で浣腸をかければ、胃に過剰の負担をかけず、少量の投薬でも効果が高まる。(98)

とはいえ、時代は一八世紀。むろん遠来の招来品である。良質のキナともなれば、一八世紀後葉でも一オンス（約三一グラム）当たり八スー、つまりパリ近郊の平均的な労働者が稼ぐ日当の半分近くした。それほど高価な薬剤を医者が勧める。理髪師の父親にはたしてそれに見合うだけの収入があったのかどうか、いささか疑問なしとしない。はっきりしているのは、このキナ剤もまたさほどの効力を発揮しなかったということである。彼女の「重篤な病」が何なのかは必ずしも明確ではないが、医師たちの手の施しようがなくなって、つまり不知の病との最終診断によって終油の秘蹟を受けているからだ。

それにしても、大司教ヴァンティミルがその教書でアンヌ・ル・フランの奇蹟を虚偽として弾劾し、奇蹟の報告を取り締まるようになった一七三一年七月は、まさに奇蹟の当たり年ならぬ「当たり月」だった。筆者がさまざまな史料から確認しただけでも、表1（本書第7章）が示すように、ゆうに三〇例を超える。[99] バルビエもまた『日記』の同月の項でこう記している。

> モリナ主義者や教勅派にとって不快な出来事が起きている。一七二七年に他界した前述のパリス氏はしばらくのあいだおとなしかった。つまり、いかなる奇蹟も起こさなかった。ところが、再びそれが激しくなったのだ。二か月前からフォブール・サン＝マルセルのサン＝メダール教会に連日驚くほどの人々が押しかけるようになっている。数多くの馬車、あらゆる階層の男女、体が麻痺した病人たちが奇蹟に浴しているのだ。人々は口々に「テ・デウム」を唱え、ジャンセニストたちを大いに喜ばせている。一昨日には、カプチン会士の献金係が群衆をからかおうとして追い出され、以後、彼はこの地区に足を踏み入れることができなくなった。[100]

ただ、なかには不謹慎な者もいたようで、バルビエによれば、セーヌ川にかかるポン＝ト＝シャンジュの橋上家屋に住むある兵士の寡婦ガブルエル・ゴーティエ六〇歳が、健常者であったにもかかわらず、パリスの墓に行き、面白半分に一芝居を打とうとしたという。そして、いかにも足が不自由そうに演じて、墓の上に横たわった。ところが、それから一五分ばかり過ぎた頃、突然彼女は叫び声をあげて、神に赦しを乞う羽目となった。口が歪んで、右半身が麻痺し、担架でオテル＝デュー（慈善院）に担ぎ込まれた。彼女に付き従った数百人は、道すがら、口々に「奇蹟だ！」と叫んだ。こうして神罰を受けて不自由な体となった彼女は、自分が属するサン＝ジャック＝ド＝ラ＝ブシュリ小教区の聴罪司祭ショーラン――バルビエは彼をモリナ主義者としている――に自分が不信心ゆえ、一時の気の迷いから愚かなことをし、もし体が元通りになれたら、パリスの墓に出向き、皆の前で謝罪すると告解した。これを受けて、ショーランは陳述書を作成するよう進言し、彼女を公証人のもとに送った(101)。

『日記』(八月)にはこうして一七三一年八月七日に作成された陳述書が全文引用されているが、この七月二〇日にはフランソワ・ジャリエールないしガリエールなる人物が、「サン＝メダール教会のパリス氏の墓の上で萎えた足が治った」と偽って、ビセートル施療院の牢獄に送られ、共謀の疑いがかけられた数人もバスティーユに投獄されたという。九月にはまた、ドセグルという名の製パン商の徒弟が、同様の罪でプティ・シャトル裁判所の獄につながれている(102)。彼らはおそらくイエズス会やジャンセニスムとは無縁だろうが、いつに変わらぬこうした不心得者の出現は、すでに一連の奇蹟が間違いなく一種の社会現象となっていたことを端的に示している。

『奇蹟集成』の第八分冊には、事故や身体的疾患ではなく、ある恐怖体験によって癲癇を発症するようになった少女の快癒報告が収載されている。報告書の作成者はその母親である。ただ、きわめて珍しいことに、彼女の語りには明らかな事実誤認がみられる。

●**事例16　マリ・マルグリト・ド・ガスの場合**

フォブール・サン＝タントワヌ通り(現在のバスティーユ広場とナシオン広場を結ぶ通り)に住んでいる、私ことフランソワズ・ベストーと夫マルスラン・ド・ガスの娘で、当時七歳か八歳だったマリ・マルグリトは、一七二九年一〇月、突然病に冒された。原因は、ある夜、娘が酔っ払いながら抜き身の剣を手にして誰かを追いかけている男に遭遇し、恐怖にかられたためである。それから一週間後、娘は意識を失って激しく痙攣し、数人の大人がかろうじて押さえつけることができた。この日から週に二、三度は引きつけを起こして叫び声もあげ、ときにはそれが一日以上続くようになった。診察を依頼した宣誓外科医のエヴラール氏は、娘の腕に数度刺胳を施し、吐剤を飲ませた。だが、一向に効き目がないことを認め、病が癲癇《オー＝マル》だと断じた。そこで私は薬を諦め、ひたすら神の恩寵にすがることにした。

一七三一年の聖ヨハネの祝日(六月二四日)、私は下女や下男たちとともに娘を聖マウルス教会(バスティーユ近郊)

に連れて行った。聖マウルス（事例32参照）のとりなしを願うためである。教会に着くと、ミサの最中だった。私たちもそのミサに与ろうと内陣に入っていった途端、娘が発作を起こして恐ろしい叫び声を発した。やむなく教会を出て、外気を吸わせて落ち着かせようとすると、娘の顔が苦しさに歪み、そのまま死んでしまうのではと思った。同行した者たちはそんな娘を抱いて、息をさせようとした。おかげで娘は落ち着きを取り戻し、再び教会に戻った。だが、人ごみの中で私は娘を見失ってしまった。ミサが終わると、ある信者が私のもとにやってきて、娘がひとり祭壇の前で聖マウルス像に必死に祈っていたと告げた。

一七三二年七月半ば、私が信頼している人物が見舞いにやってきて、多くの奇蹟が生まれているサン＝メダール教会に詣でることを勧めてくれた。その勧めにしたがって、娘ともどもサン＝メダールへ行き、読唱ミサを聴いてから福者パリス氏の墓地に赴いた。病人で溢れかえっていたため、容易に墓には近づけなかったが、親切な人たちが娘を墓前まで押し出し、私もなんとかそのあとに続いた。だが、墓石の前で、娘は激しく引きつけを起こし、叫び声をあげた。そこで娘に、「ダヴィデの子イエスよ、お慈悲を。福者パリスよ、私のために祈ってください」と唱えるよう言った。娘がそれを三度繰り返すと、病は消え失せ、以後再発することはなかった(103)。

この報告書でまず指摘しておかなければならないのは、母親フランソワズが「一七三二年七月半ば」に娘をサン＝メダール教会に連れて行き、その墓地を詣でたとしていることである。しかし、すでに明らかなように、墓地は半年前に閉鎖されている。前段とのつながりでいえば、おそらく一七三一年七月の間違いと思われる。墓地を詣でなかったのに詣でたとする記憶違いはありえないからだ。これはほとんどが出来事の年月日を正確に記している奇蹟報告書としては、珍しい事例である。

さて、報告書からすれば、マリ・マルグリトは一〇歳ないし一一歳で奇蹟的に快癒したことになる。報告書自体はそれからほぼ二年後の一七三三年七月に作成されている。奇蹟的快癒から六年半後に報告書が作成されたマドレーヌ・ベニェ（事例1）やローランス・マニャン（事例3）、さらには六年後のフランソワズ・フォンテーヌ（事例6）

の場合ほどではないにしても、奇蹟報告書全体をとおして認められるこうした時間的な間隔ははたして何を意味するのか。快癒にいたるまでの「真実を述べる」という語り手共通の言説と、神への感謝の表明という動機からすれば、その記憶が新しいうちに可及的速やかに作成する方が理に適っているはずだが、このことを明らかにする報告書は見当たらない。たとえばパリス現象研究者のピエール・フランソワ・マテューは、快癒者がベニェのようにしばしば無筆だったため、ジャンセニストたちの意向を受けた、あるいはジャンセニストだった作成者が、報告書にアレンジを加えた可能性があるのではないかと指摘しているが[104]、どうだろうか。モンジュロンならいざしらず、ごくわずかな事例を除いて、一連の奇蹟報告書にジャンセニスムないしジャンセニストとのかかわりは認められないからである。

　母親の語りについても問題は残る。症状からすれば、マリ・マドレーヌの病名を癲癇とした外科医の判断は正しいだろう。ただ、それが恐怖心に由来するものかどうかは不明である。カルトゥーシュ率いる大盗賊団の悪行の記憶がまだ冷めやらぬパリの街を、下女や下男を雇うだけの資力――名前に貴族の出自を示す小辞のド（de）がついている――を有する家に生まれた少女が、夜、ひとりで出歩くというのも無用心すぎて合点がいかない。

　しかし、この事例で興味深いのは、王国内で広く信仰を集めていたはずの「聖人」マウルスではなく、それより格下だった「福者」パリスによって治癒したという語りである。意図するとしないとにかかわらず、これもまたいかなる医師や薬剤でも治せなかった病が、パリスのとりなしで快癒したという物語と同様、結果的にパリスの偉大さが強調されるレトリックとなっているのだ[105]。

　前月ほどではないが、一七三一年八月にもさらに十数人が同様の僥倖に浴している。そのひとりに、パリ市庁舎の東隣に位置するサン＝ジェルヴェ＝サン＝プロテ小教区の住人で、仕立て職人のルイズ・アルドゥアンがいる。彼女は一連の奇蹟体験者のなかで、例外的に教勅「ウニゲニトゥス」に異を唱えていた。

●事例17　ルイズ・アルドゥアンの場合

ルイズ・アルドゥアン三八歳半ばは、本日一七三一年八月二七日、パリ・シャトレ裁判所の評定官・公証人の前に出頭し、彼女が六年間苦しみ、助祭の故フランソワ・ド・パリス氏のとりなしで奇蹟的に快癒した病のことを紙葉六枚の裏表に書き記した、メモの原本を提出した。このメモは「神の最高の栄光に」という文言から始まり、五枚目の裏側には末尾に本人の署名とともに、「パリ、私の快癒の翌日である八月三日」、さらに六枚目の裏側には、やはり自署とともに「一七三一年八月一九日」の日付が記されていた。これらのメモは本日、ブロンドゥリュ（公証人？）によって正式に登録された。以下は、その内容である――。

一七二五年九月一五日、ミサから戻る途中、私は突然両足に力が入らなくなり、近くのジョフロワ＝アスニエ通りの自宅まで、這うようにして戻らなければならなかった。それには一時間もかかった。それから一週間、立つことがきわめて辛くなった。何の病が原因かは分からなかったが、まもなく左半身が頭部からつま先まで麻痺するようになった。病を発症してから八日目の午後、私は卒中に襲われた。内科医のカロン氏と外科医のシャトー氏に往診してもらった。その診断によれば、卒中はかなり重篤で、血液が凝固していたという。そこで血を溶かすために腕の下を暖めながら、一時間ほど刺胳を施してくれた。

一〇月一日、私は王宮前広場のオスピタリエール施療院に入院した。だが、三週間後に帰宅させられた。病が不治だと診断されたからである。その年のクリスマスまで、歩くことができなかった。だが、それからの三か月間、つまりクリスマスから翌一七二六年の復活祭までは、杖をついて歩くことができた。ところが、復活節第二日目（四月二三日）、サン＝ジェルヴェ教会に赴いた際、突然麻痺が激しくなって、籠に乗って帰宅せざるをえなくなった。それ以来、左半身は松葉杖、右半身は杖で支えなければならなくなった。

同じ一七二六年の聖ヨハネの祝日（六月二五日）、麻痺がさらにひどくなり、体を動かすには二本の松葉杖に頼らざるをえなくなった。体は徐々に弱まり、麻痺も日増しに亢進していった【震えて憔悴した身体を二本の松葉杖に託しながら、ときに外出さえした。転べば命取りになるかもしれない。彼女の姿を目の当たりにした人々はだれもがそう思った。義兄もまた介添人なしでの外出を極力止めようとしたが、教会で神に快癒を祈ろうとする彼女の強い意志を挫くことはできなかった】。

【徴税吏をしている義兄のタショ宅に移った】一七二八年八月頃からは、外科医のシュ（ー）氏が私を診るようになったが、状態は一向に改善せず、三〇年一月には部屋の中ですら歩くことができず、椅子に座ったまま移動するようになった【一七三一年一月にはそれまでよりはるかに激しい卒中に襲われる。四肢は麻痺し、言葉すら満足に話せなくなった。外科医のシュは刺胳、他の内科医は薬剤を処方したが、右腕が辛うじて少し動かせるようになっただけだった】。私の足は死人のように冷たく、本年（一七三一年）八月二日に全快するまでの四か月間は、舌が腫れ、低い声でしか話せなかった。そして去る七月二五日の聖ヤコブと聖クリストフの祝日には、完全に話すことができなくなった【この日、新たな発作が起こる。外科医シュの刺胳もまったくの徒労で、激しい嘔吐に悩まされ、声も出ず、微かに動かせる右手を除く四肢は、まるで死者のように動かなかった】。

そうした絶望的な状況のなかで、私はパリスの墓でのさまざまな奇蹟譚を耳にした。そこで一七三一年七月三〇日、ついにサン＝メダール教会に詣でる決心をした。周囲の人々はだれもが反対し、途中で死んでしまうとも言った。だが、八月二日木曜日の朝六時、私はサン＝メダールに運んでもらい、神の僕であるパリス氏のとりなしにすがろうとした。だが、それは自分の快癒のためでなく、神の正義と真理を理解してもらう証拠をつくるため、福者パリス氏の聖性を知ってもらうため、そして教勅に反対することが決して過ちではなく、それが従うべき道であるということを示すためだった。

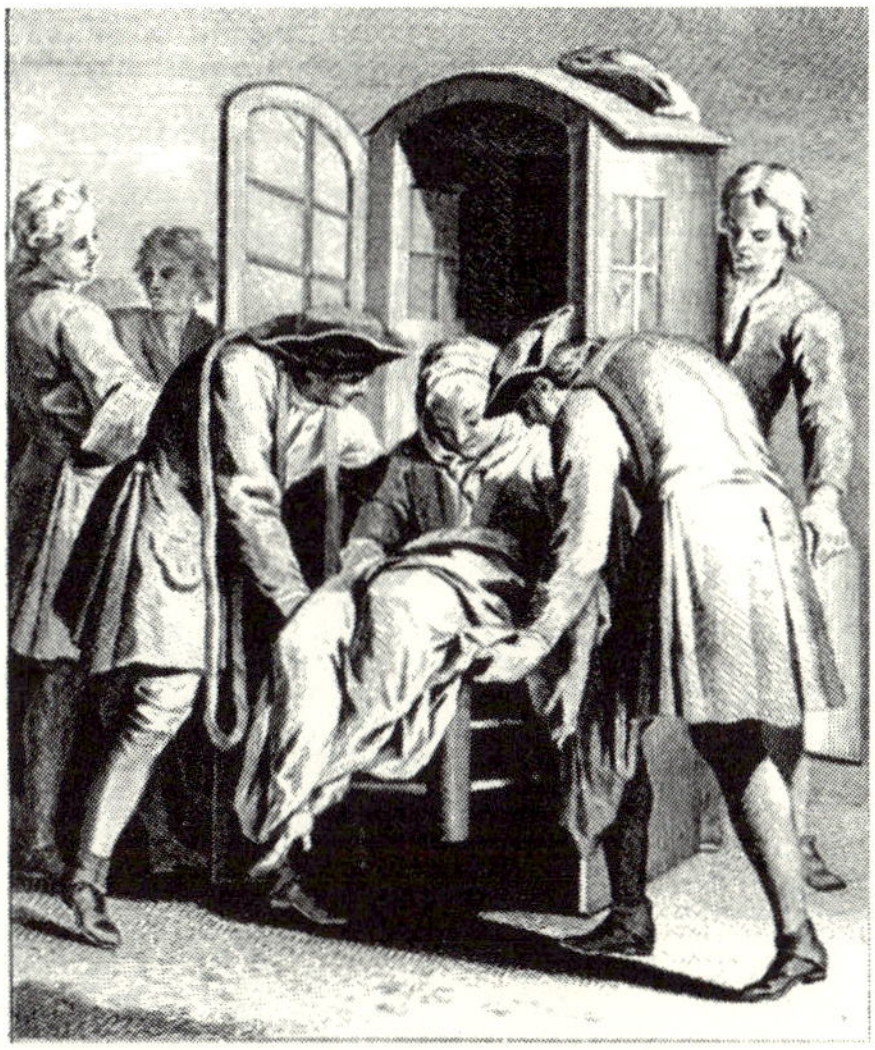

図 36　駕籠に乗るルイズ・アルドゥアン

　だが、四階にある私の居室から下りるには、藁製の駕籠に乗せてもらわなければならず、自分としてもそれはきわめて辛いことだった。教会までの道のりも、じつに息苦しく、快適さとは程遠いものだった【駕篭の担ぎ手たちは病人を運ぶのに慣れてはいたものの、同行者の傍らで、言葉さえ満足に発することができない彼女のおぞましい姿を見て、瀕死の状態にあると一瞬尻込みをした。だが、何とか駕篭に乗せ、途中二度失神した彼女を教会まで運んだ】。

教会に着くと、私は聖体奉持のミサに与り、神に宿痾を除いてくれるよう哀願した。ミサのあと、墓地に運んでもらい、三人の手を借りて、パリス氏の墓石の上に寝かせてもらった。私はそこに三〇分ほど横たわっていた。その間、体が恐ろしいまでに痛み、激しく震えていた。介添人たちは私が発作を起こしたと思った。そこで私は墓石から戻されたが、症状がまったく改善していなかった。それから教会に連れて行ってもらった。すると、体が再び激しく揺れだした。しかし、言葉が戻った。最初に口をついて出た言葉は「わが神よ！」だった。

私の苦痛はなおも続いていたが、介添人のひとりはそれを快癒の兆しだと考えて、改めて私を墓石の上に寝かせようとした。こうして墓石に横たわると、前にもまして激しい痙攣に襲われた【突然、長いあいだ不随に苦しんできた身体が激しく揺れだす。それはさながら死を押し返そうとする命の闘いのようであり、全能の手が彼女に触れる前兆でもあった】。だが、まもなく痙攣はおさまり、苦痛も感じなくなった。三〇分ほどして、私は墓地を辞し、両腕を支えられながら駕篭のところまで歩いて行った。道すがら、私は力が満ちてくるのを覚え、ピティエ施療院の近くにさしかかると、ひとりで歩いてもみた。

帰宅すると、私は介添えなしに独力で三階の居室まで上がることができた。話すこともまた、病魔に冒される前のように苦労せずにできた。完全に快癒したのである。昨日、夥しい人々がやってきて、神が私に対しておこなった奇蹟を確認した。そうした人々と会っても、私は、おそらく健常者なら耐えられないような疲れに耐えられた【それから数か月ものあいだ、毎日のようにさまざまな人が彼女を訪ね、一連の出来事や体調について質問した。彼女はそのすべてに答えたが、疲れは覚えなかった。やがて彼女の噂は王国の津々浦々まで広まり、スネやモンペリエ、オーセールの司教たちもこの奇蹟に祝福を惜しまなかった。これに対し、サンス大司教は証人たちのなかに奇蹟を信じない者ないし教勅支持の聖職者たちを探し出そうとしたが、無駄骨に終わった】。

パリ、快癒の翌日、一七三一年八月三日。自署　ルイズ・アルドゥアン、三八歳半。（余白に）パリ、一七三一年八月二七日登録。一二スー受領、署名　ブロンドリュ。[106]

シャトレ裁判所に一二スーを支払って正式に登録されたこの報告書（陳述書）には、さらに四五人が証人の署名をしている。ルイズを駕篭に乗せてサン＝メダール教会まで運んだ担ぎ手たちや、奇蹟前と後の彼女を知っているさまざまな職業の人々、さらに彼女を診察した内科医や外科医たちである。証言の内容と形式がいずれも申し合わせたようにほぼ同一であるところからして、おそらく同裁判所の公証人が作成したと考えてよい。

ルイズもまた「奇蹟の文法」、――より正鵠を期していえばその変型――すなわち不治と診断された病→痙攣→快癒というプロセスを体験している。だが、ここでより興味深いのは、彼女が上訴派の司教たちに手紙に添えて奇蹟報告書を送っていることである。たとえば一七三一年九月八日にモンペリエ司教にしたためた手紙には、自分の快癒までの経緯を語ったあと、殉教者の聖ゲルヴァシウスと聖プロタシウス兄弟の奇蹟に対する聖アンブロシウス（三四〇頃―九七）の思いが、パリスの奇蹟で蘇ったと述べている。[107]そして、これらの奇蹟はイエス・キリストの人性などを主張した異端アリウス派を沈黙させ、アリウス主義を帝国に導入しようとした女帝ユスティナが、その計画に反対したアンブロシウスに手出しをできなくさせたとも書く。ミラノ司教時代、アンブロシウスに幻視として現われたという兄弟の奇蹟については、その弟子である聖アウグスティヌス（三五四―四三〇）もまた『神の国』（第二三章）で触れているが、それにしても一介の仕立て職人がこうした知識を備えていたとは、意外といえば意外である。彼女が住むサン＝ジェルヴェ＝サン＝プロテ（聖ゲルヴァシウスと聖プロタシウスのフランス語名）小教区に、この殉教者兄弟に捧げられた教会（一七世紀前葉完成）があったことからすれば、あるいは教会の説教で司祭から聞いた話かもしれない。しかし、その手紙にモンジュロンに快哉を叫ばせるような一文、すなわち教勅「ウニゲニトゥス」が神の真理を攻撃したと難じ、自分が一七一七年のモンペリエ司教を含む四司教の上訴に精神的に結びついている、といった一文も見られるところからすれば、ルイズは間違いなくジャンセニストないしその共鳴者だったと思われる。

オーセール司教とスネ司教への手紙がいかなるものだったは分からないが、前者からは同年一一月六日、後者からは同月二一日に返書が寄せられている。いずれも彼女の奇蹟を神意によるものと認め、その快癒を祝福するもので、これら二司教からの返書は一七三一年一二月五日、前出のブロンドリュによってシャトレ裁判所に、報告書と同額の一二スーを払って登録されたとある。

ジャンセニストないし共鳴者の「奇蹟」であってみれば、サンス大司教ランゲの攻撃があってしかるべきだが、その教書にルイズ・アルドゥアンに関する記載はない。《聖職者通信》にも、それについての言及はない。にかかわらず、モンジュロンはここで大司教を引き合いに出して、大司教が明々白々たる奇蹟に反対しているのは、この奇蹟が痙攣によってもたらされているからにほかならない。そうした痙攣とは神が奇蹟を起こすための身体的な手段として用いるものであり、大司教自身、痙攣による奇蹟をひとしなみ虚偽として断罪しているにもかかわらず、さまざまな聖人の墓で、痙攣や苦痛のあとで奇蹟が起きていることを認めているではないかと批判する(108)。

ルイズについてもうひとつ興味深いのは、彼女の「奇蹟」を祝福する長編詩が書かれていることである。『奇蹟集成』や『諸奇蹟の真実』にも収載されていないこの長編詩の題名は、「福者助祭フランソワ・パリスのとりなしによってマドモワゼル・アルドゥアン本人に起きた奇蹟に対する賛歌」。以下にその一部を訳出しておこう（ただし、訳文に原詞の脚韻を反映させることは難しい）。

おお、神よ、驚くべき奇蹟に
私の目は引きつけられる！
あなたの手がそれを導く。
天空の支配者よ。
私は見る
今日、あなたの力が現れることを。
その豊かさのうちに

私はあなたの愛を見る。

放縦な罪人よ
冒瀆を諦めよ。
至高の存在の
手は知っている。
人間が黙し、
神のみが話せるということを。
尊大な者が屁理屈を並べるのをやめるということを。

あなたのために無数の奇蹟は
同時に輝く。
古代の神託に
奇蹟はその声を与える。
神は沈黙を破り、
震わせ、従わせる。
私はあなたの力を目の当たりにし、
敬い、服従する。

怠惰な魂は
しばしば虚しい祈りを捧げるが、

燃えるような信仰さえあれば
結果は確かなものとなる。
ありがたいことに
そこには神意が姿を現すのだ！
この神意は恩寵を恵んでくれる！
それは高価な賜物である！

アルドゥアンは味わった、
この信仰の果実を。
自分の願いを聞き入れてくれた神のなかに
彼女は感じ取った。
思いのままに動いて
つねに存在し、
その強い手で
自分を癒してくれる王の存在を。

（・・・）

卒中のため
たえず亢進する麻痺。
人は偶発的症候に怯える。

あまりにも確実な恐れ！
もはや死しか待っていなかった
アルドゥアンは、
この不幸な宿命から
解き放たれた。

光をほとんど失った
彼女の目は何も見えず、
力のない瞼は
虚しく開くだけ。
ものが言えない舌は
こうした苦しい時期、
もはやその感情の
代弁者ではありえない。

卒中が
収まったと思えても、
麻痺が
つねに支配しようとする。
この惨めな帝国に隷属した
彼女の身体は、

すべてが破壊されて
彼女に襲いかかった。

なんとか歩こうとしても
虚しい努力に終わる。
足に力はなく、
ただ身体を倒れさせるだけだった。
彼女のなかではすべてが衰え、
すべてが病を増幅させた。
ただその忠実な魂だけが
安らぎのうちにあった。

（・・・）

こうしたときでも
彼女の心は助祭に向けた
忠実な熱意に満ちており、
墓へと飛んでいった。
信仰が彼女を励まし、
よりよい状態が訪れるという
確実な予感を

彼女はすでに覚えてもいた。

おお、寛大な神よ、
天空の主たる神よ、
彼女の信心を見て、
その誓願を高く掲げさせた。
おお、これこそが驚異！
それはすでになされ、
奇蹟に与った彼女の身体は
その効果を実感している。

身体の障害自体は
もはや健康へと姿を変え、
極度の苦痛も
快楽へと変わった。
打ちひしがれていたその身体は
今や生命力に満ちている。
不信心で
混乱していたと思われていた身体が、である。

あなたがた信心深い羊たち、

主の子供たち、
主の下僕として
献身の心を大きくせよ。
それぞれが
熱心に主を敬え。
われわれの知恵が
主を真似るように。(109)

八行詩連で脚韻を踏んだこの賛歌が、はたしてどのような経緯で、どこで発表されたものかは不明である。だれが書いたのかも分からない。分かっているのはただ、ルイズ・アルドゥアン本人ではなく、その詩句や表現法からしてかなりの知識人の作だということだけである。おそらくは彼女の病についてよく知っていた、あるいはその奇蹟報告書を手にしたジャンセニストの作だろう。

次の事例は、その報告書の内容からして、珍しく上層階級に属すると思える女性に起きた「奇蹟」にかかわる。報告書の作成者はこの女性と同じパリ北部のナンテールに住むシャトレ裁判所の公証人で、三人称を用いて書かれている。

●**事例18　ルイズ・コワランの場合**

ルイズ・コワラン夫人四七歳位は、一七一六年九月、義父のブラ＝ド＝セーヌ氏が御する馬の尻部から落ちて胃のあたりをしたたか地面に打ちつけた。激しい痛みがあったが、義父は彼女を再び馬に乗せた。だが、馬が興奮して制御不能になり、再び落馬して山になった石積みに直接胃の左側をぶつけ、激しい痛みに失神してしまった。そのことを彼女は母親に黙っていた。義父のことを慮ったためである。しかし、落馬から四日目、胃の痛みが激化する。いずれ治るとたかをくっていたが、それは危うい期待だった。日毎に痛みが増し、四〇日後には食べた物をすべて吐くようになり、数日後には吐瀉物に腐ったような血の塊も含まれるようになった。この血塊をナプキンに包んでパリの内科医ブーラン氏と外科医ボルドー氏に見せたところ、胃に腫瘍（癌）ができたためという診断だった。

それから四年半、夫人は毎日のように吐血し、気を失うまでになった。事故から三か月も経つと、左側の胸にしこりができ、紫色に腫れた。地元の外科医ペイザン氏の見立てでは、すでに指三本大の硬い腫瘍が胸部から腋の下まで広がっていて、左腕の動きを妨げているという。外科医ボルドー氏と同様、ペイザン氏もまた、できたことといえば患部の上に湿布薬を貼ることだけだったが、腫瘍を消し去るまでにはとうていいかなかった。腹部の刺胳によってかなりの量の血を抜き出したが、症状は一向に改善しなかった。胸部の痛みは日を追って強くなっていった。

一七一八年初頭、突然ルイズの左腕が無感覚となり、左半身全体も麻痺して不随となった。もはや左の手足は動かず、凍りついたそれを右手で移動させるほかなかった。この状態は一七三一年八月一一日の夜まで続いた。【ナンテールの修道院付き外科医が急ぎ駆けつけて手当したが、薬をすべて使い切っても効果はなかった】。一七一九年には左乳房の端がただれ落ちた。彼女はその部分を三日間保存し、前記内科医や外科医たちに見せた。以後、そこから赤みを帯びた膿がたえず出るようになったが、医師たちの診断では、有害な腐敗の種を宿している乳房を切除しなければ、命が危ういとのことだった。

施術の日、医師たちはコワラン宅にやってきた。彼らの手術具をみた母親は怯えて顔面蒼白となり、医師たちにそれで治るのかどうか尋ねた。だが、彼らがそれは請け合えないと答えたため、母親は娘が無用な施術で苦しむより、静かに死を迎えさせたいと思うのだった。そして、ベリー公爵夫人お抱えの外科医デ・ビエール氏とサント＝ジュヌヴィエーヴ修道院の修道外科医アントワヌ氏に娘を診察させた。彼らもまたルイズの病が間違いなく不治であると診断したが、乳房の切除は避けるべきだと言った。癌が胸部内にまで入り込んでいるからだという。

こうして施術を忌避したルイズではあったが、やがて腹部の過水症や尿閉、子宮の腫瘍まで併発し、激しい嘔吐も続いた。サント＝ジュヌヴィーエーヴの修道院長【ナンテールの主任司祭エピヌ】は、そんな彼女に終油の秘蹟を授ける準備すらするようになった。こうして快癒までの一三年（一五年の間違い）間、ルイズは教会に苦痛に耐えながら四度赴いた以外、部屋を一歩も出ず、数年前まではベッドで秘蹟を受けるほどだった。全身が固まって曲がり、長椅子に座っていても、支えなければ頭ががくんと落ちた。尿閉も続いていた。

それにもかかわらず、ルイズは望みを棄てなかった。パリスのとりなしで何とか快癒できるのではないか。そう思った彼女は、一七三一年八月九日（原文は六日となっているが間違い）、ナンテールのある有徳な婦人【ジュヌヴィエーヴ・ラ・マール】に、サン＝メダール教会に行き、パリスの墓で九日間代祷をし、自分の下着を墓石に触れさせ、土を持ち帰るよう頼んだ。翌日、婦人はサン＝メダール教会に赴く。そして一一日、彼女は墓土と墓石に触れさせた下着を持ってきた。その夜、下着をつけたルイズは、それまで力なくベッドに仰向けに寝たままだった身体に力が沸いて、寝返りがうてるようになった。さらに一二日、墓から持ち帰ってくれた土を患部に当てると、胸部からの出血が止まり、その穴も塞がり始めた。

図37　快癒したルイズ・コワラン

八月一三日朝、ルイズはひとりでベッドから起き上がり、自分の手で服を着たり、髪を梳かしたりすることができるようになった。左半身に動きが戻り、左足も曲げ伸ばしができるようになった。左手を頭上に上げることもできた。同日の昼、たまたま部屋にスープを運んできた下女は、長椅子にいるルイズが自分の方を振り返ったのを目の当たりにして驚き、誰が彼女をベッドから起き上がらせ、服を着せたのか訊ねた。その問いにひとりでやったと答えたルイズは、しかし奇蹟が始まったことを、自分が階段を下りて直接告げるまで、長いあいだ病の床に臥せっている母親に知らせないよう下女に命じた。

こうして一九日、体力の回復を覚えたルイズは母親の居室まで階段を降り、一緒に夕食を摂ることにした。母親はそんな娘の姿を見て感涙を禁じえず、何も咽喉を通らなかった。それから五日後の八月二四日。ルイズは小教区教会に歩いて赴き、他の会衆と同様、ひざまずいてミサに与った。そして九月三日、馬車でサン＝メダール教会に向かい、パリス氏の墓に快癒の感謝を捧げた。この前の四旬節（一七三二年三月）には、知人の婦人とカルヴェール山（所在地不明）に行き、人の手を借りず、杖も用いずに登山し、疲れも覚えなかった。(110)

この奇蹟報告書の末尾には、ナンテール在住の商人ジャン・フランソワ・プサンと近衛隊員ピエール・コワランを立会人として、一七三二年四月二九日に報告書が作成・登録され、自署のある書記ガストルジュが、報酬として一九ソル三ドゥニエを受け取ったとの文言がある。そして、証人として、高等法院の弁護士で、ナンテールの刑事・民事・治安判事官を兼務していたルネ・デロンと、パリ・シャトレ裁判所の国王公証人アンリ・ラビナンの名も記されている。

さて、事例の内容だが、ルイズと義父との関係はさておき、彼女は落馬がもとで半身麻痺や過水症や尿閉、子宮の腫瘍を併発し、ついには乳癌にまでなったという。記述が事実なら、現代医学をもってしてもかなり厄介な病態といえる。むろん当時の医術では、不治と宣せられても仕方がなかった。たとえばポール・デュベの『貧者の内科医と外科医』を改めてみてみよう。一六七八年の初版以降、八版以上を数えたこのベストセラー書で、彼は乳癌について以下のように記している。

> 癌が女性の他の部位よりむしろ胸に発症するのは、それが乳のために膨らみ、内部で固まるためである。その治療としては、以下のような軟膏を用いる方法がある。すなわち、ワイン一瓶分と蜂蜜五〇〇グラム、卵の黄身一〇個を混ぜて、ワインが（蒸発して）なくなるまでゆっくりと煮る。(111) それからニスを塗った土壺にすべてを入れて保存し、よく暖めた苧垢《おあか》でそれを朝晩患部に塗る。

幸か不幸か、ルイズの医師たちはこうした治療を試みることはなく、いずれもが「不治の病」ということで一致した診断を下した。そこで彼女はパリスにすがった。そして、「有徳な婦人」を介して九日間祈祷をおこない、さらにパリスの墓石に触れさせた自分の下着と墓地の土によって奇蹟的に快癒する。報告書には記されていないが、モンジュロンによれば、奇蹟の噂はすぐに町中に広まったという。だが、ルイズの以前の哀れな姿を知っていた者たちは、自分の目で確かめるまではいっかな信じようとはしなかった。国王の従僕と近衛兵だった彼女の二人の兄弟が、八月一九日に姉を見舞った。二人を見た彼女は、立ち上がって彼らの方に近寄り、抱擁した。二四日には小教区教会を訪れ、奇蹟を授けてくれた神に感謝を捧げ、跪いたまま聖体を拝受した。そして、彼女は介添人や杖なしでカルヴェール山頂まで登った。もはや彼女の快癒を疑うナンテール住民はだれひとりとしていなかった。しかし、それを快く思わなかった敵（イエズス会士たち）は、一七三三年八月、彼女の胸に癌が再発し、再び麻痺に襲われたと噂を広めた。そこで彼女は真実を証明するためパリに出て、公証人に奇蹟が実際に起こって長年の宿痾から解放されたとの報告書を作成してもらい、同時に高名な外科医に受診し、すべてが完治して痕跡さえ残っていないとの診断を受けたとしている。

こうして「敵」は面目を潰したが、より強大な敵はほかにいた。いうまでもなくサンス大司教である。しかし、モンジュロンによれば、ことルイズの奇蹟に関するかぎり、大司教はあまりにも自明すぎるゆえにこれを問題視したり非難したりすることができず、沈黙を守らざるをえなかったという。加えて、ルイズは宮廷吏の娘で、二人の兄弟も国王の臣下である。一族の財産は国王の恩恵を受けて築いており、そうした恵まれた立場にあってみれば、彼女が偽りの奇蹟を喧伝する必要性がどこに存するのか。モンジュロンはいささか勝ち誇ったかのようにそう指摘する。[112]

この事例でも九日間祈祷が奇蹟的な快癒のための重要な契機となっているが、なかには四〇日祈祷をおこなったとする報告書もある。マルグリト・ジョフロワの事例がそうである。

●事例19　マルグリト・ジョフロワの場合

私ことマルグリト・ジョフロワ五一歳（一七三二年）は女性仕立て職人で、シャンパーニュ地方シャロンの印刷業者故ジェラール・ジョフロワとフランソワ・バゾの娘である。両親は三〇年前にパリに移り、二一年前からサン＝ジャン・アン＝グレーヴ小教区のマルトロワ通り（現ラボー通り）に住んでいる。家主はマダム・フィネである。

一七三〇年八月一二日、ジャン＝ド＝レピヌ通り（現リヴォリ通り）を通って帰宅する際、私は足を滑らせて転び、左の腰骨を脱臼してしまった。そのあまりの痛さに、腿と肩甲棘《けんこうきょく》が折れたのではと思った。思わず叫び声をあげると、それを聞いて親切な数人が駆け寄り、身体を起こしてくれた。だが、歩くことはおろか、立つことさえできない私を見て、手押し車の運搬人を探しだし、家まで送らせた。

入口に着くと、運搬人は身動きひとつできなくなっていた私を背負って、五階にある居室まで運んでくれた。それを見て、家人がただちにグレーヴ広場（現市庁舎前広場）に住む外科医グラニエ氏を呼んだ。左腰を診断した結果、どこも折れてはいないが、脱臼しているとのこと。蒸留酒を染みこませたガーゼを患部に貼ってくれた。肩甲棘も痛いと言うと、その手当はできないとの返答だった。

だが、その日から腰と肩の昼夜を問わぬ激痛で休むことすらできず、ミサにさえ行けなくなった。それでも一〇月一五日には、杖と姪に支えられながらサン＝ジェルヴェ教会（市庁舎東側）に詣でた。片道三〇分たらずの道のりだったが、苦労して歩いた分だけ痛みが増すようになった。加えて、一一月には新たな災難に見舞われた。姪が留守のとき、私は居室でしばしば雑用をしなければならなかった。そのため、腰をねじってしまい、耐え難いほどの激痛に襲われたのだ。やむなくベッドに横になり、甥を呼んで、モンマルトル通りに住む外科医ボタンテュイ氏に往診を頼むよう指示した。だが、彼が来たのは聖マルタンの祝日（一一月一一日）から一週間も経ってからだった。彼は腰の脱臼は治してくれたが、肩甲棘の方はやはり手の施しようがないとのことだった。

それからしばらくすると、腫れが胃にまで及んで、呼吸が困難になり、まともに食べることもできなくなった。その結果、顔色は青ざめ、痩せて顔かたちも変わった。体力も著しく衰え、立つことさえ難しくなった。このつらい状態は一七三一年七月まで続いた。当時、パリス氏の墓での奇蹟が連日のように巷間噂にのぼっていた。隣人や私の見舞い客たちも毎日のように起きている奇蹟について私に話した。そのうちの何人かは、私がサン＝メダール教会に行けるような状態ではないにもかかわらず、神のそばにいるこの偉大な聖人にすがるよう強く勧めた。そこで私は、居室で祈りを捧げることにした。そうすれば、他の病人たちと同様、自分の病も快癒するのではと期待して、である。

こうして私は四〇日間祈祷をおこなうことにした。毎日数回祈り、痛みで眠れなかったため、夜も祈った。まず自分の魂の快癒を、ついで教会の平和、そして最後に身体の快癒を願って。その一方で、四〇日のあいだ、姪と甥を私の身代わりにサン＝メダール教会に行かせてミサに出席させ、パリス氏の墓に詣でさせた。ひとたびこの四〇日間祈祷に入ると、早くも初日から症状が軽くなるように感じた。腫れも少し退いて、呼吸も楽になった。歩くこともより自由になり、階段を数段上り下りできるようになった。これもすべて神の恩寵があったからこそといえる。

四〇日間祈祷が終わっても、私は日々祈りを続け、聖母被昇天の祝日（八月一五日）の前日には、杖を頼りにひとりで小教区教会のミサに出られるまでになった。翌日にはさらに具合が良くなり、聖ロックの祝日（八月一六日）には、早起きして、姪と甥に支えられながら、サン＝メダール教会に行き、はじめてそのミサに与った。それからパリス氏の墓に詣で、一五分ほど墓前に跪いて祈りを捧げた。すると、背骨全体と左腰に優しくそして心地よい動きを感じた。と同時に、骨がきしむ音もした。快癒が近い。私はそう信じた。次の病人に場所を譲るよう急かされて立ち上がると、自分が真っ直ぐに立っていることに気づいた。完治したのだ。そう思うと、涙が溢れて抑えきれなかった。姪や甥もまた歓喜の涙にむせた。

帰宅すると、私は事故の前と同じように自由に六階の自室まで、介添えなしに階段をのぼった。こうして私が奇蹟的に快癒したことは瞬く間に近所に知れ渡り、自分の目でそれを確かめようと、多くの人が訪れるようになった。私はといえば、この快癒以降、食欲が回復し、夜も安眠できるようになった。完全に健康を取り戻したのである。

パリ、一七三二年二月二七日。署名　マルグリト・ジョフロワ、甥ジャン＝バティスト・プロン、姪マリ・プロン。(113)

文中にある肩甲棘とは肩甲骨の背面を下内側から上外側へ伸びる著しい稜線を指すが、医師ならばいざしらず、今も昔も一般人はほとんど馴染みのない医学用語である。この語が用いられているということは、おそらく外科医がその診察過程で明示したのだろう。ここでとくに指摘したいのは、四〇日間祈祷（カランテーヌ）のことである。他の奇蹟譚にはほとんど登場していないこの信仰形態は、現在もなお四〇日間の断食・祈祷として一部のキリスト教宗派で守られているが、ラテン、スラブ、ゲルマン、アングロ＝サクソン系の言語では、カランテーヌという語およびその対応語は、一四世紀中葉の黒死病時に実施され、やがて近代の予防医学の根幹をなすことになる対策、すなわち船舶を四〇日間（カランテーヌ）沖合に停泊させ、その間、病人が出なかった船舶に限り接岸と陸揚げを認める隔離制度を意味する。[114] 九日間祈祷の歴史についてはすでに詳しくみておいたが（第3章註16参照）、それよりはるかに長い四〇日間祈祷形態がはたしていつから始まったのか。筆者は寡聞にしてその詳細を知らない。ただ、四〇日とはいうまでもなく復活祭前の大斎、つまり四旬節の期間に相当する。

もう一点注目したいのは、マルグリトが捧げた祈り自体である。魂の快癒↓教会の平和↓身体の快癒というその順序は、他の奇蹟譚にもしばしばみられることからして、当時はある程度定式化していたものと思われる。ただし、ここでの「教会の平和」は、ルイ・ノエル（事例22）やマドレーヌ・ジョフロワの奇蹟譚（事例26）にあるような、教会が混乱していたことゆえの祈りではなさそうである。事実、今日のカトリックでは、ミサの祈りに「教会の平和と一致」という文言が唱えられている。

『奇蹟集成』の第二分冊にあるエメ・ピヴェールの事例もまた、聖遺物・祈り・痙攣が介在する「奇蹟の文法」によって快癒した典型的なもののひとつといえる。ただし、報告書は三人称で書かれているが、作成者がだれかは不明である（おそらく公証人）。

●事例20　エメ・ピヴェールの場合

エメ・ピヴェール四二歳は、ブルゴーニュ地方のサンス司教区に属するシャルニに生まれたという。二四歳のときにパリに移り、一二年前（一七一九年）からサン＝ブノワ小教区に住んでいる。子供の頃から病弱で、神経質でもあった。しばしば病気になり、ときには一か月以上も病床生活を送ることがあった。

一七二三年三月、突然両足の踝に激痛とともにむくみができた。内科医の故アニャン氏に受診したところ、坐骨神経痛との診断を下された。それからしばらくして、その踝の悪気があがって両膝がクルミ大に腫れ上がり、左手が激しく揺れ出し、やがて麻痺した。医師の診断では近々全身にも麻痺が広がるということだった。各種の薬を調合してもらったが、症状に回復はみられなかった。住み込みで働いていたコルネ宅を出て、小間物を商うようになったが、不自由な体ではさしたる収入も望めず、小教区の施しで何とか糊口を凌いだ。

一七二六年のある日、頭部が突然痙攣し、左の手足まで広まって、外出もままならなくなる。腕の痙攣はさほど激しくなく、持続もしなかったが、足は寝るか座るかするときを除いて、つねに震えていた。もはや杖か松葉杖なしでは外出もままならず、この状態は一七三〇年末まで続いた。最初の二年間、小間物売りのほかに、隣家で体調に見合った家事を手伝い、痛みが増したときは姉妹がそれを肩代わりしてくれたが、一七二八年に入ると、発熱も頻発してそれもできなくなる。一七二九年の聖霊降臨祭（六月五日）前後には、二本の松葉杖なしでは歩けなくなり、翌年末には頭と下腹部にまで悪気が広がり、二か月ものあいだ、ベッドに寝たままとなった。内科医のウィンフロウ氏に数度診察してもらったところ、彼女に残された時間は少なく、きわめて危険な状態にあるとの診断を受けた。薬が効かない以上、あとは秘蹟にすがるしかない。ウィンフロウ氏はそう勧めるだけだった。

今年（一七三一年）の七月初旬、症状はかつてなかったほど悪化し、頭部と両腕、さらに左足の震えが激しさを増し、両膝のむくみもさらに大きくなった。左半身は頭からつま先まで激痛が走り、もはや二本の松葉杖を用いても四歩歩くのがせいぜいとなった。やがて麻痺が全身に広まるのではないか。そうした絶望感のなかで、彼女は毎日のようにパリス氏の墓で起きる奇蹟の噂を耳にし、そこに詣でることを決意するようになる。「聖助祭のとりなしによって、神に自分の魂の快癒と身体の回復を祈るため、九日間祈祷をおこなう」。そう決意したのである。

こうして七月一二日木曜日、九日間祈祷を始める。サン＝ブノワ修道院からサン＝メダール教会まで、松葉杖を頼りに、身体を引きずり、痛みをこらえながら二時間かけて往復することにした。サン＝メダール教会に着くと、まずミサに与り、それから墓地に詣でた。初日、パリス氏の墓前に身体を横たえると、それまで経験したことのない極度の痛みに襲われて、叫び声をあげた。ついで、周りの者たちにも聞こえるほどの音を立てて骨が軋み、全身が激しく痙攣する。憑依したのか、それとも呪詛の犠牲になったのか。そんな周囲の声が聞こえた。墓石から引き離されても、痙攣と痛みは続いた。部屋に戻ると、症状は前日よりも悪化した。それでも気力と希望を失うことはなく、翌日もサン＝メダール教会へと向かった。

七月一三日、再びパリス氏の墓石に横たわるが、前日と同じ苦痛を味わう。帰宅しても症状が好転した実感はなかった。むしろ教会に行きだしてからかえって悪化したようだった。もしかしたら、九日間祈祷はこのままで終わってしまうのでは。そんな不安が彼女を襲い始めた。だが、祈祷最終日の七月二〇日、親切な介護人と松葉杖に支えられてサン＝メダール教会に赴く。帰途は松葉杖だけでは彼女を支えきれず、二人に抱えられるようにして自室に戻った。数時間後、症状はそれまでにもっともひどくなり、ベッドの上で、神の意志は自分を治すのではなく、むしろ苦しみによって罰しようとするところにあると思うようになる。事実、翌土曜日から日曜日にかけて痛みはさらに亢進し、痙攣もより激しくなったため、数人がかりでベッドの彼女を押さえつけた。

七月二三日、内科医のウィンスロウ氏が来室し、エメが九日間祈祷をしたことを無謀だと叱責して、メリッサ水を毎日三回飲むよう指示する。彼は翌日も来診し、症状が改善していないことを知りながら、なおもメリッサ水の服用を続けるように命じる。そして、彼女がパリス氏の聖遺物と思しき物を持っているなら、必ずそれを捨てるよう言いおいて退室した。そうしなければ、二度と彼女を診察せず、完全に見捨てるとも付言した。じつは彼女はパリス氏の墓の土や彼が生前使っていた小さな小物入れを五箱持っていた。それを真の聖遺物として、三箱はベッドの下、二箱は身につけていた。おそらくウィンスロウ氏はそのことを知っていた。彼女はそこで前者を壊して捨て、後者はそのままにしておいた。

翌日、ウィンスロウ氏は再び来診して、自分の指示が守られたかどうか尋ね、彼女がその通りにしたと答えると、メリッサ水にワレモコウの煎じた汁を加えた水剤を服するよう指示する。しかし、これを数日間飲み続けても、症状は好転するどころかかえって悪化した。痙攣はついにはだれかが抑えつけなければ、ベッドから飛び出るほどまでになった。それを知って心を動かされたある慈悲深い女性が、エメの代わりに、七月二五日から九日間祈祷をすると申し出る。そして、快癒を願うなら、信仰心を高めて、自分がパリス氏の墓で祈っているあいだ、心を一つにするよう求めるのだった。さらにこの女性は、エメが持っている二箱の聖遺物が、他の病人に尋常ならざる効果をもたらしているとして、彼女がそれを信じるなら、同様の効果が期待できるとも言うのだった。

七月二七日ないし二八日、再びウィンスロウ氏が往診し、先日調合した煎じ薬が効力に乏しいことを確認して、改めてヤドリギの煎じ薬をエメに与える。だが、翌週までこれを服用しても、やはり効き目は現れなかった。ことここに及んで、この内科医は事態がすでに自分の能力をはるかに超えていることを思い知らされ、治療を放棄するほかなかった。

そして九日間代祷最終日の八月二日、エメは症状が少し軽くなったことを実感する。何よりも苦しめられてきた痙攣が消えた（以後、再発せず）。自分が直接パリス氏の墓を詣でれば、完治するかもしれない。そこで翌日、彼女は三度目、自分では二度目の九日間祈祷を始める。この日、サン＝メダール教会まで馬車で行き、御者に手伝ってもらって降りてからは、松葉杖で内陣まで歩いた。ミサに出たあと、墓地に詣で、墓石に座ってパリス氏のとりなしを祈った。すると、太腿に激痛が走る。それでもミゼレレ（「憐れみたまえ」）を必死に唱えていると、徐々に身体に力が湧き出す。そこで上体を起こし、跪まずいたまま一五分ほど祈りを捧げる。それから墓石を降り、墓の土で麻痺していた左半身をこすった。周りにいた者たちはこれを見て感激し、眼前での大いなる奇蹟を称えて、彼女から我勝ちに土を分けてもらった。

まだ多少おぼつかない足取りではあったが、やがて教会で感謝の祈りを捧げ、聖具室に松葉杖を納めたのち、待たせてあった馬車までひとりで歩く。その姿はすでに常人と何ら変わるところがなかった。馬車に乗ると、奇蹟を知った人々が周りを取り囲んだ。たまたまそこを馬車で通りかかった紳士もまた、馬車から下りて人垣に加わった。サン＝ジャック通りまで戻ると、エメはもはや無用と判断して馬車を送り返す。しっかりした足取りで、松葉杖もつかず、介添人なしに歩く彼女の姿が見えると、ここでもまた人々がそばに駆け寄り、口々に奇蹟の話を聞こうとした。松葉杖にすがってつらそうに身体を引きずっていた彼女の姿を知っていたからだ。

居室に戻ると、内科医のウィンスロウ氏が噂を聞きつけて数日ぶりに来室し、エメを目の前で歩かせる。それを見て、彼は自分の調合した煎じ薬のおかげだと言う。これに対し、彼女は神が自分に御業を示してくれた結果だと答えた。こうして健康を回復したエメは、以後、多くの訪問客を受け入れ、神に感謝しながら、パリスのとりなしによって快癒した話を語り、ゆっくり休む時間もない。

この報告書は以下の文言で締めくくられている。「本報告書は前記エメ・ピヴェールの陳述とその要請に基づいて作成されたものである。一読後、彼女は本報告書の内容がすべて真実であり、いついかなる場所でも、求められればそれについて証言をする用意があると言明した。一七三一年。立会人・署名者　国務評定官・会計法院監察官ピエール・エリヨ、高等法院弁護士シャルル・ルイ・ゲラン・ド・リシュヴィル、同シャルル・コンテス、および出版・販売業者ジャン・ヴィレット息子」[115]。報告書の作成に立ち会ったひとりピエール・エリヨは、少なくとも祖父ジル・エリヨの代から国務評定官と会計法院監察官を兼職してきた名門の出だろう。しかし、彼および高等法院の弁護士たちなどの証人と貧しいエメ・ピヴェール本人との関係について、報告書には一切触れられていない。あるいは「たまたまそこを馬車で通りかかった紳士」が、そのうちのひとりだったのだろうか。報告書が作成されるまでの経緯も不明である。

ただ、その内容にはきわめて興味深いものがある。まず、エメはパリスの墓土に加えて、その小物入れを五箱（!）持っていたという。はたしてエメがそれらをいかにして入手し、具体的にどのようなものが入っていたかの言及はないが、このことを知った内科医は必ずそれを捨てるよう命じた。自分の治療に従えば快癒する。内科医はいかにも自信たっぷりだった。だが、彼が調合してくれた煎じ薬は、他の報告書同様、一向に効き目がなかった。たとえばヤドリギの煎じ薬である。フランス語でヤドリギを意味するギ（gui）は、四世紀に殉教し、癲癇と舞踏病《ダンス・ド・サン=ギ》の治癒聖人とされる、南イタリア出身の聖ギ（Guy）と同じ音を有するところから、民間医療では痙攣の特効薬とみなされていた。それでもエメの症状改善には役立たなかった。やがてエメは代理祈祷を含む九日間祈祷を三回おこなって快癒する。

内科医はそれを自分が調合した煎じ薬のおかげだと言う。ここでは内科医ウィンスロウがいわば能天気な狂言回しの役を演じているのだ。

基本的に『奇蹟集成』にみられる奇蹟譚は、宿痾からの救いを真剣に求める病者たちの苦しみと快癒の喜びが記されているが、なかには不心得にも冗談半分でパリスの墓に詣で、神罰によって不自由な体になり、自らの愚かな行為を改悛するという恩寵とは裏腹のスキャンダラスな奇蹟譚もある。すでにその事例としてガブリエル・ゴーティエなどのことを紹介しておいたが、次の事例はとくに有名なものである。この不心得者の名はガブリエル・ガンティエ。廃兵院の傷痍軍人だったピエール・ドゥロルムの寡婦で、パリのポン＝ト＝シャンジュ橋の橋上家屋に住み、ささやかな小間物を売って糊口を凌いでいた。一七三二年に出たその「奇蹟」報告書には一三スーの販価がついている。ただし、これは一七三一年八月七日、ふたりの公証人が、彼女の聴罪司祭で、パリ大学神学博士だった隣人のフランソワ・ショーランとともに、オテル＝デュー（慈善院）に入院中のガブリエルを訪れ、同月五日に彼女が告解に先立ってショーランに語ったことを、九スーの手数料を取って証書として作成したものを原本とする。ここで興味深いのは、ガブリエルのベッドを囲んで、オテル＝デュー付き司祭やパリ大学神学部・法学部教授、シャンピニーの主任司祭、オラトリオ会司祭、高等法院評定官、破毀院一日審理官、パリ教会参事会員といったお歴々が、顔をそろえていたということである。一介の寡婦の病室になぜこれほどの人物たちが・・・。証書にその説明はないが、少なくともガブリエルの軽率な行為とその顚末が、司法当局はもとより、聖職者や学者たちの関心を呼んだことだけは間違いない。以下はこの証書に基づいた奇蹟報告書の概略である。なお、ガブリエルの年齢は明記がない。

●事例21　ガブリエル・ガンティエの事例

金銀細工商のエティエンヌ氏宅に住んでいたドゥロルム未亡人は、かねてより隣人たちがパリス氏の墓で起きている奇蹟によからぬ考えを抱いていた。「自分が好きなのは聖女ジュヌヴィエーヴと聖オヴィディウス（一三五年に殉教したポルトガルの聖人）で、聖パリスのことは何も知らない」と言い、通行人に向かって、「あなたに瘤ができたら聖パリスのもとに行けばいい。猫が足を折ったら、私もやはりそこに連れて行くわ。実際にジャンセニストたちが奇蹟を起こしてくれるなら、聖遺物は安い買い物よ」と揶揄したりもした。

一七三一年八月四日土曜日、彼女はいつものように朝早く起き、六階にある居室を下りて市場にパンを買いに行った。その姿を私（ショーラン）は見ている。それまでは教会で見かけただけだった（告解に来た際）。買い物の途中、彼女は注文のあった小間物をバリュリ通り（シテ島内）の装身具商マルベスト夫人に届けた。帰り際、夫人は自分が露店を出しているプティ＝ポン橋やメジスリ河岸通りではなく、サン＝メダールで小間物を売ったらどうかと言った。そこで、さほど気乗りはしなかったが、教会に向かった（午前一〇時頃）。ただ、日頃の言動から、教会に入る際は粗末なスカーフで顔を隠した。だが、この偽装は成功せず、体が不自由な母親をつれてミサにやってきたマルベスト夫人に見破られてしまった。

夫人たちが教会を去ると、ガブリエルは足萎えを装い、見知らぬ女性ふたりに両脇を抱えてもらいながら、人々でごった返していたパリス氏の墓に赴き、右半身を下にして、墓石の上に三〇分ほど横たわった。すると、突然右半身が麻痺して動かなくなった。思わず、「お慈悲を、お慈悲を！」と叫んだ。何事かと尋ねられた彼女は答えた。「神が私を罰せられた。私はもう駄目！」。そして、左手を天に向け、驚く周囲の病人たちに、「私は病人などではない。どこも悪くない。からかいのつもりでここに来ただけ。信仰心もない！」と涙を流しながら告白した。それを聞いた者たちは、口々に叫んだ。「なんとよこしまな女だ、神を試し、聖人たちをからかうとは・・・」。だが、後悔の言葉を繰り返す彼女を目の当たりにして、人々の怒りは次第に収まり、その不自由な体を教会に運び、それから手押し車に乗せて、彼女が一五年前から住んでいるポン＝オ＝シャンジュ橋まで連れ帰った【辻馬車に乗せてもらい、オテル＝デューへと向かった】。

この出来事はただちに噂となり、彼女の聴罪司祭である私の耳まで届いた。夜八時頃、居室を出て、告解を聴くために私の小教区であるサン＝ジャック＝ド＝ラ＝ブシュリ教会（セーヌ左岸、市庁舎付近）に向かう途中、サン＝メリ教会の主任司祭の召使に呼び止められ、改めてドゥロルム未亡人の話を聞かされた。だが、それでもにわかには信じられなかった。たまたまそこを通りかかったサン＝ジャック愛徳修道女会の修道女にことの真偽を尋ねると、真実だと答えた。たった今、未亡人を馬車でオテル＝デュー（慈善院）まで送り届けたところだったとも言った。

翌日曜日、告解を終えて一息ついていた私のもとに、オテル＝デューの使用人がやってきて、ドゥロルム夫人の症状が重篤になったため、告解と終油の秘蹟を願っていると告げた。だが、オテル＝デューにはそれができるのに十分な数の司祭がいるはずだと言うと、院長の意向で来たと言うのだった。もはや急ぎの用事を口実に拒むわけにはいかなかった。こうして雨の中をオテル＝デューに向かい、未亡人のベッドに案内された。何が起きたかを尋ねると、彼女は幾度もため息をつき、涙を流しながら、信仰心もない自分がパリス氏の墓で狂人のような振舞いをしたと嘆いた。その回心を確認して、私は彼女のために祈った。

八月六日月曜日の早朝、私はコンフラン（パリ北西郊）にいた大司教（ヴァンティミル）に面会し、ことの次第を報告した。当初大司教は私の話を疑ったが、やがて納得してくれた。その日の午後四時頃、オテル＝デューのドゥロルム夫人を訪ね、その人生において犯した過ちすべてに対する神の赦しを乞うため、祈り続けるよう激励した。と同時に、私は彼女の身に起きた奇蹟を明確にしようと、マルシェ・ヌフ近くの公証人事務所を訪ね、公証人のブルロン氏に正式な証書の作成を依頼した。

火曜日の朝八時、見知らぬ人物が私を訪ねてきた。大柄で鷲鼻、目は濃い褐色、小さな口に平べったい唇、尖った顎、肌は色白で丸顔、そして頭巾のようなかつらをつけ、絹製の黒衣にきわめて美しい刺繍が施されたシャツに身を包み、見事に細工された金メッキの鍔を備えた剣を携えた人物だった。物腰は上品で、いかにも裕福そうな彼は、私がひとりかどうか丁重に尋ね、ドゥロルム夫人の出来事が本当の神罰だと断言した。そして、長い言葉のやり取りのあと、私がこのような不埒な女性のために尽力する必要はないとも主張し、手を引くなら金でもダイアモンドでも、好きなだけ提供するとも言った。そこで私は答えた。「ムッシュー、あなたは身分のある方と拝察しますが、私には哀れな人にしか思えません」。この返答を聞いて、彼は顔を赤らめて退散した。

それから公証人のブルロン氏および氏の同僚（モールトロ氏）とともにオテル＝デューのドゥロルム夫人を訪ねる。

そこには警察総代行官のエロー氏の命で、破毀院の検事長夫人をはじめとして、貴顕たちがたくさん詰めかけていた。階段にも人が溢れていた。そこで私は下層階層の人々と、私にその場に留まりたいと申し出たアギヨン公爵夫人ともうひとりだけを除いて、女性たちも退出させた。証書が作成されると、立ち会っていた全員がそれに署名したいと言った。だが、そのすべてを受け入れ、署名させるだけの時間はなかった。修道女たちの署名も断った。こうして作成された証書は公刊された。ほかにもさまざまな版がつくられたが、それぞれに多少とも誤りを含んでいる。そのことに鑑みて、私は原本に基づいて正確に修正された証書を本報告書に添付するものである。[116]

　この負性の奇蹟譚では、まず原本の証書とその修正版、ついで奇蹟報告書が作成されている。証書と奇蹟報告書が時間を置いて作成・公刊ないし公表された事例はほかにもあるが、何よりも注目すべきは、出来事が起きて数日間にこれらの文書が出されていることである。たしかにそれは、寡婦ガブリエルの聴罪司祭だったショーランの精力的な行動による。しかし、正体不明の人物（ジャンセニストか、それともイエズス会支持者か）が言うように、なぜショーランがもともと信仰心の薄かった、いわば信者とは名ばかりの寡婦のためにそれほど動いたのか。彼女の改悛の情にほだされてのこととといえなくもないが、文面を読むかぎり、彼は自らの立ち位置を明確にしていない。少なくともこの不幸な奇蹟をもって、ジャンセニストないしイエズス会の論理に引き寄せようとはしていない。

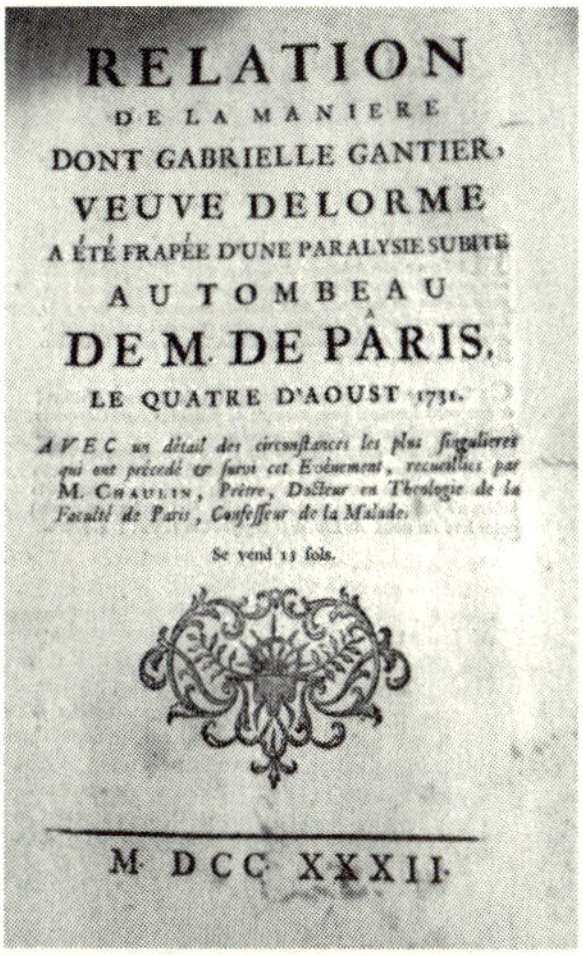
RELATION
DE LA MANIERE
DONT GABRIELLE GANTIER,
VEUVE DELORME
A ÉTÉ FRAPÉE D'UNE PARALYSIE SUBITE
AU TOMBEAU
DE M. DE PARIS,
LE QUATRE D'AOUST 1731.
AVEC un détail des circonstances les plus singulieres qui ont précedé & suivi cet Evénement, recueillies par M. Chaulin, Prêtre, Docteur en Théologie de la Faculté de Paris, Confesseur de la Malade.
Se vend 15 sols.
M. DCC. XXXII.

図38　ガンティエの「奇蹟」報告書、ポール＝ロワイヤル協会図書室（筆者撮影）

　だが、じつに興味深いことに、ショーランの報告書には、彼が反ジャンセニストのパリ大司教にガンティエの奇蹟的な快癒を報告し、幾度かのやりとりのあと、ついにその疑念を晴らしたことが記されている。加えて、ジャンセニスト派のモンペリエ司教コルベール（一七三二年四月二二日付）とオーセール司教ケリュス（同年五月四日付）、さらに反ジャンセニスト派の先頭に立っていた司教ランゲ（一七三二年五月一二日付）が、彼に宛ててしたためた書状も添付されているのだ。彼がこれら相反する陣営に身を置く司教たちに報告書を送ったことへの返礼として、である。はたしてそこにいかなる意図があったのかは定かでないが、コルベールはこの奇蹟が周知のことであり、神がドゥロルム未亡人に罰を与えたという事実を、いかなる「教勅の擁護者たち」も拒むことはできないとし、ケリュスは「ドゥロルム未亡人に起きた正義の奇蹟と神が貴下になされた慈悲の驚異を称える」とまで書いている。

これに対し、ランゲもまたショーランを称え、「聖助祭の奇蹟をどれほど疑う者たち」でも、ショーランの行動が自らの嫌悪感を凌駕したと感じるかぎり、奇蹟を信じることにやぶさかではないだろうする。そして、この出来事に「聖人の敵たちに対する神の恐ろしい裁き」がみてとれ、神が慈悲の裁きによって彼を多くの抵抗によって躓いた宗教の擁護者にしているとも述べている。いささか理解しがたいことだが、ここでランゲはパリスを聖人視している。その一方で、ショーランがジャンセニストたちの抵抗で混乱しているカトリックを守るなら、神の慈悲が及ぶだろうともする。

こうしてガブリエルの負性の奇蹟は、ジャンセニストとイエズス会双方からそれぞれの論法で解釈された。それに対してショーランがどう反応したか、残念ながらそれを示す史料はないが、すでに指摘しておいたように、これもまた多様な解釈を可能にする奇蹟――たとえ負性のものであったとしても――の特性といえる。おそらくショーランはそのことに気づいていなかった。

それにしても、肝心のガブルエルはどうなったか。報告書には何も触れられていない。ただ、ル・グロの『略史』（前出）によれば（なぜか彼女の名前がマルタン・ゴンティエという男性名になっている）、一七三二年一月一四日、つまりパリスの墓地が閉鎖される二週間前、彼女はサン＝メダール教会に出向き、パリ高等法院の評定官たち（ジャンセニスト?）や人々の面前で自ら犯した罪への赦しを神に乞うたという。[117] はたして彼女の麻痺は治ったのかどうか。快癒の奇蹟に浴したのか。

『奇蹟集成』の第二分冊にはまた、フランス中北部のサンス大司教区、つまりランゲのお膝元教区に属するカンヌ村の雑役夫ルイ・ノエル五八歳の奇蹟報告書もある。彼は一七三一年八月、妻のニコル・マルゴットとともにパリに出て、サン＝メダール教会前のオーベルジュ「マシ」に投宿しながら、パリスの墓で九日間祈祷をおこなっている。

●**事例22　ルイ・ノエルの場合**

一七二八年八月一五日（聖母被昇天祭）に小教区教会の晩課から帰宅すると、私は突然全身に棘で刺されたような鋭い痛みを感じた。やがて高熱も出て、ベッドにつかまり立ちをしなければならなかった。翌日、症状は悪化して身動きひとつできなくなり、ベッドで向きを変えるにも人の手助けが必要となった。痛みに加えて、腎臓の下部に重い圧迫感もあり、高熱も続いていた。こうした状態は以後半年以上続き、もはや治らないのではという絶望感に打ちひしがれた。主任司祭にベッドに寝たままでの告解を依頼し、臨終の聖体拝領と終油の秘蹟も授けてもらった。この期間、司祭は毎日私を訪れ、慰めと死への覚悟をさせた。一方、モトゥローの外科医メルシエ氏にも診察してもらったが、病因を見定めることができず、薬も調合してもらえなかった。

この半年間を過ぎると、体調は少し持ち直し、熱も下がった。だが、全身はなおもけだるく、時折激痛に襲われもした。もはや二本の松葉杖なしでは歩けず、ひとりで立とうとすると、決まって転ぶようになった。それでも祝祭日のミサには出て、松葉杖を支えとして立ったまま聖体拝領を受けた。

一七三〇年の復活祭主日（四月九日）、近郊のシャトー・ド・ヴァルヌーにあるサン＝フォルテュネ礼拝堂に詣で、聖人たちのとりなしを願って二日間祈ったが、徒労だった。五月一一日、カンヌ村から四里離れたシェヴリ＝エン＝セレヌ近くのサン＝ジャングー教会に連れて行ってもらう。そこで自分の病を癒してくれるよう聖ジャングーのとりなしにすがると、腎臓下部の不愉快な重苦しさがなくなった。神が祈りを一部聞き届けてくれた。なおも不安はあったが、もしかすると、いずれ完治するのではないか。五日後に帰宅した私は、一縷の希望を抱くようになった。

ある日、シャンパーニュ地方ラングル司教区の聖女レーヌ礼拝堂（レーヌは三世紀の聖女で、ガリアのローマ総督オリブリウスの求婚を拒んで斬首された）が霊験あらたかと知らされ、巡礼を決意する。四〇里の道のりは自分の身体にとって過酷とは分かっていたが、体力より気力が優って決行する。こうして一か月かけて聖女レーヌの礼拝堂に着く。一七三〇年の主の昇天祭当日（五月二一日）だった。四日間滞在し、聖女の墓前で幾度も祈った。だが、主は私にいかなる手も差し伸べてくれなかった。帰途一か月の行程は、来たときより辛かった。一生治らないのではないか。生活もできない。帰宅したのちは、悲嘆にくれるだけの日が続いた。

一七三一年に入ると、ラングル司教区と同じシャンパーニュ地方のトロワ司教区、ナジャン近郊にある聖パルクの聖遺物箱に祈れば願いが叶うという話を耳にする。そこで聖霊降臨祭（五月一三日）に家を出て、一二里の道のりを松葉杖を頼りに六日間かけて歩いた。この聖人（福者）の聖遺物箱を前にして、神が恵みを与えてくれるよう必死に懇願した。しかし、それでも症状は一向に改善しなかった。

八月、地元の小教区にパリス氏の墓での奇蹟に関する噂が広まる。これを知って、私はその墓前で九日間祈祷をおこなおうと決意し、大いなる確信に気力を振り絞って一八里（？）離れたパリに向かう。出発前、私の決意に心を動かされたサン＝フランソワ・ド・モトゥロー教会の主任司祭が、馬車を手配すると申し出てくれたが、その好意に感謝しつつ、苦難を承知であえて歩くと告げた。出発は八月二〇日。妻が同道してくれた。パリには二九日の早朝に、サン＝メダール教会には午前一一時頃に着いた。ただちにパリス氏の墓に詣で、まず自分の魂の、つぎに身体の快癒を祈った。さらに、少し前からサンス司教区においてかなりの問題を抱え込んでいた教会の平和も祈った。

翌日の朝四時半にはサン＝メダール教会を訪れ、墓地に一番乗りで九日間祈祷に入った。時間が遅くなると、夥しい人々が詰めかけて墓まで容易にたどり着けなくなるからだ。祈りは一時間ほどだったが、そこにいられることだけでも満足感を覚えた。だが、大量に流れ出る汗でシャツが水につけたようになり、やがて人いきれで一瞬失神しそうにもなった。墓を去ると、疲労のためにもはや身体がいうことを聞かず、人に両脇を抱えられるようにして、教会前のオーベルジュに戻った。

九月二日日曜日。九日間祈祷五日目のこの日も墓地で祈り、松葉杖に身を預けながら教会でミサにも与った。聖体奉挙の際、少し身をかがめ、それから再び身体を起こすと、松葉杖が私を支えるには短すぎることに気づく。短くなったのか。一瞬そうも思ったが、違っていた。それなしで立っていたのだ。痛みもなかった。全身が夥しい発汗で濡れていくのを感じながら、私はミサの最後まで立っていた。松葉杖を持ったままである。試みに少し歩いてみると、何らの支障もなかった。ようやく神が私の願いを聞き届けてくれた。感涙とともに、私は思わず叫んだ。「主が祝福してくださった！　主よ、感謝します。パリス氏にも感謝します。私は治った。私は自由だ！」。周りでこの叫び声を聞いて駆け寄った人々に、私は自分がいかにして快癒したか、いかにして奇蹟がなされたかを説いた。それから再び墓地に向かった。先刻には苦労してのぼったその四段の階段を、今ではやすやすとのぼれる。墓前では、三年ものあいだできなかった跪づくという所作も造作なくできた。

翌日、多少残っていた肩の痛みもすっかり消えた。もはや身体を思いのまま動かせることができる。歩いても疲れを覚えず、気が遠のくこともなくなった。こうして一回目の九日間祈祷が終わり、感謝の印として二回目の九日間祈祷をおこなったあと、帰郷した。主が福者パリス氏のとりなしによって私に授けてくれた奇蹟を人々に伝えるために、である。(118)

この報告書は以下の文言で締めくくられている。「本報告書はパリのなめし革商のギヨーム・ミシェルが、パリ市民のニコラ・アングーと庭師ルイ・プーレ、フランソワ・シュ・ペリの立会いのもとで作成した。本報告書に述べられたことはすべて真実であることを証明する。ここには、無筆である私の頼みで執筆の労をとってくれた人物に対し、私が語ったことしか記されていない。パリ、一七三一年九月一五日。ここに署名するニコラ・アングーおよびルイ・プーレ、フランソワ・シュ・ペリの立会いのもとで、ルイ・ノエルに読んで聞かせ、これに対し、後者は真実のみが記されていることを確認した。パリ、一五三一年九月一五日」。

全身の痛みと腎臓下部の重苦しさ・・・。はたしてこれがいかなる病なのか、筆者はそれを特定する医学的知識を持ち合わせていないが、ともあれこの奇蹟譚は、死を覚悟したルイ・ノエルが、不自由な体にもかかわらず、聖女レーヌのほかに聖ジャングーや聖パルクといった聖人たちの加護を願って巡礼している。この後二者がいかなる聖人なのか、筆者はつまびらかにしないが、おそらくは教皇庁から正式に列聖されていない地方聖人だっただろう。そして彼は、最後の望みとしてパリスの墓に詣で、ついに奇蹟的な快癒に与ったという。このコンテクストは過たず「福者パリス」のとりなしが、他の（地方）聖人のそれ以上に効験あらたかだったということ、つまり偉大なものであったということを端的に示している。

また、報告書にある「少し前からサンス大司教区においてかなりの問題を抱え込んでいた教会の平和も祈った」という一文も気にかかる。あの反ジャンセニスト＝教勅派の一方の指導者ランゲが、サンス大司教区に大司教として赴任したのが前年の一七三〇年。とすれば、彼に対するジャンセニストたちの反発があったのか。あるいはそれはモンジュロンが攻撃していた、そしてノエル自身がこれからその恩恵に浴しようとしている奇蹟に対する、同大司教の否定的な態度を指しているのだろうか。

さて、ルイ・ノエルの奇蹟的快癒から三週間後、生まれつき口と耳が不自由だった貧しい女性が、やはりパリスのとりなしで快癒している。その報告書は、エメ・ピヴェールのそれと同様、実際に誰が書いたかは不明だが、文末には、彼女をよく知る信仰心の篤い数人が、一七三一年九月二三日にサン＝メダール教会の聖具室でおこなわれた本人からの聞き取りに基づいて、同年一〇月二日に作成したとある。

●事例23　アンヌ・クーロンの場合

アンヌ・クーロン、通称ナノンは、現在二七歳位である。庭師の父親ノエルが仕事一筋で子供を顧みなかったため、小教区民の生活につねに気を配っていたサン＝シュルピス教会の主任司祭が、慈悲の対象としてナノンを世話していた。やがて彼の紹介で、グロ・カイユー地区（セーヌ左岸のシャン・ド・マルス近く）にあった、貧しい子女に教育と授産指導をおこなう聖トマ女子修道院――一六二六年、資産家のフロンサク侯爵夫人アンヌ・ド・コーモン（一五七四―一六四二）が創設したもので、革命暦四年ヴェンデミエール月一三日（一七九五年一〇月五日）の王党派による反革命暴動の拠点となって、その財産を没収された――に入る。ナノンは自宅から昼間この修道院に通い、ここで最大限の教育を受けたが、編み物だけは習わなかった。

主任司祭はキリスト教的教育を理解し語れるようにと、何人かの外科医に密かに受診させる。話せるようになるには舌小帯の手術が必要となる。医師たちの意見は一致していた。これを聞きつけた母親は、これら外科医のうちのひとりを訪ね、手術したら娘が死んでしまう。それよりは話せない方がいい。そう申し出た。ナノンが一五、六歳になったとき、その母親が他界する。

ナノンは一年半ほど前からグロ・カイユーの庭師バルビエに雇われ、住み込みで働くようになる。そして昨年（一七三〇年）の八月一四日、パリス氏の墓でさまざまな奇蹟が起きていることを知ったバルビエ夫人が、かねてより同情していたナノンをサン＝メダール教会に連れて行く。翌日からはナノンひとりで教会を訪れるようになった。早朝に夫人宅を出て、仕事前の七時には戻った。墓では他の病人たちに倣って、墓石に手と頭をつけて祈った。

九月、彼女はロシュフコー公家の庭師となる。その働きぶりは、強健な若者と択ぶところがなかった。ある日のこと、ナノンがバルビエ夫人と（ロシュフコー館の）庭で作業していると、邸館に近いプティ＝ゾーギュスタン教会でミサを告げる鐘の音が聞こえてきた。それをバルビエ夫人に仕草で教える。驚いた夫人は本当に聞こえたのかどうか確認しようとしたが、どこかで鳴った大砲の音は聞こえないという。しかし、数日後、彼女はそれがナノンの幻聴でなかったことを知る。

当時、バルビエ夫人の居室は二部屋あり、そこに四歳の息子とナノンの三人で住んでいた。ある時、夫人が用事をしていると、はっきりと「バルビエ」と呼ぶ声が聞こえる（バルビエとは主人夫妻が息子を呼ぶときの名前）。そこにはナノンと息子しかいなかった。「だれがお前の名前を呼んだの？」。すると、息子が答える。「ナノンだよ」。これを聞いて夫人は驚き、神を称えた。神がその力を哀れな娘に授けてくれた。夫人はただちに夫やナノンを知る他の者たちにこのことを報告した。彼女は皆と相談し、神の恩寵が完遂するよう、ナノンにパリス氏の墓で九日間祈祷をおこなわせることにした。そして夜仕事の際、夫人はナノンにサン＝メダール教会に連れて行くと言う。これを聞いて喜んだナノンは、一晩中一睡もせずに夜明けを待ち、翌朝、バルビエ夫人を起こしてサン＝メダールに詣でる。それからナノンは連日パリス氏の墓で祈りを捧げた。

　こうして九日間祈祷に入ったナノンは、完全に耳が聞こえるようになり、いくつかの言葉、たとえば「ムッシュー」や「ウィ、マダム」といった片言を話せるまでになった、そして祈祷最終日の九月二三日日曜日、ついに祈りの言葉を流暢に唱えることができるようになる。快癒したのである。喜んだバルビエ夫人やロシュフコー家の召使い数人、さらにナノンの姉妹たちが、彼女とともにサン＝メダール教会を訪れ、感謝の祈りを捧げた。ただし、好奇心から多くの人々がナノンに会いに来るのを避けるため、この奇蹟はごく限られた者以外には内密にした。その一方で、ナノンはこれらの人々から言葉を教えてもらい、きちんと受け答えができるまでになった[119]。

　現代の医学をもってしても困難なろうあが治癒した。一連の奇蹟譚のうちで、おそらくもっとも劇的な内容となっているこの事例では、障害者である彼女に対する周囲の善意が克明にみてとれる。いささか美化されているように思えなくもないが、とりわけ興味深いのは、たえず反ジャンセニストの拠点のひとつでもあった、サン＝シュルピス教会の主任司祭が彼女に示した好意である。ただ、ナノンがパリスの恩恵で快癒したことを知ったなら、自らの好意をどう考えただろうか。あるかあらぬか、彼女は恩人のひとりでもあるこの主任司祭に快癒の報告をしていない。

　ちなみに、ろうあ教育の先駆者で、パリの五区、セーヌ左岸に通じる通りにその名を残す、ヴェルサイユ出身のシャルル・ミシェル・ド・レペ（一七一二―八九）は、ジャンセニスムと深くかかわっている。建築家だった父親の跡を継ぐはずだった彼は、ソルボンヌで神学を学んで聖職の道に入ったが、ノアイユ大司教からジャンセニスムの支持を求められて拒み、叙階に与ることができなかった。そこで弁護士になり、前出のモー司教ボシュエの甥だったサヴィニ司祭のシャルル＝ベニニュ・ボシュエ（一六六四―一七四三）から、その教区に招かれる。そして一七三六年、シャンパーニュ地方のトロワで叙階され、三九年、パリに出てジャンセニストたちと交わり、ときのパリ大司教ヴァンティミルから聖務停止処分を受ける。だが、それでも個人的な資産に恵まれていた彼は慈善活動を続け、一七五九年、偶然パリの貧民街で出会ったろうあの姉妹が互いに手話で意思の疎通をおこなっているのを目の当たりにして、翌年、フランス初のろうあ学校を創設したのだった。その体験を基に彼が編んだ『体系的手話によるろうあ者教育』（一七七六年）は、以後のろうあ者にとっては、まさに奇蹟的な福音となった。

こうしてナノンが音と声を得てから約一か月後の一七三一年一〇月には、事故で右足が切断直前まで悪化したフランドル出身の御者が奇蹟に浴している。

●事例24　ジャン＝ポール・カメクの場合

私ことジャン＝ポール・カメク、通称サン・マルタン二九歳は、リエージュ地方（ベルギー東部）のサン＝ピエール小教区にあるユイ出身で、国王騎馬隊の監察官ヴェルニクール氏の御者をつとめていた。パリの住いはマレ地区のヴァンドーム通り（現ベランジェ通り）にあった。一七三〇年五月、主人をパリ南方のエソンヌから（国王が滞在している）フォンテーヌブロー（パリ南東方）に四頭立ての馬車で送る途中、一頭の馬が障害物に驚いて立ち止まってしまった。そこで御者台から降りてそれを取り除こうとした際、この馬が蹄鉄の鉄臍《てっさい》で私の右足を蹴った。かなりの痛みはあったが、それでも御者台に戻って、何とか主人を目的地まで送り届けた。だが、それから足が太腿まで膨れ、ひとりで馬車を降りることができなくなった。四人の手を煩わせて、ようやく居室に戻り、自分用のベッドに横になったが、（足の痛みや腫れに加えて）熱が出て、夜まで退かなかった。

翌土曜日の午後二時頃、再び発熱したため、フォンテーヌブローに近いアヴォンの慈善院（現カルメル会修道院）の筆頭外科医タブアン氏の診察を受け、スパイク（ラベンダーの一種で、南仏原産）のオイルを染みこませた湿布剤を足に貼ってもらったが、痛みも腫れもよくならなかった。そこで日曜日、私は慈善院に運ばれて、五か月間入院した。この慈善院で再びタブアン氏とやはり外科医であるミノー氏の診察を受けた。ふたりはサフランなどの湿布剤を貼ってくれたが、それはただ足の腫れをさらに拡大し、踝に傷までつくっただけだった。そしてこの傷は次第に化膿していき、それから数日間は踝から膝まで刺胳を施してもらわざるをえなくなった。患部には一日中乾いた綿撒糸《ざんし》（古布をほぐしてガーゼ代わりにしたもの）を当てた。外科医たちはさらに数日ものあいだ、湿布剤を貼ってくれたが、症状は一向によくならず、それを見て、彼らはついに私の脚を切断するとまで言うのだった。

やがて国王の筆頭内科医であるシラク氏や筆頭外科医のペロニ氏が往診してくれた。彼らは私の患部を見て湿布剤を貼り替えて一週間様子を見た。だが、相変わらず症状は改善しなかった。そこで彼らもまた、足の切断を勧めた。こうしたあいだ、高熱はなおも続き、私の身体は極度に衰弱していった。やがて宮廷のすべての外科医が診断してくれたが、もはや足を切断する以外、私の命を救う道はないと結論づけた。しかし、足を失うくらいなら、いっそこのまま死んだほうがいい。私はそう心に決めた。

そして九月。すべての治療が無駄だと悟った外科医たちは、ついに私の足を切断することに決め、手術道具を私の居室に持ち込んでテーブルの上に並べた。だが、私はそれまで以上に強くこのまま死を待つと主張した。そこで彼らはなすすべなく退却した。やがて国王がフォンテーヌブローからパリに戻ろうとしていたとき、足の腫れが少しおさまり、傷の状態も多少良くなった。これを見て、ペロニ氏はブドウの若枝から抽出した石鹸をこしらえ、それで私の足を軽く洗った。それが効いたのか、二週間ほど痛みが薄らいだ。しかし、国王がパリに向けて出立したのち、再び足がむくみ出し、傷口の化膿もひどくなった。

私はかねてより慈善院にやってきたアヴォンの住民たちが、パリス氏の墓での奇蹟について話すのを耳にしていた。そこで私は死のうとする心を変えて生きようとし、一〇月一〇日、ついに松葉杖を頼りに病室を抜け出した。パリまでの道中、ロバを借りたり、川船に乗ったりして、翌一一日の夕刻にサン＝メダール教会に着いた。教会で祈ったあと、夜七時に門が閉められるまで墓地でも祈った。

翌朝四時、再び墓地を訪れ、墓石に麻痺した足を乗せて九日間祈祷を始めた。その日以来、墓地に入るたびに足に温もりを覚えるようになった。だが、それと同時に痛みは耐え難いほど亢進し、さながら火をつけられたようだった。それでも快癒を願ってひたすらに祈った。そして九日間祈祷の五日目、墓地から退出すると、足の痛みが和らぎ、松葉杖なしでも歩けるようになった。主の恩寵が及んだ。私は歓喜の涙を流しながら会衆たちにそう叫んだ。それ以来、多くの人々が私を訪れ、快癒について尋ねるようになった。ヴェルニクール夫妻も私の身に起きたことに大いに驚いた。神に感謝するため、最初の九日間祈祷が終わると、二度目の九日間祈祷に入り、完治した。

一七三一年一一月八日。パリ。証人署名　サン＝メダール教会近く、オルレアン通り在住のオーベルジュ主人ジャン・ル・ルーとその妻マルグリト(120)（ほか）。

当時、もっとも権威のある正統医たち（？）の診察を受けながら、足の打撲が不適切な治療のために腫れ、傷もできて化膿し、ついには麻痺も併発して松葉杖に頼らざるをえなくなる。当時の医術レベルでは、マルグリト・ユタンの場合（事例10）と同様、こうした災難、つまり医療事故は少なからずあったのだろう。前述したように、それはシャルラタンの怪しげな医術と選ぶところがない。いや、よほど稚拙なシャルラタンでもなければ、この種の事態は招かなかったろう。だが、「墓石に麻痺した足を乗せて九日間祈祷を始め」、やがて不自由な体を墓石の上に乗せてもらったマリ＝アンヌ・クロノー（事例9）同様、その甲斐あって快癒へといたった。

それにしても、馬に蹴られた打撲が悪化し、ついには医師たちから足の切断を言い渡される事態にまでいたる。カメクが言うように、本当にそれがスパイクやサフランの湿布薬のためだったのかどうか。その真の因果関係はさておき、そこには医師たちの必死さがみられなくもない。ただ、それが当時の医術レベルだった。一方、「ブドウの若枝から抽出した石鹸」についても未詳だが、今も用いられているサヴォン・ド・マルセイユ（マルセイユ石鹸）は、赤ブドウからつくられ、傷口を塞ぐ瘢痕形成に効果があるとされている。

このカメクの事例では、痙攣に関する記述はないが、同じ『奇蹟集成』第三分冊には、フィリップ・セルジャン（事例12）同様、数少ない男性の痙攣快癒者による奇蹟が語られている。ただ、この事例における痙攣の回数は、おそらく一連の奇蹟報告書のなかで最多である。

●事例25　フランソワ・バンガンの場合

私ことフランソワ・バンガンは金銀細工師で、カランドル通り（シテ島内。パリ警視庁再建時に撤去）にあるビュカイユ氏宅の四階に住んでいる。一七二四年九月二八日（木曜日）早朝五時、突然右肩から指先まで激痛を覚えた。そのため服を着るのもままならなくなり、妻を起こして手伝ってもらった。いずれ痛みはひくだろうと仕事場に出たが、昼には腕が鉛塊のようにまったく動かなくなってしまった。それでも何とか夜七時まで働いて床についたが、一晩中激痛に苦しんだ。

翌々日、外科医のヴァトレ氏が往診してくれてリウマチとの診断を下し、火の近くでバルサム軟膏をよくすり込むようにとの指示を出した。だが、しばらくすると、左足が激しく痛み出し、父親が他界したことも災いしたのか、右足まで痛むようになり、そのため夜も満足に寝られない状態が半年間続いた。やがて刺胳を受け、薬剤もいろいろ服用したおかげで、激痛はおさまったものの、身体の各部位が腫れ、麻痺も始まった。

それからおよそ八か月後、右手がまったく使えなくなり、すべてを左手だけでしなければならなくなった。膝にも瘤ができたため、棒を使って曲げざるをえなくなった。サン＝ジェルマン（・ル・ヴュー）教会のミサでは、聖母祭壇の最上段に置かれていた椅子に座ったままで聖体を拝受した。二年前（一七二九年）の一一月末、ミサのあいだ、こうして跪くこともせずにいる自分を責めて、私はイエス・キリストに祈るために九日間祈祷を始めた。ある日曜日、私はそっとベッドの端に腰掛けて、膝を曲げようとした。すると、突然膝が砕けたような音がして、胸に激痛が走った。日曜ミサから戻った妻がそんな様子を見てどうしたのかと訊いた。ふだんからじっとしているようにと言われていた私は、話をはぐらかしたが、昼になると、もはや食べることもできなくなり、真実を打ち明けなければならなくなった。

翌月曜日には吐血までしたため、夜、内科医のセロン氏に往診を頼み、刺胳を二度してもらった。だが、調合してくれたブイヨン茶を飲んだのが悪かったのか、呼吸するたびに激痛を覚えるようになってしまった。窒息死するのではないか。一瞬、そんな思いが脳裏を走った。そしてクリスマスの日、私はサン＝ジェルマン教会の主任司祭を呼んでもらい、信仰告白のあと、終油の秘蹟を授けてもらった。それ以来、声が出なくなり、胸にも痛みが残ったままだった。

福者パリス氏の墓におけるさまざまな驚異が起きていたことは知っていたが、祈りだけはするものの、墓石の前で自分が痙攣して衆目にさらされるのは嫌だった。しかし、ついに心を決めて、一七三一年一〇月一九日（金曜日）朝六時半、妻に付き添われてサン＝メダール教会に詣でた。ミサに出てから聖具室に行き、だれかパリス氏の墓まで案内してくれる人がいないか尋ねた。墓地には夥しい参拝者が詰めかけていたからである。ひとりのギャルソンが案内役を買って出てくれた。文字通りの押し合いへし合いのなか、私と妻は彼の手引きで墓の間近までたどり着くことができた。ただちに祈りを捧げたが、人の波に押しつぶされて、足が砕けた思いがした。幸い妻が背中でこの波を押しのけて、私を支えてくれた。

土曜日、再びサン＝メダール教会を訪れた私は、墓の上で三回痙攣した。翌二一日の日曜日はかなり遅くなってから出発し、墓地での祈りも短かった。痙攣はしなかったが、患部が激しく痛んだ。帰途、あまりにも痛みがひどかったため、サン＝ミシェル門にさしかかったところで立ち止まり、近くにいた人に椅子を頼んだ。この椅子の上で、私は四回痙攣した。いずれもかなり強いものだった。続く二二日と二三日にはパリス氏の墓でいずれも五回の痙攣に襲われ、水曜日の二四日にはきわめて強い痙攣を八回経験した。そして木曜日には一一回、金曜日には墓の上と下でそれぞれ一一回と四回、土曜日には五回、さらに日曜日にはサン＝メダール教会についてすぐに三回、墓で六回、墓地を出たときに二回も身体が痙攣した。

一〇月二九日の月曜日、早朝五時から昼頃まで、私はベッドで耐え難い全身の痛みに七転八倒し、それが原因でいくども身体を引きつらせた。鉄製の鈎で神経を根こそぎされる。そんな痛みだった。そこで隣人数人に私のベッドの足元で神に祈ってくれるよう頼んだが、いよいよ最期のときが来たものと観念した。だが、じつはそれは快癒への一歩だったのだ。痙攣の最中、右肘が軋むような音を立てたため、骨折したと思った。しかし、そうではなかった。サン＝メダールに行く時間となって、自分で服を着たが、痛みは一切覚えず、気分は前日よりはるかによかった。この日、墓での痙攣は六回だった。翌火曜日も同様だった。三一日の水曜日には、午前三時頃、突然足裏に鋭い痛みが走り、やがてそれは足の上部まで広がって九時頃まで続き、四回痙攣を引き起こしたのちにおさまった。

そして、奇蹟の墓に通いつめて一四日目の一七三一年一一月一日。諸聖人の祝日に当たるこの日、私はサン＝メダール教会でミサに出席し、聖体拝受のとき、快癒するという固い願いを抱いたまま、祭壇上部の自分の席によろよろしながら上がった。何とか席にたどり着くと、司式者が来て、聖体を授けてくれようとした。その際、私はそれを意識しないまま自然に跪いて受けたのだ。その様を見た主任司祭や会衆全員が一様に驚き、神を称えた。その場にいたサン＝ジェルマン教会の助祭ドゥスール氏も歓喜に満ちて私に駆け寄り、神が私を見捨てなかったと言って、泣きながら私を抱きしめた。夕食後、私は息子たちとともに改めてサン＝メダール教会の晩課に参列し、それからパリス氏の墓に詣でた。そして、かなり激しい痙攣のあと、私は墓石の前で、先刻神が授けてくれた奇蹟を報告し、さらに参詣者全員の前で何の苦もなく跪いてみせた。その様子を見て、昨日までの私を知っていただれもが驚き、口々に神を称えた。

翌一一月二日の金曜日、ベッドで寝ていた私は五回痙攣に襲われた。午後にはサン＝メダールの秘蹟礼拝堂でも数度痙攣した。地下納骨堂に降りると、感情がさらに高ぶって、五回痙攣に襲われた。そのあとで墓地に戻り、墓前で六回痙攣し、周りに詰めかけた病人たちに自分の快癒の経緯を説いた。この日、私は計二三回も痙攣したが、いずれもそこには喜びが伴っていた。こうして一一月二一日まで、私は連日痙攣とともにあった。この日、マドモワゼル・ロシュブエが福者パリス氏のスータン（聖職者の通常服）の切れ端を、私の曲がったままになっていた指の周りに押し当ててくれた。すると、たちまち感情が昂ぶり、それによって痙攣が五回全身を襲った。それを最後に痙攣は姿を消し、痛みもすっかり消え去った。

一七三二年二月一六日。署名　フランソワ・バンガン(121)。

報告書に明記されているかぎりでいえば、バンガンはパリスの墓地を訪れてからだけでも七〇回以上の痙攣を経験していることになる。リウマチに起因する激痛ゆえの痙攣であってみれば、それもありうべきことではあるが、はたしてその回数をどのように記憶していたか。ともあれ本人の語りでは一七三一年一〇月一八日から一一月二一日までの約一か月間、「私は連日痙攣とともにあった」という。まことにすさまじい話ではある。そして、他の事例同様、九日間祈祷とパリスの聖遺物、すなわちスータンの切れ端によって快癒したともいう。

この報告書でさらに着目すべき点は、語りに登場するサン＝ジェルマン（・ル・ヴュー）教会である。ジャンヌ＝マルグリト・デュティユーの報告書（事例15）にもある教会で、その助任司祭がバンガンの奇蹟の証人ともなっている。この助祭がジャンセニストだったかどうかは不明だが、パリスのおかげだとするバンガンの言葉を疑わず、その快癒に歓喜したということからすれば、この教会の主任司祭同様、ジャンセニストに近い存在だったとみて間違いないだろう。少なくとも彼がイエズス会系であったなら、バンガンの奇蹟を悪魔の所業と弾じたはずだからだ。ただ、彼の報告書には、顔見知りかどうかはさておき、四か月前に起きた、同じ通りに住み、同じ教会にも通っていたはずジャンヌ＝マルグリトの奇蹟的快癒に関する言及はなぜかない。

興味深いことに、奇蹟報告書にはときに奇妙な医薬を用いた治療法の言及もしばしばみられる。たとえば、パリス終焉の通りに住んでいた女性の事例がそうである。

●事例26　マドレーヌ・ジョフロワの場合

私ことマドレーヌ・ジョフロワ四八歳は、サン＝ティポリト小教区のブルギニョン通りに住む金具商トゥサン・ゴー、通称デュピュイの妻である。一四歳の頃、脳がずきずきする激しい頭痛に襲われ、それがあまりにも耐え難いので、サン＝ヴィクトル通りの外科医ブロンドー氏に受診した。彼は三日のあいだ、脚と腕に三回、頸部と手の親指に一回刺胳をしてくれた。しかし、こうした刺胳は痛みを和らげるどころか、かえって亢進させ、しばしば痛みに耐えかねて叫び声をあげるほどだった。それから半年間というもの、薬もあれこれ服用したが効果はなく、眠ることもできず、口にできるものといえば、少量のスープだけだった。半年を過ぎると、頭部を冒していた冷気が左半身にまで広まり、足を引きずりながら歩くようになった。左足は火を近づけても熱さを感じず、このリウマチ状態は完治するまで続いた。

ブロンドー氏はもはや手の施しようがないとして、発泡膏を貼り、ついで両肩のあいだに鳩の糞、耳にカンタリスを貼り付けてくれた。だが、いずれも効き目がなかったため、今度はブルボン水を服用することを勧めた。そこで私はブルボン＝ラルシャンボー（フランス中央山地オーヴェルニュ地方）へと赴き、この鉱水を一か月間飲んでみた。たしかに数日間はそのおかげで痛みが軽くなったが、リウマチはなおも続いた。

さらに二年ほど前（一七三〇年）には、「腹が膨らみ《グロス》」、出産時と同様の痛みすら覚えるようになった。この苦しみから逃れるため、扉の上に摑まって、私を疲れさせていた「重荷」を下に強く押し出した。だが、地面に落ちたのは自分自身で、右の肋骨が折れたような気がした。そこでプティ・シャトレ近くの産科医グレゴワール氏に急診してもらい、無事取り出すことができた。ただ、右の鼠径部に腫れものができ、疝痛や吐き気、さらに子宮下垂がそれに続いた。こうした重い症状を知ったグレゴワール氏は医師仲間を呼んで相談し、最終的に私の苦痛を和らげ、命を救うには手術以外にないとの診断を下した。そこで手術を受けると、痛みはおさまった。傷口が塞がるのを待って起き上がるようになったが、ヘルニア（脱腸）がまた「二か所」にできて、天候が変わるたびに痛みを覚えるようになった。グレゴワール氏にそれを訴えると、我慢するほかないという。その状態は、神の恩寵を授かるまで続いた。

もはやいかなる薬も効かず、人の力ではどうにもならないことを悟った私は、かなり前から知っていたパリス氏の墓での奇蹟に与ろうと、昨年（一七三一年）七月に九日間祈祷を始めた。それが終わっても、毎日二度、墓に詣でた。払暁四時から昼ごろまでおり、家で昼食をすませてから、再び戻って閉門時間までとどまり、自分の魂の快癒と、かなり混乱していたと思われた教会の平和、さらに身体の快復を祈った。

一一月四日、はじめて墓所で痙攣に襲われる。やがて墓地を訪れるたびに激しく痙攣し、その都度、だれかに支えてもらわなければならなくなった。痙攣すると、そのあまりの激しさに失神し、痙攣が止むと、意識が戻った。一週間後、瘤はすっかり消えたが、同時に痛みは口舌に尽くしがたいほど強くなり、全身も震えだした。家では、とくにパリス氏の墓地の井戸水や、井戸が閉鎖されたのちには、その墓地の土を入れた水を飲むと、日に一〇回から一二回程度、痙攣に襲われていた。今でも私はこの土をスープに入れて飲んでいる。一二月も一〇日になると、墓前で最後の痙攣を左腕に覚えたが、さほど激しいものではなく、半刻も続かず、失神もしなかった。教会でのアヴェ・マリア朗唱時には、左の腰骨と手首の骨が軋むような音を立て、それまでになかったような激痛が走った。だが、それがおさまると、腕や手足、そして身体全体を自由に動かせるようになり、自分がようやく完治したことを実感した。

パリ、一七三二年二月一三日、署名　トゥサン・ゴー、通称デュピュイ。(122)

署名は本人ではなく、夫の名前となっているが、報告書末尾に明記されているように、これは本人が無筆だったことによる。この報告書で興味深いのは、まず祈りの内容に「教会の平和」が含まれていることである。他の奇蹟譚でも同じ文言はみられるが、ここでは典礼時に唱えられる定式的な祈祷句としてではなく、混乱していた教会の現状が語られているのだ。あるいはそれは本人がジャンセニスト派の勢力下にあったサン＝ティポリト小教区の住人であり、反ジャンセニスト派との角逐を知っていたためだろうか。さらに興味深いのは、サン＝メダール教会墓地の井戸に関する言及である。今日、その痕跡はどこにもないが、おそらく墓地の閉鎖とともに埋められたのだろう。ここでは墓の土と同様、その水が一種の呪物ないし聖遺物として登場している。そして快癒後も、この土をスープに入れて飲んでいるという。とすれば、墓地閉鎖後もパリスの墓の土――もしくはそう信じられていた土――が巷間密かに出回っていたことになる。まさにそれはシャルラタニズムの霊薬を彷彿させるが、こうしたイマジネールがやがて痙攣派を生み出したといっても過言ではないだろう。

この事例ではまた、湿布薬の成分として、民間医療や「慈悲の医術」ないし「貧者の医術」などに頻出する鳩の糞が用いられたともある。フランス国内外の薬用に用いられる動植物や鉱物の呼称や特性などを体系化した、ラ・ベリ（不詳）とジャン・クーラン（一七二八―九九）による一七七三年の大著『体系的・一般的薬剤辞典』（四巻）には、この薬剤について次のような説明がなされている。

> 鳩の糞は豊富にそこに含まれている亜硝酸性のアンモニア塩のためにかなり熱く、しばらく置いておくと皮膚が焼けて赤くなる。これをすりつぶし、篩で濾してから、カラシナの種と混ぜ合わせれば、発赤薬の軟膏となる。また、大麦の粉と酢を混ぜれば、瘰癧の優れた局所薬となり、オイルや酢と混ぜれば、関節部の大きな腫瘍や浮腫を消す薬効を有する。(123)

はたしてそれほどの効能があるのかどうか、判断に苦しむところだが、他の奇蹟譚にこれが用いられた事例は、管見するかぎりみられない。一方、ブルボン水（事例32参照）については、エルヴェシウスが『最頻発する諸疾病とその治療薬に関する論考』（前掲）で次のように記している。

ブルボン・ラルシャンボーの温水はつねにその場で飲まれなければならず、ごく稀な場合を除いて、他所に運ばれることはない。それは浮腫や胃もたれ、内臓の閉塞、胸のむかつき、習慣性の嘔吐、常習性の下痢、消化不良による腹痛、さらには衰弱や胃弱（・・・）などに効果がある。とくに卒中やポワトゥー疝痛（鉛毒性腹痛）などを引き起こす麻痺、脊椎性坐骨神経痛、リウマチ、手足のしびれ、神経や腱組織の弛緩、難聴、耳鳴り、膿瘍などに優れた効き目を発揮する。[124]

産科医のグレゴワールはこれらブルボン水の効能にリウマチがあるのを知っていた。それゆえの進言だったはずだが、マドレーヌのリウマチはよくならず、皮肉なことにこの効能書きにないヘルニアがよくなったというのだ。また、カンタリスとはスペインやフランスに多く生息するツチハンミョウ科の甲虫を乾燥させたものである。毒性を含んでおり、多用すれば死を招くとされているが、今もなお炎症用の発泡薬（や媚薬）などに用いられている。ただ、これを「耳に貼り付ける」という治療がどこまで当を得たものかは不明である。

ここで何よりも不可解なのは、とりあえず「腹が膨らん《グロス》だ」と訳出しておいた語句である。グロス（grosse）云々という文言は、「妊娠した」とも読める。とすれば、「重荷」とは「胎児」となり、産科医を呼んで取り出してもらったという記述に一貫性がでる。ただ、それに続く記述にこの胎児のことが一言もなく、加えて四八歳という年齢からすれば、おそらくは訳文通りに理解すべきなのだろう（あるいは堕胎したということの婉曲的な表現かもしれない）。

しかし、その場合でも、扉の上に摑まって下腹部の「重荷」を押し出そうとした行為は、成熟した女性とはとても思えない児戯にも等しい。読みようによっては、むしろそれだけに事実を語っているともいえるだろうが、当時の貧者の医学・薬学書には、貧しい人々によく見られる疾患のひとつとして、ヘルニアがあげられている。たとえば、ジャンセニストの「貧者の医師」で、デ・シャン修道院で修道女たちの治療にあたったフィリップ・エケの前記『貧者たちの内・外科と薬学』によれば、その原因の多くは落下や転倒にあるという。[125]そうした当時の医術的常識にマドレーヌ・ジョフロワがどこまで精通していたかは不明だが、のちに彼女を苦しめることになるヘルニアは、まさにこの児戯的行為の結果となるだろう（ただし、後段にある「二か所のヘルニア」が何なのかは分からない）。

一方、子宮下垂の治療法については、たとえばベネディクト会士の内科医ニコラ・アレクサンドル（一六五四―一七二八）が匿名で著し、初版（一七一四年）以来、一八六八年まで少なくとも一〇版を重ねた『貧者たちの内科と外科』で次のように指摘している。

うなぎの皮を塩に漬け、炉で乾かしたあと、すりつぶして粉状にする。これを毎日二度、コンロなどに入れ、その煙を逆さにした漏斗の底から吸い込む。さらにヒレハリソウ（下痢・腫瘍などに効くとされる薬草）の根をポタージュに入れて煮立て、昼と夜に食する。ただし、痔瘻にも効果があるこの薬を服用したら、最初の数日間は何も食べてはいけない。[126]

当時のポタージュは野菜と肉をポ（壺）の中に入れて煮た料理で、通常は食事のはじめに出された（一六世紀には「料理人」の謂でもあった）。アレクサンドルは二か月前から子宮下垂に悩んでいたある五〇歳の女性が、二週間、この食事療法を実践して完治したとしている。こうした療法で子宮下垂が治るなら、それこそ「奇跡」と言えるだろう。医者は自分の手当てで患者を治したことは積極的に語る。通常、それはあえかなる快癒の願いを抱く患者の心を安んじさせるが、治せなかった場合は口を閉ざして語らない。これは今も昔も変わりがない医者の習性といえる。自分の手当てでは治らないと明言するような医者は、おそらく古今東西いたためしはないだろう。少なくとも一連の奇蹟報告書に登場する医者たちは残らずそうである。そして、患者の病が改善しなければ、それを不治の病と断じて憚らない。まさにこの診断こそが、次例のように、しかじかの医者をして無能ないし「藪医者」の悪名から免れさせてくれるからだ。免れて、あとを神意に委ねる。そうした一種のシャルラタニズムが、過不足なくパリス現象を生み出したともいえる。

その現象の舞台となったサン＝メダール墓地が閉鎖される直前、ひとりの奇蹟的快癒者が逮捕されている。被害者はパリのサン＝メデリク小教区の財産管理委員だった富裕商人の娘マルグリト・ジルー四二歳である。いったいなぜ彼女は逮捕されなければならなかったのか。それにはむろん『奇蹟集成』の第四分冊に収められた、彼女自身の作成になる報告書を読まなければならない。

●事例27　マルグリト・ジルーの場合

私ことマルグリト・ジルーは二五歳になった一七一五年五月、まず咽喉がかなり腫れ、それが耳にまで広がり、やがて何かを食べると腹部までが腫れるようになった。そこでシャトレの宣誓内科医リトル氏に診察してもらったが、彼は私が不幸な人生を送ることになると言い、三か月ものあいだ、腕と足に刺胳を施し、薬を調合してくれた。だが、症状は悪化する一方だった。同年一〇月、同様の症状を訴えた病人を治したという内科医のブーラン氏に診てもらったところ、原因は神経の収縮と内臓の痙攣にあるという。彼の処方で調剤師のバトノー氏が調合してくれた薬はきわめて強力で、服用に難儀したが、それでも三か月間飲み続けた。その間、かなり激しい喘息もしばしば起きるようになり、それは一七三一年に福者パリス氏の墓に詣でるまで止むことがなかった。

強い薬を服用しても症状は一向に良くならなかったため、一七一六年春からはパシーの鉱水を飲むようになった。だが、それもつかの間の効果があっただけだった。やむなく刺胳による治療を続けたものの、やがて舌が口から飛び出し、顔色も紫変して呼吸に困難を覚えるようになった。名医との評判をとっていた産科医のル・テリエ氏にもかかったが、有効な手立ては見いだせなかった。こうして症状は日ごとに悪化し、死期が迫っているとか、何かに憑かれているとか、呪われていると言う者も出るようになった。そこで父の勧めで小教区のサン＝メリ教会で主任司祭をつとめていたヴィヴァン氏に悪魔祓いを頼んだりもした。

一七一七年の聖霊降臨祭（五月一六日）前後、ル・テリエ氏は薬の効き目がないと知って、入浴を指示した。それに従って、私は連続二四日間、早朝七時から何も食べずに内風呂に入り、夕方五時まで、五時間は半身浴、五時間は全身浴をした。その間、口にした物といえば、ビスケット半分ないし少量のブイヨンだけで、失神した際にはワインをひと口だけ飲んだ。この入浴期間が終わると、ル・テリエ氏は三ないし四日間、私に少量のワインに入れた赤い液体を飲ませた。しかし、これもまたさながら出産時のような激痛をもたらしただけだった。この頃には、私は歩くこともままならなくなっており、至近距離にある教会にも行けないありさまだった。

六月に入って、私は気分転換にナンテール（パリ西郊）にある父の別荘に行き、二週間ほど滞在した。その間、調剤修道士であるアントワヌ氏の勧めにしたがって、足に日に二度刺胳を施してもらった。体が激しく震えていたからである。舌も腫れあがり、言葉を発することもできなくなった。そこでパリに戻ったが、失神の回数も増し、刺胳や強い薬の服用にもかかわらず、腎臓や背中にまで痛みを覚え、胸が圧迫され、腹部も張るようになった。まさに満身創痍といった状態だった。

こうして絶望的な日々は一七三一年まで続いた。この年の八月一〇日、つまりサン＝ローランの祝日、数日前から多少症状がおさまっていた私は、家族や知人たちの勧めで、ついにパリス氏の墓を詣でることにした。ふたりの知人に支えられながら歩いて行こうとしたが、喘息の発作が出て体力も消耗したため、途中で断念した。それでも翌日、手押し車に乗って墓地に向かい、九日間祈祷をおこなうようになった。その甲斐あって、発作は夕方四時ごろに起きるだけとなった。

一七三一年一一月二三日、父や姪とともに馬車で教会を詣で、主に快癒の祈りを捧げてから福者パリス氏の墓石の上に一五分ほど横たわると、突然喘息の発作に襲われた。一〇年前から発作は決まって午後に起きていたが、この日は午前。私はそれをよい前兆だと信じた。それからというもの、パリス氏の墓前でつねに体が痙攣するようになった。

そして年が明けて一七三二年一月一日、いつものように辛さを我慢して墓に赴くと、それまで経験したことのないほど激しい痙攣に襲われた。頭や胸、胃、両腕、背中が内側から引きちぎられるような辛さだった。この痙攣は家でも墓地でも、昼夜の別なく起きた。だが、なおも体内に切り裂かれるような痛みこそあったものの、激しい発作はなくなり、自由に歩けるまでになった。

ところが、一月一七日朝七時半頃、家からサン＝メダールに出かけようとしていた私を、国王の命だとして警吏たちが捕まえに来た。彼らは私をパリ警察総代行官のエロー氏のもとに連行し、さらにバスティーユに投獄した。翌日、内科医や外科医たちが獄舎で痙攣の発作中だった私を訪れ、それが本当なものかどうか確認した。エロー氏は彼らの報告書に基づいて私に見張りをたて、さらに私の介護のため、姪も幽閉された。しかし、神は私を見捨てず、投獄されて一週間後には痙攣も次第に収まっていった。

二月初旬、父がエロー氏に私の釈放を願い出て、私の病が真正なものであるとする信仰心の篤い人々二二人、たとえばサン＝メリ教会の主任司祭や、一七年以上私を診てきた医師や調剤師たちの署名が付された証明書を提出することで、ようやく釈放された。釈放後、痙攣はすっかり収まり、食欲も出てきた。ただ、四旬節（一七三二年は三月五日―四月一二日）が近かったので、小斎（肉抜きの食事）をおこない、サン＝メダール教会（墓地はすでに閉鎖されていた）で九日間祈祷も始めた。これ以上痩せることは危険だったが、四旬節第二週の金曜日にサン＝メダールに赴き、小斎を続けるための力を神に祈った。

教会からの帰途、私は敬虔な女性の友人宅に立ち寄った。四旬節の食卓に着く前、私は彼女に「詩篇」三〇（重病から救われたときの感謝の祈り）を読んでもらい、大いに力づけられた。だが、体に震えを覚えたため、「主よ、私の助けとなってください」（前記「詩篇」の一文）と唱え、彼女が用意してくれたソラマメとタラのピュレ・スープを口にした。案じてはいたが、体に異常は感じなかった。私は友人ともども神の恩寵に感謝し、喜びとともに帰宅して、両親に神の新たな恩寵が私に下されたことを話した。それから数日後、主任司祭にもパリス氏のとりなしによって私に神の恩寵が及んだと報告した。こうした一連の出来事は、それまでの私を知っている人々には奇蹟に思え、そのうちの何人かは、とくに断食日の軽食時に私を訪ねて出来事が真実であることを確認した。以来、私は痙攣や不安とは無縁の日々を送れるようになっている。

上記に基づき、私は一字一句注意深く読み返し、真実のみが記されていることを確認して、本報告書に署名する。

パリ、一七三二年八月二四日。署名　マルグリト・ジルー(127)

七ソル六ドゥニエの販価がついている報告書には、さらに証人としてマルグリトの両親や兄弟などの名が添えられているが、興味深いことに、上訴派のスネ司教（一七三二年一二月二日付）とモンペリエ司教（同三日付）、そしてオーセール司教（同一九日付）が、この快癒を神の栄光の証として称えた手紙も併載されている。彼女が一七三二年一一月末に送った手紙に対する返信だが、こうした事例はルイズ・アルドゥアン（事例17）とガブリエル・ガンティエ（事例21）の場合だけである。ただ、報告書の文面からは、マルグリトがジャンセニスト派だったということは読み取れない。では、なぜその快癒をこれら上訴派司教たちに知らせたのか。手紙にはそれについての説明はない。ただ、自分の病と快癒までの経緯が簡潔に記されているだけである。

また、マルグリトが逮捕された理由も不明である。この時期、治安当局から禁圧された痙攣派は存在せず、サン＝メダールの墓地で痙攣したことが理由なら、ほかにも逮捕とは無縁の痙攣体験者は何人もいた。獄中で彼女の症状が調べられたという記述からすれば、あるいは前年八月に快癒を装ったガブルエル・ガンティエのことがあったためだろうか。しかし、これとてもなぜ彼女だけが、という疑問を解き明かすものではない。しかも、彼女の父親は教区財産管理委員(128)をつとめた地元の実力者でもあった。いささか理解に苦しむ逮捕だが、前述したように、たしかに当局は墓地で繰り返される痙攣が、そこに詰めかけた人々に与える劇的効果を懸念していた。痙攣＝快癒＝パリス信仰＝ジャンセニムという対合が、いずれ社会的な擾乱を掻き立てるのではないか、そう危惧していた。とすれば、この逮捕劇は一種の見せしめだったのか。それにしては、一か月以上の投獄はいかにも長すぎる。

マルグリトの事例における特異点はまた、痙攣が宿痾快癒の前提ではなく、喘息ともどもそれ自体が宿痾だったところにある。さらに、他の事例とは異なり、その快癒時期も多少曖昧である。一七三二年の元日にパリスの墓に詣でたあと、激しい発作がなくなり、自由に歩けるまでになったということからすれば、これが奇蹟的な快癒となるのだろうが、完全に回復したとして神とパリスに感謝の祈りを捧げたのは、明らかに墓地が閉鎖されてしばらく経った四旬節の期間中。周知のように四旬節とはカーニヴァル直後の灰の水曜日から復活祭主日直前の聖土曜日までの四〇日（正確には四四日）の潔斎期間で、その間、肉類を口にせず、日曜日を除いて一切の祝い事を控えるなど、さまざまなタブーが設けられていた(129)。食欲を回復した彼女が友人宅で食したものは、この食事規定にのっとっている。このささやかな食事すら、快癒前は望むべくもなかったという。食しても体に異変が起こらなかった。マルグリトにとって、まさにそれは生きる喜びを与えてくれた紛れもない奇蹟だっただろう。

はたして獄中のマルグリトが知っていたかどうかは定かでないが、一七三二年一月二九日、サン＝メダール墓地が突然閉鎖されてしまう。では、閉鎖後の「奇蹟」はどうだろうか。当然のことながら、パリスの墓石の上に横たわったり、その前で額ずいたりしての祈りはもはや不可能である。しかも閉鎖されたのはサン＝メダール教会墓地だけではなかった。セーヌ川を挟んでノートル＝ダム司教座聖堂の対岸に位置するサン＝セヴラン教会の墓地もまた、確信的な上訴派たちが埋葬されるのを好んでいたとして、閉鎖の憂き目にあっている。にもかかわらず、「奇蹟」は数多く起きているのだ。モンジュロンは書いている。「墓地が閉鎖されるや、奇蹟は増加した。高名な墓の周りで集めたわずかな土が、パリのいたるところ、さらに地方においても驚異的な奇蹟を爆発的に引き起こした(130)」。すでに繰り返し指摘してきたように、助祭パリスの聖遺物はほかにも多々あるが、こうして奇蹟の舞台は必然的に個人宅や集会所などに拡散し、やがて痙攣派と呼ばれるセクトも生まれるようになるのだった。

第6章

奇蹟の語り——墓地閉鎖後

改めて指摘するまでもなく、墓地が権力当局によって閉鎖されたという事実は、単に奇蹟待望者を排除するということだけでなく、本書冒頭の戯文にあるように、奇蹟にかかわること、すなわち自らが奇蹟に浴した、あるいはそれを喧伝する行為自体を禁止することを意味した。つまり、それ以後「奇蹟」が違法とされたのである。これにより、奇蹟報告書もまた大部分が非合法化され、違反者は当然のことながら逮捕・投獄の憂き目に逢うようになる。そして報告書に添えられていた署名入りの証言もまた、危険を覚悟した、あるいは自分にそうした危険が及ばない証人（たとえば聖職者や特権階級）のそれを除いて、原則的に姿を消していくはずだった。ところが、実際のところ奇蹟報告書はなおも密かに、いや時には公然と作成され、市中に出回った。当局が黙認したのかどうか、その詳細は不明だが、少なくとも痙攣派とのかかわりがない限り取締りは緩やかであり、たとえ証人の証言が得られなくとも、奇蹟当事者は自らに及んだ神の恩寵に対する感謝の行為として、なおも報告書を作成し続けた。

『奇蹟集成』にみられるかぎりでいえば、一七三二年一月二九日の墓地閉鎖後、最初の奇蹟的快癒に与ったのは、ルーヴル宮に近く、ジャンセニスト勢力が強かったサン＝ジェルマン・ローセロワ小教区のアルブル＝セック通りに住む女性である。「乾いた木《アルブル・セック》」を字義とする呼称がついたこの通りは、一三〇〇年頃、その木の看板を掲げ、聖地巡礼者たちの宿になっていたオーベルジュにちなんで命名されている。興味深いことに、「マレムの樫の木」（『創世記』一三・一八）とも「アブラハムの木」とも呼ばれるアルブル・セックは、ヘブロン近郊に植えられたパレスチナの木で、世界のはじまりからつねに緑の葉をつけていたにもかかわらず、イエスが磔刑によって落命した日に、突然葉が落ちたという。おそらくここに登場する女性はそうした故事を知らなかっただろうが、幸い「緑の葉」が落ちることはなかった。

奇蹟事例Ⅱ

●事例28　クロード・ドゥニーズ・デュクロの場合●

私ことクロード・ドゥニーズ・デュクロ二八歳位（一七三二年）は、渡し守だった故アンドレ・デュクロワとその妻クロード・アノクの娘、クロード・デュビュイソンの妻で、菓子職人オーバン氏の持ち家の三階、婦人服仕立ての女性親方マドモワゼル・ジャック宅に間借りしている。

五歳前後の一七〇八年、転倒してヘルニアとなり、それから二三年ものあいだ、不自由な生活を強いられるようになった。私は、一二ないし一三歳になるまで、布製のヘルニアバンドを手放せなかった。だが、時が経つにつれて症状が悪化し、とくに冬には夏よりも強い疝痛に見舞われた。ときに高熱もでて、人に支えてもらわなければ立てないほどだった。一七一八年ともなると、同じ通りに住む包帯職人のブコー氏に作ってもらった布製では、もはやヘルニアを抑えつけられなくなり、鉄製のヘルニアバンドが必要となった。この頃、篤志家として知られるカペ夫人の勧めで、私はオテル＝デュー（慈善院）の筆頭外科医ティボー氏に受診した。快癒の希望はまったくない。それが診断結果だった。だが、彼は親切にもオテル＝デューの包帯職人にヘルニアバンドを注文できる証文をくれた。

一七二三年、こうして作ってもらった新しいヘルニアバンドを使い始めた頃、私は喀血した。それはひと月近く続いたが、さほど激しいものではなかった。だが、それがおさまると、今度は下腹部に炎症ができた。サン＝ジェルマン・ローセロワ小教区の内科医ミエ氏に往診してもらうと、それはヘルニアによるとのことだった。この頃、体調はきわめて悪くなり、終油の秘蹟を受けた。

二四歳になると、ある子供に腹部を頭突きされ、それがもとで膿瘍ができ、末期的なまでに衰弱して、二度目となる終油の秘蹟を受けた。ミエ氏は手術を嫌がる私を診て、毎月瀉血するよう指示した。だが、すでに医術ではどうにもならない症状であることはわかっていた。パリス氏の墓での奇蹟を耳にしたのは、まさにそんな時期だった。こうして一七三一年一二月八日、私はサン＝メダール教会で九日間祈祷を始めた。最初の数日間は、パリス氏の墓前で祈っても一向に症状は軽くならず、六日目までは幾度か気を失いもした。そして同月二三日には、まず居室で、ついで墓前で痙攣に襲われた。だが、この九日間祈祷のあいだ、ヘルニアがよくなったような気がした。そこで二度目の九日間祈祷に入った。もはやヘルニアバンドは不要だったが、痙攣は続いた。三度目の九日間祈祷中、ヘルニアは治った。ただ、膿瘍が痛み出し、痙攣も日に四回、午後二時から一一時頃まで起きた。それは次第に回数を増し、ついにはだれかが私を夜通し見守らなければならないほどになった。
そして一七三二年二月一八日、神の恩寵によって痙攣はすっかりおさまり、私を苦しめていたすべての病が完治した。私はこのことを神に感謝するとともに、この報告を知り、あるいはそれについて語られることを聴くすべての人々が、福者フランソワ・ド・パリスの徳とそのとりなしによって私に与えられた神の慈悲を称えるよう願うものである。

パリ、一七三二年三月一三日。署名　クロード・ドゥニーズ・デュクロ。

ここに署名します私ことクロード・ドゥニーズ・デュクロの義父クロード＝ガブリエル・デュビュイソンは、上記の報告が真実であることを証明する。一七三二年三月二七日。

ここに署名します私こと前記デュクロの母で、デュビュイソンの妻クロード・アノクは、上記の報告が真実であることを証明する。一七三二年三月二七日[1]。

一人称で語りながら、主人公のクロード・ドゥニーズは、前出のエリザベト・ボノー（事例2、第5章）などと同様、自分の年齢に「位」をつけている。これがはたして何を意味するのかについては、すでにみておいたので繰り返さないが、いずれにせよ彼女もまた、自分の正確な年齢を意識する必要のなかった人生を歩んできたのだろう。五歳から不自由な体に苦しんでいた彼女にとってみれば、自分の年齢を知ることより、体の健常化こそが最大の関心事だったはずだ。作成者不明の報告者の末尾には、彼女の母とその再婚相手の自署が添えられている。この義父がどのような仕事をしていたかは不明だが、間借り人であるところからすれば、その経済状態はけっして恵まれていたとはいえないだろう。

幼少期のヘルニアからはじまり、疝痛、喀血、下腹部炎症、さらに腹部腫瘍を病歴とするクロード。これほどの不運の連鎖は珍しい事例だが、一四歳になった彼女は、重篤化したヘルニア（おそらく鼠径部）のため、鉄製のヘルニアバンドが必要になったという。たしかにヘルニアバンドを用いることは以前から知られていた。たとえば民間治療師のオペラトゥールから身を興し、ついにはフランス・ルネサンス期最大の外科医のひとりとまで目されるようになった、南仏出身のピエール・フランコ（一五〇〇頃―六五頃）は、一五六一年に『ヘルニア論』を上梓している。カルヴァン派だったため、スイスに亡命してローザンヌで没した彼は、その著で「主イエス・キリストの名において神に祈りを捧げたのち」、次のようにヘルニア（脱腸）を整復すべきだとしている。

腸が陰嚢ないし大網（胃の下側から腸の前まで垂れ下がった腹膜）に、あるいはしばしば生じるようにその両方にまで下がった場合、寝かせた状態でそれを腹部に押し戻さなければならない。そして腸ないし大網が整復されたなら、包帯を用いて、二度とそれが下がらないようにする必要がある。(2)

泌尿器や白内障などの治療を発展させ、膀胱切石術を確立したともされるフランコのこの措置は、今からみてもけっして不合理とはいえない。それから一七〇年後には包帯の代わりにヘルニアバンドの使用が一般化していた。ただ、クロード・ドゥニーズは鉄製のヘルニアバンドが必要となったという。それがはたしていかなるものかは想像するほかないが、そうしたヘルニアバンドでは、つけるだけでかえって症状を悪化させたのではないか。気になるところではある。

この事例でとくに興味深いのは、終油の秘蹟を二度まで受けた彼女が、墓地の閉鎖前に九日間祈祷を三度おこない、閉鎖後に全快したということである。本書冒頭部でみておいたが、閉鎖の話を聞きつけて墓地には多くの人々が集まり、警吏たちに反対の声をあげたという。おそらく彼女もまたなおも不自由さが残る体を急き立てて、その群集のなかにいただろう。残念ながら、報告書にそうした閉鎖の情景についての彼女自身の語りはないが、奇蹟への道が絶たれるという彼女の絶望感や焦燥感がどれほどだったかは、想像に難くない。しかし、閉鎖から半月以上経って、幸いにも奇蹟を実感することができた。

こうしてサン＝メダールの墓地が閉鎖されても、モンジュロンが記しているように、「奇蹟」は止むことがなかった。場所を代えて、より正鵠を期していえば、場所を選ばず、それはなおも起きた。そうした奇蹟体験者のなかにはまた、偶然にもムフタール通り、つまりサン＝メダール教会のお膝元に転居した者もいる。マルグリト・ル・モワヌ（ルモワヌ）である。『奇蹟集成』第八分冊にある事例で、病名は痔疾。閉鎖後の奇蹟報告書にしては例外に属する症例だが、一七三三年、当時四七歳だった彼女はシャトレ裁判所に出頭し、その公証人によって、つまり合法的に報告書を作成している。それによれば、彼女はフォンテーヌブロー近くのアシェ出身だという。

●事例29　マルグリト・ル・モワヌの場合

一年（二年の間違い？）ほど前、私はゴネス（パリの北北東一六キロ）にあるサン＝ニコラ教会（一四世紀建立）の主任司祭宅に住んでいた。一七三一年一一月初旬、肛門に耐え難いほどの疼痛を覚えた。しばらくすると、患部の外側より内側が膨れた。当初は（内）痔核だと思った。だが、ゴネスの外科医ラヴォ氏によれば、それは膿瘍であり、いずれ痔瘻ができるだろうという。そこで彼は軟膏をくれたが、症状が少しよくなったので、それを使わなかった。一一月二五日の聖カトリーヌの祝日、膿瘍は亢進して耐え難いほどの痛みとなって、食欲もなくなった。熱も出た。そのため、衰弱してベッドから起き上がることができなくなった。

この苦しみから逃れるため、私はゴネスを離れてパリで治療することにした。主任司祭は小学校教師の妹マリから私の症状を知らされて、それに同意してくれた。こうして一七三二年四月二一日、パリに移った私は、フォブール・サン＝マルソー通りにある援助女子修道会の施療院に入った。入院早々、施療院の外科医ドレ氏が私の膿瘍を診察し、もはや手術以外に手はないとの診断を下した。その決心がつきかねているとき、神がパリス氏のとりなしで数多くの奇蹟を起こしていることを知り、ただちにサン＝メダール教会に詣でて九日間祈祷に入った。四月末のことである。この九日間祈祷の最終日、パリス氏の墓の土を混ぜた水で患部を拭くと、症状が改善し始めた。そこで時をおかず二度目の九日間祈祷に入り、日に数回、同様に水で手当てをした。そして九日目、痔瘻が治り、食欲と体力が戻った。自由に歩くこともでき、全身が健常化した。私は神が下されたこの恩寵を数人の恩人や施療院の病者たち、さらに診察してくれた外科医にも報告した。それ以後、病の再発はない。

パリ、一七三三年一〇月二一日、署名　公証人ロワゾン＆レモン、報告書作成料六エキュ受領[3]。

「主任司祭宅」とは、おそらく教会に隣接して建っていた司祭館を意味するのだろうが、そこに「住んでいた」というマルグリトは、あるいは住み込みの下女だったのだろうか。そんな彼女を受け入れてくれた修道院――正式名称は「慈悲の聖母援助女子修道院」――は、パリ高等法院の主任審査官や国務評定官などを歴任したジャック・ル・プレヴォが、晩年の一六五二年に建てたもので、彼は自分の収入をすべて、病を得た女性たちの食費を含む生活費に充てていたという。一八世紀初頭、この施療院は一時廃墟となるが、修道院院長がルイ一四世の寵姫マントノン夫人（一六三五―一七一九）に庇護を求める。これを受けて、夫人は王庫から援助金を引き出し、再建工事を警察総代行官のマルク＝ルネ・ダルジャンソン（一六五二―一七二一）に監督させたという[4]。

さて、この報告書が語るところによれば、マルグリトもまた九日間祈祷とパリスの墓土で奇蹟的な快癒を得たとなっている。はたして彼女は墓土をどこで入手したのか。小教区民の特権をいかして、おそらくサン＝メダール教会の聖具室で手に入れたのだろう。当時の衛生状態を考えれば、痔疾者はかなりの数にのぼると思われるが、医書にはマルグリトを苦しめた痔疾に関する記述は意外に少ない。そうしたなかにあって、たとえばベネディクト会系マウリストの内科医であるニコラ・アレクサンドル（前出）は、『貧者たちの内科と外科』でその治療法について短く記している。

肛門に膿瘍ができた際は、優れた薬である硫黄軟膏を用いて速やかに完治させなければならない。膿瘍が悪化すれば痔瘻となり、しばしば膀胱を突き破って、尿が肛門から、糞便が尿管から出るようになるからである[5]。

「硫黄軟膏」がいかなるものであるか、筆者はつまびらかにしないが、報告書にある「軟膏」とはあるいはこれだったのかもしれない。たとえそうであったとしても、この処方でマルグリトの症状は改善しなかったことになる。それが墓の土で快癒した。つまりここでもまた「正統」医学を凌駕する聖遺物の効力が結果的に強調されているのだ。

興味深いことに、奇蹟体験者のなかには、サン＝メダール小教区で生まれた貧しい女性もいる。マルグリト・ラングロワ五六歳である。一六七七年生まれということからすれば、間違いなく彼女もまた生前の助祭パリスを知っていたはずである。むろん、墓地の閉鎖も目の当たりにしただろう。彼女の奇蹟的快癒は、同じ教会に通っていた、そして同様の僥倖に与ったマルグリト・ル・モワヌより二か月あとの一七三二年七月のことだった。ただ、後者の「奇蹟」について、ル・モワヌのものと同じ公証人によって作成されたその報告書に、なぜか言及はない。

●事例30　マルグリト・ラングロワの場合

一七〇〇年、神は私に長い病に苦しむという試練を与えた。それに加えて、兄弟のひとりが他界し、財産を遺さなかったのに、年端のいかない子供五人を後に残した。しかも、その年は物価が非常に高騰しており、パン五〇〇グラムで九ないし一〇スーもした。貧しい寡婦であってみれば、義姉（妹）は自分の手で家族を養うことは難しく、じつに悲惨な状態にあった。そうしたなかにあって、やがて私は高熱を発し、それは悪寒と脇腹の痛み、頻繁な嘔吐、さらに手足の倦怠感を伴って、三年ものあいだ恢復することなく続いた。こうした状態では、働くこともままならなかった。だが、義姉とその子供たちの面倒をみるため、病を抱えながらも、私はしかるべき治療を受けることはおろか、休むことすらできず、薄布作りというささやかな仕事を続けなければならなかった。しかし、その収入では二家族を養うにはとても足らず、糊口を凌ぐためには家財を処分せざるをえなかった。自分のベッドまで売り払う始末だった。それを見かねた人がベッドと藁を恵んでくれなければ、私は床に直接敷いた藁の上で寝起きしなければならなかっただろう。この状態が、じつに二二年間続いたのである。

一七三一年九月一〇日、私の症状はかなり悪化し、悪寒も激しくなった。吐血も始まって、四か月間続いた。同月二〇日、親切な人々が私をムフタール通りの援助女子修道院の施療院（前出）に連れて行ってくれた。そして、そこで日に五回、六〇歳位の修道女から刺胳を受けた。だが、一週間後、全身が腫れて痛み出し、ついには左手指の関節までが膨れて思ったように動かなくなった。やがて四肢はまるで棒にでもなったかのように硬直し、全身が痛むようになった。歩くこともできなくなった。診断は過水症だった。もはや刺胳が無益であることは明らかだった。腫脹を軽減し、私の苦痛を和らげるため、あらゆる種類の医薬も試してみたが、やはり効果はなかった。

一一月に入ると、穿刺もおこなった。それで一時症状がよくなったかに思えたが、一〇日もすると再び全身が膨れ上がり、さらに一週間後には太って樽のようになった。こうした状態は一七三二年三月まで続いた。その間、二回目の穿刺をしてもらった。しかし、初回同様、まったくの無駄に終わった。症状は軽くなるどころか、首まで腫れが広がり、動くのはもとより、息をすることさえ苦痛が伴うようになったのだ。こうして私はベッドに寝たまま、終油の秘蹟を三度までも受けた。

そうした状態ではあったものの、私は施療院を出なければならなかった。そこで、一七三二年四月、施療院にいたマドモワゼル・ヴァトンヌが、親切にも私を馬車でオテル＝デューに移してくれた。この施設でも、前記施療院と同じように、薬に加えて、穿刺を勧められた。しかし、それがもはや有効ではないと悟っていた私は、その申し出を断り、神が自分をこの世から連れ出してくれるときをひたすら待った。

そんなある日、私はパリス氏のとりなしを求めて、神に九日間祈祷を捧げることを思い立った。じつはかなり以前、私はこの神の下僕にすがっていた。神の慈悲はまもなく私に及んだ。一七三二年六月、人間によるすべての救いを諦めて、最初の九日間祈祷に入ると、熱が下がり、腫脹もひき出した。手足も元通り動かせるようになった。翌七月、二度目の九日間祈祷に入る頃には、症状は完全に回復した。私の姪をはじめ、さまざまな人が面会に来たが、だれもが突然の変化に驚きを禁じえなかった。私は神の恩寵に感謝すべく、サン＝メダール教会に赴き、福者パリス氏の墓石にもっとも近い聖母の礼拝堂に、ロウソクを一本捧げた。そしてオテル＝デューには、体力が完全になるまでとどまり、一七三二年八月、姪の家に移った。

一七三四年一月二四日、署名　公証人ロワゾン&レモン、報告書作成料六エキュ受領。(6)

マルグリト・ラングロワの不幸は、ノアイユがパリ大司教になって五年目の一七〇〇年から始まったという。この年、ルイ一四世は物価高騰に喘ぐ民衆の苦痛を知ってか、王立の富くじ場を開設し、収益を宗教施設の改築や建立用の資金とした。サン＝ロック教会（一七〇四年）やサン＝シュルピス教会（一七二一年）はその恩恵を受け、現在見られるような威容を誇るまでになった。だが、好戦的な太陽王の乱費や凶作による民衆の生活苦は続き、マルグリトのように家族の面倒をみるため、病の治療もままならない者は決して少なくなかっただろう。

マルグリトを苦しめた過水症に対する当時の理解や処方については、すでに紹介しておいたので繰り返さないが、ここで確認しておくべきことは、同じ施療院に収容されたマルグリト・ル・モワヌと同様、彼女もまた痙攣→奇蹟的快癒とは無縁だったという事実である。すでに指摘しておいたように、これは奇蹟体験者＝痙攣者という図式が、現実をあまりにも単純化している証左といえるが、マルグリト・ラングロワは以前にもパリスにそのとりなしを祈った経験があるという。おそらくそれは墓地の閉鎖前だったろう。そのときなぜ快癒しなかったか。にもかかわらず、なぜ改めてパリスにすがろうとしたのか。それに関する語りはない。さらに興味深いのは、彼女が聖遺物を用いず、ただ九日間祈祷によってのみ快癒したということである。これは墓地閉鎖後の事例としてはきわめて特異である。

それにしても、マルグリトが面倒をみなければならなかった兄の未亡人や子供たちはどうなったか。報告書には快癒後に唐突に姪が登場するのみで、その後のことは語られていない。これもまたいささか気にかかるところではある。『奇蹟集成』には、フランス人以外の報告書はわずか二例しかない。その一例は、前述したアルフォンス・デ・パラシオス（事例11）、そしてもう一例が次にみる修道女のものである。

●事例31　シャルロット・ケルナンの場合

私ことシャルロット（シャーロット）・ケルナン二三歳は、サン＝ジェルマ＝アン＝レ（パリ西郊。ルイ一四世の生誕城、現国立先史考古学博物館がある）生まれのイングランド系修道女である。二年半前、モンマルトルのベネディクト会女子修道院で修道立願している。一七三二年七月九日夜水曜日、口の病に襲われて眠れなかった。翌木曜日には、病が悪化して、食べることも難しくなった。さらに聖ベネディクトゥスの聖体巡行の祝日にあたる金曜日には、下顎が外れたかと思うほど痛みが極度に達して、卵二個を食べるのに、顎先を支えなければならなかった。その夜、口にできたのはそれだけだった。

七月一二日土曜日、外科医が朝から刺胳をしてくれ、大麦とバラ蜜からなるうがい薬を飲み、パップ剤も貼るよう指示した。だが、彼の薬は何ら効き目がなく、さらに痛みが亢進したため、夜の七時半に再度この外科医に往診を頼み、刺胳を施してもらわなければならなかった。翌一三日、痛みは和らぐどころか、かえって強さを増した。この日、母が院長の許しを得てやって来た。母は私の病について詳しく、退去時に修練女指導役の修道女サント・エリザベトに、私の口腔内にかなり悪い気があると告げた。その夜から月曜日にかけて、症状はさらに悪化し、大量の唾液が溢れ出て息苦しく、とても寝るどころではなかった。

一四日の月曜日、往診してくれた外科医は私の症状に驚き、看護修道女のラソンプションにそのことを知らせ、私の歯茎がぼろぼろで、口腔内がさながら火事の後のように黒くなっているとも報告した。彼はまた上級修道女のサント・エリザベトに、下顎全体に壊血病の気による潰瘍があることは間違いなく、私が使ったリネンや皿を誰も使わないようにとも進言した。私にはコクレアリア（アブラナ科のトモシリソウ）の抽出液と蒸留酒を混ぜたうがい薬を使うよう指示した。さらに彼は院長のもとに行き、私の体内に腐敗した血が大量にあると報告し、それを受けた院長は私を隔離された部屋に入れた。

同日、調剤修道女がうがい薬を届けに来たが、私の口を見て、鼻をハンカチーフで覆った。私はそのうがい薬を彼女に返し、もはや自分はいかなる薬も頼りにせず、あとは聖助祭パリス氏のとりなしにすがるための九日間祈祷と、水に溶かしたその墓の土にすがるだけだと言った。すると、彼女はこう答えた。「なんてこと！　九日ものあいだ、あなたは悪い気を体内に留めるつもりなの？　奇蹟とやらを見ても、私はそれを信じない」。私は応じた。「どうおっしゃろうとも、奇蹟が起きて、快癒する。私はそのことを強く信じています」。こうして同じ一四日の午後、私は九日間祈祷に入った。その間、墓の土を水に溶かして歯茎を洗い、潰瘍の腐敗した液とともにそれを飲み込んだ。床を汚さないためである。

この日にはまた、母がサント・エリザベトに手紙を送っている。そこには壊血病に罹った船員すべてを治した水薬を一瓶送ると記されていた。しかし、私はそれすら飲まなかった。夕方、前記外科医と新たに修道院に赴任した内科医が私の口を診察し、すでに調合されていたうがい薬に加えて、壊血病に効くというブイヨンを飲むようにと指示した。だが、私は指示に従わなかった。にもかかわらず、その日の夜はぐっすりと眠れた。それは病が発症してからはじめてのことだった。

翌一五日には、かなり身体が衰弱し、部屋の中を歩くにも杖をつかなければならないほどだった。書物を読んで気晴らししようとする気も起こらなかった。ただ、夜には空腹感を覚えた。これもまた発症後はじめての経験だった。そこでパンひと切れを口にしたが、痛みもなく食べられた。夜も快眠で、だれかが二度部屋に入ってきたというが、それすらも分からなかった。

そして一六日水曜日。早朝に起床した私は、何ら身体の不都合を覚えず、発症以来はじめて読書と労務に時間を費やすことができた。往診した外科医によると、口腔内はかなりよくなっているものの、悪臭はなおも残っているという。彼は言った。「マダム、奇蹟がおきたようですが、まだ半分です」。サント・エリザベトがパリス氏の墓の土を飲んでいるおかげだと言うと、外科医は笑って、こう答えた。「もしその土が彼女の血を浄化したなら、まさしく奇蹟と呼べるでしょう。しかし、自分が診るかぎり、そうはなっていない」。

その夜、私はポタージュとサラダを摂った。夕食が終わる頃、内科医がやって来て私の口腔を診察すると、すっかり良くなっている。驚く彼に、私はパリス氏の墓土を溶かした水と彼の祭服《アルバ》の切れ端を入れた瓶を見せながら言った。「これが私を治してくれたものです」。彼は答えた。「そうですか、マダム。たしかに土には多くの病を治してくれる塩分と特性があります」。だが、残念ながら、彼はそのことに気づくのが遅すぎた。

一七日木曜日、完全に健康を取り戻した私は、早朝、たまたま部屋の前を通った外科医を呼び止め、口腔を診察してもらった。彼もまた快癒していることに驚いた。試しに彼の鼻先に息を吹きかけると、子供のそれのように穏やかだった。彼は奇蹟という言葉こそ発しなかったが、もはやことの真実を否定できなかった。こうして私は修道院内をくまなく歩き、危惧すべき瘴気がなくなったことを示した。修道女たちはだれもがそれに驚き、何人かは私の口腔を実際に確認して私を抱きしめ、神に感謝の祈りを捧げてくれた。母もまた他所に部屋を借りて私と一緒に住むつもりでやって来たが、その私が先日持参した水薬を使わずに快癒したことを知って同様に驚き、何度も同じ言葉を繰り返した。「これが私の娘なの？　愛する娘なの？」。

しかし、昨年（一七三一年）二月、一年以上前から日を追ってきつくなっていた咳のため、聖務のときはつねに聖歌隊席から去らなければならなかった。調剤修道女はそんな私を見て、肺病に罹っているのではと心配した。新たな内科医のアソルティ氏と前記外科医がやって来て、私の症状がかなり悪く、背中にも病巣があるとの診断を下した。だが、いかなる薬も効力がないことが分かっていたので、一七三一年の聖ドゥニの祝日（一〇月九日）、私は絶食を始めた。それから数日後、私は診療室に強制的に寝かされ、薬効のない薬を大量に飲まされた。

今年（一七三二年）の聖母潔斎の祝日（二月二日）、私は聖務に復帰した。ただ、咳はなおもかなりひどく、周りからは薬を服するよう執拗に言われたが、パリス氏の墓の土を信じていた私は、咳が出るとそれを飲んだ。と同時に、この日の午後から九日間祈祷を始めた。おかげで翌日には咳がすっかりおさまり、ミサのあいだ、聖歌隊に戻って歌うことができるようになった。朝課にも出られるようになり、毎日藁布団に寝ながら、七月九日まで小斎をおこなった。そして完全に快癒した七月一九日金曜日には、聖具室に戻って祭服の洗濯や祭具の管理作業を再開するようにもなった。

モンマルトル修道院、一七三二年七月二〇日。署名　修道女シャルロット・ケルナン(7)。

デ・シャン修道院の例からも分かるように、修道院は伝統的に一種の医療センターとしての役割も担っていた。ある程度の規模の修道院には医師がおり、修道士や修道女たちもまた多少なりと医学的な知識を有していた。しばしば施療院で収容者の介護にあたる彼（女）たちの慈善行為にとって、その知識が不可欠だったからである。シャルロットもまたそうした同僚たちからの介護を受けたが、どうやらさほど効果があったとは思えない。

まず、壊血病との診断だが、周知のようにこれはビタミンCの欠乏に起因する病で、「歯茎がぼろぼろで、口腔内がさながら火事の後のように黒くなっている」という症状からすれば、おそらく壊血病性口内炎だっただろう。悪化すれば、歯が弛緩・脱落したり、歯肉が隆起したりし、出血もみられるという。この症状を改善させるためには、ビタミンCを多く含む新鮮な野菜や果実を摂取しなければならない。(8) 当時、そうした対処法は知られていなかった。はたしてそれが奇蹟の前提となる不治の病だったどうかは定かでないが、ちなみに、エルヴェシウスの医書『最頻発の疾病およびその特効薬に関する論考』(前出)は、壊血病に多くの頁を割き、その治療法としての食餌療法を以下のように記している。

壊血病に罹った病人は、きちんとした食餌療法を守るよう気をつけなければならない。生ものや消化に悪い食べ物、ジビエ肉、さらにとくに豚肉は生でも塩漬けでも食べるのを控える。昼食はいつも通りの時間に摂り、ブイヨンやポタージュ、パナード(パン粥)、そして加熱すると白くなる肉(子牛や家禽、兎の肉)のローストないし茹で肉を少量だけにする。その際は甘くしたブドウの搾りかすに、新鮮なカラシナないしわさび大根のおろしを入れて食べるようにする。夕食はポタージュと新鮮な卵のみにする。歯茎に膨張ないし潰瘍ができると、硬い肉が噛めなくなり、ポタージュやパナード、ひき肉、ポリッジ、卵くらいしか食べられなくなる。それでも、食事の前後にはヴァン・ショー(ホット・ワイン)で丁寧にうがいすることが肝要である。(9)

エルヴェシウスはさらに清浄な空気を吸い、徒歩ないし馬でゆっくりと散歩し、運動をして体液の循環を促すことなどを勧めてもいる。シャルロットを診た外科医が、はたしてこの名医の治療法を知っていたかどうかは不明だが、たとえそれを実践したとしても、彼女の病が治ったかどうかはわからない。

ところで、シャルロットが生まれたサン=ジェルマン=アン=レといえば、一六八八年の名誉革命で、オランダから迎えられたオラニエ公ウィリアム三世にイングランド国王の座を追われた、スコットランド・ステュアート家のジェームズ二世(一六三三―一七〇一)と家臣たちが、ルイ一四世の庇護のもとで、王位奪還を夢見ながらも果たせずに没した亡命の地である。女性問題で貴族を殺し、スコットランドを出奔したあのジョン・ローが一六九六年頃、無一文状態でパリに来て、最初に頼ったのが、彼らがいたサン＝ジェルマン＝アン＝レ城だった。

一七〇九年生まれの「イングランド人」シャルロット・ケルナンが、はたした彼らとどのような関係にあったかは不明だが、彼女の奇蹟譚で特徴的なのは、パリ近郊の村（当時）にいながら、一度もサン＝メダール教会を訪れることなく（墓地は閉鎖されていたが、教会自体は開いていた）、おそらく人を介して同教会の聖具室で入手した、そしてすでに万能の霊薬と信じられていたその墓の土（と祭服の切れ端）で、口腔の疾病と咳が快癒したという。すでに繰返しみてきたように、共感呪術的なフェティシズムがこうして奇蹟を現出させる。このようなイマジネールが、墓地閉鎖後には、それ以前にも増してかなり一般化していたのかもしれない(10)。

さらにこの報告書からは、少なくともモンマルトル女子修道院の一部が、パリスによる奇蹟に対して不信感を抱いていたことも読み取れる。それは同じ修道院に起居していた修道女たちが、奇蹟派と反奇蹟派に分かれていたという事実を示唆するものといえるだろう。とはいえ、シャルロットらの奇蹟派がそのままジャンセニストであったかどうかは分からない。革命後の一七九〇年に閉鎖され、九四年、教会堂を残して売却・解体されることになるベネディクト会系のモンマルトル修道院自体、そして何よりもリムーザン地方総督補佐官だったオーヴェルニュ伯を父にもつ、院長ルイズ＝エミリ・ド・ラ・トゥール・ドーヴェルニュ（院長在任一七二七―三五）が、パリスやジャンセニスムをどう考えていたかも不明である(11)。

『奇蹟集成』の第五分冊には、そのベネディクト会系サン＝モール修道会の本部が置かれていた、サン＝ジェルマン＝デ＝プレ修道院に属する修道士の報告書がある。墓地の閉鎖から半年以上経った頃に奇蹟的に快癒したということの事例でも、パリスの聖遺物が効力を発揮したという。

●事例32　ジャック・ロワイヨーの場合

私ことサン＝モール修道会のベネディクト会士ジャック・ロワイヨー五五歳は、一七一八年から右膝が不自由だったが、本年（一七三二年）九月初旬、福者パリス助祭のとりなしで快癒した。その経緯は以下の通りである。

南仏アルル近郊のモンマジュール修道院に新たに赴任した私は、毎夕、いささか手に余るほど大きな鐘を撞いて信者たちに祈りの時を知らせる任務についていた。ある日のこと、かなり苦労して三度鐘を撞いたあと、残る力を振り絞ってさらに鐘を撞こうとすると、太いはずのロープが切れて右膝の上に落ちた。膝の骨が脱臼もしくは折れたか。その晩は痛みで苦しみ、翌日、早速外科医に受診した。外科医の見立てによれば、膝は脱臼も骨折もしていないが、脚骨が脱臼していると言う。そこで彼は整復してくれたが、脚骨は少し曲がったままだった。じつは膝蓋骨も著しくずれていて、膝の痛みはつねにあった。それから約一か月、私はベッドでの生活を余儀なくされた。

こうした状態が数か月続いたあと、私は一向に痛みを和らげてくれないモンマジュールの外科医を頼まず、パリ（の医師？）に相談した。すると、「人間生活に完全に反するような」食養生に加えて、毎月瀉血をおこない、ドゥージュ、すなわち「子犬のオイル」や塗剤ないし湿布を用いるよう指示された。だが、これらの医薬は膝蓋骨の痛みにまったく効果がなく、粘漿部位への石灰沈着や関節の痛みを防げなかった。やがて高熱も出るようになった。内科医によれば、修道院の空気が悪く、長くそこにとどまれば、命の危険すらあるという。この診断により、私はラングドックにあるグラース（カンヌ近郊）の修道院に移された。そこではマール（果実、とくにブドウの搾り滓）が用いられたが、症状はかえって悪くなるばかりだった。

一七二〇年一一月、私はパリに移った。すでに右足は折り曲げることができないほど悪化していた。その頃、私が起居していたサン＝ジェルマン＝デ＝プレ修道院に、ジェローム・ド・ラストルという修道士が、病で伏せていた。内科医や外科医たちが彼の治療をどうするかを相談する集まりが開かれた。その機会を狙って、私は彼らに自分の症状を訴えた。しかし、治療するにはもはや手遅れで、薬もないとのことだった。ただ、ひとりの外科医が残る希望はリエージュ（？）に行くだけだと進言してくれた。

そうこうするうちに、私は新たな不運に見舞われる。サン＝ジェルマン＝デ＝プレ修道院のパイプオルガンに通じる階段の一〇段目あたりから落下してしまったのである。足元が暗かったためだ。頭を怪我したが、幸い軽傷だった。ただ、関節の状態はさらに悪化の一途をたどり、受診した医師たちも、ある者はお湯を飲むようにと言い、ある者はもはや薬は無効と匙を投げた。そこで私は、修道院の調剤修道士マテュラン氏とともに、もと同修道院の外科医で近衛隊の専属外科医をつとめているテュルザン氏を訪れた。彼の処方でブルボン水を服すると、膝の腫れが退き、痛みも減った。しかし、膝蓋骨はなおも外れており、辛うじて小さなクッションを下にして小半刻跪いていられるだけだった。ブルボン水の服用をやめると、身体の衰弱を覚え、右足上部の痛みが中足骨を経て足指にまで広がった。そのため、杖なしでは歩けなくなった。テュルザン医師に受診すると、痛風のためだという。だが、彼は間違っていた。以後、快癒するまで、私は一度も痛風に襲われなかったからである。それから九か月もすると、症状は最初に戻った。温泉治療にも行ったが、多少痛みが和らいだだけだった。

もはやパリでの治癒は期待できなくなったため、一七二七年八月、私はパリを去り、不自由な身体で馬を御しながら、ランス（シャンパーニュ地方）近郊のサン＝ニコラ＝オー＝ボワやブヴィル（北仏ピカルディ地方）のサン＝リキエなどの修道院を訪れ、滞在した。そして一七三一年九月三〇日にル・マン（フランス中西部）に着いたが、苦痛はとても耐え難いものとなっていた。それからまもなく、私はパリで通りすがりに祈った程度の福者パリス氏の墓で、数多くの奇蹟が起きているのを知り、多少でも苦痛がおさまればと思って九日間祈祷を始めた。

しかし、それは徒労に終わった。二度目の九日間祈祷も効果はなかった。そこでパリに手紙を書き（誰にかは不明）、聖助祭の聖遺物を入手してくれるよう頼んだ。ほどなくして送られてきたそれを患部に貼ったが、無駄だった。それでも意気阻喪することなく、この新しい奇蹟をなす人物の聖遺物を身に付け、ミサのあいだはもとより、朝課や終課のときもその強力なとりなしを祈った。しかし、それはもはや奇蹟的な快癒を願ってではなかった。自分にはその資格がないと思っていたからだ。ただ、死ぬまでこの苦しみに耐え続けさせてほしい。そう願ったのである。それゆえ私は医師にも薬にも頼ろうとしなかった。

そして一七三二年九月、なおも福者助祭の聖遺物を身につけていた私は、自分が何の不自由もなく跪拝していることに気づく。それはまさに思いもよらないことだった。おそるおそる膝蓋骨に触れてみると、元通りになっているではないか。翌日にはクッションを置かなくても跪くことができた。同月一三日、私はこのことを修道院付きの外科医に知らせた。一五日から九日間、馬で小旅行に出ることもできた。滞在先では、何の不自由もなく三キロほどの道のりを歩いて往還することもできた。疲れも痛みも覚えなかった。旅から戻って三週間は、サン＝ヴァンサン修道院から毎日歩いて半里ほどの距離にあるミシロン修道院まで出向き、いろいろ書物を調べる作業に従事した。助祭としての勤めも十全に果たすことができるようになったのだ。もはや私の快癒が完全ではないと疑うことはできない。そして、その快癒が福者フランソワ・ド・パリス氏のとりなしによるものであるということもまた、疑いえない事実である。

ル・マン、サン＝ヴァンサン修道院にて。一七三二年一二月七日、サン＝モール修道会ベネディクト会修道士ジャック・ロワイヨー。(12)

報告書によれば、ジャック・ロワイヨーは各地の修道院で一種の転地療養をおこなっている。これらの修道院はおそらくサン＝モール修道会の系列だった。だが、その先々で手当てを受け、薬剤も用いられたが、いずれも徒労に終わった。たとえば「子犬のオイル」は、近代外科学の祖とされるアンブロワーズ・パレ（一五一〇—九〇）が見出したもので、生まれたばかりの子犬をユリの抽出液やミミズなどと一緒に煮て濾過したオイルで、傷口の焼灼作用があるという。(13)

一方、マドレーヌ・ジョフロワ（事例26）のリウマチ治療にも用いられた「ブルボン水」とは、ルイ一四世の愛妾モンテスパン夫人（一六四〇—一七〇七）が湯治中に他界したことでも知られる、フランス中部の温泉地ブルボン＝ルシャンボーで産出する塩化ナトリウムを含んだ鉱水で、ポール・デュベの『貧者の内科医と外科医』によれば、内臓の機能を強化したり、「余分な冷気を消化」したりする効能を有し、さらに婦人病にも効くという。(14)また、アントワヌ・ルイの『外科学事典』では、浸潤や浮腫にも効果があるとされてもいる。(15)

だが、こうしたオイルや鉱水で膝蓋骨の脱臼が治るはずもなく、他の事例ではしばしば快癒をもたらす九日間祈祷でも症状は改善しなかった。そこでパリスの聖遺物を入手する。患部に貼ったということからすれば、おそらく墓土だっただろう。しかし、効果はなかった。とすれば、墓土がつねに「霊薬」としての効力を発揮したとする一連の快癒譚で、これは稀有な事例といえる。それでも最終的にはパリスの聖遺物を身につけることによって快癒したとなっている。面妖なことに、報告書にはこれもまたいかなる聖遺物だったか明記はない。パリスの着衣の切れ端かベッドの木片だったと思われるが、ここでは一連の奇蹟報告書に頻出する奇蹟的快癒＝九日間祈祷（墓地閉鎖前）という対合ではなく、奇蹟的快癒＝聖遺物（墓地閉鎖後）というもうひとつの特徴的な対合に着目しなければならない。

ところで、ジャック・ロワイヨーが所属していたサン・モール（聖マウルス）修道会は、一六一八年にパリで創設され、二一年、時の教皇グレゴリウス一五世から正式に認可されている。その名祖となった聖モール、ラテン名マウルスないしアマルリク（五一二頃―八四頃）は、モンテ＝カッシーノでベネディクト会を創設した聖ベネディクトゥスの最初期の弟子で、伝承によれば、ガリア、つまり現在のフランスに同会の会則や修道制度を導入したとされる。サン＝ジェルマン＝デ＝プレを本部とするこの修道会は、フランス革命期の一七九〇年、憲法制定会議によって解体されるが、マウリスト（モーリスト）と呼ばれた修道士たちは、聖アウグスティヌスの予定説と恩寵論を支持し、ベネディクトゥスの戒律を厳格に実践することを旨としていた。さらにボシュエによるガリカニスムの「四か条の宣言」（第1章参照）に共鳴してもいた。はたしてロワイヨーがその一員だったかどうかは定かではないが、一七二二年に助祭パリスがパリ南東方のムランまで会いに行った、敬愛するクロード・レオテもそのひとりだった。また、シャンパーニュ地方ランスにあるサン＝ルミ修道院のマウリストで、のちに神学や哲学の教授となり、一七世紀末に聖アウグスティヌスの著作集一一巻を編んだ、トマ・ブランパン(16)（一六四〇―一七一〇）や、サン＝ジェルマン＝デ＝プレとサン＝ドニの両修道院長を歴任した神学者で、サン＝モール修道院長もつとめたドニ・ド・サント＝マルト（一六五〇―一七二五）も、ジャンセニストないしジャンセニスムの共鳴者だった。そして後者は、ブランパン編の著作集が民衆を悪に走らせる「公的な躓き《スカンダル・ピュブリク》」だとして異を唱えたイエズス会に対し、擁護の論陣を張っている(17)。

さて、サン＝メダール墓地の閉鎖後、奇蹟的快癒はパリのみならず、地方でも頻出した。そのひとつが、フランス中部サントル地方ブロワでの事例である。これは父親が最上層階級に属しており、本人も年少でありながら「領主」

だったという点で他の多くの事例とは際立った対照をなしている。

●事例33　アレクサンドル＝オーギュスタン・テシエの場合

国務評定官でブロワ上座裁判所長の私ことルイ＝セザール・テシエは、以下のことを証明するものである。

一七三二年九月以来、当時一〇歳前後だった息子で、すでにしてガレリ領主だったアレクサンドル＝オーギュスタン・テシエが突然体調不良を訴えた。微熱が続き、それまではきわめて活発な子供だったにもかかわらず、一〇日も経つと、話すことも歩くこともできなくなり、食欲もなくなって、一日中椅子にじっと座り続けるようになった。衰弱は日を追うにつれて増していった。

一一月八日、息子をベッドに連れて行って服を脱がそうとした家政婦は、彼の身体の下腹部が異様に腫れ上がっているのに気づいた。そこで私は主治医である外科医のマノワ氏と調剤師のサロメ氏に往診させた。ふたりの診断では息子が高熱に加えて精巣水瘤に罹っており、そのために睾丸が肥大しているという。症状が次第に悪化していったので、内科医のシレ氏に受診させたところ、同様の診断を下し、さらに陰嚢下垂もあると言う。そしてローズ・ド・プロヴァン[18]やザクロを入れて芳香を出したホット・ワインを飲ませるよう指示した。だが、それはほとんど効果を発揮しなかった。そこでシレ氏は息子が苦しんでいた下腹部の痛みを抑えるため、ハップ剤を処方したが、これもまた痛みを和らげることができなかった。最後に彼は煎じ薬や粉末（不明）、ブイヨン・アメールなどを飲ませ、浣腸や瀉血をおこなうことにしたが、息子はそれを拒んだ。それから三か月間、彼はパン・ビ（麩《ふすま》入りのブラウンブレッド）しか口にしなかった。

今年一七三三年一月から二月一四日まで、息子はなおもかなりの高熱に苦しみ、連日二ないし三時間、激しい悪寒にも襲われた。衰弱も末期症状を呈し、私は息子の死期が近いと思うようになった。この一月、サン＝ソレン小修道院長のダンピエール氏が数度息子を見舞いに来てくれ、その病状を見て、二日にわたって終油の秘蹟を授けてくれた。同月一八日には、シレ氏がもはや自分にはどうにもならないとして往診をやめた。しかし、私は諦めず、主の慈悲を請うことにした。

二月の第一日曜日（二月一日）、私はパリス氏のとりなしを願って、息子のためにサン＝メダール教会で九日間の代祷をしてもらうことにした。そこで二月四日水曜日、高徳と慈悲をもって鳴る、そしてかねてより尊敬していたある夫人に書状をしたため、それを依頼した。自分もまた、同時にブロワのノートル＝ダム・ブールモワイヤン律修参事会教会で九日間祈祷をおこなうとも書いた。翌五日、町の修道女が我が家を訪れ、居間の暖炉近くで、身体を折り曲げ、高熱に苦しみながら横たわっている息子を見て、強く心を動かされた。そんな彼女に私は九日間祈祷のことを告げると、自分が持っている福者パリス助祭の聖遺物と墓の土を提供するという。

翌朝七時、聖遺物を入手した私は、それを早速を息子につけ、その身体を墓の土でこすった。さらに、この土を水に溶かして飲ませもした。ところが、午後二時頃、息子は再び身震いを始めた。ただ、身震いはそれまでとは異なっていた。身震いするたびに、息子の身体が燃えたように熱くなったのだ。二月七日にも、私は息子に同様の措置を施したが、身震いは二時間以上も続くようになった。そして九日、私はパリから七日付の返信を受け取る。そこには夫人が私の願いを聞き入れて、翌週木曜日の二月一二日に、息子のため、サン＝メダール教会で九日間祈祷を始めると書かれていた。私もまた同じ日に九日間祈祷に入った。

祈祷を始めて三日目、息子の熱は完全に下がり、四日目には介添えなしに自室から二〇段の階段を降りられ、中庭で兄弟たちと遊べるようにもなった。五日目にはひとりでベッドから起き上がり、誰の手も借りずに服を着られた。下垂も水瘤もなく、それによる下腹部の痛みも感じなくなっていた。祈祷八日目の二月一九日木曜日に、そのことをシレ氏に報告すると、彼は驚き、奇蹟でもない限り、そうしたことは起こりえないと首をかしげるばかりだった。しかし、同日午後三時頃、彼は息子を診察し、脈もまったく正常で、完治していることを確認した。

そして二月二一日の土曜日、私は息子とともに歩いてノートル＝ダム・ド・ブールモワイヤン教会に行き、ミサに出て、神に快癒の恩寵を感謝した。さらに司教に息子を引き合わせて快癒を報告し、それから町の中を以前のように散策した。その日以来、息子の体調はすっかり回復し、よく食べ、よく眠り、他の健常な子供と同じように歩き、遊び、飛び跳ねるようになっている。

ブロワ、一七三三年二月二三日。署名　テシエ。一七三三年二月二三日、ブロワで登録。

この報告書には、さらに母親の署名も添えられ、そのあとに次のような添書がある。報告書の扱いが明示されている貴重な一文ゆえ、以下に全文を訳出しておこう。

本報告書はテシエ氏とその妻エリザベト・ジョグ夫人によってブロワの公証人ランベールに提出されたものである。彼らはまた公証人にそれぞれ自署が付された五通の証明書も提出している。一通目はブロワ在住のモンペリエ大学医学部の医学博士シレ氏、二通目はブロワの宣誓親方外科医で、司教座聖堂参事会首席のポール・マノワ氏、三通目はブロワの親方調剤師サロメ氏、四通目はブロワの教会礼拝堂付き司祭ジロー氏、そしてサン＝ルイ・ド・ブロワ司教座聖堂の筆頭司祭・サン＝ソレンヌ小修道院長ダンピエール氏によるものである(19)。

墓地閉鎖後でありながら、この奇蹟報告書は証人たちの快癒証明書とともに公証人に提出されている。地元の特権階級に属する父親ならではのことといえるだろうが、それにしても、彼は少なくとも自分の後継であるはずの息子の年齢を正確に知らない。このことがはたして何を意味するのかはさておき、この報告書でもっとも興味深いのは、領主少年の奇蹟的快癒を教会・修道院の高位者たちが認めていることである。テシエと交流があったためだろう、司教までがその息子に会っている。当時、ブロワの司教はフランソワ・ルフェーヴル・ド・コーマルタン。枢機卿レ(20)（一六一三―七九）を名付け親とする彼は、一六九四年にアカデミー・フランセーズ会員に選ばれた碩学で、一七一九年にブロワ司教となり、一七三三年八月、つまり少年と会った半年後に他界している。その頃、彼の体調がどうであったかは不明とするほかないが、じつは彼は紛れもないジャンセニスム思想の持ち主だった。とすれば、たとえ体調がどれほど悪くても、少年に会い、自らの目でパリスによる奇蹟を少年のうちに確認しようとした。そうとも考えられる。

自らは証明書の作成者とならなかった（なれなかった）ものの、その司教区の高位者たちは、おそらくそうした彼の意を体して証人になったはずだ。

この事例でもパリスの聖遺物と墓の土が快癒の決定的な要因とされている。聖遺物にしろ、墓土にしろ、いったいどれほどの数量が出回っていたのか。そもそもそれらは本物なのかどうか、いささか疑念を抱かざるをえないが、当事者たちにとってそれはおそらくさしたる問題ではなかった。もともと立証困難なものであってみれば、「本物」であるという言説さえあれば、そしてそれを本物であると信じ込もうとする願いさえあれば、たとえどれほど怪しげなものであっても、間違いなく本物だった。いや、本物となった。言説と願望自体が正統性と権威を与える。シャルラタン的な聖遺物売りが暗躍できた所以がここにある。

ちなみに、この報告書の作成者テシエが、地方の控訴審を扱う上座裁判所（一五五一年創設）の裁判長をつとめていたブロワといえば、その城で生まれた「民衆の父」ルイ一二世が王宮を定めた地である。それ以来、幾度も血なまぐさい政争の場となり、とくに宗教戦争さなかの一五六八年、ユグノーたちが町を劫掠し、カトリック教徒たちを大量虐殺している。それから二〇年後の一五八八年五月に勃発したいわゆる「血のバリケード事件」で、プロテスタント勢力の指導者ギーズ公アンリを支持したパリ市民に追放されたアンリ三世が、一二月に開かれた全国三部会の際、ブロワ城で宿敵ギーズ公を暗殺している。さらに翌一五八九年、その息子の蛮行を嘆いたとされるカトリーヌ・ド・メディシスが没したのもここだった。奇しくもこの年は、ジャンセニスムの先駆者とされる人文主義者で神学者のミシェル・ド・ベ、通称バイウスが、ジャンセニスム揺籃の地ルーヴァンで他界している。享年七六。聖書やアウグスティヌスをはじめとする教父文学の直接的な講読を提唱した彼は、それゆえプロテスタントに近かったともされるが、イエズス会主導のトリエント公会議に反発するとともに、原罪以降、神の恩寵なしでなされる人間の行為はすべて罪であると主張してやまなかった。[21]

興味深いことに、墓地閉鎖後の「奇蹟」は囚人にも及んでいる。聖母マリアが囚人の守護聖女でもあることはつとに知られていたが、ヴァンセンヌ城の監獄に投獄中だったドゥニーズ・ルニェ（表1―154、第7章）もそのひとりだった。はたして彼女がいかなる罪を犯したのかは不明である。ただ、なかには不幸にも誤認逮捕によって投獄された女性が、獄舎で発症し、それがパリスのとりなしで快癒したとする事例もある。サン＝シャマン侯の御者をつとめていたピエール・シュヴァリエの妻の事例がそれである。夫と死別したのち、パリに出稼ぎに行く途中、娼婦だとして逮捕され、矯正・授産施設であるパリの施療院に強制収容中、不治と診断された両足が完治したという。女性の名はマリ・ティボー。トロワ近郊ヴィルヌーヴ村出身の二八歳である。その奇蹟報告書は一七三三年一〇月二七日、シャトレ裁判所の公証人レモンが作成したもので、作成料は六スーだった。

●**事例34　マリ・ティボーの場合**

現在総救貧院付属のサルペトリエール施療院に収容中の出頭者（マリ・ティボー）は、いくつかの村で労賃を稼いでいたが、一七三二年八月二二日、村の親しい女性とともにパリに向かった。ところが、途中、青い服をまとった男たちに捕まり、パリ近郊のシャイヨ監獄に連行された。春をひさぐ女性たちだと誤解されたのである。パリに働きに出てきたと抗弁しても無駄だった。翌日、ふたりはパリのサン＝マルタン女囚用監獄に移送された。投獄初日、出頭者は突然両足が腫れだし、耐えがたい激痛に襲われた。足に力が入らず、立つこともできなくなった。監獄の所長ペルスヴァル夫人はそれを確認して、監獄付きの外科医オージエ氏に診せたところ、出産後、さほど日が経っていないことによる病だと診断して薬を調合したが、症状の重さからして快癒は望めないと言った。

一七三二年九月一三日、出頭者は小さな荷車に乗せられてサルペトリエール施療院に移された。収容から四日後、両足は氷のように冷たくなり、感覚もなくなった。診察した内科医のレスオイ氏はあまりにも症状が重篤なので、同修道院では手当てができず、オテル＝デュー（慈善院）に転院させるよう指示した。こうして同月一八日、出頭者はオテル＝デューで治療を受けるようになったが、それでも症状は一向に改善せず、一か月後の一〇月二〇日、治癒の見込みなしとしてサルペトリエール施療院に送り返された。そうこうするうちに、なおも冷たく感覚のない両足は醜くやせ細って紫変し、互いに内側に曲がって、左右の足底が向き合うほどになった。激痛もあった。その状態は一七三三年八月の快癒まで続いた。

一七三三年の四旬節期間中（二月二五日―四月四日）、ある人物からパリス氏の奇蹟のことを知らされた。パリス氏はパリ高等法院評定官の息子で、豊かさより貧しさを好み、財産を残らず貧者たちに分け与え、自ら苦行と禁欲の一生を送った。この人物はそう教えてもくれた。そして、パリス氏の墓から採取したという土の入った小箱をくれ、神がその土で多くの病人たちを癒したとも言った。だが、出頭者はそれをベッドの上にある棚に置いたまま、三か月以上忘れていた。そして七月七日、それを思い出した彼女は、パリス氏のとりなしを期待してその小箱を頸につけ、九日間祈祷を始めることにした。以前胸に吹き出物ができた際に貰った薬効のあるという水に、小箱の土を少量浸し、それで両足をこすったりもした。

九日間祈祷のあいだ、足の状態に変化はなかった。聴罪司祭に相談すると、祈りを続けるように諭された。そこで最初の九日間祈祷が終わると、ただちに二度目の九日間祈祷に入った。その四日目の七月二〇日ないし二一日、両足から大量の汗が出て、ベッドが濡れた。共同大寝室の監督だったブリュネ修道女にそのことを話すと、亜麻布で彼女の足を包んでくれた。この大量発汗のあと、両足の踝と指にしばしば激痛が走るようになったが、それは長続きせず、まもなく治まった。無感覚な状態はなおも続いた。しかし、神が福者パリス氏のとりなしで自分の足を治してくれる、そう確信するようになった。こうして二度目の九日間祈祷のあと、彼女は三度目の九日間祈祷を始めることにした。その最終日の八月三日月曜日、共同大寝室でミサが始まったとき、ベッドに横たわってそれを聴いていた出頭者は突然全身が激しく痙攣し、両足全体が耐えがたいまでの痛みに襲われた。それはミサのあいだ続き、聖体奉挙時にはひときわ亢進した。思わず彼女はこう叫んだ。「聖福者のムッシュー・パリス、私のために祈ってください。神よ、私をお助けください。忍耐をお与えください！」。こうした錯乱状態は、ミサが終わって二時間あとまで続いた。

やがて我に返った彼女が恐る恐る自分の足を見ると、右足は元のままだった。だが、左足は生気を取り戻し、湾曲もかなり改善している。驚いた彼女は監督修道女を呼んで、それを確かめてもらった。修道女もまた驚いた。翌火曜日のミサのあいだもまた、全身が痙攣に襲われ、痛みも相変わらずだった。前日、ミサの最中に叫び声をあげたこともあり、司式修道女が出頭者の口を手で押さえた。翌八月五日もまた、ミサのあいだ、痙攣していた。ところが、ミサのあと、痛みは消えた。外科医のジャンス氏は左足が快方に向かっており、いずれ完全に治るだろうと断言した。そして、彼がベッドに横たわっている彼女の右足に数度刺胳を施すと、その痛みにたまらず叫び声をあげた。感覚が戻ったのである。まもなく両足に力も戻り、足の湾曲も治って自由に歩けるようになった。診察した外科医もそれを確認した。完治したのである。それから二日後の八月七日、彼女は施療院の囚人室に移された。だが、エロー氏（警察総代行官）は彼女の釈放を命じる指示書を施療院に送った。こうして無事出獄できたこともまた、奇蹟といえるだろう[22]。

図 38　セーヌ川から望むサルペトリエール施療院（作者不詳、18 世紀）

この報告書にも、証人として、マリの世話をし、その奇蹟的な快癒を目の当たりにした、サルペトリエール施療院の修道女たちや外科医オージエらの証言が添えられている。

主人公のマリ・ティボーは若くして夫と死別し、地元で手間賃稼ぎをしていたという。だが、それでは心もとなかったのだろうか、友人とかたらってパリに向かう途中の不運。「青い服をまとった男たち」の正体は、おそらく街道の治安に目を光らせていた警吏だろう。さしたる根拠もなく逮捕されたふたりが連行されたパリのサン＝マルタン監獄は、旧大修道院の塔を娼婦用の監獄に転用したもので、一七八五年まで使われていた。ここに収容された娼婦たちは、毎月第一金曜日にエローのもとに出頭し、尋問を受けて、罪科が決められることになっていた。少なくとも半世紀前、つまりジョン・ローの時代なら、彼女たちの多くが新大陸のヴァージニアに強制移住させられ、同様に送り込まれた若い男性囚人ともども、開拓に従事させられた。足に異常がなかったなら、マリもまた冤罪を晴らすこともなく、同様の措置を受けたはずだが、なかには彼女のように売春とは無縁の女性もいただろう。

マリにとって幸いだったのは、サルペトリエール施療院の対応である。そこで慈善活動おこなう修道女たちのおかげで、彼女はおそらく他所よりも手厚い介護を受けることができた。また、あるいは彼女が娼婦ではないと分かったのか、警察総代行官の釈放措置も幸いだった。一七三一年一月のマルグリト・ジルー（事例27）の場合は、同じエローの命で、痙攣したというだけで逮捕・投獄処分にあっている。この総代行官の裁決基準ははたしてどこにあったのか。マリもまた快癒にいたるまで頻繁に痙攣に襲われているからだ。治安当局は王令や条令で再三再四パリの無宿人や物乞い、娼婦などを取り締まり、監獄や施療院に送り込んだ。かつてペストやコレラを引き起こしたとする瘴気を一掃すべく、都市の中でそれを発生させる劣悪な環境を除くために都市改造をおこなったが、これら社会的な負性の存在を都市の風景から取り除く。それもまた都市の近代化の一環だった(23)。

だが、この事例で注目したいのは、奇蹟的快癒の一助となったはずのパリスの墓土である。他の事例でも同様だが、面妖なことにここでもまた重要な聖遺物を与えてくれた恩人の名が記されていない。その治療が症状の改善をもたらすことのなかった医師たちの名が明記されているにもかかわらず、である。前記テシエの場合は修道女（やはり名前は記されていない）だったが、はたしてこの人物は何者なのか。あるいは聖遺物売りだったのか。この問題はマリと同様の不運をかこったもうひとりの友人のその後ともども疑問として残る。

さて、『奇蹟集成』における最年少の事例は、おそらく沖仲仕を父親、選択女を母親とする三歳の娘マルグリト＝アンリエット・ルブールのものである。報告書は母親の語りに基づいて作成されている。

●事例35　マルグリト＝アンリエット・ルブールの場合

サン＝セヴラン小教区（セーヌ川を挟んでノートル＝ダム司教座聖堂の対岸に位置する）のサン＝ジュリアン＝ル＝ポーヴル通りに住んでいた、私カトリーヌ・フォシューと夫ジル・ルブールは、一七三三年の聖霊降臨祭前日（五月二三日）、北仏ピカルディ地方の里親に預けておいた娘を引き取った。少し前から膝に原因不明の腫れものができており、自分ではこれ以上面倒をみることができないので、実母に娘を返すということだった。引き取って娘を見れば、たしかにその右膝の上部、というより腿の内側にアヒルの卵大の腫脹ができており、皮膚も炎症で赤くただれている。足もかなり曲がっていた。そこで翌日、娘を外科医にみせたところ、腫脹は三か月ほど前からあり、切開して中の膿を取り除かなければ、いずれ膿が娘の血液に入り込んで命を奪うようになるという。恐ろしい提案だったが、夫や娘の名付け親も交えて相談し、ほかに選択肢がないとして、手術をしてもらうことにした。

こうして聖霊降臨祭翌日の月曜日、手術がおこなわれた。血に混じって、黄色い膿が大量に出たが、娘は苦痛に耐えかねて恐ろしい叫び声をあげた。その後も、治療の度に叫んだ。二週間後、外科医は次に腿を切開しなければならないという。そこに溜まった膿を出すためである。だが、その成功が不確かだったため、私と夫はそれを拒んだ。それから一八日後、外科医はもはや傷口に包帯を巻き、時々ルバーブやチコリないしマンナ（トネリコの樹液）を入れた水で浄める程度のことしかできないと言い出した。だが、彼は私から謝金をもらったきり、二度と顔を見せなくなった。やむなく私が指示された手当をおこなった。

一七三三年七月下旬、娘の膝にあった腫れは消えたが、傷口が穴となって、時折そこから黄膿が大量に滲み出ていた。ただ、外科医が来なくなってから、娘の症状は悪化することはなかった。そして一七三四年三月二二日朝、娘を起こすと、かなりの高熱があり、歩くこともままならなかった。翌二三日には、消えていたはずの腫脹が高熱に誘われたかのようにクルミ大となって再び現れた。それに続いて、腿から膝までが大きく膨らみだした。それから二二日間、娘は苦しみ続け、ワインと水、そして私が無理やり飲ませた少量のスープストック（肉や野菜のだし汁）しか咽喉を通らなくなった。

そこで私はサン＝ジャック通りに住む調剤師（外科医？）のサルヴァ氏に来てもらった。彼によれば、虫歯状態になった骨を削るため、娘の膝をできる限り深くまで切開しなければならないという。夫同様、それに反対した私は、娘をミラミオン女子修道院（セーヌ川を挟んでサン＝ルイ島の対岸）に連れていった。すると、修道女のひとりが娘の症状を見て、治療法はひとつしかないと繰り返した。しかし、それが何かは教えてくれなかった。渋る彼女を説き伏せてようやく聞き出した答えは、娘の腿の真ん中あたりを切るというものだった。しかし、娘の状態を考えれば、この手術には耐えられないだろうとも付言した。たとえできたとしても、今となってはそれをあえてする必要はないだろう。そう長くは生きられないだろうから・・・。修道女はそうも言った。そして、娘の膝に軟膏の湿布を貼ってくれた。

重い気持ちのまま帰宅し、ベッドに寝かせると、娘は痛みを訴え、あらん限りの力で叫びだした。しかし、もはやどうすることもできず、私はただそばでそれを見守るほかなかった。翌日の昼前、湿布を外すと、ようやく娘の叫びが収まった。快癒は無理かもしれない。修道女が言うように、死が近づいている。とすれば、あとはパリス氏に祈るしかない。夫も同じ思いだった。こうして去る四月一五日、夫は九日間祈祷を始めた。その初日、夫は早朝サン＝メダール教会に行き、あとから私もそれに加わった。夜、帰宅して、福者が眠る墓の土を娘の膝に押し当て、墓地の井戸水も飲ませると、曲がっていた娘の足が真っ直ぐになった。腫脹も多少小さくなった。開いた傷口からは緑色の膿も出てきた。この変化に私たちは再び希望を抱くようになった。

夫はさらに九日間祈祷を続けた。仕事でサン＝メダール教会まで行けないときは、近くのサン＝セヴラン教会で、福者のとりなしを願いつつ祈った。その甲斐あって、娘の症状は日増しに改善していった。そして九日間祈祷が終わると、義妹に付き添ってもらっていた娘はついにひとりでベッドから起き、服を着て室内を自由に歩けるまでになった。外出から戻ってそれを目の当たりにして、私は驚き、神の恩寵に与れたことに感謝した。

パリ、一七三四年七月四日。署名　ジル・ルブールの妻カトリーヌ・フォシュー、署名　ジル・ルブール(24)。

幼いマルグリト＝アンリエットの両親は、あるいはパリに出稼ぎに来ていたのだろうか。父親が沖仲士だったということからすれば、セーヌ川の荷揚げ地、たとえば処刑場でもあった市庁舎前のグレーヴ広場に通じる港で働いていたのかもしれない。洗濯女だった母親もまた住居に近いセーヌの洗濯場で働いていたのだろう。ただ、シャトレ警視ニコラ・ドラマール（一六三九―一七二三）が市民生活全般にわたる制度や法制を歴史的に展観した、壮大な未完の大著『諸事取締要綱』（四巻、一七〇五―三八年）によれば、モヴェール広場からポン＝ヌフ橋までのセーヌの洗濯場では、夏季には川水が澱んで腐敗し、重大な病を引き起こす恐れがあるとして、王令によって洗濯が禁じられていたという。[25]とすれば、パリの洗濯女たちは夏場はどこで日銭を稼いでいたのか。セーヌの他所か、市内の泉か・・・。ともあれ、娘を里子に出していたという記述からは、一家の生活困窮ぶりが伺える。

マルグリト＝アンリエットの病名について、報告書は腫脹としている。だが、それが何に起因するかの明示はない。症状からすれば、おそらくは関節水症ないし関節血症が病因だったと思われる。親にとっていたいけな愛娘の苦痛をみるほどつらいことはないが、それにしても何も食べられない三歳の娘にワインを飲ませたという語りは、いささか理解に苦しむ。民間医療におけるワインのしばしば俗信混じりの多様な用途については、拙論「医食文化試論―近世・近代フランスにおける《貧者の医学》を巡って」[26]を参照していただきたいが、おそらくこれは水で薄めた、いわば水割りワインだっただろう。こうして子供にワインの味を覚えさせることは、今もなおフランスの一般家庭でみられる。

また、報告書にあるルバーブとはタデ科タイオウ属の植物で、香りや酸味があり、一般に食用に用いられていた。エルヴェシウスの疾病論には、胃弱者にはこのルバーブの実三六粒をすり潰して粉末状にし、これをスープに入れて飲ませるとの処方が記されている。[27]ただ、いささか理解しがたいことに、チコリのハーブは病気回復期、マンナのそれは緩下剤として用いられていたはずであり、ルバーブ水同様、いずれもマルグリト＝アンリエットの症状とは無縁の薬材だった。このことが何を意味するのか、あらためて指摘するまでもないだろうが、ここでもサン＝メダール教会墓地の土と井戸水が、九日間祈祷と同様の効果をもたらしている（この聖遺物もまた教会の聖具室で入手したのだろうか。墓地は閉鎖されていたが、教会関係者は出入りができた）。むろんこれも九日間祈祷＝聖遺物対合からなるパリス信仰のコンテクストに確実にのっとっている。

これまでの事例からわかるように、快癒の聖遺物であるパリス墓の土も、墓地が閉鎖されてしまえば量に限りがあり、多くの希望者に分け与えることはとてもできない相談だった。となればどうするか。次の事例はその解決策を端的に示している。奇蹟的快癒に与った人物は、北仏ノルマンディ地方のバイユー教区、サン＝コルネイユ小教区の出身で、パリのサン＝ロック小教区、ムーラン通りで靴屋を営んでいたローラン・クーリ七四歳である。このムーラン通りは一六二四年に開通した通りで、呼称は、フランソワ一世の意向で市壁が築かれた際、掘った溝の残骸を集めて一五三六年に築かれた人工の「ムーラン（風車）の丘」に由来する。その頂上では何基もの風車が軽やかに翼を回転させていたが、丘は一六八九年頃、隣接地区の地面を高くする工事によって姿を消している。アンヌ・クーロンの事例23で触れておいた神父のシャルル・ミシェル・ド・レペが、一七六〇年、フランス初の無償ろうあ学校を創設したのがここである。

●事例36　ローラン・クーリの場合

私ことローラン・クーリーは、一七三一年初頭、突然両足が腫れ、ひりひりするような痒みも覚えた。この状態は年末まで続いたが、仕事に差しさわりもなかったので放っておいた。だが、翌年には骨まで痛み出し、時には安眠できないまでになった。それでもさほど気に留めなかったが、一七三三年一月にはさらに腫れがひどくなり、耐えられないほどの痛みとなった。そこで外科医のビモン氏に受診すると、足を水と塩で冷やすようにと指示された。だが、炎症と痛みは増す一方だった。この年の四旬節（二月二五日―四月四日）、症状がさらに悪化したため、妻が隣人の外科医ヴァスケ氏の弟子カストル氏を呼んだ。私の両足を診た彼は、それが丹毒のせいだと診断し、ただちに刺胳を施し、さらに薬草のパップ剤で湿布した。一〇日も経つと、腫れが少しひき、炎症も弱まって、痛みも我慢できるようになった。復活祭主日には外出してミサに行くこともできた。

だが、そうした状態は長く続かず、聖霊降臨祭（五月二四日）の頃には、両足、とくに左足はまるで鞭で打たれたような赤い斑紋で覆われ、大きな吹き出物もできた。そして、この吹き出物が化膿して、悪臭を放った。改めてカストル氏に診てもらうと、左足に潰瘍ができ、放っておけば命にかかわるという。事実、潰瘍は数を増して左足を覆うようになった。もはや仕事を続けることはできず、弟子にそれを託して、福者パリス氏のとりなしにすがることにした。そこで私はある有徳な人物にパリス氏の墓の土を分けてくれるよう求めた。だが、彼は少ししかもっていなかったため、それを、以前デ・シャン修道院の墓地から取っておいたという土と混ぜ、さらにポール＝ロワイヤル教会の敷石を粉末状に砕いたものと一緒にした。妻はこうして作った貴重な霊薬で左足にできた潰瘍の穴すべてを塞ぎ、敷石の破片を入れた壺の水に下着を浸した。私はこの水を飲み、なくなれば追加した。一七三三年の聖霊降臨祭後から奇蹟的な快癒が起きた翌年一〇月までの一七か月間、私が用いた医薬はそれだけである。その間、外科医などの診察は一切受けなかった。

やがて私は直接サン＝メダール教会に詣でることにし、杖と妻の介添えを頼りに向かった。パリでの私たちの仮寓から教会まではわずかな距離だったが、かなりの辛さを伴った。それでも何とか教会にたどり着き、ミサに出て、福者のとりなしを祈った。

この旅のあとも、私は上記の土を用い、水を飲み続けた。それから一年近く、神は何ら慈悲を与えてくれなかったが、一七三四年四月、ついに神意が私に及び、右足が全快した。左足も治る。私はその確信を強くした。ところが、およそ三か月後の七月、左足の潰瘍は踵から腿まで広がり、炎症と痛みも激しくなった。それでも私は熱心に祈り、一〇月初旬、ついにすべての症状が消え失せた。そして、七四歳という高齢にもかかわらず、仕事とあればどこにでも安心して行けるようになっている。

パリ、一七三五年一月二九日、署名　ローラン・クーリ(28)

効果のない手当をしてくれた外科医やその弟子の名前は出しているにもかかわらず、ローランに聖遺物の土を分けてくれた恩人ともいうべき「有徳の人物」がだれなのか、この報告書にも明記はない。ただ、デ・シャン修道院の墓地の土やパリのポール＝ロワイヤル修道院の敷石といった、他の奇蹟報告書にはない語りが真実なら、彼はおそらくジャンセニストないしはジャンセニスムの支持者だったのだろう。とはいえ、前述したようにデ・シャン修道院の墓地は一七一一年に撤去されている。とすれば、この人物は約二〇年ものあいだその土を保管していたことになる。何のためにか。追憶のためか、訪問の記念のためか。あるいはすでにしてそれらが何らかの治癒力を帯びている呪物だと信じられていたのか。疑問は残るが、聖遺物不足はあるいはこうして補われたのかもしれない。

今もなお自分が特効薬と信じている薬やサプリメントを愛用し、そのプラシーボ効果を毫も疑ったりしない人々は少なくない。これもまた一種のフェティシュなシャルラタニズムといえるだろうが、聖遺物の真贋はさておき、ともあれこの高齢者は神聖な土と水、そしてパリスのとりなしもあって悪性の潰瘍を克服できた。そのこと自体は嘉しとしなければならないだろう。

『奇蹟集成』は一七三五年の三例をもって終わるが、次の事例はそのうちのひとつである。興味深いことに、この事例では奇蹟体験者が思いがけない災難から例外的に二〇日たらずで快癒している。それだけ災難が軽かったということになるのだろうが、むろん本人にしてみれば、その間の苦痛は長く、尋常ではなかっただろう。とすれば、医薬を超越したパリスのとりなしと聖遺物への想いは、他の体験者と共通するものがあったはずだ。ちなみに、体験者の住んでいた地区はジャンセニストの聖職者が多かったが、報告書にはそれに関する語りはない。なお、報告書は本人が作成している。

●事例37　ルイ・デュムランの場合

下記に署名する私ことルイ・デュムラン二〇歳は、ボーヴェ司教区（北仏オワーズ県）のフェ＝サン＝カンタン生まれの店員で、現在はサン＝タンドレ＝デ＝ザール小教区（セーヌ左岸サン＝ミシェル地区）の親方理髪師宅に住んでいる。本年（一七三五年）一月一六日、私が内科医タロエール氏の使用人アンドレ・ラデと話していたところ、もうひとりの友人であるモンベリヤール公の召使がやってきて、主人の番犬を呼んだ。しばらくこの番犬と戯れたあと、召使がドイツ語で番犬に何か言った。すると、突然番犬は私に飛びかかり、左足を噛んで、離れようとしなかった。そこで、上から自分の体重をかけて引き離そうとしたが、それでも犬は引きさがらなかった。それを見た召使が、犬の首をつかんで力任せに引き離してくれた。傷口は踝の下に四か所あり、そのうちの三か所は深く、激しく痛んだ。ラデがタロエール氏の調合した「霊薬」を持ってきて、患部に塗ってくれた。この薬を塗れば治る。彼はそう請合ってくれた。

翌一七日、傷口はさほど腫れてはいなかったが、霊薬だけは塗り続けた。朝、私はいつものようにヴァンドーム広場とルガール通りの店に出た。だが、あまりにも足に疲れと痛みを覚えたため、午後三時には勤めをやめた。ラデが六時頃に見舞いに来てくれ、一緒に私の足を見ると、ひどく腫れているのが分かった。そこで彼は主人に前日の出来事を話し、持参したバルサムを傷口に塗り、さらに四つの傷口を覆う大き目の湿布をしてくれた。一八日、私は二度、自分で患部にバルサムを塗り、包帯を巻いた。だが、足は膨らみ、傷口の周りの肉が硬くなった。

そして一九日朝、私は前日と同様、足に包帯を巻き、無理を承知で店に出ようとした。しかし、左足は硬直しており、痛みも増していた。そのため、右足に全体重をかけるようにしながら、ごくゆっくりと歩かなければならなかった。居室に戻ると、かなり体力が弱っており、床につかなければならなかった。午後六時ないし七時頃、私は外科医のベルテット氏の往診を頼んだ。やってきたのは彼の息子だった。この息子はタロエール氏のバルサムの代わりに、自分が調合した軟膏を傷口に塗ってくれ、歩かずにベッドに寝たままでいるよう言った。しかし、夜、熱が出てほとんど眠ることができなかった。

二〇日、ベルテット氏本人が往診し、足を診察して、夜に刺胳をおこなうよう指示し、やはり寝たままでいるよう進言した。そして、息子が貼ってくれた湿布を剥がし、蒸留酒を混ぜた水で傷口を消毒した。その日、クレヴィ通りの顧客を訪ねなければならなかった。だが、歩くことができなかったため、手押し車に乗せてもらった。帰宅して、夜、ベルテット氏が刺胳をしてくれたが、熱は一晩中ひかなかった。翌日、高熱に苦しむ私を見て、ベルテット氏は再び刺胳を施した。蒸留酒入りの水で改めて患部を消毒してもくれた。安静にしていなければ危険な状態に陥るだろうとも言った。こうした手当てにもかかわらず、傷口の炎症は拡大し、周囲の肉はまるで石のように硬くなった。そこで私は、ラデの勧めに従って、再びタロエール氏の診察を受け、そのバルサムを用いることにしたが、症状はさらに悪化の一途をたどった。

こうして痛みに苦しんでいたある日、クーペル氏（不明）の義妹が、パリス氏の墓の土を入れた水で傷口を拭けばよいと進言した。以前にも彼女は私にそう言ったことがあったが、私はそれを無視した。そのときばかりは彼女の進言を受け入れ、九日間祈祷を始めた。同じ日の夜九時頃、再び私の居室を訪れた彼女は、パリス氏の土を入れた水で傷口をぬぐい、さらにこの貴重な水を浸みこませた圧定布ですべての傷口を覆った。そして、しばらくのあいだ私と一緒に祈ってくれた。彼女が帰ってひとりになると、私はパリス氏のとりなしで傷が癒えるように、神に祈った。効果はただちに現れた。痛みが消え始め、一時間もすると、私は眠気を催して、すばらしく落ち着いた一晩を送ることができたのだ。

翌二月二日の聖母潔斎の祝日、私は朝六時に起きた。痛みはほとんどなく、症状が回復したことを確信した。それを確認するため、足に手をやると、包帯が緩んでおり、腫れがひいていた。傷口に触れても、痛くはなかった。だが、大事をとってなおもベッドにいた。八時になると、クーペル氏の息子の妻がやってきたので、前夜来の出来事を話した。私の足を調べた彼女は、腫れも炎症もなく、若干赤らんでいるだけだと言った。そして、指で患部に触れたが、痛みはまったく感じなかった。この日の午後、私は自由に歩けるようになっていた。階段の昇り降りももはや支障がなかった。傷口はまだ完全に塞がってはいなかったが、二月六日日曜日から、私は以前同様に店での仕事につけるようになった。二度目の九日間祈祷のあいだに、傷はすっかり姿を消した。

一七三五年五月一日。署名　ルイ・デュムラン(29)

番犬による咬傷という事例は珍しく、『奇蹟集成』ではこれ一件だけだが、ここでもまた九日間祈祷とパリスの墓土が奇蹟的な快癒をもたらしたとなっている。ルイ・デュムランにしてみれば、とんでもない災難だったとはいえ、幸い狂犬病とは無縁であり、「奇蹟」の前提である不治の病とはいいがたい。この事例もまた「奇蹟の文法」から外れるが、パリスの聖性を強調する聖遺物＝祈祷という対合は明らかにみてとれる。

ちなみに、番犬の主人であるモンベリアール公とはだれか。報告書に明示はないが、一七三五年当時、フランス最東部、スイス国境に位置するモンベリアール公国は、ルター派で反フランス派のヴルテンベルク公エベルハルト（エベラール）が、三三年に急逝したのを受けて、その従弟で、一七一二年にカトリックに改宗したシャルル＝アレクサンドル（一七三七没）が公爵位を継承していた。とはいえ、一七三四年四月から三五年一〇月にかけてのポーランド継承戦争のあいだ、公国はフランスの実質的な支配下にあり、新教徒が圧倒的な公国民から不人気だった彼は、いわばフランスの傀儡にすぎなかった。問題の番犬とは、この公爵の飼い犬だったのだろうか。とすれば、公爵は当時パリにいたことになるはずだが、どうだろうか。そうだとすれば、ルイ・デュムランの不運はもとをただせば継承戦争に起因するともいえる。

以上、『奇蹟集成』から奇蹟的快癒の事例を縷々みてきた。いずれも貴重な一次史料である。本来なら事例のすべてをつぶさに検討すべきだろうが、「奇蹟」にかかわる言説を通して、当時の病に対する理解ないし誤解・偏見や「正統医学」、つまり医師たちの治療法や医薬、周囲の対処などの実態を探るという本書の枠内ではこれで十分だろう。最後に、『奇蹟集成』には収載されていないが、参考までにモンジュロンの『諸奇蹟の真実』にだけ載っている事例を、墓地の閉鎖前と閉鎖後からそれぞれ一例選んで紹介しておこう。ただし、いずれの事例もモンジュロンの記述である。ジャンセニスト的な視点から書かれていることを忘れてはなるまい。最初は一七三一年九月四日に快癒したマリ・カルテリの事例である。

『諸奇蹟の真実』における奇蹟報告

ナンテール（パリ西郊）のぶどう栽培者トマ・カルテリの娘で二〇歳前後のマリ・カルテリは、一七三一年一月、炎症のために二か所にできた涙嚢瘻孔が日毎に大きくなって、顔が醜く変わっていた。眼窩と鼻の骨も蝕まれていた。奇蹟に与る前の数か月は昼夜の別なく激しい頭痛と眼痛を覚え、不眠症と拒食症に打ちのめされて身体はやせ細り、無気力状態に陥っていた。彼女の申立書によれば、目と鼻のあいだが腫れて瞼が開けられないほどに悪化したという。そこで両親は急いで外科医のボルデに娘を診察させた。外科医は腫れた部位を湿布したが、翌日には患部が破れて大量の汁が出た。その翌日、外科医は小さな鉄製の器具で彼女の目を調べ、病の完治は難しいと両親に告げた。

それから数日後、改めて目の症状を診た外科医は、涙嚢瘻孔との診断を下し、それに対処する唯一の方法は焼灼しかない、と言うのだった。しかし、この施術はきわめて難しく、たとえ成功したとしても、それで症状が消えるかどうかは保証できないとも付言した。そこで両親は友人のプランシャン夫人エリザベト・ジルーに、娘をパリに連れて行き、プランシャンの姪の悪性の眼疾を治した眼科医のピノティエールに受診させるよう頼みこむ。

エリザベト・ジルーの話では、依頼を受けて、ただちにマリを連れてパリに出立し、ピノティエールの診察を受けさせたという。この眼科医はプティザヌという薬を調合して、向こう一二日間、朝晩これを服用し、一三日目に指示した薬剤で患部を浄めるよう命じた。エリザベトによれば、帰宅したマリがプティザヌを飲み出して四日目、その右目の症状がかなり改善した。だが、まだ完治にまでは至らず、なおも目尻に数珠玉大の袋状の穴が残っていたという。それどころか、五日目からは左目が右目以上に腫れて、ひどい炎症も起こすようになった。両親はそう証言している。マリはさらにピノティエールに受診したものの、その処方ではかえって症状が悪化していった。こうして彼女は自分の眼疾が不治の病であり、いずれ失明すると思って、すべての希望を捨てた。両親によれば、マリは部屋の片隅から動こうとせず、人に会うのも避け続けたという。そんなある日、ルイズ・コワランがパリスの墓で奇蹟的に快癒した（事例18）との噂がナンテール中で評判になっていることを知り、藁にもすがる思いで何とか気力を奮い立たせ、母親に伴われてサン＝メダール教会へと赴く。

パリスの墓に着くやいなや、マリはその前に跪いた。彼女自身の言葉によれば、そのままの姿勢で三〇分ほど必死に祈り続けたという。その必死さと信仰が神に通じたのか、サン＝メダールからナンテールへの帰途、あれほど激しかった頭痛と眼痛が突然おさまる。母親もまたそれを確認し、もはや残っていたのは鼻のかゆみだけだったという。その夜、マリはかなり前から諦めていた食欲と眠りに心身を委ねた。翌朝、両親は娘の顔を醜くしていた左目の腫れや炎症、さらにたえず流れ出ていた膿までもがなくなっていることに気づく。眼帯を外させると、目尻になおもしこりが残っていたが、それすらもかなり小さくなり、数日後にはそれすらもすっかり消えたという。[30]

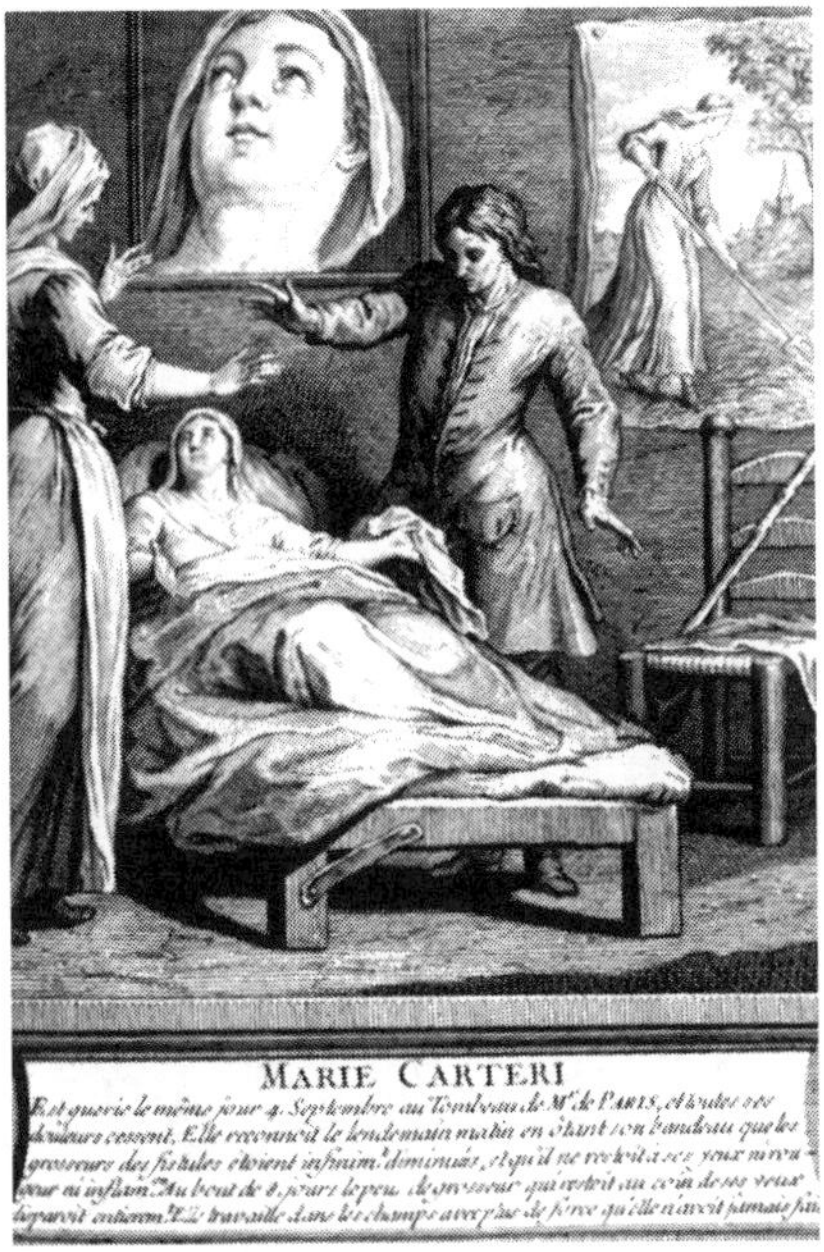

図39　視力を回復したマリ・カルテリ

モンジュロンはこの奇蹟的な快癒について、アルフォンス・デ・パラシオス（事例11）の眼疾を治療した医師ジェンドロンに書き送ったとしている。これに対し、このオートゥイユの高名な医師は次のような診断を下したという。手術や体系的な治療をもってしても涙嚢瘻孔は完治を望めない。それゆえ、手術ではなく、日に数度、患部を押して膿を搾り取る手当をおこなう。そうすればうっ血や膿瘍が起きず、目尻になおも瘻は残るものの、眼球自体に障害は生じない。モンジュロンはこれが名医の見立てだというのだ。しかし、神意は名医の力量をはるかに凌駕して完治させた。これこそが奇蹟の証左ではないか。モンジュロンは言外にそう主張する。そして、彼はこう付言してもいる。

この病の証人たちはいずれも子供の頃からきつい下働きに従事してきた単純で教養に乏しい者たちである。彼らは頭よりむしろ心で宗教（キリスト教）と結びつき、その基本的な要素しか知らない。だが、まさにそれゆえにこそ、彼らは素朴で、教会が煽っているような異論・反論とは埒外の場にある。彼らが福者フランソワ・ド・パリス氏の旗印のもとに身を置いているようにみえるとすれば、それは彼らの称賛を掻き立てるさまざまな奇蹟が放つ輝くばかりの光に導かれたためである。教勅「ウニゲニトゥス」にかかわる一切のことをほとんど知らない彼らが知っていることはすべて、彼ら自身が言うように、パリス氏が偉大な奇蹟を起こしたゆえに「偉大な聖人」たりえるという点だけである。[31]

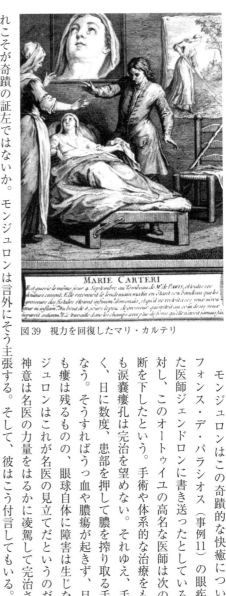

マリ・カルテリの奇蹟の前後を知っている者たちは、あくまでも何の先入観ももたない素朴な一般人であり、それだけに彼らの証言には信憑性がある。モンジュロンはそう力説する。他所では医師や教会関係者の証言を重視しているにもかかわらず、である。その意図は改めて指摘するまでもないだろうが、ここでは本人や両親の「生の声」を引用しながら、病の不治性と奇蹟譚の客観性を強調している。さらにアルフォンス・デ・パラシオスやコワランの事例を想起させながら、パリス信仰とその奇蹟の普遍性をも主張する。パリ警察総代行官のエローが部下たちを受診させて治してもらっている、近衛隊筆頭外科医のカナックですら、マルグリト・フランソワズ・デュシェヌ（事例14）の奇蹟の証人となっており、その証言にはだれも疑念を挟めないではないか。自分はこの外科医にもパリに出てきたマリ・カルテリを診させ、彼女の難病が治癒したことを診断書に明記してもらっているともする。(32)

この事例でとくに注目したいのは、モンジュロン自身がマリ・カルテリの快癒プロセスに関与していることである。はたして彼がマリとどのような関係にあったかは不明だが、自分がその証人のひとりである。それだけに、「奇蹟」は疑いえない。モンジュロンはやはり言外にそう主張しているのだ。もはや反ジャンセニスムや教勅支持派がどれほど否定しようとしても、「奇蹟」は疑いなく起きている。まさにこれはモンジュロン流の凱歌といえるだろう。

地方での奇蹟的快癒はまた、モリエールの巡業地として知られる、そしてイエズス会が圧倒的な力を有していた南仏のペズナスでも起きている。この事例は上訴派＝反教勅派のモンペリエ司教が奇蹟のあらましを国王に報告し、さらに奇蹟後の政治的な駆け引きもあって、かなり大きな反響を呼んだ――。

モンジュロンが上訴派だとするピエール・ゴーティエの奇蹟譚は、『諸奇蹟の真実』の記述が真実だとすれば、いささか特異な物語といえる。アグド司教区に属するペズナスのピエールは、五歳になった一七一五年、天然痘に罹って目に大量の膿が出た。祖母が目に口を当ててその膿を吸い出してくれたが、かえって症状が悪化した。あまりにも強く吸いすぎたためか、左目の角膜二か所を傷つけてしまったのだ。これにより水晶体に陰りが出て、左目の視力が著しく低下した。瞼は半分しか開かず、すぐ近くにある物すらおぼろげに見えるだけだった。ただ、右目は傷を免れ、幼いピエールにとってはそれだけがせめてもの慰めだった。

一六ないし一七歳になると、ピエールは馬具職人だった叔父の下で徒弟として働くようになる。ところが、一七三二年一月、神はまた彼に試練を与える。作業中、誤って革通しで右目を激しく突いてしまったのである。ただちに医師のレが呼ばれて傷口を診察し、失明の恐れがあるとの診断を下す。そこでオジは彼をペズナスにいる祖父のもとに連れて行く。祖父は孫を一目みるなり、二人の外科医に受診させる。しかし、外科医たちもまた薬では治らないとして、匙を投げるだけだった。やむなくオジは長いあいだ多くの病人を治したとの評判がある調剤師に甥を診せる。それでも答えは同じで、すでにかなり悪化していた左目をなんとか維持させることしかできないと言うのだった。

それから一五か月が経っても、症状にほとんど変化はなかった。聴罪司祭にその苦痛を訴えると、この聡明な司祭はピエールとともに涙を流し、神がパリスの墓で連日奇蹟を起こしていると話して勇気づけた。これを聞き、ピエールは九日間祈祷をおこなったが、さしたる効果はなかった。しかし、もう一度熱心に九日間祈祷をおこなえば、神が自分の願いを聞き入れてくれると信じて疑わなかった。そこで彼は司祭から命じられた苦行や断食をする一方、教会の祭壇の前に跪いて聖助祭（パリス）のとりなしを願い、祈った。そしてその願いは、やがて神から報われるようになる。

図 40　快癒したピエール・ゴーティエ

右目に少し明かりが差すような感じがし始めたこの二度目の九日間祈祷が終わると、ピエールはさらに三度目の九日間祈祷に入る。その三日目の一七三三年四月二二日、突然右目は快癒して、かなり遠くの物体まではっきりと見えるようになった。家族はそれを知って一様に驚き、神に感謝した。ペズナスの住民たちも彼のもとにやってきて神と奇蹟を称えた。だが、それに疑念を抱く者たちもいた。なおも左目が失明状態だったからだ。奇蹟なら、両目が治ってしかるべきではないか。彼らはそう考え、数人の医師に彼の左目を見せて、それが治っていたなら、紛れもない奇蹟だと信じることにした。やがて、神は彼らのこうした浅知恵を一蹴することになる。

一七三三年五月一〇日日曜日、ピエールは左目の快癒を願って四度目の九日間祈祷に入る。次の木曜日、すなわち復活祭主日から四〇日目にあたる主の昇天の祝日、教会でミサに与っていた彼の左目が突然明るくなって、物が見えるようになった。瞼も完全に開くようになったのだ。ピエールが教会を出ると、彼が美しい両目をしているのを見て人々は大いなる奇蹟を賛美した。それは敵たちに唆された医師たちへの回答である。噂はたちまちペズナス中に広まって大騒ぎとなった。町に修道院がなかったにもかかわらず、それまでこの地で絶大な力を有して人々を服従させていたイエズス会士たちは、教勅「ウニゲニトゥス」に背くような過ちを撲滅しなければならないと考えていた。だが、ピエールの二度にわたる奇蹟によって、教勅派から多くの「裏切り者」が出るのをどうすることもできなかった。老いも若きも、金持ちも貧しい者もこぞって神の栄光を称えていたからだ。そして五月も二四日ともなれば、町長や主席検察官など、町の貴顕や主要人物たちもピエールとその貧しい一家の側につき、公証人が作成した正当な調書に記された奇蹟が真実だと認めるまでになった。

この奇蹟譚はやがてペズナスから四〇キロほど東に位置するモンペリエの上訴派司教コルベール・ド・クロワシの耳にも届く。そこで司教は、ピエールやその家族、さらに彼の目を診察した外科医たちを呼び寄せ、奇蹟の真偽を調査する。そして奇蹟前の彼の目の症状を聴いてから、司教は（パリ大学やイタリアのサレルノ大学と並ぶ医学部を擁していた）同市の高名な医師にピエールを診察させ、最終的に多くの市民たちの前で彼の目が完全に治ったことを確認するのだった。そこでモンペリエ司教は、決定的な証拠を揃えて国王にこの奇蹟について報告した。

しかしながら、教勅派にとって、こうした一連の流れは「ウニゲニトゥス」の精神を損ねるものだった。きわめて強い警戒心を呼び覚まされた彼らは、この奇蹟のヴェールを剥がそうとじつにさまざまな権謀術策を施すことになる。そして、その無法な疑念はモンペリエ司教にまで向けられた。サンス大司教ランゲの側近たちは、じつはピエールが快癒しておらず、モンペリエ司教が無謀にも奇蹟を公表してしまった恥と混乱を糊塗するため、彼をどこか遠くの人目につかない場所に隠したと大司教に説いたのである。これを真に受けた大司教は、自らの教書のなかでモンペリエ司教を激しく非難した。だが、これは間違いである。ピエールが姿を消したのは、イタリア軍御用達のパン職人をしていた父親が、眼疾が癒えた息子にその手伝いをさせようとして連れて行ったのだ。モンペリエ司教にしてみればまったくの濡れ衣ということになるが、それは彼が（かつて）反教勅派に身を置いていたことによるのだろう。

ともあれ、それからしばらくして、ピエールはペズナスに戻った。むろん、清々しい目をして、である。同町のイエズス会士やその支持者たちは彼を目の当たりにして面くらい、混乱した。そして一七三三年一二月四日、プロヴァンス地方総督に働きかけて、「ウニゲニトゥスを批判するような目をした」この若者を逮捕するため、射手や騎馬警察隊を送るように仕向ける。だが、この試みはあえなく失敗する。ピエールが追っ手を逃れて、オラトリオ会士たちのもとに身を隠したからである。にもかかわらず、射手たちは町のいたるところを巡回し、住民たちの恐怖を煽った。そうした状況のもとで、ある腰の曲がった貧しい老女が臆することなく、奇蹟が実際に起こったと声高に言い放ったという。

ところが、肝心のピエールはイタリア滞在中に浪費癖が身につき、いつまでも隠れ家にじっと潜んでいられなかった。やがてそこを出て、迂闊にもサン＝シミアンの隠修士のもとに身を寄せる。この隠修士はピエールにその奇蹟を否定させようとして、自らピエール・ゴーティエの名で、すでに皆が知っている出来事とは反対の内容をしたためた申立書を作成した。さらに彼をモンペリエのイエズス会士たちに引き渡した。物事を捏造し、それを人々に認めさせる術に長けていた彼らイエズス会士たちは、父親ともども一生獄舎につなぐとしてピエールを脅し、そうかと思えば、なだめすかしたり、馳走を振舞ったりして、ついに神の御業である奇蹟を否認させたばかりでなく、彼らが長いあいだ妬ましく思ってきたペズナスの高徳をもって知られる二人の聖職者を告発させもした。モンジュロンはそう非難している。

やがてイエズス会士たちはピエールを地方総督に紹介するが、ピエールはいつまでも彼らのいいなりにはならなかった。自分の聴罪司祭であるカリソルとオラトリオ会の司祭ミローに真実を打ち明け、改めて自分がパリスのとりなしで快癒したことを公表してもらい、イエズス会士たちの策謀に反発したのである。彼の父親も地方総督に面会し、強い信仰心からあえて息子の前言を否定して、奇蹟が実際に起きたことを証明した。これを受けて、地方総督は奇蹟を信じ、ピエールを父親のもとに返すようになる。

しかし、それでもなおイエズス会士たちは策謀をやめなかった。彼らはカリソルやミローが冒瀆的な虚偽を働いた証拠として、ピエールの申立書を枢機卿フルリーに提出するのだった。貞節なスザンナを告発した二人の長老たち（旧約聖書外典『ダニエル書』追加部分のエピソードに登場する長老たちで、美貌のスザンナと関係しようとして拒まれ、彼女が密会していたとの虚偽の証言をしたが、やがてダニエルによってそれが暴かれて処刑された）と同様、彼らイエズス会士たちはピエールを悪の道に誘ったのが高徳なカリソルとミローだったとし、二人に残りの人生を暗い獄舎で送らせる命令をすでに得ていると公言して憚らなかった。これを知ったペズナスの住民たちは、カリソルたちの敬虔な教えを受けられなくなるのでは不安にかられた。

だが、それまでペズナスの奇蹟に対して沈黙を守っていたアグドの司教が、ここでついに動き出す。司祭たちの実直さや徳をよく知っていた彼は、内密に司祭たちから奇蹟が事実だったとの手書きの文書を受け取ってそれを確認し、彼らに災難が降りかかろうとしているのを防ごうとした。ペズナスの主要な人物たちも司教に同心した。そして、枢機卿フルリーに書簡を送り、地元で信頼を勝ち得ている高徳な司祭たちが無実であることを力説した。真実のみを語った彼らを虚偽を働いたとして罰することは、ピエールの奇蹟に対する民衆の強い関心をさらに呼び覚ますだろうとも記した。

この訴えを受け入れた宮廷は、イエズス会士たちの攻撃をやめさせた。ただ、枢機卿は彼らの方法が糾弾に値するものと断じながら、国王の権威によって司祭たちを迫害しようとした。アグド司教はそれをよしとせず、彼らが何も恐れずにその職務を遂行することを認め、カリソルには自分の教区の主たる小教区で待降節の説教をおこなうよう依頼すらした。こうしてペズナスの住民たちは安心し、モンペリエのイエズス会士たちは絶望と混乱に陥った(33)という。

この奇蹟譚の証人として、モンジュロンは、カリソルやミローなどに加えて、実際にピエールを診察して、その眼疾が不治だと見立てたモンペリエ大学医学部の医師たちやペズナスの二人の外科医、ピエールが右目を傷つけた一七三二年一月と三三年四月の奇蹟後にその目を診断した、ペズナスの調剤師ミロー（オラトリオ会士とは別人）らの名を、彼らの証言とともに挙げている。

例によっていささか一方的な記述だが、むろんピエール・ゴーティエが上訴派だったという証拠は見当たらない（一連の経緯のなかでジャンセニスト派に組するようになったかどうかも不明である）。パリ市立歴史図書館には「ペズナス住民ピエール・ゴーティエの申立書」と題した文書が所蔵されている。公証人が作成したより客観性を帯びたもので、作成日は一七三三年五月二六日とある。『諸奇蹟の真実』同様、繰り返しが多く、いささか読みにくい稚拙な文章だが、それによれば、ピエールはペズナスの親方パン商ギヨーム・ゴーティエと故フランソワズ・イサクの息子だという。姓からすれば、母親はユダヤ系だっただろう。とすれば、ユダヤ系キリスト教徒でも、等しくパリスの奇蹟に与れたということになる。この申立書には大略以下のようなことが記されている。

一七三二年一月末、彼は祖父とともに出かけたモンティニャクの大市での作業中、誤って右目を傷つけてしまう。まず同町に住む祖父クレメン・イサクに家に運ばれて親方外科医のジェリの手当てを受けたが、一七三二年一月頃からは、天然痘のために失明状態となっていた左目同様、ほとんど視力を失った。そこでピエールは、パリスのとりなしを願って九日間祈祷をおこなう。三度目の祈祷の三日目となる一七三二年四月二二日、彼はモンティニャクの資産家ピエール・サラダの納屋の脇に、作業をしている祖父と一緒にいた。そのとき、近くの物すらはっきりと見えない右目を開けると、突然遠いサン＝シミアヌ山頂――『諸奇蹟の真実』ではピエールが逃げ込んだ隠修士がいたとされる山――に立つ木が見えたというのだ。そんなある日、彼が祖父母と食事をしていると、いつもは手探りで食べ物を手にしていた彼が、テーブルの上のワインを祖父のグラスに注いだり、ローソクやランプに火をつけたりすることができるようになった。やがて主の昇天の祝日、つまり「申立書」作成日の二週間ほど前、ついに両目が視力を回復する――[34]。

ピエール・ゴーティエの事例は、奇蹟がもはやパリのサン＝メダール教会墓地を遠く離れても実現するというイマジネールが、すでに南仏にまで広まっていたことを端的に示している。残念ながら、筆者はモンペリエ司教が国王にいかなる報告をしたか承知していないが、一七三四年五月一八日の《聖職者通信》によれば、この報告書は一七三三年七月二六日に提出されているという[35]。

さて、その報告書に記されているはずの奇蹟譚の問題点である。モンジュロンが記しているように、はたしてピエールはイタリアに行ったのか。これについて、「申立書」は奇蹟の証人を数多く列挙しながら、一言も触れていない。ピエールがあえて触れなかったのかどうか、定かではないが、南仏の一青年にとってそれは語るにふさわしい出来事だったはずである。とすれば、彼のイタリア行は「申立書」の作成以降のこととなるのだろう。では、モンジュロンはそれ以後のことをいかにして知りえたのか。疑問は残るが、ともあれ『諸奇蹟の真実』では、ジャンセニストの不倶戴天の敵ともいうべきイエズス会士たちの「犯罪的行為」が克明に描かれている。さらに教皇権至上主義者の活動を抑える一方で、教勅「ウニゲニトゥス」の承認とそれへの署名を聖職者たちに迫り、拒否したものには罷免や逼塞を命じたイエズス会出身のフルリー枢機卿も登場している。当時、政治の実権を握っていたこの枢機卿が、自分と出自を同じくするイエズス会士たちの「策謀」をやめさせ、代わりに王権を代表する自分がそれを肩代わりしたというのである。記述の真偽は確かめる術がないが、事実とすれば、パリのみならず、南仏の町での奇蹟ですら中央の重大な関心事であったことになる。

では、サンス大司教のランゲはピエールの奇蹟に対してどのような態度をとったのか。当然のことながら、彼がこの事例を見逃すはずはない。事実、その教書で、大司教はモンペリエ司教の報告書にピエールの目が完全に見えるようになったとあるのは「片目」だけであり、「聖人は半分の奇蹟をなしただけにすぎない(36)」、と断じている。助祭パリスを「聖人」と揶揄しながらの非難である。さらにランゲは、司教の次の言説にも着目する。「医師たちを含むモンペリエの無数の人々が、口を揃えて同様のこと（奇蹟）を証言することができます。この称賛に値する出来事はペズナスの町全体および近隣の地に広まっているのです」。いったいモンペリエ司教はいかにして「無数」を証明できるのか。しかも、ピエールの地元であるアグドの司教やその司教総代理たちが、彼の奇蹟について間違いなく知っているにもかかわらず、なおも沈黙を守っているのはなぜか（誤解である）。そして、司教の報告書に盛り込まれた情報が、きわめて悲惨かつ不完全なものであり、「それが超自然的現象を確信させるどころか、真実であるかどうかを吟味する権利を有する者たちに不信感を抱かせる(37)」として、次のように批判する。

奇蹟に与ったと称する人物（ピエール・ゴーティエ）はその秘密を隠蔽して暴露されたりしないよう、他国に行った。モンペリエ司教は彼の出国と逃走を知っていたが、それを止めようとはしなかった。[38]

そのため、両目が治ったと称する人物に実際に奇蹟が起きたのかどうかを確認することができなくなった。したがって、この出来事を奇蹟というなら、しっかりした証拠を出すべきだという。[39] だが、同様の批判はランゲにもそのまま跳ね返ってくるだろう。彼にしても、「奇蹟」ではないという証拠を出せるはずもないからだ。こうしたランゲの批判に対し、モンジュロンは上訴派のモンペリエ司教はともかく、反上訴派のアグド司教[40]までが最終的に認めた奇蹟の事実を、なぜサンス大司教が受け入れようとしないのか。以下、モンジュロンは前述した奇蹟譚を繰り返し記述し、証人たちの証言も仔細かつ執拗に紹介していく。だが、その論点をもはやここで改めて検討する必要はないだろう。いずれの証言もこれまで縷々みてきたモンジュロンの主張を裏打ちするためのものだからだ。

では、実際にどのような奇蹟的快癒が生まれ、そこからいかなる特徴が読みとれるのか。それには快癒者の出自（性別・年齢・職業ないし身分）や症状などを含むリストを作成する必要がある。次章はまずその作業から始めよう。

第7章 奇蹟の遠近法

表１　奇蹟的快癒者一覧

表１は主に『奇蹟集成』、さらに『諸奇蹟の真実』やポール＝ロワイヤル図書館に保管されている奇蹟報告書『痙攣派運動文書』[1] ――一部の事例は『奇蹟集成』と重複。快癒日は『奇蹟集成』に倣う――から、奇蹟的快癒の事例を年代順――快癒時期が不明の場合は報告書の作成時期順――に、パリス現象が新たな質的展開をみせるようになった時期、つまり痙攣派が本格的にセクト化する1735年まで列挙したものである。快癒者の年齢は報告書作成時、太字の氏名はその事例を本文および註に取り上げた快癒者、さらに左列番号の傍らに付した大文字のアルファベットは、快癒者が属していた小教区を示す。

凡例

・ローマ数字：『奇蹟集成』分冊番号　MT：モンジュロン『諸奇蹟の真実』　PR：『痙攣派運動文書』

・M：サン＝メダール小教区　A：サン＝ジェルマン＝ローセロワ小教区
E：サン＝テュスタシュ小教区　V：サン＝セヴラン小教区　R：サン＝ロック小教区
T：サン＝テティエンヌ＝デュ＝モン小教区　N：サン＝タンドレ＝デ＝ザール小教区
G：サン＝ジェルヴェ小教区　H：サン＝ジャック・デュ・オー＝パ小教区

・● 墓地での痙攣者　＊ 地方在住者　△ パリ近郊（10km以内）在住者　無印 パリ在住者　＋ 聖遺物（パリスのベッド木片・着衣切れ端・墓土・井戸水）による快癒

	出典	氏名	性別	年齢	職業	主な症状	奇蹟時期（報告書作成月）
1727年5月1日　助祭パリス死							
M1	IX	**マドレーヌ・ベニエ**	女	62	職人寡婦	右手麻痺＋	1727年5月（1733年12月）
2	VI	△フランソワズ・マギネ	女	23位	無職	咳・痙攣・高熱＋	6月
3	VI	**△エリザベト・ボノー**	女	34	農婦	リウマチ・子宮下垂＋	7月
4	PR	ラ・マティニット	女	57	プレサンタシオン女子修道院元修道女	潰瘍	同
G5	IX	**ローランス・マニャン**	女	84	施療院回転箱担当修道女	頭部リウマチ（側頭動脈炎？）＋	8月
6	PR	マリ・ド・ポンティ	女	不明	不明	潰瘍（パリスの墓参詣日快癒）	同

7	PR	アンヌ＝カトリーヌ・バンガン	女	60	選択女	喘息	同
8	PR	クレピ＝エン＝ヴァオワの修道女	女	不明	修道女	下肢異常・歩行不能 聖遺物押し当て	同
9	PR	クロード・マルグリト・バルドゥー	女	24位	パン親方職人娘	しゃっくり	同
E10	I	**ピエール・ルロ**	男	35	古着・古道具商	潰瘍＋	9月
11	V	**ジュヌヴィエーヴ・コラン**	女	48	故書籍商娘	唾液腺疾患（痔疾？）＋	10／11月
12	V	マリ・M・ル・シュウール	女	40	資産家妻	脳溢血・ガン＋	1728年3月
13	IV	**＊エリザベト・ダンジェルヴィル**	女	不明	無職	無気力症＋●	同
A14	IX	**フランソワズ・フォンテーヌ**	女	9	－	角膜瘢痕・失明＋	4月
15	IV	マリ・M・ショモロー	女	38	主婦	痛風	同
16	PR	マドモワゼル・ブダン	女	44	不明	背激痛・吐血・吐瀉・麻痺	5月
E17	I	マリ・モサロン	女	17	周旋人娘	手足麻痺	6月
18	I	マリ＝ジャンヌ・オルジェ	女	57	親方仕立て人	丹毒・子宮下垂	同
19	PR	カトリーヌ・G・ド・サン＝ドニ	女	20	ウルスラ会修道女	能動性うっ血・吐き気	同
20	PR	クロード・M・バルドゥ	女	24	無職	しゃっくり●	同
21	I	エリザベト・ド・ラ・ロエ	女	25	無職	打撲による胸の腫れ	7月
E22	PR	マリ・ブルギニョン	女	64位	高等法院弁護士寡婦	筋肉収縮・手足麻痺	9月
23	PR	クロード・ド・サン＝タンヌ	男	不明	修道士	痙攣●＋	10月
24	VI	マリ・M・フランソワ	女	50	帽子職人妻	過水症	11月
25	VIII	**＊アンヌ・C・モンフルル**	女	29	徒弟	発咳	1729年2月
26	PR	マリ＝クロード・パケ	女	28	時計商妻	乳房腫瘍・炎症	1730年5月
27	IX	ジュヌヴィエーヴ・フシェル	女	65	絨毯商妻	脳腫瘍・難聴	8月
28	III	＊マリ＝アンヌ・ル・モワヌ	女	33	修道女	リウマチ	9月
29	I	**アンヌ・ル・フラン**	女	37	無職	不治の病（複合的疾患）	11月
30	X	マドレーヌ・ゴレ	女	不明	不明	足疾患麻痺（？）	12月
31	V	▵マドレーヌ・ミニャン	女	不明	不明	頭痛・リウマチ	1731年1月
32	II	ミシェル・ビリオ	女	67	絨毯職人寡婦	股関節脱臼・骨折	4月
33	PR	ジャン・ベルティエ	男	36	日雇い労働者	右肩脱臼	同
34	II	マルグリト・セルジャン	女	65	無職	左半身麻痺●	6月
35	MT	**マルグリト・ティボー**	女	不明	不明	過水症・強直症	同
36	IX	ニコル・D・ジェルマン	女	65	船頭寡婦	四肢・腰激痛	同
37	III	バルブ・プティ	女	不明	手袋製造商妻	足の骨折・変形	同

38	PR	マルグリト・クーチュリエ	女	68	下女（両親プロテスタント）	卒中	同
39	II	**マリ＝アンヌ・クロノー**	女	68	下女	左半身麻痺●	同
40	IV	**＊マルグリト・ユタン**	女	49	管財人義理娘	事故による右腕損傷●	6・7月
41	II	**＊アルフォンス・ド・パラシオス**	男	不明	スペイン貴族・財務評定官長男・学生	失明＋	7月
42	II	**フィリップ・セルジャン**	男	29	縮充工	足萎え・右半身麻痺●	同
43	II	**＊J＝B・ル・ドゥー**	男	20	学生	高熱・頭痛・腹痛＋	同
44	II	**マルグリト・F・デュシェヌ**	女	22	店員	事故での左半身麻痺●＋	同
45	II	**＊ブレーズ・ヌレ**	女	16	無職	左半身麻痺＋	同
R46	II	**シュザンヌ・ノエル**	女	50	官吏妻	リウマチ・右半身麻痺	同
G47	III	**J＝M・デュティユー**	女	20	理髪師娘	高熱・内臓疾患●	同
48	VII	アンヌ・ル・ブロン	女	42	親方仕立て人妻	リウマチ・高熱	同
49	VII	△マリ・カトリーヌ・グセ	女	14	—	肺疾患・高熱	同
50	VIII	ジャック＝ピエール・ドンデ	男	48	帯業者組合書記	右半身麻痺・癲癇●	同
51	VIII	△エレーヌ・ニコル・キュリオ	女	30	パリ近郊	胃痛	同
52	III	＊マリ＝アンジェリク・ケリュ	女	20	富農娘	右腕傷・天然痘	同
G53	III	マリ＝アンヌ・トリドン	女	35	資産家妻	下血	同
T54	III	カトリーヌ・A・シャルティエ	女	37	無職・故大提督府筆頭書記官娘	肝臓・肺疾患	同
55	VI	マリ＝シュザンヌ・デュボワ	女	39	修道女	左足丹毒	同
56	VI	カトリーヌ・ル・フランソワ	女	41	刃物・数珠商妻	肺炎・手足麻痺	同
57	III	ベルナール・ド・セーヴル	男	10	訴願審理官秘書息子	眼疾	同
H58	PR	ダニエル・オーフロワ	男	不明	軍人	赤痢・内臓疾患	同
59	PR	ピエール・シャルトリエ	男	不明	木樵り	右半身麻痺	同
A60	PR	ルイズ・ダヌリ	女	50位	不明	右手足麻痺	同
R61	II	**シュザンヌ・ガビュレ**	女	50	官吏妻	リウマチ	同
62	PR	マリ・フレ	女	66位	精肉商寡婦	瘻・下血	同
63	PR	△ベルナール・ゴーベール	男	19	国王専属御者息子	卵大痔疾激痛	同
64	PR	＊クロード・ジラルドー	女	50	農婦	喘息	同
65	PR	マリ・カトリヌ・グーペ	女	14	絹織物親方娘	全身激痛・吐き気	同
66	PR	ルイ・クロード・ラ・コット	男	30位	料理人	揚げ油による顔面火傷	同
H67	V	ニコラ・ルノディエール	男	76	指物師	転落事故による卒中	同
68	PR	マリ・ロランドー	女	10	染物職人の義理娘	眼疾・失明	同
69	PR	マリ・ルイズ・ティネ	女	27	パリの絨毯職人娘	足萎え	同

70	PR	ジャン＝マリ・ワルメ	男	10	富裕市民息子	両足湾曲	同
71	VIII	**マリ・M・ド・ガス**	女	10/11	なし	恐怖体験による癲癇●	（?）
G72	III	**ルイズ・アルドゥアン**	女	44	親方仕立て人娘	両足麻痺・卒中発作●	8月
73	IV	**ルイズ・コワラン**	女	46	資産家妻	右乳房腫瘍・筋肉萎縮	同
74	II	アンヌ・グレジル	女	76	無職	太腿・両足麻痺	同
75	MT	カトリーヌ・ビゴ	女	26	牢番娘	ろうあ	同
76	BA	**△ベシュラン**	男	不明	司祭	足萎え・麻痺●	同
77	III	**マドレーヌ・ジョフロワ**	女	51	親方仕立て人	肩甲棘損傷●	同
78	III	ジャンヌ・ジラール	女	73	石工寡婦	喘息	同
G79	V	ロベール・ガレ	男	56	鋳貨工	鉛毒性腹痛	同
80	III	マリ＝アンヌ・パリゼ	女	50	石工寡婦・蒸留酒売り	右半身麻痺●	同
H81	V	ニコラ・ルノディエ	男	76	親方指物師	転落事故による卒中	同
82	PR	ジャン＝ルイ・ベルトー	男	8	—	陰嚢炎症・高熱	同
83	PR	カトリーヌ・カオン	女	不明	親方妻	右腕・喉激痛	同
84	VII	ペレット・シャルパンティエ	女	63	庭園師寡婦	左半身麻痺	同
85	PR	フォルヴィル夫人	女	70	なし	尿閉	同
86	PR	ココラ・ヴァシェ	男	12位	伐採人息子	左首下能動性うっ血	同
87	PR	ドゥニーズ・ヴァニエ	女	60位	日雇い労働者妻	子宮膜脱落激痛	同
88	II	**＊エメ・ピヴェール**	女	47	小間物商	痛風・痙攣・麻痺●＋	同
89	***VI***	***ガブルエル・ガンティエ***	***女***	***不明***	***寡婦。小間物商***	***偽装による半身麻痺***	***同***
90	MT	**△マリ・カルテリ**	女	20	ブドウ栽培者娘	涙嚢瘻孔	9月
91	II	**＊ルイ・ノエル**	男	58	雑役夫	全身痛み・腎臓疾患●＋	同
92	II	**アンヌ・クーロン**	女	27	庭師娘	ろうあ	同
93	III	A＝M・ル・モワヌ	女	33	修道女	リウマチ	同
A94	VII	アンヌ・Ch・ブーシャン	女	36	理髪師妻	子宮下垂（妊娠中）	同
95	III	ピエール・サヴィヌ	男	44	親方絵師	内臓下垂・眼疾	同
M96	III	＊マルグリト・コーセ	女	不明	調理人	尿閉・失神	同
97	III	ギヨーム・ブルドネ	男	不明	荷車引き	疝痛・嘔吐	同
98	PR	マリ・G・フォワイエ	女	10代	故小間物商娘	頭・背・胸激痛	同
99	PR	エリザベト・ゲヤール	女	20	帽子商下女	強度の偏頭痛	同
100	PR	＊マリアンヌ・Th・イグー	女	32	修道女	足麻痺	同
M101	III	**ジャン＝ポール・カメク**	男	28	御者	足の浮腫・麻痺	10月
102	VII	＊マリ・マルト・ジョブロ	女	26	修道女	全身麻痺	同
E103	III	ジュルダン・ド・ラ・サル	男	70	元登記所書記	転倒による左膝負傷	同
104	PR	＊クロード・デュフール	男	14歳	指物師息子	左足麻痺	同

105	PR	エリザベト・ドゥポンダン	女	不明	主婦	硬性癌	同
106	PR	*マリ・サン・タマン	女	36	無職	左腕麻痺	同
107	MT	ジャンヌ・トゥナール	女	30	無職	左足・腕変形	11月
108	III	**フランソワ・バンガン**	男	不明	金銀細工師	リウマチ●	同
109	III	マリ＝マドレーヌ・ブリダン	女	45	王室農場作業員妻	下肢浮腫・過水症●	同
110	PR	クロード・ドゥラルー	男	不明	パリ市評議員・参事会員息子	膝膿瘍・ろうあ	同
111	PR	マルグリト・ピュディニエール	女	23	無職	「気まぐれな熱病」＋	同
112	III	***マルグリト・ジョフロワ**	女	48	金具商妻	リウマチ●	12月
113	VIII	***ニコラ・アンリ**	男	30	サージ職人	顎・咽喉の浮腫・瘰癧	同
114	III	*マリ＝アンヌ・ヴァズロー	女	25	船頭娘・お針子	内臓下垂・眼疾●	同
115	PR	レーヌ・マルグリト	女	52	洗濯女・荷車引妻	高熱・胸の圧迫感・喘息	同
116	PR	モルレ・ド・ラオン	男	不明	元歩兵隊中尉	4年前から左半身不随	同
117	PR	ジャック・ピエール・ポンデ	男	48位	商人組合書記	右半身麻痺・卒中	同
118	IV	**マルグリト・ジルー**	女	42	無職（帽子商娘）	痙攣・喘息●	1732年1月−4月
R119	III	ジャンヌ・オーギエ	女	28	ぶどう園主妻	4日熱・左乳浮腫●	1月
A120	PR	カトリーヌ・ド・ノルソン	女	46	ロウソク職人妻	子宮疾患●	同
121	PR	マリ・ガブリエル・デュクロ	女	45	不明	痛風・難聴	同
122	PR	レーヌ	男	不明	不明	頭痛	同
1732年1月29日　サン＝メダール教会墓地閉鎖							
A123	III	**クロード・D・デュクロ**	女	28	渡し守娘	ヘルニア・膿瘍●	1732年2月
124	VIII	マリ＝アンヌ・ダルメ	女	36	妊婦	手足浮腫・リウマチ	同
125	IV	ジャンヌ・カルノー	女	65	王室配膳係寡婦	左足痛風	同
126	PR	デュジャン	男	不明	元高等法院弁護士	半身不随	同
127	PR	アントワヌ・ラヴォワジエ	男	6	武具商人息子	腕瘻	同
128	VI	***M＝M・ド・メリニ**	女	36	修道女・伯爵娘	全身麻痺	3月
129	IV	セシル・ヴィレット	女	35	石切工妻	（産後）乳房肥大・炎症	4月
130	MT	**マリ＝ジャンヌ・フルクロワ**	女	26	香辛料商娘	関節強直症・骨格歪形・左足アキレス腱異常●	同
M131	VIII	**マルグリト・ル・モワヌ**	女	47	不明	痔瘻＋	5月
132	PR	フィリップ・ド・ロシュブエ	女	30	なし	尿閉・高熱	6月
M133	IX	**マルグリト・ラングロワ**	女	56	不明	過水症・高熱	同
134	VII	△ルイ・Cl・ラ・コスト	男	30	絨毯工	顔面火傷	同

M135	IV	**シャルロット・ケルナン**	女	23	修道女	歯周病・咳＋	7月
136	PR	シャルロット・ド・レアルネ	女	23歳	宣誓立願修道女	口蓋疾患	同
M137	V	マドレーヌ・ブルトン	女	16	香辛料商娘	右手・右頸部腫瘍	同
E138	PR	マルグリト・ジルー	女	12	商人娘	癲癇●	8月
139	IV	**ジャック・ロワイヨー**	男	55	修道士	膝痛	9月
140	PR	マダム・モロー	女	不明	無職	足疾患	11月
E141	IX	マリ・アルノー	女	36	メーセージ配達	耳疾	11／12月
142	VII	M＝G・サレ	女	29	無職（故執達吏娘）	呼吸困難・高熱	12月
143	VII	△レーヌ・M・プレヴォ	女	52	洗濯女	胸膜炎・高熱	同
144	X	＊ミシェル・H・ド・クニウー	男	15	無職	左足骨折・足萎え●	同
145	PR	カトリーヌ・バンガン	女	51	洗濯女	子宮下垂	1733年1月
146	PR	＊リショム／オルレアン	女	35位	不明	カタル性卒中	同
147	V	アンヌ・デソ	女	33	寡婦	高熱・頭痛●	同（証人：教勅派助任司祭）
148	VI	**＊アレクサンドル＝オーギュスタン・テシエ**	男	10	裁判官息子	高熱・陰嚢下垂＋	2月
A149	VIII	マリ・クルトワ	女	36	親方仕立て人	頭痛・口腔内浮腫	同
A150	VIII	セバスチャン・ブリュノー	男	51	親方指物師	手足リウマチ	同
151	X	マリ＝ジャンヌ・ドゥガ	女	8	金属加工職人娘	頭部損傷・左目角膜瘢痕●	同
152	X	マリ・M・ダヴィッド	女	71	親方仕立て人妻	胃潰瘍・疝痛＋	同
153	PR	マダム・ローラン	女	不明	主婦	下肢骨折	同
154	PR	ドゥニーズ・ルニェ	女	不明	不明（ヴァンセンヌ監獄投獄中）	右目の瘢痕・乳がん（獄内で突然快癒）●	同
S155	IX	ルイズ・ピノー	女	30	荷車引き寡婦	胸膜炎	3月
156	VI	マリ＝アンヌ・メルシエ	女	26	石工寡婦・家政婦	リウマチ	同
157	PR	△ピエール・ユルトー	男	30	ブドウ園主	右太腿の腫脹・炎症	同
158	MT	**＊ピエール・ゴーティエ**	男	18	馬具商徒弟	両目失明	4月
159	VII	＊フランソワズ・ボワザール	女	27	下女	両足の腫れ。高熱●	同
160	VI	ジャンヌ・ティスラン	女	58	金銀細工師寡婦	リウマチ・肺炎	同
M161	X	ミシェル＝アンリ・クニオー	男	15	無職	右足変形・痙攣●	同
162	PR	ニコラ・ブザンソン	男	60	司祭	尿閉	同
163	II	エメ・ポンデル	女	42	下女・小間物売り	左半身麻痺	5月
E164	VI	マリ＝ジャンヌ・デュヴァル	女	38	洗濯女	左乳炎症	同
165	X	ジャン・G・ランバック	男	82	造幣局スイス人衛兵	胸部リウマチ（？）	同
166	VI	**マルグリト・ロワゼル**	女	30	修道女	肺病（？）・高熱	6月

167	X	**＊マリ・ティボー**	女	28	御者寡婦	両足異常●＋	8月
E168	VIII	マチュー・ブティヨン	男	17	洗濯女息子	肺・腕・頭腫瘍	9月
E169	VIII	マリ・ブルギニョン	女	64	弁護士妻	転落事故による全身の腫れ	同
170	PR	ボワソナード	女	不明	靴職人妻	呼吸困難	10月
171	PR	マリ・ジルー	女	3歳半	パリの小間物商娘	高熱	同
172	PR	ジャンヌ・Ch・ドゥニゼ	女	25	無職（故ブリキ製造親方娘）	眼疾・頭痛	同
N173	X	**ジャンヌ・ル・ルー**	女	41	時計商妻	失明・全身むくみ●	11月
174	IX	マリ＝クロード・ペケ	女	28	時計商妻	右乳房炎症	不明（1734年3月）
E175	IX	エレーヌ・ゴノル	女	37	親方仕立て人	咽喉炎症	4月
G176	X	**マルグリト＝アンリエット・ルヴール**	女	3	沖仲仕娘	膝・腿腫脹・炎症＋	5月
177	PR	マリ・E・アンスラン	女	49	指物師寡婦	リウマチ・坐骨神経痛	同
178	X	ピエール・ドゥエネル	男	50	ワイン商	右半身麻痺●	8月
179	PR	ジャンヌ・M・ルグラン	男	不明	不明（痙攣派）	右半身麻痺・痔疾●	9月
180	X	シュザンヌ・フェラン	女	31	香辛料商妻	肺炎・胃炎＋	10月
181	X	**＊ローラン・クーリ**	男	74	靴屋	足潰瘍＋	同
182	X	エティエンヌ・リシャルドン	女	19	ブドウ園主娘	全身むくみ・潰瘍	同
R 183	IX	カトリーヌ・クルトワ	女	45	ワイン商妻	左足リウマチ	11月
N 184	X	ジャンヌ・ル・ドゥー	女	41	時計商妻	両眼失明・全身むくみ●	同
185	PR	ド・クルセル	女	2	幼児	天然痘・長泣き・足の湾曲など	12月
186	X	マドレーヌ・Th・デュムラン	女	38	司祭妹	右頬化膿＋	1735年1月
N 187	X	**ルイ・デュムラン**	男	20	売り子	左足咬傷・硬直＋	2月
188	X	ジャック・ヴィオレット	男	65	絨毯職人	頭部打撲・左目炎症＋	6月

1．奇蹟体験者の年齢・性別

まず、奇蹟体験者の年齢と性別だが、前者については八四歳から三歳まで広範に分布している。表2はそれを年代別・男女別に示したものである。

一八八という人数から多くのことを語るのは軽率との謗りを免れえず、本文でも指摘しておいたように、奇蹟報告書を何らかの事情で作成しなかった体験者もいるだろう。その点を留保していえば、この表からは奇蹟体験者全体のうち七割以上が女性であり(2)、その多くを二〇代と三〇代、次いで四〇代・五〇代が占めている（一〇七人＝五七パーセント）。もとよりそれは当時の人口構成に起因するはずだが、一〇歳未満の実数が少ないのは当然として、同じ年代でも、年齢階梯の両端、すなわち一〇歳未満と七〇歳以上を除いて、女性が男性に対して圧倒的に多いことがわかる。明らかにこれは、この年代層の女性に特有の疾病が男性より多かったことを示す。

たとえば、後述するような子宮下垂といった婦人病などだが、さらにいえば、その最大の要因は男性より女性たちの方がパリスのとりなしを切に願ったという点にあるのではないか。おそらくそこには概して女性の方が男性より信仰心が篤いという時代を問わぬ現実に加えて、女性同士のいつに変わらぬ情報ネットワーク、換言すれば奇蹟の噂に対するより敏感な反応があったためとも思える。少なくともそこには、「実直な服従と抑制と沈黙をもって自己を無化しようとしていた、女性の伝統的な宗教モデル」(3)はほとんどみられない。

さらに興味深いのは、六〇代以上の高齢者の比較的高い比率（二七人＝一四パーセント）である。フランス・メレとジャック・ヴィランによれば、

表2　奇蹟的快癒者年齢・性別

全体188名																		
	10歳未満		10代		20代		30代		40代		50代		60代		70歳以上		不明	
実数	7		20		33		33		22		19		17		10		27	
全体比%	4		11		17		17		11		10		9		5		15	
性別	男	女	男	女	男	女	男	女	男	女	男	女	男	女	男	女	男	女
実数	2	5	10	10	4	29	6	27	3	19	5	14	2	15	5	5	12	15
男女比	1	2.5	1	1	1	7	1	5	1	6	1	2.8	1	7.5	1	1		
全体男女実数・比率（年齢不明者含む）：　男　49名（26%）　　女　139名（74%）																		

表3　奇蹟体験者の社会的出自

	社会的出自	メール	比率	蔵持	比率
a	富裕市民・法曹（・官吏）	16	13.8	14	7.4
b	親方・商人（・ブドウ園主）	26	22.4	46	24.5
c	職人（・書記）	24	20.7	18	9.6
d	下女・下働き・徒弟	18	15.5	10	5.3
e	手間賃稼ぎ・小商人（・御者）	10	8.6	19	10.0
f	聖職者	8	6.9	17	9.0
g	学生	2	1.7	2	1.1
h	農民	1	0.9	2	1.1
i	不明	11	9.5	14	7.4
j	（幼児・無職・主婦）	—		29	15.4
k	（寡婦）	—		13	7.0
l	（その他：軍人・衛兵・牢番）	—		4	2.1
	計	116	100%	188	≒100%

一七四〇年から四九年にかけてのフランスの平均余命は男二三・八歳、女二五・七歳だったという(4)。同時期の乳幼児死亡率が一〇〇〇人あたり二九六人だったとするアンガス・マディソンの指摘(5)も考慮していえば、これら高齢者たちはすこぶる長生きだったということになる。その長い人生を悩まし続けた宿痾ともいうべき病が、パリスの奇蹟によって快癒した。その喜びはことさらなものだったろう。

2. 奇蹟体験者の社会的出自

では、奇蹟体験者の社会的な出自はどうか。カトリーヌ・ローランス・メールはすでに引用しておいた『サン＝メダールの痙攣派たち』において、出典が明示されていない一一六人の奇蹟体験者のそれを、表3のように分類している(6)。後段の議論のため、本書もまたその顰に倣って分類しておこう（カッコ内は蔵持。なお、無職の妻子は夫・親の職業、就労寡婦はその生業に含める）。

筆者とメールの数値には、母数のみならず、一部にかなりの（全体数からみて）差異がある。むろん、それは無職・主婦・寡婦などをどこに分類するかに起因する。残念ながら、メールはその分類の根拠を明示していないが、少なくともここから分かるのは、報告書を作成した奇蹟体験者の社会的出自が、通常言われているように必ずしも下層階級に多く属しているわけではないということである。その割合は富裕層に属するa・bの二階層だけで約三一・九パーセント、メールの数値では三六・二パーセント、これに聖職者と学生、さらに職人(7)の数を加えればそれぞれ五一・六パーセント、メールでは六五・五パーセントに達するからだ。そのかぎりにおいていえば、奇蹟体験者はむしろ中層階級以上に多かったとなる。もとよりそれは、公証人に報告書の作成を依頼できるだけの「資力」を有し、実際にそれを作成した奇蹟体験者についてのみあてはまるが、と同時に、経済的にさほど余裕がなかったと思われるdが、いかなる手段で治療費や公証人への謝礼を賄うことができたのか――この根本的な問題に関する言及は、奇蹟体験者たちの言説には皆無である――、疑問は残る。

3．奇蹟体験者の出自小教区

ジャンセニストと奇蹟体験者の関係について指摘しておきたいのは、後者が属する小教区のことである。報告書のすべてにそのことが明記されているわけではないが、一八八例のうち、判明しているその主な所属は以下の通りである。

E　サン＝テュスタシュ小教区（セーヌ右岸）：一〇人
M　サン＝メダール小教区（セーヌ左岸）：七人
A　サン＝ジェルマン＝ローセロワ小教区（右岸）：七人
G　サン＝ジェルヴェ小教区（　）：六人
R　サン＝ロック小教区（右岸）：四人
H　サン＝ジャック＝デュ＝オー＝パ小教区（左岸）：三人
N　サン＝タンドレ＝デ＝ザール小教区（左岸）：三人
S　サン＝セヴラン小教区（左岸）：一人
T　サン＝テティエンヌ＝デュ＝モン小教区（左岸）：一人

近代史家のブライアン・E・ストレイヤーは、二〇〇八年にジャンセニスムに関する緻密な研究書『苦しむ聖人たち』を上梓しているが、そこには一六六九年から一七三〇年にかけて、とくに上訴派司祭の占める比率が大きかったパリの小教区が次のように列挙されている。サン゠メリ小教区（一〇〇パーセント）、サン゠セヴラン小教区（八四パーセント）、サン゠ロック小教区（七七パーセント）、サン゠タンドレ゠デ゠ザール小教区（七四パーセント）、サン゠ジェルマン゠ローセロワ小教区（七三パーセント）、サン゠テティエンヌ゠デュ゠モン小教区（七二パーセント）、サン゠ローラン小教区（七一・五パーセント）、サン゠ジェルヴェ小教区、さらにサン゠メダール小教区（六一・五パーセント）などである。(8) 対象年代に若干のずれがあるものの、上述した四二人（セーヌ右岸二一人、左岸二一人。全体の二二・三パーセント）、つまり五人に一人以上は、これらジャンセニスムの強かった小教区――セーヌ川のシテ島を中心として、半径三キロメートル以内に点在する――の住民ということになる。しかも、サン゠メダール小教区民なら、生前のパリスを知っていた。なかには、彼の言葉を直接聞いた者もいただろう。

こうしたジャンセニスト系小教区と奇蹟体験者との強い相関は、おそらくヴァンティミル大司教やイエズス会、さらには治安当局、いや王権にとっても座視できるものではなかったはずだ。ジャンセニストたちが奇蹟を利用して強勢を伸ばそうとしている。しかも地方在住者は二三人（全体の一二・二パーセント）。これにパリ近郊在住者九人を加えれば、三二人（一七・〇パーセント）となる（表6参照）。これはそのままパリス現象が確実にパリ以外にも広まっていたことを示している。次章で検討するように、そのことに対する警戒心や猜疑心は当然起こるべくして起こった。そしてそれは、やがて痙攣派と呼ばれるようになる奇蹟体験者たちの新たな組織化と秘密結社的な運動を、いわば必然的に引き起こしていくのだ。少なくとも一七三〇年代初期の奇蹟体験者たちにとって、そうした展開はむろん予想だにできなかったことだろう。

では、彼らが奇蹟に与った「不治の病」とはどのようなものだったのだろうか。

4．奇蹟体験者の疾病

ありていにいって、奇蹟報告書の語りから疾病を特定することはけっして容易なことではない。さまざまな病名が記されているものの、それが現在のそれと必ずしも符合していないからである。たとえば「肺のリウマチ」や「頭部のリウマチ」といった事例がそうである。また、腫瘍や疝痛とあるだけで、それがどの部位かもしばしば明示されていない。なかには、アンヌ・ル・フランのように、単に「不治の病」としていることもある。さらにいえば、現在では特定の疾病に特定の治療法が対応しているはずだが、当時はほとんどの疾病（や怪我）に刺胳ないし／および浣腸・吐剤などが用いられている。医薬についてもまたしかりである。つまり、治療法からしかじかの疾病を特定するのは不可能に近いのだ。加えて、複合的な症状を訴えていた者も少なくない。むろん複雑な医学用語は治療にあたった医師の言葉であり、その妥当性も疑問なしとしない。

以上のことを留保しながら、奇蹟体験者たちの症例数をメールの項目を参照して分類すれば、概ね表4のようになるだろう。ただし、数値は

表4　奇蹟体験者たちの症状分類

	症状	メール	蔵持	
			男	女
a	麻痺・リウマチ・痛風・動作阻害傷	53	19	47
b	潰瘍・膿瘍・腫脹	33	4	14
c	過水症・身体浮腫	20	2	5
d	癲癇・痙攣・毒気・震え	20	5	28
e	呼吸器疾患（喘息・結核含む）	13	1	17
f	眼疾（失明含む）	7	5	7
g	高熱・頭痛・腹痛・疝痛	—	6	20
h	内臓疾患（下垂症含む）		4	7
i	下血・婦人病	—	—	12
j	卒中・脳溢血		3	5
k	尿閉		1	3
l	骨折・脱臼・ヘルニア・四肢変形	—	1	4
m	聴覚障害・耳疾	—	0	3
n	癌		0	3
o	ろうあ	—	1	2
p	丹毒		0	2
q	疫病（天然痘）		0	2
r	その他（火傷・瘰癧・痔瘻・癌など）	—	6	10
	症例数	146	58	190
			248	

ひとりにつき複数の場合もある（イタリック体は筆者の追加）。

メールが数値の根拠を示していない以上、その正当性を云々するわけにはいかないが、症例の種類や数についても筆者のそれとはかなりの乖離がある。まず最初に指摘しておくべきことは、メールが取り上げたよりはるかに多い症例の数である。むろん当時のことである。診断自体の信憑性とその結果にみられる多様性がどこまで確実か、なにほどか疑問は残る。そうした留保をつけていえば、ここでは（a）に分類した、そして現代の医学をもってしても完全な治癒が難しい、麻痺やリウマチの圧倒的な多さ――とくに女性――に注目しなければならないだろう。むろんこれには卒中ないし脳溢血（j）の後遺症も含まれる。また、癲癇・痙攣（d）や呼吸器疾患（e）、さらに高熱・頭痛（g）といった症例も、男の方が全体の男女比1：3をかなり下回っている。症例数が少ないため、さほど比較にはならないが、聴覚障害・耳疾（m）や癌（n）の疾病者はなぜか女性のみである。

一方、疫病（天然痘）の事例も二例ある。これも女性のみだが、ひとりは二歳の幼女である。ペストと同様、いや、ときにそれ以上の感染力を発揮し、治癒が絶望視されていたこの疫病の患者が、わずかふたりだけだったというのは不思議である。何よりも一七三〇年代当時、パリで天然痘が流行したという事実はない。とすれば、医師の誤診か。さらに興味深いことに、二四八の症例には精神疾患が皆無だということである。つまり、一連の奇蹟はすべて身体疾患＝顕在的疾患に対して起きているのである。それゆえにこそ、親族や実際に治療にあたった医師を除く数多くの証人たちが、その快癒を自らの目で確認できた。

このリストはまた、当時の疾病のありようを過不足なく物語ってもいる。奇蹟報告書にこれら疾病の原因に関する言及はほとんどみられず、「ある日突然・・・」といった記述がいわば定式化している。医師が対処療法――かなり心もとない――しかできなかった所以だが、重要なのはこれらの疾病が「不治」とされていたという現実である。それが「治った」。おそらくそこには助祭パリスという「霊薬」の「プラシーボ効果」もなにほどかあっただろう。繰り返しをおそれずにいえば、ジャンセニストたちの教勢拡大に取り込まれた一連の奇蹟的快癒に対する、パリ大司教やイエズス会士たちの反撃は、まさにその「不治」を照準としたのだ。

5．奇蹟体験者の年代的分布と墓地閉鎖

では、奇蹟体験者の年代ごとの分布はどうなっているだろうか。表5もまた表1に基づいて分類したものである。この表は、右手が麻痺していた寡婦のマドレーニュ・ベニュに最初の奇蹟が起きたとされる一七二七年五月から、頭部打撲の後遺症や左目の炎症に苦しんでいた絨毯職人のジャック・ヴィオレットが、九日間祈祷のほかに、息子からもらったパリスの墓地の土を小袋に入れて首に下げ、さらにこの土を墓地の井戸水に混ぜて飲んで快癒した一七三五年六月までの約七年間における奇蹟体験者数を示したものである。ここからはまず、男性の体験者数が女性の三分の一しかないという特徴が明確にみてとれる。このことの意味についてはすでに触れておいたが、ここで興味深いのは、奇蹟的快癒者の数が一七三一年に一気に増え、三三年までの三年間に一四〇人、つまり全体の約八割近くを占めるまでになっているということである。むろんこの数値には、前述したように奇蹟を体験しても報告書を作成しなかった者の人数が入っていない。しかし、たとえそのことを留保しても、数的偏差には著しいものがある。三〇年までと三四・三五年の数値だけなら、おそらくそれは一種の聖人信仰における、どちらかといえばありふれた奇蹟現象で終わっただろう。

表5　奇蹟体験者の年代ごと分布

	奇蹟人数（丸カッコ内は墓地閉鎖前）			
奇蹟年	男（人）	女（人）	計（人）	全体比（%）
1727年	1	10	11	5.9
1728年	1	12	13	6.9
1729年	0	1	1	0.5
1730年	0	5	5	2.7
1731年	28	58	86	45.9
1732年	6（1）	22（4）	28（5）	14.9（2.7）
1733年	8	21	29	15.4
1734年	3	9	12	6.4
1735年	2	1	3	1.6
計	49	136	188	≒100

それにしても、一七三一年だけで全体の四割をはるかに超える数値は何に由来するのか。もとよりこれは前年までむしろ静かに進行していたパリス現象が、巷間にわかに注目されるようになったという事実を端的に物語る。むろんそれには、それなりの背景があった。

一七三一年といえば、パリス現象にとってとりわけ波乱の多い年だったのだ。いささか繰り返しとなるが、煩を厭わず再確認しておこう。

まず一月一〇日には、《聖職者通信》が、パリ大司教ヴァンティミルによるウニゲニトゥスへの署名を聖職者たちに命じた教書に反対の論説を展開している。それからおよそ半年後の六月一五日には、「誤ったもしくは捏造された奇蹟」を申し立てる者に対する宗教裁判が始まり、七月一五日には、パリ大司教が教書を発し、アンヌ・ル・フランの奇蹟体験のいかがわしさをとりあげ、パリスの墓での奇蹟はすべからく欺瞞的で、ジャンセニストたちの策謀によると弾劾した。八月一三日には、パリの反ジャンセニスト派司祭二四名が、この大司教宛に要望書を提出し、前任者（ノアイユ）がパリスの奇蹟に関して作成させた一連の調書に対して態度を明らかにするよう求め、同時に、それまで、そしてなおもパリスの墓地で起きている奇蹟を吟味するための法的な調査をおこなうよう懇願してもいる。第2章で紹介しておいたように、相次いで上梓されたパリス伝三冊に対して宗教裁判所の発禁措置が出されたのも、同じ八月の二二日だった。

さらに二週間後の九月五日には、国務諮問会議が「ウニゲニトゥス」に関する議論や異議申し立てを一切禁ずるとの裁決を出し、それから一か月後の一〇月四日には、パリの主任司祭たちが奇蹟的快癒の報告書一三件を、証拠書類を添えて大司教に提出してその承認を求めている。だが、大司教はこの報告書を受け取らず、高等法院が登録してはじめて発効する封印状をもって、それを当該小教区の司祭にのみ提出するよう命じた。同じ一〇月にはまた、警察総代行官エローの配下たちが、市内の版画師たちの工房を家宅捜査し、パリスの肖像画や版木をすべて押収すると同時に、これらの肖像画を頒布する行商人たちを投獄させている(9)。

年が明けて一七三二年一月一五日、エローはまた警吏や密偵たちを数多くサン＝メダール教会と墓地に派遣し、痙攣で身体を震わせている病人たちを逮捕させてバスティーユに投獄したともいう。その被害者のひとりが、奇蹟報告書にあるように、サン＝テュスタシュ小教区に住む商人の娘マルグリト・ジルー（事例27）だった。そして、一月二七日の王令を受けて二日後の墓地閉鎖。この強硬策の意味は、以上みてきた文脈において考察しなければならないだろう。改めてその王令を確認しておこう。そこには次のような一文があった。「（パリスの墓地での奇蹟は）完全に当事者たちの意図によるものであり、結果として明らかに人々を欺き、その軽信を煽りたてた（・・・）。そこで国王はかかる言語道断な振る舞いのみならず、破廉恥な言動や盗み、無軌道さを相次いで引き起こす集会も完全にやめさせるのが妥当と判断した」。文字通り読めば、たしかにそれは狭い墓地に押し寄せる病人やその介添え人たちを締め出すための、そして彼らの祈りや叫びによってことさらに高揚する、一種のマス・ヒステリーを排除するための措置だった。だが、その背景には、病人＝奇蹟だけでなく、それを勢力拡大の源泉としていたジャンセニストたちを締め出す狙いもあっただろう。むろんそこには、民衆が奇蹟譚を通してジャンセニスムに共感を覚える可能性を断ち切るという意図もあったはずだ。

生来の足萎えと麻痺が奇蹟的に快癒したものの、それが大きな議論の対象となった司祭ベシュランについてはすでに紹介しておいたが（本書第3章参照）、彼と同じ時期、つまり一七三一年八月に奇蹟を体験したという鋳貨工のロベール・ガレ（表1―78）による報告書には次のような興味深いエピソードがある。それによれば、ガレの奇蹟譚が広まって多くの人々がやってきたが、なかには「福者パリスの記憶をあからさまに悪罵し、彼らがジャンセニストと呼ぶ人々と私が繋がっているはずだ」と断ずる者たちがいたという。[10]このエピソードは奇蹟＝ジャンセニスト対合がすでに何ほどか広まっていたということだけでなく、それを攻撃する言説によって、いわば逆説的にその対合が人口に膾炙していったことをも示しているはずだ。

だが、墓地閉鎖のもつ示標性はそれだけでない。そこには、奇蹟とはほとんど埒外の位置にいた国王にこの王令を出させた勢力、つまりパリの一般市民や聖職者のみならず、高等法院[11]にも大きな勢力を張るようになっていたジャンセニストたちに対する、枢機卿フルリーや大司教の危機感もみてとらなければならない。これについて、フランス近代史家のB・ロバート・クライザーは、その著『一八世紀初頭のパリにおける奇蹟・痙攣・教会政策』で次のように指摘している。

サン＝メダール教会と権力当局における一七三一年の事態の展開は、パリス氏の墓での状況を制止するという任務がすでにして簡単なものではないということを示していた。近隣の「聖人」に対するローカルな信仰として始まったことが、今ではパリのみならず、フランス全土の司教区に住む何百、いや何千という人々を惹きつけていたのだ。より重要なのは、パリス信仰が教勅「ウニゲニトゥス」を巡る多様かつ騒々しい議論に引き込まれ、少なくとも在俗と聖職者とを問わず、反教勅派の多くの指導者たちから暗黙の支持を得たことである。(12)

いかなる信仰もつねにローカルなものとして出立する。クライザーがどこまで奇蹟報告書を読み込んでいるかは定かでないが、この指摘にあるように、たしかにパリス信仰もまたそうしたローカル信仰として生起している。事実、最初の奇蹟体験者は、間違いなく生前の助祭パリスを個人的に知っていた、サン＝メダール小教区民のマドレーヌ・ベニェだった。そしてその奇蹟譚が、いわば静かな池の水面に小石を投げ入れたように、徐々に波紋を広げていった。ただ、それが反教勅派の「暗黙の支持を得た」という見方は、いささか一面的にすぎる。前述したように、信じていたかどうかにわかに判断はしかねるが、彼らが一連の奇蹟を「利用した」という側面も見逃してはならないからだ。換言すれば、奇蹟によって表象されるパリス現象は、宗教的というより、むしろ政治的な緊張によって助長された。そうした文脈のなかでみなければならないのである。

さらに付言すれば、反教勅派とはひとりジャンセニストにかぎったことではない。治安当局の報告書によれば、一七三〇年頃のパリでは宗教問題に関する議論が沸騰しており、一介の民がそれについて明確な意見を抱いていたという。そして一七二九年一〇月には、「教育とはほとんど無縁な民衆」、たとえば水の運搬人やポーターまでもが教勅反対の考えを公言し、ローマ教会を口汚く罵ってもいた。一七三三年には、古着の女行商人がジャンセニストを迫害したパリ大司教を批判して、告発・逮捕されたともいう。(13)はたして彼らはひとしなみジャンセニストだったのか。立証は困難だが、状況的に考えて、彼らの一部は時代のイマジネール、つまりイマジネーション（個人的想像力）ではなく、社会的に定着した想像力を自分の意見としていたはずだ。少なくともすでにしてそうした「世論」ができあ

表6　墓地閉鎖前・後における非パリ在住の奇蹟体験者数

	地方在住者	パリ近郊在住者	計（a）	奇蹟者数（b）	比率（a/b）
墓地閉鎖前	16	6	22	121	18.2
墓地閉鎖後	7	3	10	67	14.9
計	23	9	32	188	17.0

がっていたことだけは間違いないだろう。たとえ彼らが教勅自体を読んでいなくても、である。

そして一七三二年一月二九日の墓地閉鎖。前述したように、たしかにそれはパリス現象と「世論」の高まりを危惧した当局の措置といえる。だが、奇蹟的快癒者一八八人のうち、奇蹟体験者がその閉鎖後も六七人（三六パーセント）いた。これが多いか少ないかとの判断はさておき、重要なのは奇蹟＝パリス信仰という精神的対合が、当局の抑圧策にもかかわらず、なおも存続したという事実である。それはこの対合が当局の抑圧を凌駕するほど社会的に構造化されていたということを端的に物語るが、当局は迂闊にもそのことを見逃していた。奇蹟の場がパリスの墓地以外でも起こりうるということに気づいていなかった。奇蹟の場を奪われた民衆が、当局の目を逃れて自宅や秘密の集会場などに新たな場を求め、やがてそれが痙攣派を生み出していく契機となるということも予見できなかった。ただ、はたして当局が意図していたかどうかは定かでないが、この墓地閉鎖によって、パリス現象の地方拡散だけはある程度防げた。そのことは、墓地の閉鎖前と閉鎖後における非パリ在住の奇蹟体験者数からみてとることができる。

6．「墓地閉鎖」前・後の非パリ在住奇蹟体験者数

表1に基づいて墓地の閉鎖前・後における奇蹟体験者数をまとめれば、表6のようになる。

この表によれば、非パリ在住の奇蹟体験者は墓地の閉鎖前でも閉鎖後でも全体の二割にも満たず、閉鎖後の割合はさらに減少していることがわかる。その限りにおいて、当然予想されることではあるが、パリス現象はパリを中心に展開したフォーク・カトリシズムといえるだろう。そしてその傾向は墓地の閉鎖後も変わらなかった。だが、そこには史料の陥穽を無視するわけにはいかない。あくまでもそれは作成された奇蹟報告書の上でのことであり、監視の目が厳しいパリから離れた地で、奇蹟的快癒に与りながら、報告書を作成しなかったという事例を考慮

に入れないという条件付きなのである。パリスの聖遺物さえあれば、九日間祈祷によって奇蹟が期待できる。すでに何ほどか構造化されたそのイマジネールがあるかぎり、もはや奇蹟の場はサン＝メダール墓地にこだわらない。パリと地方とを問わず生まれたと考えるのが妥当だろう。事実、地方の痙攣派は、まさにこうしたイマジネールによって墓地閉鎖後に出現しているのだ。

たとえば、前述の上訴派モンペリエ司教コルベール・ド・クロワシは、一七四〇年に上梓した一種の回顧録のなかで、一七三二年から三四年にかけて、ラングドック地方でさまざまな奇蹟が起きたとしている。その一例として、彼はモンペリエ郊外のラヴェリュヌ村にある城館に滞在中に見聞した奇蹟のことを紹介している。それによれば、同村の二八ないし二九歳のマリ・ボワソナドが、一七三三年一〇月四日日曜日、「息をつけないほどのカタル」（喘息発作？）を発症したという。外科医による刺胳では一向に症状が軽くならず、モンペリエ王立科学アカデミー会員の内科医ギヨーム・リヴィエールがたまたま村の所領地を訪れた際、受診した。リヴィエールが採取したマリの血液は、顆粒状で凝固していた。そこで彼は刺胳を施したが、やはり無駄だった。こうして絶望したマリは日曜日の午後三時、村の主任司祭でジャンセニストのノートンから臨終の聖体拝領を受けた。それを知った司教の御者で、やはりジャンセニストだったアントワヌ・ロワイエが、パリスの墓土を煎じ薬に入れてマリに飲ませたところ、その日のうちに症状が消えたという。たった一日で宿痾が快癒した事例は稀有だが、奇しくもこの日はパリスの守護聖人であるアッシジの聖フランチェスコの祝日だった(14)。

コルベールはまた別の事例も取り上げている。モンペリエの親方職工でジャンセニストだったというジャン・ボーメス五七歳の奇蹟譚である。それによれば、この親方は右足にできたかなり大きな腫物に長いあいだ悩まされていた。刺胳や下剤、そして「神の軟膏」などに頼ったが、症状は悪化する一方だった。やむなく彼は足の切断を決意した。その進言にしたがって、福者の墓の土を患部に塗ると、数日後に症状が軽減し、一〇月一三日についに完治したという(15)。

しかし、マリにしてもボーメスにしても、同じモンペリエ司教区で数か月前に起きた別の奇蹟的快癒の体験者同様、その奇蹟報告書を作成していない。こうした地方での事例は墓地の閉鎖後のみならず、閉鎖前でもほかにも数多くあったはずだ。したがって、表6だけをもって何かしら断言的なことをいうのもまた軽率との誹りを免れないだろうが、これら地方の奇蹟的快癒者はなぜ報告書を作成しなかったのか。疑問は残る。

では、奇蹟報告書のなかで、パリスの聖遺物に祈願し、快癒したとする体験者の数はどれほどだったのか。これもまた墓地の閉鎖前と閉鎖後についてみておこう。

7. 聖遺物祈願者

パリスの聖遺物とは、パリス自身のものだとされる髪や爪、着衣ないしシーツの切れ端、ベッドの木片、さらに彼の墓周辺の土、旧サン＝メダール墓地の今は埋め立てられて在所も不明となっている井戸水などからなる。すでに幾度もみておいたように、基本的に教会の聖具室で配布された（ことになっている）これらの聖遺物は、通常はいかなる医薬品や施術も凌駕する効能を発揮したとされる。おそらく中には出自が不明な、つまり聖遺物売りが勝手に真正なものとして売りさばいた怪しげなものもあったはずだが、むろん藁にもすがりたい病人やその近親者にとって、その真贋は必ずしも意味をなさない。いかなるものであれ、それで快癒がもたらされれば、真正なものとなったからだ。

当然のことながら、これら聖遺物による快癒もまた欺瞞的だとして反ジャンセニスト勢力からしばしば非難されたが、ときにはジャンセニストと同一視されたりもした改革教会のカルヴァン派からの非難もあった。たとえば、ダブリン改革教会のフランス人牧師アントワヌ・ヴァンション・デ・ヴー（一七九二没）は、その記念碑的なまでに長大な題名『一般的な真正の奇蹟およびとくに人体に起きた奇蹟の独特な特徴を明確にし、さらに教義を検討しないまま、ジャンセニストたちがパリス神父の聖遺物に帰しているさまざまな奇蹟を拒めることを示した、奇蹟に関する書簡集』において、こうしたパリスの聖遺物によるとする快癒奇蹟は、闇の精神を象徴する「悪魔が過ちを助長するために起こした」ものであり、真正な教義とはまったく無縁なもの、つまり神に起因するものではないとしている。[16]

アイルランド在住のカルヴァン派が、敵対するイエズス会の論調とさながら歩調を合わせるかのような奇蹟告発。

表７　聖遺物祈願者

	墓地閉鎖前		墓地閉鎖後			
	男	女	男	女	計	対在住者比率％
パリ在住者	2	7	2	6	17	÷166＝10.2
近郊在住者	0	2	0	0	2	÷　9＝22.2
地方在住者	3	3	2	1	9	÷ 23＝39.1
計	5	12	4	7	28	÷188＝14.9

皮肉と言えば皮肉な話だが、ともあれ、彼の書簡集は、パリスの聖遺物による奇蹟譚が海を隔てたアイルランドにまで広まっていたことを示す一例といえる。聖遺物祈願者たちの奇蹟待望にとって、そうした非難は何ほどの意味ももたなかっただろうが、ありていにいえば、その奇蹟譚はおそらく針小棒大的に語られていた。実際のところ、聖遺物を介しての奇蹟的快癒の割合は、さほど大きなものではなかったからだ（むろん、デ・ヴーがそれを知る由もなかった）。それをはっきりと物語るのが、彼ら祈願者たちの墓地閉鎖前・後の推移をまとめた表７である。

これだけの数値から多くのことを言うのもまた控えなければならないだろうが、少なくとも一連の奇蹟報告書に基づくかぎり、聖遺物にすがった快癒者の数は、全体の一五パーセント弱にすぎない（パリス現象のピークだった一七三一年にかぎってみても、聖遺物祈願者はパリ居住者・非居住者合わせて九人のみで、この年の奇蹟体験者八六人の一割強にすぎない）。パリ居住者の場合は一二パーセント弱。以下近郊在住者、地方在住者の順でその比率は高くなっていくが、少なくともこうした低い数値は、これまでの考察や指摘に反して、聖遺物祈願がさほど一般化していなかったという事実を示唆している。ただ、この事実は、聖遺物を欲したが入手できなかった奇蹟体験者がいたとする可能性を排除するものではけっしてない。運よく聖遺物を入手しても、快癒へといたらなかった事例もあるだろう。

それにしても、パリ近郊在住者より地方在住者の方が聖遺物を入手しているのはなぜか。これもまたいささか判断に苦しむところだが、前者の場合は墓地を直接訪れることができたためと考えられなくもない。しかし、それでは墓地閉鎖後に聖遺物祈願が増えていないという事実が説明できない。地方居住者もまた、墓地閉鎖後に聖遺物祈願数が

表8　痙攣者数

	男	女	計（a）	奇蹟者数（b）	比率（a / b）
墓地閉鎖前	5	17	22	120	18.3
墓地閉鎖後	4	10	14	65	21.5
計（男女比率）	9（25）	27（75）	36	188	19.1

半減している。とすれば、聖遺物祈願は墓地閉鎖後に多少とも衰退したのだろうか。たしかに閉鎖後はひたすら九日間祈祷によって奇蹟に与った快癒者の事例がより一般化する、つまり聖遺物に言及のない奇蹟報告書が数を増している。あるいはそれは「聖遺物」――真物であると贋物であるとを問わず――の絶対量が減り、入手困難になったためか。報告書の紙背からその辺りの事情を読み解くことはできない。

こうした疑問の解明は他日を期すとして、最後に痙攣を経て奇蹟的な快癒へといたったという痙攣快癒者について一瞥しておこう。パリス現象を特徴づけ、ときにはその代名詞とされてもいるこの痙攣は、はたして報告書作成書ではどれほどの人々が経験しているのか。次表でもまたそれを墓地の閉鎖前と閉鎖後についてみておこう。

8. 痙攣快癒者

この表8には疾病としての痙攣に苦しんでいた病人の数は入っていない。あくまでもサン＝メダール教会のパリスの墓と、墓地の閉鎖後は他所、すなわち自宅や施療院などで激しい痙攣を体験し、それが快癒の奇蹟に結びついたとする病人だけを数値化したものである。ここで最初に注目したいのは、墓地の閉鎖前であっても痙攣快癒者（以下、痙攣者と記す）の総数が奇蹟体験者全体の二割以下だったということ、つまり、奇蹟者の五分の四以上は痙攣を体験しないまま「快癒した」ということである。閉鎖後でもその状況にさほど変わりはなかった。とすれば、少なからぬ先行研究が断じているように、パリスによる奇蹟的快癒者をすべからく痙攣者とみなすことは到底できない。

さらに指摘したいのは、痙攣者の社会的出自である。少なくともこの表から見るかぎり、表2のa・b・c、つまり中・上層階層に属する人数（男性二人、女性一五人）が四七パーセントを占め、d・eに代表される下層階層の人数（男性一人、女性四人）は痙攣者全体の一四パーセントにすぎないという事実である。ちなみに、近代史家で社会学者でもあったダニエル・ヴィダルによれば、社会的出自が分かっている三八四人の痙攣者のうち、二三一人（六〇パーセント）が女性で、男性は一五三人。前述した奇蹟的快癒者の比率と較べれば、男女差はかなり小さくなっている。そして、貴族階層は女性が一三人（七パーセント）、男性が一三人（八・五パーセント）で、下層階層に属する農民や下女、下男の場合は、男性が一一人（七パーセント）、女性が二八人（一二パーセント）だという。(17) この数値もまた何に依拠しているのか明示がないが、比較ができない貴族階層についてはさておき、痙攣者に占める下層階層の割合がきわめて少ないということだけは、このデータからもいえるだろう。

たとえばストレイヤーは「おぞましくかつ奇怪なものだったにもかかわらず、痙攣現象は一七三一年から三二年にかけてのパリでさながら燎原の火のごとく広まった」とし、そのホットポイントをサン＝メダール小教区のほかに、ムフタール通りをセーヌ左岸へと下って突き当たるモベール広場、セーヌ河岸のプティ＝シャトレ地区、さらに興味深いことに、いわゆる痙攣派の擁護者だったモンジュロンの自邸だったとしている。(18) その根拠として、彼はデュゲなる密偵の報告を挙げている。それによれば、一七三一年一二月当時、痙攣者たちの数は二七〇人（女性一九九人、男性七一人）いたという。つまり、サン＝メダールの墓地が閉鎖される一か月前、これだけの痙攣者がいたというのだ。あるいはそれが閉鎖令の根拠のひとつとなったのかもしれないが、はたしてこの密偵はどこからこの数値を導き出したのか。彼は閉鎖令以前から彼らの内偵を進めていたのだろうか。そしてまもなくこの数は四〇〇―八〇〇人に膨れ上がり、彼らは四〇〇〇人もの傍観者たちから不信心とみられていたともいう。そして、これら痙攣者の一部が逮捕されてバスティーユ送りとなっている。

ちなみに文筆家・国民公会議員で、ギロチン刑に処されたルイ＝ピエール・マニュエル(19)がまとめたバスティーユ囚人記録の一七三二年（囚人数五三）には、たとえばパリスの墓をしばしば訪れて自発的な痙攣を発症させていたというナヴァール学寮の料理人ジャン・フィエや、痙攣を自在に起こしていたとされる製パン商の徒弟ピエール・ライエおよび馬具商の徒弟フランソワ・ティエルサン、さらに、胃痛に苦しみ、ある婦人からパリスの墓を詣でるよう勧められ、痙攣を経て快癒したという、刺繍職人の二一歳の娘マリ＝アンヌ・シャルティエなどの名が見られる。なかには通りで突然身体が麻痺し、その発作を痙攣と誤解されて投獄されたマリ＝ジャンヌ・ル・リーヴルもいた。(20)痙攣を起こしただけで投獄とはいささか理解に苦しむが、むろんそこにはその背後にいると目されたジャンセニストの一掃という当局の暗い思惑があった。事実、この年には《聖職者通信》を配布したとして、パリ盆地東部にあるルベ大修道院のベネディクト会士ポール・シュレアンが、さらに反イエズス会の版画を制作したとしてジャンセニスト版画師のトマ・ミュテルが、同様に投獄されている。

一方、ジャンセニスト神学者デュゲの姪で、痙攣派の強力な敵対者だった、そして警察総代行官エローの意向を受けてジャンセニストたちの分裂を画策していたという(21)アルマンド＝イザベル・デュゲ＝モル夫人（一六七五―一七五三）は、『時代の痙攣者たちの歴史日記』の一七三三年六月二四日の項で、一七三二年のパリでは一万三〇〇〇人ものコンヴュルショネール（痙攣者か痙攣派かは不明）がいるとの噂が駆け回っていたと記している。(22)一説では、一七五〇年当時のパリの人口は五七万。(23)噂とはいえ、あまりにも非現実な数値だが、ストレイヤーの説もまた、そのまま受け取るわけにはいかないだろう。一七三二年一月二九日のサンメダール墓地の閉鎖前からすでに「痙攣現象」が墓地以外でも見られたことになるからだ。地方ならいざしらず、パリ市内の墓地の外で痙攣者が頻出したとは、いささか間尺に合わない話である。モンジュロンが自邸を痙攣者たちの場に提供したということもまた、後述するように墓地の閉鎖後である。少なくとも閉鎖前のホットポイントは墓地自体であり、すでにみておいたように、当局による規制もそれまでは表立ってはいなかった。ただ、墓地の風景がつねに痙攣と結びついて巷間喧伝された。おそらく一連の「痙攣現象」はすぐれてエキセントリックな、そしてそれだけにスペクタクル性に富み、それだけに世間の耳目を集めた。そのことだけは確かだろう。

もとよりそこには、痙攣を神意の憑依もしくは「福者」パリスのとりなしの表徴とみるイマジネールがあった。換言すれば、こうした痙攣とはパリス信仰を可視化すると同時に、病を病人個人の身体に回収するのではなく、むしろ社会化するイマジネールとしてあった。そのかぎりにおいて、サン＝メダール教会墓地の蝟集は、まさにこのイマジネールによって過不足なく構築された「奇蹟の共同体」でもあったのだろう。むろんその統合シンボルはパリスと奇蹟的快癒である。墓地で痙攣に襲われながら、快癒しなかった者もどれほどかいただろうが――数は不明――、この「奇蹟の共同体」では、誰の目にも神意が及んだと映ったはずの痙攣者が、いうまでもなく特権的な階層を占めていた。痙攣すれば不治の病が快癒するというプロセスが、そこでは実態とは裏腹に如実な重さを帯びていたからである。途方もない噂はまさにそのことの端的な現われと考えられるだろう。

そして墓地の閉鎖後、こうした「奇蹟の共同体」は著しい変質を遂げていく。奇蹟的快癒者を含む痙攣体験者たちに対する官憲の抑圧も本格化した。だが、ここではいささか厄介な問題と相対しなければならない。彼らの内実である。次章で検討するように、彼らを指すコンヴュルショネールという語が、個別的な痙攣体験者と何ほどか組織化されたセクトないし運動体のメンバー、すなわち「痙攣派」の双方を意味しているからである。とすれば、これまであえて明確にしてこなかった痙攣派について、どうしても一瞥しておかなければならないだろう。まさに彼らこそがパリス現象の新たな、だが多分にファナティックな展開から生まれた集団、すなわち「痙攣の共同体」の主役だった。さらにいえば、「奇蹟の共同体」から派生したこの共同体は、それまでときに緩やかな、そしてときに緊密な関係を保っていたジャンセニストたちの分裂を招く転機となった。

サイコドラマやソシオメトリーの提唱者であるヤコブ・モレノ（一八八九―一九七四）の言葉を借りれば、集団とは共感と反感を共有することで成り立つという。一方、フランスの精神分析学者ディディエ・アンジューは、集団は参加者たちがイマージュ（心像）を醸成する場としているが、[24] 集団を共同体としてとらえるなら、改めて指摘するまでもなく、そこには自／他を分ける境界の強調と内的な統合シンボルの存在がなければならない。こと痙攣派についていえば、この境界とは、ジャンセニスムおよび反教勅という同じ枠内にあるにもかかわらず、彼らと激しく敵対した「正統派」ジャンセニストを隔てるものであり、そこでの統合シンボルは理念＝神意と実践＝痙攣ということになるだろう。そして、まさにこれらふたつの要因によって、彼ら痙攣派は意図するとしないとにかかわらず自らのアイデンティー、つまり「痙攣の共同体」としてのそれを結果的に確立（？）するようになったのである。「奇蹟の共同体」がイエズス会とのあいだに境界を築いたのに対し、「痙攣の共同体」はこうしてジャンセニストのあいだに抜き差しならない境界を築いた。異分子の創出・排除および同化・吸収はいつに変わらぬ社会の構造的な生理だが、「痙攣の共同体」もまたそうした歴史の慣性と無縁ではなかった。創出された社会の異分子として、同様に異分子とされたジャンセニストたちともども、やがてそのメカニズムに組み込まれていったからである。

第8章 痙攣派もしくは「痙攣の共同体」

痙攣派のイメージ

まず、左の図版（図41・42）から見ていこう。痙攣派の霊会を描いたいささかおぞましい制作者不明の版画である。[1] これは「スクール」（secours「救いの業」）と呼ばれる彼らの典型的な、一見するかぎり集団リンチのような加虐行為である。スクーリスト（スクール参加者）たちがときに自発的に痙攣を起こした志願者の身体各部に、比較的穏やかな加撃をおこなう「プティ・スクール」と、図に見られるように、剣を突き刺したり金槌や石塊を腹部や胸部に力いっぱい打ち下ろしたりするかなり激しい責め苦で、それゆえに「殺人的スクール」とも呼ばれた「グラン・スクール」の二通りがある。いずれも贖罪の苦行のみならず、イエスおよび殉教者たちの受難を追体験し、さらに教会と真理に対する迫害を象徴する。

図41・42　痙攣派のスクール。製作者不明。18世紀

クレイザーによれば、これらの「超自然的な顕示は一部では教勅《ウニゲニトゥス》の発布に始まり、サン＝メダール墓地の閉鎖で頂点に達した、教会内部の霊的な混乱の強烈な表現」であり、「神がパリスの信奉者たちにもっとも神聖な真理を受け入れ、告知することを準備させるために選んだ[2]」ものだという。だが、この定義は一考を要する。教会の本格的な混乱はむしろ墓地閉鎖後にあり、何よりもスクーリストたちはこうしたサディスティックな身体的苦痛を通して、救いの道に向かう。いや、

少なくとも向かおうとしたからである。彼ら痙攣派はまた旧約聖書を象徴的に解釈し、自分たちの活動の原点をそこに求めていたフィギュリスト系のセクトとされるが、それはあくまでも初期の、そして一部のメンバーにのみに当てはまるだけであり、後述するように、やがて彼らの行動は、パリスへの追慕や真理とも、さらに「奇蹟の文法」とも無縁の、いわば「痙攣のための痙攣」、「スクールのためのスクール」へと転位していったからでもある。ひとつの思潮なり運動なりをつねに終始一貫したものとみるわけには到底いかないが、そこでは自らの身体を教会や真理と見立て、加虐が何ほどか救いへの手段ともなっていたのだ。

一七三〇年代前葉に始まったとされるこのスクールは、ときに病の苦痛を「和らげる」ためにもおこなわれたという。すでに一七三二年には、大スクールがソルボンヌの神学部から批判され、六二年にはパリ高等法院からも禁令が出されている。「痙攣の業」自体もまた、ジャンセニストたち、とりわけデュゲやダスフェルドなど、影響力のあった人物たちからの非難を免れえなかった。カトリーヌ・メールは一七三二年からフランス革命までの「痙攣の業」の霊会参加者数を一一七〇点の一括書類から調べあげているが、それによれば男性三六八人（七四パーセント）、女性一二八人（二六パーセント）の計四九六人だったという。残念ながら、その社会的出自の内訳は数値に若干の不整合があるものの、総計の数値を信じていえば、以下の指摘二点だけはおそらく的を得ているといえるだろう。

――全体（出自不明者を除く）の七〇パーセントあまりが、富裕・識字階級（貴族・高等法院評定官・弁護士・公証人・聖職者など）に属している。

――聖職者が全体の三六パーセントを占める。(3)

彼女の指摘に従えば、霊会の参加者は圧倒的に上層階層の男性に属していることになる。この事実は前述した痙攣者の出自と符合するが、おそらくそれはサン＝メダール墓地閉鎖後に霊会がしばしば個人宅で内密に開かれていたこととかかわっているはずだ。さらに興味深いのは聖職者の割合で、これは彼らがその中心的な役割を担っていたことを意味するものといえるだろう。一方、同じ期間の痙攣派の数については、メールは五七四人（男性一八六人、女性三八八人）と算出している。そして、やはり前記の痙攣者数と同様、女性が男性の倍以上を占めるその出自については――これも数値に不整合があるが、ひとまずそれを信じるなら――、親方や商人、職人階層が六七パーセントにのぼり、聖職者は六パーセント（男性二六人、女性八人）にすぎない[4]。はたして霊会参加者と痙攣派の内訳におけるこの著しい差異は何に由来するのか。メールに指摘はないが、少なくとも上層階層や聖職者の霊会参加者が、そのまま痙攣派になったわけではないということだけはいえるだろう。

かつて痙攣派に属していたが、のちに反痙攣派となったクレープ神父は、一七八八年、匿名で『痙攣とスクールの業の観念』を著し、フランス南東部における痙攣派のメンバー――なぜか「娘」のみ――を四通りに分類している。それをまとめればおおよそ以下のようになる。

1. 大スクールの痙攣者で、業の力と栄光を体現する娘たち。ただ、強度の精神異常者で特徴的な妄想を抱き、しばしば呪詛もおこなう。聖体拝領台では幼児のような話し方もする。
2. 小スクールの痙攣者だが、幻視や予言の才を備えている娘たち。大きな奇蹟とは無縁だが、人々をきわめて見事に回心させたりする。
3. 幻視・小スクールだけをおこない、多少正気を失していて、たやすく痙攣が起きたふりができる痙攣派の名に値しない娘たち。しかし、しばしば弱者を勇気づけたり、他者のために祈ったりもする。
4. 善良な娘たち。多数派。さしたる問題意識をもたず、輝くような美徳も超自然的な才能も持ち合わせていないが、謙遜や忍耐、感謝の念、信仰さらに完璧なまでの従順さの持ち主でもある[5]。

さて、前掲の図の中央で責め苦にあっている娘の名はスール・ガブリエルこと、ガブリエル・ムーレールないしモレ。クレープの分類では第二番目に属する。モンジュロンの『諸奇蹟の真実』に載せられた四葉のスクール図版に登場していることもあって、痙攣派のメンバーとしてはおそらくもっとも高名な娘である。その大スクールについては、『諸奇蹟の真実』第三巻に言及があるが、より詳しい説明は、それを増補して一七四七年に出された著者不明の書『モンジュロン氏の第二・第三巻に資する援護』にある。それによれば、ガブリエルは一七二二年三月、靴修理人を父としてパリに生まれたという。五歳の時、ある男児が投げた石がこめかみ近くに当たって大けがをした体験をもつ彼女は、九歳からサン＝テティエンヌの黒衣修道女会の修道院に通い、高徳な修道女たちから教育を受けたともいう。

当時は上訴派への迫害が猛威をふるっていた。そのあおりでこのジャンセニスト系の修道院が解体され、修道女たちも追放されたのちの一七三四年四月、「優しく、慎ましやかで美しく、その顔を見るだけで嬉しくなるような」ガブリエルは、祈りの最中に助祭パリスと聖アンジャン（不明）の声を聞き、はじめて痙攣を経験する。それを神意と悟った彼女は、以後、一七三八年一〇月にバスティーユに投獄されるまで、夜、居室のベッドではなく、十字架に心を捧げるために床に直接寝るようになる。日曜日や祭日の前夜には不眠で祈り続けたともいう。一七三四年にはまた、ヴォルテールの兄アルマン（後述）同様、サン＝ジェルマン＝ル＝ヴュー教会で初聖体拝領に与り、おそらくその場で、主任司祭は会衆にガブリエルが予言もおこなうと告知している。

はたしてこのガブリエルがいつから痙攣派の霊会に参加するようになったかは不明だが、一〇歳上の姉ジャンヌもまた霊会に加わっていた。聖職者や高官など二一人の証人、つまり立会人の署名入り調書によれば、ガブリエルは自ら進んでスクールを受けたとある。そこで彼女は床に仰向けに横たわり、重さ二四キログラム、長さ六〇センチメートルあまりの鉄製の金槌で、鳩尾を三〇回ほど強く打たせせた。その石すら砕くような激しい衝撃で、部屋中の家具や窓までが揺れたという。にもかかわらず、彼女は何ら痛みを覚えず、傷もつかなかった。それから彼女は壁を背にして立ち上がり、やはりハンマーで三〇回鳩尾を打たせた。

それだけではない。さらに仰向けになった頭の上に重さ三〇キロの石塊を乗せ、そのあとでうつ伏せになり、この石を今度は後頭部に載せたりもした（図41）。ガブリエルはまた一七三六年に、剣を用いての最初のスクールもおこなっている。なおも二一人の証言によれば、当初は剣先を鳩尾に突き刺しただけだったが、やがてそれを首に突き刺し、その剣先は中咽頭にまで達した（図42）。そして、彼女は剣刃の中央部をつかみ、頭を後ろに反らして口にまで突き入れ、それから剣先を瞼にまで押し込んだという。(6)

たとえ贖罪のための行為とはいえ、これら一連の試練はあまりにもおぞましい。よもや手品の類を弄したのではないだろうが、このようなことが本当にありえたとは到底思えない。自虐と加虐とがないまぜになった「救い《スクール》」。モンジュロンの言葉を借りれば、まさにこれは「超自然的な業」となるが、神意が及んだとされるこの一種の憑依と忘我こそがスクールなのであり、それ自体がすでにして奇蹟的な出来事だというのだ。モンジュロンは言っている。「(その超自然性が理解しがたい)これらのスクールが信じがたければ信じがたいほど、世間の評判を得るようになる。まさにそのことがスクールの真理を絶対的に疑いえないものとするのである(7)」。

こうしたファナティックなスクールは、ときに預言ないし予言を伴っていたところから、あるいは「シャーマニズム的カトリシズム」と呼べるかもしれない。それは、民俗宗教の世界なら、たとえば突然神懸かりして自分の背中や腕などを棘球や鋸歯状の刃をもつ沙魚剣で打ったり突き刺したりする台湾の童乩《タンキー》、フォーク・カトリシズムの世界なら、フィリピンやラテン・アメリカの「道行き」で、中世イタリアの鞭打ち苦行団(8)よろしく、棘のついた鉄鎖で自らを打ったり、ときには十字架に張り付けになったりする信者たちのパフォーマンスと似ていなくもない。この問題については、いずれ稿を改めて検討したいが、ともあれモンジュロンが他の奇蹟的快癒の数例同様、『諸奇蹟の真実』にこうした挿画を載せた狙いは、おそらくスクールが神意によるものであるということを視覚的に如実に伝えるためだったろう。『モンジュロン氏の第二・第三巻に資する援護』の匿名の著者もまた、モンジュロンの意向に沿うように、この種のスクールについて以下のように記している。

一七年（一五年の間違い?）以上前、パリのあらゆる界隈では、多少なりと理解しがたいことだが、こうした驚異的な出来事がじつに数多くみられた。迫害の激しさがさほどではなかった初期、あらゆる身分や性格および感情を有する人々が見物人として立ち会っていた。それゆえ、これらすべての驚異が評判になっていたことに間違いはない(9)。

では、前述したように、姉ジャンヌとともにバスティーユに投獄されたガブリエルはどうなったか。一七三八年一〇月ないし一一月、姉妹はサルペトリエール施療院内の女子用監獄に移される。やがてジャンヌは過水症を患い、内科医や外科医たちの再三にわたる刺胳や投薬にもかかわらず、症状は悪化する一方だった。こうして一七四二年二月、医師たちはついに彼女の病が不治であり、死が近いとの診断を下した。ところが、助祭パリスの「聖遺物」(何かは不明)にすがったところ、突然快癒した。その奇蹟は修道院長も確認したという。一方、ガブリエルもまた重篤な病に罹ったが、一七四三年八月に突然奇蹟的に全快した。だが、一七四八年三月、施療院内で他界する。享年二六。その遺体は修道女たちによって院外に運び出されたが、どこに埋葬されたかは分からないという。一方、姉のジャンヌは、パリ植物園近くにある、習俗紊乱や借財を返せなかった者たち専用のサント＝ペラジ監獄に移送され、妹よりやや遅れて世を去った。

この一文で興味深いのは、姉妹、とくにジャンヌが、パリスのとりなしで奇蹟的に快癒したという点である。はたして姉妹がジャンセニストだったかどうか断定はできないが、ここでは病＝人間性とスクール＝超人性とが対合的に対比されていると同時に、パリス信仰が痙攣派のなかになおも存続していたことになる。もし彼らがその信仰をより前面に押し出してスクールをおこなっていたなら、ジャンセニストたちからの激しい反発をさほど招かなかったとも考えられる。ただ、ガブリエルの奇蹟的な快癒がいかにして起こったかは不明である。あるいは彼女もパリスに祈願したのだろうか。

ともあれ、この話はガブリエルの死で終わらない。今度は彼女のとりなしでさらなる奇蹟が起きるのである。その僥倖にあずかったのは、ナント上座裁判所の弁護士アションの娘セシル一一歳。一七四八年一二月、少女は激しい高熱や腹部の炎症に襲われ、高名な医師ベギエの必死の治療も効果なく、もはや終油の秘蹟を待つのみとなった。しかし、それをよしとしなかった母親は、かねてよりガブリエルのスクールと奇蹟のことを知っており、その異能にすがろうとして九日間祈祷をおこなう。すると、その最初の日、すなわち一七四九年二月末、愛娘は奇蹟的に快癒した。そして、高名な主治医ベギエもそれを確認しているという(10)。

この話が真実なら、パリスの衣鉢を継いだ存在としてガブリエル信仰が巷間広まっていたことになる。ただ、他にガブリエルのような奇蹟事例が見つからないところからして、その信仰は時間的にも地理的にもかなり限定的なものだったろう(11)。

おそらく痙攣派一般に対する印象は、たとえば生涯じつに一三〇点あまりの著書をものしたルイ＝セバスチャン・メルシエが、前掲の『タブロー・ド・パリ』において記した内容に収斂されていたはずである。モンジュロンの『諸奇蹟の真実』を「人間の精神を辱め、この精神がたえず陥りやすい逸脱を告知する」という点で優れていると皮肉を述べたあと、メルシエは痙攣派についてこう記している。

これら神懸かりの人々はその痙攣を秘密裏に続けてきた。たしかに彼らはきわめて驚くべき幻覚にすがっていた。(…)彼らの試練は奇怪な性格を帯びていた。体を薪で叩く、剣を突き刺す、焼串のように焼く、十字架に張り付ける。こうして彼ら狂信家たち〔痙攣派〕は自分たちの使命を告知するのである(12)。

むろんこの記述は、一七四〇年に生まれたメルシエ自身の目撃談ではない。だが、それはとくに一部の過激な痙攣派については正しい。換言すれば、彼の記述は、こうした過激集団のきわめてセンセーショナルかつエキセントリックなイメージが、いつしかより穏健な痙攣派のそれを席巻して、痙攣派全体に対するイマジネール、つまり社会的想像力となり、それが革命前夜にも確実にあった、ということを端的に示しているのだ。

痙攣派の誕生

いささか長い前置きとなったが、では、実際の痙攣派とはいかなるものだったか。それを知るには用語の検討から始めなければならない。一説に三万七二〇〇点あまりあるという関連文書(13)の全体を吟味することなど、たとえ数値がどれほど誇張されたものであっても、もとよりできる相談ではないが、そもそも痙攣《コンヴュルシオン》（convulsion）——当初、この語は医学的な意味を帯びていなかった——から派生したコンヴュルショネール（convulsionnaire）という語はいつ出現したのか。メールによれば、この語自体は、サン＝メダール墓地での奇蹟が頻発していた一七三一年末に生まれているという(14)。残念ながら、彼女はここでもその典拠を示していないが、たとえばセザール＝ピエール・リシュレの『フランス語辞典』（初版一六八〇年、前出）の一七三二年版には、この語は載っていない。しかし、同書の一七五九年版（増補版、編者不詳）には、コンヴュルショネールについて「痙攣を体験した者」とあり、さらにその派生語であるコンヴュルショニスト（convulsionniste）については、「コンヴュルショネールを支持する者、コンヴュルショネールに属する者」とあり、さらに「これら二通りの語はかなり以前からよく知られており、フランスでは異常な痙攣に襲われた人々が数多くいる。自らコンヴュルショネールと言明した者はコンヴュルショニストと呼ばれてきた」ともしている(15)。

この定義からすれば、セクトとして痙攣派はコンヴュルショネール、そのメンバーはコンヴュルショニストということになる。しかし、大部分の史料は前者に後者を含めて用いている。当初は墓地での痙攣者を指す語として生まれたはずのコンヴュルショネールという語は、こうしてのちに痙攣派全体をも意味するようになり、墓地閉鎖後は、素朴な痙攣者、つまり奇蹟的快癒へといたる過程で痙攣を起こし、快癒後は痙攣を発症しなかったと思われる者と、疾病の有無を問わず、集団的・秘儀的な高揚感ないし緊張感のうちに忘我的な痙攣を繰り返す痙攣派が、同じ語で呼ばれるようになったと考えられる。

ちなみに、フィリップ・エケは、一七三三年に上梓した『痙攣派的疫病における痙攣の自然主義療法論』の冒頭で、「パリス氏のとりなしで生まれたさまざまな奇蹟」を損なってはならないとし、痙攣と痙攣派について次のように述べている。

痙攣はこれらの奇蹟とほとんど無縁であり、痙攣派（コンヴュルショネール）が主張しているように、痙攣が奇蹟と何かしら結びついているとすることは不可能である。たしかに互いに異なっていながら、本質的に身体的なものが純粋に精神的なものとかかわっていると考えるのは理にかなっている。だが、疫病的な痙攣の詳細をみれば、それが奇蹟といたずらに混同されていることがわかるだろう[16]。

さらにエケは、こうした痙攣が本来奇蹟信仰とは無縁のヒステリー性の「気」によるものであり、当時の医学をもってしては治癒が不可能だとし[17]、「今日コンヴュルショネールたちがおおいに称賛しているいわゆる奇蹟的痙攣は病のようなものだが、それは数と感染度を増して、とくにパリや一部の地方に蔓延する疫病となっているのだ」と断じてもいる[18]。とすれば、遅くとも墓地が閉鎖された翌年の一七三三年には、コンヴュルショネールという語が痙攣派も指していたことになる。つまり、痙攣者は個人であろうと集団であろうと、コンヴュルショネールと呼ばれるようになったのだ。それにしてもパリスの奇蹟から出立した痙攣派を「疫病」とまで決めつけるジャンセニストのエケ。それはすでにして彼ら痙攣派がジャンセニストたちから指弾されていたことを物語っている[19]。

きわめて興味深いことに、こうした痙攣者と痙攣派という呼称の混同というより、むしろ両者を区別すること自体への無関心ないし無頓着は[20]、ジャンセニストたちの内部対立とほとんど軌を一にして起きている。それまで反教勅＝反イエズス会で一体だった彼らは、パリスのとりなしを願う痙攣者を支持し、痙攣を救いの手段として目的化した痙攣派を神＝パリス信仰とは無縁だとして断罪する側と、痙攣派を支える側とに分裂したのである。ドゥデューによれば、この分裂は一七三三年一月から二月にかけて開かれた両陣営の指導者七人による会議が決裂して決定的なものになったという[21]。むろんコンヴュルショネールという呼称は、ジャンセニストという呼称同様、その反対者たちからの蔑称ではあるが、純粋素朴な痙攣者にしてみれば、自分たちとは異質な痙攣派とこうしてひとくくりに呼ばれることにはかなりの抵抗があったろう。

だが、いったいに痙攣派といっても、じつは後述するように数多くの分派に枝分かれしているのだ。共通しているのは、互いにフレール（字義は「兄弟、男子聖職者」）やスール（「姉妹、女子聖職者」）と呼び合い、単に秘密の集会（霊会）を開くだけではなく、ときに偽名を用いて痙攣のイニシエーションもおこなう点にあった。密かに裏帳簿をつくって資金を集め、それを勢力拡大に向けたりもした。あるいはそれはフリーメイソンをモデルとしたと思えなくもないが、おそらく痙攣派全体に共通している特徴としては、こうした組織化に加えて、後述する思想としての預言者エリヤの来臨やデュゲによるユダヤ人の改宗の主張、(22)指導者やスールたちによる予言や幻視、イエスや殉教者たちの受難の追体験としての救いの業であるスクール、さらに一部のスールたちがおこなっていた、自らの肌をモーセの十戒を刻んだ律法の石板に見立てての入れ墨などがあげられるだろう。その一方で、多くが「選民」ないし反教勅＝ジャンセニスト、そしてフィギュリストを自認していた彼らはまた、どこまで成功したかは不明とするほかないが、かなりエキセントリックな形で、ともかくもパリスに通じる「真理」を求め、それによって霊的な再生を図ろうとする「真理の仲間たち《アミ・ド・ラ・ヴェリテ》」(23)と手を結んだ。

むろん、精緻な統計学などなかった当時のことである。彼ら痙攣派（スクーリスト）の正確な総数はもとより不明とするほかない。そのことを担保していえば、デトマールは一七三二年には二七〇〇人、同様にフィギュリストと痙攣派の擁護者で、パリ高等法院の弁護士として教勅「ウニゲニトゥス」と王権に抵抗したルイ・アドリアン・ル・ページュ（一七一二―一八〇二）は、一七三三年に六〇〇〇～七〇〇〇人いたとしている。(24)前述したデュゲ＝モルの数値は荒唐無稽だが、むろんこの数値も推測の域を越えるものではない。

一方、バルビエの『日記』の一七三二年一〇月には、一七三三年、さまざまな家での痙攣事例が数を増し、トレムイユ公爵夫人やロシュシュアール公爵夫人をはじめとする貴族もまた痙攣派になったとある。これら公爵夫人たちが実際に痙攣派だったかどうかを確認する術はない。ただ、バルビエは、そのうちのある女性が痙攣のあいだ、天使のように予言をおこない、それが終わると、普段の顔に戻ったともしている。(25)まさにこれはシャーマニスティックな憑依である。はたしてその予言がいかなるものだったか、バルビエは記していないが、この憑依こそが、痙攣派のひとつの特徴だった。とすれば、墓地閉鎖後一年も経たぬうちに、痙攣派の存在がとくにパリの人々に知られ、公爵夫人たちもまたその集団に加わったのだろう。

さらにバルビエは、『日記』の一七三四年一二月に、痙攣派が五〇〇〇人以上いるとの噂があるとしている。(26)これ

表9　痙攣派の社会的出自

		男性	女性
聖職者	100	90	10
貴族・評定官・富裕市民	150	120	30
親方・商人	50	26	24
職人・一般労働者・小商人	125	49	76（半数がお針子・洗濯女・下着製造販売人・刺繍女工）
下女・徒弟など	40	12	29
農民	5	1	4
その他・不明	136	44	90
計	606	344	262

（出典　Maire, *Les conversionnaires...*, op. cit., p. 130。一部表記変更）

もまたさほど根拠のある数値ではないが、カトリーヌ＝ローランス・メールはバスティーユ文書などに基づいて、痙攣派六〇六人（投獄者）の出自を表9のように提示している（三五六頁の数値とは異なる）。メールが指摘しているように、たしかに修道女の数は意外と少ない（全体の二パーセント未満）。とすれば、しばしば霊会で重要な役割を担ったはずのスールが、必ずしも真正の修道女ではなかったことになるだろう（ちなみに、表3の奇蹟的快癒者に占める彼女たちの割合は四パーセント）。ここでとくに興味深いのは、奇蹟的快癒者のうち三割に満たない男性が、痙攣派ではその倍以上の六割近くを占め、男性は上層階級（三九パーセント）、女性は中・下層階級（一八パーセント）が多いという点である。少なくともこの表からすれば、奇蹟的快癒者同様、痙攣派のメンバーが下層階級に多いとする通説は妥当性を欠くものといえるだろう。さらにいえば、こうして上層階級が数多く加わっていたという事実は、それを具体的な数値で示すことはできないが、おそらく痙攣派が経済的ないし物質的にある程度の基盤を築いていたということを物語るだろう。かてて加えて、同調者や庇護者たちからの物心両面での支援も少なからずあった。

だが、前述したように、当初は比較的穏やかだった痙攣派の活動は、次第に異様さないし過激さを増していった。バルビエはまた一七三三年二月の『日記』で、ファナティックなジャンセニストたちがさまざまな痙攣派によってパリスの奇蹟を偽り続けているとしたうえで、彼ら痙攣派の異様な行動を語っている。それによれば、痙攣派の家で、地面に横たわった仲間の腹部に数人が乗り、咽喉の上に石を何個も置いて、何ものも彼を傷つけることができないことを示す。そして、痙攣が収まると、痙攣者は元に戻って落ち着きを取り戻すという。なかには参会者の運勢を予言したり、痙攣のさなかに見事な説教をおこなうものもいたともいう(27)。

こうして痙攣は質的に転換していった。それはもはや純真にパリスの奇蹟を待望しての痙攣ではなく、パリス信仰からはるかに遠ざかった運動体の痙攣だった。サン＝メダールの墓地での信仰に基づいて築かれた「奇蹟の共同体」が、痙攣を一種のエンブレムとするすぐれてメシアニックな共同体へと転位した。むろん、治安当局としてもそうした新たな動きを看過するわけにはいかなかった。ジャンセニスト＝奇蹟＝パリス信仰というかつてのトリアードに代わって登場した、ジャンセニスト＝痙攣＝メシアニズムという新たなトリアードを基盤とするこの「痙攣の共同体」を、王権の権威に真っ向から挑戦するものとみなした。痙攣が真正のものか偽りなのか。たしかに当時、それを正確に見分けることは至難の業だった。だが、そのこと自体はもはやさしたる問題ではなかった。痙攣のもつ過度なまでのスペクタクル性と異様さ。まさに権力当局はそれを恐れた。明確な脅威態より、不分明な可能態を恐れる。これもまたはいつに変わらぬ権力の習性だった。

そして一七三三年三月一三日、すなわちポール＝ロワイヤル修道院で眼疾が奇蹟的に快癒したマルグリト・ペリエが、生地クレルモン＝フェランで八七年の生涯を閉じる一か月前、パリの各所に二月一七日付けの王令が張り出される。「痙攣に襲われたと唱える者すべてが公衆の人目を引くことを禁じる王令」と題したそこには、痙攣者とその目撃証人をも処罰するとの一文がみえる。重要な王令である。序章の王令同様、煩を厭わずそのほぼ全文を訳出しておこう。

一七三二年一月二七日にサン＝メダールの小墓地を閉鎖するために公布した王令以来、一部の者たちが不遜な考えないし欺瞞的な精神によって痙攣を起こしたと主張し、個人宅でそれを衆目にさらし、民衆の軽信につけこみ、埒もない空想的な予言によって、過去にみられたようなファナティズムを生じさせている。宗教（キリスト

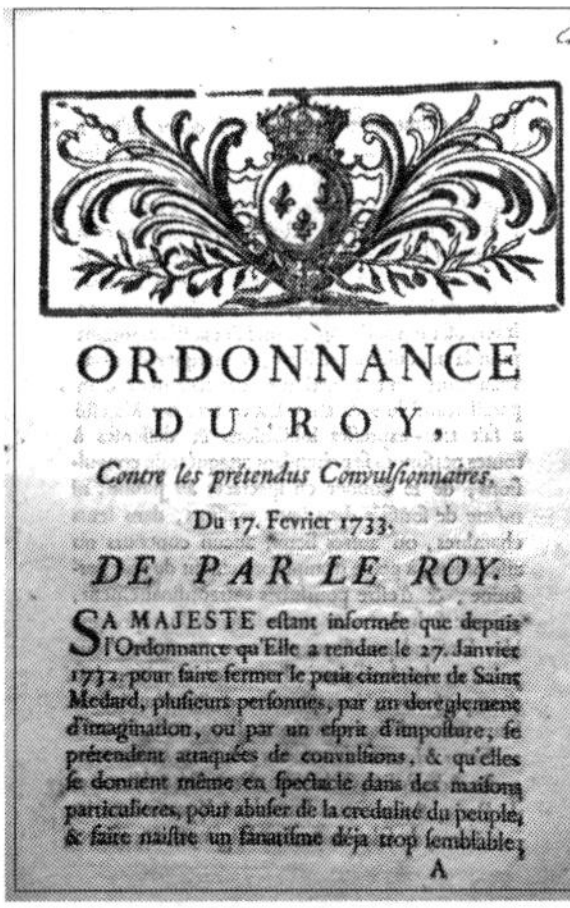
ORDONNANCE
DU ROY,
Contre les prétendus Convulsionnaires.
Du 17. Fevrier 1733.
DE PAR LE ROY.
SA MAJESTE estant informée que depuis l'Ordonnance qu'Elle a rendue le 27. Janvier 1732. pour faire fermer le petit cimetiere de Saint Medard, plusieurs personnes, par un déreglement d'imagination, ou par un esprit d'imposture, se prétendent attaquées de convulsions, & qu'elles se donnent même en spectacle dans des maisons particulieres, pour abuser de la credulité du peuple, & faire naistre un fanatisme déja trop semblable;
A

図43　1733年2月17日の王令
（フランス国立古文書館、著者撮影）

教）にとってつねに危険な、そして民衆のあらゆる集まりや不法な集会を抑えるべく設けられた治安法に反するようなかかる行き過ぎを、もっとも効果的かつ適正な手段によって阻止することが最重要であるゆえ、国王は公共の安寧にとって座視しえぬ問題に対して自らの権威をなおも及ぼし、かかる醜聞の仕掛人たちには改めて最大限の憤りを示すものである。それゆえ、国王はだれであれ痙攣に襲われたとして衆目を集めたり、自宅や居室など、場所を選ばずに集会を開いて苦しみを見せつけたりすることをただちに禁止するものである。これに違反した者は逮捕・投獄され、治安の攪乱者として訴追される。また、これらの者たちを訪れて、その痙攣と称するものの証人になろうとすることも、法に不服従としての罰を免れない。このことに鑑みて、国王は国務評定官にして警察総代行官（・・・）のエロー氏に対し、本王令の必要かつ速やかな執行とともに、これがいたる場所に貼りだされて読まれ、周知徹底するよう命じるものである。ルイ（国王）、二月一七日火曜日[28]

痙攣を他人に見せたら逮捕する。突然人前で痙攣に襲われても逮捕される。まことに無法極まりない話ではあるが、法はつねに権力によってつくられる。あるいはこの王令の発布に呼応してか、《聖職者通信》も一七三三年三月一二日号で痙攣派について言及している。ジャンセニスムとは無縁の痙攣派が、民衆の愚直さにつけこんでファナティズムを掻き立てるという、邪悪な考えと欺瞞の心によってまやかしの痙攣者を演じ、いかがわしい予言をおこなっている。そう非難しているのだ[29]。

この王令を受けて、パリの治安当局は痙攣派の摘発に本腰をあげる。それは痙攣のあとの奇蹟ではなく、むしろ奇蹟のための痙攣を重視した「痙攣派」が、はじめて当局から社会秩序の不穏分子としてラベリングされた、つまり「痙攣派」が社会的に成立する契機となったのだ。カトリーヌ・メールによれば（表9の数値との齟齬はあるが）、一七三二年から六〇年にかけて二五〇人あまりがバスティーユやシャトレ監獄に送られ、そのうちの約六〇人（二四パーセント）が「庶民」階層の女性で、なかには一〇年以上投獄された者も例外的にいるが、バスティーユの場合は大部分が数か月、短ければ数週間で出獄したという。[30] ただ、彼女が指摘しているように、彼らないし彼女たちが自分を迫害された初期キリスト教徒になぞらえていたかどうかは、それを示す史料がない以上、不明とするほかない。

一方、モニク・コトレはバスティーユに投獄されたジャンセニスト五六二人のうち、一八六人が痙攣派とみなされ、その数がもっとも多かったのは一七三〇年から五〇年にかけてとしている。そのうち、約四〇パーセントが女性であり、幽閉期間はほとんどが半年以内だが、女性一三人を含む四〇人が二年以上だったという。[31] さらにバスティーユの入牢者記録を丹念に集め、その成果を『古文書によって明らかにされたバスティーユ』にまとめたクロード・ケテルによれば、時期は不明だが、投獄された痙攣派は一七二人。大部分は若い女性たちで、なかには幼女もいたという。[32]

一方、ストレイヤーはバスティーユに投獄された痙攣派の数を、一七二九年から三八年にかけては八二人、三九年から四八年にかけては一〇二人以上とし、一七四九年から七四年にかけては一八人に激減したとする。それは当局の抑圧により、痙攣派の活動が疲弊したことを意味しているが、ルイ一六世時代（一七七四―九二年）には、痙攣派の指導者のひとりだったニコラ＝アントワヌ・ルゲ（未詳）だけが投獄の憂き目に遭い、しかもその期間（一七五七―八六年）は法外なまでに長かったという。[33] なお、ストレイヤーによれば、ルイ一五世時代の一七一五―七四年にバスティーユ送りとなった痙攣派一七六人のうち、三か月が最多で三八人（二一・五パーセント）、以下、半年二八人（一五・九パーセント）、一週間二二人（一二・五パーセント、二年一九人（一〇・八パーセント）・・と続き、最長は四年以上で五人（二・八パーセント）。とすれば、半年以内の投獄者は一三〇人（七三・九パーセント）となる。[34] ただ、こうした投獄期間の長短が何によるかとの説明はない。

おそらく王令の公布からまもない時期、サン＝トノレ通りの金箔師で善良なジャンセニストのクレチャンが逮捕されている。ある夜、例によって自宅に密かに痙攣派や見物人を招き入れ、集会を開いていた彼は、王令に背いたとして仲

図44　バスティーユ要塞・監獄（右手）遠景（作者・制作年不詳）

間一一人あまりともども逮捕され、バスティーユに送られたのである。[35] はたしてその秘密集会で何がおこなわれていたのか、この逮捕劇を『日記』に記したバルビエはそれについて指摘していないが、当局にしてみれば、もはやそのこと自体は問題ではなかった。痙攣派と断定された者たちが集会を開く。それだけで反社会的・反体制的な活動だとして、彼らを逮捕・拘禁する。ありていにいえば、まさにこの強圧的な措置によって「犯罪者」——真正かどうかは等閑視して——を生み出し、それを取り締まることによって、権力の存在を顕在化させようとしたのだ。

ともあれ、こうして数多くの痙攣派およびそう目された人々が権力の歯牙にかかっていく。たとえば、《聖職者通信》の一七三三年一二月三一日号には、痙攣者たちが逮捕され、プティ・シャトレ監獄に投獄された事例を紹介している。そのひとりで、生まれつき足に障害をもっていた三〇歳前後の女性クランは、一七三一年末、パリスの墓を詣でて痙攣し、墓地の閉鎖後も痙攣が続き、やがて症状が軽減していった。だが、噂になるのを恐れて兄弟宅に匿われていたが、彼女が属するサント＝マルグリト教会の反ジャンセニスト司祭が当局にそれを告げ、一七三三年一一月に逮捕・投獄されたという。また、不治の病に苦しんでいたピエガル嬢の場合は、六〇回以上刺胳を施されても症状が改善せず、一七三三年八月末、ついに臨終の聖体拝領を受けた。だが、パリスの墓の土を頭につけた途端、痙攣が起きて、恢復した。彼女もまた、そのことを他人に知られまいとしてしばらく知人宅に身を寄せていたが、一一月二九日の帰宅時、騎馬警察隊に逮捕されている。[36] 痙攣派のセクトとは無縁だったにもかかわらず、である。

さらに、前述したバスティーユの囚人記録の一七三三年（囚人数六三）には、サン＝ティレール修道会の上長者プシャールが、痙攣派を庇護したとして投獄され、のちに王国外追放処分を受けている。ベルティエなる人物とその妻もまた、ジャンセニストで痙攣派の一員だとして幽閉された。翌一七三四年（囚人数五七）には、《聖職者通信》の編集に携わったあと、自ら預言者エリヤを名のり、痙攣派のセクト「エリヤ派」を率いた司祭ヴァイヤン（後述）や、痙攣派に好意的だったサン＝テティエンヌ＝デュ＝モン修道院のジャンセニスト司祭のリヴリなどもまた、投獄の憂き目にあっている。(37)

こうした首都での追及を逃れるため、当然のことながら痙攣派は抑圧の少ない地方に拡散していった。のちに彼らの一大牙城となるリヨンやシャンパーニュ地方のトロワ、さらに南仏のプロヴァンスやラングドック地方などへ、である。おそらくこの時期、痙攣派はまださほどエキセントリックなものになっていなかった。(38)当時はまた、痙攣による快癒がしばしばジャンセニストによる詐術とみなされてもいた。それを示唆しているのが、サン＝タンドレ＝デ＝ザール通り（セーヌ左岸カルチェ・ラタン地区）に住む、時計商ニコラ・グルダンの妻ジャンヌ・ル・ルー四一歳（表1‐173）の事例である。彼女はサン＝メダール教会での九日間祈祷によって、一七三三年一一月に失明や全身のむくみが快癒している。快癒から一〇か月ほど経った一七三四年九月一七日に作成された一人称によるその奇蹟報告書には、痙攣をめぐってかかりつけの外科医との興味深いやり取りが記されている。

私は続けて外科医に目の診察を受けていた。この外科医はすべての奇蹟が馬鹿げたことだと言っていた。痙攣に関する彼のすべての話は驚くものだった。彼はいつも繰り返しこう言っていた。皆がパリス氏について話している奇蹟はすべてジャンセニストによる**でま**かせにすぎないと。ときに彼は口調を変え、たとえ多くの奇蹟がなされているとしても、あなたは皆のように信じたりしてはいけない。あなたにそうした奇蹟が及んだとしても、自分としてはそれを信じるわけにはいかない。そこで私は外科医に言い返した。「でも、先生、私が痙攣したらどうですか。何人もが痙攣して病が治ったと言っているのでは？」。すると彼は笑いながら答えた。「いや、いや、気にすることはない。あなたは痙攣するような女性ではないのですから」(39)。

むろんこのやり取りには、「奇蹟の文法」を禁じた一七三二年二月の王令がかかわっているはずだ。それからどれほど経ってからか、一七三三年九月一日、ジャンヌは九日間祈祷に入り、その最終日、サン＝メダール教会から家に戻った夜、全身が痙攣して症状が奇蹟的に改善する。それが完治するにはさらに九日間祈祷をしなければならなかったが、奇蹟をジャンセニストと結びつける彼女の外科医の語りは、すでに指摘しておいたように、当時かなり巷間出回っていた噂に基づいていただろう。はたしてジャンヌが自らの快癒を外科医に告げたかどうかは不明だが、外科医の侮蔑にもかかわらず、パリス信仰はその後も続いた。それを端的に物語るのが、一七三五年五月一日の出来事である。

パリスの命日にあたるこの日、治安当局の規制にもかかわらず、数多くの人々がこの助祭の遺徳をしのんで、閉鎖された墓地に接するサン＝メダール教会堂の小聖堂で祈りを捧げた。当時、教会のモリニストだった主任司祭にしてみれば、きわめて由々しき事態である。そこで彼はミサを挙げるどころか、地面に油を撒いて、跪拝すれば着衣が汚れるようにしたという。なんとも情けない所業だが、こうして集まった会衆のなかには、パリスの弟で、パリ高等法院評定官のジェローム＝ニコラもいた。(40)

はたして彼は、パリス現象から派生した痙攣派についてどう考えていたか。残念ながらそれを示す史料は見当たらないが、痙攣派には、おそらく彼も知っていたであろう高名な人物も加わっていた。勇猛さと卓抜した戦術で当代きっての軍人との評判をとる一方、前二世紀のローマ共和政期のギリシア人歴史家で、一〇巻からなる『歴史』を編んだポリュビオスなどに関する著作ものしている、文人ジャン＝シャルル・ド・フォラール、通称シュヴァリエ・フォラール（一六六九―一七五二）その人である。

では、フォラールはいかなる痙攣派だったのか。それについては、フランス人亡命ユグノー（プロテスタント）で、プロイセンの図書館司書から、その浩瀚な学識を買われてフリードリヒ大王の諮問官となった、シャルル＝エティエンヌ・ジョルダン（一七〇〇―四五）が、『一七三三年のフランス・イングランド・オランダにおける文学紀行誌』で触れている。これは一八世紀前葉における西欧社会のありようを描いた旅行記としてつとに知られる書で、その第九章は、パリスによる奇蹟や痙攣、および痙攣派についてのある友人からの問い合わせに答える書簡体となっている。この友人が誰かは明示されていないが、おそらくはフランス在住者ではないだろう。フランス在住者がプロイセンにいるジョルダンにこうした問いを投げかけるとは考えにくいからである。とすれば、痙攣派の噂もまた、外国にまで広まっていたことになる。

ジョルダンはまずパリスの奇蹟が喧伝されていた時期、自分がパリにはいなかったと断ったうえで、以下のように書いている。

彼ら（痙攣派）は狂人であり、火のついた炭を飲み込むかと思えば、拳ほどもある石をまるで桃のように丸呑みし、半時間あまり打擲されても痛みを感じず、一〇人が腹部の上を歩いても我慢するのです。さらに驚くことに、彼らは胸の内を暴露し、未来を予言し、知識など一切持ち合わせていなかったにもかかわらず、ギリシア語やヘブライ語、ラテン語、さらにその他の言語を話しています。そのうちの何人かは、読み書きもできないのに、高遠な言葉すら弄します。（・・・）しかし、私はこうした出来事すべてが神とは無縁であり、奇蹟でもないとみています。(41)

ジョルダンがはたしてどこの霊会で痙攣派のスクール（この語を使ってはいないが）を目の当たりにしたのかはわからない。だが、彼はこうした異様な出来事を手品のようであり、以前フランス中央山地南東部のセヴェンヌ地方でも、同様のスクールを目撃したともしている。そして彼は、フォラールが痙攣派だとして、その痙攣についてこう述べている。

突然彼（フォラール）は倒れ、床の上に両手を十字形に広げました。じっとその姿勢を保ったまま、やがて彼は歌いだしました。詩篇のようでしたが、はっきりとはわかりませんでした。ただ、祈りが歌になるのでもありませんでした。（・・・）かと思えば、彼は唐突に泣き出し、それから単音節で話し出したりもしました。それはまさに異言で、だれも意味が分かりませんでした。スラヴォン（古代教会スラヴ語から派生した典礼言語）だと言う人もいましたが、おそらくそれが分かる人はいなかったでしょう。

彼はしばしば耳から音を出し、それは部屋の四隅でも聞こえました。じつに奇怪なことです。あるときは長椅子の上に横たわり、体がきわめて激しく揺れるあいだ、その両足を長椅子の一方のひじ掛けにからみつけていました。そして、鯉のように体を跳ね上げさせたりもしました。その様は、全身に傷を負って不自由な体の老人とはとても思えないものでした。さらに彼は両手を幾度も叩きましたが、目を開けると、何も見えておらず、暗闇のなかにいるようだとも言いました。しかし、目を閉じると、自分が爆《は》ぜるような光のなかにいるとも言うのです(42)。

このフォラールの事例は、スクールというより、むしろ忘我体験《エクスタシー》というべきだろう。痙攣派の霊会では、しばしば強調される加虐的な大スクールのみならず、こうしたどちらかといえば穏やかなパフォーマンス、つまり小スクールもあった。それにしても、霊会でしばしばみられた異言はさておき、彼の耳から発せられた音とはいったい何なのか。ジョルダンはこの一連の「出来事」を手品のようだとしているが、勇猛をもってなるフォラールにそうした特技があったとは思えない。いずれにせよ、彼が痙攣派のなかでもっとも有名な歴史上の人物であり、このいわば看板的な存在によって、評価はさておき、痙攣派がさらにフランス国外でも注目を浴びるようになったということは間違いないだろう。意図するとしないとにかかわらず、こうしてヴォルテールと親交があったジョルダンは結果的にその役割を担ったともいえる。

一七三三年の文書闘争

すでに縷々みてきたように、ジャンセニスムの歴史における大きな特徴は、ジャンセニストおよびその共鳴者と、彼らに反対する勢力とのあいだで、たえず膨大な文書の応酬による闘争が繰り広げられたことにある。モンジュロンと司教ランゲの応酬はその最たるものだが、そうした文書闘争は痙攣派の登場によって、つまり痙攣派と反痙攣派の応酬によってさらに増幅していった。面妖なことに、痙攣派を主題とする先行研究のほとんどは、このセクトの異常な、それだけにスペクタクル性に富んだパフォーマンスの紹介に主眼を置き、ジャンセニスト間の分裂を象徴する両派のあいだで、どのような批判・反批判がなされたかについては看過している。その瑕疵を埋めるべく、以下では両派が痙攣やスクールを巡ってどのような攻防を展開したかを少しみておこう。

《聖職者通信》が本格的に痙攣派攻撃を開始し、前出のジャンセニスト医師フィリップ・エケが『痙攣派的疫病における痙攣の自然主義療法論』を上梓して、医師の目から痙攣を手厳しく論じた一七三三年は、とりわけ攻防が激烈だった。黙示録の獣と聖人たちの戦いが終わりを迎え、預言者エリヤが舞い戻るとされてもいたこの年、元オラトリオ会士で神学者ジュリアン＝ルネ・バンジャマン・ド・ジェンヌ（一六八七―一七四八）が、痙攣派擁護ための八〇頁あまりの書『痙攣の業に関する全体計画および司祭L氏が本計画に対しておこなった返答を拒否するある一般信徒の考察』（以下『計画』と記す）を密かに上梓している。この著者について筆者は多くを知らないが、L＝ガブリエル・ミショー編の『古今人名事典』（一八四三年）によれば、ブルターニュ地方出身で、兄弟のうちふたりがイエズス会士だったという。一七一六年に聖職者に叙階された彼は、フランス西部のソミュールで神学を教えたのち、同地方の中心都市アンジェの神学部に博士論文（内容不詳）を提出するが、検閲で拒絶され、オラトリオ会からも追放された。

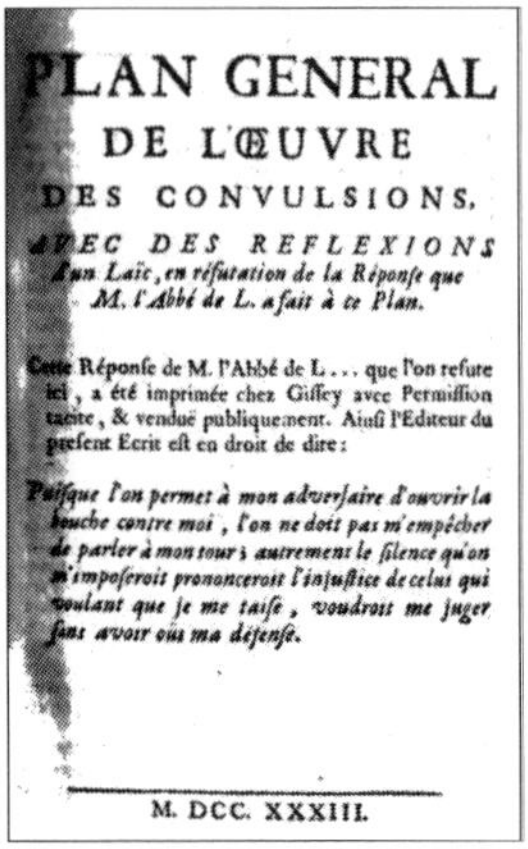
PLAN GENERAL
DE L'ŒUVRE
DES CONVULSIONS,
AVEC DES REFLEXIONS
d'un Laïc, en réfutation de la Réponse que
M. l'Abbé de L. a fait à ce Plan.

Cette Réponse de M. l'Abbé de L . . . que l'on refute ici, a été imprimée chez Giffey avec Permission tacite, & venduë publiquement. Ainsi l'Editeur du present Ecrit est en droit de dire:

Puisque l'on permet à mon adversaire d'ouvrir la bouche contre moi, l'on ne doit pas m'empêcher de parler à mon tour; autrement le silence qu'on m'imposeroit prononceroit l'injustice de celui qui voulant que je me taise, voudroit me juger sans avoir oüi ma défense.

M. DCC. XXXIII.

図45　ジェンヌ『計画』（1733年）扉頁

そして、フランス中央部の古都でルイ一二世の生地でもあるブロワに逼塞し、一般信徒として日々を送りながら、著作に励んだという[43]。題名にある「一般信徒」とは、むろんジェンヌ自身のことである。経緯は不明だが、やがて彼は痙攣派とスクールの擁護者となった。

『計画』扉頁の文言によれば、司祭L（不詳）の反論は暗黙の認可を得て公刊・頒布されたが、ジェンヌはこの敵対者に発言の機会を与えながら、自分に沈黙を強いるのは不公平だとして、この書を著わしたという。そして、痙攣と痙攣派の「長所」と「短所」を以下のようにまとめている。

長所

1．身体的な痙攣は奇蹟的な快癒を伴うが、それは神が明白な奇蹟によって、その下僕（パリス）の聖性を示した墓で生じた。

2．自然な状態における身体の異常な動きは、身体を疲労困憊させて破壊するが、痙攣派の破壊的なスクールは、彼らを解放して救済する。

3．痙攣派は一致して宗教のさまざまな目的を表現している。

4．普通では真似のできない経験、たとえば死の状態や十字架にかけられたときの手足や脇腹の生き生きとした感覚を経験する。

5．この経験からくる信仰心や悔恨の驚くほど強烈な感情に突き動かされる。

6．痙攣派の言葉は神的な特徴を幾通りか帯びている。堅固さや至高さ、説得力のある優しさなどである。彼らはまたイエス・キリストのもっとも重要な真理や、教会の悪に対する確信などを語る。

7．痙攣派は行動、表現、思想、互いに認め合う超自然的な感情、自分たちを支配する優しく友愛的な感情において一体である。

短所

1．しばしば繰り返されるが、神の知恵や善意にほとんど値しないような激しく雑多で、苦しく醜い運動。

2．一部痙攣派の言葉や所作および態度に現れる低劣さと幼稚さ。

3．痙攣時やスクール時における女性たちのみだらな姿態。

4．道徳や聖なる教義および（聖書の）預言に対する過ち。

5．理性や省察とは無縁で、痙攣後に自分が言ったことを覚えていない痙攣派の語り(44)。

ここでこれら長・短所の内容を詳細に検討することはできないが、たしかにそこには痙攣派のありようを単に護教論的に擁護するだけでなく、その欠点まで論じるという、一連の文書とは異なる公平な姿勢がみてとれなくもない。ジャンセニストの意図は、おそらく「序文」の末尾に記した次の一文にある。「こうして教勅はわれわれの内部闘争に関心を抱き、痙攣に対するこの分裂のなかに勝利の原理原則を見出すことができると考えている(45)」。つまり、痙攣を巡るジャンセニスト同士の対立が教勅派につけこむ隙を与える、一種の利敵行為になるとするのだ。それを回避するには、痙攣および痙攣派についてその長短両側面を提示し、しっかりとした理解をしなければならない。暗々裏にそう指摘するのである。たしかにここに列挙した痙攣および痙攣派の長・短所は、このセクトを巡る論争点を過不足なく集約している。

しかし、痙攣派と反痙攣派の和解を目指したジャンセニストの意図はもろくも崩れ去る。『計画』の刊行からさほど経ぬうちに、早くも反痙攣派からの攻撃を受けたのである。その身内の敵は対イエズス会の論客で、上訴派神学者だったフランソワ・ヤサント・ドゥラン（一六七二―一七五四）。アカデミー・フランセーズの会員にも選ばれた、ルーアン大司教のジャック・ニコラ・コルベール（一六五五―一七〇七）から、同市の司教座聖堂参事会員に任じられ、一七二九年からは母校ソルボンヌの神学教授をつとめた彼が、やはり匿名で『《痙攣の業に関する全体計画》と題された文書に対する返答』（以下『返答』と記す）を著わしたのだ。彼はこの小冊子の冒頭、一週間前に送られてきた『計画』が、当初は返答に値しないものと思ったが、かなりの部数が巷間出回っていることを知り、反駁の筆を執ったとも記している(46)。そして「痙攣が奇蹟的快癒を伴う」や「痙攣が墓地で生まれた」「痙攣が身体を疲弊させ、その苦痛を和らげる」といった『計画』の記述をとりあげ、次のように反論する。すなわち、第一点については奇蹟を起こすのは神であり、痙攣ではないとし、第二点は痙攣を聖化するためにパリスの墓を引き合いに出しているが、それではなぜ、以後の痙攣は無謀なものに変質しているのかと問い、第三点は別段驚くことではないとし、それが痙攣の神聖さを証明するものでは決してないと断じる(47)。

これに対し、ジェンヌもただちに反撃している。『全体計画への返答についての考察』と題した小冊子だが、胡乱なことに、筆者はその内容を詳らかにしない。ただ、さらにドゥランはやはり一七三三年、七八頁の反批判書を発表する。『《全体計画への返答についての考察》の一般信徒著者に向けた、痙攣に対する神学論』がそれである。その内容は扉頁に明記された以下の二点に集約される。

①痙攣には神がその行為者であると確信をもって結論づけるようなものは何もない。

②痙攣には神がその行為者でないと確信をもって結論づけられることがいくつもある(48)。

さらに同じ一七三三年には、ドゥランに抗するためか、今度は一二六頁あまりの比較的中立的な痙攣の擁護書が密かに刊行される。題名は『痙攣と痙攣派の出来事のうちに見られるとされる神的な性格に関する批判的・身体的・神学的吟味』（以下、『吟味』と記す）。むろんこれもまた匿名だが、著者は『人間の欠陥に対する智慧の教訓』（一七五一年）などの著作をものした、オラトリオ会の司祭ルイ・ド・ボネールないしドボネール（一六七九―一七五二）。その序文で、彼は「痙攣はあまりにも現実的であり、あまりにも無意志的である」として、痙攣派を上訴派の新たな一部だとする前記『計画』――彼はこの書にある長・短所論を検討している（ただし、出典の明記はない）――の一文を引用し、神が「その真っすぐな心が真理と結びついている者たち（痙攣派）を認めている(49)」証左だとする。そして、「あらゆる宗教とあらゆるセクトにおける憑依者と狂信者」を歴史的に跡づけたあと、教会の悪しき状態と「聖パリス」の遺徳を称える一方で、痙攣派に特徴的なフィギュリスムや幻視および予言について以下のように記している。

黙示録主義者ないし幻視・予言者たちは眠ることなく夢を見る。彼（女）らはさまざまなイメージを通して痙攣派を苦しめる迫害や神が彼らに与えた庇護を見出す。彼（女）らはまたときには空中、ときには自分の傍らにいる天使たちの姿を見る。右側は白、左側は黒いこの天使たちは、彼（女）らに話しかけ、彼（女）らはそれに答え、高所からかなりはっきりした知らせを受け取る。それはパリス氏の声であり、その生前に直接話を聞いたり見た

りするという幸運には与らなかったが、声を誤解することは決してない。(50)

こうして自分の名がいささか恣意的に引き合いに出される。パリスにしてみれば面映いかぎりだろうが、ボネールはさらに痙攣派のもうひとつの特徴である幻視・予言者たちによる治癒奇蹟について、彼(女)らがそのための天賦の才を授かっているとしながらも、スクールについてはスキャンダラスなものだとして手厳しい批判を忘れない。

これら痙攣派の娘数人はゆったりとした服をまとい、ベルトもせず、靴も靴下も履かず、被り物もなしに姿を現す。身につけているのは小さなキャミソールと大きなキュロットだけである。これが痙攣派のいで立ちとされる。こうしたみだらな格好で、彼女たちは飛び跳ねたり宙返りをしたりして、霊会の参加者たちに、かつて目の当たりにしたことがないような情景を強制的に見せる。そこでは男たちが彼女たちの腕や足、尻、腹、さらには首や目まで踏みつけ、その足にロープを巻きつけて逆さ吊りにする。彼女たちは髪を乱しながら体を揺すり、回転する。それから体を痙攣させながら床に降り、しばらくのあいだ、さながら建物のようにじっとする。すると、男数人が牡羊のように飛び出して、彼女たちの胸に頭突きを加える。それだけではない。彼女たちはさらに拳や薪の殴打に耐えなければならないのだ。(・・・)もっとも有名な娘のひとりは、ある日、すべての着衣を自らはぎ取って局部まで露出している。のちにそれを否認しているが、こうしたことは例外ではなく、筆者はだれも否定できないようなその証拠をいくつも示すことができる。

しかし、これはまだ序の口である。娘たちが「熱心に求める」(『計画』)スクールでは、女性たちよりむしろ男たちが彼女たちにあてがわれる。その選択にためらいはなく、通常は聖職者、あるいは若者が選ばれる。彼女たちはこれら男たちの膝の上に身を置いて、痙攣状態に入る。子供のように抱いてくれるよう求めもする。あるいは男たちの首にまたがり、足をその腹部に絡めて、部屋のなかを何度も回ったりもする。彼女たちはまた特定の男たちを偏愛しているが、それは彼らの手が他の男の手より気分を楽にしてくれるからだという。こうした寛

大な甘やかしは媚態や優しい言葉、卑猥な言動などによって報われる。(51)

はたしてこの一文が実見によるものかどうかは不明である。だが、たとえ伝聞だとしても、スクールがなぜしばしば「児戯に等しいもの」、「淫猥で不品行な行動」などとして非難されたのかを知ることはできる。おそらくボネールはこうしてスクールを批判することで、痙攣派に対する自らの立ち位置、つまり批判的かつ客観的な擁護者としてのそれを明示しようとしたのだろう。その立ち位置は『吟味』の末尾にある次の一文からも読み取れる。

サン＝シラン氏が今日まで生きていたなら、彼はパリス氏に起因するさまざまな奇蹟が正当化され、それらがこの聖助祭の聖性の徴として称えることだろう。(・・・)一方、痙攣の驚異的な話についていえば、彼はそれに耳を傾けようとは思わなかったはずだ。だれかがその話をしようとすれば、それが神聖な性格を帯びているとされるにもかかわらず、彼は席を立ってしまうだろう。そうした話を吟味することなく、そこに何かしら人間的なるものがあるのかと疑いもするだろう。だが、われわれがこれまでおこなってきた吟味は、単なる疑念に帰せられるものだろうか。(52)

九〇年前に没したサン＝シランの名を唐突に出して、痙攣、つまり痙攣派を否定させ、そのあとで、このフランス・ジャンセニスムの創唱者ですら、痙攣の神聖さをわかっていないと断じる。しかし、自分はこうして仔細に痙攣(派)を吟味している。つまり、自分はたとえサン＝シランが生きていても、彼よりは痙攣派を理解しえたというのだ。ここにはボネールの確信と自負が克明にみてとれる。

むろん、こうしたボネールの擁護論もまた反痙攣派からの反発を招かないはずはなかった。その論陣を張ったひとりが、ジャンセニストの助祭で、《聖職者通信》の編集者でもあったジャン＝バティスト・ポンセ・ドゥゼサールである。前述したように、一七一四年、プロテスタントやジャンセニストたちの亡命地でもあったオランダでケネルの薫陶を受け、反教勅活動後の二〇年にフランスに戻った彼は、自宅を、自らがその創刊と編集に携わった《聖職者通信》の拠点とし、一七三〇年に家宅捜索を受けたのちには、追放ジャンセニストたちに隠れ家も提供していた。一七三三年一二月、彼は「痙攣の業についての第八の手紙。批判的吟味云々と題した著作に関して」を著わす。手紙とうたってはいるが、全二四頁。そのなかで、ボネール（明らかにドゥゼサールは『吟味』の著者がだれであるか知っていた）が主張する預言者エリヤの到来とユダヤ人のキリスト教への改宗という問題は、すでにデュゲの著作にみられるものであり、何よりも預言者の再来は聖書の予示に基づく教会の「寄託物」の一部であると指摘する。それを痙攣派と結びつけるのは、明らかにボネールの逸脱ないし越権だと弾じるのだ。

だが、ドゥゼサールにとって何よりも我慢ができなかったのは、痙攣に表象される精神が理性的なものだとするボネールの考えだった。そして、「この著者が、さしたる意図もなしに痙攣の動機ないし目的を数多くの重要な真理と結びつけているとは到底思えない。それはかつて、彼がこれらの真理の敵であり、信仰を堕落させて、痙攣の重しをそれに担わせようとしたからなのだ[53]」と酷評したあとで、次のように非難する。

この著者によれば、理性は至高の法であり、あろうことか聖書や教父たちを超えて、つねにそこに立ち戻らなければならないという。まさにこの理性によって、聖書の意味がどこにあるかを識別し、教父たちを評価しなければならないともいう。そして、彼はその著作のなかで、神学のきわめて数多くの問題に決着をつけたとしている。（・・・）彼はそれを最終法廷、つまり理性によっておこなったというのである[54]。

こうしてドゥゼサールはところどころボネールの文章を引きながら、それに反論を加えていく。そこにはしばしば牽強付会とでもいうべきものがみられるが、その論点をたどっていけば、痙攣派の痙攣は聖書や教父たちの唱える崇高な理性とは無縁のものであるにもかかわらず、それを痙攣派擁護の論理とする主張は異端以外のなにものでもない。まさに「悪魔の所業」だということになる。だが、ボネールは理性を、「すべての教父や神学者たちが教えてくれるもの」であり、「われわれを信仰へと導くもの」[55]だと繰り返し述べている。とすれば、ドゥゼサールによる断罪は思い込みが激しすぎるものといえるだろう。ためにする非難といってもよい。しかも、ドゥゼサールは痙攣派のもうひとつの如実な特徴であるスクールについてはほとんど言及していない。言及しないまま、彼はむしろ神学論争へと入っていった。あるいはそこには、正統なジャンセニストとして、あるいは当代一流の「神学者」としての自らの存在を打ち出したかったからか。その意図には判断しかねるものがあるが、いずれにしても彼がジャンセニストたちによる反痙攣派キャンペーンの一翼を担っていたことだけは間違いない。

一七三三年にはまたラ・ロシェル司教区の助祭で、デ・シャン修道院の破壊についての著作もある上訴派のジャック・フイユー（前出）も、一連の痙攣派を巡る文書闘争に加わっている。ジャンセニスムの概略史（一六九七年）などを著わしたのち、一七〇五年からドゥゼサール同様、アムステルダムでケネルと行動をともにし、信仰の自由を説いた『テレマックの冒険』（一六九九年）の著者フェヌロン（一七〇七年）を批判する書などをものした神学者・著作家である。一七一九年にケネルが没すると、彼はフランスに戻り、大司教ランゲや痙攣派と闘った。彼が匿名で書いた「痙攣派の新しい神学に関する＊＊＊氏への手紙」は、はたしてだれに宛てられたかは不明だが、そこには後述するヴァイヤン派を念頭におきながら、痙攣派の「新しい神学」について、以下のような特徴が列挙されている。

1．預言者エリヤの到来は犠牲者たちのあとでなければならない。
2．これらの犠牲者たちは男女からなり、彼らは預言者が姿を現す前に、真理のためにその血を流さなければならない。
3．彼らの血のおかげで、神は怒りを鎮め、預言者を教会の大いなる革新のために派遣する。
4．フレール＊＊＊の説教のなかで、これら犠牲者たちの血がイエス・キリストの血と混ざりあうと言っているのは、われわれが待望している慈悲の基盤である。
5．神がこれら幸運な犠牲者の代表として選んだのは、どれほど不完全な者であれ、痙攣派である。
6．だが、この痙攣派はいずれ現実の犠牲者となり、起きようとしている大規模な迫害において、実際に血を流すことになる。

7．すべての痙攣派がこの幸運に与るわけではなく、それに浴することができるのは、わずか数人に過ぎない。[56]

引用文中、フレール＊＊＊とは明らかにヴァイヤンのことだが、フイユーによれば、この神学ではごく少数の痙攣派がエリヤの出現前に迫害によって血を流すという僥倖に与ることができるという。そして、エリヤの再来は別段未曾有な出来事ではなく、聖職者たちが認めているマラキの預言に従って、エリヤはユダヤ人を改宗させなければならないともいう。これは後述するようにヴァイヤンが試みて果たせなかった改宗を指している。一見するかぎり、フイユーは痙攣派を「新しい神学」として認めているようにも思える。しかし、その真の狙いはむろんそこにはない。それは次の反語的な一文にある。「最後に、これら痙攣派の男や娘たちが語ったことすべてを神の言葉として敬わなければならない。たとえそれが感覚を喪った状態で語られ、ほとんどつねに幼稚な言動や真の狂気と結びついていたとしても、である」[57]。事実、彼は痙攣派擁護の急先鋒であるモンジュロンから、痙攣派最大の敵のひとりと目されていた[58]。

こうした批判はすでに常套化したものであり、それ自体さほど目新しいものではないが、さらに一七三二年には、前記ジェンヌが三三頁の匿名の小冊子『痙攣に関する手紙形式の一瞥』[59]を編んでいる。面妖なことにバルビエはこれを『パリス伝』の著者ピエール・ボワイエの著だとしている。筆者は未見だが、その内容の一部は、同年に出された一六頁の反痙攣の小冊子「『一瞥』と題された痙攣論について、地方の友人のひとり＊＊＊氏に宛てた手紙」から知ることができる。これもまた匿名だが、書き手は分かっている。皮肉にもジェンヌがソミュールで神学を教えたオラトリオ会士で、熱心な再上訴派だったシャルル＝フランソワ・ルロワ（一六九六―一七八七）である。のちにボシュエの著作集（一二巻）などを編むことになる彼もまた、他の攻撃文書を真似て、師の文章を引きながら批判する。たとえば以下のようにである。

著者はさらにこう付言している。「そこに中間はない。上訴派のために、すべての奇蹟的治癒およびすべての超自然的出来事が、ひとしなみ福者助祭（パリスのこと）のとりなしによってなされたということを主張すべきか、それとも、上訴派のために、すべての奇蹟がパリス氏と密接にかかわっているものの、痙攣が他の超自然的現象がみられたのと同じ墓で生まれたからだとして、すべての奇蹟を無益なものだとして放棄しなければならないのか、そのいずれかである[60]」。

この師の問題提起に対し、ルロワは痙攣派の過ちや低劣な姿勢、偽りの予言、中傷を上訴派の偉大かつ重要な大義と結びつけるわけにはいかないとし、痙攣が墓地で生まれたとしても、それが原則的に病によるものでないとすれば、悪魔の所業か詐術でしかないと断じる。上訴派の大義はスクールを必要とせず、それはあくまでも聖書と伝統に基づくものだともする。さらに、スクールが当人を窒息させたり四肢を砕くことはあっても、それは聖助祭の生涯と苦行のきわめて模範的かつ教訓的な表現だとする説についても、パリスの日々の生きざまにどこまで倣っているのかと反論する。さらに興味深いことに、痙攣派を賛美する師に対し、ルロワは前記ドゥランの『返答』を読んでもらいたいとも記している[61]。とすれば、当時、この『返答』が反痙攣派のいわば代表的なテクストとみなされていたといえるだろう。そして、「われわれの著者（ジェンヌ）が痙攣派の最大の稚戯に与えた、寓意的・象徴的な意味をいささかも認めることができない」ともする。

だが、一五頁のなかに「悪魔」という語を二〇か所あまり用いてのルロワの反駁もまた、すでに縷々みてきたような反痙攣派のお定まりの言説、すなわち痙攣やスクールを神意とは無縁であり、超自然的なものでもないと断じる言説をなぞっているに過ぎない。そうしたなかにあって、彼は一点だけ貴重なエピソードを紹介している。かなりの数の痙攣者と数人の痙攣派がデ・シャンに巡礼し、前者のうちのひとりが修道院の跡地から骨を掘りだしたというのである。その中にひときわ大きな腕の骨があり、これをソリテールのサングラン（本書第1章参照）のものだと信じた彼らは、この奇蹟的な出来事によって、敵を改心させることができると快哉を叫んだともいう[62]。前述したように、聖地デ＝シャンの廃墟巡礼は一七三〇年代からおこなわれ、一七六七年にはそのための手引書も刊行されている（本書四五一頁参照)。パリを早朝に発った巡礼者たちは、途中パレゾーやサン＝ランベールなどの修道院を訪れ、目的地に着くと、祈りに加えて、廃墟の小石やそこに生えている野草を集めたものだった(63)。はたしてサングランが実際に修道院墓地に埋葬されたのかどうか定かではないが、いずれにせよこの墓地は、前述したように、修道院解体後にすべて撤去されていた。よしんば骨が出てきたとして、それが一六六四年に没したサングランのものであるかどうか、識別は不可能だったろう。むろん、ルロワがこのエピソードをわざわざ取り上げた意図については、改めて指摘するまでもない。

一七三三年の文書闘争に参戦した論考はほかにもあるが(64)、いずれもパリスによる奇蹟を認めながら、論点は痙攣の業が畢竟神意による超自然的なものかどうかという一点に収斂される。スクールや予言の問題も、過不足なくそこに帰着する。それにしても僅か一年のあいだにこれほどまでの応酬。そこには痙攣派と反痙攣派に身を置く論客たちの異常なまでの執念が如実にみてとれる。それはまた痙攣を巡る当時の神学的沸騰を如実に物語るものといえるだろう。こうした状況は、多少収まったとはいえ、翌年も続いた。たとえば前記ドゥランは、何月かは不明だが、改めて七八頁からなる『痙攣に対する神学論および全体計画への返答擁護(65)』を、やはり匿名で発表する。

さらに同年末には、痙攣派ないし支持者たちが、何人かのメンバーの言説を七二頁の冊子にして密かに上梓している。むろんその直接的な目的は、痙攣の正統性を訴えるとともに、世間の好奇心混じりの冷笑やジャンセニスムたちの非難に抗するところにあった。たしかにそこには教勅「ウニゲニトゥス」が『ヨハネの黙示録』に登場する獣に比定されているといった目新しさもみられる(66)。だが、この冊子では痙攣が超自然的なものであり、神意に基づくものであるとする、すでにして定番化した主張が繰り返されているにすぎない。それは痙攣派擁護論が一見神学論の形式をとりながら、すでにして飽和状態になっているということを告げているかのようでもある。教勅についてもまた、少なくとも彼らがすべて教勅になぜ反対するのか、反対しなければならないのかを弁えていたとは思えない。何よりも教勅を実際に読み、それがなぜ問題なのかを自らの思想として理解していた者がどれほどいたのか。とすれば、あるいはこうして表面的であれ、ともかく教勅を批判することで、彼らは自分たちのレゾン・デートルを社会的に打ち出そうとしていたのかもしれない。

そうした痙攣派の動きに対し、国王は、ソルボンヌのジャンセニスト神学博士で、オランダに隠棲していたニコラ・プティピエを呼び戻し、『痙攣にかんする意見書』[67]を書かせる。プティピエといえば、前述のように、ケネルに近い反教勅＝上訴派。その彼に国王が痙攣派弾劾の書を作成させる。いささか間尺に合わない話だが、あるいは毒をもって毒を制すとでもいうのだろうか。ともあれこれは、一七三五年一月七日、フランス元帥クロード＝フランソワを兄にもち、デュゲの側近で、彼の主著『聖書理解のための法則』（一七一六年）の実質上の著者とされる[68]ヴューヴィル修道院長のジャック＝ヴァンサン・ビダル・アスフェルド（一六六四―一七四五）など、上訴派神学者たち三〇人の連名で公刊されている。といってもわずか八頁たらずの小冊子だが、そこには痙攣および痙攣派にかかわる一二の問題点が列挙されている。以下はその一部である。

1. 痙攣ないしその状態を痙攣派の言うように神に帰すべきなのか。
2. 痙攣派が未来を予測し、隠されたものを見出そうとするのは神意によるのか。
3. 報告にあるように、痙攣派がスクールを求めるのも、さらにそれによって（当該者の）症状を軽くする以上に、傷つけたり殺害したりするのも神意によるのか。
4. こうしたスクールを授けた者の罪はゆるすことができるのか。
5. 痙攣派の言説に神意を認めるべきなのか。
（・・・）
9. 痙攣派のスクールにおける下品さや犯罪的な様相を許すことができるか。
10. 痙攣派が自らその痙攣によって超自然的な治癒をもたらすと仮定した場合、それを神意とみなせるか。
11. 痙攣派のありようを神聖なものと信じることが理にかなっていないなら、神がその一部にかかわっていると考えられるのか。

12．神のさらなる言葉を待たなければならないなら、痙攣派に対するその裁きは保留しなければならないのか(69)。

あらかじめ答えが用意された問題点を列挙しながら、対象に迫っていく。こうした論法はモンジュロンの『諸奇蹟の真実』や、前述したボネールの手法にも似ている（内容も一部重複）。そして、その問題点を当然のことながらすべて否定する。ただ、ここで挙げられた問題点もじつはすでにして定番化しており、別段新しい知見や発見があるわけではない。あえて目新しさというなら、この意見書がいわば官製のものだという点にある。それを端的に示しているのが次のような末尾の一文である。「擱筆の前に、われわれは反乱しか望まないような狂った文書が、主の聖油を塗られた国王の聖なる人格を敬う忠実な臣下や、国と国家を愛する善良な市民すべてに引き起こしている正当な憤りを抑えることができない(70)」。

「主の聖油を塗られた」とはメシヤの謂いだが、その国王から迫害されたはずのジャンセニストが、かつての同志たちを国王のために弾劾する。皮肉といえば皮肉な話である。ありていにいえば、彼らの用語法は教勅派が（再）上訴派を非難したときのそれと何ほどか似通っている。彼ら自身、はたしてそのことにどこまで気づいていたか。ともあれ彼らはこうして国王の意に寄り添った。あるいはそれによってさらなる迫害を免れようとしたのか。いわば苦肉の一策だったのかどうか。確かなのは、カレ・ド・モンジュロンの事例を引くまでもなく、王権のジャンセニストたちに対する対応は、それで一変したわけではけっしてない。以後も迫害が続いたからである。

ともあれ一連の文書闘争では、一方が痙攣を理性と神意に基づくものと主張し、他方はそれが悪魔と狂気の所業だとする。つまり、痙攣派を巡るこの闘争は、前述したように攻守ともにすでにして飽和状態にあったことに間違いはない。そして、その状態は以後の攻防にも受け継がれていく。

では、フランス国内で、ジャンセニストや《聖職者通信》のみならず、一部の一般民衆からも狂信の徒とみなされていた痙攣派はいかなる展開を遂げていったのか。次にそれをモンジュロンの立論から概観しておこう。

モンジュロンの護教論

『意見書』と同じ頃、すなわち一七三五年一月一八日には、なおもジャンセニストの勢力が強かった高等法院もまた、その主席検察官がパリスの評伝を書いたオラトリオ会士のピエール・ボワイエ（第1章参照）らの告発を受けた結果、反痙攣派の旗幟を鮮明にするようになる。「高等法院は、噂になっているように、痙攣派たちが特殊な集会において愚かしい崇拝や法外なまでの遊興三昧に耽っているということを、最終的に認めざるをえなかった」[71]。そして、その取り締まりの対象として、後述するオーギュスタン派とヴァイヤン派を挙げている[72]。つまり、ジャンセニストを標榜する痙攣派のエキセントリックな性格、あえていえばその狂気と紙一重の危ういコミュノータリスム（共同体主義）を問題視したのである。これにより、痙攣派は治安当局のみならず、司法権力からも迫害を受けることになる。

前述したように、こうした痙攣派の庇護者ないし支援者としてもっとも重要な役割を演じたのが、皮肉にも高等法院の評定官だったモンジュロンである。奇妙なことに、パリス現象による奇蹟的快癒者が自らの言葉で快癒までの経緯（痙攣を含む）を語っているのに対し、痙攣派のメンバーにそうした報告書は見当たらない。それゆえ、彼らを間近で見ていたモンジュロンの証言は、きわめて重要性を帯びている。繰り返しを惧れずにいえば、当初彼はパリスの墓での「奇蹟」を胡散臭いものとして疑っていた。だが、自ら墓を訪れ、痙攣を経て病が快癒したことで回心している。そうした痙攣体験から、彼は痙攣者＝痙攣派の後ろ盾となった。たとえば彼は『諸事実の真実』で痙攣体験者であるルイズ・アルドゥアンの奇蹟的快癒（事例17）に触れて、こう記している。「私が思うに、痙攣における神の御業は、それが異常なものであるがゆえに注目に値し、そこで偉大なものに出会うがゆえに称賛に値し、神的なものであるがゆえに尊敬に値する」[73]。

この大著の第二部には、前述した奇蹟的快癒の事例に続いて、「痙攣所感」と題した一五〇頁余の論考も付載されており、そこでモンジュロンは前記の文書闘争に登場した反痙攣派たちの著作、とくにアスフェルドの『メランジュ体系を擁護するためになされた、痙攣の業におけるメランジェストないし識別派の空しい努力』[74]（一七三八年）を批判しながら、痙攣についてさらに次のように述べている。

きわめて注意深い人々は、（痙攣の）業が以下の点を目的としていることを明確に認めてきた。①神がその出会いを運命づけた者に対して預言者エリヤの到来を告げ、苦行と祈りによって、彼らにこの大いなる出来事を準備させる。②この到来がさまざまな奇蹟や驚異の上に厚い闇を広げる（・・・）。だが、神の奇蹟やその他の御業に対する侮蔑への罰として、異教徒にこの偉大な預言者を拒ませ、偽善者や詐欺師として死なせる。(75)

いささか大仰な言い条だが、まず①では痙攣が病の奇蹟的な快癒を目的とするものというよりは、エリヤを迎えるための前提だとする。少なくとも痙攣派に特徴的な痙攣の意図について、これほど明確に規定した言説は他には見当たらない。墓地での奇蹟的快癒が痙攣の出現の契機となったはずだが、むろん彼は、すでにみておいた一連の奇蹟報告書からも明らかなように、病の奇蹟的快癒に痙攣が重要な要因となったことは認めている。②では「異教徒たち」という表現が問題となる。はたしてこれはユダヤ人たちを指しているのか。しかし、彼らは一連の奇蹟や痙攣の業とはほとんど無縁ないし無関心だった。とすれば、この表現はエリヤの到来を信じず、痙攣の真理を認めない「キリスト教徒」、より端的にいえば、一部のジャンセニストやイエズス会士を含む反痙攣派ということになるのだろうか。いずれにせよ、モンジュロンの立論をたどっていけば、痙攣および痙攣派はユダヤ＝キリスト教的な預言者待望、つまり一種のメシアニズムと密接に結びつくはずだ。むろんこのメシアニズムは奇蹟待望の謂いであり、その限りにおいて、それは過不足なくパリス現象とも通底する。

一方、モンジュロンはまた痙攣派の痙攣がすべて超自然的なものだとする考えを過ちとし、その大部分は「自由意志」によるものだともしている。(76)この指摘は、これまでみてきた擁護派の考え、すなわち痙攣が神意によるとする考えと明らかに一線を画している。では、痙攣において、神はどこに位置づけるのか。彼はさらにこう続ける。「（痙攣派を刺激して）神は真理を公に知らせ、理解させ、愛させるため、この痙攣の業をかつても今も用いており、それは上訴派たちの最上の著作よりはるかに重要な成功を収めている」[77]。とすれば、神の真理にとって、痙攣は上訴派より大きな役割を果たしていることになる。ここにはモンジュロンの上訴派に対する立ち位置がはしなくも現れている。さらにスクールについては、次のように記している。

スクールはわれわれを勇気づけ、強め、慰める。われわれの信仰と自信を再び活性化させる。（・・・）神は真理のために苦しむ者たちを自ら支えるということをわれわれに確約するため、永遠に報われるという至高の祝福を生き生きと期待させることによって、われわれが苦しみそのもののなかに自分たちの幸福を見つけ出すようにするため、さまざまな奇蹟を起こすのである。神がわれわれの心に触れ、痙攣派の祭司や口に語らしめるのは、言葉以上に驚くべき奇蹟によるのである[78]。

スクールの意義を語ったこの一文には、痙攣派の理論家かつスポークスマンたるモンジュロンの真骨頂がある。もとより、痙攣といい、スクールといい、こうしたモンジュロンの理解や主張がどこまで痙攣派に浸透していたかは定かでない。だが、ここでは「彼ら」ではなく、「われわれ」という人称を用いていることに注目しなければならないだろう。通常は「彼ら」という三人称複数形を用いながら、こうしてときには一人称複数形を用いる。その意図は不明だが、そこからは痙攣派に対するモンジュロンの考えを読み取ることができるだろう。しかし、彼はスクールにおける痙攣派の特徴である「予言」や「幻視」については手厳しい。

予言は適切な人物によってはけっしてなされず、そのことを弁えているすべての者たちは、不適切な人物による予言が誤りであることを確信している。だが、こうした予言は、まさにこの後者によってなされ、予示した通りの出来事が起きたりする。この人物は神が自分に啓示を送ったのかどうか疑う能力さえない。（・・・）そして、極端なまでに感動して、呻き、へりくだり、予言に伴うあらゆる意見、すなわち、この痙攣派の過ちを毫も疑わず、それが神の指を知ることを妨げるものであるとも気づかずに向けられる意見を享受する。

さらにしばしば起きることだが、しかじかの痙攣派は忘我状態で何らかのイメージを目の当たりにし、それが何かを考えているあいだ、彼の心が介入してこの幻視を解釈させようとする。こうして彼は自らの考えでそれを説明する。ときには彼はその幻視を説明するのに飽き足らず、そこに考察を加えたりもする。しかし、痙攣派が自らの心によっておこなう幻視の解釈は、けっして正しいものではない。それにより、解釈の過ちが誤った幻視観を生むことになるからである。(79)

こうしてモンジュロンは「すべての予言は誤り」だと弾じて容赦ない。つまり、予言とは預言者による預言同様、しかるべき人物だけがおこなえる業であり、幻視同様、一介の痙攣派の能力をはるかに超えたものだというのだ。さらにモンジュロンはスクールでの忘我についても触れ、一部の痙攣派はスクール後の二、三日間、「目は開いたまま動きがなく、顔は青ざめ、全身は無感覚で動かず、死者のように硬直している」としながら、それはむしろ例外で、大部分のスクール経験者はたしかに一日以上動きがないものの、見たり聞いたりすることはでき、感覚をすべて失うこともないと指摘する。(80)おそらくモンジュロンは自らの痙攣による回心体験をたえず念頭に置きながら、聖書時代からの痙攣の業の正統性を認めさせようとしていた。現下の痙攣派に対する反対派の侮蔑や卑下を覆すことを自らの使命ともしていた。そのため、いたずらに痙攣派のすべてを擁護するのではなく、反対派によって指弾される痙攣派の突出した、そして巷間、痙攣派の全体的な表現だとして誤解され、喧伝されるような過剰かつスペクタル的な部分を何としても否定しなければならなかった。所詮は空しい努力に終わるとはいえ、(81)そんな彼の切実な思いが端的にみてとれるのが、以下の一文である。

明らかに一部の痙攣派は教勅(「ウニゲニトゥス」)が急き立てる逸脱を民衆に明らかにし、この呪わしい教令によって断罪されている真理への理解を広めようとするという超自然的な圧力に強制されている。だが、着目すべきことは、彼らの痙攣が帯びている力が、その精神を見据えながら、少なくとも彼らが光を受け取るときのために、心の感性を形作っているという事実である。（・・・）キリスト教の基本的な要素をかろうじて知っているような、そして教会内部で繰り広げられている真理のための闘いとはまったく無縁の子供たちですら、痙攣の力によって自ら言葉を発するようになった瞬間、突然完全に自分に目覚める。と同時に、彼らはなにかしら超自然的なものに突き動かされて、反教勅の大義に如実かつ持続的に結びつけられていると感じるのだ。さらにより驚くべきことに、こうした現象は痙攣を体験する前には反対の感情を抱いていた者たちにも起きるのである。(82)

はたしてどこまで一般化できるかはさておき、モンジュロンのこの痙攣観によれば、痙攣が内なる覚醒と人格転換をもたらし、神の真理とそれを拒む教勅に反対する大義へと向かう契機になるという。こうした彼の考えは奇蹟報告書を巡る一連の言説と過不足なく通底しているが、一七三七年にバスティーユ送りとなったモンジュロンの面目躍如たる話として、たとえば次の事例がある。《聖職者通信》の一七三四年三月一五日増補号に載った記事によれば、一七一四年生まれの女性痙攣派スール・ペラジが、宿痾の尿路結石の快癒を願って、一七三四年二月にサン＝メダール（教会?）に詣で、痙攣に襲われた。だが、その最中、彼女は逮捕されてシャトレの監獄に投獄された。それを知ったモンジュロンはただちにシャトレ監獄に赴いた。牢番たちは当初ペラジのことを話したがらなかったが、モンジュロンは強く迫って彼女に面会した。彼の姿を見て喜んだペラジは突然痙攣を起こし、それを鎮めようと、モンジュロンは彼女の胃の上を足で踏んだ。驚いた牢番たちは囚人が死んでしまうと恐れ、モンジュロンに蛮行をやめるよう懇願した。

ペラジは御者の娘だったが、すでに両親と死別していた。そこでモンジュロンは彼女を一六歳になるもうひとりの娘と一緒に家に引き取り、三か月間ふたりの面倒をみた。その間、ペラジはさらなる逮捕を予期して、自分にあてがわれた居室に石を積んで独房を作り、ここを一種のノアの方舟として、雌雄の鶏や羊、鳩など、数多くの動物を入れた。カラスも飼った。そして、この箱舟でこれら動物たちと起居を共にし、動物たちのために敬虔な祈りを捧げた。ただ、鶏の鳴き声でほとんど休むことができなかった。そう無邪気に告白したともいう。この痙攣派の娘は預言者のような忘我状態のうちに、神秘的な方舟という考えを抱いた。それは世界の終末が間近に迫ったことを告げると同時に、教勅「ウニゲニトゥス」が地上に招き寄せた悪の洪水から身を守るよう、「真理の友」に連帯を呼びかけるものだった。こうした突飛な言動を明確にし、それを認めていささかも恥じない者たちを何と呼ぶかは、良識人たちに託されている(83)。

モンジュロンの邸館がどれほど広大だったかは不明だが、ペラジの居室がノアの方舟となった。やがて反痙攣派の姿勢を明確にする《聖職者通信》の記事ゆえか、話自体はあまりにも荒唐無稽と思える。モンジュロンが身元引受人となって彼女ともうひとりの娘を出獄させたという事実を、彼の『諸奇蹟の真実』から裏付けることはできないものの、ここで何より興味深いのは、彼女が「ウニゲニトゥス」批判の一環として、旧約聖書のエピソードを擬くという、一種のフィギュリスム的な行動をとっている――記事が真実なら――ということである。前述したように、フィギュリスムと痙攣派との関連はつとに指摘されているところであり、そのかぎりにおいてペラジはまさに典型的な痙攣派だった。

ところで、モンジュロンには同様に痙攣派を支援していた仲間がいた。ジャンセニストのアルマン・アルエ(一六八五―一七四五)、つまりパリス現象やジャンセニスト、そして痙攣派にも批判的な目を向けていたヴォルテール、本名フランソワ・マリー・アルエの一〇歳年上の兄である。皮肉といえば皮肉な話だが、彼は痙攣派のメンバーから「フレール・ブルー」ないし「フレール・ア・ラ・バク」と呼ばれていた。おそらく霊的な指導者だったのだろう。この兄のことを念頭に置きながら、ヴォルテールは一七六四年に初版が刊行された『哲学事典』でモンジュロンの問題の書について触れ、さらに痙攣派についてもこう記している。

彼らは自宅に有名なスール・ローズ（字義は「バラ」）やスール・プロミズ（「約束」）、さらにスール・コンフィトを招いていた。彼女たちは翌日まで痕が残らないように互いに自らを鞭打ちった。会衆はそんな彼女たちの胃を薪で叩いたが、痛くないよう、そこにはかなり頑丈に詰め物が入れてあった。さらに彼女たちを燃え盛る火の前に寝かせたが、火傷をしないよう、顔にはクリームを塗った。こうしてすべての「業《ウーヴル》」が終わると、最後に彼女たちの体に剣を突き刺し、磔にしたりもした。ある高名な神学者は、十字架にかけられるという特典にも与っている。こうしたことすべては、ある教勅が馬鹿げたものだということを皆に確信させるためになされたもの、さほど元手をかけずそれをおこなうためのものである(84)。

この一文に登場するスールたちがいかなる女性だったか、ヴォルテールは明示していない。だが、彼によれば、こうしたスクール（救いの業）は反教勅活動の一環だったという。定冠詞を用いず、ただ「ある教勅」としてだけだが、いうまでもなくこれは「ウニゲニトゥス」を指しているのだろう。とすれば、痙攣派は助祭パリスをはじめとするジャンセニストたちと一部思想を共有していたことになる。それにしても、反教勅のためのスクールとはいささか解せない。大・小のスクールはあくまでもコンヴュルショニスト当人に対する行為だからだ。さらにいえば、かりに反教勅を志向していたとしても、一七三〇年代中葉から多様化していく痙攣派の活動をひとしなみ反教勅の一語でくくるのは難しい。

ヴォルテールの兄

それについては後述することにして、ここではアルマンについて少し触れておこう。痙攣派の展開において、モンジュロン同様、重要な役割を担った人物だからだ。シテ島の革命時に解体されたサン＝ジェルマン＝ル＝ヴュー教会で洗礼を受けたこのヴォルテールの兄は、ジャンセニスムの拠点のひとつだったサン＝マグロワール神学校――前述したようにパリスがここで学んでいる——に入り、聖職者としての叙階を受けている。おそらくこれがのちにフレールと呼ばれるようになった所以だろうが、やがて公証人でもあった父フランソワが一七二二年に他界すると、彼は父親が一六九六年に当時の平均的な労働者の年収の一〇〇〇倍近い二四万リーヴルもの大金を払って買った、貨幣法院収納官のポストを受け継ぐ。それからどのくらい経ってからか、パリ東部モーの貴族で、一七六五年頃に没するまで長年痙攣派を援護していた、従兄弟アルシャンボー(一七三八―四〇年バスティーユに投獄)の導きで、アルマンもまた痙攣派を支援するようになる。

アンマンは弟ヴォルテールが狂人だとして唾棄していたモンジュロンの『諸奇蹟の真実』(第三部)にも、奇蹟の証人として幾度か登場している(85)。たとえば一七三六年六月八日の署名入り証言で、彼は一七三三年五月末に、一二歳前後の少女の奇蹟的な痙攣快癒に立ち会ったとしている。ジャンセニスム研究に巨歩を記したオーギュスタン・ガジエ(一八四四―一九二二)の以下の一文は、パリス信仰と痙攣派をつなぐ貴重な証言である。

ここに署名します私こと会計法院収納官アルマン・アルエは、マドレーヌ・デュランに対して神がなされたさまざまな奇蹟の一部の証人であることを言明する。(・・・)私は彼女がしばしば痙攣を起こして倒れるさまを目撃している。その際、彼女は自分を失い、自分に何が起きたか気づいていなかった。(・・・)彼女は癌の一部をハサミで切り取り、大量の血を流した。だが、パリス氏の井戸の水をその傷口につけた途端、出血が止まった。私が見たのは一度だけだが、これを見た多くの人々がそれについて証言をしている。オルレアンのもっとも有能な外科医たちは、彼女の病が不治だと断じ、パリのもっとも高名な外科医たちもまたその診断に同意していた。だが、(・・・)一七三五年初頭、私は彼女が完治しているのを確認している。それ以後も彼女に数度会い、本日一七三六年六月八日、改めて彼女に引き合わされた。B(福者《ビヤンウールー》パリスのこと)に対する祈りの直後に起きた痙攣。私がその証人のひとりだが、彼女の癌はその顎や口中にまったく痕跡を残さずに消え去り、今では彼女は完全な健康を享受している。このことから、私はこれほど奇蹟的な快癒をもたらしたのは、神をおいてほかに

ないと確信するにいたった。(86)

マドレーヌ・デュランの奇蹟譚は表1に載せていないが、その証人としては、ほかに大法廷の評定官モンタルジや会計法院院長のヴォワニなどがいた。つまり、当時の最高法院のいわゆるお歴々が少女マドレーヌの痙攣と快癒を目撃しているのである。証人としてこれほど強力な布陣は、一連の奇蹟報告書のなかで際立っている。その奇蹟的快癒にアルマンも立ち会っているというのだ。興味深いことに、この事例ではパリス信仰と痙攣、さらに自傷行為が結びついている。いわば少女マドレーヌは、おそらく自覚してはいなかっただろうが、純粋な快癒待望の痙攣者と痙攣派という両面を帯びていたことになるのだ。

アルマンはまた一七三六年五月一二日の夜、モンジュロンやソルボンヌの博士などとともに、パリのオペラ界隈で、サラマンドル（火とかげ）との異名をとっていたマリ・ソネ(87)というスールの奇怪なスクールにも立ち会っている。痙攣を起こしていた彼女は、頭と両足をそれぞれ鉄製のスツールに乗せられたまま、大きな暖炉に入れられた。そして三六分間ずつ四回、下から激しく燃え盛る火が彼女の全身を襲ったにもかかわらず、不思議なことにその裸体を包んでいたシーツが燃えることはなかったという。なにかしらトリックを用いたマジック・ショーを思わせないでもないが、アルマンの痙攣派の恋人もまた、とある施療院で熾火の上に寝て、目覚めると、真っ赤な炭を手に取り、体を温めるためにそれを飲み込み、それから見事な声で歌いだしたという。(88)

アルマンは痙攣派の霊会をあろうことか貨幣法院の居室でも開いていた。ところが、一七三七年一〇月二六日土曜日、現在のパリ警視庁の地にたっていたその法院が火災にあう。それ以前の八月一日にはオテル＝デュー（慈善院）も被災していた。パリではジャンセニストが民衆を中心に人口の三分の二を占めている（！）と過大評価していたバルビエの『日記』によれば、この日の深夜、貨幣法院が火を発し、折からの強風に煽られて、火はモンマルトル通りや王宮庭園にまで広がり、火勢が収まったのは月曜日だった。数人を犠牲にしたこの火災の原因は不明だが、それを巡って巷間さまざまな噂が出回った。わけてもジャンセニストたちはそれが天罰だと弾じた。当時、バスティーユからアヴィニョン近郊（ヴィルヌーヴ＝レ＝アヴィニョン）のベネディクト会修道院に移送・幽閉されていたモンジュロンの『諸奇蹟の真実』（第一部）を焚書に処したことに対し、神が憤った。「彼らが神の文書を焼いたため、神が彼らのものを燃やした」というのである。モンジュロンの処遇に復讐するため、ジャンセニストたちがオテル＝デュー同様に放火したとの噂も出回った。どうやらバルビエもそれと同じ考えだった。彼はこう続けている。

アルマン氏の言うところによれば、事態を説明し、こうした嫌疑を晴らすため、貨幣法院にとどまっているのだという。氏はきわめて誠実な人物である。ただ、ジャンセニストとしか付き合わない。彼らのなかには、氏が聖人とみなしているが、激情家でかかる悪行をしかねないような聖職者がいる。いずれにせよ、私は法院内に住んでいる者、売店経営者や守衛、使用人などのすべて、さらに火災前夜に法院内に入り込んだすべての者たちを逮捕させるつもりである。(89)

この聖職者がだれなのか、バルビエは明示を避けているが、アルマンは結局逮捕も召喚もされなかった。不思議なことに、これほどの大火だったにもかかわらず、アルマンの居室は無傷だったという。一説に、それは火災の際、ある痙攣派がその居室にパリスの墓の土を撒いたおかげだったともいう。(90) もしそれが事実なら、いや、たとえ偽りのエピソードだとしても、少なくとも痙攣派の一部は、パリスの聖遺物を疾病の快癒祈願以外にも用いるというイマジネールを構築していたことになる。とすれば、それはまたパリス信仰の転換ないし変質を意味するものといえるだろう。換言すれば、痙攣派がパリス信仰を自分たちの文法に取り込んだともいえる。それをどこまで意識していたかは不明だが、こうしてアルマンはまさにその転換点に位置していた。

そして火災から六年半後の一七四五年二月一八日、アルマンは貨幣法院の居室で没し、翌日、父親が眠る小教区のサン＝バルテレミ教会に埋葬された。葬儀には必ずしも親密ではなかった、いや、兄の死を願ったことすらある弟ヴォルテールも列席した。かつてこの兄弟の父親は、息子ふたりのことを「一方は信仰に、もう一方は韻文と演劇に狂っている」と嘆いたというが、生き方のみならず、宗教観や思想、さらに倫理観もきわめて対照的だった兄の葬儀において、はたしてヴォルテールの心に去来したものは何か。

ともあれ、アルマンの死から六年後、啓蒙思想のひとつの原点である通称『百科全書』の刊行が始まる。その第四巻（一七五四年）で、ダランベールは痙攣派について以下のように記している。

痙攣派：狂信者たちのセクトで、（・・・）痙攣は上訴の大義や人々がそれを支持しようとしていた奇蹟をかなり損なってしまった。ただし、この奇蹟は予見をもった、あるいは騙された多くの証人たちによって認められたものにすぎない。ジャンセニストたちは次のような単純な論法、すなわち「痙攣が生まれた場で奇蹟が生まれた。それゆえ両者は出自を同じくする。あなた方のうちでもっとも賢い人々の意見では、痙攣の業は虚偽ないし悪魔の所業だという・・・」という論法を取り上げたりはしないだろう。事実、もっとも分別のあるジャンセニストたちは、熱情と品性をもってこのファナティズムに対する反駁文を書いている。その結果、彼らは反痙攣主義者と痙攣主義者とに分裂し、さらに後者はオーギュスタン派（オーギュスティニスト）やヴァイヤン派（ヴァイヤンティスト）、スクール派（スクーリスト）、識別派（ディセルナン）、フィギュリスト、さらに混在派（メランジスト）などに再分裂した。これらの名称はオンビリック派（オンビリコー）やイスカリオテ派（イスカリオティスト）・・などと並置される。(91)

引用文の前半にはさほど目新しい指摘は見当たらないが、後半には枝分かれした痙攣派のセクトが一〇通り以上（名称のみ）列挙されている。痙攣派の霊会にオブザーバーとして参加し、血のスクール（大スクール）を目の当たりにしたこの啓蒙思想家は、それが公になれば、ジャンセニスト全体が信用を失墜するだろうと述べたともいう。(92) この指摘は、痙攣派を攻撃することによってそれとの差異化を図ろうとした「正統」ジャンセニストたちの戦略が、必ずしも成功していなかったことを端的に示している。むろん血のスクールは一部のセクトがおこなっていただけだが、おそらくジャンセニスト＝痙攣派という外部のラベリングは、なおも根強いものとしてあったのだろう。

それはさておき、ダランベールの記述からわかるように、遅くとも一七五〇年代初頭にはこうして痙攣派が細分化していたことになる。本書の枠内でそのすべてを検討することはできない相談だが、以下ではとくに有力なセクトについてみていこう。それには多少なりと時代を遡らなければならない。まず、組織化の年代順にオーギュスタン派とヴァイヤン派からみていこう。いずれもモンジュロンが、その常軌を逸した行動によって、何ら問題のない他の痙攣派、つまり彼が支持する「真理と結びついている大部分の痙攣派」までが、ひとしなみ悪魔や狂気の所業として見られてしまうと難じているセクトである。(93)

痙攣派の諸セクト

1．オーギュスタン派（Augustinistes）

このセクトについては、バルビエの『日記』（一七三四年一二月）に比較的まとまった記述がある。それによれば、オーギュスタン派は他のセクトを凌いでおり、エリヤ派（エリジャン）とも呼ばれていたという。その活動時期についての言及はないが、「創始者」は、一七二〇年前後に予言セクトの「ミュルティプリアン派」(94)（Multipliants）が生まれ、のちに痙攣派の牙城のひとつとなる南仏モンペリエ出身のオラトリオ会士で、その厳しい苦行ゆえに、信奉者たちから「穢れのない子羊」と呼ばれていたジャン＝ロベール・コス、通称フレール・オーギュスタンである（オーギュスタンに関する詳細は、たとえばアルベール・ムセの『サン＝メダールの痙攣者たちの奇妙な歴史』(95)を参照されたい）。パリス伝の作者ピエール・ボワイエと一時期行動をともにし、のちに決別した彼は、自ら痙攣をしばしば体験し、四〇日間の絶食後に終末思想を抱くようになった。治癒能力を備えていたという彼は、やがて預言者エリヤと出会い、自分が人間の罪のために死ななければならない無垢の羊だと告げられたと喧伝し始める。周知のように、「ヤハウェ（主）は我が神なり」を字義とするエリヤは、バール崇拝と対立してヤハウェ信仰を確立したとされる古代イスラエルの預言者で、地上をさまよい、いずれ人々の前に再臨して救いをもたらすと信じられていた。とすれば、オーギュスタンはその召命を受けた存在、スケープゴートとして人々の罪障を帯びて死ぬ、いわばイエス・キリストのような宿命を担った存在だということになる。「神の下僕たちの下僕」と自称し、「羊の毛皮をまとった狼」とも呼ばれていた彼は、その霊会では、会衆にひとしきり説教をしたのち、テーブルの上に穢れのない羊の姿勢で横たわり、自分への祈りや賛歌を捧げさせていたという。(96)

この記述からするかぎり、オーギュスタンは旧約聖書の時代から幾度となく現れては消え去っていった、預言者待望のメシアニズムを基盤としており、もはやそこにジャンセニスムやパリス信仰の名残をみることはできない。こうした現象について、バルビエは『日記』の一七三四年一二月に、大胆な人物が神の一族を自称したとしても驚かないが、「洗練された時代」において、これほど狂信的な人々がいるとは信じられないが事実だとしている。そして、当然のことながら当局がそれを放置するはずもなく、王令(?)によって「二か月前から」内偵が入り、「三週間前に」オーギュスタンが逮捕されたという。

しかし、これら「狂信者たち」は神の栄光を奉じており、いかなる責め苦も甘受する覚悟ができていたという。この王令は「二週間前」に検事局に送付されたが、高等法院はその受け入れを拒んだ。「根底からジャンセニスト的である」法院は、オーギュスタンの裁判によって、あらゆる階層からなる真面目な者たち、確信的な異端者たちを多数逮捕しなければならなくなることを危惧した。バルビエはそう指摘する。さらに、彼らをバスティーユで秘密裏に処罰すれば、やはりジャンセニスト的であるパリ市民たちもまた、不正義だとして叫び声をあげるだろう。これらセクトのメンバーたちを殉教者として称えるかもしれない。高等法院はそう判断したとしている。(97)

一方、前記のボワイエは、まだロベール・コスを名のっていたフレール・オーギュスタンと、一七三三年六月にパリで催されたセクトの霊会ではじめて出会い、その熱気に圧倒されたという。だが、それから何度か会ううちに、自称預言者の過度な苦行による精神的な異様さに疑念を抱くようになり、セクトから脅迫まがいの仕打ちをこうむったこともあって、やがて彼をジャンセニストの仲間や他の痙攣派、さらには検事長のジョリ・ド・フルリーにすら告発する。この請願を受けて、「偽りの痙攣によってきわめて有害な教義を教える者たちのファナティズム」が大法廷で裁かれるようにもなったともいう(98)。

その後の経緯はクライザーに譲り、ここではパリのセーヌ河岸、学士院の建物にあるマザリヌ（マザラン）図書館——マザラン枢機卿の蔵書などをもとに一七世紀中葉に創設されたフランス最古の公共図書館——に保管されている、痙攣派の活動に関する貴重な史料を一瞥しておこう。たとえば『痙攣派史料集成』にある一七三三年七月一五日の日付が入った史料には、次のような興味深い一文が見られる。

かなりの数の痙攣派のあいだでは、恍惚と夢のなかでさまざまな言葉が発せられた。ときにそれは壮大で至高、そして活気とエネルギーに満ちており、その祈りはときに感動的で優しく、愛に満ち、迫力もあった。祈りのなかに登場する人物たちの言動の秘密もしばしば明らかにされ、予言の成就が唱えられたりもした(99)。

はたしてこれがオーギュスタン派のことかどうか、まただれが書いたのかも不明だが、少なくともこの一文からは痙攣派への期待や一種の憧憬すらみてとることができる。そこにはのちに「狂信者」や社会秩序の攪拌者として差別され、有徴化される痙攣派のイメージは微塵もない。最初期の痙攣派とはむしろ救いの美学の体現者とさえみなされていたことになる。だが、そうしたイメージは長くは続かなかった。同図書館の別の史料によれば、一七三四年五月のこと、フレール・オーギュスタンたちはパリ近郊の、ときにはパリからかなり離れた村々で説教をおこなっていたが、ある日曜日の朝、旅籠で集団が痙攣をおこし、皆が恐ろしいうなり声をあげた。驚いた旅籠の主人が村の主任司祭のもとに注進し、駆けつけた司祭は彼らが痙攣派だと見破ったという。その集団痙攣は彼らのミサのあいだにおさまった(100)。見破った司祭はどうしたか。その顛末は記されていないが、この史料ではオーギュスタン派が村への闖入者となっている。つまり、わずか一年も経たぬうちに、人々の評価が一変したことになる。おそらくそれは彼らの正体が明らかになるにつれての変化だっただろう。

バルビエに戻ろう。彼は逮捕を免れたオーギュスタンが五万ないし六万リーヴルもの大金を持っていて、自分を指導者で尊敬すべき人物と信じる者たちにそれを分け与えるだろうとの噂が立っているとも記している。さらに人々は、オーギュスタンがある娘をデ・シャン修道院の跡地に連れていき、その純潔を奪ったあとに生贄として殺害し、彼自身も逮捕されて焚刑に処されるが、のちに蘇るという噂も紹介している[101]。埒もない噂である。だが、実際にそうした噂があったとするなら、それは人々がオーギュスタン派をそのようにみていたということであり、さらにその噂にデ・シャンが供儀の場として登場するということは、ジャンセニストにしてみれば自分たちの伝統的な聖地に対する冒瀆以外の何物でもなく、畢竟それは彼らのオーギュスタン派への反感を煽ったに違いない。にもかかわらず、人々はおそらくオーギュスタン派を「逸脱したジャンセニスト」とみていた。ただ、これだけではこのセクトがなぜ痙攣派に加えられたかは分からない。

その答えは、モンジュロンの『諸奇蹟の真実』所収の「痙攣所見」にみてとることができる。彼はオーギュスタンに関する報告書を受け取ったとして、次のように記している。それによれば、オーギュスタンは第二のヨハネであり、エリヤの直接の先行者だと自称していたという。ヨハネがエリヤより先というのは、むろん間尺に合わない話だが、そうした歴史性はオーギュスタンやその追随者たちにとってはさほど問題ではなかったのだろう。モンジュロンは書いている。

私が全幅の信頼を寄せていた複数の人々が私に断言したところによれば、このフレール・オーギュスタンは信徒たちをひきつけてその指導者になろうとし、傲岸にも、痙攣派の人々に、独自の生活を営み、自分たちの妄想すべてを神に由来する力だと信じさせる体系をつくりあげたという。さらに彼らはこう付言してもいる。オーギュスタンは自らの慢心を認めるだけでなく、それをさらに増幅させて、痙攣が続くあいだ、彼らが考え、おこなうことすべてが神によるものだとする原理原則を仕立て上げた[102]。

この一文からすれば、痙攣とは神意によるものであり、その痙攣を体験することが神に近づく営為だということになる。そしてオーギュスタンはそれを体系化したということにもなる。まさにこれは痙攣の目的化である。とすれば、すでに指摘しておいたように、こうした痙攣の解釈は疾病快癒の奇蹟待望とは著しく遠ざかっている。奇蹟を神意の表象とするジャンセニスムともほぼ無縁である。ジャンセニストを自称していた彼らが、他のジャンセニストや《聖職者通信》から激しい非難、いわば近親憎悪的な非難を浴びた理由がここにある（一七三五年頃からは、親ジャンセニストのパリ高等法院も痙攣派への反発を公にするようになった）。あるいはそうした非難を避けるためか、一七三六年一月、オーギュスタン派の一部が聖地デ・シャン修道院の廃墟を詣でる。前述したように、当時はこの聖地で一般の巡礼者とは別に痙攣派たちが密かに霊会を開き、祈りや賛歌を歌い、痙攣の業やスクールもおこなっていた。それに倣って、一月一二日夜、オーギュスタン派二六人が行列を組んで聖地に向かった。だが、すでに内報を得て待ち構えていた警吏たちによって全員が逮捕された。彼らは高等法院付属監獄などに幽閉され、長期にわたる尋問を受ける。むろんそれはオーギュスタン派にとって壊滅的な打撃となった[103]。自分たちのジャンセニストとしての正統性を訴えようとした行動が、いわば裏目に出たのである。

オーギュスタン派とほぼ同時期に活動していたヴァイヤン派もまた、「正統」ジャンセニストたちから近親憎悪の対象となっていた。

2．ヴァイヤン派（Vaillantistes）

ヴァイヤン派の組織者は一時期モンペリエ司教コルベールに協力し、のちに《聖職者通信》の編集者となったピエール・ヴァイヤン（本書第3章参照）である。シャンパーニュ地方トロワ司教区の司祭だったヴァイヤンに関する情報は、バルビエの『日記』に加えて、バスティーユ関連古文書と[104]《聖職者通信》など、さまざまな史料にある。それだけ彼は衆目を集めた存在だったのだろう。ヴァイヤンは親ジャンセニストのボシュエによって叙階され、デュゲの影響を受けたという。こうしてジャンセニスムというよりむしろジャンセニストとしての「正統」を歩んだ彼は、パリのサン＝メダール地区に潜んで編集作業や執筆にあたっていた。しかし、一七二八年七月にその隠れ家を突き止められて逮捕・投獄されている。詳細は不明だが、彼はコンティ公爵夫人やオルレアン公爵夫人などの知遇を得ており、これら有力者たちにバスティーユからの赦免の嘆願状を書いてもらおうともした。この計画は結果的に警察総代行官のエローの認可を得られなかったが、あろうことか《聖職者通信》の主だった編集人たちを司法取引でエローに暴露し、一七三一年五月、国外追放を条件に釈放された。翌月の《聖職者通信》二一日号は、冒頭、彼についてこう記している。

その信仰と禁欲および黙想に対する多いなる愛ゆえにもっとも尊敬されていた司祭ヴァイヤン氏は、一七二八年七月二一日にバスティーユに投獄されたが、本年五月七日、本人の意志に反して強制的にそこから出された。彼がいかなる罪を働いたのか、なおも公に知るところとなっていない。にもかかわらず、彼は三年近く獄舎につながれるという罰を受けた。おそらくその理由は彼が教勅に断固反対し、教勅が禁じた神聖な真理を毅然として守ったからだろう。釈放時、彼には王国から追放するとの封印状が出された。詳細は不明だが、話では、彼はエロー氏に対し、キリスト教徒としての立派な対応をしたという(105)。

この記事の執筆者は、明らかにヴァイヤンの釈放理由、つまり彼が自分たちを裏切ったということを知らず、なおもヴァイヤンが自分たちの仲間であると信じて疑わなかった。だが、ヴァイヤンの本領発揮はむしろそれからである。密かに帰国した彼は、一七三四年、突然自分が預言者エリヤであると自覚し、すでに閉鎖されていたサン＝メダールの墓地近くに集まっていた病者たち、すなわち痙攣によって奇蹟的な快癒を願う人々の前に現れ、自らをエリヤの再臨だとして予言をおこなうのだった（前述したように、フレール・オーギュスタンはエリヤからの使命を受けたと自認していた）。彼はまた「万歳」（Vive）と「イエス」（Jésus）を示す「V＋J」という署名を用い、キリストの新たな降臨時期を一七四七年に設定したともいう(106)。

やがてヴァイヤンティスト（ヴァイヤン派）ないしエリジャン（エリヤ派）――バルビエはオーギュスタン派をエ

リヤ派としているが、それが彼の誤解によるものか、それとも双方がそう名のって共存していたのかは不明――と呼ばれるようになる心酔者や信者を獲得した彼は、預言者としての使命を果たすべく、三〇人ほどの聖職者をひきつれてフランス東部のメスに赴き、ユダヤ人を改宗させようと、シナゴーグで説教をおこなう。[107]だが、ユダヤ人から嘲笑され、空しくパリに戻らなければならなかった。そして一七三四年五月、彼は再びバスティーユに投獄されてしまう。エローはサン＝ピエール＝デュ＝タンプル修道院の司祭ティフォエル（不詳）に宛てた一七三四年一二月二二日付けの返信で、ヴァイヤンについてこうしたためている。

司祭ヴァイヤンは四五歳の大柄な男です。顔は面長で色白、目は青く、痩身にブロンドの混じった髪をしています。トロワ近郊のオーベルジュの息子で、言葉遣いは優しいですが、だれかが反対意見を述べるとかなり激しい口調に変わります。貴職におかれましては、すでにその似顔絵でお分かりでしょうが、小職としましては、貴職がその不品行について書かれたことにまったく同感するものであります。彼はそれについて幾度か認めております。（・・・）小職が明らかに知っているのは、エリヤと彼とにはなんら似ているところがないという点です。貴職が小職に教えてくださったことは、どれほど騙されやすくても、民衆の目を覚ますのに役立つはずです。[108]

この文面からすれば、ヴァイヤンの手配書が巷間すでに出回っていたことになる。そして、それを見た司祭（修道院長のことか）がエローに何らかの情報を提供した。この書状の興味深いところは、おそらく唯一、ヴァイヤンの姿形を明記しているところにある（エローはさらに一七四〇年三月にも、枢機卿フルリーに対し、ヴァイヤンがメスに赴いて恥をかいたことなどを報告している）。むろん、この頃には、痙攣派をジャンセニストとは無縁の狂信者集団として糾弾していた《聖職者通信》は、すでにヴァイヤンと縁を切っていた。事実、同紙の一七三四年一〇月六日号には次のようなヴァイヤンとその同調者に対する非難がみられる。

不幸にも幻想に魅せられ、身を委ねている人々が各地に広まって、エリヤがすでに来臨しており、現在バスティーユで二度目の投獄生活を送っているヴァイヤン氏がほかならぬエリヤであるという話を伝えている。そして、彼は奇蹟によって出獄し、世を去るだろう・・・などとも言っている。だが、これまで決して常識や理性を失ったことのない人々が、こうした突飛な話を信じたり、きわめて愚かしい大団円を唱えたり説いたりするとは思えない。(109)

そして、この記事の書き手は続けて彼らが悪魔に騙されていると断じている。つまり、ヴァイヤンを悪魔に仕立て上げてもいるのだ。同年には、フィギュリストの代表格だったデトマールも、狂気や悪への誘い、幻想、欺瞞といった言葉を用いて、ヴァイヤンをドン・キホーテになぞらえているという。(110)さらに一七三四年一一月二二日の《聖職者通信》もまた、ヴァイヤンおよびヴァイヤン派のことを酷評してはばからない。「自称新たなエリヤを盲目的に支持する一部の者たちが地方で起こしているさまざまな動きについて、本誌はすでに告知している。スネとモンペリエ司教に面会した彼らのひとりは、これら偉大な高位聖職者たちが自分たちを認める、あるいは少なくとも非難しないよう、大胆にも主張した」、と難じている。つまり、ヴァイヤンは失地回復を狙って、これら上訴派の指導的な司教たちに使者を送り、自分たちへの理解と支援を求めたのである。だが、その目論見はもろくも潰えた。そして、この一文に続いて、同年一一月一〇日付けのモンペリエ司教の手紙の抜粋が載せられている。

＊＊＊氏はヴァイヤンティスム（ヴァイヤン主義）が発展し、ヴァイヤン氏の弟子のひとりが当地にやってきたが、小職が耳を貸さなかったとも付言しています。それは確かです。なぜ小職がヴァイヤン氏をエリヤなどと呼ばなければならないのでしょうか。そうした常軌を逸した話を鵜呑みにするわけにはとうていいきません。一七二四年、彼（ヴァイヤン）が小職に対し、（教勅「ウニゲニトゥス」）を受け入れる信仰宣誓書の署名を撤回せよと書き送ってきた手紙を持っています。しかし、（真の）エリヤはそうしたことを決して書いたりはしません。小職はそう

確信しています。貴顕たちはかかる幻想に駆られていますが、小職にとっての慰めは、彼らがその予言を達成するために定めた時間がきわめて短いということです。それゆえ彼らが目を開き、自分がどれほど間違っていたかを理解するよう願っています。(111)

書き手の主張をたとえば手紙からの文言を引用して載せる。《聖職者通信》にしばしばみられる手法だが、すでに上訴派から転向していたこの司教の手紙を、反教勅の通信が載せた――批判的にではなく――理由は不明である（おそらくヴァイヤンはその転向を知らなかった）。ともあれこの文面は明らかにヴァイヤンとその同調者を断じている。そして一七三六年一〇月、ヴァイヤン派はバスティーユの牢門前に集まって、指導者の再度の奇蹟的な出獄を祈るが、無駄だった。あるいはその奇蹟を招こうとしてか、ヴァイヤンは一七四三年、獄吏たちを前に説教をおこない、五三年にはミサも挙げるまでになった。しかし、ついに奇蹟は起きなかった。一七五六年五月、病気であることを申し立てて釈放を求めたが、それも徒労に終わった。それが虚偽であることが判明したからである。こうして彼は新たな審問を受けたのち、ヴァンセンヌ城の牢獄に移送され、一七六一年、卒中に襲われて波乱に満ちた生涯を終えた。生前、彼は獄舎から警察総代行官のエローに次のような書状をしたためたという。

はっきり申しまして、私は預言者エリヤではありません。神がごく最近、ある状況のもとで私にそう振舞いようにされたのです。目まぐるしい転変は私のためではありませんでした。何ほどかの輝きをもってこの預言者の任務をまっとうしたのち、私は自分がもはや預言者ではなく、神の言葉を伝えるいかなる使命ももたず、エリヤの名で行動したり語ったりしたりしないということを告白するよう、真理によって強制されています。(112)

自分は預言者ではなく、神意によってそれを演じたにすぎない。釈放を何としてでも勝ち取ろうとする、いかにも苦しい弁明である。だが、たとえヴァイヤン自身がそう思っていたとしても、彼に従った「信者たち」は彼がエリヤの再来だとして信じて疑わなかった。この書状を知ったなら、おそらく彼らはその釈放を願ったりはしなかったろう。エローにとってみても、むろんこのような弁明はもはや何ほどの意味もなかった。預言者としての死を厳粛に受け入れれば、あるいは殉教者の栄誉を得られたかもしれないが、ヴァイヤンはこうして生きようとすることによってその資格を失った。いわば目先の生を選んで、後世の生に死んだのである。

ちなみに、モンジュロンは自分が目撃したあるエピソードを記している。それによれば、ヴァイヤン派の最初の使徒とみなされていたフレール・アマブルなる人物が、痙攣派のある見知らぬ女性の部屋に忍びこんだという。それに気づいた彼女は、近づいてくるアマブルの口から悪魔が出てくるのを見て叫び声をあげ、やむなく彼は退室したともいう[113]。モンジュロンはこうした出来事がオーギュスタン派にも数多くあるとしているが、真偽のほどはさておき、それは両派と他の「穏健ないし良識的」(モンジュロン)な痙攣派とのあいだの分裂を端的に物語るものといえるだろう。

ヴァイヤン派とアマブルに関しては、ひとつ興味深いエピソードがある。いささか長くなるが、以下、神父でマルセイユとプロヴァンスの歴史家としても知られる、ギュスタヴ・アルノー・ダニエル(一八七一―一九五二)が、ブーシュ＝ド＝ローヌ県立古文書館の一括史料に基づいて一九〇七年に著わした、貴重な論考「ピニャンの痙攣派たち」から、そのあらましを紹介しておこう――。

一七三六年八月一六日夜八時頃、南仏プロヴァンス地方におけるジャンセニスムの拠点のひとつだったピニャン村に、五人の男が駅馬車と馬でやってきた。そのうちの三人は貴族、ふたりは従僕だった。数キロ先で村人や近隣の住民の出迎えを受けた彼らは、村に入ると、ピニャンの名士ボワイエの家に閉じこもり、主人が豪勢な食事を差し入れするとき以外、扉と窓は閉め切ったままだった。はたして彼らは何者なのか、何をしにやってきたのか。事情を知らない村人たちのそんな噂をよそに、翌日から教会参事会員のボワイエ宅でおぞましいばかりの叫び声があがるようになる。それを知らされた地元の行政官が密かに調査し、その結果を地方長官に報告した。それによると、確信的なジャンセニストだったボワイエ宅で秘密の集会が開かれ、そこでは聖書の講読がおこなわれていたという。そして、不気味な口調で、こんな言葉が聞こえたともいう。「叩け、叩け、偉大なる神よ、来たれ、升は満ちた。行こう、出よう」。この言葉のあとには溜息やうめき声、さらに歯ぎしりなどが続いた。それから少しの沈黙を挟んで講読が再開し、続いてひとりの男が高さ四ないし五ピエ（一ピエは約三二・五センチメートル）の台から落ちる音がした。そして再び講読が始まり、さらに引き裂くような鋭い声が響いた――。報告書にはそう記されていた。

八月一七日から二二日まで、こうした集会が少なくとも日に二、三度、平均二時間あまり、通常は午後、ときには夜八時から一〇時まで催された。閉ざされた場所での奇行では飽き足りなかったのか、この集会参加者たちはさらに大胆にも外に出て奇行を繰り広げ、「狂暴そうな目」をしたまま、互いに手をつないで一帯を動き回った。まさにそれは悪魔のファランドールだった。彼ら狂信者たちは通行人を捕まえては、その不道徳な行動を難じた。天の怒りが及ぶといって脅したりもした。相手がおとなしく、純朴であればあるほど、彼らは情け容赦なく断罪した。あるときは彼らとその称賛者たちを従えた指導者が、石と灌木に覆われた荒れ野で、甲高い声でこう叫びながら、棘だらけのキイチゴの茎と石の上を転げ回った。「主よ、このようにして私の子供たちを棘の真っただ中、敵の剣のあいだを歩ませてください」。

ある朝のこと、これら狂信者一行は突然オプセルヴァンタン（フランシスコ会原子会則派）の修道院に闖入し、その回廊で修道士たちを激しく罵倒し、さらに小聖堂にまで足を踏み入れて喚きたてた。そのうちのひとりは告解場に座り、聴罪司祭たちと改悛の秘蹟の乱用を長々とののしった。そして祭壇にのぼり、聖職者と信者たちがおこなう聖体の秘蹟が犯罪的で恥ずべき慣行だと声高に非難した。こうした行動は地域住民に恐怖心と議論を呼び覚まし、これを放置できないとして、ついに治安当局が動き出す。そしてこのファナティックな集団のおもな扇動者たちを逮捕しようとする。だが、それを察知した彼らはいち早く逃走してしまった。これがピニャン痙攣派事件と呼ばれるものである。(114)

事件は、ボワイエがジャンセニストとして投獄されていたヴァンセンヌの城牢から釈放されたときから始まる。彼は当時バスティーユに幽閉されていたヴァイヤンの礼賛者たちと密接な関係をもち、その思想をピニャン一帯に広めようとした。そこで彼はヴァイヤンの弟子たち数人を自宅に招いた。冒頭の一行がまさに彼らだった。これら「宣教者たち」は、地域のおもなジャンセニスト、たとえばトゥーロン＝シュル＝メールの裕福な商店主のマセヨンなどを招いて集会を開くようになる。その宣教者のひとりが当時二五歳（何年の年齢かは不明）のフレール・アマブルだった。彼は頭から足まで隠れる赤い衣をまとい、聖霊の召命を受けた預言者と称して聖書を読み、注釈した。そして、「超自然的な痙攣」のあいだに神託を唱えた。のちに尋問されると、国務院の弁護士で、ポリニャック枢機卿（一六六一―一七四二。ルイ一五世の外交官で、ラテン語の長編詩『アンチ・ルクレティウス』の作者）の顧問であるコリニャンだと名のった。彼はヴァイヤン派の活動資金として三万フラン供出していた。妻のスール・マノンもまた同派の中心人物のひとりだった。もうひとりの宣教者である自称ルグランはパリ高等法院検察官の甥で、エリヤ（ヴァイヤン）のとりなしでハンセン病が奇蹟的に快癒したという。彼の妻スール・マルティヌもまた高名な痙攣派だった。

マルセイユの司教で、一七二〇・二一年に同地を襲ったペスト猖獗時に、献身的な救援活動を展開したことで知られるベルゾンス・デ・カステルモロン（在位一七一〇―五五）は、一七三七年四月一〇日、地方長官ラ・トゥール（在任一七四四―七一）宛に一通の書状を送っている。そこで彼は、前日、司教総代理ふたりをマルセイユのサン＝ジャン要塞とサン＝ニコラ要塞の牢獄に派遣し、ボワイエとマセヨンをそれぞれ尋問させたところ、囚人たちはいずれも回心して信仰告白をおこなったとしている。それまでマセヨンは「時代の過ち」に身を置き、教勅を拒み、助祭パリスにかかわる痙攣と奇蹟を神聖視していたという。さらにベルゾンスはこれら囚人たちがエリヤなどでは決してないヴァイヤンを見捨てるが、他のヴァイヤン派とは親密な関係を保つよう促されていたともしている。

さらにダニェルによれば、痙攣派たちは神がボワイエの一八歳になる長女を特権的に選んで恩寵を授けると、幾度となく予言していたという。こうして彼女はパリに呼ばれ、バスティーユの獄舎にいるヴァイヤンに引き合わされる。だが、若く可愛らしい娘にとって、それは誇らしいことにはならなかった。アマブルが彼女に辛辣な悪口を向け、言葉遣いから所作まで罵倒したからである。そしてある霊会時、彼は娘から扇子を取り上げ、それを振りかざしながらテーブルの周りを走った。それからこの狂信者は突然扇子を娘の胸部に投げつけ、こう叫んだのだ。「叩いてください、主よ、なおもあなたのことを考えていないこの強情で無知な心を叩いてください」。

この事例といい、モンジュロンが取り上げた前述の事例といい、フレール・アマブルはどうやらトラブルメーカーだったようだが、ダニェルによれば、当時（一七三〇年代後半）八〇〇人以上いたというパリのヴァイヤン派のなかで、その存在は大きかった。そして、彼は市内に家を一軒有しており、そこで男女合わせて一五人を世話していたともしている。

ともあれ、ヴァイヤン派のプロヴァンス進出は、招来者ボワイエの転向もあって実を結ばなかった。ダニェルは次のように論考を締めくくっている。

ジャンセニストたち（ヴァイヤン派）はこうしたプロパガンダの手法によって、一時は成功したと考えた。（…）だが、プロヴァンスの住民たちはやがてその幻想から我に返った。熱気と錯乱の時期が過ぎると、彼らは疑り深い現実的な人間に舞い戻り、偽預言者たちの正体を暴いた。たしかにコック（地名か？）のオーベルジュ周辺では人々はなおもフレール・アマブルのことを話していたが、それは笑いを取るためだった。彼の馬鹿げた語りは数多くがコピーされて次から次へと配布されていたが、愛すべき悪戯好きがそれにガリア風の明るさで注釈をつけた。(115)

ヴァイヤン派の地方進出の夢は、こうして地方人たちの嘲笑と侮蔑を掻き立てただけで脆くも潰えた。しかし、それは痙攣派がすべて地方で受け入れられなかったということを意味しない。一七三〇年代にセクト化した初期痙攣派ともいうべきオーギュスタン派とヴァイヤン派から、おそらく一〇年以上遅れて一七五〇年頃に本格的な活動を開始したピネル派（ピネリスト）は、地方、とくにフランス西部のソーミュール地方や南仏のラングドック地方、そしてとくにリヨン一帯を中心に活動していたからだ。では、はたしてそれはどのようなセクトだったのか。

3. ピネル派（Pinelistes）

ピネル派の主導者ミシェル・ピネル（一七七二没）について、筆者は寡聞にして多くを知らないが、彼に関する先行研究が多くを負っている前記の『古今人名事典』によれば、ハイチのサント＝ドミンゴ出身で、サン＝メダール墓地での痙攣者たちと交わったという。一七三二年、彼はパリ北東に位置するジュイイのオラトリオ会系の学寮で教師になったが、この学寮は一六三八年に同修道会の上長者だった、キリスト教神秘家のシャルル・ド・コンドラン（一五八八―一六四一）が創設したものである（二〇一六年閉校）。ジュイイはのちにパリをアッティカ来襲から守ってその守護聖女となるジュヌヴィエーヴ（四二二頃―五〇二頃）が、長旅の途中、ここで跪拝して神に祈りを捧げた際、湧き出た泉の水を飲んで衰えた体力を癒し、勇躍パリに向かった地とされる。この故事によって、中世以降巡礼地となったジュイイにピネルがなぜ来たかは不明だが、おそらくそのころにはオラトリア会士となっていたのだろう。[116]

一七三六年、彼は中北部のヴァンドームの学寮に移り、さらに四六年にはパリのサン＝トノレ通りにあるオラトリア会系の修道院に入る。だが、それも束の間だった。教勅「ウニゲニトゥス」受け入れの信仰宣誓書を強要する同会から追放されてしまったからである。こうしてオラトリオ会を離れた彼は、以後、「痙攣の業」活動に専心するようになったという。裕福だった彼は、おそらくその財力に物を言わせて、パリのオテル＝デュー（慈善院）で奉仕していたスール・アンジェリク・バベ、通称「農婦」を引き抜いて一七四〇年代末までこれを補佐とし――ピネルが一七三六年からアンジェリクと行動を共にするようになったとする説もあるが、おそらく誤りだろう。当時彼は学寮の教師であり、まだ独自のセクトを組織していなかったからである――。次いで一七七二年までスール・ブリジット、さらに晩年、再びアンジェリクを補佐として地方を回った。[117]

「大司教」と自称していたピネルは、さまざまな出来事をとらえて、そこに「真理の友」、すなわちジャンセニストたちを迫害してきた教会の瓦解の印を見出すとともに、数点の書を編んでもいる。たとえば刊行年や刊行地は不明だが、その『聖典と新しい啓示に基づく時代の予言もしくは推測』[118]は、フィギュリスムと自分自身およびスールふたりの予言を集めた書で、そこでは以前の痙攣派と共通する主題、すなわちユダヤ人の改宗とエリヤの再来を唱えたとされる。彼はまた、教勅を批判し、一七六三年のユトレヒト宗教会議で決定された教義にも反対して、ペトロが他の使徒たちに対していかなる権威も有しておらず、ましてペトロの後継者でもない教皇は神聖な首位権をもたないと主張した。一七六九年におそらくハーグで上梓した彼の『教皇首位権について』は、こうした批判や主張をまとめて、反教勅運動を喚起するためのものだった。

ピネルたちがリヨンに主たる活動拠点を置いたのは、決して悪い選択ではなかった。一二世紀末から一三世紀初頭にかけて、この地は豪商でありながら、自らを「リヨンの貧者」と呼んだピエール・ヴァルド（一一四〇頃―一二一七）が、清貧と禁欲、さらに聖書・福音主義を唱えて宗教改革の先駆とされる「ヴァルド派」を立ち上げ、弾圧された歴史をもっていた。それからおよそ五世紀後、リヨンはジャンセニスムの重要な拠点となる。一七二〇年代末、オラトリオ会士で上訴派のセロロン神父が、ある盲目の子供を奇蹟的に快癒させて評判を呼び、二九年の彼の埋葬時には、信奉者たちがその遺物を争うようにして奪い合ったという。一七三〇年代初頭には、とくにリヨンのある労働者がサン＝メダール墓地の土で快癒したとする《聖職者通信》の記事によって、助祭パリスへの奇蹟譚が一帯に広まったともいう。[119] むろんリヨンないしその一帯がすべてジャンセニストに好意的だったわけではない。一七三三年一〇月一〇日号の同紙によれば、リヨン近郊（？）のある首席司祭が、小教区民の前で教勅「ウニゲニトゥス」とジャンセニスムの教理問答をおこない、後者を不純かつ偽善的なものとして排斥し、パリスの奇蹟を欺瞞の産物と決めつけてもいた。[120]

以後、リヨン一帯はジャンセニストとイエズス会を主とする反対勢力との角逐の場となるが、そうした風景が一七五八年に一変する。確信的なポール＝ロワイヤリストでジャンセニストでもあったマルヴァン・ド・モンタゼ（在任一七五八―八八）が大司教となったからである。上訴派ではなかったが、彼は教勅派で反啓蒙思想的なパリ大司教クリストフ・ド・ボーモン（在任一七四六―八一）と敵対関係にあった。一七五三年にパリの高等法院がポントワーズに追放される原因をつくったのが、このボーモン大司教だった。前述したように、反ジャンセニストの急先鋒で、「福音書より教勅を重視する」と揶揄されていたパリ大司教は、司教区の司祭たちに教勅の受け入れを強制し、教勅を認めなかったり、ジャンセニストの司祭に信仰告白をしたりした者に対し、終油の秘蹟や葬儀も拒むよう命じてもいた。モンタゼはそれを激しく攻撃する一方で、パリを追われた上訴派を庇護していた。

さらにモンタゼの後ろ盾で、一七七〇年代にはリヨンで「痙攣の業の仲間たち」(Amis de l'Oeuvre des Convulsions)が組織されてもいる。上訴派のオラトリオ会士やドミニコ会士、そして一般信徒、とくに貴族や富裕市民たちからなる、フィギュリスムと痙攣および幻視＝予言を特徴とするセクトで、後述するように、彼らは革命期に王党派を支持し、一七九〇年の聖職者民事基本法に反対した。さらに一八〇一年にはナポレオンと教皇ピウス七世によるコンコルダ(政教協約)にも異を唱え、ローマやナポレオンに任命された司教にも抵抗した。こうしてこのセクトはローマ教会から分離し、やがて一八四〇年代に消滅を余儀なくされた。リヨンはまた一八世紀末には、この町出身で、当時フランス・フリーメイソンの指導者だったジャン＝バティスト・ヴィレルモ(一七三〇―一八二四)らによる、神秘主義や秘教主義運動の中心地のひとつともなった。

いささか時代を先取りしてしまったが、では、彼らピネリストの「痙攣実践」はいかなるものだったか。前述したように、彼らもまた他のセクト同様、幻視やときにそれにもとづく予言を特徴のひとつとしていた。たとえばC＝L・メールはフランス国立図書館の新収蔵史料からスールたちの幻視記録を紹介しているが、それによれば、一七四四年二月一〇日のこととして、スール・アンジェリクは以下のような幻視を語っているという。

これが私の見たことです――。かなり狭い道があり、その中央に一本の線が走っていました。私のボンボンのところまで行くには、この線の上を歩かなければなりませんでした。それが線の端にあったからです。子供たちはそれぞれ脇を父親と母親に支えられていました。父親はこの子供に言いました。一緒に来なさいと。母親もまたこちらに来なさいと言い、双方が子供を自分の方に引き寄せて、線からはみ出させようとするのです。こうして線から出た子供たちは、少しずつ線から遠ざかり、何人かはもはや後戻りできなくなりました。しかし、父親と母親の線の下にはいくつもの穴があり、両親は気づかないほど小さな鉤で子供たちを立ち止まらせては引き寄せ、その結果、何人かが穴に落ちてしまった。そこには小さな星がひとつあり、子供たちを照らしていましたが、それは雲によって次第に暗くなり、子供たちを途方に暮れさせました。数人は星が再び現れるのを待ちきれず、線から遠ざかって行き方知れずとなりました・・・。[121]

アンジェリクがおそらく痙攣のさなかに見たこの幻視の内容を、はたしてだれに向けて語っているかは不明だが、メールの校注によれば、文中の「線」とは福音の掟で、「父親」は指導者、「母親」は痙攣派を指しているという。とすれば、この幻視はボンボンに象徴されるであろうイエス・キリストの道を歩もうとする子供たちを両親が痙攣派に引き寄せ、その一部は道に迷ってそのまま行方不明になってしまったことになる。「幻視」としている以上、そこにストーリーの一貫性や正当性を求めるわけにはいかないだろうが、いささか理解に苦しむ話ではある。さらに興味深いことに、五〇人以上の聖人や福者の功徳を象徴する楕円形の入れ墨をしていたとされるスール・ブリジット[122]もまた、ボンボンの幻視を見ている。ボンボンが私たちの顔を拭ってこう語りかけたというのだ。「歯を鍛え、石や山を食べつくせ。泥と不浄で覆われた海を渡れ。灼熱の炎の中でなお焼かれることなく存在せよ。（・・・）そうすれば、私はお前たちに魂の平安と安息を与えるだろう。この果てしなき悦楽の大海でお前たちが出会った人は皆そうした苦難をくぐりぬけてきたのだ[123]」。

アンジェリクはさらに痙攣派の言説としては稀有な天上のエルサレムに関する幻視を体験しているという。この楽園はまもなくバロック的な装飾の黒い深淵——あるいはこれはグノーシス的な原初の深淵か——に姿を消したともいうが、彼女はまた一七七六年、バビロンに堕したローマ教会にとって代わる、新しい教会の建設のために働いていると公言して憚らなかった[124]。ピネル派のスールたちによるものだけでなく、記録化されたこうした予言の数は、一七三二年末からフランス革命期まで数十万（！）あるという[125]。むろん、正確なところは不明だが、ともあれ痙攣派とはまさに予言のセクト、「予言の共同体」ともいえるだろう。そして、おそらく彼らはその予言ないし予言者の向こうに、預言者エリヤの姿を見て、新しい救いとしてのメシアニズムを信じようとした。

すでに幾度か指摘しておいたが、当然のことながら、反痙攣派のジャンセニストたちはこうした予言に対しても激しい非難を浴びせた。たとえば『痙攣派的疫病における痙攣の自然主義療法論』（本書第7章参照）において痙攣をヒステリーや疫病、さらに癲癇だと断じたエケは、女性予言者たち——ただし、ピネル派の登場以前——の予言について、「彼女たちが自分で何を語ったか覚えていない以上、精神の錯乱と紛れもない幻想」とし、彼女たちが急いで求めるスクールは「その下腹部に現れる疼きや昂揚を鎮めるため」、つまり若い女性にありがちな「エロティックな情熱」の後始末としておこなうものだとしてもいる。[126] おそらくピネル派もまた、痙攣派である以上、各方面から同様の指弾を浴びたはずである。

一七七〇年、「真理の友」と自称していたジャンセニストたちを迫害した教会の瓦解を予言しながら、ピネルは説教で訪れたある村で終油の秘蹟を受けることなく急死したという。その村がどこだったか、死因ともども不明である。ただ、少なくともそこは彼がかねてより予言していた町、すなわち預言者エリヤが世を去るとしたリヨンではなかった。死に臨んで、ピネルは財産の半分をアンジェリクに遺贈したとされる。一説に一万五〇〇〇リーヴル。[127] 工場労働者の平均的な賃金のじつに三〇年分近い大金である。各地を遍歴していた彼がこれほどの大金を蓄えていたとは到底信じがたいが、ともあれアンジェリクはピネルの死後、しばらく師の遺言を守って、移り住んだパリからリヨンでの運動を指揮した。のちに再びオテル＝デューに戻り、「痙攣の狂気と躓きの赦免状」に署名して、ピネル派と決別する。そして一七八六年、この施療院で他界したとされる。スール・ブリジットのその後については不明である。

こうしてピネル派の教勢が衰えた一七八〇年代には、同じリヨン地方に新たな痙攣派が登場する。あのシュールレアリストのアンドレ・ブルトンもなぜか関心を抱いて、大量の手書きメモを残している[128]このセクトは、最初期の指導者だったクロードおよびフランソワ・ボンジュール兄弟の名をとってボンジュール派、あるいはその中心地の地名をとってファラン派と呼ばれ、革命を生き延びた。当初、ピネル派の分派ないし亜流とみなされていた同派の詳細については、一連の「ファラン事件」を膨大な一次史料の集成から再構築した、ボンジュール派研究の金字塔ともいうべきオーギュスト・デュブルイユ（一八三五—一九一三）の『ファラン派に関する歴史的ないし批判的研究』[129]や、痙攣派研究の基本書であるジャン＝ピエール・シャンタンの『真理の業の友』[130]さらにセルジュ・モーリの博士論文『一八世紀末におけるジャンセニストたちの痙攣と予言』[131]、そして中村浩巳氏の前記『ファランの痙攣派』などに譲るが、以下ではときにそれらを援用しつつ、このセクトのありように補足的な検討を加えておこう。

4．ボンジュール派（Bonjouristes）

ボンジュール兄弟がいつ生まれたかは不明だが――これについては後述する――、ミショー編の『古今人名事典』などによれば、生地はリヨン北東方のポン＝ダンで、家は資産家だったという。兄クロード（Claude Bonjour）はリヨンのジャンセニスト系神学校に学び、一七六八年から七一年まで同地のサン＝シャルル学寮で神学を講じたあと、生地に近いフォレ地方サン＝ジュスト＝レ＝ヴレ小教区の司祭となっている。エティエンヌ・ダルルが同地方最初のジャンセニスト司祭として、前述のリヨン大司教モンタゼからサン＝ジョルジュ＝アン＝クザン村に配されたのが一七六二年。とすれば、クロードの配属はそれから六年後ということになる。

図46　19世紀のファラン小教区教会
（エーン県立古文書館）

だが、それは長くは続かず、一七七四年、彼の宣教活動が異端的だとする小教区の実力者や主たる住民たちから反発を受け、追放されてしまう。翌年、モンタゼはそんなクロードをリヨンの北二五キロメートルあまり、ソーヌ河岸に位置するファラン（Fareins）小教区の主任司祭に任じた――ほとんどの研究書はこのファランを「村」と呼んでいるが、住民数約一二〇〇という当時の人口規模からすれば、むしろ「町」とすべきである――。数か月後には、ラングドック地方アレスの神学校を出た弟フランソワ（François Bonjour）も、その助任司祭に取り立てた。ここでクロードは貧しい教区民たちに厳格な生活態度や慈悲、敬虔さなどを訴え、その説教の力によって人々の崇敬を集めた。やがて、村民の三分の二以上が彼に共鳴するまでになったという。[132]

そしておそらく一七八二年頃、ボンジュール兄弟はピネル派の痙攣の業に触れ、数々の「奇蹟」を起こすようになる。たとえば一七八三年、織物職人ジャン・ローランの妻フランソワズ・シャトラン二七歳に対する奇蹟である。胸部の腫瘍に苦しんでいた彼女は外科医にかかっていたが、一向に症状が改善しなかった。それを知ったクロードは、外科医の治療をやめさせ、フランソワズにパリスの肖像画に触れさせた布切れを患部に貼りつけさせて、九日間祈祷をおこなうよう命じたところ、快癒したという。だが、ことはそううまくは運ばなかった。同年七月、妊娠したフランソワズが廊下を歩いていて倒れ、足を骨折してしまった。それでも不自由な足でミサに出ていた。クロードはそんな彼女に外科医が与えた松葉杖を捨てさせ、こう言うのだった。「ローランの妻よ、われらが主イエス・キリストにより、立ちあがって歩いて家に帰れ」。やがてフランソワズは完治していなかった足を再び骨折し、流産ないし死産したのち、高熱を発して一〇月に他界したという。[133]「奇蹟」が悲惨な結果を招いたのである。

このことがあったためか、クロードは一七八三年に司祭職を弟フランソワに譲り、助任司祭には、ジャンセニスト勢力が強かったフォレ地方のボエン出身で、鍛冶師の息子ジャン＝バティスト・ファルレ（フュルレとも）という、痙攣の業にかかわっていた人物を充てた。そんなある日、足に障害をもつ村娘がフランソワに治療を求めた。そこで彼は娘の足にナイフを柄まで突き刺した。娘は痛みを覚えず、治癒した。こうして新たな賛同者――多くが女性――を得ることになる。家長や夫婦は参加しなかったが、おそらくこの時期にボンジュール派が誕生したといえるだろう。彼女たちは夜、村の納屋に集まり、司祭による鞭打ちに歓喜の叫びをあげた。さらに野原でも同様の鞭打ちがみられた。

それだけではない。デュブルイユの前記『ファラン派に関する歴史的ないし批判的研究』によれば、村ではフランソワによる磔の業もおこなわれたという。その志願者は三〇歳前後の女性幻視・予言者のエティエネット・トマソン。孤児でフランソワがとくに目をかけていた彼女は、激しい疝痛と痙攣にしばしば襲われ、藁ベッドの上をのたうち回って、藁を引きちぎるという病状の持ち主だった。これを憑依とみたフランソワは、スクールによって悪魔祓いを

図47　フランソワ・ボンジュール肖像画（作者・制作年不詳）

しようとした。そこで彼はエティエネットとともに一室に閉じこもり、彼女が聖霊と交信できるように、その口に息を吹き込んだりした。彼女はまたいくつかの奇蹟も開陳していた。たとえば一七八七年の四旬節期間中、つまり四〇日ものあいだ何も食せず、復活祭の主日には居室の壁に釘付けしてあった木片に突然葉を蘇らせたという。さらに、沼に落ちて危うく溺れそうになったが、神意によって奇蹟的に助かったともいう。

そして同年一〇月一二日金曜日午後三時、痙攣派最大の流血儀礼がおこなわれる。小教区教会に集められた支持者たちの前で、フランソワとクロード（ファルレとする説もある）が聖母礼拝堂の壁に立てかけた十字架にエティエネットを押し当て、木槌で彼女の両手に釘を打ち付けたのである。同様のことは両足にもなされた。こうして血を流しながらも、彼女は痛みを訴えたりせず、ただ一言、「嗚呼、神よ！」と叫んだだけだった。やがて釘を抜かれた彼女は、床に倒れながらも腕を交差させて祈りを始めた。ボンジュール兄弟はこの儀式が小教区民に信仰の強さを示すためのものだったとしているが、彼女がこの試練から回復するには数週間かかったという[134]。

しかし、さすがにこうしたスキャンダラスな事態が看過されるはずもなく、加えて反対派住民のひとりが、体中に針が刺さったまま絶命するという事件も起きた。それを知ったリヨン大司教のモンタゼは司教総代理のジョリクレールをファランに派遣し、実態を調査させた。作成された報告書は、新しいセクトの狂気を明確にするものだった。これを受けて、同じ一七八七年、大司教は教書を発してクロードとファレルをそれぞれの生地、すなわち前者をポン＝ダン、後者をボエンに追放処分とした。むろん、ボンジュール派の他の主要メンバーも村から一掃した。司祭フランソワはブルゴーニュ地方のタンレ修道院に幽閉させた。

こうしてボンジュール派は壊滅した。いや、そうなるはずだった。しかし、フランソワは幽閉先から支持者たちと交信をおこない、やがて修道士たちの監視が手薄になったのをこれ幸いとばかりに修道院を脱出して――支持者たちは彼が天使によって解放されたと信じた――、パリに向かった。首都に出た彼は、シャトレ地区のある印刷業者（後述）の家に身を隠した。[135] そして、遅れてパリに出てきた彼の下女ブノワト・モニエと、二〇代後半のマルグリット・ベルナールと合流する。ファランの実力者で、のちに村長となるミシェル・ベルナールの姉妹だった後者は、宿痾の腫物と骨折に苦しんでいたが、一七八七年、幻視で神の声を聞き、それに従ってフランソワからナイフでの刺胳を受けて奇蹟的に快癒したという。

　やがて彼女は、礫のスクールをおこなったエティエネットとともに、ファランの予言者となる。ただ、妻同様のモニエはともかく、自分を頼ってパリに出てきたマルグリットをどうすべきか。おそらく迷った末だろう、一七八八年一月、フランソワは彼女をポール＝ロワイヤ修道院に入れる。『古今人名事典』によれば、その際、フランソワは彼女の両足にそれぞれ五本の釘を刺し、裸足で修道院まで歩かせた。この年の四旬節には、彼女は毎朝「人糞のロースト」だけを口にしただけで、あとは一切の食物を拒んだとされる。[136] にわかには信じがたい話だが、[137] 哀れなことに、翌一七八九年冬、マルグリットはこうした苦行がもとで他界してしまう。だが、その死因について、のちにパリ警視庁から尋問を受けたフランソワは肺炎だと抗弁したという。[138]

図48　聖職者に基本法への宣誓を強要する風刺画（1791年、作者不詳）

　一七八八年にはまた、リヨン大司教区でも大きな動きがあった。ボンジュール兄弟に少なくとも当初は共感を抱いていたはずのモンタゼが退き、新任大司教としてイヴ・ド・マルブフが赴任したのである（一七九九年離任）。若いナポレオン・ボナパルトの庇護者でもあったマルブフ伯の甥である彼は、フランス国内の聖職者たちの任地を差配できるほどの実力者であり、後述するように、一七九〇年七月一二日の憲法制定会議で議決された「聖職者民事基本法」に反対する勢力を主導することになる。

神父で憲法制定議会の議員だったアンリ・グレゴワール（一七五〇―一八三一）をはじめとするジャンセニストたちが、その草案作成と制定に重要な役割を果たしたこの法律は、国内のカトリック教会とその組織を国家の管理下に置く、換言すればフランスに一種の国家的教会を組織することを目的とするものであった。これにより聖職者は特権を剥奪され、国家に雇われる一種の公務員となった（前頁、図48参照）。さらに司教は各県の、司祭は当該地区のそれぞれ選挙人総会によって公選されることにもなった（これらの選挙人はカトリックでなくてもよく、それをカトリックに限定しようとしたグレゴワールの修正案は認められなかった）。

だが、時の教皇ピウス六世（在位一七七五―九九）は、聖職者に神以外にも宣誓を強制するこの改革案を異端的だとして非難し、その結果、聖職者は宣誓を拒む忌避派とそれを受け入れる立憲派とに分裂した（後述）。まさに教勅「ウニゲニトゥス」のときと同様の事態が起きたのである。宣誓忌避派だったマルブフはまた反ジャンセニストであり、着任早々、教区内の痙攣派のみならず、ジャンセニスト勢力の一掃を図った。それを受けてか、ファランではボンジュール派の財産が住民たちによって没収された。

革命下のボンジュール派

だが、禍福は糾える縄の如しで、ボンジュールたちには願ってもない出来事が起きる。一七八九年七月のフランス革命である。敵視していたローマ教会に決定的な打撃を与えることになるこの革命に、おそらく彼らは快哉を叫んだことだろう。事実、大司教の追放令が反故にされたのをこれ幸いとばかり、同年九月、ボンジュール兄弟は相次いで勇躍ファランに戻り、活動を再開する。そして支持者たちが村の主任司祭を追放したあとを受けて再び司祭となり、おそらく以前と同様のファナティックな宣教をおこなったのだろう。あるかあらぬか、翌一七九〇年には住民五七人が連名で兄弟と「共犯者たち」の再度の追放を、ファランの南一〇キロメートルにあるトレヴーのセネシャル裁判所に訴え出る。

これを受けて、のちに国民公会や元老院議員となってファランで没する評定官ジャン＝マリ＝フランソワ・メルノ（一七三七―一八〇五）が、ボンジュール兄弟やファルレ、さらに彼らの「共犯者たち」を捕らえ、同市の監獄に幽閉してしまう。毎回異なる証人を立てての尋問は、一七九〇年七月から翌年七月にかけて数度おこなわれた。そこで作成された調書の詳細はデュブルイユの前掲書に譲るが[139]、兄クロードがリヨンの裁判所に控訴して、最終的に彼は一七九一年九月、弟は二か月後の一一月に釈放される。それにはきわめて熱心な支持者のひとりだったスーションという神父の巧みな弁護が与って力があったという[140]。だが、何よりもこの釈放は、フランソワが革命と一七九〇年の聖職者民事基本法を支持したことによる。事実、一七九一年一二月三日、彼は聖職に復するため、同法に対する以下のような宣誓をしている。

ここに署名します私こと、ファラン小教区主任司祭は、すべての公職に公民の誓いを命じる国民議会（憲法制定議会の誤り）の諸政令に従って、これらの政令を遵守してそれに完全に服し、市民として、またわれわれの上に築かれた権威に従う民の模範的な司牧者として、私がその名誉ある一員である国家と、私が自らの行動を合致させるべき規範である法、そして全国民の長である国王に完全に忠誠を尽くすこと、さらに私の能力に応じて、国王が承認した王国の憲法を支え、最大限の正確さと真の温情をもって、私に託されるであろう信徒たちを見守ることを誓います[141]（・・・）。

トレヴーの検察官アンドレ・ベルティエの作成になるこの宣誓書が功を奏して、晴れて自由の身となったフランソワは、しばらくトレヴーに滞在したのち、ファランには戻らず――より正鵠を期していえば「戻れなかった」――、再びパリに移る。そして、かねてより手紙のやり取りをしていた未亡人のクロディーヌ・ドーファンと、司祭の身でありながら同居を始める（時期不明）。三五歳、つまりフランソワより三歳年上の彼女は、リヨン南西方フォレ地方のジャンセニストたちの中心的存在だった小貴族マドモワゼル・ボエンの下女で、同居時にはすでに妊娠していた。やがて生まれた男児には、クロディーヌが一七九一年の聖木曜日（復活祭直前の木曜日で、この年は四月二一日）に見た幻視でイエスから告げられた名前がつけられた。「エスプリ・サン（聖霊）」である。フランソワの実子ではないが、この命名が彼のメシアニズムと合致したものであることは疑いえない。

　さらに一七九二年八月には、フランソワが投獄中、リヨンに残って主人の連絡役をつとめ、釈放後は一緒に暮らすようになった下女のブノワト＝フランソワズ・モニエ、通称アンファンが、「将来のメシアで、パラクレ（慰め主）」になるとの期待をこめた男児を生んでいる[142]。フランソワは、この実子に「イスラエルのエリヤ」を意味する、イスラエル＝エリ（以下、エリと表記する）の名を与えた。こうしてボンジュール派はついに預言者＝メシアを得たのである。そしてそれはボンジュール派の活動をさらに活性化したことだろう。

　一七九二年一月一〇日の書簡で、フランソワが「娘たちを十字架に架け、妊娠させ、女性たちを侮蔑した」と弾じた、ファラン在住の評定官メルリノ（前出）の不安をあざ笑うかのように、「ファランの元主任司祭で、八年前から公務についていなかった聖職者」のクロード・ボンジュールは、突然ファランに舞い戻る。そして同年九月二四日、村の民家に村長をはじめとする村役たちを集め、自由・平等・博愛の革命精神を説き、愛国心を高揚したという。つまり、この兄もまた、弟同様、革命精神の唱道者となったのだ。はたしてどこまで本心だったかは不明だが、少なくともそれは警吏たちの追及を逃れる最上の方便ではあったろう。しかし、彼がボンジュール派である以上、この姑息な方便がいつまでも効力を発揮するはずもなかった。革命暦二年のブリュメール（霧）月二二日（一七九三年一一月一二日）、その説教に耳を傾けていたはずの村長たちが態度を一変して彼をファランから追放し、村に残した財産もすべて没収した。やむなくクロードは反革命派の牙城だったリヨンに逃れ、さらにそこを脱出して、途中、フランス中東部のトゥルニュやマーコンで数か月間の逮捕・勾留生活を送ったのち、革命暦三年メシドール（収穫）月（一七九五年七月）、最終的に弟たちのいるパリへ向かうのだった。おそらく彼は、この首都でもさらなる逮捕劇が自分を待ち受けていることを知らなかった。

ボンジュール派の末路

こうしてファランでのボンジュール派は壊滅状態となったが、それはセクト全体の勢いの消滅を意味するものではなかった。たしかに全盛期はすでに過ぎ去ったとはいえ、セクト自体は新たな聖職者を得てもいた。フォレ地方サン＝テティエンヌ東郊のサン＝ジャン＝ボンヌフォン小教区で主任司祭をつとめていた、ファナティックなジャン＝ジャック・ドルヴェ（生没年不詳）がそのひとりである。このサン＝テティエンヌは北東方に位置するリヨン同様、「痙攣の業の仲間たち」のもうひとつの拠点でもあった。かつてはドルヴェもまたフランソワに倣って聖職者民事基本法に誓約しながら、預言者エリヤの近い来臨を唱え、信徒たちにボンジュール派のメシア待望を説いていた。一七九四年一一月のこと、同村の子供を含む男女住民一〇〇人ほど（四三人とする説もある）が、口々に讃美歌を歌いながらエルサレムに向かった。目的は「聖霊の共和国」建設と勝利のエルサレム再興だった。だが、彼らはサン＝テティエンヌ近郊のサン＝ジェネスト＝マリフォーで逮捕・投獄されたという[143]。同時期にはまた、集会に参加していた女性や子供など五〇人あまりが国民軍に逮捕・尋問されたが、その際、彼らは異口同音に「ボンジュール」と名のった。そして、土地や家財道具を売り払い、荒野で苦行に明け暮れる共同体「イエス・キリストの共和国」を建設して、預言者エリヤの来訪を待つと告白したともいう[144]。

ボンジュール派はまたブルゴーニュ地方のドンブ一帯やフォレ地方でも教勢を拡大していった。たとえば革命暦三年フリメール（霜）月一三日（一七九四年一二月三日）、ブルゴーニュ地方アルム村の行政当局は、警察・治安部の名で「ボンジュールという名で知られるセクトの移住についてなされた報告書」を作成している。「シトワイヤン（同志たち）へ」という革命期に特徴的な呼びかけから始まるそこには、これまでみてきたようなボンジュール派の活動内容や、「ファナティックなモンジュロン」のことがかなり詳細に記されており、村人に認識と注意を喚起している[145]。だが、フランソワの息子エリを預言者として新たな共同体を構築しようとする試みは挫折する。一八〇三年、彼らがパリの治安当局に逮捕されてしまったからである。以下ではその辺の経緯をフランス国立古文書館（サン＝ドゥニ分館）

に所蔵されているボンジュール関連資料(146)からみておこう。まずパリで流感が猛威をふるった七か月後の革命暦一二年ヴァンデミエール（ブドウ）月七日、つまり一八〇三年九月三〇日に作成された警察大臣宛ての報告書である。

去るフリュクティドール（実）月一九日（一八〇三年九月六日）の報告は、数人が政府に対する秘密の陰謀を企てたとしている。その中にはとくにボンジュールとデュファイエの名が記されていた。そこではまた集会の場としてボーヴィネ嬢の家が明示されてもいた。

革命暦一二年（一一年の間違いか）のヴァンデミエール月、ボンジュールとデュファイエは仲間一四人といたところを、コンセイユ・デタ（国務院）評定官兼警視総監氏の命により、国家転覆の脅威と計画を抱いているとして逮捕された。彼らはテルミドール（熱）九日（一八〇三年七月二八日）、パリから四〇里離れるという条件で釈放された。

だが、明らかにボンジュールはなおも非難されるべき行動をとり続け、自らに課せられた命令に従うことを無視してきた。そのため彼は再逮捕され、フリュクティドール一七日に、サント＝ペラジ監獄に投獄された。

一方、デュファイエに関する情報はないが、パリに姿を現しているとの疑いがある。ただ、コレージュ県に向かったということを信じる根拠はある。彼がそのための通行証を取得しているからである。

ボーヴィネ嬢はノートル＝ダム橋のたもと、セーヌ岸の廃材置き場で粗末な店を営んでいる。彼女は六か月前に寡婦となった。夫はグルネル事件に連座して死刑を宣告されていた。最終的に刑は執行されなかったものの、狂信的な考えと呪わしい人間関係のため、頻繁に投獄と釈放を繰り返していた。その妻はより穏やかな考えの持ち主だが、夫と死別した際、多額の負債を抱えた。隣人たちは彼女が出不精で、ささやかな商いで付き合う人物以外、ほとんど交際がないと語っている。しかし、監視は続行中である。

この報告書に登場するボンジュールはフランソワである。デュファイエがいかなる人物だったかは不明だが、フリュクティドール月一九日の報告書には、ボンジュールとともに「テロリスト」と記されている。国家転覆を図ったとすれば、革命期に生まれたこの呼称が冠せられても不思議はないが、はたしてフランソワがそこまで考えていたのだろうか。ともあれ彼は、所払いの処罰を無視して逮捕され、かつてスール・ガブリエルの姉ジャンヌが幽閉されたサント＝ペラジ監獄に送られた。また、ボンジュールたちに集会の場を提供したボーヴィネ（寡婦であるにもかかわらず、表記はなぜかフィユ「娘」となっている）の死別した夫が連座したという事件は、一七九六年五月に革命家で平等主義者の通称グラキュス・バブーフ（一七六〇―九七）が主導した、総裁政府転覆の「陰謀」を指す[147]。どうやら彼女はその夫ほど反体制的ではなく、おそらくボンジュールがパリ在住の少数のメンバーを集めて開いていた、痙攣派の霊会とも無縁だったろう。

それにしても、デュファイはともかく、ボンジュールは逮捕容疑にあるように、体制転覆を図ったのか。あるいは単にその集会自体に当局が危機感を抱いただけなのか。少なくともこの報告書には、ボンジュールが痙攣派の指導者であることは言及されていない。集会が彼らの霊会であるとの指摘もない。とすれば、パリの治安当局はこの時点ではまだフランソワの正体を把握しておらず、単に不穏分子＝テロリストとしてみていたのだろうか。では、当局が彼の来歴を知るようになったのはいつか。それに関する言及がみられるのは、弁護士出身で、のちに代議員となる初代警視総監のルイ・ニコラ・デュボワ（在任一八〇〇―一〇）が署名している報告書である。作成日は革命暦一二年とあるだけで、暦日が明記されていないが、ボンジュール兄弟およびその係累についての貴重な史料である（図49）。いささか長い紹介となるのを承知で、煩を厭わずその本文を全訳しておこう（記述の重複箇所は省略）。

逮捕された者たちは以下のとおりである。

1．フランソワ・ボンジュール、通称ダニエルは元聖職者で五四歳。アン県ファランの元主任司祭、マルシャンの（印刷所における）校正係。ドルヴェはサン＝タンドレ＝デ＝ザール通り（パリ左岸、サン＝ミシェル地区）の印刷業者。このダニエルは、司法大臣閣下が革命暦一一年フリュクティドール月二日の書簡において、アン県に居住し、狂信的かつ危険分子でパリにも共謀者たちを有していると指摘した、ボンジュールと同一人物である。

2．通称ボンジュール・フィス（ボンジュール二世）ことエリ・ダニエル一二歳は、年齢を超えた精神と繊細さの持ち主。フランソワ・ボンジュールは彼を新しい預言者、新しいメシアだと思い込ませようとしている。ただこれに関して、当人はさほど教化されていない（後段の記述と不整合）。

3．フィリップ・ダニエル八歳もまたフランソワ・ボンジュールの息子で、父親に似て年にしては多少変わっている。彼が言うところによれば、父親が家族のなかでただひとり教会に行かず、自宅でフランス語によるミサをおこなっているという。

4．ジャン・モニエ一七歳はフランソワ・ボンジュールと、彼がファランの主任司祭をしていた時期の下女だったブノワト・モニエとのあいだにできた密通の息子。この子供はいうところの宗教的行事にいろいろ出席したと言明しているが、とくに賛歌では、きわめて淫猥な表現が含まれている曲を歌ったという。

5．ブノワト・モニエはサン＝マルスラン出身で五五歳。フランソワ・ボンジュールの下女だった彼女は、ボンジュール宅で数度聖体拝領に与ったと言明している。だが、家事や庭の手入れなどで忙殺されていたため、宗教的儀礼や集会（霊会）にはめったに参加できなかったとも供述している。

6．クロード・ボンジュール六一歳はファランの元主任司祭。この仕事を弟に譲り、現在は靴職人をしている。

7．アンヌ・ボンジュールは露天商ガヴェの妻で、アングレ通り一七番地に住んでいる。

8・9・10　フランソワズ・ジャネット、クローディヌ・ガヴェ、および三人の娘。

11．ガヴェの息子ルイ・ガヴェはモロッコ革職人で、住所はウルサン通り四一番地。

12．フィリップ・ガヴェは次男で一五歳。無職。

13．ダミウー・コレ三七歳は蝋引きタフタ製造人。住所はサン＝マルタン通り六五番地。

14．ジャン・ローネ二二歳は靴下の行商人。住所はグラン・デグレ通り四番地。

15．ピエール・ティボーは四二歳で、ダミウー・コレの工房でタフタ職人をしている。

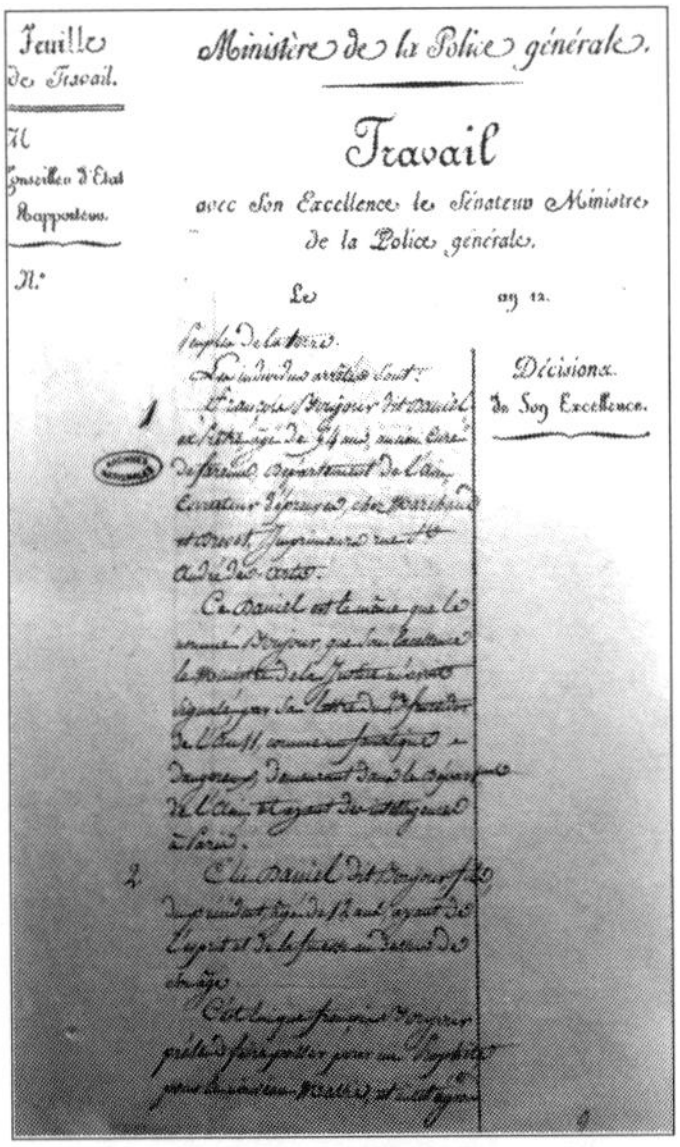

図49　ボンジュール兄弟とその仲間たちの逮捕記録（フランス国立古文書館、筆者撮影）

16. ジョゼフ・シメオン・ギュイエは一七歳。ヴァンドーム広場の仲買人グローダン氏の帳簿係手伝い。モネ通り二四番地の母宅に住む。

さまざまな尋問および情報により、小職は以下の者たちを釈放すべきとの結論に達した。ダミウー・コレ、フィリップ・ダニエル、ルイ・ガヴェ、ジョゼフ・シメオン・ギュイエ、ピエール・ティボー、ジャン・ローネ。これらの者たちについてはいかなる（訴訟）費用も発生せず、告発できるとすれば、彼らの軽挙や愚かさだけである。だが、他の拘留者八名の場合は事情が異なる。

フランソワ・ボンジュールは危険な狂信者で、良俗や原理原則とは無縁の人物である。彼は精神が脆弱な者たちから不当に得た影響力を乱用して、自分のすべての夢想を信じ込ませ、彼らからかなりの大金を詐取している。とりわけ彼はその奇蹟なるものを信じ込ませようとし、信奉者たちに自らがファランで繰り広げた破廉恥な場面を神意によるものと思わせ、彼らをさらに大きな驚異に導かなければならないとしている。

その息子エリ・ダニエルは父親の妄想的な考えを頭から信じ込んでおり、年相応の精神に戻すことが困難なほどである。彼は自分が大いなる事業に招かれていると信じかつ自称している。

一方、クロード・ボンジュールは外見こそ素朴で品位があり、厳格さは感じられないが、じつは弟に劣らず狂信的で危険である。

ボンジュール兄弟はあらゆることを悪用し、あらゆる悪徳に耽っている。小職はこの兄弟が新しい指示があるまで拘置されるべきと考えている。

エリ・ダニエルは国立の養護施設に入れるものとする。そこで彼は自然から得たさまざまな才能を育み、罪深い親から与えられた呪わしい刻印を徐々に捨て去ることができるだろう。

フランソワ・ボンジュールの同棲者であるブノワト・モニエと、兄弟の姉（ないし妹）でもあるガヴェの妻、および彼女の三人の娘については、アン県に送り返し、地元当局の監視下に置くものとする。

さらに、尋問の結果として、フランソワ・ボンジュール宅で発見された大金は、彼が信奉者たちから詐取したものである。それゆえ、より十分な解明がなされるまで、パリ警視庁の金庫に保管するよう命じるものとする。

コンセイユ・デタ評定官、警視総監、第四区帝国警察代表　署名　デュボワ。


まず、この報告書にはフランソワ・ボンジュールの年齢が五四歳とある。とすれば、彼は一七四九年頃に生まれたことになる。とすれば、兄のクロードの生年は一七四二年）、息子フィリップ（八歳）を四六歳のときにもうけたことになる。息子の母親は不明である。フランソワより三歳年上だったクロディーヌ・ドーファンではないだろう。一歳年上だったブノワト・モニエでもないだろう。もしフィリップが実子であったなら、おそらくその母親はほかにいたはずだ。はたして供述に基づくこうした年齢がどこまで信用できるものかはわからないが、報告書には痙攣ないし痙攣派の文言は登場していない。ただ、ファランや奇蹟や神意、信奉者という文言、さらにボンジュール兄弟およびその家族のことをこれほど調べ上げた尋問であれば、彼らがいかなる存在であったかはすでに明確になっていたはずだ。

報告書によれば、フランソワはフランソワ＝マリ・マルシャンの印刷所で働いていたという。マルシャンは一七九三年にサン＝キュロット（無産市民）部門の革命委員に任じられたが、九四年七月、ロベスピエールたちのジャコバン派を追放したテルミドールの反動クーデタで「テロリスト」として逮捕されている（同年一二月釈放）。そして一七九六年、パリで日刊紙《ポスティオン・ド・カレ（カレーの御者）》を創刊してその主幹をつとめたが、一八〇三年七月に倒産（二回目）してしまう。とすれば、フランソワは廃刊直前のこの雑誌の校正を担当していたことになるが、当局から「札付き」と思われていたであろうマルシャンの印刷所をあえて選んだ意図は何だったのか。

報告書にはまたジャン＝ジャック・ドルヴェの名もみられる。主任司祭をつとめていたサン＝ジャン＝ボンヌフォンを追われた彼はリヨンに移り、一七九三年、ジロンド派の牙城だったこの町が国民公会軍に占拠されたのち、おそらく兄が反革命分子としてギロチン刑に処されたあと、リヨンを去ってパリに来ていたことになる。聖職者としてより、むしろジャーナリストおよび編集者としての才に恵まれていた彼は、パリでマルシャンと競合する印刷所を立ち上げ、創刊間もない《ポスティオン・ド・カレ》紙の社主となった（自称か?）。そして一七九六年には、国民公会議長もつとめたベルトラン・バレール（一七五五―一八四一）が、一七八九年から九一年まで刊行していた議会情報紙《ル・ポワン・デュ・ジュール（夜明け）》を、自らが主幹となって復刊している（一八〇〇年発行禁止）。その一方で、彼はパリ在住の痙攣派の中心的存在として活動していた[148]。だが、報告書には彼に対する処罰がなぜか記されていない。最初の事実上の「妻」クロディーヌ・ドーファンについての記載もない。予言や幻視をおこなってセクトの中核を担っていた彼女はどうなったのか。管見のかぎりでいえば、一連のボンジュール関連記録にその名は見当たらない。あるいはこの頃にはふたりはすでに訣別していたのだろうか。

　それはさておき、ボンジュール兄弟はその後どうなったか。時期は不明だが、釈放された弟はまさに性懲りもなく活動を再開している。そのことは、次の史料からはっきり読み取れる。革命暦一三年プリュヴィオーズ（雨）月第五日、すなわち一八〇五年一月二四日に作成されたパリ警視庁の報告書（図50）である。

　フォブール・サン＝マルソー地区（助祭パリス終焉地区）のカンパーニュ通り一六番に、信徒たちが秘密裏に集まっている新しいセクトが見つかった。彼らはその霊会を始めようとしていた際、逮捕された。逮捕者の数は女性や青少年を含む一六人である。彼らの集会場には聖三位一体の神秘に関する寓意的な大きな絵や聖杯用の覆い二枚、ホスチア（聖体）、香、中程度の大きさの白および三色の旗二枚、三丁の銃、火薬の入った小樽、総額九六一〇リーヴルの金貨・銀貨などがあった。このセクトの目的は修正的なユダヤ教を再興し、万民の宗教とするところにある。霊会ではつねに同じ主題の説教を講読する。そこではさらに口語による讃美歌が歌われるが、そのなかにはかなり汚れた言葉やきわめて下品な表現も含まれている。霊会の主宰者はときに香料を燃やし、ホスチアをテーブルの上

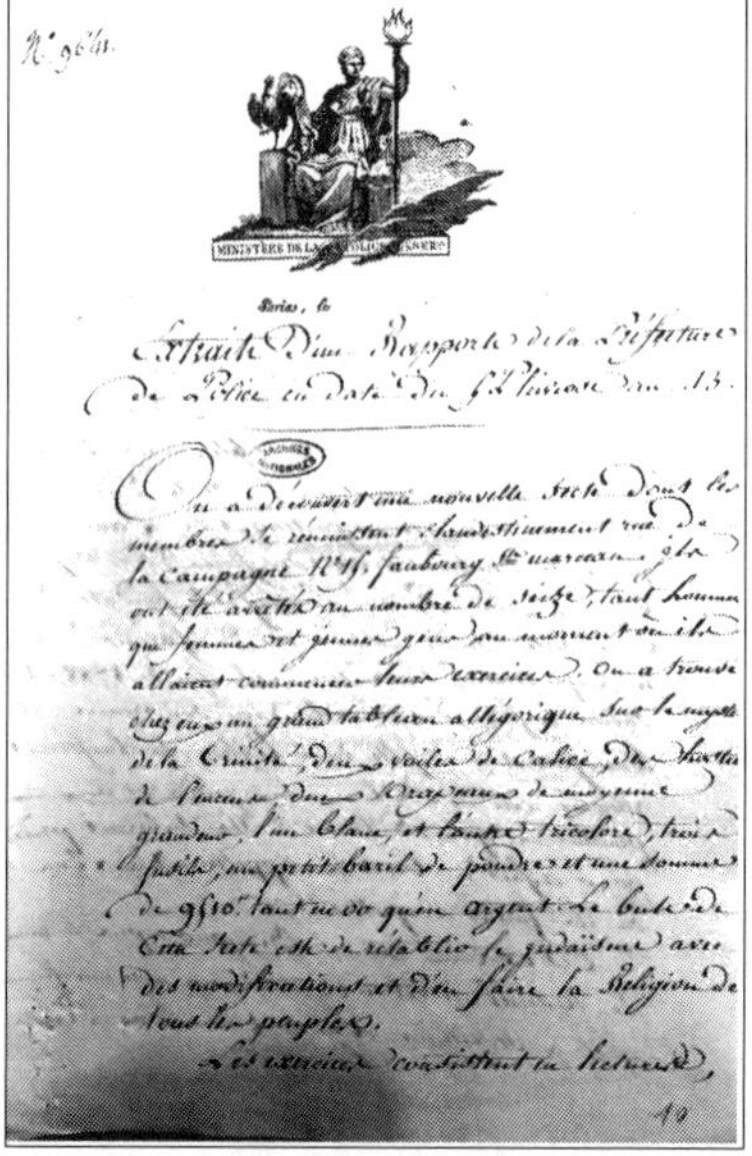
N° 964

MINISTÈRE DE LA ...

Paris, le

Extrait d'un Rapport de la Préfecture de Police en date du 12 Nivose an 13.

On a découvert une nouvelle secte dont les membres se réunissent clandestinement rue de la Campagne N° 15 faubourg St Marceau. Ils ont été arrêtés au nombre de seize, tant hommes que femmes et jeunes gens au moment où ils allaient commencer leurs exercices. On a trouvé chez eux un grand tableau allégorique sur le mystère de la Trinité, deux voiles de calice, des hosties de l'encens, deux drapeaux de moyenne grandeur, l'un blanc et l'autre tricolore, trois fusils, un petit baril de poudre et une somme de 9510 tant en or qu'en argent. Le but de cette secte est de rétablir le judaïsme avec des modifications et d'en faire la Religion de tous les peuples.

Les exercices consistent en lectures

10

図50　ボンジュール関連報告書（前同）

に広げる。そして、何ほどか祈りを捧げたあと、ホスチアを切り裂いて参加者に分け、各人はこれを家に持ち帰る。ときに主宰者はミサをフランス語で挙げ、聖体拝領をローマ教会風におこなったりもする。

このセクトのメンバーたちは新しい賛同者にたいしては最大限のことをするよう求められるが、それには新参者をしっかりと選ばなければならない。おそらく彼らはアン県に分派をもっており、その兄弟たちはときどきパリを訪れたりもしている。セクトの指導者で創設者は同県ファランの元主任司祭で、一七八八年末、彼は助任司祭とともにいくつかの「奇蹟」をおこなっている。たとえば教会内である娘の手足に釘を打って、一五分ほど十字架に架けたままにしておいたりした。そのため、彼らはトレヴーで裁判を受け、さらにリヨンに召喚されたあと、無罪放免になっている。

このボンジュールという名の元司祭はダニエルと称し、リヨンで誘惑し、パリで告発された女性と同棲生活を営んでいる。彼は五人の子供をもうけ、その長男一二歳の名はエリ（ヤ）である。彼は息子エリが眉目秀麗で知性に満ち、まもなく偉大な奇蹟をおこなって、すべての宗教をひとつにまとめ、これが地上の万民の宗教となる、ということを狂信者たちに納得させている。

ボンジュールはそのもっとも忠実な信奉者たちに無謬性という賜物を約束し、何とかそれを与えたが、金銭によらずにそれを得た者は、神の意に背くことなくすべてをなすことができるとしている。霊会で逮捕された指導者とメンバーたちは極端なまでに狂信的で、後者の前者に対する信頼は際限がない。そして、犠牲的精神を発揮して、指導者のどれほどささやかな意志でも実行しようとする。

霊会に参加していた個人の大部分は、ボンジュールの親族をはじめとして、モロッコ革職人のジャヴェや商人の若い徒弟ギヨ、靴下商人のラミー、蝋引きタフタの製造人コレおよび職人数人である。そのなかで、このコレはリヨンを去り、パリでセクトの指導者に合流している。

ボンジュールは印刷所の校正者で、日に五〇ソル前後を稼いでいる。彼が主張しているところによれば、家で見つかった大金は、大部分が倹約したものと預り金だという。セクトの他のメンバーについては、目下情報を収集している最中だが、現在までパリには一〇〇人程度いると考えられている。

この尋問調書に登場するボンジュールとは間違いなくフランソワのことである。すでにみておいたように、パリでの彼はダニエルの偽名を用いていたからである。ともあれ、彼らは度重なる逮捕・勾留にもめげず、パリでの活動を続けていた。おそらくマルシャンの印刷所にも復帰していた。この印刷所は一八〇三年に倒産したのちに再建されていた（一八〇六年七月に最終的に倒産・閉鎖）。だが、尋問内容に誤りがないとすれば、カンパーニュ通り（不詳）での霊会は、ファランのファナティックなそれとは様変わりしていて、随分とおとなしいものとなっている。ただ、銃や火薬を秘匿していたのは何のためか。これだけでも重罪となるだろうが、調書にはそれ以上のことが記されていない。秘匿していた一〇〇〇リーヴル近くの大金についても同様である。日給五〇ソル（二〇ソルで一リーヴル）の彼がいくら倹約しても蓄えられる金額ではない。一七九〇年のサン＝マルセル地区における毛布製造工場の男子労働者の日給は、一説に三〇ソルだった(149)。とすれば、この大金の真の出所はどこだったのか。

女性ふたりに子供たち（何人いたかは不明）を抱えての生計。本来なら日々の暮らしは決して楽でなかったはずだ。にもかかわらず、彼はサン＝マルセル地区に近いアングレーズ通り（現タヌリ通り）一三番地、ベネディクト会系のフィユ＝イングランド修道院の真向かいに、家族や信徒たちを住まわせることができるほど広い家を購入していたという(150)。とすれば、本人の弁にある「預り金」――ファランやリヨンなどのメンバーから「詐取」（前出の報告書）したもの か――は、おそらくその資金に充当したのだろう。私的に流用してもなおこれだけの大金が残れば、三年間程度は働かなくても生活できる。あるいは校正係とは官憲の目から逃れるための方便だったのか。

ここで何よりも興味深いのは、フランソワが「預言者」に仕立てた息子エリを担いで、無謬性を約束された熱心な「信徒たち」とともに、「地上の万民の宗教」を構築しようとしていた、ということである。おそらくそれは痙攣派の延長上にあるはずだが、いったい彼はそのためにいかなる戦略を描いていたのか。あるいは「預り金」の残金を、その資金に充当しようとしていたのだろうか。むろん、この壮大な宗教革命の計画は何度目かの逮捕によって粉砕されるが、少なくともそこにはジャンセニスムの思想は微塵にもみられない。

さらに、革命暦一三年フロレアル（花）月二八日（一八〇五年五月一八日）の警察大臣による報告書は、そんな彼らの運命を明記している。それによれば、ボンジュール兄弟は同年のヴァントワーズ（風）月四日（二月二三日）に投獄されていたが、「本日、妻や子供たち六人、および使用人たちともども、スイスに隠遁し、親族の近くで、フランスでは得ることができない生活手段を見つけ出すとして、許可を願い出た」という。そして、その申し出は受け入れられた。一方、ことクロードについては、興味深い文書が残されている。革命暦が廃されて、再びグレゴリオ暦に戻った一八〇六年の四月二九日作成になるパリ四区の帝国警察記録で、そこには彼が裁判所への「陳情書」を行商・頒布した廉で革命暦一二年フリメール月（一八〇三年一二月）に逮捕され、次のテルミドール月一一日（一八〇四年七月三〇日）にスイス国境に近いジュラ地方のサランに追放されたとある。しかし、「パリできわめて悲惨な生活を送っていた彼の妻と子供たちは、その生活を救うため、彼がパリに戻るよう願い出た」。これを受けてクロードは減刑され、監視付きでの帰国が認められた。つまり、彼は一八〇四年七月から一八〇六年四月までサランに追放されていたことになり、一八〇五年二月にせよ五月にせよ、パリにいなかった。この年代的な齟齬をどう理解すればよいのか。客観性があるはずの公的な文書であるにもかかわらず、いずれかの文書に誤記があったのか。

その解明は他日を期すとして、投獄と釈放、さらに追放を繰り返すという異様な生涯を送ったボンジュール兄弟は、ミショー編の『古今人名事典』によれば、追放先のローザンヌでかなり高齢になるまで生きたという[151]。だが、その死亡年についてはは諸説ある。たとえばアルベール・ムセは兄弟がローザンヌ南郊のウシに追放され、一八一一年に帰国が許されたが、クロードはそれ以前、フランソワは帰国後まもなくして兄の後を追ったとしている[152]。一方、デュブルイユによれば、ファラン派のコロニーは一八一八年にスイスからパリに移るが、クロードはすでに他界していてその移動には加われず、フランソワも当初は逮捕を恐れて一行と別行動をとった。やがて彼はパリに戻り、正確な没年は不明だが、文字通り波乱に満ちた生涯を閉じた。クロディーヌは九人目の子供を出産したのち、一八三四年にやはりパリで没したという[153]。

デュブルイユはまたエリについては、トレヴーの古文館所蔵資料に基づいて、一八六六年（一八五四年とする説もある）、子供一一人を遺して世を去ったとしている[154]。享年七四。生前、預言者を廃業した彼は、ブルボン朝を打倒し、ブルジョワジーに押されたオルレアン公ルイ・フィリップによる立憲君主制が始まる一八三〇年の七月革命では、国民軍の中佐として活躍したとする説もある[155]。そして、この革命後、パリのタンプル通りに店を構えて羊毛の商いで蓄財した元預言者は、北仏サン＝カンタン近郊のリブモンにあった無住のサン＝ニコラ大修道院を購入し、そこに繊維工場を建てて、その製品をパリの店で売っていたともいう[156]。

では、その後のボンジュール派はどうなったか。むろん、指導者たちが他界ないし転向したあとでは、運動そのものが壊滅状態になったことは当然だろうが、二〇世紀に入ってもその命脈は細々と生き延びた。ムセによれば、一九〇九年でもファランや周辺の村にはなおも二〇〇人近く、パリやナントなどにも若干の信奉者がいたというのだ。さらに驚くことに、二〇世紀中葉ですら、この運動の「最後の証人」が一〇人ほど生存していたともいう[157]。はたして彼らがいかなる人物で、いかなる活動ないし生き方をしていたかは不明である。

だが、ボンジュール派の瓦解をもって、ただちに痙攣派全体が消滅したわけでは決してない。最後に、いわば痙攣派運動の掉尾を飾る――こう言ってよければ――コミュニカン派とベガン派、そして「プティ＝テグリーズ」の運動をみておこう。

5．コミュニカン派（Communicants）

コミュニカン派の創始者であるフランソワ・ジャクモン（François Jacquemont, 一七五七―一八三五）は、リヨン司教区のフォレ地方ボエン――フランソワ・ボンジュールの助任司祭だったファルレと同郷――に生まれている。やがて生地の南東二〇キロメートルに位置する、デュゲの生地モンブリゾンのオラトリオ会で初等教育を受け、リヨン西郊サント＝フォワ＝レ＝リヨンのサン＝ティレネ神学校で神学を学んだ。

図 51　F・ジャクモン肖像画
（作者・制作年不詳）

彼の生涯についての詳細は、ロマン派の文学者で、ブルターニュ地方誌を創刊しているレオン・セシェの『ポール＝ロワイヤル・デ・ジャンの破壊から今日までの最後のジャンセニストたち』[158]に譲るが、前出のリヨン大司教モンタゼから高く評価された彼は、最初は司教区の助任司祭、そして一七八四年には、二七歳の若さで生地と同じフォレ地方、サン＝テティエンヌの北一〇キロにあるサン＝メダール＝アン＝フォレ村の主任司祭に任じられた。興味深いことに、隣村のサン＝ガルミエでは、一七七三年、主任司祭のアルノー・ティゾンがかねてより幻視と痙攣を繰り返していた小教区民の寡婦にスクールをおこなったとして解任されていた[159]。とすれば、おそらくリヨンやフォレの痙攣派「真理の業の友」とも親交のあった、あるいはその一員だったジャクモンにとって、この村は願ってもない赴任地だっただろう[160]。

確信的なアウグスティヌス主義者でポール＝ロワイヤリスト、さらに反教勅派＝上訴派でフィギュリストでもあった彼は、自分の小教区に「真理の仲間たち（Amis de la Vérité）」と呼ばれるセクトを創設し、助祭パリスの遺徳を称え偲ぶ支持者たちを集めた。いつからかは不明だが、のちにコミュニカン派と呼ばれるようになるそのセクトもまた痙攣を特徴とし、「真理の業の友」やボンジュール派とも近かった。「交流派」とも訳せる呼称の所以だが、ジャクモンはボンジュール派のようなエキセントリックなスクールはおこなわず、むしろ聖アウグスティヌスの教えと贖罪の苦行を小教区民に説いた[161]。

ジャクモンもまた数点の著作を遺しているが、たとえば一七九四年、四五〇頁におよぶ『キリスト教の利点と真理に関する教訓、および教会を襲うさまざまな悪疫と神がこれらの悪疫に向けた治療薬にかかわる歴史的教訓』において、真の痙攣を擁護している。さらに翌年、五八六頁もの大著『守るべき行動に関する信者たちへの呼びかけ』も上梓して、信者たちにジャンセニスムを支持するよう説くと同時に、ジャンセニストたちが過去一世紀以上にわたって繰り返し主張してきたことを篩にかける。さらにルイ一三世が、フランスを聖母マリアに捧げる誓約をノートル＝ダム司教座聖堂でおこなった一八一六年には、六四頁の小冊子ながら、彼の思想を簡潔にまとめた『田舎のある主任司祭による教会と国家の悪疫に対する唯一の治療薬』を出している。その冒頭、彼は「フランスが二五年ものあいだ打ちのめされてきた激しい嵐のあと、多くの人々がわれわれの悪疫にたいする治療薬を探すことに専念してきた」が、限りある人間の知恵では「われわれの傷」を癒したり、「失われた静けさや繁栄」を取り戻したりすることができないままであると言挙げする。そして、そのための唯一の治療薬は神のみが有しており、それを得るには苦行だけであるとしている。[162]

目覚めよう。「さあ、われわれは主のもとに帰ろう。主はわれわれを引き裂かれたが、癒し、われわれを打たれたが、傷を包んでくださる」（『ホセア書』6・1。訳文は『新共同訳聖書』）。われわれは何を待つのか。われわれが証人となっているさまざまな出来事によって、そして天上の神託によって、悪が戸口にあり、苦行だけがわれわれの頭上で不気味なうなり声をあげる嵐を避けることができるということを十分に知っているのか。主は慈悲に満ちており、反抗する子供たちを渋々罰するが、われわれを招き、われわれがその元に戻るよう後押しし、苦行のしかるべき果実によってその怒りを解いてくれる。にもかかわらず、われわれのなかにはなおもダンスや見世物、賭け事、娯楽、そしてあらゆる種類の重大な過ちが見られるのだ。[163]

覚醒して快楽を退け、苦行という贖罪行為によって神意に従う。こうした考えの極端な事例は、四旬節の潔斎・禁欲・苦行を日常化していた一〇世紀中葉の異端カタリ派にみることができるが、こと四旬節に限っていえば、それはむしろカトリックに伝統的なものとしてあった。ただ、ジャクモンは後期痙攣派の一部の指導者同様、ルイ一六世の処刑を嘆き、共和政国家や教会をアンチ・キリストと同列に置き、それを神に抗する悪疫と見立てていた点に思想的な特徴があった。では、彼はフランス革命とそれに続く一連の出来事をどのように考えていたのか。

たしかにジャクモンは革命にはさほど賛同しなかった。ただ、クロード・ボンジュール同様、一七九〇年七月に制定された聖職者民事基本法は支持し、モンブリゾンの一二人のオラトリオ会士のうちの七人とともども、これに誓約してもいる。だが、のちに彼はそのことを後悔する。聖職者民事基本法が多くの聖職者の反発を招き、ローマ教皇ピウス六世もまた公にこれを弾劾したからだ。事実、同教皇は二度にわたる教皇書簡、すなわち一七九一年三月一〇日の「クオド・アリカントゥム」と四月一三日の「カリタス」において、この基本法を異端的で不法なものと弾じている。その結果、基本法の受け入れに署名した少なからぬ聖職者はそれを撤回したが、これもいわば焼け石に水で、宣誓拒否（忌避）聖職者と立憲派聖職者の対立は一般の信徒も巻き込んで深刻の度合いを増し、一七九三年には、フランス西部ヴァンデ地方で、三〇万人募兵令に反発する農民たちとカトリック王党軍が結んで蜂起するまでになった（本書第3章参照）。

こうして国内各地でさまざまな反革命反乱を引き起こした基本法は、ジャクモンが最初の著書を刊行した一七九四年の九月に廃止されるが、その少し前、彼は自らがおこなった誓約を撤回する。おそらくそれは、前述したように、モンタゼの後任としてリヨン大司教となっていたマルブフが、基本法反対運動の急先鋒だったことと無縁ではなかった。この大司教は、コルシカ独立運動の指導者パスカル・パオリ(164)の副官として活躍したマルブフ伯の甥で、革命前まではフランス国内の聖職者配置に隠然たる力を発揮していた。とすれば、痙攣派はこの基本法を受け入れたボンジュール派たちと、それを拒むリヨンやサン＝テティエンヌの「痙攣の業の仲間たち」、およびジャクモンたちとに分裂したことになる。ジャクモンはまた一七九六年三月に時の総裁政府が定め、すべての公職者と聖職者に誓約を求めた法、すなわち「王政と無政府状態に対する敵意(165)（憎悪）」への署名も拒んだ。そのため、彼は一七九八年、数か月の投獄生活を余儀なくされてしまう。

だが、痙攣派にとって最大の転機は、とくに一七九九年ブリュメール一八日のクーデタで第一統領となったナポレオン・ボナパルトと、ローマ教皇ピウス七世（在位一八〇〇—二三）とが一八〇一年七月に結んだ、いわゆる「コンコルダ」（政教条約。コンコルダートとも）だった。一八〇四年、ナポレオンの戴冠式にも招かれたこの教皇は、のちに皇帝と激しく対立し、一八〇八年に教皇領を没収されるにおよんでついに皇帝を破門するまでになるが、少なくともコンコルダ締結時には、よもや皇帝が教皇を、つまり人間に由来する権力が神に由来する権威を利用しているとは露ほども思っていなかっただろう。

このピウス七世は、ナポレオン失脚後にバイエルン王国やプロイセン王国などともコンコルダを結ぶが、たしかにフランスにおけるそれは、かつての教勅「ウニゲニトゥス」や聖職者民事基本法と同様、国内の聖職者にとっては一種の踏み絵とでもいうべきものだった。基本法によってこじれたフランス国家とローマ教会との妥協を図ったこの協約では、司教は教皇庁によって再編された教区に、司祭は司教によって新たに設定された小教区[166]にそれぞれ配属されることになっていた。ただし、これら聖職者の叙任権は教皇にあり、その任免は聖職者の国家への忠誠誓約を前提として、人選は第一統領が指名するというものだった。そのかぎりにおいて、司教に対する教皇の至高の権威が聖なるものとされたとするエメ＝ジョルジュ・マルティモールの指摘[167]は、必ずしも妥当なものとはいえないが、むろんこれはジャンセニストたちが金科玉条としていた伝統的なガリカニスムに反する措置だった。

聖職者民事基本法の立役者だったグレゴワールは、今度ばかりはコンコルダに激しく抵抗した[168]。ファランのボンジュール派もこれを拒んだ。ジャクモンもまた拒んだ。そして、彼はのちに多くがコンコルダを受け入れるようになったボンジュール派を「汚物にまみれた者たち（マルギリスト）」と呼んでこれと決別する一方、リヨンの立憲派司教からの攻勢に抗するため、同市の反コンコルダ派をはじめとする他のセクトとの提携を模索した。パリで出されていた教会情報紙《アミ・ド・ラ・レリジオン（宗教の友）》の一八三五年九月二六日号は、ジャクモンの追悼記事を載せているが、それによれば、一八〇二年、シャンベリ（とジュネーヴ）の司教（一八〇五年解任）に選ばれたコンコルダ支持派のルネ・ド・モンスティエ・ド・メランヴィルがリヨンを訪れた際、ジャクモンは同司教と面会して、忠誠誓約の署名を拒絶したという[169]。この拒絶はリヨン司教区の多くの聖職者が抱いていたコンコルダへの反感を体し、ガリカニスムに対するナポレオンや教皇の越権に異議申し立てをおこなうものだった[170]。

度重なる誓約署名の慫慂をはねつけたジャクモンは、《聖職者通信》（印刷版）が廃刊を余儀なくされた一八〇三年、サン＝メダール＝アン＝フォレの主任司祭職を追われ、後任には、リヨン司教総代理だった反ジャンセニストのジャン＝ジョゼフ・バルー（一七七二―一八五五）が選ばれる。この人事を後押ししたのが、ボナパルトの母方の叔父で、前年にリヨン大司教となった枢機卿ジョゼフ・フェシュ（一七六三―一八三九）だった。一七九一年、アジャクシオの司教代理となったフェシュは、九三年、前述したパスカル・パオリを支持してコルシカの独立戦争を戦ったが、圧倒的なフランス軍に敗れたのち、プロヴァンスに逃れた。そして恐怖政治時代に聖職を離れ、一七九五年、甥のイタリア遠征に糧食長として従軍する。商才にも富んでいた彼は、この従軍時にイタリア名画を大量に入手してもいる。やがてナポレオンが第二回イタリア遠征を敢行した一八〇〇年、聖職に戻り、コンコルダの交渉にあたった。翌一八〇一年には、教勅「ウニゲニトゥス」のときと同様に、コンコルダを受け入れる宣誓署名が強制され、フェシュは司教区内で反ジャンセニスト活動を積極的に展開した[171]。

そんなフェシュにしてみれば、ジャクモンはいわば喉元に刺さった棘だった。こうして聖職を追われたジャクモンは、自らが革命前に小教区内に創設した無償の初等学校に逼塞し、平凡な日々を送ったという。ただ、コミュニカン派のメンバーに対する霊的指導と、各地のジャンセニストたち、とくに一八世紀初頭にパリで創設されたポール＝ロワイヤル協会との交信だけはおこなっていた。そのなかで、彼がもっとも親交を深めていたのが、パリ会計法院の評定官で、ボシュエに師事し、所有地のポール＝ロワイヤル＝デ・シャンで没したルイ・シルヴィ（一七六〇―一八四七）だった。多くが痙攣派と距離を置いていた、いや、むしろ反発さえしていたパリのジャンセニストたちの指導的立場にあったシルヴィは、《聖職者通信》のあとをうけて一八一八年に創刊された、ジャンセニストたちの情報誌で、反教皇権至上主義・反コンコルダを標榜した《宗教年代記》（Chronique religieuse）、そしてそれが二一年に廃刊となると、三八年からは同じ系統の《聖職者雑誌》（Revue ecclésiastique）の編集を手がけ、ジャンセニスムの伝統をつないだ。

一八三五年七月、ジャクモンはサン＝メダール＝アン＝フォレで没する。享年七八。臨終に立ち会ったサン＝ガルミエの司祭たちは彼にコンコルダへの宣誓署名を迫ったが、残る力を振り絞って断固それを拒んだという。ジャンセニストとして最後の矜持を示したのである。そのため、司祭から臨終の秘蹟を拒まれ、友人の聖職者からそれを授けられた。彼は遺言書を遺している。作成の日付は死の七年前の一八二七年五月一三日。そこで彼は「ジェラール・ルスやフランソワ・ド・パリス、スネ司教ジャン・ソアナン、トゥーレット司祭フランソワ・シャヴァヌ（不詳）およびその他の上訴派諸氏のとりなしで、全能なる神がなされた無数の奇蹟を現実のものと強く確信している」としたうえで、以下のように記している。

私は神が聖助祭フランソワ・ド・パリスの墓で生まれた驚異の御業を知るという慈悲を与えてくれたことに感謝する。この御業はあらゆる種類の奇蹟や予言、超自然的な出来事にきわめて富んでおり、異教徒の永罰や聖預言者エリヤの次なる使命、さらにユダヤ人の改宗の予兆にほかならない。私はこの御業を全能なる神の封印の徴とみることになんら躊躇しない。最後の審判時、私は神だけがかくも偉大な驚異をなしえるということを信じる狂人でありたい。(172)

はたしてこの遺言にあるジャクモンの言葉がどこまで本心なのかどうかは不明とするほかない。だが、少なくとも彼のなかではなおも一世紀前に世を去ったパリスが生きていた。むろん、こうして遺言書に明記された奇蹟者たちの名は、それを目にする者にとっても近いものだったはずだ。そして死の二年前、彼は毎年物納される麦を小教区内の貧しい人々に分け与え、聖職禄の二〇〇フランは前記初等学校に寄付していたという。さらに臨終に先立って、家具調度品と装飾品をすべて貧者と教会財産管理員会に遺贈したともいう。ただ、書籍だけは甥たちに遺した(173)。

一九世紀初頭には本拠地サン＝テティエンヌとサン＝メダール＝アン＝フォレをはじめとするその周辺に、ジャクモンの信者は四〇〇〇人あまりいたとされる(174)。だが、指導者の死後、彼らコミュニカンたちはコンコルダ派聖職者の圧力で教会に戻り、最終的にセクト自体は一九世紀中葉にほとんど姿を消した。わずかにサン＝テティエンヌに数家族残り、パリのジャンセニストたちとかなり密接な関係を保っていたが、一八七〇年代には痙攣派と決別し、彼らの集会場だった「ジャンセニストたちの家」と資料を市当局に譲渡している。

6．ベガン派（Béguins）

通説では、「真理の業の友」の地域呼称である「ベガン派」が痙攣派最後のセクトとされている。ボンジュール兄弟の衣鉢を継いだ主任司祭のジャン＝ジャック・ドルヴェ（前出）が、かつて預言者エリヤの来臨を唱えて小教区民の教化にあたっていたサン＝ジャン＝ボンヌフォン村にいつごろか出現したセクトで、彼らはボンジュール派やコンコルダ派教会と一線を画し、フィギュリズムを奉じていた。呼称はこの地方伝統の黒い帽子ベガンに由来する、あるいはベギン修道会の旧修道院を拠点としていたからとする説などがあるが、正確なところは不明である。このセクトに関しては、高名な医師フェリクス・ルニョー（一八六三―一九三八）が、実際に同村で聞き取り調査をおこなっている。医師で解剖学者、そしてフランス形質人類学の祖とも呼ばれるポール・ブロカ（一八二四―八〇）が一八五九年に創設した、パリ人類学会の会長をつとめた人物である。それゆえその調査は、いささか信じがたい内容を含んでいるとはいえ、かなり信頼を置いてもよいだろう。

ルニョーの報告によれば、一八四六年、彼らベガン派待望の預言者エリヤが出現したという。この預言者を自称した人物の名はジャン＝バティスト・ディゴネ（一八五七没）。ただ、彼は聖職者ではなかった。フランス中南部オーヴェルニュ地方タンス出身の石工で、妻子を捨て、物乞いをしながら各地を遍歴し、同年のはじめ、浮浪者取締令で逮捕されていた。そして、獄中でサン＝ジャン＝ボンヌフォンのベガン派のことを知り、釈放後、村にやってきたのだった。あるいは遍歴の過程で痙攣派やそのメシアニズムについて知識を得たのか、村人たちに自分が預言者エリヤの再来で、神意によって地上に再臨したと公言して憚らなかった。聖霊が自分の口を介して語るとも言った。とすれば、まさに彼は痙攣派最後の預言者として登場したことになる。いささか煩瑣な作業ではあるが、貴重な資料である。以下ではルニョーの報告書を要約しておこう。(175)

ポール＝ロワイヤリストのルメートル・ド・サシ（本書第2章参照）が仏訳した、廉価本ながら美文をもって知られた聖書、通称「ポール＝ロワイヤル聖書」を用いての説教が功を奏したのか、ディゴネはまたたくまに村人たちの心をとらえ、多くの信者を得るようになった。だが、それも束の間で、一八四六年六月には再逮捕されてサン＝ティエンヌの軽罪裁判所に送られ、さらに精神異常者としてオーリヤックの精神病院に強制収容されてしまう。一一月、信者たちの働きかけが功を奏して出所するが、一八四七年五月、再び逮捕されてしまう。このときは信者たちが官憲に抵抗し、怪我人も数人出たという。罪状は無宿と天国の場を売ったという詐欺、そして非合法集会の主宰だった。裁判では、彼は自分が「ベガン派の司祭であり、偉大な預言者である」と述べたという。投獄三年の刑を宣せられたが、二月革命後の一八四八年三月、恩赦によって保釈される。彼が働いた詐欺は、自分の利得のためではなく、セクトの活動資金にするためにおこなったとの判断が下された結果でもあった。出獄したディゴネを信者たちは狂喜して迎え、家を一軒用意した。日々の生活も支援した。

こうして後顧の憂いがなくなった彼は、キャロット（小球帽）をかぶり、「悪の蛇を踏み潰す」ために木靴を履いて活動を再開し、前記聖書を引用しながらメシアニズムや終末論を説き、皆に讃美歌を歌わせながら、しばしば村内を行進した。さらに聖職者たちを「黙示録の獣」と弾じる一方、神を自称し、崇敬の所作だとして信者たちに自分のキュロットのボタンに接吻させたりもした。それを信者以外の村人から密告され、保釈から二か月後にまたぞろ逮捕され、前回同様にオーリヤックの精神病院、ついで同じオーヴェルニュ地方のル・ピュイの同種の施設に幽閉される。宗教的モノマニア（一種の偏執狂）。それが彼に下された診断だった。この施設で姓名を問われた際、彼は、こう答えたという。「私は善神《ボン・デュー》である」。村で信者たちから「ベガンの愛すべき善神」と呼ばれていたからだった。

ルニョーによれば、調査当時（一八八〇年代）、サン＝ジャン＝ボンヌフォン村とその周辺には、なおも三〇〇人あまりのベガン派がいたという。典拠は示していないが、パリにもまたセーヌ右岸の旧いテンプル地区に四〇―五〇人おり、その大部分が縁飾りの材料を商っていたともいう。都市在住の彼らは目立った格好をしていないが、地元ではそうではなかった。女児や娘たちは赤いリボンをまきつけた布製のヘアバンド「ミルリトン」で髪を抑え、婦人たちは頭巾にそれをつけ、寝るときも外すことがない。外せば瀆聖の行為だと考えていたからだ。男たちは帽子をかぶり、両端に結び目がある細紐を下げていた。ディゴネの指示によるものだが、強制ではなかったという。

ルニョーはさらにベガン派が宗教についてであれ何であれ、議論を嫌い、教会にも入らなかったとしている。ただ、選挙の投票はおこない、メンバーの何人かは村会議員にもなっている。炭鉱で働く者もいたが、いったいに根気のある彼らはそれなりの暮らしをしており、互いに助け合って生活していた。仲間の誰かが何かを必要とする場合、自らはそれを乞わず、仲間が支援してくれた。それゆえ、社会福祉事務所の世話になることはないが、ディゴネが創設した相互扶助の組織は二〇年ほど活動したのち、解散している。ベガン派の家族は厳格で、子供の教育も徹底していた。日々聖書を読ませ、ダンスや芝居は誘惑が多いとして禁じていた。地元の教師たちによれば、身だしなみがきちんとして清潔な児童は彼らだったという。ベガン派はまた泥酔や隣人への陰口とも無縁で、喧嘩騒ぎは例外だった。笑ったり喜んだりすることもめったになく、静謐を何よりも重視した。俗信的ではあるが、新しい加入者を求めたりもしない。ジャンセニストである以上、彼らは恩寵を信じており、その信仰が愚弄されることを望まなかったともいう。

一方、ベガン派は土地の法には従順で、家族の出産や結婚、死亡のときは役場への届け出を怠らず、政治的には温厚だった。「さまざまな革命が彼らに言いがかりをつけたりしない」からだという。興味深いことに、彼らはとくに一八四八年から仲間内で結婚しており、それゆえ同姓が多く、村内には全部で一三の姓しかなかった。親族間の結婚にも昔から好意的だが、結婚は世俗婚だけで、宗教的な儀式はおこなっていない。

カトリックではあるが、ローマ教会のキリスト教徒ではないと自称する彼らはまた、教会の秘蹟を信じていた。ただ、それに頼ることはせず、恩寵があればそれだけで十分だとし、すべてを自分たちだけでまかなっていた。パーテル（主祷文）やクレド（使徒信経）を唱えながら、神に対してのみ信仰告白をおこなう。洗礼はなおも存続していたものの、嬰児の口に塩（！）を含ませることはなかった。授洗者にはだれでもなれたが、しばしば地元の最古参のメンバーが呼ばれた。なかには、幼児洗礼をおこなわない不熱心な家もあった。すべての重要な祭儀では、ベガン派の大人たちのあいだでパンとワインによる聖体拝領がなされ、長老が神に祝福を祈った。ときにはかなり長いあいだ保存されていたパンをそれに用いたりもした。長老は終油の秘蹟も担っており、そこではドルヴェ神父時代からの聖油が用いられた。バラのエキスが使われることもあった――。ルニョーはさらにこう続ける。

修道会聖職者がいないベガン派は、あらゆる悪の源泉であり、「黙示録の獣」（ディゴネの言）でもあるカトリックの聖職者を恐れている。メンバーはだれもが平等で、長は存在せず、霊的指導者もいない。秘蹟を授ける長老はいるが、神聖な権威は有していない。ミサもなく、ディゴネが始めた霊会に取って代わられている。通常、それは毎週土曜日と日曜日、さらに大祭の日に営まれる。場所は最古参家の納屋や囲い地が選ばれ、部外者の参加は認められていない。そこでは聖書が声高に朗誦され、讃美歌が歌われ、預言書が読まれる。ただし、この霊会はパリでは姿を消している。前述したように、彼らはパーテルやクレドを唱えるが、聖母マリアを称える「天使祝詞」が唱えられることはない。聖母への信仰はあるが、マリアや聖人への崇敬が今では偶像崇拝とみなされているからである。

ベガン派は苦行とも無縁である。何人かは聖地ポール＝ロワイヤル・デ・シャンへの巡礼をおこなっているが、この巡礼はなんら聖性を帯びてはいない。あるいはそれはパリの司教座聖堂参事会員で、ジャンセニストの上訴派だったジャン＝アントワヌ・ガゼニュ（一七一七―一八〇二）が、およそ一世紀前の一七六七年に出した『ポール＝ロワイヤル・デ・シャン巡礼入門』を手にしての、物見遊山的なものだったかもしれない。ただ、（一般のキリスト教徒が節食ないし断食をおこなっていた）毎週金曜日はもとより、復活祭直前の聖金曜日ですら肉食を退けていない。

セクトのメンバーが他界した際は、夜に埋葬をおこなう。出棺に先立って、他のメンバーが遺体安置室に招かれ、皆で福音書を朗誦し、死者に捧げるため、詩篇三篇と讃美歌を歌う。それから皆で柩を墓地まで運ぶ。担ぎ人を頼むことはない。スコップで土が最初に遺体の上にかけられると、墓穴の周りに男女が左右に並び、二〇分から二五分のあいだ、再び讃美歌が歌われる。それからクレドとパーテルが唱えられ、そのあと、死者のために神に赦しを請う。この恩寵祈願もまたディゴネが定めたものである。一帯のベガン派はすべてサン＝ジャン＝ボンヌフォン村の墓地に埋葬され、今では墓地面積の四分の一を占めるまでになっている。村から彼らに譲渡された墓所はかつて垣根で仕切られていたが、宗教的な寛容さによって撤去されている。ただ、墓は一様に盛土だけで、墓石も十字架など目立つものは何もなく、周りに立ち並ぶ墓石や歴代領主たちの豪奢な礼拝所とはいかにも不釣り合いの印象を受ける。唯一残っている墓石もセクトを離れた女性のものである。彼らベガン派は遺骸を霊魂が立ち去った抜け殻でしかないとして、墓参をせず、年忌にも無関心である。葬列に出会っても、ディゴネ以降、十字を切ったりもしない。

では、ベガン派の教義とはいかなるものだったか。ジャンセニストを自称する彼らは、唯一神や聖三位一体、旧約・新約聖書を信じているが、それについてめったに語ることがないため、ほとんどの人がそれを知らず、あしざまな中傷を浴びせかけられてもいる。彼らはまた恩寵を信じているが、それは地上での生き方によって増減するという。ディゴネの説に従って霊魂の転生を信じている彼らは、地獄については神の眼差しが永遠に奪われている場だとし、煉獄はその眼差しが一時的に奪われているとする。

ベガン派によれば、人間の世は次の三通りに分かれているという。一八〇〇年頃まで続いた神の子の時代、一八〇〇年間続くはずの聖霊の時代、そして父なる神が支配する時代である。それぞれの時代は神の子と聖霊、さらに父なる神の来臨によって始まる。神の子イエスは原罪を、聖霊は人間が生前に犯した罪を担い、父なる神は半分人間、半分動物の姿をとって、あるいは順番に両者の姿で顕現して、あらゆる生き物を救うとする。ただ、父なる神のあと、いかなる世界が待っているかはだれも分からないという。

ベガン派の聖典としては以下がある。

1．伝統的なガリカニスムの讃美歌集。
2．ジャンセニストの讃美歌集。
3．一七九三年頃に識字者のメンバーが創った五〇ないし六〇曲の讃美歌集で、とくにカトリシズムを批判している。ディゴネは自分のために作曲されたその詩句を好んで歌ったが、彼自身の創作はない。
4．痙攣派や共鳴者たちの言葉を集めた手写本。これらのなかには預言者エリヤの来臨を告げる古い写本（一七五〇一九〇年）、秘密裏に保管されてきた新しい写本（一七九九―一八一〇年）、それ以後、とくに一八五七年（ディゴネの没年）に現れた啓示を集めた写本。

こうしてベガン派について縷々述べたあと、ルニョーは以下のように結論づけている。まず、このセクトは宗教的というよりむしろ思想的な集団であるとする。そして、霊的指導者をもたぬメンバーは互いに平等であり、倫理的・道徳的な厳格さを守り、新加入者の勧誘には無関心だった。つまり、宗教史からみれば、きわめて特異な存在だったという。シャンタンは、ベガン派の指導者となったディゴネが、出身地であるフランス中南部オート＝ロワール地方に広まっていたメソジスト系敬虔派（モミエ）に属し、その集会の常連だったとしている。[176] とすれば、彼が厳格な生活態度を信者たちに説いた背景には、イングランド国教会の司祭だったジョン・ウェスレー（一七〇三―九一）を創唱者とする、この信仰覚醒運動の主張が反映していたのだろうか。

ディゴネはまた予言をよくし、三つの災厄、すなわち飢饉と戦争、ペストに襲われるとし、エリヤの化身である自分を信じれば、その災厄を免れると唱えた。シャンタンによれば、とりわけサン＝ジャン・ボンヌフォンの人々を引き付けたのが、飢饉説だったという。ディゴネが村に出現した一八四六年当時、折からの凶作によって、同村では農業が疲弊し、それに伴って、一八世紀前葉から村の経済発展を促し、人口の激増（四倍）をもたらした炭鉱も衰退を余儀なくされていた。[177] とすれば、ベガン派の中核をなしていたメンバーが多く従事していたこれらの産業の危機は、結果的にディゴネの終末論的な予言に社会的・経済的な根拠を与えたと思われる。

しかし、一種のフィールドワークをおこなったルニョーの同時代的な報告には、ベガン派が痙攣の業やスクールをおこなったとの記述は見当たらない。あるいはディゴネの死後、そうした行為がセクトから姿を消したとも考えられなくもないが、カトリックではなく、プロテスタント＝メソジストの敬虔派を出自とするディゴネにとって重要だったのは、痙攣派のさまざまな実践を踏襲することより、反教会的なポール＝ロワイヤルと自らのジャンセニスムを理念的な原郷としながら、村人が彼に託した予言者（ないし預言者）としてのイメージをどう生きるか、いや、より正鵠を期していえばどう演じるかだったはずだ。

　このルニョーの報告は痙攣派の実態を知るうえできわめて貴重な史料であるが、残念ながら、当時の政治的・社会的状況とセクトとの関連についてはなぜかほとんど言及がない。ベガン派が内部的にどれほど完結したものであっても、共同体である以上、外的な要因と無縁ではありえなかったはずである。実質的に最後の「痙攣の共同体」というべき「プティ・テグリーズ」派は、まさにそうした外的状況と密接にかかわっていた。

7．プティ・テグリーズ派（Petite Église）

「小さな教会」を字義とする「プティ・テグリーズ」[178]派は、フランス革命を神の千年王国的なデザインのなかに刻まれた「正義と怒りのとき」[179]としながら、コンコルダに反対して追放された司教や司祭たちが、コンコルダ派教会との接触を拒み、その司教や司祭たちを「簒奪者」と弾じて秘密裏に結成したセクトである。おそらく「プティ」という形容辞は、ジャンセニストや痙攣派の聖地デ・シャンのソリテールたちが開設し、ラシーヌたちが学んだ「プティット＝ゼコル（小さな学校）」をイメージしたと思われるが、リヨンやブルゴーニュのボージョレ地方を拠点としていたこのセクトは、とりわけ痙攣派に近い聖職者たちによって主導された。これら聖職者たちのひとりであるジャン＝ドミニク・シェ（一七四五―一八〇七）は元ドミニコ会士で、「痙攣の業」グループに属し、「聖職者民事基本法」への署名を拒んでフランスを離れ、一七九七年に帰国してリヨンに住み着いた。一八〇二年、彼は『コンコルダに関するカテキズム』を上梓してコンコルダを批判するとともに、新しいフランス教会の創設を唱えたという。ただ、残念ながらこの書は印刷・製本されず、手書きのままだった（筆者未見）。

　プティ・テグリーズ派のその後の展開で、おそらくもっとも重要な存在だったのは、シャルル・デフール・ド・ラ・ジュヌティエール（一七五七―一八一九）である。リヨンの貴族出身で、父親は革命前まで貨幣法院の院長をつとめていたという[180]。彼はミシェル・ピネルが一時期教鞭をとっていた、パリ北東ジュイイのオラトリオ会系学寮に学び、おそらく在学中にジャンセニストとなった。いつ頃からか精神現象やメスマーの動物磁気説に関心を抱くようになり、やがて「痙攣の業」派に入って、リヨンとフォレ地方の民衆に痙攣派の大義や主張を説いた。そして、リヨン西郊のグランジュ＝ブランシュにあった自分の城館で、痙攣の霊会を組織したという[181]。一七九三年の国王処刑に際しては、カトリック王政とフランス教会との結びつきを終焉させたとしてこれを難じた。さらに一七九四年、革命派の手を逃れたリヨンのジャンセニストでポール＝ロワイヤリスト、そして「真理の業の友」の一員でもあった友人のアレクサンドル・ヴェルガス[182]（一七五四―一八二〇）やその共鳴者たちを城館に匿っている。だが、統領政府時代の一八〇一年頃、王党派をもって自任していた彼はパリで逮捕され、半年間、奇しくもルイ一六世や王妃マリー・アントワネットたちが最期の日々を送ったタンプル塔に幽閉される。そして一八〇二年、彼もまたコンコルダのあと、ナポレオンによって配された司教たちの正統性を認めず、プティ＝テグリーズ派の一員となった。だが、それからまもなく破産に追い込まれ、しばらくリヨンの支持者宅に逼塞し、貧しさのうちに他界した。

こうして尾羽打ち枯らす晩年を迎えたラ・ジュヌティエールだったが、生前にはその豊富な資金力にものいわせて数冊の書を著している。だが、わけても興味深いのは、一七八六年、逮捕されたボンジュールを擁護するため、リヨン司教区の司祭の肩書で、その同輩たち（詳細不明）に送った書状である。彼はそこで前述したエティエネット・トマソンの磔スクールなどに触れたあと、「偉大なコルベール」、すなわち（元）上訴派のモンペリエ司教コルベール・ド・クロワシによる、反上訴派＝反ジャンセニストたちに対する反駁の言を援用する形でこう記している。「〈闇のなかに安寧を求めようとする彼ら敵対者たちを覆っている〉雲は、痙攣派たちによってなされた数々の治癒奇蹟の光で霧散し、まさにこの驚異によって、だれもが神の御業を軽々に判断してはならないことを悟る。もはや彼らはこの高名な司教の小ささや脆弱な精神、無能さ、知性、判断力、さらに痙攣の業への盲目的な敬意を疑ったりしない[183]」。

一七三八年、つまり半世紀ほど前に没したコルベールを一部批判的に引き合いに出しながら、痙攣の業の正統性をさりげなく訴える。いささか信条の堅固さに問題があったこのモンペリエ司教が、はたして痙攣派に敬意を抱いていたかどうか、いやこのような言葉を語ったかどうかすら不明である。どうせなら痙攣派から聖人視され、その聖遺物が宿痾を癒すと信じられていたスネ司教のジャン・ソアナンの言葉だとするほうが、よりインパクトがあったはずだ。

たとえば一七三五年、サン＝テティエンヌ北西の町サン＝ガルミエで、篩を製造販売していた女性が、ソアナンの髪を患部に押し当てて、長年苦しんでいた瘭疽《ひょうそ》（手足指先の化膿性炎症）が奇蹟的に快癒したという。[184]だが、ラ・ジュヌティエールにとって重要だったのは、奇蹟より、こうして上訴派と痙攣派——より正鵠を期していえば痙攣の業——を結びつけることにあったのだろう。

さらに彼は、プティ・テグリーズ派がセクト化する以前の一七九二年、女性予言者のスール・アンジェリク（ピネル派）やスール・オルダことマリ＝エリザベト・フロントー（一七三〇—八六）などの予言・幻視集『一七三三年からの興味深い予言集成』を刊行している。もとよりこれらの言説自体が実際のものかは不明である。典拠が一切明示されていない以上、その大部分がラ・ジュヌティエールの創作だった可能性はかなり高い。ただ、むしろそれゆえにこそ、そこには彼の思想なり主張なりが披瀝されているとしてもよいだろう。そのことを留保しながら、いささか本題から逸れるのを承知で、あえてこの集成を一瞥しておこう。

ラ・ジュヌティエールによれば、たとえばスール・アンジェリクは、一七七九年五月八日、次のような予言をおこなっているという。プロテスタントたちのように教皇をアンチキリストと呼ぶのは、真の教会に対する中傷である。それはカトリックの教会を黙示録のバビロンと同一視するに等しいからである。だが、アレクサンデル六世（在位一四九二—一五〇三）のようによこしまで反宗教的なら、教皇は異端であり、退位させるべきである。[185]これは予言というよりもむしろ主張とすべきだろうが、周知のように、悪名高いボルジア家出身のアレクサンデル六世は、フィレンツェで神権政治をおこない、宗教改革の先駆者とされるサヴォナローラを焚刑に処し、息子チェザーレ・ボルジアを使って悪政のかぎりを尽くしたとされる。このような教皇ならまさにアンチ・キリスト以外何者でもないと断じたというのだ。むろんここには、プティ・テグリーズ派のいわば共通認識であったウルトラモンタニスム（教皇至上主義）への批判がみてとれる。

さらに一七八一年八月二五日、スール・オルダはこのような幻視を見たという——。

サン＝ヴィクトール教会（リヨン）の歌ミサに出席すると、多くの信者と高位聖職者がいた。身廊の上には祭壇が設けられており、そこには夥しい数のロウソクに囲まれた教皇服の人物がいる。それぞれのロウソクには指二本ほどの大きさの紙が貼られ、文字が書かれていた。その意味を尋ねると、ある声が答えた。「それらは彼（助祭パリス）のとりなしによってなされた奇蹟を指す」。静まりかえった堂内の傍らに目をやると、そこには満足げな司祭たち（上訴派）がいた。巨大で豪華な長椅子が運ばれ、教皇服をまとった人物が姿を現し、それに着座した。会衆がみな彼に会釈し、枢機卿たちもみな着座した。

やがて会衆たちが賛歌「ヴェニ・クレアトール・スピリトゥス（来たり給え、創造主なる聖霊よ）」を歌いだす。美しい歌声だった。斉唱が終わると、天上の教皇、地上の教皇が祈りのあと、恐ろしいほど強い声で叫んだ。「兄弟や友たちよ、今日こそこう言うことができる。神が呪われた日にわれわれをお救いくださったと。われわれから光を奪った濃い闇がわれわれを足萎えのようにしてしまった。この闇と偽りの悪霊を遠ざけ、真理へと導いてくれる星に従おう」。さらに、神の絶大なる力によって、「地獄の闇の王によって考え出され」、神の目にとって忌まわしい二つの事柄、すなわち教勅「ウニゲニトゥス」と信仰宣誓書を退けるよう命じるとも続けた[186]。

スール・オルダの幻視語りはさらに続くが、ここではパリス信仰と教勅批判とがなおもみられることに注目しておこう。まさにそれこそがジャンセニスト（上訴派）の重要なレゾン・デートルであり、おそらくラ・ジュヌティエールはそれを女予言者の幻視と語りを借りて主張ないし再確認しようとしたのだろう。ただ、いささか理解に苦しむのは、彼女の語りの後段である。そこでは痙攣の業が「神ではなく、偽りと過ちへと導く闇の悪霊」によるものと難じられているのだ。

幻視がそのまま予言となることはすでに指摘しておいた通りだが、ダニエル・ヴィダルをして「痙攣派予言の本格的なアンソロジー[187]」と呼ばしめた予言集を書き記したラ・ジュヌティエールもまた、痙攣の業をそのように考えていたのだろうか。むろんそうではないだろう。ヴィダルによれば、ラ・ジュヌティエールは痙攣だけで満足していなかった。「彼はユダヤ人たちが回帰して、堕落したキリスト教世界の真っただ中に救いをもたらすことを予言した[188]」という。とすれば、ラ・ジュヌティエールの終末論はピネルやボンジュール兄弟のそれと何ほどか通底していたといえるかもしれない。ただ、この頃のラ・ジュヌティエールはおそらくファナティックなスクールを伴う痙攣に同意できず、痙攣派とは距離を置いていたはずだ。事実、彼が一七九五年に上梓した自家版の書『われわれが生きている時代の性格と徴に関するカトリック教徒たちへの見解』では、五〇〇頁を超える本文で滔々とユダヤ人の回心ないし改宗を論じながら、痙攣や痙攣派については一言も触れていない。にもかかわらず、彼は痙攣派とされるプティ・テグリーズ派に参加している。なぜか。その真意は不明とするほかないが、明らかにこのセクトは痙攣を実践としての業ではなく、神意の表徴としてみていた。

たしかにプティ・テグリーズ派は、「痙攣の業」派を出自とする聖職者たちによって組織されていた。だが、卑見によれば、このセクトにかかわる痙攣の業の記録はほとんど残されていない。おそらく彼らはコンコルダとそれを信奉する聖職者たちに対する、宗教的というよりむしろ政治的・社会的な闘争を最優先していたのだ。事実、前記の集成にはスール・オルダが一七九一年九月一三日におこなった予言が収載されており、そこで彼女は「聖職者民事基本法」をバベルの塔に見立て、「神の目からすれば偶像」だとする。そして、「不敬虔と幻想と破廉恥さの産物で、恐ろしい罪の集大成でもあり、その前ではだれもが屈服せざるをえなくなる」と語ったともいう(189)。彼女がはたしてプティ＝テグリーズ派に属していたかどうか、いや、実際にそう語ったのかどうかさえわからないが、あえてこの語りを収載したラ・ジュヌティエールの意図は明確だろう。

やがてフランスの教会はガリカニスムを堅持したままカトリック教会の組織として再編され、民事基本法から派生した立憲派聖職者と宣誓拒否聖職者の対立は一応の終結をみる。だが、一八一七年、発効までには至らなかったが、復古王政と教皇のあいだで新たなコンコルダが結ばれると、プティ・テグリーズ派の司教六人がそれを受け入れてしまう。先のコンコルダで結成されたセクトが、新たなコンコルダで内部分裂したのである。そしてこの分裂は一八二三年に決定的なものとなる。セクトの一方の指導者で、シェ神父同様、「痙攣の業」のメンバーだったクロード・ジェルマン神父（一七八〇－一八三二）が、生地ボージョレ地方で神学生の育成を始めると、プティ・テグリーズ派の創始者のひとりで、反コンコルダのアレクサンドル・ド・ロージエール＝テミヌ(190)（一七四二－一八二九）が、転向した「痙攣の業」グループに近すぎるとして、この神学生たちの聖職叙階を拒んでしまったのである。
そしてジェルマンの死後、プティ・テグリーズ派は平信徒がその衣鉢を継いで指導するようになるが、入信者の勧誘をおこなわないことを原則としていたため、創設当初は一〇万ものメンバーを数えたというセクトの教勢は徐々に衰えていく。現在もなお同派に帰属するメンバーがいるが、たとえば二〇〇八年一月に出された「国民議会レポート第二四六八号」の《セクト一覧》には、五〇人以下のセクトにすら同派の名はない。今も一部で存続しているとされる他の痙攣派の名もまた同様である。

こうして一九世紀中葉には、セクトとしてのアイデンティティを帯びていた痙攣派はほぼ姿を消す。サン＝メダール教会墓地での快癒痙攣からおよそ一三〇年あまり。その間、とくにパリやフランス中・南部で活動して治安当局から抑圧され、教会や「正統」ジャンセニストからも差別と批判を受けながら、そしてときにファナティックな行動によって耳目を集めながら、彼らは民衆のいつに変わらぬ終末論やメシアニズム＝預言者待望を引き受け、増幅させた。かなり歪んだ形であれ、パリス信仰とフランス・ジャンセニスムの継承者をもって任じた。そうした彼らの運動は、しかし指導者たちの死をもって急速に衰退していったが、その衰退をさらに促したのが、社会の近代化にともなう民衆の精神的・宗教的変質と、医学、とくに精神医学の発展だった。

痙攣と近代知――シャルコーの痙攣論

前述したように、「貧者の医師」フィリップ・エケは一七三三年に上梓した『痙攣派的疫病における痙攣の自然主義療法論』において、すでに痙攣を神意とは無縁のヒステリー性の気に起因するものと断じていたが、彼の慧眼（当時としては）はそれから一世紀半以上たって学問的に裏づけられる。たとえばフロイトが一八八五年から八六年にかけてその講筵に連なったサルペトリエール病院の精神病学者で、のちにフランス科学アカデミー会員となったジャン＝マルタン・シャルコー（一八二五―九三）である。わが国にも邦訳のある画期的な『実験医学序説』（一八六五年）の著者クロード・ベルナール（一八一三―七八）を師とし、「ヒステリーの再発見者」(191)とされる彼は、一八八七年、弟子で神経科医・医学史家・彫刻家、さらにパリの国立高等美術学校で芸術的解剖学を教えて、のちに医学アカデミー会員となるポール・リシェ（一八四九―一九三三）との共著で、『芸術における悪魔憑き』を上梓し、「サン＝メダールの痙攣者たち」というタイトルで一章を設けている(192)。そのなかで彼は「痙攣的疫病《エピデミー・コンヴュルシヴ》」に対する伝統的な賛否論を紹介し、この疫病を三期に分けている。そこにはこれまで本書で述べてきた内容が含まれるが、言及していなかった興味深いことも記されている。

まず第一期は助祭パリスの死とサン＝メダール墓地での奇蹟が頻発した時期で、パリ出身の素描家で版画家でもあった、ベルナール・ピカール（一六七三―一七三三）の死後刊行になる『世界中の人々の宗教的儀式と慣習』（第四巻、一七三六年）から、次の一文が引かれている。「（・・・）一言でいえば、パリス神父の奇蹟伝承は、痙攣派や彼らの擁護者たちがそれに信憑性を与えてきたあらゆる論証にもかかわらず、ジャンセニスト集団のなかでしか信用されていないのである」。シャルコーはこの引用文にコメントせず、こう断じる。「この第一期のあいだ、痙攣は問題視されていなかった」。

第二期ははじめて奇蹟が痙攣とともに現れた一七三一年八月末頃までとする。そこでは重篤なヒステリーが重要な役割を演じていたが、疫病自体はのちにみられるような特徴を帯びてはいなかったとしている。だが、痙攣者の数が増えるようになって宮廷が危機感を抱き、本書冒頭にあげた王令によって墓地が閉鎖された。と同時に、「もっとも有名な痙攣派がバスティーユやビセートルなどの隔離施設に送り込まれた」時期でもあったとする。

疫病が本格化した第三期にはさまざまな抑圧策がとられたが、それらは痙攣派に新たな高揚感を与えただけだったとし、出典である（おそらく）『諸奇蹟の真実』を明示しないまま、モンジュロンの言葉を引用する。「神がその驚異の業をなすために選んだ聖域に入るのを禁じるやいなや、驚異はそれまで以上に数を増した。集められた高名な墓土は、少しの量だけで、それまで以上に素晴らしい快癒をパリのすべての街区や地方にもたらした。それまで現れたいかなるものにも増して驚くべき痙攣が、突然多くの人々を襲ったのである」。

シャルコーはさらにこうした痙攣に、予言や言説、霊的講話、祈り、感動的な記述、奇蹟や異言の目的、度を越した行為への衝動、さらにヒステリックな錯乱と忘我のさまざまな現象、つまり宗教的なモノマニー（部分的狂気）が結びついていたとも指摘する。そして、王権によって迫害された痙攣派は秘密の会合をもち、やがて痙攣的疫病はより活性化して、社会のすべての階層に広まっていった。「ジャンセニストとイエズス会をめぐる戦争はさらに激化し、それはあらゆる種類の著作だけでなく、今も大量に残る民衆画のうちにもみられるようになった」ともいう。シャルコーがその分析に用いたのが、まさにこれらの民衆画だった。すなわち、①痙攣派の行為と所作および福者（パリス）のとりなしによる奇蹟を描いた版画、②サン＝メダール墓地の閉鎖やおもな痙攣派の逮捕・拘禁といった歴史的出来事にかかわる版画、③パリスの肖像画とその生涯をとりあげた版画、④イエズス会やジャンセニストを扱った風刺的作品である。

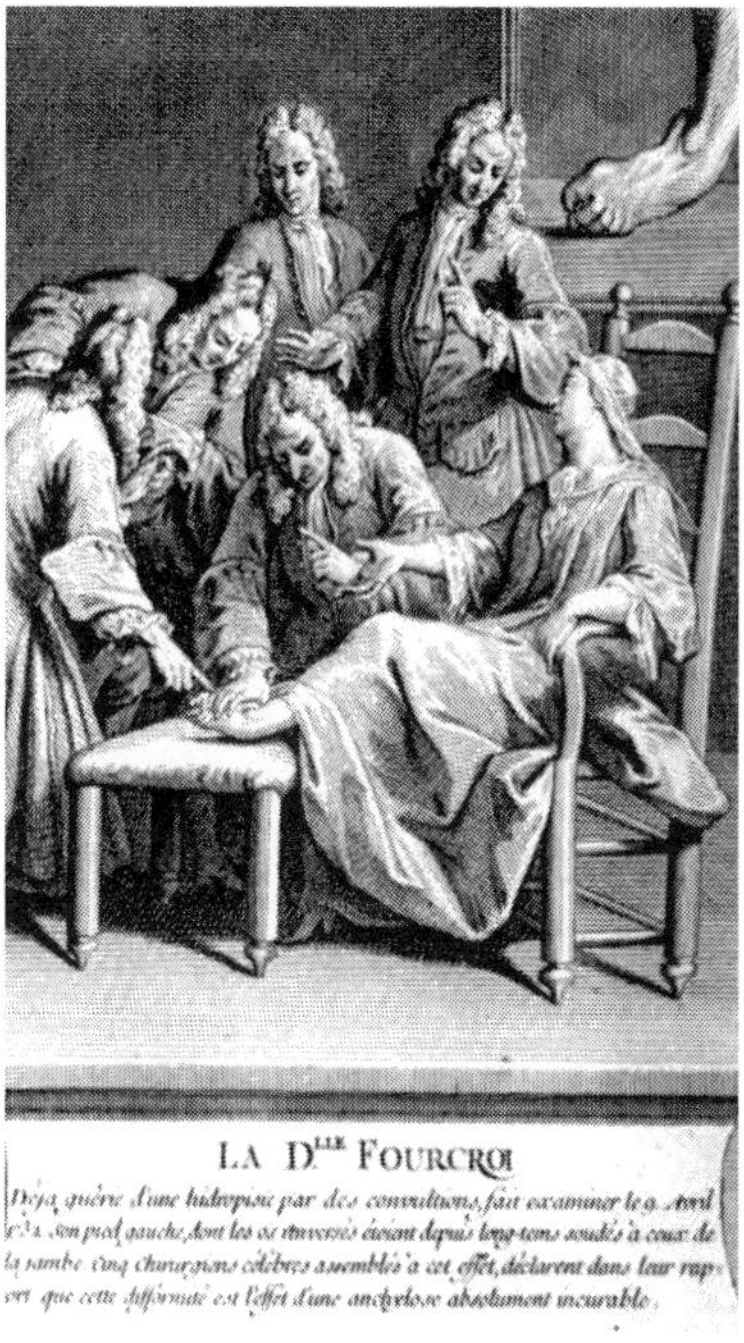

図 53　奇蹟的快癒前のＭ・Ｊ・フルクロワ（モンジュロン『諸奇蹟の真実』より）

以上のことを序論として、シャルコーはいよいよ本論に入る。彼はまず『諸奇蹟の真実』第二巻に紹介されているマリ＝ジャンヌ・フルクロワ（表1―129）の奇蹟的快癒に着目する。彼はその快癒までの経緯を省いているので、以下、概略を補足しておこう。

マリ＝ジャンヌは一七〇六年、香辛料商の娘としてパリに生まれた。五歳になった一七一一年、突然関節強直症に罹り、それ以来、背中が曲がって身体の自由が奪われた。一七一六年には胸と胃に異常を覚え、吐血と嘔吐のために食べることができず、食欲も失った。この状態は一七三二年の三月まで続いた。さらに一七三一年からは左足のアキレス腱が無感覚となり、痩せて縮む症状も現れた。高名な外科医たちから刺胳を計二〇〇回以上施されたが一向に症状は改善せず、最終的に不治との診断を下された。そこで一七三二年三月二一日、知人の勧めでパリスの墓土をワインに入れて飲み、九日間祈祷を始めると、翌日、全身に悪寒が走り、続いて激しい痙攣とともに意識を失った。三月三一日には過水症も発症したが、三日後にはその腫れだけでなく、背骨の歪みもアキレス腱の異常もすべて消え失せた[193]・・・。

例によって、モンジュロンは文脈とはほとんど無縁に「ウニゲニトゥス」や教勅派批判を挿入しているが、もはやそれに関する言及は不要だろう（ただ、シャルコーがモンジュロンのジャンセニスト的解釈が盛り込まれた『諸奇蹟の真実』に全面的に依拠していたことは問題なしとしない）。

では、シャルコーはフルクロワ嬢の事例をどう判断しているか。彼女の左足の快癒のみをとり上げていることはまだしも、彼がなぜこのフルクロワを選んだか説明がない。そうした瑕疵はさておき、シャルコーの記述自体に目を向ければ、彼は『諸奇蹟の真実』に載っている図版も検討して、ひとつの結論を出している。それによれば、彼女の症状は「ヒステリックな湾足《ピエ＝ボ・イステリク》」、すなわち左足の筋が不随かつ持続的に収縮するヒステリックな拘縮だったというのだ。「このヒステリックな拘縮は、何年にもわたってしばしば四肢を動かなくするが、けっして不治ではなく、一般的にいえば、強い精神的な作用のもとで、そして全身が痙攣に襲われたりすれば、きわめて唐突に完治する」としている。つまり、パリスのとりなしによる奇蹟とはまったく埒外なものだというのである。

筆者は癲癇性痙攣とヒステリー性痙攣とを識別した、シャルコーのこうした結論の妥当性を判断する知見をもちあわせていないが、すでにして痙攣（とそれに伴う奇蹟）に対する彼のスタンスは明確だろう。精神医学という近代知を体現する彼にとって、心身にかかわるすべての事象は矛盾律ではなく、因果律を解法としなければならなかった。そうした彼にとって、むろん因果律としての必然の科学が、じつは「偶然」に由来するすぐれて呪術的な矛盾律を母体とするということなど思いもよらなかったはずだ。

さらにシャルコーは、共著者ベルナールの前掲書に収載された版画を素材として、スクール、とくに「殺人的」とも呼ばれた大スクールについても論じている。それによれば、サン＝メダールでの痙攣者たちはきわめて顕著なヒステリー症状を示しているが、スクールには「重大なヒステリー性神経症」がみられるという。そして、「(スクールでの) 刺し傷が、ヒステリー性知覚麻痺患者にしばしば起こるように、通常は出血を伴わない」とし、スクールによってもたらされた症状の軽減は、「ヒステリー発生帯」が圧迫された結果だと結論づける。

いわゆるサルペトリエール学派の指導者だったシャルコーは、おそらくこうして伝統的な民衆知を退け、痙攣を差異化することで、近代知としての精神医学のアイデンティティをより明確化しようとした。とすれば、まさに痙攣(派) は彼にとって格好の学問的素材だったともいえるだろう。その目論見をさらに進めるためか、シャルコーは女性がはじめて身分証書や公証人証書の証人になることが認められた一八九七年、「自然の掟に対しては何もできない」という有名な巻頭言から始まる小冊子『病を治す信仰』を著し、そこでもまた奇蹟と痙攣についての知見を語っている。

今日、私はさまざまな奇蹟の確認を託された、そしてその誠意になんら問題のない医師を何人も知っている。彼らは麻痺ないし痙攣からの突然の快癒が、自然の掟という領域に由来するものではまったくないこと認めている。一方、彼ら医師たちは、奇蹟的な療法の領域では、もっとも治りにくい疾病として、腫瘍や潰瘍がしばしば発症するということを示そうとしている。私としてもそれを否定しない。彼ら同様、ある場合は faith-healing (信仰療法) がこれら腫瘍や潰瘍を直接消し去ることができると考えている。だが、思うに、この種の病巣は外見こそ異にしながらも、麻痺と同じ性質、同じ本質を帯びているのである。

痙攣や麻痺からの多少とも唐突な快癒は、かつては治療の最上の奇蹟とみなされていた。これらの現象がヒステリーに起源する、つまり生体的なものでなく、むしろ力動的なものであることを科学が立証すれば、奇蹟的な快癒といったものはもはや存在しなくなるだろう。(・・・) それはまた奇蹟の終焉となるだろう。[194]

腫瘍とは体細胞が体内で自律的・不可逆的に増殖して宿主を損傷する病態、潰瘍とは皮膚や粘膜の欠損状態であ

図 54　講義中のシャルコー
（ピエール＝アンドレ・ブルイエ作、1887 年）

るとする現代の医学的知見からすれば、潰瘍が突然完治するというシャルコーの認識が妥当なのかどうか。筆者はそれを判断する術をもっていないが、科学――医学、神経学、精神医学――が進歩すれば、神意とかかわる痙攣（や麻痺）などという考えは成り立たなくなる。こうした彼の考えの赴くところ、痙攣に伴う奇蹟的な快癒もまたありえないとなるだろう。この言挙げはまさに痙攣の脱聖化、つまり聖性の剥奪を端的に意味する。たしかに催眠トランスにおける三状態、すなわち「レタルジー」、「カタレプシー」、「夢遊状態」を唱えたシャルコーの催眠理論を、フランツ・アトン・メスマー（一七三四―一八一五）の動物磁気療法の後継とする説もみられるが[195]、伝統的ないし民衆的なイマジネールを凌駕した科学知のイマジネールは、たしかに決定的とまではいえないとしても、痙攣という語を冠して呼ばれていたセクトの存続にかなりの打撃を与えたことだろう[196]。

　ジャンセニストがそうであるように、一概に痙攣派といっても、活動時期や地域、そしてもちろん指導者やその主張によって異なる。さらにこれらセクトの特徴としての奇蹟待望や痙攣、さらに預言者来臨を希求するメシアニズムもまた決して彼らをもって嚆矢とするわけにはいかない。すでにそれらは新旧両聖書に予示されているからだ。もっとも際立った、それゆえ痙攣派全体の代名詞としてイメージされるようなった自虐的なスクールもまた、一部のセクトでおこなわれていたにすぎない。だが、パリス現象における痙攣より、端的にいえば「奇蹟の文法」における痙攣を脱聖化した痙攣派は、建前としてはたしかに神の介在ないし神意を唱えながら、実際には「痙攣のための痙攣」へと変質していった。変質して、ついには自壊を余儀なくされた。

　とはいえ、こうして歴史の襞に沈潜していった痙攣派の運動、つまり「痙攣派の共同体」を、ネガティヴな側面からのみてはならないだろう。何よりも痙攣派はその異様なありようとそれを記した膨大な記録によって、近代の精神医学に重要な素材を提供した。まさにシャルラタニズムがそれと差異化しようとする近代医学の確立に結果的に貢献したように、である。

それだけではない。たとえばストレイヤーはこう指摘している。「真の意味において、痙攣派現象は政治と宗教の双方を一般人とエリートを含む大衆運動に組み込むことで、ヨーロッパ最後の一大事件となった[197]」。痙攣派現象をジャンセニスムの余波ないし一環とみるならば、おそらくそうともいえる。ただ、対象をおもにフランスに限ってみてきた本書の枠内で、痙攣派が全ヨーロッパ的にどのような影響を及ぼしたかを云々するのは軽率との誹りを免れないだろう。そのことはじつはストレイヤーの指摘についても何ほどか当てはまるはずだが、ヨーロッパの近代から現代にいたるまで、宗教と政治がこれほど分かちがたく結びついた「大衆運動」——こういってよければ——は、たしかにフランス以外のヨーロッパではほかに見当たらない。本書序章の言葉を援用すれば、まさに民衆は、一連の奇蹟譚と同様、この運動においてもまた、かつてエリート層に独占されていた「声」を獲得したのだ。弾圧に苦吟するだけの声ではなく、むしろ社会の抑圧装置に抗する「声」である。そしてフランス革命を機に増幅されたこの「声」によって、彼らは自らのメシアニズムを再確認ないし再解釈しながら、アイデンティティー・シンボルとして、そして一種の社会劇《ソシオ・ドラマ》としての痙攣劇を演じたともいえる。だが、痙攣派のレゾン・デートルはそれだけでない。前述したように、痙攣していたのは彼らだけではなかった。まさに時代そのものが痙攣していたのだ。ジャンセニスムによってカトリック教会の絶対的権威に異議が申し立てられ、王政が瓦解し、革命期を経て帝政へと向かう時代のいわば落とし子とでもいうべき痙攣派は、過不足なくその証人となったのである。

終章

歴史の生態系——「声」の来歴

歴史は奇蹟に満ちている。それをしも歴史の慣性ないし感性と呼ぶべきかどうかはさておき、とりわけ宗教の歴史は、ユダヤ＝キリスト教であれ、イスラームや仏教であれ、まさに神意が介在するヒエロファニックな「奇蹟」[1]――単なる不可思議な現象としての「奇跡」ではない――によって形作られているといってもよいだろう。社会劇としての宗教の主たる登場人物、すなわち聖人・聖者たちの伝承は、まさにそうした奇蹟を不可欠の要素とするからだ。それだけに奇蹟に関する言説は膨大なものが遺されているが、たとえば奇蹟の神学的位置について、宗教史家のアラン・ディエルカンは「中世初頭において奇蹟は複雑かつ曖昧な概念だった」と、次のように指摘している。すなわち、人間世界に神的存在（神々、半神、英雄など）が介在することをつねに認めていた古典的・異教的古代では、「奇蹟的な」出来事はそれ自体決して固有の説明が求められなかった。だが、キリスト教化された社会では、聖典ないし聖書にその思想的な根拠を見出し、終末論的な展望によって奇蹟を解釈しようとする。一方、教会当局には奇蹟に対しては懐疑的とまではいかないまでも、多少とも慎重な姿勢がつねにみられた。そして、「救い」を求める上では、道徳や倫理、さらに振舞いが奇蹟より重視されたというのだ[2]。

奇蹟という現象を大まかに扱って一般化するこうした言説が、はたしてどこまで有効か疑問なしとしないが、何よりもこの指摘の問題点は、ユダヤ＝キリスト教的な伝統において、奇蹟のイマジネールが聖人と聖人信仰を生み出したという歴史的事実を看過しているところにある。そこでは一般の信者にとってしばしば高邁すぎて理解しがたい教義は不要でさえあった。奇蹟と聖人とはそのような教義よりも人々に近い現象であり、願望なり期待なりを具現する存在でもあったのだ。名だたる医師でもあきらめた病の快癒を、いったいだれにすがればよいのか。教会堂に安置された聖人像はまさにそうした人々の切なる願いを引き受けるものにほかならない。つまり、たとえ中世であっても、「道徳や倫理、さらに振舞い」を「救い」の前提とするのはあくまでも教会の論理であり、多くの場合、民衆のそれでは決してなかったはずだ。少なくともディエルカン（に限らず）の言説には、民衆側からの視座が欠けていると言わざるをえない[3]。

パリス現象における奇蹟は、こうしたコンテクストでみなければならないだろう。彼の遺徳ととりなしを最後の救いとして頼る人々の多くは、そこに教義的なものを持ち込んだりはしなかった。自らの道徳心や倫理観、さらには善行をもってすがったりもしなかった。彼の墓石に病身を横たえ、ひたすら神に祈った。いや、祈れば宿痾が治ると信じていた。もとよりそれは彼ないし彼女の個人的なイマジネーションではなく、イマジネール、すなわち集団的ないし社会的なイマジネールの影響を受けたものだった。当初は一部の人々が唱え、やがて何ほどか構造化されていったこのイマジネールは、たとえば社会の現状維持を担う常識や通念とは異なり、静かな湖面に投げ込まれた小石が引き起こす波紋のように、徐々にその影響力を増幅して時に社会を変革した。そのかぎりにおいていえば、社会の変革とは、ときに噂がその契機となることもあるイマジネールによって引き起こされるものであって、けっして現状を保とうとする常識や通念からは生まれない。

パリス現象はまさにこうしたイマジネールの典型としてあった。そのことを論じる前に、改めてこの現象を振り返っておこう。おそらくそれはかつての奇蹟とも著しく異なるダイナミズムと広がりを帯びていた。

パリス現象の構図

1．奇蹟とその記録化

パリの下町サン＝マルセル地区、ムフタール通りの末端に位置するサン＝メダール教会の助祭パリスは、法服貴族の長子に生まれた。だが、父の死後、その高等法院評定官職を弟に譲り、聖職者の道を選ぶ。そして、ジャンセニスムの牙城のひとつだったサン＝マグロワール神学校などで学び、叙階後、アッシジの聖フランチェスコよろしく、相続遺産をすべて地区の貧者たちに分け与え、自らは徹底した清貧・苦行生活を送った。その無理がたたったのか、生前から高徳をもって知られた彼は、一七二七年五月に没する。すべてはここから始まる——。

パリスの没後、ただちに彼のとりなしで奇蹟的な快癒がおき、それからおよそ一〇年間、彼が埋葬された教会墓地および一七三二年二月の墓地閉鎖後でも奇蹟が相次いで生まれるようになる。これらの奇蹟譚の一部——それだけでもかなりの数にのぼる――は、快癒者本人の語りに基づいて公証人が報告書として記録化した。これら奇蹟的快癒者のなかには、アントワヌ・ロワゾンやルイ＝グザヴィエ・レモンのようなモンジュロンに近い公証人の手を介さず、報告書を自分で作成できた識字者もいたが、パリス現象の特異点はまさにここにある。聖職者を含む知識人たちによる著作とは大きく異なり、民衆が自らの声をこうして大量に記録化していった。つまり、王侯貴族や著名人ではなく、名もない一介の快癒者の「個人情報」（ライフ・ヒストリー）が、たとえば遺言やカルトゥーシュ一味のような犯罪者の尋問・調書はさておき、本人の署名入りでいわばテクスト化され、歴史のなかに刻印されたのである。

これをしも「民衆文学」と呼ぶべきかどうかはさておき、面妖なことに、カトリーヌ・メールをはじめとする研究者たちは、一様にこの重要性を看過している。同様の事例は、フランス近代史のみならず、ありていにいえば、過去のいかなる奇蹟例にもおそらくないだろう。いや、稀有の出来事と断じてもよい。しかも、これら報告書の一部は、一七三一年に刊行された三点のパリス伝同様、行商人の手でパリ市内はもとより、おそらくは地方にまで売りさばかれた。[4] そこでは識字率の低さはさほどの困難事ではなかった。識字者がひとりいれば、その周囲に「読者層」として多くの聴衆が存在していたからである。「声のパフォーマンス」（ロジェ・シャルティエ）。それが民衆的な読書のありかただった。[5] 同じことは風刺文や攻撃文書についてもいえる。

近代史家のアルレット・ファルジュが指摘するように、むろん民衆の考えはそうした「読書」の累積的な過程ではないだろうが、[6] この「読書」という事実が帯びていた意味は大きい。そこでの情報が、人々の口端にのぼりこそすれ、いずれは忘れ去られる単なる噂話としてではなく、如実な真実として語り継がれていったからである。そしてこれらがパリス信仰の普及・拡大をもたらし、同時に当局からの規制を受けながらも、医術でも王権でも不可能な「救い」への願望を喚起した。だれが病を治してくれるのか。恩寵への期待はこうして結果的に正統的なシステムへの異議申し立てとなった。「限定的な領域ではあったものの、サン＝メダールのエピソードは一八世紀ブルボン王政の拡大しつつあった窮状をはっきりと実証するものだった」[7]。クライザーはそう指摘しているが、おそらくジャンセニストたちの活動に神経をさいなまされていた王政にとって、一連の奇蹟文書は、地下に潜みながら、彼ら反体制的・反社会的な異分子の策動でいつ爆発するともしれない民衆の力、いわば不気味なマグマのようなものとして映っていたはずだ。奇蹟とは何よりも現実を超克するものであり、体制にとってみれば、その外側で起きる奇蹟は自らの権威に刃向かう看過しえない出来事だったからである。だからこそ王権は「奇蹟の声」を恐れた。だからこそ王権は声の温床となった墓地を閉鎖し、それ以後もジャンセニスト＝奇蹟対合を抑圧し続けなければならなかった。

一方、教会当局もまた奇蹟を危惧した。その「救い」が反教会的なジャンセニスト系助祭のとりなしで起こり、本来「救い」の手を差し伸べるべき自分たちの正統な権威を著しく損なうものだとみなした。奇蹟文書が奇蹟を起こせない教会の無能さを告発する。そう判断したからである。「助祭パリスは教会の外で他界した」とは、当時イエズス会士をはじめとする多数派聖職者たちがしばしば口にした言葉だが、王権と結びつきながら教勅「ウニゲニトゥス」をもってジャンセニスムを断罪した彼らは、しかし一連の奇蹟に対して同様の強権を発動できず、ひたすらこれを虚偽・欺瞞と言い続けただけだった。いや、言い続けるほか手段がなかった。教会にとって何よりも由々しき事態は、奇蹟文書の読者とその共鳴者たちによって、他の信者たちが教会から乖離させられることだったからである。こうして奇蹟は「テクストとしての奇蹟」から「解釈された奇蹟」へと転位していった。

2．奇蹟的快癒者たち

パリスのとりなしに与った奇蹟的快癒者たちは圧倒的に女性が多い。その社会的出自は、多様な「職人」をどこに位置づけるかで異なるが、彼らを中層階層に含めれば、中・上層階層が過半数を占めていた。これが何を意味するのかにわかに判断はできないものの、彼らの疾病は多岐にわたる。いったいにキリスト教の伝統における治癒聖人《サン・ゲリスール》は、その故事来歴に基づいて、たとえば聖マルタン（四世紀）は火傷・内臓疾患・眼疾、聖女クレア（九世紀）は眼疾、聖エロワ（七世紀）はリウマチ・咽頭疾患などのように、特定の疾病に効験を有するとされている（地域で多少異なる）。だが、パリスの場合は、聖母マリアや聖セバスティアヌスと同様、あらゆる疾患を癒してくれると信じられていた。パリス現象のもうひとつの特徴は、まさにこうした例外的な治癒信仰に支えられていたところにある。

一方、彼らないし彼女たちの快癒のあり方は、当時の医学の実情をはしなくも語っている。少なくとも一連の報告書から読み取れるかぎりでいえば、啓蒙時代ではあっても、依然として近代化とは名ばかりのヒポクラテスやガレノス以来の刺胳ないし瀉血が医術の主流をなしていた。いや、一七世紀から一八世紀にかけては、まさにこれら古典的な療法の最盛期でもあった。(8) すでにウィリアム・ハーヴィー（一五七八―一六五七）が一六二八年に血液循環を唱え、マルチェロ・マルピーギ（一六二八―九四）が六一年に毛細血管を発見しているにもかかわらず、である。

いうところの「正統」医学がこのようなありようであってみれば、民間医療にいたってはおしてはかるべしで、たとえば民俗学者のロベール・ジャルビによれば、フランス南西部アリエージュ地方では、二〇世紀に入っても腎臓疾患には次のような処方がおこなわれていたという。

ジャガイモの煮汁を染みこませた細紐に九つの結び目をつくり、これを腎臓の上から巻きつける。可能なら、パン・ド・シュクル（円錐状の塊にした白砂糖）用の細紐を使う。それと同時に、インド産の栗を（患者の）ポケットに入れ、快癒まで入れたままにする。ツバメが舞い戻る春、地面に座って最初のツバメに気づく頃には、（腎臓疾患に由来する）坐骨神経痛や腰痛がなくなっているはずである。(9)

都市部はいざしらず、少なくとも「正統」医師のいない村落では、たしかにシャルラタンやゲリスールないしオキュリストと呼ばれる「非正統」の治療者たちが、しばしば身の丈をはるかに超える医術の持ち主として民間医療を担っていた。彼らは町や村に定住し、あるいは遍歴しながら、動植物はもとより、ときには鉱物まで用いて、おそらく能書きほどには効果のないはずの練り薬や内服薬、さらには遠く中国や日本から伝来したという「霊薬」まで調合し、それを人々に売りつけていた。(10) そんな彼らの医療知の一部は、中世に編まれ、一七世紀に印刷された魔術的な万用書『グラン・アルベール』やその縮約版である『プティ・アルベール』などに基づいていたとされるが、むろんなかには町医者を凌ぐ医術で評判をとっていた者もいただろう。

こうした「代替医療」に関しては、フランス民俗学や歴史人類学、医学史などの研究主題として膨大な蓄積がある。なかには現役医師からのアプローチもある。たとえば血液・免疫学者のジャン゠ポール・レヴィは、その著『治癒の力』において、かつて快癒の希望には呪術ないし神の助けを求めるしかなく、「超自然の仲介者である聖人や呪術師が当初は信頼できる唯一の治療者だった。医師が登場するようになるには、人々が世界を、ついで身体をみつめ、そこに合理的に研究することができる自然の法を探すようになってからにすぎない」[11]としている。だが、こうした正統医学からの視座は多少とも定番化しており、なによりもどれほど「医学」が発達しても、つねに脱医学的な治療者が存在し続けるという現実を看過している。

今日残されている伝統医療のかなりの部分は、まさに脱医学的な民間医療者の経験医術に帰される。そのなかにはフランス革命を機に姿を消したシャルラタンの大家タバランのように、名声を馳せた者もいた。たとえば一九世紀、「いくつかの県の公的機関の名誉あるオキュリスト」だったラゴゲは、リヨンを訪れる際、フランス語と英語の二か国語によるポスターをつくり、その来訪を告知していた。また、ウィリアムなるゲリスールは、署名ができなかった隻眼や全盲者の古い請願書二〇〇通あまりを携え、「国王の名誉オキュリスト」という肩書をひけらかすことなく治療にあたったという[12]。むろん、彼ら民間医療者の処方が実際にどれほど用いられたかは不明とするほかないが、民衆にとっての医療は正統と非正統の区別などほとんど意味をもたなかった。なによりも重要なのは、確実に治癒をもたらしてくれるということだったからである。「藁にも縋る」。おそらくそれが彼らの偽らざる心情だった。

それにしても、彼らは本当に「快癒」したのか。たしかに一連の奇蹟報告書の末尾には、それを証言する目撃証人たちの名が連記されている。とはいえ、常識的に考えて、医師から不治の宣告を受けた数多くの疾病が、パリスのとりなしで癒えたとはとうてい思えない。しかし、あえて偽りを書く必要性はなかった報告書を読むかぎり、なるほど快癒者たちを苦しめていた症状が霧散している。まさに奇蹟の奇蹟たる所以ではある。所以ではあるが、では、なぜ一八世紀中葉以降は、痙攣派にみられるごく例外的な事例を除いて、パリスによる奇蹟がほとんど姿を消してしまったのか[13]。パリスへの信仰心がなくなったためか。列聖されなかったためか。おそらくそうではないだろう。パリスほど奇蹟をもたらさなかった聖人ですら、二〇世紀に入ってもなお人々の治癒聖人となっているからだ。答えはいくつか考えられるだろうが、そのひとつは治安当局によって抑圧されたこと、そして前述したように、パリスの奇蹟が正統派教会の埒外で起きた、つまり異端的な出来事と断じられたこともまたその要因としてあるだろう。

『啓蒙とは何か』という小論で「啓蒙」を人間の未成年状態からの脱却としたエマニュエル・カントは、教会組織を信者の監視と、それを通しての全国民の監視と断じているが、パリスが「教会の外」で没したとする反ジャンセニスト勢力にとって、快癒者をはじめとする人々によるパリス称賛の声もまた、快癒者たちの存在自体同様、自らの正統性を揺るがしかねない由々しき出来事にほかならなかった。決して座視できないものだった。こうして彼らの素朴な信仰の声もまた、宗教的というよりむしろ政治的な力学によって抑圧された。だが、そうした抑圧にもかかわらず、すでに民衆化した「奇蹟としての声」は消え去ることがなく、やがて「声としての奇蹟」へと転位して新たなメシアニズムを構築していくのだった。

3. 痙攣

アルベール・ドーザらが編んだ『フランス語歴史語源辞典』によれば、痙攣《コンヴュルシヨン》（convulsion）という語は、モンペリエ大学医学部出身の内科医で、リヨン大学医学部教授だったジャン・カナプ（生没年不明）が、一五三九年に後期ラテン語のconvulsioの訳語として用いたのが初出だという。(14) それ以前、はたして痙攣は何と呼ばれていたのか、いささか気になるところだが、一連の奇蹟的快癒においてきわめて特徴的なことは、不治の病を宣告された快癒者が痙攣を経験したという報告である。そこから快癒者＝痙攣者という対合が通説化したが、じつは痙攣快癒者は全体の二割にも満たない。こうした通説は明らかに一部を切り取って普遍化しようとする換喩法の陥穽に陥っていると断じざるをえない。だが、そのあまりにも異様な様子が劇的効果を生んで、墓地をマス・オージアスティックな舞台とし、パリ大司教と治安当局による墓地閉鎖の一因となった。墓地閉鎖後も場所を変えてパリ市内の各所に現れた痙攣快癒者たちは、一七三〇年代初頭からコンヴュルショニストおよびコンヴュルショネールと呼ばれるようになった。治安当局からしてみれば、この呼称はそれだけで逮捕・投獄の対象ともなった[15]。

では、それ以前の痙攣者たちは何と呼ばれていたのか。痙攣という語同様、これもまた不明とするほかないが、報告書のかぎりでいえば、最初の痙攣快癒者は北仏ルーアン在住のエリザベト・ダンジェルヴィル（表1―13）となる。おそらく彼女以前にもすでに墓地や他所での痙攣者（快癒したかどうかは不明）はいたのだろうが、『奇蹟集成』の第四分冊にある両親を証人とする一人称による彼女の報告書は、以下のような内容となっている――。

一七二五年一一月のある夜、階段の下に隠れていた下女に驚かされた私は、そのショックがもとで無気力症になった。それから八か月近く、ベッドに寝たきりの日々を送り、かなり強度の痙攣に頻繁に襲われるようになった。プロテスタントの外科医に診察してもらい、手足に刺胳を施してもらったが、効果はなかった。そこで碩学の医師でもある大司教にすがり、長期にわたって治療を受けた。おかげで多少力が戻り、二年前からは日曜ミサに出かけられるまでになった。しかし、一七二六年の四旬節前（三月初旬）、大司教に勧められて入浴すると、力が奪われ、歩くことさえかなり苦痛となって、ついには両足が麻痺したようになった。翌一七二七年の諸聖人の祝日（一一月一日）、隣の小教区であるサン＝タンドレ・ポルト・コーショワズ教会の晩課に赴くと、ミサのあとで身体が激しく痙攣した。小教区司祭は奉仕係とともに私を椅子に載せて教会の外に運び出した。そして、祭服の隠しから木片を取り出し、それを私に示しながら、神が「その下僕を祝福してくれるように」と唱えた。私がこの聖遺物に接吻すると、突然それまで感じていた重苦しさが消えた。ひと月後、新たな痙攣の前触れとなる抑圧感を覚えたが、貰って身につけていた聖遺物に接吻すると、症状はそれで収まった。こうして力が目に見える形で舞い戻った。神は私に本日、すなわち一七二八年三月一三日（四旬節第二土曜日）まで、四旬節の大斎を遵守するという恩恵を授けてくれた[16]。

パリスが没して半年後に無気力症が快癒したエリザベトの事例は、いくつかの点で注目に値する。カトリックであるはずの彼女がプロテスタントの外科医にかかったというのもさることながら、地元ルーアンの大司教――報告書に記載はないものの、ラ・ヴェルニュ・ド・トレサン（在任一七二一―三三）――の治療にすがったという。下女を雇うだけの家柄からして、大司教と懇意だったとしても不思議はないが、南仏ラングドック地方の旧家に生まれた彼が医学を修めた事実は確認できない。あるいはこの大司教は医術の心得があると司教区民に喧伝していたのか、それとも周囲がそう思いこんでいたのか。ともあれ、ミサの最中や自宅で痙攣に襲われた彼女は、隣接する小教区の司祭が隠し持っていた（？）パリスの聖遺物で宿痾が治ったとある。はたして北仏の司祭がジャンセニストだったのかどうか、また、どのようにしてそれを入手したのかどうかも分からない。とはいえ、ローランス・マニャン（事例3）が、サン＝メダール教会のジャンセニスト司祭ボマールからパリスのベッドの木片を与えられたのが一七二七年八月。とすれば、少なくともそれから三か月後にはすでに聖遺物が多少とも地方にまで出回っていたことになる。まさにこれはパリス現象の広域化がすでに始まっていたことを端的に示す事例といえる。

ただ、右の報告書には、痙攣者という表記はない。もとより一人称での語りゆえ、自分をそう呼ぶとは考えにくいが、おそらく当時はパリスによる痙攣快癒者が人々の関心をひくほど多くなく、そのゆえ特定の呼称がなおも必要とされなかったのだろう。しかし、一七三〇年代には、痙攣＝快癒対合が教会・治安当局の抑圧にもかかわらずファナティックなまでに強調され、この聖なる対合が痙攣派出現の決定的な要因となっていった。

4. 聖遺物崇拝

改めて指摘するまでもなく、およそ宗教と呼ばれるものは、教祖や教義・教典、祭祀・祭祀所、聖職者、そして信者などから構成要素されるが、さらに忘れてならないのが聖遺物の存在である。どこまで確実な数値かはさておき、一説によれば、今日パリの教会にはおよそ八〇〇点の聖遺物箱があり、三四〇〇点もの聖遺物が安置されているという。そのなかには聖人の身体の一部や着衣なども含まれる[17]。

これらの聖遺物が、かつてはパリのカトリックたちを教会に引き寄せる重要な仕掛けとなっていたことは疑いえない。残念かつ皮肉なことに、サン＝メダール教会にパリスの聖遺物は残されていないが、その聖遺物崇拝は痙攣快癒より早く、彼の死の直後からすでにみられた。はじめはおそらく小教区内だけだったが、エリザベト・ダンジェルヴィルの事例からわかるように、遅くとも半年後にはパリから離れた地でもみられるようになった。だが、それが本格化するのは、サン＝メダール教会の聖具室でパリスにかかわる聖遺物が、おそらく有償で頒布されるようになってからだろう。まさにこの頒布システムこそが、パリス現象を確実なものにしていったといえる。墓地の土や井戸水を飲んだり、パリスの肖像画や着衣の切れ端、あるいはベッドの木片に接吻したり、これらを病床に飾ったりすれば、九日間祈祷ともども治療効果が得られると信じられた。その信仰は民衆のうちに内在していた伝統的なフェティシズムと過不足なく結びつき、それを顕在化させた。

たしかにこれら聖遺物の真贋は不明だが、当事者にとってそれはさほど問題ではなかった。治癒者パリス＝聖遺物＝救いというトリアードの言説を信じさえすれば十分だったからである。そこには明確なプラシーボ効果、より大きな枠組みで言えば、一種のシャルラタニズムをみてとることができる。むろんそれは時代のイマジネールを基盤とするが、いったいに聖遺物は以下の三通りに大別できる。

1. 聖人ゆかりの場所に保存されている「安置型」――基本的に真正
2. 聖人とは無縁の地に運ばれ、地元の聖堂内に祀られた「影向型」――真贋不明
3. 個人が疾病の快癒や不安の解消、払禍・招福などのために用いる「護符型」――真贋不問

興味深いのは「影向型」で、そこでは本来無関係な聖人と当該地を結びつけ、後者を聖地化する伝承がつくられ、それによって聖遺物の真正さが強調される。本書第6章で言及したアルザス地方第二の宗教都市タンに保管されている、イタリア中部グッビオの司教ティエボーこと、ウバルド・バルダッシーニのものとされる右手親指の皮がついた指輪は、その格好の事例である。[18] パリスの聖遺物はいうまでもなく「護符型」に属する。では、なぜサン＝メダール

教会がこの聖遺物を頒布するようになったのか。仔細は不明だが、明らかなのはパリス信仰を拡大しようとする意図だけでなく、墓地の閉鎖によって参詣者の足が少なくとも遠のき、それに伴う収入減を改善しようとする意図があったかもしれない。しかし、一七三三年四月に同教会の主任司祭となったのは、反ジャンセニストで教勅派のコエフレル。その彼がパリス信仰の拡大を図ったとは思えない。おそらく聖遺物の頒布も沙汰闇になったことだろう。にもかかわらず、それ以後も聖遺物は出所不明なまま巷間出回っていた。出回ることで、人々の切なる願いを引き受けた。この聖遺物がなければ、いったいいかにして宿痾から解放されるのか。まさにこれこそが聖遺物文化の特徴のひとつだった。

5．ジャンセニスムとジャンセニスト

まず、フランス・ジャンセニスムの中核を担ったのはだれか。にわかには答えられない問いだが、上訴派に代表される聖職者に加えて、一七二八年から一八〇三年まで、非合法ながら八〇年近く国内外の宗教的・社会的・文化的情報を発信続けた、近代フランスの代表的な情報誌《聖職者通信》が、重要な役割を担ったことは疑いえないだろう。換言すれば、教勅「ウニゲニトゥス」批判のために生まれたこの通信は、一八世紀以降のジャンセニスムの展開を促し擁護した文字通りの「生き証人」だった。

その存在意義については、ジャンセニスムが脱キリスト教化の要因となったのかという旧来からの問題提起[19]ともども、いずれ稿を改めて検討したいが、アカデミー・フランセーズ会員でもあった歴史家のピエール・ガクソットは、一九三三年初版の『ルイ一五世の世紀』で、ジャンセニスムの特性をこう指摘している。「一六四〇年から一七五九年まで、ジャンセニスムはアンシャン・レジーム（旧体制）の歴史において主要な位置を占めていた。教義的な誤りにもかかわらず、それは一六世紀の一部の支配的な思潮に対するカトリック思想のもっとも強力な反動だった[20]」。むろん彼はパリスの奇蹟以後の展開についても頁を割いている。しかし、ジャンセニスムが「教義的な誤り」を犯していたとする判断は、歴史家に託された使命を明らかに逸脱している。あるいはそれは、自らの宗教的な心情ゆえに、信仰のイエスと史的イエスの狭間で苦しんだ、ルドルフ・ブルトマンと同様の学問的葛藤を反映しているのかもしれ

ないが、明らかにそこには正統的なカトリシズムの視点と重複する考えがみてとれる。

こうした逸脱的な価値判断を埒外としていえば、パリスの一連の奇蹟が反教皇＝反教勅＝反イエズス会のジャンセニストたちから支持され、さらに神意の表徴として喧伝されて、彼らの教勢拡大に資したことは間違いない。だが、それは奇蹟を偽りと断じる反ジャンセニスト勢力との論争の主題となり、折からの出版文化の興隆とあいまって激しい文書闘争を招いた。これはパリス現象の特徴のひとつといえる。パリスはまたその夥しい奇蹟の数からして、本来的に資格があったにもかかわらず、ジャンセニストで上訴派でもあったため、教皇庁による列聖の対象とはならなかった。ただ、当初ジャンセニスムに好意的だったパリ大司教ノアイユや民衆からは「福者」として称えられ、民衆からはときに聖人と称えられもした。

パリス自身によるジャンセニスムに関する言説は残されていないが、パリス現象の背景をなすジャンセニスムとは、フランス近代史において何であり、何でありえたか。この問いはあまりにも大きく、短兵急に答えが出せるものではない。それだけにジャンセニムの「定義」はこれまで際限なく試みられてきた。たとえば宗教史家ルネ・タヴノーはその著『一七―一八世紀におけるジャンセニストたちの日常生活』を、次のような言葉で締めくくっている、「外部の一切の教導権を超えて信仰の絶対的な権利を唱えながら、それ（ジャンセニスム）は個人の自律を認め、日常生活の単調さに自由の息吹を吹き込んだ(21)」。何やら後半部分は啓蒙思想が果たした役割と通底するが、たしかにジャンセニスムは「ウニゲニトゥス」に象徴される教皇権と対峙し、人々に自らの「声」を取り戻させた。

一方、近代史家のマリ＝ジョゼ・ミシェルはこう言っている。「ジャンセニスムはなおも神話としてあるが、その思潮はフランスのカトリック的心性のうちにつねに組み込まれている。それは分析や解釈が見いだされ、与えられうる歴史的対象となっている(22)」。「神話」を「鵺《ぬえ》」と置き換えれば、この指摘はさらに正鵠を穿つだろう。たしかにフランスのジャンセニスムがアウグスティニスムを思想的な基盤とし、それを解釈・再解釈しながら、ローマに対するガリカニスムを標榜し、国内の宗教的・社会的・政治的風景に参入したことだけは間違いない。だが、時代と地域、さらにジャンセニストと呼ばれる人々の思想や行動からしても、とても一括りにはできそうにない無数の「ジャンセニスム」が存在していた。これもまたたしかなのである。

たとえばパリのジャンセニストの家に生まれ、ポール＝ロワイヤル協会図書館につとめたのち、ソルボンヌでフランス文学などを講じたジャンセニスム史研究者のオーギュスト・ガジエ（一八四四―一九二二）は、一九二三年に上梓した『起源から現代までのジャンセニスム運動通史』の序文において、次のように述べている。

私がここに公表する書物は、ジャンセニスムの歴史を取り扱ったものではない。かかる歴史を書こうとするには、ジャンセニスムという幻の存在を信じ込む必要があろうし、また十七世紀及びそれ以降、生身のジャンセニストなる者がこの世のどこかに存在したことを確信しなければならないであろう。ところが、そのような亡霊、あるいはむしろ鷲頭馬身の怪獣や一角獣にも比せられる怪物に出会ったと思ったのは、ジェズイットとその支持者だけである。(23)

第三共和政大統領だったフェリクス・フォールの国葬が営まれた一八九九年のラシーヌ生誕一〇〇年祭や、一九〇九年のデ・シャン修道院解体二〇〇周年祭を取り仕切ったり、グレゴワール神父の膨大な図書の一部を管理したりするなど、ジャンセニスムには他の誰にもまして近かったガジエの言葉にしてはいささか解せない。むろんこれは、飯塚勝久が適切に指摘しているように、逆説である。事実、ガジエはこう続けてもいる。

だが、もし真のジャンセニストがいなかったとしても、とくに一六世紀以降のカトリシズムのなかには、特有の物の見方で異彩を放っていた哲学者や歴史家、モラリスト、神学者がいたことを否定はできないだろう。近代の宗教思想の大きな流れに盲目的に従おうとしなかった者は、単独ないし多少とも集団をなして存在してきた。ジャンセニスト的ないしポール＝ロワイヤル派的、あるいはパスカル主義的と呼びうるような精神状況がかつてあり、おそらくそれは今もあるのだ。（・・・）ジャンセニスムとはイエズス会に対するフランス・カトリックの反発形態なのである。そして一六世紀以降、ジャンセニストは司教服をまとったり、インノケンティウス一一世（教皇在位一六七六―八九）やベネディクト一四世（同一七四〇―五八）のような教皇冠をかぶったような高位聖職者のうちにすら存在していた(24)。

つまり、ジャンセニスムとは伝統的なカトリシズムの思潮、とくにイエズス会に抗する思想であり、教皇や枢機卿のなかにすらそれを見出すことができるというのである。たしかに彼が挙げたふたりの教皇は、意外ではあるがジャンセニスムに理解を示していた。とすれば、教皇を反ジャンセニスムという定説化した枠でとらえるのは妥当ではない。歴史の襞にはつねにこうした陥穽が潜んでおり、事象を首尾一貫したものとみなすことは軽挙との誹りを免れないだろう。ガジエの指摘を敷衍すれば、ジャンセニスムは畢竟イエズス会との敵対によって展開したということになるだろう。だが、その敵が一七六四年にフランスから追放されたのちも、ジャンセニスムは存在し、ジャンセニストたちの活動は続いた。敵がいなくなれば、内部に敵をつくりだす。革命政府の各県知事あての通達によってシャルラタンが追放された際、かつてシャルラタンを偽医者として蔑視・差別していた「正統」な医師たちはどうしたか。仲間の一部をシャルラタンとして断罪するようになったのである。それが「共同体」のいつに変わらぬ生理といえる。

だが、フランス・ジャンセニストの場合は、明らかに様相を異にしていた。教皇がガリカニスムに対する自らの権威を顕在化するために一七一三年に出し、イエズス会の支援を得て、その受け入れの宣誓・署名をフランス全土の全聖職者に迫った教勅、モンペリエ司教コルベール・ド・クロワシの言を借りれば、「イエス・キリストの時代以降、教会に起きた最大の事件(25)」である「ウニゲニトゥス」が、たえず身近な敵として存在していたからである。その結果、ジャンセニストが教勅派と反教勅派に分裂し、後者は上訴派や高等法院ジャンセニストとして抵抗する。

これについて、ともに高等法院の弁護士で教会法学者、そして反教勅派で上訴派の擁護者でもあったガブリエル＝ニコラ・モールトロ（一七一四―一八〇三）とクロード・メ（一七一二―九六）は、次のように述べている。

教勅「ウニゲニトゥス」は教皇権至上主義（ウルトラモンタニズム）に広い活動の場を王国内に与えた。それまでは、そこからフランス教会を守ろうとさまざまな対策がとられていた。一六八二年に作成され、王国のあらゆる結社が受け入れた聖職者の四箇条は、ローマの原則に対する永遠の防護柵だったはずである。だが、教勅以降、その尊厳は壊れた。匿名の文書や大学の博士論文、司教教書は、教勅が持ち込んだ邪気に汚染されてきた。いわば王国全体が驚くことに教皇権至上主義と化しているのだ。辛うじて各地の高等法院だけが、こうした危険な原理原則の増長を押しとどめるための裁決を発することが出来るだけである。(26)

「教勅が持ち込んだ邪気」とはいささか過激な表現だが、それはそのまま反教勅派＝上訴派の危機感を表している。しかし一七四七年、ついに教勅は国法化されてしまう。それは明らかに国王と教皇の合体勢力に対するジャンセニスムとガリカニスムの敗北だった。にもかかわらず、後二者はなおも分かちがたく結びついて存続し、やがて国王と教皇の桎梏を無化する革命を迎えることになる。これによりようやく不倶戴天の「敵」が消え去ったかにみえた。

だが、一七九〇年の聖職者民事基本法と一八〇一年のコンコルダが今度は新たな敵として立ち現れる。この強大な敵を前にして、ジャンセニストたちはそれぞれのジャンセニスムを奉じながら再び分裂する。分裂して、互いを敵視するようになったのだ。彼らへの弾圧はナポレオン一世の帝政後も続いた。(27)ガリカニスムはなおも教皇権至上主義の対抗論理として余命を保っていたが、一八六九―七〇年の第一回ヴァティカン公会議で教皇派に一蹴されてしまう。そしてパリで三回目の万国博覧会が開かれた一八七八年、ノートル＝ダム司教座聖堂の説教者で、六九年に破門された過去をもつイヤサント・ロワゾン（一八二七―一九一二）が、イングランド教会とカンタベリー大司教を後ろ盾として、ガリカニスムを標榜した「新ガリカン教会」を立ち上げるが、もはやそれはジャンセニスムとは無縁であり、その活動も実質的には数年で潰えた。

では、フランスのジャンセニスムはいつまで続いたか。これは容易に答えがでない難問である。というより、あくまでも思想であってみれば、その終焉を問うこと自体が適切ではないだろう。ここではただジャンセニスムが一九世紀のフランス文学、たとえばスタンダールの『赤と黒』（一八三〇年）やジョルジュ・サンドの『スピリディオン』（一八四二年）などが誕生する契機になったことだけは指摘しておこう。(28) 一方、ジャンセニストについてはどうか。この問いもまた一概に答えることはできない。ジャンセニストを自認する者と、ジャンセニストであるなしを問わず、治安当局などからそう目された者、そして痙攣派のように、ジャンセニストを自認しながら、そう見られなかった者・・・。これら三者のあいだの乖離は時代がたつにつれておそらく大きくなっていったからだ。とすれば、そもそもジャンセニストの終焉というこの問い自体にどれほどの有効性があるのか。まさにそれは蜃気楼のようにどこまでいっても形がつかめない、つまり答えのない問いといえる。明らかなのは、彼らが巧みな情報戦略を駆使していたということである。その典型が《聖職者通信》であるのは間違いないが、それだけではなかった。『一八世紀の小説にみる放縦狂気』（二〇〇〇年）などの著作で知られる、テル＝アビヴ大学のフランス近代史・文学研究者のミシェル・カハン（カーン）は、これについて次のような見事な指摘をしている。

痙攣者《コンヴュルシヨネール》たちに関するさまざまな物語は、一次史料であれ二次史料であれ、一八世紀に広く受け入れられた証言の包括的な根拠を満たしている。しかしながら、それらは時代の現実に直接根拠を置いていることによって、貴族たちの記憶ないし旅行記とは一線を画している。ジャンセニストの証言に信頼性を与えるために選ばれた言説の戦略の裏に見え隠れしているそこからは、一八世紀に立ち現れる本格的な変動の萌芽が読み取れる。印刷された証言の流通と物語の蓄積は、公共空間における書き言葉の豊饒な出現と、かつて閉ざされていた議論の解放を強調し、やがてそれが《民衆（人民）裁判》へと向かうのである。そして、こうした変動は最大限広範なオーディエンスの知ることの意志と権利を明らかにし、経験に基づくアプローチと真反対な立場に対する批判的な検討を可能にする中心的な場を示す。明らかにジャンセニストたちはそうした新たな社会が彼らに提供した新しい可能性を利する術を心得ていた(29)」。

たしかにジャンセニストたちの戦略は印刷文化真っ只中における一種の情報操作といえるが、圧倒的な敵に立ち向かう手段として、彼らはすぐれて民衆的な言説、すなわち「声」の可能性と重要性を把握し、それを自分たちの主張や運動に組み入れたといえるだろう。そこには民衆の構造化された怨嗟の声を革命へと収斂させていった、のちの革命家たちの戦略と通底するものがある。

6．ポール＝ロワイヤル

ポール＝ロワイヤル修道院の存在なくして、はたしてパリスの現象は起きただろうか。これもまた容易に答えが導き出せないアポリアとしてあるが、多くのジャンセニストにとって、ポール＝ロワイヤル修道院は過不足なく精神的な原郷としてあった。むろんそれはデ・シャンを含むこの修道院がフランス・ジャンセニスムの発祥地であるだけでなく、きわめて限定的な状況下で、同修道院が初期キリスト教のありようを理念としながら見事な文化を生み出したためでもあっただろう。

たしかにそこでは神学書やキリスト教の偉人伝、聖アウグスティヌスやアビラの聖女テレジアたちの著作や聖書の翻訳、むろんあの有名な「文法書」なども編まれていた。つまり、ポール＝ロワイヤルはいわば当時の一大知的センターでもあったのだ。こうした修道院の知的生産がなかったなら、以後のフランスの文化的風景は著しく様変わりしたものとなっただろう。[30] それだけではない。さらにその悲劇的な運命もまた、禁教時代の受難と重なり合ってもいた。受難（パッション）が情熱（パッション）へと速やかに転位するものであるということを問わず語りに示してもいる。その歴史についてはすでに詳述しておいたので繰り返さないが、前記ガジエは、デ・シャンのガイドブックとでもいうべき小冊子にこう記している。

> ポール＝ロワイヤルはジャンセニスムだとして告発されたが、開明的な人々はみな、今ではそれが単なる中傷であることを知っている。「戒律の厳守が厳格だとみなされると、人はそれをセクトと名づける」。かつてボシュエは

こう指摘しているが、けだし正論といえる。いうところのジャンセニスムとは、今日われわれを荒廃させている悪弊に猛攻を加え、退けようとしていただけである。ポール＝ロワイヤルは初期キリスト教会の教義と道徳、そして戒律をあらゆる犠牲を払ってでも維持しようとしていた。まさにそれがその破滅の主因にほかならないのだ。[31]

弟子ボシュエの言葉を引用したこの一文は、当時の社会的・政治的状況に言及せず、単にポール＝ロワイヤルの内的な特徴にのみ目を向けている点に瑕疵がある。だが、それでも同修道院がジャンセニストの拠点となっただけでなく、おそらくその本来的な使命や義務を全うしようとして、つまり内的な完結を意図しようとして、皮肉にも閉鎖に追い込まれたことだけはたしかだろう。それでもなお修道院が真に存続を図ろうとするなら、他の多くの修道院と同じように、少なくとも外的な要因だったジャンセニスムとの決別が不可欠だった。むろんそれはポール＝ロワイヤルの成り立ちとその後の経緯からして不可能なことであったろう。[32]

こうして一七一〇年、デ・シャン修道院は国務院によって閉鎖が決定され、奇しくも教勅「ウニゲニトゥス」が出された一三年、施設は最終的に解体される。さらに革命期には、パリのポール＝ロワイヤル修道院同様、国有財産に組み込まれて競売にかけられた。パリの修道女たちは一七九二年に最終的に修道院を去り、半世紀間パリにとどまったあと、ブザンソン司教区に移った。一九二九年、ポール＝ロワイヤルの衣鉢を継ぐ彼女たちは、ブザンソン大司教の後援で、出身母体と同じシトー会系だが、当時無住となっていたグラース＝デュー修道院に入る（二〇〇八年、残っていた修道女たちはフランス北東部、シャンパーニュ＝アルデンヌ地方のアルシ＝ル＝ポンサールにあるノートル＝ダム・ディニ修道院に移っている）。

さて、サン＝メダール教会からポール＝ロワイヤル修道院までは、ゆっくり歩いても三〇分ほどで行ける。パリスがこの修道院をどれほど訪れたかは不明だが、パリス伝によれば、生前彼はその清廉かつ禁欲的な日々の範としていたソリテールたちを偲んで、デ・シャン修道院の廃墟を訪れたという。おそらくこのエピソードは真実だろう。それ以前からそこはジャンセニストたちの聖地となっていたからである。そして、パリスの訪問は彼の遺徳を称える人々によるデ・シャンの聖域化にさらなる弾みをつけたはずである。事実、前述したように、ラシーヌもその墓地への埋葬を遺言したこの地は、やがてジャンセニストたちの精神的なアイデンティ＝シンボルとなり、ポール＝ロワイヤル憧憬のかけがえのない巡礼地ともなった。カトリーヌ・メールが言うように、「ポール＝ロワイヤルの記憶がいわゆる社会運動より強力なものとなった」[33]かどうか、判断は控えるが、たとえば聖職者民事基本法成立の立役者のひとりであるグレゴワール神父のように、自らポール＝ロワイヤリスト（ポール＝ロワイヤル主義者）を名のるジャンセニストも登場した。[34]とすれば、パリス現象がポール＝ロワイヤルの記憶を再興させたともいえる。

7. 痙攣派

パリス現象の最後の重要なトピックスは、痙攣派の出現である。一七三〇年代初頭から、サン＝メダール教会墓地での痙攣快癒者たちの痙攣は、やがて神意による「痙攣の業」として再解釈されるようになった。その結果、快癒へいたる過程としての痙攣の意味が転位・変質して、痙攣自体を目的化しようとする人々、すなわち痙攣派が登場した。[35]彼らは預言者エリヤを自称する聖職者などを指導者として、やがてパリやリヨン、さらにフランス南西部を中心に秘密結社的なセクトを立ち上げ、痙攣快癒者と同じコンヴュルショネール（痙攣派）と呼ばれるようになる。やがて社会から指弾されることになる相手とのこうした呼称の混同は、痙攣快癒者にしてみればおそらく不快なことだったと思われる（ただし、彼らのみを指すコンヴュルショニストという呼称がどの程度定着していたかは不明である）。だが、痙攣派最大の擁護者だったモンジュロンを嚆矢として、以後の無数の著作においても、特徴に著しい乖離があるもかかわらず、これら両者を区別する言説はほとんどみられない。おそらくそれは、この混同に対する痙攣快癒者からの異議申し立てがなかったからと思われるが、これもまた事象を総称化する歴史の慣性的な用語法といえるだろう。

それはさておき、モンジュロンは『諸奇蹟の真実』第二巻において、オーギュスタン派やヴァイヤン派といったセクトの痙攣が悪魔の所業だと難じたあとで、真の痙攣および痙攣派の特徴を以下のように述べている。

(1)痙攣が神に由来するということに疑う余地はない。それは神がきわめて顕著な奇蹟を通して臨在した墓(モンジュロン自身が奇蹟的に快癒したパリスの墓)で生まれたものである。さらに、痙攣自体は奇蹟的な快癒を伴っただけでなく、その一部は神が奇蹟を起こすために用いる身体的な手段でもあった。

(2)神が痙攣派たちの聖役を介して数多くの結果を出すということに、異議を申し立てるのもまた分別がある行為とはいえない。神が明らかに超自然的な措置によって快癒をもたらしているからである。神は彼らの意識の内面と心の秘密をさらけ出させ、きわめて状況に適した、そして偽りの真実とは反対の予言をさせてきた。これら予言による出来事は神によって十全に正当化されている。

(3)きわめて注意深い人々は、この痙攣という御業の目的が次の点にあることをはっきりと認識している。第一に、神意にかなった者たちに預言者エリヤの到来を告げ、苦行と祈りによってこの大いなる出来事に備えさせること、第二に、預言者がその使命を示す奇蹟や驚異のうえに予め厚い闇を広げて、報いを受けるべき者たちの目を徐々に見えなくさせ、さらに神の奇蹟やその他の御業に対する侮蔑への罰として、異教徒にこの偉大な預言者を拒ませ、偽善者や詐欺師として死なせる、ということである。(36)

これらの特徴のうち、とりわけ興味深いのはいささか逆説的な言い回しを用いた(3)である。これについてはすでに検討しておいたが、ここでモンジュロンはその批判の対象としていたはずのヴァイアンや他の「異端的」痙攣派の指導者たちが、それぞれに自称していた預言者(あるいはその来臨の先駆け)を引き合いに出し、痙攣が神の御業やエリヤを受け入れない者たちを盲目にし、救いに与れなくさせるというのだ。これは過たず痙攣派とエリヤを「偽善者や詐欺師」として非難する者たちへの反論となっている。彼がさまざまな奇蹟的快癒例を取り上げて証明しようとした意図のひとつがここにある。たとえば次のスール・サラの事例がそれである。一七四五年四月二一日水曜日、訪問先の家を出た彼女は通りで事故に遭ったという。

私は一台の馬車が遠くからやってくるのに気づいた。馬たちが怒り狂い、御者は制止ができないほどだった。猛烈な勢いで突進してくる馬車を避けようとしたが間に合わず、轅《ながえ》の端が私の胃に当たり、通りに面していた壁まで投げ出されて、気を失った。しばらくして我に返ると、胃に疼痛を覚え、それは時間を追うごとに強くなって、ついには背中まで疼くようになり、食欲もまったくなくなった。翌日、外科医に診察してもらおうと思ったが、スール＊＊がやってきてそれをやめさせ、神に祈れば治るとの指導者の言葉を伝えた。だが、金曜日には吐血も始まった。

土曜日の夕食後、スール＊＊の痙攣を目の当たりにした私は、自分の症状がいつになれば改善するか尋ねた。汚れない童心に帰って、ひたすら神を信じればよい。それが彼女の答えだった。そこで私は居室の端で、神に祈った。すると、声が聞こえた。パパ・エリヤの声だった。それを指導者に告げると、預言者が何を語ったのか尋ねた。「患部を薪で一〇〇回叩けば回復するだろう。それから福者（パリス）の水をコップ一杯飲むように」。私はそう答え、預言者の言葉に従うと言った。

だが、フレール・レヴィが薪を一本手にして現れたとき、私は怯えて全身がわなないた。それでもほかに治る見込みがないと自分に言い聞かせた。周りでは皆が私のために「来たり給え、創造主なる聖霊よ」と「主の祈り（主祷文）」を唱えてくれた。日頃痙攣に襲われていたスール＊＊は私の手を取り、しっかりした口調で「イエス・キリストの名において、神が望まれるこの殴打を受けよ」と言った。私もまた自分を神の御心にゆだねると祈った。すると、スール＊＊が床に背を向けて横たわった。私がそのうえで薪の殴打を受けやすくするためである。指導者は私が本心でこの殴打を受けるのか改めて尋ねた。それに「はい」と答えると、皆が讃美歌を歌いだし、私は十字を切った。

こうして殴打が始まったが、第一撃は重く、限りない苦痛を感じた。だが、それからは意識が遠のき、何も感じなくなった。一〇〇回の殴打が終わると、私は深い眠りから覚めたように意識が戻り、差し出された大きなコップに入った福者助祭の墓土混じりの水を一気に飲みほした。それから四日間、私は何もできなかった。だが、その四日目、私は喜びのうちに目覚めた。痛みがすっかり消え失せていたのである（以下略）。一七四五年七月二七日。署名　スール・サラ(37)。

これはモンジュロンが扱ったうちで最後の年代に属する事例である。はたしてスール・サラがどの痙攣派に属していたのか、指導者がだれなのか明示はない。ただ、一週間前の不慮の事故以来悩まされていた病が、彼女に対する薪の殴打によるスクール、そして最終的にサン＝メダールの墓土を飲むことで快癒したという。ここでもまたパリスの聖遺物がそのための決定的な要素として登場しているが、どうやらサラは身近な存在であるスール＊＊と異なって痙攣を起こしてはいない。しかし、彼女が「スール」と自称しているところからして、痙攣派のメンバー、つまりスクーリストであったことは確かである。とすれば、痙攣派のなかには痙攣とは無縁の、スクールを経ての奇蹟的治癒のみを願うメンバーも入っていたのだろうか。それについてもモンジュロンの指摘はないが、この事例からするかぎり、彼らもまたパリス現象の実践者だったといえる。

だが、これらのセクトは当初こそジャンセニスムやガリカニスムを奉じ、一部はたしかにパリスへの崇敬もなおも有していたものの、最大の理解者の思惑にもかかわらず、次第にファナティックでスキャンダラス、そしてときに殺人的なまでのスクールや、スールたちによる予言・幻視などを活動の中心とするようになる。これについて、ストレイヤーは次のように指摘している。「一七三〇年代中葉までに、フランス社会のあらゆる階層は、スクールリストたちによって開陳された俗悪さや暴力そしてスキャンダルに衝撃を受けていた。民衆にとって、彼らの拷問は精神的神秘主義の自己否定と性的蛮行のあいだの一線を越えたものだった。こうして民衆は徐々にこの千年王国主義とエロティシズム、拷問、ヒステリーの奇妙な混合を、宗教的現象というよりはむしろ医学的問題とみるようになっていった(38)」。この指摘は、はたして民衆が「精神的神秘主義の自己否定と性的蛮行のあいだの一線」をどこまで意識していたか、さらにいつごろから「医学的問題」だと考えるようになったかという疑問を留保すれば、おおむね妥当といえるだろう。

さらにストレイヤーによれば、フランスの新聞（おそらく《聖職者通信》など）からの数値だとして、痙攣やスクールに関する記事や資料は一七三〇年代には三六四点もあったが、一七四〇年代には四三点と激減し、五〇年代には二〇点、六〇年代には一二点、七〇年代には二点のみ。一七八〇年代に四点と微増するが、この頃にはすでに痙攣派の運動がかなり下火となっていたという(39)。かなり限定的な母集団に基づく数値ではあるものの、おそらく傾向としてはそうだろう。前述したように、こうした傾向とは裏腹に、なおも一七七〇―八〇年代ですらパリスに帰せられる「奇蹟」自体の報告例はあるが、ともあれ、痙攣派が民衆から危険視され、「正統」ジャンセニストたちや高等法院(40)、さらに《聖職者通信》によって断罪され、治安当局の弾圧を受けて衰退していったことは自明である。そして、セクトとしての痙攣派は最終的にとくに精神医学の発達によって一九世紀後葉に姿を消していった。ミシェル・フーコーの顰に倣っていえば、精神科医がまさに奇蹟ならぬ奇跡を起こすようになったのである(41)。それは一世紀以上近く続いたパリス現象の終焉にほかならなかった。

ダニエル・ヴィダルは『一八世紀のさまざまな奇蹟とジャンセニストの痙攣』と題した書を、次のような言葉で締めくくっている。「最終的に神を見出すために恐怖のなかに入りこみ、屈辱の道をたどった痙攣派は、おぞましさと殺人を許容する社会関係、さらに政治にとりつかれた者しかいないテリトリー、屍体が横たわるようなテリトリーを明確にした。誇らしげな世紀の光のもとで、痙攣《スパスム》の業はこうして社会の呪わしい真理を宣告したのだ(42)」。そして、彼はこの真理こそがいつにかわらぬ歴史と文化の盲点であり、痙攣ジャンセニスムはそれを先触れしたと結論づける。いささか極端な指摘だが、ここでの「呪わしい真理」とは、むろんパリスを含むジャンセニストたちがおそらく一様に求めた真理とは明らかに異なる。虚心に読めば、この結論は痙攣派を社会の暗部に位置づけているようにも思える。

では、痙攣派との自覚もなく、救いを願ってひたすら指導者たちに付き従っていた無辜の人々をどう考えればよいのか。彼らもまた社会からの指弾を浴びた「呪わしい真理」を求めていたのか。痙攣派という歴史的事象をひとつのラベリングに収斂させ、それをもってすべてを包括してしまう。おそらくヴィダルはこうした歴史の遠近法的な陥穽に気づいていなかった。遠くから眺めればたしかに痙攣派が時代の負性の存在だったことは疑いえないものの、近くによって見れば、そこには「民衆」の切なる希望が間違いなく立ち現れてくるはずだ。

最後に、「ある若い痙攣派が現下の出来事に関して高等法院の諸氏に向けた予言」と題した匿名の風刺詩の一節を紹介しておこう。

さまざまな激情が私を代わる代わる突き動かしている!
私の感覚は掻き立てられている。
神よ! いったいこれはどうしたことか。
太陽はかすみ、厚い闇が
きわめて呪わしい日々で人間を脅かしている。
星々は秘密の恐怖に揺さぶられ、
不安にかられてしり込みしているようである。
空は怒り、大地はおののいている。
今日、すべてが私の魂を不安で満たしている。
ああ、この広大な世界に私は何を告げればよいのか。
囚われの身となったこの世界に私は鉄鎖を与えようか?(43)

いつ書かれたは不明だが、さらに教勅が混乱をもたらし、地獄の司教ボーモン(パリ大司教)が大地と海にモリナの到来を告げ、世界をモリニスト(イエズス会)の法のもとに置く・・・と続く風刺詩であってみれば、おそらく書き手は痙攣派ではなく、当局の追及をかわそうとするジャンセニストだったろう。痙攣派の指導者はともかく、圧倒的多数の無辜の信者たちにとって、反ジャンセニストの大司教やモリニストのことはほとんど関心外だったからである。少なくともここからは痙攣派=予言というイマジネールがなにほどか定着していたことがうかがえる。つまり、痙攣派はまさにその負性のラベリングによって、社会に抗する表象手段を喚起したのである。

だが、ここで注意すべきは、予言の業である。痙攣派にとって、たしかに人の言葉としての「予言」は神の言葉としての「預言」と等質なものだった。いや、より正鵠を期していえば、そうしたものとして受け入れることがいわば暗黙の掟だった。この掟の赴くところ、予言者（スールやフレール）は速やかに「預言者」へと転位する。とすれば、預言者エリヤの再臨を待望していた痙攣派は、後発のセクトを除いて、少なからぬ「預言者」を創出した集団だったともいえる。そのかぎりにおいて、「予言（者）の共同体」とはまた何ほどか「預言（者）の共同体」でもあった。だが、これをもってはたして彼らの予言が民衆の「声」の表象と呼べるかどうか、即断は控えなければならない。すでに繰り返し指摘しておいたように、パリス現象を遠景とする痙攣派自体は、明らかに民衆のメシアニズムを背景として成立したが、しばしばスールやフレールの個人的な幻想に基づいて発せられた予言は、しかし基本的にセクト内に向けられたものであり、セクトの枠を超えて、民衆の如実な生を引き受けることがなかったからである。痙攣派の解体は、当局の弾圧や精神医学の発達といった外在的な要因に加えて、おそらく彼らの予言がついに民衆の「声」にならなかった、あるいはなれなかったという内在的な要因に帰因するはずだ。

歴史の生態系――声の来歴

改めて指摘するまでもなく、対象だけに向き合う歴史の解釈（interpretation）は比較的容易だが、その背景や有機的連関までを見据えた解読（decodification）は限りなく難しい。すべての歴史的事象は、その重要さの如何を問わず、自らのありようを発信する示標性を帯びている。それだけで完結することが決してない。そう断言してもよいだろう。たとえばミシェル・パストゥルーは、過去の造形表現は現代の光のもとで見るのではなく、当時の明かりを照らして見なければならないとし、さらにこう指摘している。「歴史家は絵画を含む造形表現における色の状態ないし働きを理解しようとする際、しばしば途方に暮れたりする。そこでは物質的・技術的・化学的・造形的・思想的・象徴的な問題が、一挙に立ち上がってくるからである」(44)。この指摘は歴史と向き合う眼差しにとってじつに重要な示唆を含ん

パリス現象の構図

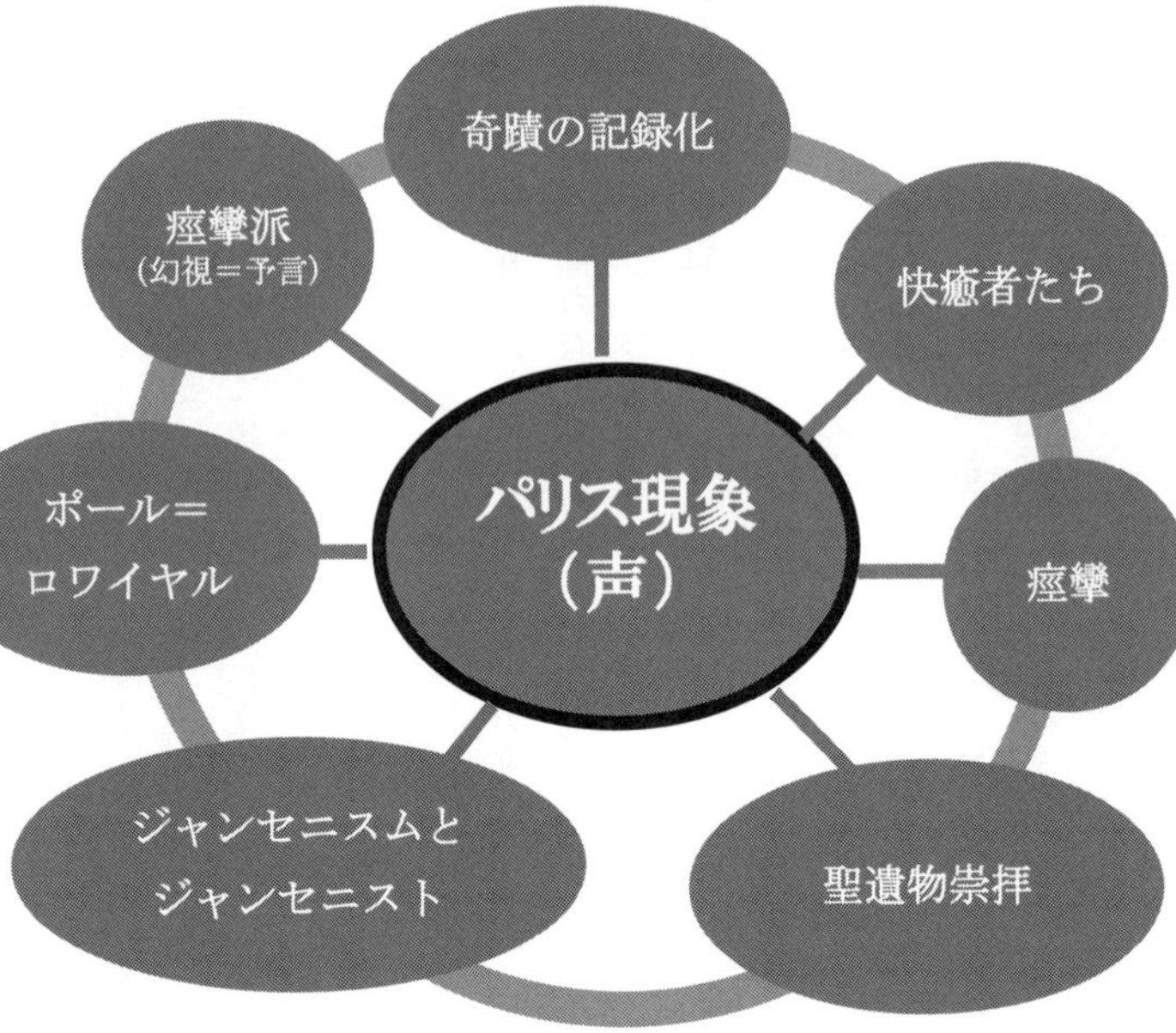

でいる。

この問題提起を本章の枠組みで受け止めるとすれば、何よりもまず「奇蹟の文法」、すなわち不治の病（＝痙攣）パリスのとりなし＝快癒というメカニズムを考察する必要があるだろう。パリスの時代、奇蹟はどのような状況で起こり、どのように考えられ、どのように伝えられていたのか。そのことを確認する作業として、本書は奇蹟的快癒の報告書を縷々検討しておいた。そこには奇蹟に関する民衆の「生の声」があった。むろん彼らの疾病観や奇蹟観はにわかには信じがたく、現代のそれとかなり様相を異にするものの、それが当時の偽らざるイマジネールといえるだろう。そこでは書く（語る）者／書かせる者／書かれるもの／受け手という情報のネットワークのあいだを往還しながら、奇蹟がイマジネールをつくり、イマジネールが奇蹟をつくっていた。この往還的メカニズムこそが「奇蹟の文法」にほかならなかった。そして、そうした奇蹟観を利用し（ジャンセニスト＝上訴派）、あるいは逆に否定しようとする（反ジャンセニスト＝教勅派）別の声もあった。いわばそれは「歴史」を編集・操作する声でもあった。もとよりいずれが正しい、誤っているという問題ではない。それがありのままの現実にほかならなかったからだ。

だが、パリスにかかわる一連の奇蹟は、歴史の事象である以上決してそれだけで自己完結するものではない。いや、より正鵠を期していえば完結させてはならない。アナル派の開祖のひとりマルク・ブロックの言葉、「文献や考古学史料は、それが一見きわめて明快で好意的に見えても、人がそれらに問いかけるすべを知らなければ何も語らない」[45]とは、筆者のいう「示標性」という文化人類学的な分析概念の出発点であるが、事象はどれほど些細なものであれ、自らの情報をつねに膨大に発信している。しかし、厄介なことに、この示標性は考古遺物にも似て、こちらが問いかけなければいっかな語ろうとしない。いうまでもなく歴史的事象の場合もまたしかりである。では、いかにして問いかけるのか。歴史の作法とはまさにそのためにこそある。しかじかの事象を有機的な連関性、つまり歴史の生態系からみていくという歴史人類学の作法は、単なる静態的な文脈からのアプローチではない。そこでは事象同士が互いに作用しあいながら、ときにはせめぎあいながら構築する、いわば動態的なネットワークへの目配せが求められるのである。では、その連関的な生態系の裾野をどこまで探り出せばよいのか。問題はあげてそこにある。

こうした問題提起を引き受けるため、本書はパリス現象を構成する要素として七通りに着目し、これら諸要素と政治的・社会的・文化的状況を検討してきた。もとより本来なら七通りよりはるかに多い要素をとりあげ、それぞれの要素の多岐にわたる示標性にも着目しなければならないだろうが、少なくともこの作法だけでもパリス現象のありようを提示できたと考えている。前頁図はその模式図である。

この歴史の生態系でとくに見逃してならないのは、「声」の来歴である。墨守的な歴史学では、たとえ民衆史を標榜するものであっても、記録化されていないという理由で民衆の「生の声」がしばしば看過されてきた――繰り返しになるが、まさにそれこそが本書で奇蹟報告書にこだわった理由である――。都市、わけてもパリは「クリ・ド・パリ」（字義は「パリの叫び」、転じてパリの物売りの声）という言い回しがあるほど、声に満ちていた。たとえばヴィクトル・フルネルの『クリ・ド・パリ』[46]に詳述されているように、街には夥しい数の行商人や露天商、大道芸人などの甲高い声が飛び交い、カーニヴァルをはじめとする祝祭ともなれば、彼らの声に交じって老若男女の叫び声も通りを埋めた。

むろん繰り返される民衆蜂起時には、労働者や市民たちの抵抗の声も地鳴りのように響いたはずだ。歓喜、高揚、希望、絶望、怨嗟、憤怒、共鳴、憧憬・・・。まさに声は都市の風景そのものだった。

「パリの騒音と叫び声は社会のもっとも顕著な側面のひとつであることによって、イマジネールをつくりあげる」[47]。これはアルレット・ファルジュの指摘だが、ここで説明なしに用いられているイマジネールという語は、おそらく「世論」と置き換えることができるだろう[48]。筆者の用語法で言えば、まさにこうしてつくられたイマジネールが、今度は自らの規制力を発揮して騒音や叫び声を生み出すのである。そして、このイマジネールを土壌として、民衆は自らの生活に直結する問題のみならず、これら連関要素のそれぞれの局面でも声をあげた。声の背後には個人の想像力を律するイマジネール、つまり集団的な想像力があったのだ。

たとえばパリスが没して二年後の一七二九年、ある警吏は報告書で以下のように記しているという。「噂によれば、国王がその権威を振りかざして、ジャンセニストたちの反対勢力に由来するすべてのものを支持するだろう。だが、国王は住民たちがこの権威に抗するのを防ぐことはできないだろう[49]」。六〇年後の出来事を暗示するようないささか予言めいた記述だが、そこにはパリの治安にあたっていた警吏のおそらく肌で感じた危機感がみてとれる。もとよりジャンセニストに対する迫害自体、一般市民の日常生活にさしたる影響は及ぼさない。にもかかわらず、彼らはなぜ国王に反発の声をあげようとしたのか、あげようとするのか。その背景にあったのが、ほかならぬ当時の世論、より正鵠を期していえばイマジネールだったのだ。

そうした声に収斂されるイマジネールに対し、むろん治安当局はいたずらに手をこまねいていたわけではなかった。そこで暗躍したのが、警察総代行官配下の秘密警察、とくに「ムーシュ」(字義は「蠅」)と呼ばれた密偵たちである。彼らは民衆の隅々にまで目を光らせて、犯罪的・反体制的な言動を秘密警察に報告した。《ガズタン》(gazetins ＜gazettes「雑誌」)と総称される彼らの報告書は、今日、パリのアルスナル図書館に「バスティーユ関連文書」として所蔵されているが、年代は一七二四年から四七年まで。欠落があるが、それでも全体で六〇〇〇葉を数える。とりわけ彼らの中心的な対象は、台頭著しく、王権にとって脅威となっていたジャンセニストたちだった[50]。

この報告書は一八世紀前葉のパリで巷間広まっていた風聞を知るうえで貴重な情報源となっているが、本書とのかかわりでみれば、たとえば一七三二年一月三〇日、つまりサン＝メダール墓地の閉鎖翌日の日付が入った《ガズタン》には、次のようなことが記されているという。「人々は噂している。国王は神父パリスへの仕打ちに対する天罰ゆえに、長くは生きられないだろうと。この小職の報告は、通りの隅などではなく、最上の公共の場所や個人の家で耳にしたことであると確約できる」[51]。

幸か不幸か、この国王ルイ一五世は、在位七二年、七七歳で没した父ルイ一四世ほどでもないにしても、在位五九年目の一七七四年、天然痘ないし麻疹で他界する六四歳まで生きた。天罰もさほど効力を発揮しなかったわけだが、民衆のあいだにはこうしてパリスの遺徳を称え、返す刀で国王への反感を公然と口にできる風潮がすでにしてあったことになる。おそらくそれは、必ずしもジャンセニストないしその共鳴者のなかだけに限ったことではないだろう。パリスへの想いは一連の奇蹟報告書を介してより一般化していたはずだからである。

たとえば一七三二年、ある古着売りの女性行商人はジャンセニストたちに対するパリ大司教の迫害を非難しているという[52]。近代史家のデーヴィッド・ガリオシュによれば、一七五六年には、やはり無名の鍛冶師が、国王が「ウニゲニトゥス」を信仰規範ではないと言明したことを称えながら、国王の高等法院に対する扱いについては酷評し、一方、宝石商の徒弟は高等法院廃止後の切迫した状況を地方に住むイトコへの手紙で知らせているともいう[53]。こうした声の来歴をたどっていけば、過たず世論という名のイマジネールに突き当たるだろう。しかし、それは民衆が時代を律するその単なる代弁者であったということを意味しない。社会のいわば自己表現であるイマジネールを通して、彼らもまた自己を表現したのである。それをしも啓蒙時代の果実というべきか、近代人の誕生と呼ぶべきかどうかはさておき、こうして彼らは現実と向き合い、自分の「声」とも向き合った。屹立する精神の声。あるいはそうともいえるだろう。

たしかにこの声がフランス革命の声とどのように交錯し、革命後に成立したとされる市民社会の声にいかなる影響を与えたかもにわかには判断しかねる問題だが、おそらくそれは、サン＝メダールで飛び交った感動と歓喜と高揚の声を間違いなくひとつの祖型とするはずだ。パリスの墓地での声もまた「奇蹟」の名において、まつろわぬ現実に異議を申し立てたからである。その限りにおいて、本書冒頭の諧謔的な戯文「王命により、神がこの場所で奇蹟をなすことを禁ずる」は、そうした民衆の声の紛れもない表徴としてあっただろう。

あとがき

奇蹟の示標性

　本書の主題は、広くいえば近代フランスにおけるフォーク・カトリシズムの問題である。だが、ひとりの助祭の死を契機に生まれた数多くの奇蹟（的快癒）とそれに関するナラティヴを出発点とするこのカトリシズムは、単に「フォーク」のレベルにとどまらなかった。それは王権や教皇、高等法院をも巻き込んだジャンセニストとイエズス会の宗教的・思想的・社会的対立の力学に組み込まれながら、そしてのちには奇蹟と結びついたファナティックなまでの痙攣を巡ってのジャンセニストたちの内部分裂を引き起こしながら、確実に民衆の「声」を顕在化させていったからである。たしかにそれはいつにかわらぬ民衆の切実なメシアニズムを基盤とするが、そのプロセスは、出版文化を媒介として、啓蒙思想時代からフランス革命期へといたる、近代フランス社会と民衆文化のありようを如実に垣間見せるものでもあった。

　アナル派の開祖のひとりリュシアン・フェーヴルは、一九三三年、コレージュ・ド・フランスでの有名な就任講義で「歴史は歴史家の創造である」と言い放ったが、たしかに歴史研究とは、ひとつの主題と向き合うにも、それにまつわる無数の事実をいかに集め、いかに編集するか、つまり「いかに歴史を創造するか」が問われる営為といえる。編集の仕方によって歴史はいかようにも姿を変える。歴史研究の陥穽はまさにここにあるといえるだろう。その陥穽を乗り越えるには、しかじかの対象そのものの解釈ではなく、その対象を巡る歴史的要素の有機的な連関に基づく解読、すなわち歴史の生態系からのアプローチが不可欠とされるはずだ。むろんそこでは「微視」と「眺望」の遠近法が求められる。本書が奇蹟的快癒者の報告書や当時の医学、聖職者を含む知識人たちの言説、さらにそれらをめぐる社会的状況などに、いささか執拗にこだわった所以である。

それにしても、これほど数多くの「奇蹟」はなぜ生まれたのか。歴史上聖人は無数にいたが、その死後、助祭パリスに匹敵するほどの奇蹟を起こした聖人はどれほどいたか。奇蹟がイマジネールの果実であることは本文で縷々指摘しておいたが、奇蹟待望のイマジネールは間違いなく古くからあったはずだ。この本質的な疑問についてはいずれ考察することにして、ここではパリスの遺骸について興味深いエピソードを紹介しておこう。もとより民衆の噂であってみれば、真偽のほどは定かでないが、それによれば、警察総代行官のエローが一七三二年のある深夜（二月の墓地閉鎖後か）、密かにパリスの遺骸を掘り出すため、石工ふたりを伴ってサン＝メダールの墓地を訪れたという。ところが、石工のひとりが鶴嘴で墓を掘ろうとした途端、身体が硬直して急死した。もうひとりも数日後に突然死んでしまった。悪行の報い。人々はそう噂したともいう（アルレット・ファルジュ『ディール・エ・マル・ディール』より）。だが、悪行の真の責任者は彼らではなく、エローだったはず。にもかかわらず、彼はそれから八年生き延びている。間尺に合わない話である。

とはいえ、こうした噂が巷間まことしやかに囁かれていたということの意味は明らかだろう。では、肝心のパリスの遺骸はどうなったのか。一七三二年に閉鎖され、一七六〇年代には再開されて年間平均で三五〇人ほどが埋葬されていたサン＝メダールの墓地は、一八〇一年に廃止され、七五年に現在のような小公園となっている。とすれば、墓地はそれまでに最終的に撤去され、埋葬されていたパリスの遺骸も、他の遺骸ともども掘り出されたことは疑いえない。はたしてそれらはどこにいったのか。都市の衛生化策の一環として、一八六一年までにパリ市内の墓地が掘り返され、その六〇〇万人ともいう無名の遺骸が集められたダンフェール＝ロシュロー広場下のカタコンブにか。少なくともサン＝メダール墓地の撤去時には、パリスの遺骸を神聖視するメンタリティはすでに遠のいていたのだろう。民衆がその瀆聖行為に刃向かったという記録がみられないからである（ないとは断言できない）。これは生前の徳にもかかわらず、列聖されなかったことによる宿命といえるかもしれないが、今となっては彼の遺骸の行方を確かめる術はない。それは彼の聖遺物がなおも一部で崇拝され続けていたことと際立った対照を示している。皮肉といえば皮肉な話だが、まさにこれこそが歴史の慣性、より正鵠を期していえば、歴史の諧謔と呼べるかもしれない。ただ、歴史の生態系という言挙げからすれば、その中核に位置づけるべきものを明らかにしえなかったということは、本書が宿す最大の瑕疵といえるだろう。

いささか胡乱《うろん》な話だが、筆者が本書執筆の契機となった冒頭の戯文をいつ、何で知ったかは覚えていない。おそらく今から数年前、パリの定宿で何気なくめくっていた書にそれが出ていたのだろう。それまでは助祭パリスのことなどまったく知らなかった。ただ、前著『英雄の表徴』でも着目したように、民衆的な風刺文や戯画には関心があった。しかも時代はほぼ同じ。すぐさまサン=メダール教会に赴き、その張り紙を必死に、だが空しく探したことだけははっきり覚えている。以来、幾度となくサン=メダールに足を運び、パリをはじめとする各地の図書館や古文書館でもパリスと奇蹟についての資料を集めだすようになった。しかし、パリス個人のことに加えて、ジャンセニスムや《聖職者通信》、さらに痙攣派などのことまで調べなければならない。作業はいっかな終わらなかった。ひとつの文献を制覇すれば、夥しい数の文献が新たに奔出する。かつて故二宮宏之氏や阿部謹也氏と鼎談した際、このふたりの碩学はフランス人とドイツ人の文献収蔵癖を冗談めかして嘆かれたが、今回、筆者もまたその想いを改めて確認することしきりだった。しかし、愛猫たちの無言の励ましもあって、ようやくここまでたどり着いたとの感慨はある。随分と長い道のりであった。

擱筆にあたり、出版事情が厳しいさなか、本書を刊行してくれた言叢社の島亨氏と五十嵐芳子氏に対し、長年にわたるご厚誼ともども、深甚なる謝意を表したい。また都立多摩総合医療センター総合内科部長の西田賢司先生、消化器内科の吉岡篤史先生にも、心からの感謝を捧げたい。こうして日々机に向かうことができるのは、ひとえに先生方のおかげだからである。

二〇一九年夏　「玉藻小路」（旧今市市）にて

蔵持識

さらに「パリは言葉に溢れ、人は大声で話し、(・・・) だれもが毎日起きていること、噂になっていることに大きな関心を向けていた」とも述べている (Farge, *Dire et mal dire*, op.cit., p. 46)。

48. たしかに世論と筆者のいう集団的な想像力としてのイマジネールもまた近似しているが、繰り返し述べてきたように、たとえばコップのデザインや着衣 (事例は何でもよいが) は、基本的に当該社会のイマジネールの所産であって、世論のそれではない。つまり、世論とは文化の生態系として規制力を帯びたイマジネールのひとつの表象であり、後者が変化すれば、それに包摂される世論もまた変わる (原則的に逆ではない)。

49. Dale K. Van Kley, *Les origines religieuses de la Révolution française*, Seuil, Paris, 2002, p. 205.

50. このガズタンの詳細については、たとえば以下を参照されたい。Gilles Malandain, 《Les gazetins de la police secrète et la surveillance de l'expression publique à Paris au deuxième quart du XVIIIe siècle》, in *Revue d'histoire moderne et contemporaine*, année 1995, 42-3, pp. 376-404.

51. Farge, *Dire...*, op. cit., p. 48.

52. E. R. Briggs, 《Le rôle des sentiments religieux dans la formation de l'esprit philosophique et anti-gouvernemental en 1732, d'après des gazetins secrets de la politique parisienne et d'autres inédits》, in *Lias*, vol. 4, 1977.p. 214.

53. David Garrioch, *The making of Revolutionary Paris*, University of California Press, Berkely/Los Angeles, 2004, p. 167. ただ、ガリオシュはこのような事例をあげながら、とくにパリ市民の政治的な日々に大きな変化がみられなかった1750年代から60年代にかけて、「ハイ・ポリティックスが直接彼ら (パリ市民) の日常生活に影響を与えた場合を除いて、ほとんどのパリ市民が政治の分野に口を出すべきだと考えていた証拠はない」(Ibid.) としている。だが、何をもってそう断定できるのか、疑問なしとしない。たとえば高等法院と王権の角逐は、彼らの日常生活とはさしたる関係がなかったにもかかわらず、しばしば世間の噂になったからである。

cinq mai 1761. BHVP. 6006 G 67)。

この尋問内容からするかぎり、ここでのスクールは施療の一環としての意味も帯びており、とすれば、ラ・バールは典型的なスクールを主宰したスクーリストということになる。これについては、パリ廃兵院の主任外科医を父にもち、自らはオテル＝デュー（慈善院）の外科医をつとめ、外科アカデミーの共同創設者に名を連ねる泌尿科学の先駆者サヴール＝フランソワ・モラン（1697—1773）が、1768年に編んだ『外科小冊子』で触れている。筆者がパリの古書店で偶然入手したこの300頁あまりの「小冊子」によれば、スールたちから「パパ」と呼ばれていたラ・バールは、30年前に「神の御業」に招かれ、それを機に「名誉ある職」を投げ捨ててパリに出たという。スクールの司式者としての彼は、赤いウールの部屋着に金糸の刺繍が施された黒いビロードの帽子をかぶり、どれほど小さな所作を始める場合でも、つねにフランス語で祈りを唱えながら十字を切ったという（Saveur-François Morand, *Opuscule de chirurgie*, 1ère partie, Guillaume Desprez, Paris, 1768, pp. 298-299)。

1750年代になって痙攣派の活動はかなり沈静化したとはいえ、タンプル地区というパリの中心部でこうしたスクールがなおも密かにおこなわれていたわけだが、この事例はおそらくフランスの名門貴族のラ・バール家に連なるエリートが、痙攣派にかかわっていたという点で注目に値する。だが、より興味深いのは、同じフェリポー通りのスール・フランソワズ宅でも、1759年4月にスクールがおこなわれ、その場には科学者で最初のアマゾンおよびペルー探検を敢行し、ゴムノキやキニーネの利用法を発見して、のちにアカデミー・フランセーズ会員にも選ばれた（1760年)、シャルル・ド・ラ・コンダミヌ（1701—74）も、前年の8月同様、立ち会っていることである。この探検家が記したスクールの詳細は、ピエール・F・マテューの前掲書『サン＝メダールの奇蹟と痙攣派の歴史』(Mathieu, *Histoire des miraculés...*, op. cit., pp. 377 sq.）に譲るが、それによれば、フランソワズは前年に引き続いて3度目の磔刑スクールを受けたという。

41. フーコーはその『狂気の歴史』で次のように記している。「実証主義が、医学ことに精神医学に対して幅をきかせるにつれて、（・・・）精神科医の力はいっそう奇蹟的となり、医師―病人の組み合わせは特異な世界に一段と入り込む。病人にとって、医師は魔術師となり、かつて秩序・道徳・家族から借用していた権威を、彼は今や自分自身のものであるかのように思う。しかも彼が医師であるかぎりにおいて、人々は彼にこうした権威的な力が託されていると信じる」(田村俶訳、新潮社、1975年、328頁、傍点蔵持)。
42. Daniel Vidal, *Miracles...*, op .cit., p. 400.
43. Prédiction d'un jeune convulsionnaire à Monsieurs du Parlement, sur les Affaires présentes. s.d., s. l., BHVP. 6006 J219.
44. ミシェル・パストゥルー『赤の歴史文化図鑑』、蔵持・城谷民世訳、原書房、2018年、序文。
45. マルク・ブロック『新版 歴史のための弁明』、松村剛訳、岩波書店、2003年、46頁。
46. Victor Fournel, *Les cris de Paris*, Les Éditions de Paris, Paris, 2003.
47. Arlette Farge, *Effusion et tourment, le récit des corps*, Odile Jacob, Paris, 2007, p. 64. 近代パリの民衆の声に着目していた近代史家のファルジュはまた、いいささか風変わりな題名の書『ディール・エ・マル・ディール』(英語訳は『危険な言葉』)において、「まず驚くのは個人の自己表現の方法で、彼らは自分の考えや怒りを表すのがさながら当然のことのように、公然と意見を開陳した」とし、の精神はいかなる嵐も倒すことができないほど強靭で、新しい葉を地上に広げるために太陽の回帰をひたすら期待するようなブナの木にも似て、孤立を保ちながら屹立していた」(Valet, *Le diacre Pâris...*, op. cit., 64)。

33. Maire,《Des comptes-rendus des constitutions jésuites》, in *Les Antijésuites*, dir. de Pierre-Antoine Fabre et Cartherine Maire, Presses Universitaires de Rennes, Rennes, 2010, p. 405.

34. オーギュスト・ガジエの『原典および未発表の資料に基づくフランス革命の宗教史研究』(1887年)によれば、1784年から87年にかけてアルザス地方やスイス、ドイツを旅し、途中、ロレーヌ地方のリュネヴィルで説教をした際、この神父は自分を「ポール=ロワイヤルの熱心な弟子」と紹介したという(Augustin Gazier, *Études sur l'histoire religieuse de la Révolution française d'après les documents originaux et inédits*, Armand Colin, Paris, 1887, p. 41)。なお、グレゴワール神父(前章註168参照)は数多くの著作をものしているが、大著『宗教セクトの歴史』(前掲)において、痙攣派全般やヴァイヤン派、ボンジュール(ファラン)派などについても触れている。

35. クレイザーはこの痙攣派の特徴を、「精神世界を席巻した」迫害・殉教観や終末論=千年王国主義に求めているが(Kreiser,op. cit., p. 381-382)、1世紀以上にわたってフランス各地で活動した多様な痙攣派セクトが、こうした特徴をどこまで共有していたかは検討の余地がある。それはまた、「内部と外部から崩壊していた真理の究極的な擁護者を自認していた彼らは、自らそれを形成する力はなかったものの、将来の明白な告知者だった」とするイルデシェメールの指摘(Hildesheimer, op. cit., p. 97)についても当てはまる。

36. Montgeron, Idée de l'état des convulsionnaires, pp.4-5, in *La vérité...*, t. II, op. cit.

37. Ibid., Miracle opéré sur Soeur Sara, in *La vérité...*, t. III, op. cit.

38. Strayer, op. cit., p. 259.

39. Ibid.

40. 例外的ではあるが、なかには高等法院の弁護士が痙攣派の霊会を主宰した事例もある。ルーアン高等法院の元弁護士ピエール・ド・ラ・バールは、パリのセーヌ右岸、マレ地区のフェリポー通りに有する小さなアパルトマンの3階を、成人女性(スール)4人の痙攣スクールの場に提供していたという。そのため、彼はこれら女性たちともども逮捕され、1761年5月5日のパリ高等法院の裁決により9年間の追放、女性たちは総救貧院に3年間幽閉との処分が下されている。その尋問調書にはおおむね以下のようなことが記されている。「(スクールでは)闇が燃え、凍った水が熱くなった。石や鉄棒、薪、鎖による居室の床や壁を揺さぶるほどの激しい打擲によって、きわめて柔らかな(彼女たちの)肉に痕跡を一切残すことなく癌までもが治った。剣や先が尖った大串はときに思い切り力を入れても突き刺ささらず、ときには深く刺さったが、いかなる苦痛も与えなかった。剣や長釘、あるいは他の道具が貫通ないし切り刻んだ手足や舌にも、不快さや痛みは覚えなかった。(彼女たちは)顔を燃え盛る火にさながら封蝋のように押しつけながら、炎の真っ只中で眠ったりもした。(・・・)最後に、手足を十字架に釘で打ちつけた」(Arrêt de la Cour du Parlement, qui condamne Pierre de La Barre au bannissement pour neuf ans, et les nommées Elisabeth de Barre, dite Soeur Rachel, Marie-Madeleine Hesse, dite Soeur Madeleine, Catherine Le Franc, dite Soeur Félicité, et Marie des Marquets, dite Soeur Marie, à être renfermées pour trois ans à l'Hôpital général, pour avoir tenu des Assemblées défendues. Extrait des Registres du Parlement. Du

諸都市からも、ティエボー同宗団のメンバーを中心とする参詣者が相次いだという。身体的な滋養と精神的なそれとが一体化したわけだが、出所不明のこの聖遺物によって、やがて小邑は町へと発展し、ストラスブールやケルンの大聖堂にも匹敵する（地元民の言葉）荘厳なティエボー教会堂が建立され、同地方を代表する宗教都市となった。そして毎年6月30日（現在は7月3日まで）、ティエボーゆかりの3機能論（ジョルジュ・デュメジル）を想起させる火祭り「3本樅の松明祭」が盛大に営まれている。つまり、この聖遺物伝承はタンの開町と教会、さらに火祭りの起源を語るものとなっているのだ。ちなみに1975年に教皇庁の科学班がグッビオに安置されている聖人の遺骸を調べ、親指の皮が剥がれていることを確認して以来、タンの聖遺物が真正なものとされるようになった。筆者はこれを伝承の「歴史化」と呼んでいる。

19. この問題に関する論集としては、たとえば以下がある。Léo Hamon（dir.）, *Du jansénisme à la laïcïté. Le jansénisme et les origines de la déchristianisation*, Maison des Sciences de l'Homme, Paris, 1987 ; Dominique Julia, 《Jansénisme et déchristianisation》, in Jaques Le Goff & René Remond, dir., *Histoire de la France religieuse*, t. III, Seuil, Paris, pp. 249-257.
20. Pierre Gaxotte, *Le Siècle de Louis XV*, Éds. Tallandier, Paris, 1933/2003, p. 120.
21. Taveneaux, op. cit., p. 252.
22. Marie-José Michel, *Jansénisme et Paris : 1640 - 1730*, Klincksieck, Paris, 2000, p. 453.
23. Augustin Gazier, *Histoire générale...*, op. cit., p. v. 訳文は飯塚勝久『フランス・ジャンセニスの精神史的研究』（前掲、14頁）による。
24. Gazier, ibid., p. vii.
25. Colbert de Croissy, *Oeuvres*, II, Cologne, 1740, d'après Monique Cottret, *Conclusion, in 8 Septembre 1713*, Chroniques de Port-Royal, Paris, 2014, p. 339.
26. Gabriel-Nicolas Maultrot & Claude Mey, op. cit., p.275.
27. ポール・ヴァレによれば、1820年10月、サン＝セヴラン教会の司祭（1802年まではサン＝テティエンヌ＝デュ＝モン教会の立憲派司祭）だったポール・ベイエが、ジャンセニスム的な教義を唱えたとして、外交官としても知られるパリ大司教のタレーラン＝ペリゴール（在任1817—21）によって免職されたという（Valet, op. cit., p. 63）。
28. 詳細は以下を参照されたい。Amélie de Chaisemartin, 《Le type du janséniste dans les romans de Standhal et de Georges Sand》, in *Port-Royal au XIXe siècle*, Actes du Colloque, Chronique de Port-Royal, 2015, pp. 171-186.
29. Michèle Bokobza Kahan, 《Les lumières au service des miracles》, in *Dix-huitième siècle*, no.39, 2007, p. 188.
30. 詳細は以下を参照されたい。*Un lieu de mémoire. Port-Royal des Champs*, Chronique de Port-Royal, Paris, 2005.
31. Gazier, *Port-Royal des Champs*, Typographie Plon Nourrit, Paris, 1905, pp. 38-39.
32. ただ、ポール・ヴァレはこの両者の関係を、「忌まわしくも残虐な迫害によって生まれたジャンセニスムは、ポール＝ロワイヤルの真の友人たちの中心に入ることはなかった。彼らがジャンセニスムの子供じみた、だが、ときに反抗的な実践をたえず拒んでいたからである」とし、修道院についてはいささか詩的なイメージを用いて次のように記している。「ポール＝ロワイヤル

11. Jean-Paul Lévy, *Le pouvoir de guérir*, Éditions Odile Jacob, Paris, 1991, p. 5.

12. Olivier Faure, *Les Français et leur médecine au XIXe siècle*, Belin, Paris, 1993, pp. 33-34.

13. ただし、パリスに帰せられる「奇蹟」がすべて終息したわけではない。例外的な事例となるだろうが、たとえば1773年7月にはパリ北郊サルセルの村に住む刺繍工の娘、83年1月にはリヨン司教区のある村の寡婦、同年7月には同じ村のふたりの女性、さらに85年にはトロワの名門ゲロン家の娘などが、それぞれパリスのとりなしで奇蹟的な快癒に与っているからだ（Mathieu, *Histoire des miraculés...*, op. cit., pp. 386-387）。

14. Dauzat, op. cit., p. 184. カナプはフランソワ・ラブレーの学友で、もうひとりの友人、すなわち動脈結紮法の考案者として知られ、のちに「近代外科学の父」と呼ばれるようになるアンブロワズ・パレ（1509頃―90）のため、ガレノスの医書をはじめてフランス語訳にしている。

15. むろん、その対象となったのは彼らだけではなかった。憑依者や女性予言者などもまた同様の苦難を味あわされていた（Arlette Farge, *La vie fragile*, op.cit., p. 271）。

16. Quatrième recueil des miracles, op. cit.

17. ジャンセニストの世界では、デ・シャン修道院の改革者だったアンジェリク・アルノーや、その妹で同修道院の第2代院長をつとめたアニェス・アルノーの心臓の一部、彼女たちの兄でソリテールだったアルノー・ダンディイの頭蓋骨の一部、ほかにも上訴派のスネ司教ソアナンの血が染みこんだ十字架の胸飾りがついたスータンや、モンペリエ司教クロワシの菫色のスータンなどがある。宗教史家のルネ・タヴノーによれば、ポール＝ロワイヤルは最後の晩餐で用いられた水がめ6個のうちの1個を保管していることを誇っていたという。胴の部位にヘブライ語が刻まれていたこの大理石製の聖遺物は、言い伝えによれば聖王ルイがパレスティナから持ち帰ったものだともいう（Taveneaux, op.cit., p.184）。

　ちなみに今から40年近く前、筆者はアルジェリア最東端の沿岸都市アンナバ（旧ヒッポ・レギウス）にある、サン＝トーギュスタン（聖アウグスティヌス）教会を幾度か訪れたことがある。フェニキア時代の巨大遺跡群を見下ろす高台に建てられた壮大な白亜の聖堂で、白大理石の円柱は、大人ふたりでようやく抱きかかえることができるほどだったにもかかわらず、向こう側に回した手の影が薄く見えるほど透明度の高いものだった。だが、それよりも驚かされたのは、堂内の一角に無造作に置かれた聖遺物箱に、聖アウグスティヌスの片腕だという骨が納められていたことである。354年にアンナバから100㎞ほど南東のスー・カフラ（旧タガステ）に生まれ、『神の国』を書きながら、この布教の地で没した司教であってみれば、彼の聖遺物が安置されていたとしても不思議はない。むろん、それが真正のものかどうかは不明である。だが、イスラームの国にあって、旧宗主国のいわば「置き土産」である聖遺物がこうして教会堂ともども残されている。おそらく一般のアルジェリア人にとってそれは当初から関心の外にあり、それゆえ独立後も幸いにも放置されたのだろうが、若い頃マニ教に耽溺し、敬虔なキリスト教徒の母モニカの慫慂もだしがたく、改宗してヌミディア（アルジェリアの旧称）の布教に生涯をかけたこの教父の聖遺物は、真贋はさておき、少なくともフランス人植民者たちにとって心の支えではあっただろう。

18. 第6章註10でも記しておいたが、地方聖人のティエボーに捧げられた礼拝堂は、霊験あらたかとしてアルザス地方はもとより、タン産ワイン「ランジャン」の輸出先でもあったハンザ同盟

状態になる（Louis-Florentin Calmeil, *De la Folie considérée sous le point de vue pathologique, philosophique, historique et judiciaire*, t. II, Laffitte, Marseille, 1982, p.341）。

スクールを受けた痙攣派と慢性うつ病患者を比較し、前者が「夢遊病に近い状態になる」という指摘がどこまで妥当かは疑問だが、おそらくそれは、シャラントンでおよそ50年ものあいだ精神疾患者の診療にあたったカルメイユの確信だったのだろう。そして彼は、その著を「自らの完徳さと聖性に夢中になった男女が町に溢れるときは、これら精神を病んだ者たち専門の精神病院を数多く建てなければならない」という提言で結んでいる（Ibid., p. 400）。

197. Strayer, op. cit., p. 246.

終章　歴史の生態系――「声」の来歴

1. フランス語の奇蹟（miracle）の語源であるラテン語の miraculum は、mirus「驚きに値する」と oculus「目」に由来する。この語源からすれば、奇蹟は可視的な現象ということになる。一方、フランス語にはさらに miracle の同義語としてやはりラテン語の prōdigium（〈prod- ＋ *agiom「私は言う」）に由来する prodige や、mīrarī「驚嘆する」を語源とする merveille がある。ただしこれらの語は一般的にほとんど明確な定義や区別なしに混用されている
2. Alain Dierkens,《Réflexions sur le miracle au haut Moyen Âge》, in *Miracles, prodiges et merveilles au Moyen Âge*, Publication de la Sorbonne, Paris, 1995, pp. 11-12.
3. 詳細は拙著『異貌の中世』、前掲、第1章を参照されたい。
4. 行商人については、たとえばロベール・マンドルー『民衆本の世界』、前掲、第1章「トロワの行商本」や次註などを参照されたい。なお、1734年2月16日、行商人たちが市当局の認可を得ずに新聞・雑誌や書籍を販売することを禁じる条例が出されている。
5. こうした読書法について考案した研究としては、たとえば Daniel Roche, *Le peuple de Paris*, Aubier, Paris,1981, chap. VII などがある。邦訳書としてはロジェ・シャルティエ『読書の文化史』、（福井憲彦訳、新曜社、1992年）や同『読者と読書』（長谷川輝夫・宮下志朗訳、みすず書房、1994年）ロジェ・シャルティエ&グリエルモ・カヴァッロ『読むことの歴史』（田村毅・片山英男ほか訳、大修館書店、2000年、第10章）ほかを参照されたい。
6. Farge, *Dire et mal dire*, op. cit., pp. 61-62.
7. Kreiser, op. cit., p. 401.
8. Jacques Léonard, *Médecins, malades et société dans la France du XIXe siècle*, Sciences en Situation, Paris, 1992, p. 110.
9. Robert Jalby, op. cit., p. 207.
10. ゲリスールについては、たとえば Jacques Léonard,《Les guérisseurs en France au XIXe siècle》, in *Revue d'histoire moderne et contemporaine,* t. 27, no.3, 1980, pp. 501-516 や、Jean-Pierre Goubert,《L'art de guérir. Médecine savante et médecine populaire dans la France de 1790》, in *Annales E.S.C.*, année 1977, 32-5, pp. 908-926. フランソワズ・ルークス『肉体―伝統社会における慣習と知恵』（蔵持・信部保隆訳、マルジュ社、1983年、第11章）および拙著『シャルラタン』（前掲、第7章）などを参照されたい。

191. J・ディディ＝ユベルマン『アウラ・ヒステリカ』、谷川多佳子・和田ゆりえ訳、リブロポート、1990年、39頁。

192. Jean-Martin Charcot et Paul Richer, *Les Démoniaques dans l'art*, Adrien Delahaye et Émile Lecrosnier, Paris, 1887, pp. 78-90.

193. Montgeron, Miracle opéré sur Marie-Jeanne Fourcoy, in *La vérité...*, t. II, op. cit.

194. Charcot, *Foi qui guérit*, Félix Alcan, Paris, 1897, pp. 8-9. シャルコーはまた自ら奇跡を起こしてもいる。前記『アウラ・ヒステリカ』に紹介されたもので、機能性麻痺に冒された若い修道女を修道院内で診察した際、「立って、歩きなさい！」という彼の言葉に従った修道女が突然歩き出し、奇跡が起きたというのである。この奇跡的快癒はルルドの聖母出現と同様、『宗教週間』誌の第一面を飾ったともいう（ディディ＝ユベルマン、前掲書、327頁）。いうまでもなく、彼は麻痺を引き起こしていたヒステリーを治したのである。

195. Louis Callebat, dir., *Histoire du médecin*, Flammarion, Paris, 1999, p. 265. なお、痙攣派と動物磁気に関する書としては、たとえば以下がある。Jean-Salvy Morand, *Le Magnétisme animal*, Garnier Frères, Paris, 1889.

196. 興味深いことに、シャラントン精神病院の医師だったアントワヌ＝アタナズ・ロワイエ＝コラール（1768—1825）は、ガリカニスム＝ジャンセニスムを支持していた家に生まれたにもかかわらず、その博士論文『無月経論』（1801—02年）で、痙攣を単なる病態として扱っている。ちなみに、彼の患者のひとりに、1歳半違いの弟ヴィクトル・ユゴーに愛する女性アデール・フーシェを妻として奪われ、うつ病に罹ってシャラントンに入院し、早世したウジェーヌ（1800—37）がいる（ただし、彼が1803年に再入院したサド侯爵を診察していたかどうかは不明）。一方、ロワイエ＝コラールより一時代のち、近代精神医学の創始者とされるフィリップ・ピネルの弟子で、シャラントン精神病院の精神科医だったルイ・フロランタン・カルメイユ（1798—1895）は、シャルコーのこの書より半世紀前の1845年に上梓した『病理学的・哲学的・歴史的・司法的観点から考察した狂気について』で、やはりモンジュロンの奇蹟的快癒例に基づきながら、サン＝メダールでの一連の痙攣が「テオマニー」、すなわち「神によって引き起こされた狂気」によるものと断じ、以下のように述べている——。

> ただちにわかることだが、ジャンセニスト系痙攣派の体質と一部の慢性うつ病患者のそれは似通っている。後者は隔離された状態にあっても、医師の命令に従わず、睡眠を遠ざけ、冷気に身をさらし、シーツを交換したり、ベッドに横たわったりすることを拒み、濡れた敷石の上に裸足で身を置く。さらに窓枠の上に膝をつき、監視の目が緩んだと思うや、ただちに地面に寝そべる。こうした異常な行動に身を委ねることが神意にかなうと思い込んでいるのである。このような狂った実践は、長期にわたって無数の危険を生んできた。サン＝メダールの神狂いたち（テオマニア）もまた同様で、その宗教的な熱狂からしばしば悲惨な果実を集め、みだりに断食をおこなっていた彼らは、頻繁に咽頭と食道に痙攣を起こして、食べ物が胃に入らなくなっていた。あらゆる苦悶とあらゆる飢えの拷問に伴う死は、そうした狂気の最後の結末にほかならない。（…）病理学的な観点からいえば、分別を失った個人もまた同様の結末を迎える。多くの痙攣派もまた多少とも忘我ないし夢遊病に近い

者がいたのかもしれない（Abbé Grégoire, *Histoire des sectes religieuses*, t. II, Baudouin Frères, Paris, 1828, p. 142)。なお、グレゴワールはフィギュリスムの影響を受けたとされるが、両者のいささか錯綜した関係については、以下を参照されたい。Rita Hermon-Belot,《L'Abbé Grégoire et le retour des Juifs》, in *bibliotheque.amisdeportroyal.org*, 1990, pp. 213-217.

169. *L'Ami de la religion*, t. 96, Libraire Ecclésiastique d'Ad. Le Clère, Paris, 1835, p. 690. その際、ジャクモンはジャンセニストとしてはいささか不可解な行動をとっている。教皇が断罪したヤンセニウスの「5命題」がたしかにその著『アウグスティヌス』に含まれているとして、これを批判しているのだ（Ibid.)。しかし、彼がジャンセニスムを生涯信奉していたことは間違いない。

170. コンコルダとガリカニスムに関する詳細は、たとえば以下を参照されたい。Jean-Pierre Chantin,《Anticoncordataire ou Petite Église. Les oppositions religieuses à la loi du 18 germal an X》, in *Chrétiens et sociétes*, vol. 10, 2003, pp. 95-107.

171. Ibid.,《Des Jansénistes entre orthodoxie et dissidence au début du XIXe siècle》, op.cit., p. 8.

172. Léon Séché, op.cit., p. 113.

173. Ibid., p. 110.

174. Chantin, *Les amis de l'oeuvre de la vérité*, op. cit., p. 122.

175. Félix Regnault,《Des Béguins》, in *Bulletin de la Société d'Anthropologie de Paris,* I^{e} série, t. I, 1890, pp. 662-680.

176. Chantin, *Les amis ...*, op. cit., p. 131.

177. Ibid.

178. この呼称は地域で異なり、たとえばブルゴーニュ地方では「ブラン（白)」、北仏カルヴァドス地方では「ブランシェディスト（白色主義者)」、中部のアヴェロン地方では「アンファリネ（白粉を塗った者)」、ブルターニュ地方では「ルイゼ」などと呼ばれた。

179. Chantin, *Les amis ...*, op. cit., p. 45.

180. Daniel Vidal, *La morte-raison*, op.cit., p. 40.

181. Paul Chopelin, op. cit., p. 164.

182. ベルガスについては、たとえばその子孫がまとめた Louis Bergasse,《Un janséniste lyonnais. Alexandre Bergasse》, in *Revue d'histoire de l'Église de France*, t. 38, no. 131, 1952, pp. 5-51 を参照されたい。

183. Desfours de La Genetière, *Lettre d'un curé du diocèse de Lyon, à ses confrères, sur les causes de l'enlèvement de M. Bonjour, curé de la paroisse de Fareins, en Dombes*, s.l., s. n., 1786, p. 91. BHVP. 6006 M20.

184. Aventurier, op. cit., p. 65.

185. La Genetière, *Recueil de prédictions intéressantes, faites depuis 1733*, s. l., 1792, p. 52. BN.8-R-16443.

186. Ibid., pp. 55-61.

187. Vidal, *La morte-raison*, op. cit. p. 43.

188. Ibid., p. 42.

189. La Genetière, op. cit., p. 351.

190. このモンペリエ出身の司教は、「聖職者民事基本法」に反対したためにグレゴワール神父から追放され、最終的に無任所司教となり、やがてプティ・テグリーズ派の強大な敵対者となった。

本を打たれ、火傷63か所、舌、胸、耳への針刺しがそれぞれ1200回、26回、200回、さらに剣刺し6回、釘打ち181回、薪による殴打300回、足の圧搾ないし捻挫3回などにより、全身の2417か所（！）に傷を負ったという（Détail de l'état et du secours d'une convulsionnaire le 14 Seprembre 1780. Bibliothèque de la Société du Port-Royal, AC218）。

162. François Jaquemont, *Remède unique aux maux de l'Église et de l' État, par un curé de campagne*, Adrien Egron, Paris, 1816, p. iii. LEN, Saint-Ouen, 2018.

163. Ibid., p. 56.

164. この「コルシカ独立の父」についての詳細は、拙論「表象論Ⅰ：コルシカ島の〈ムーア人の顔〉をめぐって」、蔵持共編著『神話・象徴・イメージ』（原書房、2003年）、第1章参照。

165. この誓約書は以下のような文面からなっていた。「私は王政と無政府状態を憎み、共和政と革命暦3年の憲法に愛情と忠誠を捧げます」。これにより、公的な埋葬や鐘を鳴らしたりする信仰の外的な表現行為がすべて禁止され、宣誓を拒んだ聖職者は流刑となった。その結果、「この反カトリック政策は、約1万人にのぼる宣誓拒否聖職者をだして体制と教会との亀裂を促しただけでなく、民衆の反発も招くことになった」（松浦、前掲論文、399頁）という。

166. 1790年当時のフランス国内の小教区数は3万6529。2年後には3万3529に減少し、削減された3000小教区の主任司祭は地方から都市に移ったという（Bernard Plongeron, *La vie quotidienne du clergé français au XVIII*[e] *siècle*, Hachette, Paris, 1974, p. 186）。

167. マルティモール『ガリカニスム』、前掲、140頁。

168. グレゴワール神父は『モンテ＝クリスト伯』などで知られるアレクサンドル・デュマの師傅で、パリ南部ロワール＝エ＝シェール県の立憲司教や国民公会の代議員もつとめ、「宗教は友愛と平等と自由をわれわれにもたらす」という、フランス革命の標語と宗教とを一体化させた名言で知られる。その業績としては、ほかに技術工芸院（1794年）や国立経度局（1795年）を創設したこと、さらに奴隷制度の撤廃を提唱したことなどがあげられる。だが、皮肉にも聖職者民事基本法のために、彼は惨めな晩年を送ることになった。パリ大司教イアサント＝ルイ・ド・ケラン（在任1821―39）から要求されたこの基本法への誓約放棄を拒んだため、引退を余儀なくされて年金の受給権利も奪われ、蔵書も売却せざるをえなくなったのである。さらにルイ＝フィリップ王政下の1831年5月、彼はコレラ猖獗時のパリで他界するが、大司教は管轄下の聖職者たちに対し、グレゴワールに臨終の秘蹟を授けるのを禁じてしまう。幸いソルボンヌの神学教授で、翌年モロッコの司教となるマリ＝ニコラ＝シルヴェストル・ギヨンが、大司教の意に背いて密かに秘蹟を授けた。その葬儀もまた禁じられていたが、ラ・ファイエットのとりなしで、モンパルナス墓地（現在はサルトルやボーヴォワールらが眠っている）までの葬列には3000人あまりが参加したという。革命200年祭時にその遺骸はパンテオンに移されている。

グレゴワールは不遇な死を迎える3年前の1828年、全6巻からなる大著『宗教的セクトの歴史』の第2巻を上梓しているが（初版2巻は1810年刊行）、そこである興味深い事例を紹介している。パリの医師で王立医学協会の創設者のひとりでもあった、アンヌ＝シャルル・ロリ（1726―83）の2巻本『メランコリーとメランコリーの死について』（1765年）からの引用で、それによれば、メソジストのある女性信者が痙攣・錯乱状態となり、自ら耳と鼻、さらに乳房まで切り取ったという。むろんこれは1事例にすぎないが、メソジストのなかにもあるいは「痙攣の業」を実践していた

141. Dubreuil, op. cit., p. 282.

142. Ibid., p. 13.

143. Gérard Aventurier, op. cit., p. 66.

144. Maury, op. cit., p. 14.

145. AN. F.7, dossier 4342.

146. AN. F.7, dossier 9153・9641..

147. 「バブーフの陰謀」と呼ばれるこの事件の思想的・政治的背景は、松浦義弘によれば、「平等主義をおし進めて私的所有の否定と財産の共同管理にまでいたる共産主義理論と、秘密結社（蜂起委員会）を核とする武装蜂起によって権力奪取と独裁を目指す革命理論とを特徴としていた」（松浦義弘、前掲論文、395 頁）という。だが、転覆計画は仲間の裏切りで事前に発覚し、バブーフは決行前日の 5 月 10 日に逮捕され、27 日、ヴァンドーム広場でギロチン刑に処された。ちなみに、彼は今日的な意味で「独裁」という語を最初に用いた人物とされる。

148. Maury, op. cit., pp. 16-17.

149. Sabine Juratic, 《Solitude féminine et travail des femmes à Paris à la fin du XVIIIe siècle》, in *Mélanges de l'École française de Rome*, v. 89, t. 2, 1987, p. 890.

150. Maury, op. cit., p. 18.

151. Michaud, op. cit., t. 5, p. 15.

152. Mousset, op. cit., p. 193.

153. Dubreuil, op. cit., p. 344.

154. Ibid., p. 345.

155. Bourseiller, op. cit., p. 186.

156. Dubreuil, op. cit., pp. 344-345.

157. Mousset, op. cit., p. 193.

158. Léon Séché, *Les derniers jansénistes depuis la ruine de Port-Royal jusqu'à nos jours*, t. II, Perrin, Paris, 1891, pp. 1-115.

159. Patrice Moreau, *Le Jansénisme en Forez au XVIIIe siècle*, Université de Saint-Étienne, 2004, p. 39.

160. 詳細は不明だが、ジャクモンの助任司祭で、1789 年に他界したミシェルの墓で奇蹟が起きたという。この地域では彼ら痙攣派は、いささか信じられない話だが、ほかならぬジャンセニストたちから聖人視されていたともいう（Ibid.）。

161. はたしてボンジュール派のメンバーかどうかは不明だが、ポール＝ロワイヤル協会図書館室には、1780 年 9 月 14 日に、ある女性痙攣派が「いつものように祈りを捧げ、司式者からの祝別を受けたあと、両耳を 5 本の針で小さな木片に打ち付けてもらい、同日、髪を剃っていた頭頂部に、大小の十字架が左右につけられたきわめて大きな王冠」をかぶせられてから、こうしたエキセントリックなスクールを受けたとする記録がある。それによれば、彼女は留め金 438

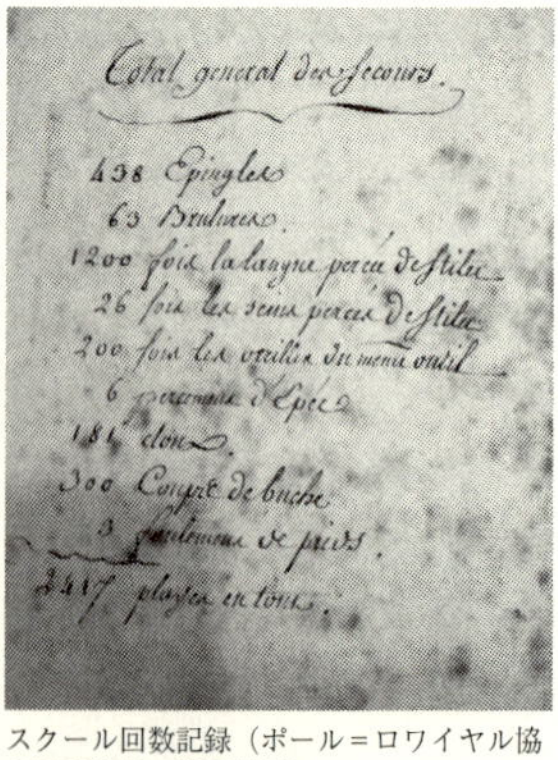

スクール回数記録（ポール＝ロワイヤル協会図書館室、筆者撮影）

断食をおこない、一握りの煙突の煤と混ぜ合わせた尿をコップ1杯飲むよう命じられた。彼女はその指示をきわめて正確におこない、なんらの不都合も覚えなかった。さらに、彼女はポール＝ロワイヤルを訪れて、メール・アンジェリクの墓に詣でた。この亡き修道女はマルグリットがそれまで以上に必要としていた恩恵に与かるため、そして兄弟（ベルナール）の回心のため、9日間、毎昼食時にパンと一緒に人糞を食べ、両足に釘を刺すよう命じた。だが、この苦行を1日だけ怠ったため、贖罪として、彼女は丸1日、虫を食べ、それ以外は何も口にしなかった。そして先週、神は彼女にある幻視を見せた。見も知らない婦人がマルグリットの名を言い、彼女に自分のために右腕に穴をあけるよう命じる幻視だった。数日後、彼女の前にこの婦人が姿を現し、幻視に現れたのは自分だったと言った。さらに昨日、ボンボンがマルグリットに新たな苦行を指示した。ある物故者と彼女の兄弟のための苦行で、それは9日間、毎朝胆汁を飲み、舌に数度釘を刺すというものだった。彼女は何らの痛痒を感じずにそれらをすべて実行した」。文面はさらにファラン小教区民の窮状にも触れ、彼女の「ボンボン」を信じれば、必ず迫害から救ってくれるとして、「神が支えてくれる人々を打ち倒すことなどだれもできない」と激励したという（Lettre curieuse de M. le Curé de Fariens Dombes, à M. Bernard de F..., frère d'une des deux fameuses Convulsionnaires de ce Village &, en sa personne, à tous les Paroissiens attachés à l'oeuvre des Convulsions. Bib. Municipale de Lyon Part-Dieu, 353224）。

この書状の返信は1788年7月2日に出されている。書き手は「ベルナール氏の秘書」となっているが、彼に秘書はおらず、おそらくベルナール自身が書いたものだろう。そこで彼は、神の教えに従うことを明言し、「私の頭はこの世に存在するもっとも巨大なフェルトの1枚にすでに覆われている」としたあとで、さらにこうも記している。「私はジャンセニストという食事のご馳走を食べて、外面的な苦行に強く賛同しています。だが、教勅や信仰宣誓書についてはさほど批判をしておらず、むしろそれらを広めてすらいます。そして、ジャンセニストたちの考え方に決して与することはありませんが、脆弱な脳がたやすく加熱する娘たちは異常で、それに驚く親に従いません」。この文面からは、ベルナールがジャンセニストに批判的で、姉妹の行動、そして結果的にそれを唆したフランソワにも厳しい目を向けていることがわかる。さらにベルナールは、フランソワの書状にあった「自分に絶対的な信頼を寄せてほしい」とする要請をはねつけ、「いずれにしても明らかなのは、私が貴殿のセクトを誇らしげに弁護するだけの能力を持ち合わせていないということです」と断言している（Ibid.）。

ベルナールからの返信にフランソワがどう答えたかは分からない。だが、このやり取りからは少なくともフランソワと彼のセクトがファランの一部でどのように思われていたかが読み取れる。ベルナールにとって何よりも不快だったのは、フランソワが主任司祭という職位を利用しておもに村の女性たちを教化し、あまつさえ未婚の娘たちを洗脳して予言者に仕立て上げ、教勢の拡大をもくろんでいたことだった。そしてその反感は、当然のことながら、翌年のマルグリットの急逝を機に一気に激化したはずである。

138. 詳細は Dubreuil, op. cit., pp. 164-165 を参照されたい。

139. Ibid., pp. 238-265.

140. Maury, op. cit., p. 12.

121. Maire, *Les convulsionnaires...*, op. cit., p. 193.

122. Ibid., op. cit., p. 145.

123. 中村、前掲書、140頁

124. Dedieu, op. cit., pp. 211-212.

125. Maire, *Les convulsionnaires...*, op. cit., p. 183.

126. Hecquet, *Le naturalisme...*, op. cit., p. 17.

127. Le Père Crêpe, op. cit., p. 51. 元ドミニコ会士の神父クレープは、後述するボンジュール派（ファラン派）の幻視＝予言者の娘エティエネット・トマソンが、1787年に磔刑のスクールを受けたのを機に書いたとするこの書のなかで、グレゴワール神父の『宗教的セクトの歴史』（本書註168参照）同様、ブリジットとアンジェリクを取り違えるという過ちを犯している。

128. André Breton, *Oeuvres*, t. II, La Pléiade, Gallimard, Paris, 1992, p. 1182.

129. Auguste Dubreuil, *Étude historique ou critique sur les Fareinistes ou Farinistes*, A. Rey, Lyon, 1908.

130. Jean-Pierre Chantin, *Les amis de l'oeuvre de la vérité*, Presses Universitaires de Lyon, Lyon, 1998.

131. Serge Maury, *Convulsions et prophéties jansénistes à la fin du XVIIIe siècle*, Éditions Universitaires Européennes, Saarbrücken, 2010, p.129.

132. Michaud, op. cit., t. 5, pp. 14-15.

133. Christophe Bourseiller, *Les faux messies*, Payot, Paris, 1994, pp. 85-88.

134. Auguste Dubreuil, op. cit., pp. 65-78. 同じ1787年春には、フォレ地方のマルシリ村で、主任司祭のフィアランが「痙攣の業」のメンバーとなっていた彼の下女を磔にし、その報告を受けたモンタゼが司祭を召喚して職を解き、代わりに痙攣派ではないジャンセニストを司祭にあてたという（Gérard Aventurier,《Le jansénisme en Forez à la veille de la Révolution》, in *Entretemp*, vol. 3, *Le jansénisme en Forez au XVIIIe siècle*, Université de Saint-Étienne, 2004, p. 74）。ボンジュール兄弟はこのフィアランと交流があった。とすれば、あるいはこれを範としてファランで同様のスクールをおこなったとも考えられる。

135. Maury, op. cit., pp. 10-11.

136. Michaud, op. cit., t. 5, p. 15.

137. これについて、「ドンブ地方ファランの主任司祭」、つまりフランソワは、1788年6月8日、パリから「同村のふたりの有名な女性痙攣派のひとりの兄弟であるベルナール氏と、痙攣の業と結びついているすべての小教区民」に宛てた書状のなかで触れている。リヨン市立図書館（パール＝デュー）に所蔵されているもの（コピー）で、「慈悲の父があなたのなかに新たな精神と心を創出してくれますように」という前言から始まるそこには、大略以下のようなことが記されている—。

彼女（マルグリット）は聖霊降臨祭前夜（1787年5月26日）、私の意見に従って、パリへの旅に関する神意を聴くために跪拝すると、幼子イエス・キリストが現れて、パリまでの行き方、すなわちその経路や馬車の乗り換えなどを教えてくれた。おかげで、無事パリに着いた。翌日、サン＝メダールに赴くと、ボンボン（スール・アンジェリクの幻視にも出てくる表現）から、左の脇腹に骨にまで達する指の長さの傷をつけ、聖体の祭日（6月10日）からの8日間、

留されたが、尋問を受けることなく、4日後の9月14日火曜日に釈放された。翌水曜日、彼はサント＝マリヌ教会の主任司祭とともに警察総代行官のエローを訪れ、先日の集まりが、（サン＝メダール墓地閉鎖前に）死んだ息子を追悼するためのものだったと釈明した。

靴職人だったこの息子は18年前からオテル＝デュー（慈善院）の病人たちを定期的に慰問し、日曜日や祭日には必ず囚人たちを訪れていたともいう。慈悲深かった彼は毎日欠かさず教会のミサに出席し、夕方には聖書の黙読と瞑想をおこない、鉄のベルトをつけたまま、夜は長さ1m（！）ばかりのベッドの上に、饐えた臭いのする、ときには硬くなった藁を敷いて寝てもいた。断食も祈りと同様続けていた。そして、しばしば上訴派に加わりたいとの希望を口にし、助祭パリスを尊崇して、その墓に詣でることを渇望し、彼のとりなしで起きた奇蹟に強い関心を寄せてもいた。だが、やがて彼は重篤な病に罹り、1週間苦しんだのち、苦しみながらも最期まで祈りを忘れず他界した。亡骸はサン＝イノサン墓地（パリ右岸レ・アル地区。現在は撤去）の大十字架の後ろに埋葬された。彼の死はかなりの反響を呼び、埋葬式のみならず、実家にも多くの人々が訪れ、とくに日曜・祭日ともなれば、彼が息を引き取ったその仕事場で祈りを捧げた。前述の集まりは、まさにそうした人々によるものだった。

一方、バスティーユに投獄されていた司祭リュカは、この監獄の霊的教導を託されていたイエズス会士ではなかったが、モザール同様、尋問を受けぬまま、9月19日日曜日に釈放された。モザールの息子パヤールも同日釈放となった。ただ、もう一人の息子フランベルモンは、痙攣派ではなかったにもかかわらず、マリ・コクレルともどもヴァンセンヌ城の獄舎に移された。クーランスもまたバスティーユに投獄されたままだった。彼が投獄されて数日後、サン＝ジャン＝アン＝グレーヴ教会の主任司祭が訪ねてきた。そして、彼はパリ司教に対し、クーランスが半年前に教会を離れ、パリスと同様の生活を送っている立派な人物であるとして、その釈放を求める上申書を提出したという（Ibid., le 8 novembre1734）。

112. D'après Albert Mousset, op. cit. p. 153.

113. Montgeron, Observations sur les conversions, op. cit., p. 75.

114. Gustave Arnaud d'Agnel,《Les convulsionnaires de Pignans》, in *Annales du Midi*, t. 19, no. 74, 1907, pp. 206-220.

115. Ibid., p.220.

116. 19世紀初頭におけるリヨンの痙攣派運動で主導的な活動することになる、同市出身のシャルル・デフール・ド・ラ・ジュヌティエール（1787—1819、後述）は、このジュイイにあった学寮で学び、ジャンセニストとなっている。

117. Michaud, op. cit., t. 33, pp. 355-356.

118. ピネルのこの書（Michel Pinel, *Horoscope des temps ou Conjectures sur l'avenir fondées sur les Saintes Écritures et sur de nouvelles révélations*）については、中村浩巳氏の『ファランの痙攣派』（前掲、130頁以下）を参照されたい。ただし、氏はその題名を『それぞれの時の見取り図、あるいは聖書と新たな啓示にもとづく未来の予見』と訳している）。

119. Paul Chopelin,《Les militants laïcs de l'Église réfractaire — le cas lyonnais》, in *Annales historiques de la Révolution française*, no. 355, 2009, p. 164（ただし、この《聖職者通信》の記事は未確認）.

120. *Nouvelles Ecclésiastiques*, op. cit., le 10 octobre. 1733.

Paris, 1953, pp. 97 sq. なお、ムセによれば、オーギュスタン（彼はフランソワ・コスと表記しているが、誤り）はモンペリエの書店の息子で、姉ないし妹は禁書を販売したのが発覚して1730年頃パリに逃れ、父親が誤認逮捕されたという（p. 154)。とすれば、オーギュスタンもまたこの頃にパリに出たのかもしれない。

96. Léon Cahen, *Les religieuses et parlementaires sous Louis XV*, Hachette, Paris, 1913, p. 49.

97. Barbier, t. II, op. cit., pp. 524-526.

98. Kreiser, op. cit., pp. 326-328.

99. Recherche de la Vérité ou lettres sur l'oeuvre des convulsions, in *Recueil de Pièces sur les Convulsionnaires*. BM. 4°1A19206.

100. *Journal de Convulsions ou Lettre de M*** à M***, dans laquelle il lui fait le détail de tout ce qui est arrivé aux Convulsionnaires dont il a eu conaissance.* BM., A 11161.

101. Barbier, op. cit., p. 526.

102. Montgeron, Observations sur les conversions, op. cit, pp. 72-73.

103. Kreiser, op, cit., pp. 338-339.

104. BA. Ms. 11032,33,34.

105. *Nouvelles Ecclésiastiques*, op. cit., le 21 juin 1731.

106. Strayer, op.cit., p. 256.

107. メスのユダヤ人共同体は1595年から存在し、1739年には662家族（2213人）が住んでいたという（Pierre-André Meyer, 《Démographie des Juifs de Metz（1740-1789）》, in *Annales de démographie historique*,1993, p.130）。

108. Claude Quétel, *Nouvelle histoire de la psychiatrie*, Dunod, Paris, 2002, p. 509.

109. *Nouvelles Ecclésiastiques*, op. cit., le 6 octobre 1734.

110. Kreiser, op. cit., p. 307.

111. *Nouvelles Ecclésiastiques*, op. cit., le 22 novembre 1734. ちなみに、同年の11月8日号には《聖職者通信》（と痙攣派）に対する治安当局の抑圧ぶりを伝える興味深い記事が載っている。ことは8月29日に起きた。この日の夜8時過ぎ、警視のモルタンと騎馬警察隊隊長のデュビュが警吏たちを引き連れて、セーヌ左岸アリシ通りのモザール宅に踏み込んだ。家ではモザール夫妻と息子が、市庁舎に近いサン＝ジャン＝アン＝グレーヴに住んでいたトゥール司教区の司祭ボワゾン・ド・ラ・クーランスや、サント＝マルグリト小教区の司祭リュカとともに夕食を摂っていた。驚く一同を尻目に、警視たちが4階の部屋に上がると、そこには9人ないし10人の男たちと痙攣派のマリ・コクレルがいた。警視はそのひとりひとりに氏名や住所を問いただし、家宅捜索をおこなった。そして、助祭パリスの墓の土とクーランスの印刷物1束、警吏たちの失笑を買ったさまざまな聖遺物、パリスやモンペリエ司教の版画、さらにこの年発行された《聖職者通信》半年分や他の文書類などを見つけた。そこでただちに調書を作成し、それから3階の部屋に降りると、そこでもまたクーランスの自署がある教勅「ウニゲニトゥス」の撤回要求文書が見つかった。こうしてその場にいた者3人は、フォール＝レヴェック監獄に翌日の夜まで拘置されたが、聖職者ふたりはバスティーユ、モザールのふたりの息子パヤールとフランベルモンは、マリ・コクレルともどもプティ・シャトレに投獄された。主人のモザールは9月10日に秘密警察に拘日新しい病人に刺胳を施し、悪意から限りなくみだらな姿態をとり、蛇のように部屋の中を這いずり、犬のように噛みつき、狂犬病にかかったように泡を吹いている（・・・）」。そして、ジャンセニストを痙攣派と同一視し、上訴派のスネ司教ソアナンやモンペリエ司教のコルベールを「大痙攣派」とするラ・クロワは、最後にラ・ソネが瀆聖の罪に浸って、神と聖なる秘蹟を弄び、予言を求められると、その幻視と汚れた夢想をとめどもなく語り、宗教（キリスト教）のヴェールに隠れて、恥ずべき欲望を満たしているとして、「これがジャンセニスト教会のヒロインたちなのである」と難じている（Frère La Croix, *Le progrès du Jansénisme*, Quiloa, 1753, pp. 44-45）。

ラ・クロワはまた痙攣派を「モンジュロニスト（モンジュロン派）」とも呼んでいる。いうまでもなく、これはモンジュロン＝痙攣派というイメージがすでに一部ででき上っていたことを物語る。むろん、モンジュロン自身がそれを知っていたかどうかはわからないが、本人にしてみればいささか迷惑な話ではあったろう。ともあれ、この指摘は、痙攣派を攻撃することによってそれとの差異化を図ってきた「正統」ジャンセニストたちの戦略が、必ずしも成功していないことを端的に示している。むろん、血のスクールは痙攣派の一部がおこなっていただけだが、おそらくジャンセニスト＝痙攣派という外部のラベリングはなおも根強く存続していたのだろう。

88. Gazier, op. cit., p. 630.

89. Barbier, *Chronique*, IIIe série, Charpentier, Paris, 1858, pp. 103-105.

90. Gazier, op. cit., p. 631.

91. *Encyclopédie, ou Dictionnaire raisonné des sciences, des arts et des métiers, par une Société de gens de lettres*, t. IV, 1754, p. 171. BHVP. 1066.

92. Wilson, op. cit., p. 32-33.

93. Montgeron, Observations..., op. cit., p. 113.

94. 「増幅派」とも訳されるこのセクトは、モンペリエの商人ヴェルシャンの寡婦だったアンヌ・ロベールが、1720年頃に体験した白昼夢（というべきだろう）の幻視から始まる。彼女によれば、この夢のなかで突然空が裂け、説教者用の白い椅子が下りてきたという。そこには白衣の男が座っており、両脇にそれぞれトランペットと月桂樹の枝を手にした天使が控えていた。そして、彼女に神が降臨して真理を告げると述べたともいう。やがて彼女は自宅を拠点としてこの幻視＝予言を人々に語り、信奉者を集めていった。痙攣派に共通する千年王国思想、つまり現状を否定し、よりよい現実の到来を待望する思想は、あるいはこのミュルティプリアン派を直接の原点とするかもしれないが、彼らは閉鎖的なセクトで、独自の教義や洗礼および言語をもっていた。だが、カルヴァン主義との関連を疑われたこともあり、最盛期には938人（うち、女性は61％）のメンバーないし共鳴者を擁していたセクトは、メンバーに対する尋問とそれに続く指導者層の弾圧によって急速に衰退していった。数人が絞首刑、シュザンヌらは終身刑、さらに何人かは終身のガレー船徒刑に処され、指導者のアンヌもまた、極刑こそ免れたものの、モンペリエ西方の港町アグドの女子修道院に隔離されたからである（Daniel Vidal, 《Le secte contre le prophétisme. Les Multipliants de Montpêllier》, in *Annales. Économies, Sociétes, Civilisations*, 37e année, no. 4, 1982, pp. 801-825.）

95. Albert Mousset, *L'étrange histoire des convulsionnaires de Saint-Médard*, Les Éditions du Minuit,

もいる。

75. Montgeron, Observations sur les conversions, op. cit, p. 5.

76. Ibid., p. 12.

77. Ibid., p. 7.

78. Ibid., p. 28.

79. Ibid., p. 103.

80. Ibid. 104.

81. たとえば1743年、パリの助祭で医師、さらに上訴派の指導者的存在でもあったローラン＝フランソワ・ブルシエ（前出）は、モンジュロンのこの「痙攣所感」などを引きながら、『痙攣における激しいスクールと呼ばれるものに関する神学的論考』を著わしているが、そこでの批判も、題名からわかるようにスクールの過激さに向けられていた。たとえば彼はこう指摘している。「もしこれらのスクールが超自然的な病態のための自然な治療薬だとするなら、それが徐々に作用して、時間が経つとともに、そして段階的に筋肉の過度な緊張を緩め、獣のような精神の異常な高揚を鎮めるはずである。（・・・）だが、医師は治療薬としてわれわれに砂岩や薪の殴打を加えたりしない」（Laurent-François Boursier, *Mémoire théologique sur ce qu'on appelle les secours violents dans les convulsions*, s. l., 1743, p. 42. BN. 4-LD4-2266）。

82. Montgeron, Observations sur les conversions, op. cit., p. 143.

83. Supplément aux Nouvelles Ecclésiastiques, 15 Mars 1744, d'après Lyon-Caen, *Les Jansénistes*, op. cit., pp. 135-137.

84. Voltaire, *Dictionnaire philosophique*, Imprimerie Nationale, Paris, 1994, pp. 208-209.

85. Montgeron, *La vérité de miracles...*, t. III, op. cit., pp. 597-608,

86. Augustin Gazier, 《Le frère de Viltaire》, in *Revue des Deux Mondes,* 76e année, tome 32, 1906, p. 629. なお、この女性については、モンジュロンが「痙攣所感」のなかで延々と紹介している。それによれば、博士A（だれかは不明）から「板の上で転げまわり、狂女のようにいきりたち、犬のように噛み」、「哀れな偽善者」、「神と宗教を欺き、不信心のうちに没した」と弾じられた彼女は、パリの慈善院で肺炎で他界したという（Montgeron, Observations sur les conversions, op. cit., pp. 31-49）。

87. 反ジャンセニストで反痙攣派のフレール・ラ・クロワ（偽名か？）が、1753年にキロア（タンザニア。ただし、これもおそらく偽り）で著したことになっている『ジャンセニスムの進歩』には、貧しい下層の出身だというこのマリ・ソネ（表記はラ・ソネ）について、以下のようなかなり手厳しい言葉が延々と連ねられている。「彼女は汚物主義《マルグイスム》の階層で輝いていたひとりで、第一級の痙攣によってつねに名を馳せていたはずである。道徳とはおよそ無縁な振舞いによって、彼女はその一派（痙攣派）に新たな光を付け加え、より一層有名にした。ペテン、傲慢、みだらさ、不信心が、この哀れな女性の性格の基礎をつくり、外見的には何の才能も持ち合わせていない。この上もなく恥ずかしい熱情と恐ろしいまでの不品行によって腐り、堕落した娘で、彼女が最初に悪事に手を染めたのは決して痙攣派に入ってからではなかった。彼女はすでに半年ものあいだ救い主の館（修道院）で改悛の行をおこない、さらに滞在を延長しようとしたが、それができなかった。上長者にきわめておぞましい罵詈雑言を浴びせ続けた狂女だったからである。さらに彼女は毎なかったと言ったのです。しかも彼女は、こうした過ちをいつ私が犯したかも正確に言い当て、私しか知らないさまざまなことまで指摘しました。（・・・）彼女はしばしばかなり激しい痙攣を起こし、だれもそれを助けようとしなかったため、骨折すらしました。その際、私は彼女が言葉を発し、敬虔さと優しさに満ちた祈りを唱えるのを耳にしました。それは彼女の能力をはるかに超えるものでした。そして、投げかけられるラテン語とフランス語での質問に答えたりもしました。これらの言語を知らなかったにもかかわらずです。（痙攣が収まると）、彼女は自分が何を話したか、覚えていませんでした」（Leroy, op. cit., pp. 8-9）。

ルロワがいかにしてこの手紙を知りえたかは不明である。これが真正の手紙だとすれば、おそらくルロワとプティピエに親交があったのだろう。差出人がいかなる女性だっか明示はないが、あえてプティピエに手紙を出したということからして、彼女がジャンセニストかその共鳴者だったことに間違いはない。それは、この引用文に続く一文からもわかる。「それはすべて愚かさと理不尽さ、下劣さが混じりあったものでした。私はつねにこの娘を悪魔憑きとみていました」。しかし、引用文からは彼女がむしろ痙攣派に好意的だったことがうかがえる。それを端的に示すのが、「神が私をそれまで縁もゆかりもなかったある娘に導いてくれました」とする一節である。はたして神が彼女をあえて「悪魔憑き」に会わせたのか。真相は謎だが、少なくともこれもルロワがまた痙攣ないし痙攣派を悪魔と結びつけるひとつの根拠となっている。

68. ルイ・コニュ『ジャンセニスム』、朝倉剛・倉田清訳、白水社クセジュ文庫、1966年、130頁。
69. J-V. Bidal d'Asfeld et als., *Consultation sur les convulsions*, 1735, pp. 1-2. BHVP. 6006 J22.
70. Ibid., p. 8.
71. Barbier, op. cit.,t. III, Charpentier, Paris, 1858, pp. 1-2.
72. バルビエは当局から目をつけられたセクトとして、さらにコンドルマン派（字義は「共寝」）ないしミュルティプリアン派（「増加」）も加えている。小規模な集まりから出立したメンバーは、それぞれ新たな洗礼名を授けられ、旧約聖書の祭司レヴィの祭服にユダヤ文字をあしらったいでたちの司式者を指導者としてセクト化していった。バルビエの『日記』1723年4月には、彼らが夜に礼拝式をおこない、その合間に、男女が数脚用意された寝椅子で性的な行為をおこなったとある（Ibid., t. II, op. cit., p.264）。ただ、このセクトがジャンセニスムや痙攣派とどのようにつながっていたかは不明であり、1735年まで存続していたかどうかも疑わしい。これについては、本章註94を参照されたい。
73. Montgeron, Mirale opéré sur la Mademoiselle Hardouin, in *La vérité...*, t. II, op. cit,p. 31.
74. メランジェスト（Mélangestes）とは歴史的出来事と旧約聖書の前兆とのあいだのアナロジーに基づきながら、混同した善なるものと悪なるものを分析することで神の御業を識別しようとする、痙攣派擁護者だったデトマールの思想の信奉者たちを指す。1731年7月から32年1月にかけての奇蹟痙攣の時期、デトマールはこう確言している。「これらすべての超自然的な現象は、なにかしらより偉大なことのための準備的な兆しにほかならない」、「彼ら（メランジストたち）がときに濁流の水を飲んだとしても、それは、真の牧者がその畜群を導くことができたより清らかな水源へに迎えられるという彼らの希望を、なんら失わせるものではない」（d'après Maire, *De la cause ...*, op. cit., pp. 334-335）。こうして痙攣とフィギュリズムを結びつけながら、デマトールは痙攣に対する誹謗中傷者たちの攻撃と、その擁護者たちの危険な正当化との妥協を図って

で彼は快癒までの経緯とその後にこうむったいわれのない批判などに抗弁し、最後にこう結んでいる。「私はだれであれ神の正義を理解する人のための証拠をもっており、私が大胆にも神に精神的な善の代価を求めても、神は決して不快には思われないでしょう。奇蹟を介して私のために言葉をかけてくれるよう願って以来、神は私の心のなかに語りかけてくれるようになりました。沈黙と祈りと黙想の愛を刻んでくれたのです。まさにそれは私が今まで知ることがなかった力にほかなりません」(Lettre de M. l'Abbé de Becherand à M. l'Abbé d'Asfeld, 1733, p. 4. BHVP. 6006 J96)。この手紙にはベシュランの貴重な体験である痙攣という語がない。彼とアスフェルドがいかなる関係にあったのか、両者が上訴派だったということ以外、筆者は寡聞にして詳細を知らないが、ここでいささか気になるのは、痙攣派に共感を抱いていたはずのベシュランが、なぜこの時期にアスフェルドにわざわざこのような手紙を出したのか、という点である。引用文の背後にまで目を向ければ、彼がこの反痙攣派の中心的な人物にそれとなく痙攣派への理解を求めたとも読み取れるなくもない。少なくともアスフェルドにしてみれば、反教勅の同志であり、痙攣体験者のベシュランからこのような手紙を受け取ることの意味はわかっていただろう。

65. Delan, Défense de la Dissertation théologique contre les Convulsions et de la réponse au plan général, s. n., s. l., 1734. p.3. BHVP. 6006 J35.

66. *Recueil de discours de plusieurs convulsionnaires*, s.n., s.l., 1734, p. 3. BHVP. 133911. 改めて指摘するまでもなく、『エゼキエル書』を祖型とする黙示録の獣たち、すなわち獅子、雄牛、鷲は「人間のような顔」をした有翼の生き物(天使)ともども、神の多様な側面を象徴するものであり、7ないし8世紀に成立したとされるキリスト教図像学のテトラモルフ(4形象)では、それらは4福音書記者を指す——獅子=マルコ、人間(天使)=マタイ、雄牛=ルカ、鷲=ヨハネ——。そして、肉食獣の獅子を破壊=戦神、草食獣の雄牛を生産=維持、猛禽類の鷲を上空=最高神とすれば、そこからはあやまたずインド=ヨーロッパ神話における3機能説(ジョルジュ・デュメジル)が立ち上がってくる。ありていにいえば、それはインド神話(インドラ/ミトラ・ヴァルナ/アシュヴァン双神)や日本神話(スサノオ/アマテラス/オオクニヌシおよび3種の神器)、さらにスキタイ神話(3遺宝)などにもまた等しく読み取れる構造だが、イエスの祖型であるアダムの語もまたインド=ヨーロッパ語(たとえばギリシア語やラテン語)に由来する。すなわち、ADAMとは東西南北を指す4語の頭文字を合成したものであり、したがってそれは「世界」を含意し、そこから「十字架」の象徴性が派生する。ユダヤ=キリスト教的伝統には、ことほどさようにそれ以前の神話的要素が分かちがたく入り込んでいる。

67. 前出のルロワの手紙には、ロンドン在住のある婦人がニコラ・プティピエに宛てた痙攣に関する手紙が紹介されている。日付は1733年5月4日。いささか長い引用となるが、興味深い内容である。その一部を紹介しておこう。「(・・・)当初、私は痙攣派について人が語ることを軽んじておりました。しかし、ついに神が私をそれまで縁もゆかりもなかったある娘に導いてくれました。彼女は痙攣を伴うきわめて重篤な病に罹っていました。医師たちはその病因を発見できず、どのような薬を用いるかもわかりませんでした。(・・・)私はそんな彼女に同情を禁じえませんでした。はじめのうち、私は超自然的なものなど考えもしませんでした。しかし、まもなく彼女が語ってくれたことに驚きました。私の意識に隠れていたことを言い当てたのです。秘密にしていました多くの過ちを非難し、それまでの18年間、私がこれらの過ちを告解でも打ち明け

43. Louis-Gabriel Michaud（éd.）, *Biographie universelle anciennes et modernes*, t. 16, A. Thoisnier Desplaces, Paris, 1843, p. 181.

44. Julien-René-Benjamin de Gennes, Plan général de l'oeuvre des convulsions, avec des reflexions d'un laïc, en refutation de la réponse que M. l'Abbé de L. a fait à ce Plan, s.l., s. n., 1733, pp. 2-3. BHVP. 10276703.

45. Ibid., p. 5.

46. François Hyacinthe Delan, Réponse à l'écrit intitulé : Plan général de l'oeuvre des convulsions, s. l.,1733, p. 1. BN.4-LD4-1907.

47. Ibid., pp. 4-5.

48. Delan, Dissertation théologique contre les convulsions, adressée au laïc auteur des Reflexions sur la Réponse au Plan général, s. n., s. l., 1733, p. 1. BHVP. 6006 J47.

49. Abbé Louis de Bonnaire, Examen critique, physique et théologique des convulsions et des caractères divins, s. l., 1733, p.5. BN. LD4-1903.

50. Ibid., p. 15.

51. Ibid., p. 18.

52. Ibid., p.126.

53. Jean-Baptiste Poncet Desessarts, Huitième lettre sur l'oeuvre des convulsions. Au sujet des écrits intutulés, Examen critique etc., 1733, in *Lettres de M* à un de ses amis sur l'ouevre des conversions*, s.l., s. n., 1734, p. 15. BHVP. 104206.

54. Ibid.

55. Bonnaire, op. cit., p. 96.

56. Jacques Fouillou, Lettre à Monsieur sur la Nouvelle théologie des convulsionnaires, 1734, p. 4. BHVP. 6006 J150.

57. Ibid., p. 5.

58. Montgeron, Observations sur les conversions, in *La vérité...*, t. II, op. cit, p. 125.

59. Gennes, *Coup d'oeil, en forme de lettre, sur les convulsions, où l'on examine cette oeuvre dès son principe et dans les différents caractères qu'elle porte, et on éclaircit ce qui peut s'y apercevoir de désavantageux*, s. l., s. n., 1733. ちなみに、1733年5月8日号の《聖職者通信》は、この小冊子に何か所も誤記・誤植が見られるとして、それをすべて訂正している（*Nouvelles Ecclésiastiques*, op. cit., Le 8 mai 1733）。

60. Charles-François Leroy, Lettre de Monsieur ＊＊＊ à un de ses amis de province, s. n., s. l., 1733, p4. BHVP. 6006 J165.

61. Ibid., pp. 5-6.

62. Ibid., pp. 9-10.

63. Lyon-Caen, *Les Jansénistes*, op. cit., p. 163.

64. 論考ではないが、痙攣を経て生来の足萎えと麻痺がパリスのとりなしで奇蹟的に快癒したという司祭ベシュラン（第5章註56参照）による手紙がある。1733年2月4日付けのこの手紙の宛先は、反痙攣派の司祭で、サン＝メダールの奇蹟の最大の擁護者でもあったアスフェルド。そこ

36. *Nouvelles Ecclésiastiques*, op. cit., Le 31 décembre 1733.

37. Manuel, op. cit., pp. 81-82. ちなみに、痙攣派はジャンセニストたちともども、1747年まで毎年のように投獄されている（最後は1760年）。なかには5歳の息子に痙攣を教え、同時に痙攣派を庇護したとされるダヴェルヌ伯（1735年）や、封印状局元官吏のアレクサンドル・フルリー（1741年）、自宅で霊会を開いていたフランソワ・オービヤール（1742年）、ナント司教区の司祭で、痙攣派のプロパガンダ文書を印刷・配布したとされるラルムー・ド・アン＝ジャン（1747年）、さらに女性痙攣派の指導者だったスール・ムラリュこと寡婦のジャンヌ＝シャルロット・ブラシャンや、7、8歳の少女サン＝ペール（いずれも1747年）などがいた（Ibid., pp. 83-98）。

38. その一方で、表1にあるように、奇蹟的快癒者もなお生まれていた。たとえば、バルビエは『日記』の1733年6月にこう記している。「ジャンセニストたちはリュクサンブールに近いカルワリオ修道院内で起きた奇蹟を大いに騒ぎ立てた。ある修道女が胸部の炎症のため7度刺胳を受けていたが、8度目のそれを施すには、彼女が秘蹟を受け入れなければならなかった。この日（明示なし）、痙攣が常態化していた9歳になる修道院在院の少女が修道女の部屋を訪れ、パリスの井戸の水と墓の土を飲むよう勧めた。そこで修道女がそれを2度飲んだところ、症状が軽くなってベッドから起き上がり、自分で服を着て、聖体降福式の聖歌に出席できた。それを見て、そこにいたすべての修道女が一様に驚いた」（Barbier, op. cit., p. 410）。この「奇蹟」もまた内科医や外科医、調剤師が署名しての報告書が作成されたというが（筆者未見）、バルビエはリュクサンブール宮に沿って走るヴォージラール通りに、高等法院の評定官ローザンの未亡人が建立した同修道院が、かなりジャンセニスト寄りで、その院長はモンペリエ司教が兼ねていたという。もしこの奇蹟譚が真実なら、パリスの聖遺物がここでもまた効力を発揮したことになる。ただ、「痙攣が常態化していた」少女が痙攣派に属していたのかどうか、そして名前が明記されていない修道女が、はたしてその快癒の過程で痙攣を体験したかどうかも不明である。

39. Relation de la maladie de Jeanne Le Doux, & de sa guérison miraculeuse opérée par l'intercession de Monsieur de Pâris, in Dixième recueil des miracles..., op. cit.

40. ミュール子爵でもあったジェローム＝ニコラは1737年8月に没し、遺体はその小教区教会であるサン＝ジェルヴェ教会の地下納骨堂に安置された。葬儀には多くの人々、とりわけ聖職者やパリス信奉者がつめかけた。生前、彼は同教会の墓地に葬られることを望んでいた。だが、警察総代行官のエローは、墓地がサン＝メダールのような事態になることを危惧して、それを認めなかった。それでも連日人々は群れをなして彼の墓に詣で、教会の土や壁板を切り取って持ち帰ったという。むろん、パリスの場合と同様に、聖遺物としてである（Kreiser, op. cit., pp. 391-393）。葬儀には彼の同僚たちもいたが、彼らはあまりの蝟集のために教会堂内に入れず、あまつさえ警吏から殴打されて大騒ぎとなっている（Barbier, op. cit., pp. 19-20）。聖職者でもない俗人のジェローム＝ニコラが、こうして人々の崇敬の対象になる。もとよりそれは彼が清廉な人物として知られていたためだが、そのゆかりの品々までもが聖遺物として求められていたという事実は、兄への崇敬がなおも根強く続いていたことを端的に物語っている。

41. Charles-Etienne Jordan, *Histoire d'un voyage littéraire fait en 1733 en France, en Angleterre et en Hollande*, A. Moetjens, La Haye, 1735, p. 123-125. BHVP. 11844 no 1.

42. Ibid., pp. 132-134.

ある。

24. Lyon-Caen, op. cit., p. 143. なお、高等法院ジャンセニストたちの指導的立場にあったル・ページュは、その雄弁をもってイエズス会の追放にも一役買ったが、革命で破産同然となり、失明して悲惨な晩年を送った。

25. Barbier, op. cit., pp. 356-357.

26. Ibid., p. 527.

27. Ibid., p. 385.

28. Ordonnance portant défenses à toutes personnes se prétendant attaquées de convulsions et de se donner en spectacle au Public, Mardi le 17 Février. AN. 0/77. fol.21-21 vo.

29. *Nouvelles Ecclésiastiques*, op. cit., le 12 Mars 1733. ちなみに、同年２月29日の《聖職者通信》によれば、1732年２月23日、ベシュラン（本書第３章参照）が、痙攣派の指導者としてサン＝メダールへ向かう道で逮捕され、投獄されているという（Ibid., le 29 Février 1732）。

30. Maire, *Les convulsioonaires...*, op. cit., p. 127.

31. Cottret, op. cit., p. 295.

32. 同じ資料を読み解きながら数値が異なっているのはなぜか、いささか理解に苦しむが、参考までにこれら投獄者のうちのひとりについてみておこう。1732年９月26日に警視ディヴォが警察総代行官エローに提出した報告書にある痙攣派の名はアンジェリク・グラセ。この娘は、パリ市庁舎前の処刑場でもあったグレーヴ広場――1721年11月に大盗賊カルトゥーシュがここで最期を迎えている――にある香料商の家の５階に、母親と一緒に間借りしていた。警視はその家主から、アンジェリクが昼夜を問わず痙攣を起こして、多くの人々を居室に集めていると知らされたという。ある日、彼女は床に寝そべり、手足と胸の上に計６人を乗せたあと、ベッドでも同様のことをした。それから再び床に横たわると、身体を激しく揺さぶり、その身体を４人の男に持ち上げさせた。やがて立会人の聖職者が（パスキエ・）ケネル師の血を持っていると言うと、彼女は見せてくれと頼んだ。見せられたそれは丸められた布切れで、埃がついたものだった。さらに聖職者はパリス氏の肖像画も差し出した。彼女はしばらくのあいだそれを揺すぶったあと、突然飛び跳ねた。そして、（すでに閉鎖されている）パリス氏の墓に詣でる勇気のある者、強い信仰心をもつ選民がいるかと尋ね、情けないジャンセニストが数多いと嘆いた。だが、その痙攣の驚異を信じようとしない者たちによって、彼女は仲間たちともどもエロー氏のもとに連行された。彼女がこうした痙攣を起こすようになったのは８か月ほど前からだが、今月（９月）11日木曜日からはほぼ連日その状態が続いた。彼女の言葉によれば、痙攣するようになって以来、それまで失明していた目が見えるようになったという（Claude Quétel, *La Bastille dévoilée par ses archives*, Omnibus, Paris, 2013, pp. 494-495）。公証人によって作成され、複数の目撃証人を立てての報告書とは異なり、あくまでも密告者である家主の語りであってみれば、はたしてどこまで事実なのか疑問なしとしないが、魔女よろしく、こうした密告によって少なからぬ痙攣派、より正確にはそうみなされた者たちが投獄されていたことは間違いない。

33. Strayer, op. cit., p275.

34. Ibid., p. 203.

35. Barbier, op. cit., p. 390.

ことで、その自然に至高の領域を取り戻す操作にほかならない」（Hecquet, *Lettre d'un médecin de Paris à un médecin de province sur le miracle arrivé à une femme du faibourg Saint-Antoine*, 1725, d'après Maire, *De la cause* ..., op. cit., p. 278）。

20. 詳細な出自については不詳だが、1733年にはブノワ・フルゴンなる司祭もまた最初期の痙攣派について論じている。『痙攣に関する公正な判断』と題した18頁あまりの小冊子で、そこで彼は、聖書の痙攣事例を参照しながら、まず奇蹟と痙攣のあいだには「天と地、むしろ天国と地獄ほどの違い」があり、それを混同してはならないとする。そして、福音書や聖伝に基づく痙攣は宗教的な啓示であり、聖ヒエロニムスの弟子とされる聖女パウラ（347頃―404／406）が聖地で訪れた洗礼者ヨハネの墓地は、サン＝メダールの墓地に似ている。ところが、昨今目にするコンヴュルショネールは、神聖なものとは裏腹で、「体を歪め、手足を捻じ曲げ、狼狽と下品さに加えて、歯を軋ませ、獣声を真似て興奮状態に入り、おぞましい動きや突進を繰り返し、逆立ちしたりして、異常この上もない。そうしたコンヴュルショネールを描くとすれば、狂人や忘我者、さらに憑依者となるだろう」。そして、彼らコンヴュルショネールたちは求められ、あるいは自ら求めらた放埓なスクールによって幾度となく傷つき、とりわけ女性たちはしばしば裸となって男たちの手に身を委ね、喜びを味わったりもしているともいう（Benoît Fourgon, *Jugement équitable sur les convulsions,* s. n., s. l, 1733, pp. 7-9. BHVP. 6006J76）。この一文では、フルゴンはサン＝メダールの痙攣者たちではなく、痙攣派のみをコンヴュルショネールと呼んでいる。たしかに彼はコンヴュルニストという表記こそ用いていないが、明らかに両者を識別していた。つまり、彼にとってコンヴュルショネールとは、サン＝メダールの痙攣者とは異なり、断罪されるべきセクトにほかならなかったのである。

21. Dedieu, op. cit., p. 196.

22. この主題はキリスト教の歴史において幾度か登場している。その最初期の提唱者はフリギア出身の熱狂的な終末論者で、キリストの再臨や禁欲主義を唱えたモンタヌス（2―3世紀）である。それから1000年後にも、歴史の3段階進化論で知られるシトー会士で神秘家のフィオーレのヨアキム（1130頃―1202）もまた同様の主張をおこなっている。ただ、歴史を「父の時代」＝祭司と預言者の時代、「子の時代」＝教会、「聖霊の時代」＝修道士からなるとした彼の『三位一体論』は、1215年に異端の断罪を受けている。

23. ジャン＝ピエール・シャンタンによれば、この「真理の仲間たち（Amis de la Vérité)」という表現は、オラトリオ会士だったヴィヴィアン・ド・ラ・ボルドの『教会における真理の証拠について』に初出するという（Jean-Pierre Chantin,《Des jansénistes entre orthodoxie et dissidence au début du XIXe siècle》, in *Histoire Politique,* 2012/13, no. 18, p. 6.）だが、サン＝マグロワール神学校長をつとめ、当初は「ウニゲニトゥス」に反対し、のちにその受け入れのために積極的に動いた（1716年にはパリ大司教ノアイユの名代としてローマに赴き、クレメンス11世と「ウニゲニトゥス」問題の収拾を相談してもいる）ラ・ボルドのこの書に、「真理の仲間たち」という直截的な記述はない。ちなみに彼は、この書でいささか理解に苦しむ一文をものしている。「教勅を目の当たりにして、有徳家たちは恐怖を覚え、自由思想家たちは快哉を叫び、さらに教会の敵たちは教会への攻撃をやめ、教会の仲間たちはひたすら自衛の声をあげるだけだった」（Vivien de La Borde, *Du témoignage de la vérité dans l'Église*, s.n. Paris, 1714, pp. 325-326. BN. D-12550）という箇所で

誤った原理と危険な原則に対する予防法』は、それについて次のように述べている—。

> 殺人的な道具を帯びたこれら男女の痙攣派は、見知らぬ他人のためにしばしば9日間祈祷をおこなう。そして、毎日夕方5時ないし6時頃のこの祈祷のあいだ、彼らのうちのある者は3ないし4回、ある者は6回、さらには8000回（？）までも薪で叩いてもらい、しかもそれを最大限の力を込めておこなわせる。なかには薪の代わりに重さ25から30リーヴル（1リーヴルは500g）もある鉄の棒を用いたりする者もいる。(・・・) 3時間ほど続くこの流血を伴う責め苦のあいだ、これら痙攣派の者たちはじつに痛ましい叫び声をあげるが、力を弱めてほしいと哀願したりはしない。こうして何人かは忘我状態に入り、栄光に輝くイエス・キリストを目の当たりにするという。(・・・) なかには気絶する者、苦悶する者、足から頭まで驚くほど腫れ上がらせる者、さらには目に見えない手によって首や手を激しく打ち据えられる者もいる（Abbé Hervieux de La Boissière & Abbé de La Molère, *Préservatif contre les faux principes et les maximes dangereuses établis par M. de M****, Crapart, Paris, 1750, pp. 11-12. BN. 8-LD 4-2299)。

前述したように、たしかにサン＝メダールの墓地で9日間祈祷の代祷はあったが、はたして痙攣派が同様のことを実践していたか。それについて触れているのはこの書だけであり、実際のところは不明である。さらに、両神父の記述からは、その祈祷とスクールとの関係も明確ではない。なお、ラ・ボワシエールはジャンセニストにかかわるすべての奇蹟を欺瞞として弾劾した『奇蹟論』(La Boissière, *Traité des miracles dans lequel on examine 1° leur usage, leur nature, & les moyens de les discerner d'avec le prodige de l'Enfer ; 2°. leurs fins; 3e. leur usage,* 2 vols., Despilly, Paris, 1762—1764）も著している。

12. Louis-Sébastien Mercie, *Le tableau de Paris*, 1781, François Maspero, Paris, 1979, p. 271.
13. Marc-Antoine Reyaud, *Le mystère d'inquiéte dévoilée*, s. l., 1788, d'après C. Maire, *De la cause* ..., op. cit., p.305.
14. Maire, ibid., p.17. なお、アルベール・ドーザらが編んだ『フランス語歴史語源辞典』によれば、convulsionnaire という語は1732年にCh. Colbertの著作に初出しているという（Albert Dauzat et als., op. cit., p. 184)。ただ、このコルベールがいかなる人物か、筆者は寡聞にして知らない。
15. Richelet, op. cit., p. 588.
16. Philippe Hecquet, *Le naturalisme des convulsions dans les maladies de l'épidémie convulsionnaire*, Andréas Gymnicus, Soleure, 1732, p. 1.
17. Ibid., p. 8.
18. Ibid., p. 10. さらにエケは1736年、痙攣派のシャルロット（架空人物）をとりあげ、その精神的問題を論じた47頁の小冊子「忘我状態にある女性痙攣派ないし夢で毒気にあてられた女性」(*Lettre sur la convulsionnaire en extase ou la vaporeuse en rêve*, s.l, s. n,1736.BN.D-12593.）なども発表している。
19. ただし、エケは前述したラ・フォスの奇蹟（1725年）に触れてこう指摘している。「したがって奇蹟は自然に反する出来事ではなく、立法者に倣って、創造主が自ら与えた掟ないし法則を修正する

Émile Appolis, op. cit., p. 269.

15. Ibid., pp. 272-273.

16. Venchon des Voeux, *Lettres sur les miracles, où l'on établit les caractères distinctifs des vrais miracles en général, & en particulier de ceux qui s'opèrent sur le corps humain : & l'on fait voir que sans entrer dans l'examen de la doctrine, on a droit de rejetter les miracles que les Jansénistes attribuënt aux reliques de Mr. l'Abbé de Pâris*, Rotterdam, Jean Daniel Beman, 1735, p. 349. BN. 16-D2-847.

17. Daniel Vidal, *Miracles et convulsions jansénistes au XVIIIe siècle*, PUF., Paris, 1987, p. 195.

18. Strayer, op. cit., pp. 246-247.

19. マニュエル（1751―93）はジャコバン派に属していたが、オーストリア軍によるヴェルダン陥落のあと、ダントンの反革命分子抹殺の演説を契機とする1792年の9月虐殺に連座し、のちにルイ16世の助命運動をした王党派＝反革命派として処刑されている。

20. Louis-Pierre Manuel, *La Bastille dévoilée ou Recueil des pièces authentiques servir à sa histoire*, Desenne, Paris, 1789, pp. 75-76. BHVP. 602096.

21. Dedieu, *L'agonie…*, op.cit., p. 194.

22. Armande de Isabelle Duguet-Mol, *Journal historique des convulsionnaires du temps*, s. l., 1743, p. 56, BN. 4-LD4-1884.

23. Bernard Lepetit, 《La population urbaine》, in *Histoire de la population française*, t.II, dir. de Jacques Dupâquier, PUF., Paris, 1988, p. 94.

24. ディディエ・アンジュー『集団と無意識―集団の想像界』、榎本譲訳、言叢社、1999年、52頁。

第8章　痙攣派もしくは「痙攣の共同体」

1. Michel Collée, Les convulsionnaires chez Louis-Basile Carré de Montgeron, Album no.1, s. l., s.d., in *Figures des miracles opérés par l'intercession de M. de Pâris et autres appelants de Montgeron*, op. cit. s. p.

2. Kreiser, op. cit., p. 263.

3. Maire, *De la cause...*, op. cit., p. 293.

4. Ibid., p. 295.

5. Le Père Crêpe, *Notion de l'oeuvre des convulsions et des secours, surtout par rapport à ce qu'elle est dans nos provinces du Lyonais, Forez, Mâconnais, etc.*, 1788, pp. 36-38. BN. LK7-2725.

6. *Suffrages en faveur des deux derniers T. de M. de Montgeron*, 1749, pp. 161-169. BHVP 6001M43.

7. Montgeron, *La vérité des miracles…*, t.III, Libraires de la Compagnie, Cologne, 1747, p. 700. BHVP., 102762.

8. これについては、拙著『ペストの文化誌』、前掲、80-87頁を参照されたい。

9. *Suffrages…*, op.cit., pp. 180-190. （スクーリストたちの自虐的行為に関する詳細は、たとえばVidal, *Miracles…*op. cit., pp.149 sq. を参照されたい）。

10. Ibid., p.191.

11. 興味深いことに、痙攣派は見知らぬ人々のためにも9日間祈祷とスクールをおこなっていたとする指摘もある。エルヴュー・ド・ラ・ボワシエールとラ・モレールというイエズス会のふたりの神父が、1750年に編んだ痙攣派とモンジュロン（M氏）批判の書『M氏によって提唱された

第7章　奇蹟の遠近法

1. この報告書はカロリヌ・ベルジェとジャン＝シルヴァン・レによってリスト化されている（Caroline Berger et Jean-Sylvain Rey, *Archives du mouvement Convulsionnaire (1727-1816)*, Univ. de Versailles –Saint-Quentin-en Yvelines, 2007）。
2. たとえばドミニク・ジュリアもまたサン＝メダールでの奇蹟的快癒者のうち、70%が女性だったとしている（Dominique Julia, 《Le catholicisme, religion du royaume (175-1789)》, in Jacques Le Goff et René Rémon, éd., *Histoire de la France religieuse*, vol. 3, Seuil, Paris, 1991, p. 32）。一方、ダニエル・ヴィダルによれば、この世紀での奇蹟的快癒例は519件あり、そのうち男性が166件（32%）、女性が353件（68%）だったという（Daniel Vidal, op.cit., p.173）。これらさまざまな指摘からすれば、数値は異なるものの、奇蹟体験者の男女比の偏差はほぼ同じであると考えてもよいだろう。

   なお、パリスによる一連の奇蹟的快癒例のうち、おそらく時期的に最後に属するのが、トロワの仲買人の娘ルイズ・ゲロン23歳のそれである。8ないし9歳から激しい頭痛・疝痛に悩まされていた彼女は、医師たちから不治の病と宣告され、フランス東部シャンパーニュ地方の有名な湯治場であるブルボンヌ＝レ＝バンでしばしば温浴治療を試みたが効果がなかった。だが、1785年2月24日、パリスの肖像画を居室に飾って9日間祈祷に入り、同月27日、ついに長年の宿痾から解放されたという（Bibliothèque de la Société du Port-Royal, 175）。

ルイズ・ゲロンの奇蹟的快癒報告書（ポール＝ロワイヤル協会図書室、筆者撮影）

3. Lindsay Wilson, *Women and Medicine in the French Enlightenment*, The John Hopkins Univ. Press, Baltimore and London, 1993, p. 25.
4. France Meslé & Jacques Vallin, *Montée de l'espérance de vie et concentration des âges aux décès*, INED, Paris, 2002, p. 3.
5. Angus Maddison, *The World Economy*, OECD, Paris, 2006.p. 31.
6. Maire, *Les convulsionnaires* ..., op. cit., p. 87.
7. ただし、「職人」を一個の階層で一括りしてはならない。エマニュエル・ルロワ・ラデュリが『南仏ロマンの謝肉祭』（前掲、第10章）で明確にしたように、課税台帳に基づけば、同じ職人でありながら、町の最富裕層から最貧層までに属していたからである。たしかにそれは16世紀末の南仏の小都市での話だが、18世紀のパリでも事情はある程度同じだったのではないだろうか。
8. Strayer, op. cit., p. 236.
9. Le Gros, *Abrégé chronologique*..., op. cit., pp. 67-73.
10. Relation de la maladie & de la guérison de Robert Galet, opérée par l'intercession de M. de Pâris, in Cinquième recueil des miracles..., op. cit.
11. 1732年8月、パリ高等法院がガリカニスムの自由という名目で教勅「ウニゲニトゥス」の登録を拒み、これに対抗して、ルイ15世は、翌月、同法院の評定官139人をポントワーズに追放している。
12. Kreiser, *Miracles*, op.cit., pp. 181-182.
13. Arlette Farge, *Dire et maldire*, op. cit., p.47.
14. Charles-Joachim Colbert de Croissy, *Oeuvres de Messire Joachim Colbert, évêque de Montpellier*, d'après

これがまもなくジャンセニスムの伝統へと発展する、影響力のある一大運動の始まりであった」。1570年、つまりド・ベが没した翌年、この神学に果敢に切り込んでいったのが、当時叙階されたばかりの、そしてのちに枢機卿としてカトリック改革を推進することになる28歳のロベルト・ベラルミーノ（1542―1621、1930年列聖）だったという。

22. Dixième recueil de miracles..., op. cit.
23. この「都市の近代化」についての詳細は、拙著『ペストの文化誌』、前掲、第6章を参照されたい。
24. Dixième recueil de miracles..., op. cit.
25. Nicolas Delamare, *Traité de la Police*, t. I, Aux dépens de la Compagnie, Amsterdam, 1729, p. 557. ちなみに、18世紀のフランス社会全般を知るうえで不可欠なこの大著の邦訳を望むのは筆者だけではないだろう。
26. 松田俊介・蔵持『医食の文化学』所収、言叢社、2011年。
27. Helvetius, *Traité des maladies...*, op. cit., p. 205.
28. Dixième recueil des miracles..., op. cit.
29. Ibid.
30. Montgeron, Preuves du Miracles opéré sur Marie Carteri, in *La vérité...*, t. I, op. cit.pp. 39-44.
31. Ibid., p. 47.
32. Ibid., pp.46-47.
33. Montgeron, Miracle opéré sur Pierre Gautier, ibid., pp. 1-44.
34. Déclaration de Pierre Gautier, habitant de Pézenas. BHVP.6006 J26. なお、ピエール・ゴーティエの奇蹟を含む南仏バ＝ラングドック地方の奇蹟（1732―45年）については、たとえばÉmile Appolis,《Les miracles jansénistes dans le Bas-Languedoc》, in *Annales du Midi*, t. 67, no.31, 1955, pp. 269-279を参照されたい。この論考はモンジュロンを一部下敷きとしているため、題名にあるように、一連の奇蹟をジャンセニストとの関わり（とくにモンペリエ司教との）で取り上げている。
35. *Nouvelles Ecclésiastiques*, op. cit., le 26 juillet1734, p. 88.
36. Languet, *Instruction pastorale...*, op. cit., p. 104.
37. Ibid., p. 106.
38. Ibid., p.109.
39. Ibid.
40. こうしたモンジュロンによるアグド司教観は、必ずしも正確ではない。この司教クロード・ド・ラ・シャトル（在任1726―40）は、パリスが学び、フランス・ジャンセニスムの拠点となっていたパリのサン＝マグロワール神学校出身である。たしかに彼は教勅「ウニゲニトゥス」の受け入れを司教区内の聖職者たちに迫ったが、それはむしろ状況のなせる業であり、実際は密かに地域のジャンセニストたちを庇護していた。それは、宗教史家のジャン＝クロード・ゴーサンが指摘しているように、ラ・シャトルが、アグド近郊の港町で、「ジャンセニストたちの避難司教区」と呼ばれていたセートの主任司祭に、ジャンセニストの共鳴者を抜擢したことからもうかがえる（Jean-Claude Gaussent, 《Les démêlés du curé de Sète avec l'évêque d'Agde au milieu du XVIIIe siècle》, in *Annales du Midi*, t.104, vol. 197, 1992, p. 77）。

同じ年、この手紙を読んだマウリストの護教論者で、サン＝ジェルマン＝デ＝プレで神学を講じ、『知と神の愛について』（1712年）などの書をものして、のちにモー司教区のルベ修道院長になったフランソワ・ラミ（1636—1711）もまた、サント＝マルトの論調を援護している。ただ、彼の目的はジャンセニスム擁護というよりは、むしろサン＝モール修道会の擁護にある。そのいささか複雑な題名を付した匿名の書『「聖アウグスティヌス著作集の最終巻を編んだサン＝モール会のベネディクト会士への＊＊＊神父の手紙」と題された中傷文に関して、友人たちに宛てたある神学者の手紙』によれば、前述のドイツ人神父とは「ドイツ人風を装ったフランス人」であり、著作集の編纂が第1巻刊行以来20年以上にわたって続けられ、問題視されている最終巻も、上梓されて9年のあいだに「キリスト教徒すべての手に渡り、満足感をもって読まれ、高い評価を得て、もっとも高名な高位聖職者や神学部の学識豊かなすべての学者たちからも認められている」（François Lamy, *Lettre d'un théologicien, à un de ses amis, sur un libelle qui a pour titre " Lettre de l'abbé *** aux RR. PP. Bénédictins de la Congrégation de S. Maur, sur le dernier tome de leur édition de S. Augustin"*, s.l.,1699, p.4）としている。そして、「ドイツ人神父」の手紙を詳細に分析し、その論拠を次々に論破して、マウリスト＝異端＝ジャンセニストと断定するこの神父の主張を否定していく。肝心の「ドイツ人神父の手紙」がいかなるものか、筆者は未見ゆえ多くを語ることができないが、以上の反批判書簡からは、聖アウグスティヌス著作集の編纂・刊行を巡って、少なくとも反ジャンセニスト陣営の一部からは、マウリストがジャンセニストと同一視されており、逆言すれば、それだけジャンセニスト（的）マウリストがいたということが読み取れるだろう。

18. パリ南東方プロヴァンの伝承によれば、このローズ（バラ）は、イスパニアのパンプローナで客死するシャンパーニュ伯・ナヴァール王のティボー4世（1401—53）が、1240年、第6回十字軍から戻って、その株をプロヴァンに植えたのがはじまりだという。南仏吟遊詩人（トルヴェール）を代表する文化人とされる彼が実際にその移植者だったかどうかは不明であり、一種の英雄伝説と思えなくもないが、やがて16世紀、印刷業者でありながら医学を修めてパリ大学医学部長をつとめ、骨学や神経学の発展に寄与したシャルル・エティエンヌ（1504—64）と、その娘婿で、アンリ4世の姉カトリーヌ・ド・ブルボンの侍医でもあったジャン・リエボー（1535—95）が、プロヴァン産のバラが薬効を帯びていることに気づいて、これを白バラと一緒にガラス容器の中で燻蒸し、その浸出液を治療に用いたという。やがてローズ・ド・プロヴァンは腹痛や高熱、黄疸、肝臓疾患などの特効薬として、当時国内最大を誇ったシャンパーニュの大市などで売られ、王国内はもとより、遠く東洋にまで輸出されたともいう（Charles Joret, *La rose dans l'antiquité et au moyen âge*, Émile Bouillon, Paris, 1892, p. 161ほか）。
19. Sixième recueil des miracles..., op. it.
20. 『回想録』（1675—77年）で知られるレ枢機卿、本名ジャン＝フランソワ・ポール・ド・ゴンディはシャンパーニュ地方総督を父にもち、のちにパリ大司教となるが（在任1644—54）、フロンドの乱で仇敵マザランと対立し、投獄・追放処分を受けて失脚した。
21. イエズス会の司祭ウィリアム・バンガードはその著『イエズス会の歴史』（前掲、93頁）で、ド・ベについてこう書いている。「バイウスはアウグスティヌスについての自説の中で、アダムの堕罪前の人間の自然的善と堕罪後の人間が生まれながらに病んでいる悪の両方を過大視する神学を展開した。（中略）彼の体系がカルヴィニズムに強力に刻印されていることが明らかであった。

ドの木で作った十字架と「土」、さらに懸命な祈りによって、同年6月8日、9日間祈祷をすることもなく快癒した。発症から快癒までわずか1か月余（！）。これほど短期間に治った事例は稀少である。くわえて報告書の作成も同月9日、つまり快癒の翌日である。この報告書には公証人のほか、内科医や前記修道院の院長が証人として署名している。

また、マリ＝マドレーヌ・ド・メリニは1724年1月29日、突然両足と右腕、さらに右目が麻痺したという。他の修道女（？）が聖母に9日間祈祷をしてくれたが効果なく、やがて味覚も失い、不眠症にも陥った。耳や鼻、ときには口からも膿が出るようにもなった。1730年11月には舌の自由が奪われて言葉を発することができなくなり、身体も著しく衰弱したため、終油の秘蹟すら受けた。すでに医師の診察も薬も効果がなく、左目も激痛で見えなくなり、1732年3月7日にはついに失明状態になった。そこでパリスに9日間祈祷をおこなうと、同月22日夜、突然光が差して目が見え、麻痺も消えて、快癒した。診察した外科医は彼女を見て「神の指がここにある」と叫んだという。この報告書の作成日は3月30日で、末尾に本人の署名がある。興味深いことに、マリ＝マドレーヌが語るところによれば、聖母に対する9日間祈祷がさほど実効がなく、パリスに対するそれによって快癒したという。たしかに、一連の奇蹟譚では聖母の存在はきわめて希薄である。今日確認できるかぎりにおいていえば、パリスの言説にも聖母のことはほとんど登場していない。この事実は当時の聖母信仰のありようを端的に物語っているといえるだろうが、それに関する考察は他日を期したい。

12. Cinquième recueil des miracles..., op. cit.

13. J. Bergounioux, 《Les éditions du Codex Medicamentarium de l'Ancienne Faculté de Médecine de Paris》, in *Bulletin de la Société d'histoire de la pharmacie*, 16e année, no. 58, 1928, p. 76.

14. Dubé, op. cit., p. 86.

15. Louis, op. cit., pp. 20 & 118.

16. Jean François, *Bibliothèque générale des écrivains de l'ordre de Saint Benoît, partiarche des moines d'Occident*, t. I, Bouillon, 1777（rep. Forgotten Books, 2019）, pp. 128-129.

17. ドニ・ド・サント＝マルトは1669年、匿名で『聖アウグスティヌスの著作集最終巻について、あるドイツ人神父がサン＝モール修道会のベネディクト系司祭たちに宛てた手紙に関する考察』を書いている。宛先人を司教＊＊＊（不明）とするそこで、彼はたとえばこう書いている。「聖アウグスティヌスの著作集を編集した学識豊かな聖職者は（・・・）、この著作集が彼に相応しい大いなる名声を得ることができるなら、自らの行為を大いに正当化できるだろう。だが、あるドイツ人神父によってさまざまな場所でなされた批判をかなり正確に吟味した小職は、彼のすべての中傷に答え、彼がこの聖職者とおそらく（サン＝モール）修道会自体に異端の汚名を着せて告発しようとする企みを打ち砕くことができる」。そして、「この著作集を上梓したのはジャンセニスムを支えることを決意した狡猾な者たち」だとする弾劾や、著作集の刊行を「公的な躓き」だとする非難は、この優れた著作集が教会全体から支持されており、歴代の教皇や枢機卿、さらに司教たちが教会にとって有益だとして、ベネディクト会にその編纂を督励したという事象からして的外れだともしている（Denis de Sainte-Marthe, *Reflexions sur la lettre d'un Abbé d'Allemagne aux RR. PP. Bénédictins de la Congrégation de S. Maur, sur le dernier tome de leur édition de S. Augustin*, s. l., 1699, pp. 2-3. BN. C-4702）。

125. Hecquet, op. cit., pp. 415-416.

126. Nicolas Alexandre, *La médecien et la chirurgie*, Laurent Le Conte, Paris, 1714 /1741, p. 277.BN. 8-TE17-8800,

127. Quatrième recueil des miracles..., op. cit.

128. 松本礼子はその論文で18世紀のサン＝メダール教区におけるジャンセニスムと教区委員について考察しているが、それによれば、小教区の財産管理を担う教区委員は多くが「平信徒の名士」や高額納税者から選ばれ、通常4名で、任期は2年間だったという（松本「教区という空間」、前掲、94頁）。

129. 詳細は拙著『祝祭の構図』（ありな書房、1979年、第1章）を参照されたい。

130. Montgeron, *La vérité*..., t. II, op. cit, p. 58.

第6章　奇蹟の語り—墓地閉鎖後

1. Troisième recueil des miracles..., op. cit.

2. Pierre Franco, *Traité des hernies*, Thibaut Payant, Lyon, 1561, p. 31. BN. NUMM-8705231.

3. Huitième recueil des miracles..., op. cit.

4. Hillairet, t. 2, op. cit., p. 164.

5. Alexandre, op. cit., p. 224.

6. Neuvième recueil des miracles..., op. cit.

7. Quatrième recueil des miracles..., op. cit.

8. 『医学大辞典』、前掲、351頁。

9. Helvetius, *Traité des maladies, op.cit.*, t. II, pp. 404-405.

10. ちなみに、中世以降は聖遺物売りがこうしたフェティシズムに一役買っていた。たとえばアルザス地方の宗教都市タンに保管されている地方聖人ティエボーの指皮つきの指輪がそれで、タン市の開町故事によれば、イタリア・ウンブリア地方の古都グッビオの司教だったティエボーこと、ウバルド・バルダッシーニ（1084/85—1160）の下僕が、長年の忠勤にたいする感謝の気持ちとして受け取るようにとの司教の遺言にしたがって、この司教の杖と指の皮がついたままの指輪を手に、故郷のロレーヌ地方へと向かう際、休憩したタン（正確には隣村のヴュー＝タン）にもたらしたとされる。同市の聖ティエボー教会や伝統的な火祭りの由来を語る伝承でもあるが、しかし歴史的な背景からして、この指輪は明らかに聖遺物売りから入手したものと思われる。詳細は拙著『異貌の中世』、弘文堂、1986年、第3章を参照されたい。

11. 『奇蹟集成』の第6分冊には、いずれもベネディクト会の修道女ふたりの奇蹟が語られている。一方はパリ左岸フォブール・サン＝ジェルマン地区のヴォージラール通りにあった、ベネディクト会系カルワリオ女子修道院のマルグリト・ロワゼル、通称サント＝クロティルド30歳、他方はトロワのベネディクト会系ノートル＝ダム女子修道院のマリ＝マドレーヌ・ド・メリニ36歳のそれである。前者の報告書は公証人が作成・署名したもので、それによると、1733年の主の昇天の祝日にあたる5月1日、サント＝クロティルドは突然風邪の症状が出て激しく咳こみ、胸が苦しくなった。高熱も続いた。医師たちの度重なる刺胳でも治らず、衰弱する一方だった。だが、たまたま修道院内にいた痙攣体験者（快癒者かどうかは不明）がくれた、パリスのベッ

２月のことである（Huitième recueil des miracles...,op. cit.）。

このニコラ・アンリとアンヌ・カテリヌ・モンフルルの奇蹟的快癒でも、全国的に信仰を集めていた「聖人」より「福者」の方が効験あらたかだったことを意味する。前述したように、それはそのままパリス信仰の強力な存在を端的に明示するが、ありていにいえば、パリスに帰せられるこうした奇蹟の数は、おそらく知られているかぎりで他のいかなる聖人にも増して多い。聖人信仰の変容、つまり新たな治癒聖人の出現を示唆するものとも考えられる。

106. Troisième recueil des miracles..., op. cit.

107. ネロ帝時代の将軍アスタシウスからローマの神々に祈りを捧げるよう命じられたが、拒んで殉教したこの兄弟（詳細はヤコブス・デ・ウォラギネ『黄金伝説２』、前田敬作・山口裕訳、人文書院、1984 年、302-308 頁参照）は、死後さまざまな快癒の奇蹟を起こしたとされている。

108. Montgeron, Miracle opéré sur la Demoiselle Hardouïn, in *La vérité...*, op. cit.

109. BN. YE-16590.

110. Quatrième recueil des miracles..., op.cit.

111. Paul Dubé, *Le Médecin et chirurgien des pauvres*, 8e éd., Edme Couterot, Paris, 1693, p. 477. BN. 8-TE17-80.

112. Montgeron, Miracle opéré sur Demoiselle Coiran, in *La vérité...*, op. cit.

113. Troisième recueil des miracles..., op. cit.

114. 拙著『ペストの文化誌』、前掲、157-173 頁参照。なお、ユダヤ＝キリスト教的伝統では、この 40 という数字は象徴数で、モーセによる出エジプトの苦難に満ちた 40 年間の荒野行と、さらにそれを予型とするイエスの荒野での 40 日間の苦行と符合する。なお、1520 年のミラノ攻囲と 27 年のローマ劫掠に起源し、カプチン会やイエズス会、オラトリオ会の修道士たちによって広められた聖体の 40 時間顕示、すなわち 40 時間大祈祷は、キリストが死（墓）の中に 40 時間とどまっていたことを記念する（ニコル・ルメートルほか『キリスト教文化事典』、拙訳、原書房、1998 年、309 頁）。

115. Second recueil des miracles..., op. cit.

116. Sixième recueil des miracles...,, op. cit.

117. Le Gros, *Abrégé chronologique...*, op. cit., p. 73. ちなみに、ドゥロルム未亡人と同様に偽りの奇蹟を演じた不心得者はほかにもかなりおり、1731 年から 32 年にかけては病人を装った 11 人が、内科医や外科医などの診断を受けて虚偽が暴露され、バスティーユやプティ＝シャトレ監獄に投獄されている（Maire, *Les convulsionnaires...*, op.cit., p.108）。

118. Deuxième recueil des miracles..., op. cit.

119. Ibid.

120. Troisième recueil des miracles..., op. cit.

121. Ibid.

122. Ibid.

123. La Beyrie et Jean Goulin, *Dictionnaire raisonné universel de matière médicale*, t. IV, F.Didot, Paris, 1773, p. 448.BN. 8-TE138-153.

124. Helvetius, op. cit., pp. 407-408.

102. Maire, *De la cause de Dieu...*, op. cit., p. 260.

103. Huitième recueil des miracles opérés sur le tombeau et par l'intercession de M. l'abbé de Pâris. BHVP. 6006 J 229 nº8.

104. Mathieu, *Histoire des miraculés,* op. cit., pp.119-120.

105. 同様のレトリックは同じ『奇蹟集成』の第８分冊にあるニコラ・アンリの事例にもみてとれる。パリ北方シャンパーニュ地方の中心都市ランスで、サージ職人だった30歳位の彼は、20歳の頃から顎や咽喉に浮腫ができ、医師たちから不治の瘰癧だと診断された。そこで彼は聖マルクー（ル）（490—558）のとりなしを願うため、市内の施療院に無償で入院した。このマルクーは瘰癧の治癒聖人とされていた。中世のフランスやイングランドの国王のたち（一部）はその即位式において、自らをメシア（油を塗られし者）と奇蹟をなす王《トーマテュルジュ》とする、いわばイエス・キリストの化身として民衆に訴えかけるための儀礼を営んだが、そのひとつが司教による自分の頭への塗油、そしてもうひとつが、瘰癧患者たちに対して「朕が汝の頭上に手を置き、神が癒す」と唱え、聖マルクーの加護を求めながら行うロイヤル·タッチ（王の按手）だった（詳細はマルク·ブロック『王の奇跡』、前掲、および拙論「マルク・ブロック『奇蹟をなす王』と王の３つの身体」、《文藝》、vol. 29, no. 4, 1990年、299-305頁参照）。ニコラ・アンリは、聖マクルーに捧げられたこの施療院で瘰癧を切除してもらった。聖人の加護か、それで一時は快方に向かった。しかし、まもなく瘰癧は再発し、最終的に1731年12月、パリスへの２度の９日間祈祷をおこなって快癒したという。

同じ第８分冊には、さらに聖フィアクル（7世紀）や聖ジョスに祈願しても症状が一向に改善せず、パリスにすがってようやく快癒したアンヌ・カテリヌ・モンフルル、通称ル・フェーヴル29歳の事例も載っている。フィアクルはアイルランド出身の修道士で、浮腫ないし腫脹や下疳、癌の治癒聖人とされ、彼がパリ東郊のモーに建立した修道院は重要な巡礼地となっていた。一方、ジョスはイギリス海峡西岸にあったドゥムノニア王国の王位継承者だったが、それを捨てて修道生活に入り、北仏のサン＝ジョスに修道院を建てた。とくに巡礼者の守護聖人として知られていた。

1700年１月に北仏のセーヌ河口に位置するルーアンに生まれたアンヌはじつに不幸な身の上で、誕生まもなく父親と死別し、３歳のときには、怒った牡牛の角で胸を２か所突かれて瀕死の重傷を負っている。以来、激しく咳き込むようになったという。５歳になると、母親が再婚してパリに移り、ルーアンに住む代母のもとに引き取られる。やがて咳に加えて高熱も覚えるようになり、歳とともに次第に症状が悪化していった。

15歳になると、アンヌはパリに出て母親と再会するが、病のことは隠していた。母親はしばしば咳き込む娘を不審に思いつつも、同居することはせず、レース編みや帽子商の家に徒弟として住み込ませた。17歳のとき、アンヌは天然痘に罹って半年ほど歩けなくなる。母親が外科医に娘を診せたところ、治療費として50エキュもの大金を請求された。思案投げ首の母親は人の勧めで前記両聖人に９日間祈祷をおこなう。だが、それでも娘の症状は変わらなかった。それどころか、しばらくすると新たな不運がアンヌを見舞う。帽子商の家の階段から落ちて、気を失い、それがもとで咳込にがさらにひどくなったのである。例によって、内科医や外科医たちの治療や医薬は役立たず、最後に本人がパリスの墓で９日間祈祷を捧げて快癒する。1729年とを、（同伴していた）公爵夫人のお抱え周旋人アロルジュの妻に話す。後者もまたブレーズの歩き方に注視して驚く。

シャティヨン館でこのふたりの夫人からどのようにしてサン＝メダールに行ったかを尋ねられたブレーズは、以前より足の状態がよくなっていると答える。そこで夫人たちは彼を歩かせ、改めてそれを確認する。腕の方はどうか。それはなおも曲がったままだったが、すべての動作が可能になっていた。ブレーズにとってそれは人生で初めての経験だった。この快癒をさらに確認するため、ラ・シャペル夫人はブレーズの麻痺していたはずの左手で、水が一杯に入った取手付きの壺を持ち上げさせる。彼はそれを持ち上げただけでなく、館の中庭を横切って、召使いたちが食事をしていた食卓まで運んだ。これを見ただれもが一様に驚いた。むろん、もっとも驚いたのはブレーズ本人だった。

翌28日、サン＝メダールから戻ったブレーズは、井戸から水桶を引き上げ、それを左手で持って3階の自室まで運んだ。この快癒を知らされたシャティヨン公は、ブレーズを呼んでことの次第を尋ね、ブレーズが想像しうるあらゆる動作を何事もなくできるのを確認し、奇蹟が起きたことを信じた。

この奇蹟譚はやがてパリ中に広まり、人々が神の恩寵に与ったばかりのブレーズに会おうとやってくる。アウグスブルク同盟戦争やスペイン継承戦争で戦功をあげたエストレ元帥（1707—37）の夫人（フェリシテ・ド・ノアイユ）は、最初の訪問客のひとりだった。彼女はブレーズに自分の腕を摑ませ、その力強さと動きから、奇蹟がもはや疑う余地のない事実であると確信する。以後、多くの貴婦人たちが元帥夫人に倣って試し、それぞれが快癒を確認した。

しかし、こうして著しい回復をみせてはいたものの、健常者と較べれば、左腕や左足の動きにはなおも若干不安定さが残っていた。そのため、口さがない者たちは奇蹟が偽りだと言って憚らなかった。だが、それまで乾いて青白く、血管も見えず、右手よりはるかに小さかった彼の左手は、今では生気を取り戻し、血管もしっかりして、食べ物を摑めるほどになり、硬直して互いにぶつかっていた指も離れて、思いのままに動かせるようになった。こうして9月9日の日曜日には、大雨にもかかわらず、朝9時に邸館から歩き始め、セーヌ左岸のウニヴェルシテ通りからフォブール・サン＝ジェルマンを経て、10数㎞離れたパリ東郊のヴァンセンヌ近くのサン＝マンデ村に10時（！）に着けるまでになった（Deuxième recueil des miracles..., op. cit.）。

この報告書の署名証人には、サン＝シュルピス小教区の宣誓代書人やサン＝タンドレ小教区の親方時計商ら4人の名がある。署名こそしていないが、興味深いことにフランス史に名を残す人物たちも奇蹟の目撃者となっている。一連の奇蹟譚のなかでこれはきわめて珍しい例といえる。なお、シャティヨン館があった小教区のサン＝シュルピス教会は、すでに幾度かみておいたように、パリにおける反ジャンセニスムの拠点のひとつである。おそらく彼はそのことを知らなかった。ブレーズがその聴罪司祭に告解を拒まれたのは、彼がパリスの墓に詣でると言ったためだろう。この司祭はまた、パリ大司教がパリスの墓での祈りを禁じたと言ったとあるが、これはヴァンティミル大司教が1731年7月15日に出した教書のなかで、アンヌ・ル・フランの奇蹟を偽りと断定したことを指しているのだろう。

100. Barbier, op. cit., p. 167.

101. Ibid., pp. 171-172.

彼女もまた、全能なる神を称え続けている（Deuxième recueil des miracles opérés sur le tombeau et par l'intercession de M. l'abbé de Pâris. Relation de la maladie & de la guérison miraculeuse de Mademoiselle Doubleau, opérée par l'intercession de Monsieur de Pâris,.s. l., s. n., 1732. BHVP.6006 J 229 no.2）。

この報告書は1731年7月28日、署名人でもあるサン＝ロック小教区の財産管理委員たちの立会いのもと、サン＝ロック教会の司祭館で作成され、「神の栄光を伝え、認めてもらうため」主任司祭のJ・バンスに提出されている。これに対し、司祭は署名とともにこう添え書きしている。「私は嘆願者（シュザンヌ）の求めにより、前記日に本報告書を受け取った」。報告書の作成者がだれなのか記載はないが、この報告書のように主任司祭に直接提出された事例は珍しい。これはとりもなおさず、バンスという司祭が上訴派＝ジャンセニストだったことを意味する。

一方、1731年10月1日に作成されたブレーズ・ヌレの奇蹟報告書によれば、フランス最東部サヴァワ地方のエメ小教区の出身だという彼は、生まれつき左半身が麻痺していた。8歳になった1723年、名門貴族シャティヨン公家の下僕だった、長兄のジャン＝バティストに背負われてパリに出た。地方総督補佐官で、プロヴァンスやピエモンテ連隊長なども歴任したシャティヨン公ポール・シジスモン・ド・モンモランシ（1664―1731）は、哀れなブレーズに会って同情を禁じえず、家令たちにその面倒を命じた。ブレーズは不自由な身体だったが、単純な仕事はできた。いずれ元気になるのでは。本人同様に、周囲もまたそう期待していた。

しかし、そうした期待とは裏腹に、症状は一向に好転せず、左半身の肩から足先まではなおも麻痺して力が入らず、肩からつま先まで感覚がきわめて弱く、つねっても刺してもほとんど痛みを感じなかった。腕も曲がったまま硬直して脇腹についたままだった。さらに、指までも関節で曲がり、互いにぶつかって動かすことができなかった。それゆえ左手は使えず、辛うじて右手が摑んだものを抑えることができる程度だった。

そんななか、巷間話題になっているパリスの奇蹟を知り、自分も快癒を願って詣でたいと思った。だが、不自由きわまる身体ではとうてい叶わぬ夢であり、やむなく静かにそれを想像するだけだった。1731年7月25日、シャティヨン公の孫ロワヤン侯の近習だったローラン・ド・ヴィラールが、是非にも詣でるべきだと勧める。この言葉に力を得て、同日、ブレーズはさっそく小教区にあるサン＝シュルピス教会の聴罪司祭を訪ね、専任の聴罪司祭オニクルに、パリスの墓で9日間祈祷をおこなうことを告げる。ところが、司祭はこの計画に反対し、パリ大司教（ヴァンティミル）が教令でそれを禁じたばかりであり、違反すれば大罪を犯すことになると言う。そして、ブレーズの告解も聞こうともせずに送り返してしまうのだった。

思いもかけない司祭の対応に取り乱したブレーズは、シャティヨン館に戻ってどうすべきか思い悩んだ末、その日の夜、誰にも告げず、不自由な身体を引きずるようにしてサン＝メダール教会に行き、パリスの墓で9日間祈祷を始める。そこでは主の祈りと天使祝詞（アベ・マリア）を唱え、墓の土を摑んで頭と手、さらに首筋にもこすりつけ、ポケットにも入れて持ち帰った。それから9日間、彼は起床時と就寝時にこの土で身体をこすった。

9日間祈祷2日目、ブレーズは麻痺した身体にそれまでにない激痛を覚えた。3日目の7月27日、パリスの墓を再訪すると、シャティヨン家の召使頭だったラ・シャペルの妻もいた。彼女はブレーズが自分の前をふだんよりしっかりした足取りで歩くのを目の当たりにし、そのこ

94. Second recueil des miracles …, op. cit..

95. Languet, op. cit., p. 79.

96. Montgeron, Miracle opéré sur Marguerite Françoise Duchène, in *La vérité*..., op. cit., pp. 10-12.

97. Troisième recueil des miracles opérés sur le tombeau et par l'intercession de M. l'abbé de Pâris, Relation de la maladie & de la guérison miraculeuse de Jeanne-Marguerite Dutilleux, opérée par l'intercession de Monsieur de Pâris, s. l., s. n., 1732. BHVP. 6006 J 229 no.3.

98. Pierre-Joseph Potiez, *Proposition sur l'emploi du quinquina et sur le traitement des fièvres intermittentes*, Didot, Paris, 1806, p. 10. キナの歴史的用途の概説については、たとえば拙論「キナ讃」(《Is》、第70号、ポーラ文化研究所、1995年、44-47頁)を参照されたい。なお、現代の医学事典ではキナ皮から抽出されるキナアルカロイドに抗マラリア作用と鎮痛作用があることが認められている。

99. 以下ではさらに2事例を紹介しておこう。「ここに署名します私シュザンヌ・ガビュレ50歳は、官吏ジャン・ドゥブローの妻で、サン＝ロック小教区ゲヨン通りの市民ヴィトリ宅の4階に夫婦で住んでおり、夫の許しを得て申し述べます」。ドゥブロー夫人の一人称による報告書はこの文言から始まる。それによれば、彼女は1730年6月にリウマチを発症し、その後、右半身が麻痺し、激しい頭痛に襲われてしばしば失神し、その都度、このまま死ぬのかと思ったという。そこで内科医のファルコネと外科医のベラールに受診し、調剤師のブラザンが調合した「特効薬」を服用したが、効き目はなかった。

1731年5月末頃、ファルコネは3種の薬草からなる煎じ薬を作り、それを3本の0.5リットル瓶に入れた。シュザンヌはこれを3日おきに1本ずつ服用したが、症状が軽くなるどころか、かえって重篤化し、普通の水まで飲めなくなった。失神も続いた。ファルコネはこれ以後、彼女の前に姿を見せなくなった。もはや神の恩寵にすがるほかはない。そう思ったシュザンヌは、衰弱しきった身体をおして小教区の教会に詣で、必死に祈った。だが、その甲斐もなく、やがて馬車にも乗れず、椅子にも座れず、快癒を絶望視するまでになった。そんなある日、彼女はパリスの奇蹟を知る。7月2日、夫がサン＝メダール教会に行き、介助を必要としていた妻の切実な気持ちを汲んで、代わりに9日間祈祷をしてくれることになった。毎日詣でるのは無理だったが、それでも数回はパリスの墓で祈ってくれた。9日間祈祷の初日、シュザンヌも部屋で祈っていると、体調が少し回復し、力が戻る感じがした。

そして9日間祈祷最終日の7月10日、夫が彼女を四輪馬車に乗せてパリスの墓まで連れて行く。コンティ公爵夫人の外科医キュリ氏とアンタン公の従僕ヴィヴィエ氏の夫人が同行した。馬車に乗るとき同様、降りるときも大変だったが、彼らは嫌な顔ひとつせずに介助した。そんな彼らに両脇を支えられたまま、シュザンヌはミサに参列し、はやる心でパリスの墓に詣で、墓石に身をあずけながら病の快癒を願って祈った。すると、祈りの途中から身体の節々に激痛が走った。だが、まもなくそれは収まり、気がつくと、ひとりで起き上がっていた。もはや介添えなしでも歩けるようになっていた。夫や同行者たちはそんな彼女を見て驚き、ともに神に感謝の祈りを捧げた。馬車の乗り降りもひとりでできた。帰宅後、4階の居室へいたる階段も自分の足で上れた。こうして神の恩寵を得て以来、彼女は小教区教会のミサに欠かさず参列し、司祭の説教にも耳を傾けている。隣人のみならず、地区のだれもがその身体に生じた変化を称えている。

74. Languet, *Instruction pastorale...*, op. cit., p. 95.

75. ランゲ自身の言葉によれば、オータン司教区の司教総代理時代、彼は司教区内で起きた奇蹟を調査し、それが真正のものであるとの調書を作成したが、ソワソン司教時代には同司教区での奇蹟が偽りであることを確認したという。とすれば、彼の奇蹟＝欺瞞観はその頃から確信的なものになったと思える。そして1737年のヴァンサン・ド・ポール（1660没）の列聖化時に、彼はこう述べているという。「雑音をまき散らす大部分の奇蹟は真正なものではなく、それが真正と証明されるのは、法的に吟味されてからのことである」（Arbrecht Burkardt, *Les clients des saints. Maladie et quête du miracle à travers les procès de canonisation de la première moitié du XVII*^{e} *siècle en France*, École française de Rome, Rome, 2004, pp.534-545）。

76. Languet, op. cit., p. 96.

77. Quatrième recueil des miracles... , op. cit.

78. 怪物タラスク退治で知られるこの聖女については、拙論「タラスク再考」（前掲、第３章）を参照されたい。

79. Second Recueil des miracles..., op. cit.

80. Bougeant, op. cit.

81. Languet, op. cit., pp. 74-77.

82. Montgeron, Miracle opéré sur Don Alphonse Palacios, in *La vérité...*, op. cit., p. 44.

83. Ibid.,pp. 45-55.

84. Second Recueil des miracles... , op. cit.

85. Montgeron, Miracle opéré sur Philippe Sergent, in *La vérité...*, op. cit., pp. 2-3.

86. Ibid., p. 5.

87. *Nouvelles Ecclésiastiques*, op. cit., le 30 avril 1732.

88. Montgeron, Miracle opéré sur Philippe Sergent, in *La vérité* op. cit., p. 9.

89. Ibid. ジャック・コエフレルについておそらくモンジュロンは明らかに誤解している。彼がジャンセニストのニコラ・ポマールのあとを受けて、サン＝メダール教会の主任司祭となったのは1733年４月だからである。ちなみに、この司祭は反ジャンセニスト＝教勅派で、教勅に従わない小教区民に秘蹟を授けないと公言していた（Maire,《Les querelles...》, op. cit., p. 70）。とすれば、この反対勢力であるエローやコエフレルの名を奇蹟報告書に列挙したモンジュロンの意図はどこにあるのか。あるいは、もともと報告書に記されていたのを転記しただけなのか。疑問は残る。

90. シャルラタンに関する詳細およびその歴史的・社会的な意味づけについては、拙著『シャルラタン』（前掲、第２章）を参照されたい。

91. Second recueil des miracles …, op. cit.

92. Barbier, op. cit., p. 167. どのような姿かは不明だが、パリスの肖像画は後々まで印刷・頒布されている。たとえば《聖職者通信》の1734年10月20日号には、パリの西45kmに位置するガルジャンヴィルの村司祭が、それを秘匿していたという記事がある（*Nouvelles Écclésiastiques*, 1734, p. 180）。さらに同紙の1772年８月27日号には、この肖像画が２ないし３リーヴルで頒布されていたと記されている。

93. Languet, op. cit., p. 77.

さらにモンジュロンはコンティ公のお抱え外科医のスーシェや解剖医のマントヴィル、シャリテ施療院の筆頭外科医のドランなどの名を挙げている。モンジュロンによれば、このドランはバスティーユ監獄で（投獄されたジャンセニストたちの）調書の作成に携わってきたひとりで、サンス大司教に信頼されているという。これらの外科医たちはみな警察総代行官のエローから命じられて奇蹟直後のマルグリトに会い、病が完治していることを証明しているともいう。モンジュロンはまたセーヌ川を挟んでノートル＝ダム司教座聖堂の対岸にあるサン＝セヴラン教会の司祭や、ソルボンヌの学士で、ラオンのサン＝ジェルマン教区主任司祭、歩兵隊補佐官、王立絵画アカデミー会員の教授など、医師以外の証人たちもまた、マルグリトの奇蹟を一様に目の当たりにしているとする（Ibid., pp. 33 sq.）。

65. Ibid., p. 26.

66. デイヴィッド・ヒューム『奇蹟論・迷信論・自殺論』、福鎌忠恕・斎藤繁雄訳、法政大学出版局、1985年、21頁。こうしてパリス現象を手厳しく非難しながら、イエズス会士たちと交流があったにもかかわらず、ヒュームはことポール＝ロワイヤルについては高く評価していた。その「尼僧達の厳格さは、全ヨーロッパを通じて非常に著名であった」とし、「疑う余地のない信頼に値する」多数の尼僧や僧侶（これらの訳語はいうまでもなく不適である）、医者および世俗人たち全員が、あらゆる証拠によってこの奇蹟を強固なものにしていると指摘する。さらに、パスカルやラシーヌらの「偉大な名前」をあげながら、「その（ペリエの）奇蹟は、神聖な茨の正真正銘の神聖な棘にふれることにより現実に行われた」ともしている（同、33-34頁）。なるほどペリエとパリスの奇蹟はさまざまな点で著しく様相を異にしている。前者がポール＝ロワイヤル修道院、後者が教会墓地を舞台としているだけでなく、同じ快癒奇蹟にしても、前者が本人ひとりだけに及んでいるのに対し、後者は多くの人々とかかわっている点でも異なっている。快癒への重要な前提となっている聖遺物にしても、前者は「主」イエス・キリスト、後者はその「下僕」たる助祭のアトリビュート（属性）である。だが、こうしたことは、ペリエを聖化し、パリスを詐欺師まがいと弾じて、前者の奇蹟を真正なもの、後者のそれを欺瞞的なものとする根拠とはなりえない。にもかかわらず、これほどまでに対照的なヒュームの見方は、いったい何に由来するのか。この疑問はヒューム研究者たちに委ねたい。

67. 同、32頁。

68. 同、32頁。

69. Plongeron,《Les Lumières (1715-1826). Sainteté pour un siècle réputé “philosophique”》, in Plongeron et al. dir., *Histoire des saints et de la sainteté chrétienne*, t. 9, Hachette, Paris, 1987, p. 107.

70. Second recueil des Miracles、op. cit.

71. ダニエル・ヴィダルはパリスの奇蹟や痙攣派に関する基礎的な研究書である『18世紀におけるジャンセニスムの奇蹟と痙攣』（1987年）の第3章において、この「奇蹟の文法」という表現を用いているが、面妖なことにそれに対する明確な定義はない。「奇蹟は身体を悪の社会的保証として築く・・・」といった一連の記述からも、そのことはうかがえない（Danier Vidal, *Miracles et convulsions jansénistes au XVIII*^e^ *siècle*, P.U.F., Paris, 1987, pp. 149 sq.）。

72. Montgeron, Miracle opéré sur Marie-Anne Courneau, in *La vérité...*, op. cit., p. 2.

73. Ibid., p. 7.

年7月9日の《聖職者通信》に紹介されている事例がそうである――。

> フランス西部ソーミュールの小間物商の妻マルグリト・デランド22歳は、1728年から右手が動かなくなった。そこで同地の内科医や外科医数人に診てもらったが、全員から治癒不可能との診断が下された。
>
> だが、1729年、ノートル=ダム教会で9日間祈祷をすると、快癒した。それを奇蹟と認定してもらうよう、彼女は医師たちや小教区の主任司祭をはじめとする証人10人近くの署名を揃えて、アンジェ司教ノポン セ・ド・ラ・リヴィエール（在任1706―30）に要請した。だが、反ジャンセニストで教勅派の司教はまもなく他界してしまう。後任にはやはり教勅派で、前記ランゲから叙階されたジャン・ド・ヴォージロー（在任1730―58）がついた。マルグリトは改めて奇蹟の認定と公表の許可をもらうため、新司教に書状を新司教に送る。しかし、返事はなかった（*Nouvelles Ecllésiastiques*, op. cit., le 9 Juillet 1731, p. 134）。

《聖職者通信》の記事はここで終わる。はたしてその顚末がどうなったかわからないとしているが、この奇蹟を戦略的にジャンセニストと結びつけなかったかぎりにおいて、記事の信憑性は担保できる。興味深いのは、教勅派の司教ふたりが奇蹟を否定しなかったということである。そして、ヴァンティミルはさておき、少なくともランゲはこの身内の出来事を知っていたはずである。知っていながら、彼はそれについて言及していない。なぜかは不明とするほかないが、明らかにこれは上訴派（=ジャンセニスト）=パリス=奇蹟というトリアード、つまり反対派が捏造したという論法はあてはまらない。あてはまらないからこそ、彼はあえて無視した。そう考えてもよいだろう。にもかかわらず、いや、むしろそれゆえにこそ、ランゲは教勅派ないしイエズス会とは無縁の場で起きたさまざま奇蹟的快癒を非難して、反対派の欺瞞を論証しようとした。パリスの奇蹟はこうして教勅派と反教勅派双方のさらなる争いの場となっていった。

57. Second recueil des miracles…., op. cit.

58. 『医学大辞典』第2版、伊藤正男ほか編、医学書院、2010年、1473頁。

59. Philippe Hecquet, *La médecine, la chirurgie et la pharmacie des pauvres*, Nlle éd., t. II, Clousier, David, Durand, et Damonneville, Paris, 1742, pp. 235 & 238. BN. 8-TE17-94..

60. Languet, *Instruction pastorale*..., op. cit., p. 85.

61. Ibid., p. 86.

62. Montgeron, Miracle opéré sur Marguerite Thibault, in *La vérité*..., op. cit., p. 3.

63. Ibid., p. 66（Lettre de M. Silva, Docteur en Médecin & premier Médecin de S.A.S）, in Pièces justificatives, XXX.

64. Ibid., p.28. なお、マルグリトを直接診察した医師たちに加えて、モンジュロンは十数人の証人を列挙している。そのひとりである国王の侍医ショメルは、奇蹟が起こる3日前に、ウセイェ夫人にこう書き送っているという。「（マルグリト）の腫れは最悪です。それゆえ、快癒したといってもごまかされてはなりません」。もうひとりの国王侍医ゴーラールは、「もっとも深奥な知はもっとも特権的な知識がもつすべての恩恵と明瞭さに結びついているが、まさにこの知こそが、ティボー夫人のほとんどの病が不治であることの最大の証拠となる」と論評しているという。

は saut「飛び跳ねること」となっているが、足が悪いベシュランにできる所作ではない。1680年の初版以後、数度にわたって再版が出ているリシュレのフランス語辞典1732年版には、動詞 sauter の字義として「我を失うこと」とある（Richelet, op. cit., p. 682）――、滑稽なまで手足を捻じ曲げたり」といった、さながら憑依でもしたかのような所作（ランゲはこれを「痙攣」と呼んでいる）を6か月間以上、連日同じ時間に繰り返したという。そうすれば、左足全体が右足より萎縮して、膝蓋骨も歪んで外側に突き出しているために力が入らず、介添えなしには足を折り曲げることもできないない不自由な足を、神が治してくれると確信していたともいう。その甲斐あって、少し足の具合がよくなった。しかし、治癒したわけではなかった。このことをパリ警察総代行官の記録保管所にあったベシュラン自筆の書類（1732年3月24日作成）から確認したランゲは、ベシュランを診察した外科医の診断書、すなわち初診（時期不明）と「奇蹟」後の1732年9月16日の再診結果を記した診断書を比較する。ランゲによれば、後者の診断書には以下のように記されていたという（pp. 123-124）。

> 本日、ヴァル＝ド＝グラース（パリ左岸）の家でベシュラン氏を診察した（・・・）彼は私の前を歩き、苦痛を覚えずに左足を確実に前に進めた。この足は右足よりしっかりしているように見えた。だが、彼はつま先で地面を蹴ることができず、右足を先に出して歩かなければならなかった。【ひとたび座ると、両手を使わなければ立ち上がることができなかった】。今もそうである。【着座時にしばしばおこなうような足を組むこともできなかった】。今もそうである。【一見するかぎり、左足全体は右足より痩せて細かった】。この違いも顕著である。【左の膝蓋骨は右のそれより親指1本分下がっていた】。今は明らかに以前ほどではなくなっている】（【 】内は初診時の状態）。

さらにランゲは、1732年4月にベシュランを診察したパリ大学医学部の内科医や外科医たちの所見も引用しているが、その内容もまたベシュランの足の状態が改善したものの全快したわけではないとするものだった。こうしてソワソン司教は次のように結論づける。

> 小職は、他の人々がしているように、この神父が詐術を弄したり、二枚舌を使ったりしたと難じるつもりはない。彼は一種の良心をもちながら間違ったと考える。だが、なおも彼がこれを奇蹟と信じているなら、思い込みが彼の目を曇らせ、幻惑させているのである。（…）上訴派たちは彼らが超自然的現象だとしている出来事を否定する、こうした事実や証拠を無視している。そして、事実を覆い隠し、彼らの戦略を知らない人々に強い印象を与えるとの確信によって、苦境を糊塗しているのだ（Ibid., p. 125）。

アンヌ・ル・フランの場合と同様、ベシュランの場合も快癒にはいたっていない。にもかかわらず、上訴派はそれを「奇蹟」と言い立てて、人々の関心を煽っている。こうしたランゲの主張は単純であり、それだけに明快といえる。そして彼は、この論法をもって、他の「奇蹟」を批判していく。だが、ヴァンティミルにしてもランゲにしても、重要な出来事を看過ないし無視していた。ほかならぬイエズス会とかかわる「奇蹟」も起きていたからである。たとえば1731

いたように、1725年5月31日、ジャンセニストの司祭が主宰した聖体祭の宗教行列に参加して奇蹟的に快癒したという。その詳細については、たとえば以下を参照されたい。Vie de Madame La Fosse, guérie miraculeusement le 31 mai 1725 à la procession du Sainte Sacrement de la paroisse Sainte-Margurite, 1769, Paris, BHVP 6006M45.

41. Dissertation..., op. cit., Ibid., p. 27.

42. Ibid., p. 33.

43. Mandement de Monseigneur l'Archevêque de Paris, au sujet d'un Écrit qui a pour titre : Dissertation sur les miracles..., Pierre Simon, Paris, 1731, p. 4. BHVP. 130581.

44. Ibid., pp. 10-16.

45. Ibid., p. 25.

46. Ibid., p. 30.

47. Requête présentée au Parlement par Anne Le Franc, appelante comme abus du Mandement de M. Archevêque de Paris, en date du 15 Juillet 1731, & répondue le 3 Septembre suivant. BHVP., 130584.

48. *Nouvelles Ecclésiastiques*, op. cit., le 1er Novembre 1734, p. 187.

49. Barbier, op. cit., p. 170.

50. Ibid., p. 171.

51. Ibid., p.177.

52. Joseph Dedieu, 《Le désarroi janséniste...》, op. cit., p. 448.

53. Barbier, op. cit., p. 199.

54. Mathieu Marais, *Journal et mémoires de Mathieu Marais sur la régence et la règne de Louis XV (1715-1737)*, t. IV, Firman Didot Frères, Paris, 1864, p. 296.

55. Ibid., p. 303.

56. Languet, *Instruction pastorale de Monseigneur J. Joseph Languet, Archevêque de Sens, ci-devant Evêque de Soisson, au sujet des prétendus miracles du Diacre de Saint-Médard & des convulsions arrivées à son Tombeau*, Veuve Mazière & J. B. Garnier, Paris, 1734, p. 30. BHVP. 134408. ちなみに、アンヌ・ル・フラン（ランゲの表記ではルフラン）の奇蹟譚はフランスを越えても知られていた。たとえばダブリンのフランス教会の牧師（プロテスタント）だったアントワヌ・E・ヴァンション・デ・ヴー（生没年不詳）は、1732年に著した『神父パリス氏の聖遺物に帰せられるさまざまな奇蹟に関する論考』で、聖書の奇蹟記述に拠りながら、ランゲと同様、ジャンセニストを批判すると同時に、聖遺物もない（誤解！）パリスの奇蹟を欺瞞だと断じ、後者の事例としてアンヌのことをとり上げている（Antoine E. Vinchon des Voeux, *Dissertation sur les miracles que l'on attribuent aux reliques de Monsieur l'Abbé Pâris*, J. & H. Verbeek, Leide, 1732, pp. 12 sq. BN. 4-T-1584）。そこではひとつの事例が欺瞞であるとして、それにかかわるすべてが欺瞞だとする、反奇蹟派の常套的な換喩法が用いられている。

　一方、ランゲの教書は、モンペリエ司教区に属するラ・モットの司祭ベシュランの奇蹟についてバルビエの記述よりはるかに詳しく論じている。それによれば、ベシュラン神父は9日間祈祷のあと、（パリスの）墓石の上に「家ではついぞしたことがないような格好、すなわち無作法に服を脱ぎ捨てて横たわったり」、「おぞましい渋面をしたり、痙攣《ソー》したり――原文ではこの語している。「文芸に精進すべく、総括徴税請負人の地位を捨て、幾人かの哲学者と同じ運命、すなわち、一巻の書物と自分の徳のために迫害される運命を甘受した」(ヴォルテール『ルイ14世の世紀』、前掲、229頁)。

26. Helvetius, op. cit., p. 132.

27. 筆者はかつて『シャリヴァリ―民衆文化の修辞学』(同文舘、1991年、第2章)において、伝統的な共同体規範の逸脱者――不品行(性的規範逸脱)・かかあ天下(家父長制規範逸脱)・年齢差のある再婚(結婚規範逸脱)――に対する、若者たちに制裁を検討したことがあるが、従来のシャリヴァリ研究ではすべて事件化、つまり裁判沙汰となった事例のみが取り上げられており、事件化しなかったはずのはるかに数多くのこの慣行については看過されていることを指摘しておいた。制裁される側がかつては制裁する側だったという事実や、逸脱者が若者たちに提供する「シャリヴァリ税」、そして何よりもこの制裁後に逸脱者たちが地域社会に受け入れられるという、一種の通過儀礼的な側面に着目すれば、金銭や酒などで双方が折り合ったと考えるのが自然だからだ。史料が語らぬ物語をいかにして語るか。言説分析の陥穽とはこのことを指す。

28. 唾液腺疾患が快癒したジュヌヴィエーヴ・コラン(事例5)――パスキエ・ケネルの信奉者――の場合は、この木片を舌の下に入れてパリスに祈願している(Cinquième recueil des miracles opérés sur le tombeau et par l'intercession de M. l'abbé de Pâris, s.l., s. n., 1732, BHVP. 6006 J229. no. 5)。また、シュザンヌ・フェラン(表1―180)の場合は、この木片で小さな十字架を作り、携帯している(Dixième recueil des miracles opérés sur le tombeau et par l'intercession de M. l'abbé de Pâris, s.l., s. n., 1732, BHVP. 6006 J229 no. 10)。こうした聖遺物は、おそらく症状に合わせて多様な用い方がなされていたようである。

29. Neuvième recueil des miracles..., op. cit.

30. Recueil des miracles opérés au tombeau de M. de Pâris, diacre, contenant les informations..., s.l., s. n., 1732. BHVP. 6006 J229 no. 1.

31. Cinquième recueil des miracles..., op. cit.

32. Nicolas Lémery, *Pharmacopée universelle*, 3e éd., C.-M.d'Houry,Paris,1738, p.175. BN.4-TE146-114 CD.

33. Gabriel François Venel, in *Encyclopédie*, t. 4, 1751, p. 928. BN. GE DD-5234.

34. Antoine Louis, *Dictionnaire de chirurgie*, t. II, Chez Saillant & Nyon, Paris, 1789, p. 234.

35. Richard Lick, 《Les intérieurs domestiques dans la seconde moitié du XVIIIe siècle d'après les inventaires après décès de Coutances》, in *Annales de Normandie*, vol. 20, no. 4, 1970, p. 315.

36. Neuvième recueil des miracles..., op.cit.

37. これについては、拙著『シャルラタン―民衆文化の修辞学』(新評論、2003年、292-309頁)を参照されたい。

38. Le Gros, *Réponse*..., op. cit., p. 68.

39. Dissertation sur les miracles et en particulier sur ceux qui ont été opérés au Tombeau de Mr. de Pâris, en l'Eglise de S. Médard de Paris, avec la Relation & les preuves de celui qui s 'est fait le 3e Novembre 1730 en la personne d'Anne Le Franc de la Paroisse de S. Barthélemy, 1731, pp. 33-38. BHVP. 130582.

40. Ibid., p. 3. なお、麻痺のために全身不随だったラ・フォス夫人は、本書第2章で少し紹介しておイエズス会士たちは主の誘惑の場で、莫大な富といくつもの冠を示しながら、あらゆる者たち、とくに聖職者たちの耳元で囁く。「あなた方がわれわれを称えるなら、これがその報奨です」。（・・・）

モンジュロン氏は生まれつき盲目で、自分の奇蹟を主張し、別の舞台では、彼はパウロにこう言わせた。「私があなたに言うことは、神から学んだ言葉です」。シャロン＝シュル＝ソーヌの司教（教勅派・反上訴派のフランソワ・ド・マド）はユダヤ人たちに主を殺すよう助言して言った。「だれかが人々のために死ねばいい」。（・・・）

パリ大司教はピラトゥスを演じ、両手を挙げてこう言った。「私が磔刑を認めるのは、カエサルを恐れてではない。それ以外、考えられないからだ」。（・・・）

エロー氏（パリ警察総代行官）は主に荊冠をかぶらせて鞭打ち、その懐中をまさぐる。（…）

そしてパリス氏が言う。私は白衣をまとい、天使を復活させるよう運命づけられていた。だが、はっと目を覚ました。

こうして夢は終わった（Jacques-Élie Gastelier, *Lettres sur les affaires du temps*, vol. IV, Champion-Slatkine, Paris& Genève, 1993, pp. 215-216）。

11. これら『諸事実の真実』の成立過程については、Joseph Dedieu,《L'agonie du jansénisme (1715-1790)》, in *Revue d'histoire de l'Église de France*, t. 14, no. 63, 1928, pp. 161-214 を参照されたい。
12. マンドランについては、拙著『英雄の表徴』、前掲、第10章を参照されたい。。
13. Montgeron, op. cit., p. ii.
14. Ibid., p. xxviii.
15. Ibid., p. 36.
16. Ibid., Consequences qu'on doit tirer de miracles, p, 1.
17. Ibid., p. 2.
18. Ibid.
19. Ibid., p. 16.
20. Relation du premier miracle, opéré subitement, dans la maison de B. F. de Pâris le 3 mai 1727, en la personne de Madelaine Beigney, après qu'elle eut baisé les pieds du Saint Diacre et approché son bras de la bière, le jour de son enterrement. なお、この報告書は『奇蹟集成』第9分冊に収録されている（Neuvième recueil des miracles opérés sur le tombeau et par l'intercession de M. l'abbé de Pâris. BHVP. 6006 J 229. no.9）。
21. Sixième recueil des miracles opérés sur le tombeau et par l'intercession de M. l'abbé de Pâris, s.l., s. n, 1732. BHVP. 6006 J229. no. 6.
22. Richelet, op. cit. p. 338.
23. モンジュロンの述懐によれば、1719年に赤痢に罹った際（前述）、彼はこの医師に受診し、「耐えがたいほど強い薬」を調合されたという（Montgeron, op. cit., pp. 6-7）。
24. Jean-Claude-Adrien Helvetius, *Traité des maladies les plus fréquentes, et des remèdes propres à les guérir*, t. I, Chez la Veuve Le Mercier, 1724, p. 131. BN. 8-TE17-86.
25. ヴォルテールはかつての弟子であるこのエルヴェシウスを「真の哲学者」だとし、次のように評

La Bibliothèque bleue. La littérature de colportage, Robert Laffont, Paris, 2003；ロベール・マンドルー『民衆本の世界』、二宮宏之・長谷川輝夫訳、人文書院、1988／89年。さらに、文献学者・文学史家で、図書検閲官でもあったシャルル・ニザール（1808―89）による、行商本研究の嚆矢ともいえる2巻本の大著『15世紀から行商本調査委員会の創設までの民衆本ないし行商文学の歴史』（Charles Nisard, *Histoire des livres populaires ou de la littérature du colportage depuis le XVe siècle jusqu'à l'établissement de la Commission des livres du colportage*, 2 vols., Amyot, Paris, 1854）を忘れてはならない。

7. この肖像画については1730年初版のClaude Dumarsais, *Des tropes ou des différents sens*, Flammarion, Paris, 1988, p. 30を参照。なお、これら行商人のなかには投獄されたジャンセニストもいた。たとえば1725年11月5日に逮捕されたフランソワ・ルノドーは、ルイ14世の没後に教勅反対の書物を売り出し、他の行商人や印刷・製本職人と結社を組織している。そして、印刷業者と連携して、サン＝マグロワールやサン＝テティエンヌ＝デュ＝モンを拠点とするジャンセニスト知識人たちの著作を地下出版し、それをパリ市内のフィギュリスト系小教区を中心に売りさばいた（Catherine Maire, *De la cause de Dieu*, op. cit., pp. 142-143）。むろん、これら印刷業者の大部分は治安当局の監視下にあり、そのため、実際の印刷はその工房の外、たとえばサン＝マルセル修道院内やソルボンヌ地区のラ・パルシュミヌリ通り――1275年当時、ここは「エクリヴァン（代書人）」通りと呼ばれ、1387年に羊皮紙がこの通りで売られるようになると、「パルシュマン（羊皮紙）」通りと改称された――の地下倉などでなされた。さらにメールによれば、1731年7月30日にある密偵が作成した報告書に、この日、パリスの新たな肖像画が出され、（サン＝メダール教会の）聖具室で多くのミサ参加者に売られたとの一文があるという。メールはまた同年後半にはこれら男女の行商人や版画・肖像画売りが30人以上逮捕され、数か月間、バスティーユに投獄されたともしている（Catherine-Laurence Maire, *Les convulsionnaires de Saint-Médard*, Gallimard/ Julliard, Paris,1985, pp. 78-79）。
8. Carré de Montgeron, *La vérité des miracles operés par l'intercession de M. de Pâris et autres appelants, demontrée contre M. l'Archevêque de Sens*, Nlle. éd.,t. 1, Lib. de la Compagnie, Cologne, 1745.
9. Ibid., pp. 1-10.
10. オーストリア継承戦争で武勇を馳せたザックス元帥に仕えた詩人ジャック＝エリ・ガストリエ(生没年不詳）は、この年の8月16日に他界したパリ高等法院評定官のジェローム＝ニコラに、「パリスの夢」と題した以下のような長編の風刺詩（？）を捧げている。そこではパリス兄弟を含むジャンセニストとその敵対者たちが、それぞれの役柄を演じて登場している――。

　最後の病のあいだ、パリス氏はサン＝メダールの小墓地で悲劇を上演することを願っていた。イエス・キリストの生涯の悲劇である。だが、目が覚めると、彼はいくつかの粗筋と役者たちの名前しか想い出せなかった。助祭パリス氏は救い主を演じ、自分が習俗と倫理の腐敗を止めるべくやってきたと言う。しかし、彼の奇蹟は無駄だった。父なる神の敵たちが彼を信じず、聖職の大御所たちがさまざまな迫害をおこなったからである。(・・・)

　スネの司教は聖シモンを演じ、ヌンク・ディミティス（シメオンの賛歌で、字義は「今こそ、僕を去らせたまわん」）を歌った。(・・・)

第5章　奇蹟の語り——墓地閉鎖前

1. Recueil des miracles opérés au tombeau de M. de Pâris, diacre, contenant les informations faites par l'ordre de feu M. le Cardinal de Noailles, au sujet des miracles opérés sur Pierre Lero, Jeanne Orget, Elisabethe La Loë et Marie-Madeleine Mossaron. Avec la requête présenté à M. de Vintimille, Archevêque de Paris, par les curés de de cette Ville de Paris du 13 août 1731 (Premier recueil), s.l., s. n., 1732. BHVP.6006 J 229. no.1.
2. Louis Lataste, *Lettres théologiques aux écrivains défenseurs des convulsions & autres prétendus miracles du temps*, Seconde partie, Marc Chave, Avignon, 1739, pp. 1-2. BN. 4-T-1597.
3. Second recueil des miracles opérés par l'intercession de M. de Pâris contenant les XIII relations présentées à Monseigneur l'archevêque, par Messieurs les curés de Paris. Avec leur requête du 4 octobre 1731 dans laquelle ils demandent à sa grandeur de faire informer juridiquement sur ces faits, offrant d'en administrer toutes les preuves, et d'en indiquer les témoins nécessaires, s. l., s. n., 1732, BHVP. 6006 J 229. no. 2.
4. ニコラ・リヨン＝カーンによれば、18世紀のシャトレ裁判所には113人の公証人がおり、貴族たちの都市集中化や金融市場の拡大によって、その活動範囲もまた増幅していったという（Nicolas Lyon-Caën,《La minute du Miracle》, in *Revue historique*, no. 645, 2008, p. 64）。パリにおける公証人の歴史は古く、1292年のタイユ税（人頭税）台帳には、司教お抱えの公証人についての言及があるという。さらに、官僚制度を整備して中央集権化を図った端麗王フィリップ4世（在位1284—1305）は、1300年、シャトレ裁判所専属の国王公証人を60人設けている（Alfred Franklin, op. cit., p. 503）。ただし、国王や領主、教会などの公証人が一般化したのは、フランス革命以後のことだという（Daniel Boucard, *Dictionnaire illustré et anthologie des métiers*, Jean-Cyrille Godefroy, Paris, 2008, p. 448）。
5. 教会での洗礼証明書には原則的に生年月日が記されていたにもかかわらず、こうした現実は何を意味するのか。当然それは、日々の生活で自分ないし親族の年齢を問われることもなく、それゆえ覚える必要性もなかったということを示している。一般民衆の年齢が国家的に管理され、個人がその年齢にこだわる必要性が生まれてくるのは、革命後の徴兵制度（男子の場合）や教育制度の施行以降のことである。これに対し、誕生日は、しばしば守護聖人の名をつける慣行があったため、教会暦に配された当該聖人の祝日をもって記憶していた。ただし、少なくとも今日のように誕生日を祝うという風習は、上層階級を除けば、20世紀に入ってからにすぎない。詳細はアナル派第4世代に属するジャン＝クロード・シュミットの『誕生日の発明』（Jean-Claude Schmitt, *L'Invention de l'anniversaire*, Les Éditions Arkê, Paris, 2009）を参照されたい。
6. 青表紙本に関する先行研究は数多いが、ここでは以下の著作だけを紹介しておこう。Geneviève Bollème, *La Bibliothèque bleue. Littérature populaire en France du XVIIe au XIXe siècle*, Julliard, Paris, 1971 ; Lise Andriès, *La Bibliothèque bleue au dix-huitième siècle. Une tradition éditoriale*, Oxford, The Voltaire Foundation, 1989 ; *Colportage et lecture populaire: imprimés de large circulation en Europe XVe-XVXe siècles*, Actes de colloque des 21-24 avril 1991, dir. de Roger Chartier et Hans-Jürgen Lüsebrink, Maison des Sceinces de l'Homme, Paris, 1996 ; Geneviève Bollème & Lise Andriès,

修道女志願者としてリシェの娘マルグリトの名がリストに載っている（Pierre Leclerc, *Histoire des persécutions des religieuses de Port-Royal*, Aux dépens de la Société, Ville-Franche, 1753, p. XIII. BHVP. 6007 A 1）. ちなみに、ジェローム・ブゾワニュがパリの民事代行官の調書から写し取った記録によれば、この年、パリのポール＝ロワイヤルには21人、デ・シャンには20人の修道女や修練女がいたという（Besoigne, *Histoire de l'Abbaye...*, op. cit., p. 412）。

50. Jean-Louis Quantin, 《Augustinisme, sexualité et direction de conscience. Port-Royal devant les tentations du Duc de Luynes》, in *Revue de l'histoire des religions*, vol. 220, no. 2, 2003, p. 192.

51. *Lettres de la Mère Agnès Arnauld*, op. cit., pp. 31-34.

52. L'Abbé Goujet, *Mémoires pour servir à l'histoire de Port-Royal*, s.l., 1734. BN.MFICHE 8-LD3-86.

53. 『ルイ13世の誓約』（1638年）や『救い主の足元にひれ伏すマグダラのマリア』（1643年）など作品を遺したシャンペーニュ（シャンパーニュとも）は、ブリュッセルに生まれ、20代でパリに出て、マリ・ド・メディシスやリシュリュー枢機卿の庇護を受けた。リュクサンブール宮やソルボンヌ礼拝堂のドーム、さらにルーヴル宮に近いサン＝ジェルマン＝ローセロワ教会などの装飾を手がけた。とくにメディシスは彼を寵愛して、リュクサンブール宮の一角に住まわせ、年金1200ルーヴルを下賜してもいる。1648年には、王立絵画・彫刻アカデミーの創設メンバーとなるが、妻や数人の子供たちを相次いで失った悲しみから、やがて宗教へ、とくにジャンセニスムへと深く傾倒し、パリのポール＝ロワイヤルおよびデ・シャン修道院の専属画家となった。1867年にパリ13区の通りにその名が冠せられたシャンペーニュの生涯や作品についての詳細は、たとえば Bernard Dorival, *Philippe de Champaigne, la vie, l'oeuvre et le catalogue raisonné de l'oeuvre*, Léonce Laget, Paris, 1976や、Lorenzo Pericho, *Philippe de Champaigne, La Renaissance du Livre,* Tournoi, 2002（とくにpp. 227-262）、さらにLouis Marin, 《Signe et représentation. Philippe de Champaigne et Port-Royal》, in *Annales. Histoire, Sciences Sociales, 25e* année, no. 1, 1970, pp. 1-29などを参照されたい。

54. Bernard Dorival, 《L'ex-voto de 1662 de Philippe de Champaigne》, in *Bibliothèque éléctonique de Port-Royal*, 2007, p. 12.

55. Arnauld d'Andilly, *Mémoires pour servir à l'histoire de Port-Royal et à la vie de la R. Mère Marie Angélique de Sainte Magdeleine Arnauld, Réformatrice de Port-Royal*, t. III, Aux dépens de la Compagnie, Utrecht, 1742, pp. 143-145. BHVP. 10992. ダンディイはまた次のようなエピソードも記している。1642年のこと、大雨のために麦の生育が悪く、修道院内の竈で焼くパンも悪臭を放つほどだった。悩んだアンジェリクは、パリのポール＝ロワイヤル修道院に収容していた病人や子供たちのため、パンを町で購入しようと思ったが、修道院の財政が許さなかった。デ・シャン修道院でも上質な麦の入手が困難だった。ある日、ポール＝ロワイヤルを訪れたゲメネ公妃アンヌ・ド・ロアン（1606―85）――1640年頃からジャンセニスムに惹かれていた。サン＝シラン『生命規範』やアルノー『頻繁なる聖体拝領について』は彼女に捧げられている――は、そうしたパンの実情に驚愕し、病気を引き起こしかねないとして、修道院に内科医を派遣した。ところが、驚くことに、この劣悪なパンを食べても病人がひとりも出ていなかった。パン焼き担当の修道女の話では、じつはアンジェリクが聖母の礼拝堂で祈り、神の慈悲を得たというのだった（Ibid., pp. 134-142）。

34. この追放劇の詳細は、たとえばローランス・プラズネ編『ポール＝ロワイヤル』（Laurence Plazenet, *Port-Royal*, Flammarion, Paris, 2012, pp. 886-906）に収載された、オラトリオ会士でジャンセニスト神学者だった、ジャック・フイユー（1670—1736）の「デ・シャン修道院の破壊に関する記録」（1711年）を参照されたい。

35. Aimé Richardt, *Le Jansénisme de Jansénius à la mort de Louis XIV*, François-Xavier de Guibert, Paris, 2002, p. 85.

36. この劇作家の次男で、詩人でありながらプロヴァンス地方の王室農場総監査官や北仏ソワソンの塩税署長をつとめたルイ・ラシーヌ（1692—1763）は、『ジャン・ラシーヌの生涯に関する回想録』（1747年）において、ラテン語で書かれ、ラシーヌの親友だったニコラ・ボワロー（1636—1711）が仏訳した父の遺言を紹介している。その末尾には次のように記されていたという。「このポール＝ロワイヤル・デ・シャン修道院に対する敬服の念と格段の愛着によって、彼はひっそりとその墓地に埋葬されることを願っている。そこに眠る神のつましい下僕たちとともに、である」（Louis Racine, *Mémoires sur la vie de Jean Racine*, t. II, Marc-Michel Bousquet, Lausanne, 1747, pp. 274-275. BN. FB-7744）。一度はポール＝ロワイヤルに背を向けたラシーヌだったが、その心にはつねにデ・シャンへの篤い想いがあったのだろうか。

37. *Oeuvres complètes de Pascal*, t. III, éd par Jean Ménard, Desclée De Brouwer, Paris, 1991, p. 1094.

38. Nicolas Petitpied, *Obedientiae credulae vana religio...*, t. II, chap. 11, 1707. BN. D-12090 (2).

39. Jean-Baptiste d'Etemare et Pierre Boyer, *Les gémissements d'une âme vivement touchée de la déstruction du saint monastère de Port-Royal des Champs,* 3e éd., 1734, pp. 50-5. BN. B-LD4-732 (A). デ・シャン修道院の解体については多くの著者が書いている。たとえばルイ14世と15世の時代のフランスをみつめた証人でもある作家サン＝シモン公（1675—1755）もまた、その有名な『回想録』（1691—1723年）第18巻第23章でそれについて触れている（Duc de Saint-Simon, *Mémoires*, t. XVIII, Delloye, Paris, 1843, pp. 281-286 参照）。

40. Alexandre Dumas, *Chronique de la Régence*, éd. Par C. Schoppe, Vuibert, Paris, 2013, pp. 64-65.

41. Jean Lesaulnier, 《Où est passée la Sainte Épine de Port-Royal de Paris》, in *Société des Amis de Port-Royal*, série 2009, pp. 2-4.

42. Ibid., p. 4.

43. Ibid., p. 5.

44. Mesnard, op. cit., III, p. 1095.

45. Ibid., p. 1097. この聖荊（冠）については、塩川徹也『パスカル　奇蹟と表徴』（前掲）、第3章（ペリエの奇蹟）を参照されたい。

46. 『詩法』の著者として知られるニコラ・ボワロー（1636—1711）をして、「輝くばかりの知と精神と雄弁の持ち主」と呼ばしめたジャン・アモン（前出）については、以下を参照されたい。Jérôme Besoigne, 《Monsieur Hamon》, in Plazenet, *Port-Royal*, op. cit., pp. 472-495.

47. Baudry de Saint-Gilles d'Asson, *Le Journal*, J. Vrin, Paris, 1936, p. 170.

48. Besoigne, *Histoire de l'Abbaye de Port-Royal*, t. I, Aux dépens de la Compagnie, Cologne, 1752, pp. 387-389. BHVP. 6771.

49. ただし、パリとデ・シャンの修道院が迫害を受けるようなる1661年4月の時点で、たしかに

となり、のちにモービュイソンの女子修道院長となったマリ・デ・ザンジュ・シュイロー（1599—1658）が選ばれる。ただ、この新任の院長は任期が終わる1657年までパリのポール＝ロワイヤル修道院にいて、一度もデ・シャンに足を入れることがなかったという。病弱な身体がデ・シャンまでの馬車旅を許さなかったからである。

21. この事件のあらましについては拙著『英雄の表徴』、前掲、264頁以下および大野英士『オカルティズム』、講談社、2018年、序章などを参照されたい。

22. Louis Cognet, op. cit., p. 23.

23. マルグリット・ペリエは1661年、ポール＝ロワイヤルを離れ、生地のクレルモン＝フェランに逼塞する。だが、1700年、同地の司教座聖堂参事会員だった兄ルイの慫慂もだしがたく、オテル＝デュー（慈善院）の院長を引き受けるようになる。そして1713年にルイが他界すると、私財をなげうって救貧院を創設した。

24. Le Gros, *Abrégé* ..., op. cit., p. 19. ただし、ル・グロはこの奇蹟が1655年3月5日に起きたとしている。

25. Christine Gouzi & Philippe Luez, *Port-Royal ou l'abbaye de papier*, Yvelin Édition, Magny-et-Hameau, 2011, p. 14.

26. Hildesheimer, *Le jansénisme*..., op. cit., pp. 50-51.

27. Sainte-Beuve, op. cit., p. 108.

28. この乱の際、乳飲み子を抱いてパリ市庁舎に立った彼女の姿が、ドラクロワ画『民衆を導く自由の女神』（1830年）のモデルになったとされる。

29. 小田桐光隆「ポール＝ロワイヤル神話とモンテルラン」《上智大学仏語・仏文学論集》、第23号、1989年、61—90頁。

30. Georges Duboucher, *Port-Royal et la médecine*, Nolin, Paris, 2010, pp. 58 sq.

31. 植物学者で、科学アカデミーの会員でもあったドダールもまたデ・シャン修道院で修道女たちの診察にあたり、メール・アンジェリク・アルノー・ダンディやピエール・ニコラ、さらにアモンの死に立ち会っている。1699年には、かねてよりの親友だったラシーヌから、その死の床で『ポール・ロワイヤル略史』の草稿を託されてもいる。

32. フィリップ・エケは18世紀を代表する「貧者の医師」のひとりで、1688年から93年までデ・シャン修道院の専属医師をつとめ、1698年にパリ大学医学部で医学博士号を取得したのち、1709年から23年まではコンデ公家の侍医となった。彼は同時に、フォブール・サン＝ジャック通りにあった、そしてのちに隠棲して、その墓地に埋葬されることになるカルメル会修道院の医師も兼任した。敬虔なジャンセニストだった彼は、料理を万病の源と断じて食養生を解き、自らも最低限の食物と水だけで苦行を旨とする生活を実践した。刺胳の技術が神業と讃えられた彼は、アラン・ルネ・ルサージュ（1668—1747）の代表作『ジル・ブラース』のなかに、サングラド（スペイン語で「刺胳」の意）博士として登場してもいる。詳細は Saint Marc, *Vie de M. Hecquet, docteur régent et ancien doyen de la Faculté de Médecien de Paris*, Closier, David, Durand et Damonneville, Paris, 1742. BA.8-11-27461 を参照されたい。貧者の医学に関しては、拙論「医食文化試論—近世・近代フランスにおける《貧者の医学》を巡って」、蔵持・松田俊介『医食の文化学』、言叢社、2011年、7-55頁参照。

33. Nicolas Lyon-Caen, *Les Jansénistes*, Le Monde, Paris, 2013, pp. 71-74.

積極的な参加との間の両立の可能性を少しも疑わずに、リシュリューの政策に対立する政策を推していた。すなわち、カトリック教のスペインとの同盟と、内外におけるユグノーとの徹底した闘いを唱えていた」(ゴルドマン、前掲書、143—144頁)。だが、マザランの計画は、デヴォたちを支援していたルイ14世の母后アンヌ・ドートリシュらの反対を受けて頓挫する。最終的な解体はこの母后が没した1666年だった(ただし、この結社の活動をアンシャン・レジーム期では稀有なものだったと位置づけるアラン・タランによれば、組織自体は地方では18世紀まで存続したという(Alain Tallen,《Prière et charité dans la Compagnie du Saint-Sacrement》, in *Histoire, Écinomie et Société*, vol. 19, no.3, 1991, p. 332)。

解体までの36年間、聖体協会はプロテスタントのカトリックへの改宗やパリ海外伝道協会の設立に寄与したが、とりわけ重要な活動は、ペリエの奇蹟が起きた1656年に、パリに総救貧院(オピタル・ジェネラル)を創設したことだった。成人女性・少女用のサルペトリエール、成人男性用のビセートル、そして若年者用のピティエという3施療院からなる総救貧院の目的は、貧者の介護・治療にあったが、同時にそれは無宿者や孤児、物乞い、ときには娼婦たちの強制的な収容・授産施設ともなった。詳細は拙著『ペストの文化誌』(前掲)に譲るが、1666年に聖体協会が解散すると、その経営は親ジャンセニストの高等法院評定官たちが担うようになる。1673年、ルイ14世はそうした現状に不満を抱き、ときのパリ大司教フランソワ・ド・シャンヴァロン(在任1671—95)——ノアイユの前任——に、総救貧院の経営陣に加わるよう指示するが、無償奉仕を続ける評定官たちに一蹴されてしまう。

18世紀に入ると、総救貧院は度重なる国王の介入を跳ねのけ、一切の政治的・宗教的権威から解放される。だが、いつからかは不明だが、院内でペドフィリアや孤児の売買、売春、貧しい収容者への虐待などがおこなわれているとの噂がまことしやかに巷間流布するようになる。そこでルイ15世はこうした疑惑を奇貨として、反ジャンセニストのパリ大司教クリストフ・ド・ボーモンに総救貧院の改革を要請する。それを知ったサルペトリエール施療院の院長マドモワゼル・ジュリことカトリーヌ・ユエは、1749年5月、逮捕を怖れて、同院で奉仕する修道女20人ともども逃亡してしまう。そして2か月後、大司教は総救貧院の実権を握ろうと、職権で自分に親しいモワザン夫人を新院長にすえる。《聖職者通信》の目録によれば、彼女はパリの左岸ヴォージラール通りにあった居酒屋「セルソー・ドール(金の輪)」の客を相手に春をひさぎ、サルペトリエールに収容されていたという(*Table raisonnée et alphabétique des Nouvelles Écclésiastiques*, t. II, op. cit., p. 364)。真偽のほどは定かでないが、そんな彼女を抜擢した大司教の意図はどこにあったのか。ともあれ、この抜擢に対し、総救貧院の理事、すなわち高等法院の司法官たちは新体制反対のキャンペーンを張り、1751年にはストを組織するまでになった。国王は、いや大司教でさえもこうした反発を静観し、新院長はひとりで四面楚歌の状態に立ち向かわなければならなかった。むろん事態は終息せず、ついに国王は譲歩して、総救貧院への介入を放棄せざるをえなくなる。その状況は革命までほとんど変わらなかった。そして1801年、パリ市内の全医療施設・機関を管理運営する「病院総評議会」が設立されて、総救貧院は最終的にジャンセニストや高等法院の手を離れることになる。

20. この追放劇の前年(1654年)、メール・アンジェリクは再びデ・シャン修道院長を辞し(パリのポール＝ロワイヤル修道院長は71年までつとめた)、後任には、1615年にデ・シャンに来て修練女

たのは、「ガリカニスムの父」ジャック＝ベニーニュ・ボシュエの師でもあったイエズス会士のニコラ・コルネ（1592—1663）とされる。彼は1646年、ソルボンヌの集会で、アルノーの『頻繁な聖体拝領』から取り出した2命題と合わせて7命題を異端的なものとして断罪した。だが、参会者たちから激しい反発を受け、パリ高等法院に告発されてしまう。それでも追及を諦めず、1650年の聖職者会議を介して、インノケンティウス10世に訴え、それに基づいて教勅「クム・オカジオーネ」が公布された。

17. この経緯に関する詳細は、たとえば御園敬介「フランスにおける反ジャンセニスム政策の形成——一六五四年九月の教皇インノケンティウス十世の小勅書 Ex litteris をめぐって」（《一橋社会科学》、第3号、2007年、149—174頁）、および同じ著者の *Écrire contre le jansénisme : Léonard de Marandé, polémiste vulgarisateur*, Honoré Champion, Paris, 2012 も参照されたい。

18. この出来事の背景とソルボンヌ神学部の党派構成の詳細については、たとえば Jacques M. Gres-Gayer, *Le Jansénisme en Sorbonne*, Klincksierck, Paris, 1996, pp. 240-282 を参照されたい。

19. アルノーのこの書については、望月ゆかの優れた論文「アントワーヌ・アルノー『頻繁な聖体拝領』（1643）における崇高性」（《武蔵大学人文学会雑誌》、第34巻4号、2004年、21—43頁）を参照されたい。ブルコスとアルノー、さらにパスカルの思想的背景については、たとえばリュシアン・ゴルドマン『隠れたる神上』（山形頼洋訳、社会思想社、1955／72年）の第7章「ジャンセニスムと悲劇的世界観」に詳しい説明がある。

なお、のちにパリ大司教となり（在任1664—71）、教勅を支持してジャンセニストを激しく攻撃したアルドワン・ド・ボーモンも、当初はこの書を高く評価していた。彼はまた、1667年にパレ＝ロワイヤル劇場で上演されたモリエールの喜劇『タルチュフあるいはペテン師』を、ただちに上演禁止している。いささか余談めくが、この作品の不運には、ジャンセニストも無縁ではない当時の宗教的・政治的な思惑がかかわっていた。トリエント公会議のあと、カトリックの改革と信仰復興が声高に叫ばれるようになり、ヴァンタドゥール公アンリ・ド・レヴィ（1596—1680）が中心となって、1630年、プロテスタント（ユグノー）や自由思想家の迫害や公序良俗の重視、宗教的・道徳的な良識の維持などを目的とする秘密結社の聖体秘蹟協会（Compagnie du Saint-Sacrement）が、ルイ13世やリシュリュー、さらに教皇の支援や賛同を得て創設された。メンバーにはヴェネツィア大使だったダルジャンソン公ルネ・ド・ヴォワイエやパリ高等法院院長のギヨーム・ド・ラモワニョン、のちに捨て子院を創設するヴァンサン・ド・ポール（列聖1737年）、その弟子で、協会に財政的な援助をおこなったのちのナルボンヌ大司教フランソワ・フーケ（財務卿フーケの兄）、さらに1655年に放蕩生活を悔い改めて回心したコンティ親王や、彼を回心させたトゥールーズ司教区尚書司祭で親ジャンセニストのガブリエル・ド・シロンなどがいた。まさにこの協会がかねてよりモリエールの一連の作品に反宗教性と反社会性を嗅ぎ取り、とくに『タルチュフ』の上演禁止を各方面に働きかけたのである。だが、本書にとってより興味深いのは、むしろそれからのことである。

1660年、マザランは同協会が敵スペイン国王に好意的な旧フロンド党員を集めた「デヴォ」（王権強化を目指すリシュリューと対立した守旧派大貴族たち）の陰謀だとしてこれを危険視し、その解体を画策する。これに関連して、リュシアン・ゴルドマンはこう指摘している。「（リシュリューと袂を分かったサン＝シランが合流した）この協会は、キリスト教的生と社会的生への

3. ジャン・ラシーヌ『ポール＝ロワイヤル略史』、前掲、67 頁。

4. Nicolas Fontaine, *Mémoires ou histoire des solitaires de Port-Royal*, éd. par Pascal Mengotti-Thouvenin, Champion, Paris, 2001, p. 654.

5. Claude Billot, 《Le message spirituel et politique de la Sainte-Chapelle de Paris》, in *Revue Mabillon*, t. 63, 1991, p.120.

6. ラシーヌ、前掲書、70—71 頁。なお、ペリエの奇蹟とその意味に関しては、塩川徹也のきわめて精緻な著書『パスカル　奇蹟と表徴』岩波書店、1985 年を参照されたい。ちなみに、ペリエが奇蹟的な快癒を遂げた 1 年前の 1655 年 7 月、パリ・ポール＝ロワイヤル修道院の寄宿生だったスコットランド出身の 14 歳ないし 15 歳の少女が、やはり聖荊のおかげで、腹部の異常な腫れから解放されているという。詳細は以下を参照されたい。Jean Pommier, 《Port-Royal et la sainte épine》 in *Mercure de France*, t. 326, 1956, pp. 437-457.

7. ジャクリーヌ・パスカルに関する古典的な研究としては、プラトンやプロクロスの仏訳者でもあった哲学者ヴィクトル・クザンの『ジャクリーヌ・パスカル』（Victor Cousin, *Jacqueline Pascal*, Didier, Paris, 1845）、最近の研究書としては、たとえば Frédéric Delforge, *Jacqueline Pascal (1625-1661)*, Classiques Garnier, Paris, 2016 などがある。

8. *Lettres, opuscules et mémoires de Madame Périer et de Jacqueline, soeurs de Pascal, et de Marguerite Périer, sa nièce*, éd. par P. Faugère, Auguste Vaton, Paris, 1845, p. 155.

9. *Lettres de la Mère Agnès Arnauld, Abbesse de Port-Royal*, éd. par P. Faugère, t. I, Benjamin Duprat, Pars, 1858, p. 435.

10. Robert Arnauld d'Andilly, *Mémoires*, éd. par Régine Pouzet, Honoré Champion, Paris, 2008, pp. 320-321.

11. Sainte-Beuve, op. cit., p. 183. サント＝ブーヴはまたレディギエール公爵夫人がこの聖荊の奇蹟を調べさせ、自ら 9 日間祈祷をおこなったが他界し、瀕死の状態にあったパラティナ（プファルツ）選帝侯夫人は、聖荊に触れた布をかけただけで蘇ったとしている。

12. François Annat, *La bonne foi des Jansénistes en la citation des auteurs, reconnue dans les lettres que le secretaire du Port-Royal a fait courir depuis Pâques*, Chez Florentin Lambert, Paris, 1656, p. 8. BN. D-4406.

13. Ibid., *Défense de la vérité catholique touchant les miracles, contre les déguisements et artifices de la réponse faite par MM. de Port-Royal, à un écrit intitulé : "Observations nécessaires sur ce qu'on dit être arrivé à Port-Royal au sujet de la Sainte Épine"*, 1657, p. 18. BN.NUMM-6529209. なお、アンナの論争については、森川甫著『パスカル「プロヴァンシアルの手紙」』、前掲、第 3 節を参照されたい。

14. パスカル『プロヴァンシアル』（第 16 の手紙）、『パスカル著作集 IV』田辺保訳、教文館、1980 年、161 頁。

15. パスカル『パンセ』、前田 陽一・由木 康訳、中公文庫、1973 年、554—555 頁。

16. 国府田武「ジャンセニウスの〈五命題〉の断罪——勅書 "Cum occasione"」、《ノートルダム清心女子大紀要・文化学編》、vol. 9, no. 1、1985 年、29-32 頁。また、同氏の「N・コルネと〈五命題〉」、同、vol. 7、no. 1、1983 年、45-61 頁も参照されたい。ちなみに、この 5 命題を最初に問題視し

ル―文化の生態系と人類学的眺望』、言叢社、2007年、12-17頁。筆者のイマジネール概念はデュルケームの「集合表象（représentation collective）」を原点とし、それを文化・歴史の生態系やテクスト化―脱テクスト化のメカニズムと連動させたものである。ちなみに、フランス語版wikipediaでは、イマジネールを「個人、集団ないし社会のイマジネーションの果実（通常、現実として明示されるものから多少とも切り離された造形表現や物語、神話など）」と定義している。拙い理解である。この定義からすれば、イマジネールは――そして論理的にはイマジネーションもまた――非現実的なものとなるからだ。

デュルケームの集合表象理論は、周知のように社会学や文化人類学のみならず、社会心理学などの展開にも大きな影響を与えているが、セルジュ・モスコヴィシを提唱者とする「社会的表象（représentations sociales）理論」もまたこれを出発点とする。たとえば彼は「集合表象から社会的表象へ」と題した論考で、なぜか文化人類学の世界では批判されて久しい『未開社会の思惟』（1925年）の著者リュシアン・レヴィ＝ブリュルの考察を引きながら、表象を個人的な世界と社会的な世界の架け橋とし、さらにそれを変化する社会のパースペクティヴと結びつけることの必要性を説いたあとで、こう述べている。「そこでの問題はもはや伝統ではなく革新を、すでにでき上っている社会生活ではなく、できつつある社会生活を理解することである」（Serge Moscovic,《Des représentations collectives aux représentations sociales》, in *Sociologie d'aujourd'hui*, 7e éd., PUF., Paris, 2007, p. 99）。短い引用で多くを論評することは控えるべきだが、この議論は前述のテクスト論に回収されるはずである。

一方、臨床社会心理学者のフロランス・ジュスト＝デスプレリは、集団的なイマジネールを社会的イマジネールと差異化し、前者は後者の意味を取り込んだものとする。そして、集団的なイマジネールは集団にとって重要な一体性を生み出すさまざまな要素の全体を意味し、そのメンバーの心的エネルギーと対象とを結びつける粘着力や構成原理になると指摘している（Florence Guist-Desprairies, *L'imaginaire collectif*, Érès, Toulouse, 2009, p. 20）。この考えもまた、集団的イマジネールを社会の統合原理とするデュルケームの理論と近似しているが、彼女の独創はこうしたイマジネールを手掛かりとして、社会的イマジネールの変化とそれが主体形成や社会化の様式に及ぼす影響、さらに学校や職業訓練センター、企業など、現実社会の具体的な組織における行為者の役割を社会学的・心理学的・精神分析学的、そして社会心理学的に分析していくところにある。

第４章　奇蹟の系譜――ポール＝ロワイヤルから

1. 『ポール＝ロワイヤル年代記』によれば、パスカルは1655年から59年にかけて、合計２か月ほどデ・シャン修道院に滞在したという（*Chronique de Port-Royal*, no. 2, Bibliothèque Mazarine, Paris, 1951, pp. 27-28）。
2. パスカル研究の泰斗ジャン・メナールは、この姪の出来事をとくにパスカルの奇蹟観の出発点だったとしている（Jean Mesnard, 《Le sacré dans la pensée de Pascal》, in *Bulletin de l'Association Guillaume Budé,* no. 2, juin 1989, p. 186）。なお、『プロヴァンシアル』の背景については、たとえば森川甫『パスカル「プロヴァンシアルの手紙」――ポール・ロワイヤル修道院とイエズス会』、関西大学出版会、2000年を参照されたい。

19. Boucher, Troisième lettre de M. l'Abbé de l'Isle sur les miracles de M. de Pâris : Pour servir de réponse à l'écrit qui a pour titre, Discours sur les miracles par un Théologien, p. 1. BN.LD4-1777.
20. Ibid., p. 2.
21. Ibid., p. 3.
22. *Discours sur Miracles par un Théologien*, s. n., s. l., pp. 26-28. B N. D-7368,.
23. Boucher, Troisième lettre..., op.cit., p. 16.
24. Ibid., p. 17.
25. Boucher, Quatrième lettre de M. l'Abbé de l'Isle sur les miracles de M. de Pâris, où l'on achève de refuter l'Ecrit qui a pour titre, Discours sue les Miracles par un Théologien, p. 3. BN. LD4-1790,
26. *Nouvelles Ecclésiastiques...,* le 20 mai 1729, p. 2.
27. Ibid., le 9 1731, p.74.
28. Ibid., le13 avril 1731, pp. 73-74.
29. Ibid., le 3 novembre 1736, p. 173.
30. BA., 3116. fo215-221.
31. *Nouvelles Ecclésiastiques...,.,* le 20 novembre 1731, p. 221.
32. Ibid., p. 223.
33. Blanquie Chsristophe, 《Un procès en Jansénius. Le curé de Labourne (1656-57)》, in *Revue d'histoire de lÉglise de France*, t. 86, no. 216, 2000, p. 56.
34. *Nouvelles Ecclésiastiques...,* le 26 août 1731, p. 165.
35. 詳細は松浦義弘「フランス革命期のフランス」、前掲、第8章参照。
36. 聖職者民事基本法はそれまで133あった司教区を改編し、新たに設定された83県のそれぞれを1司教区とした。この新法ではまた、ガリカニスムを想起させる条項、すなわち外国の権力によって任じられた司教や大司教の権威を認めず、新司教は教皇に堅信礼を求めてはならないとする条項も明記されている。
37. *Nouvelles Ecclésiastiques...*, le janvier 1792, p. 5.
38. *Accord des vrais principes de l'Église, de la Morale & de la Raison, sur la Constitution civile du Clergé de France, par les Évêques des Départements, membres de l'Assemblée Nationale constituante*, Chez Desenne et als., Paris, 1791, pp. 23-24.
39. この町については第6章註10章および終章註18を参照されたい。
40. *Exposition des principes sur la Constitution du clergé, par les Évêques députés à l'Assemblée nationale*, Chez Le Clare, Paris, 1791, p. 17.
41. Ibid., p. 30.
42. サン＝マルクは、1795年、当時ブロワの司教だったアンリ・グレゴワール、通称グレゴワール神父が理神論的な神人愛主義や革命の至高存在崇拝に反対して組織し、1801年にナポレオンとピウス7世が結んだコンコルダにも反対して1804年に解散した「キリスト教哲学協会」とかかわり、その機関誌《アナル・ド・ラ・レリジョン(宗教年報)》を内密理に編集したとされる。
43. Plongeron, op. cit., p. 242.
44. 拙論「文化の見方、考え方」、蔵持監修、嶋内博愛・出口雅敏・村田敦郎編『エコ・イマジネーえばマルセイユのノートル＝ダム・ド・ラ・ガルド大聖堂や、アルザス地方南部の巡礼地ティエレンバックのノートル＝ダム教会の内壁を埋め尽くす、無数のエクス＝ヴォート（奉納画）や大理石の奉納版である。そこには聖母のとりなしで海難事故や火災、落雷、交通事故から奇蹟的に生還した、あるいは出征から無事戻った、そしてもちろん重病や大怪我が奇蹟的に治った、ときには名門校の入学試験に合格した・・・といったことが、感謝の彩色画や文字で表されている（これらのエクス＝ヴォートに関する詳細は、蔵持・松平俊久共著論文「民衆造形文化論」、『ヨーロッパ民衆文化の想像力』、言叢社、2013年、119―237頁を参照されたい）。

ケヨーはまた、コレラが蔓延したとき（時期は不明）、ボルドーにあるヴィエイヤール施療院の修道女たちが、ロカマドゥールの聖母に庇護を求め、その奇蹟の礼拝堂で9日間祈祷を始めたところ、それまで多くの犠牲者を出していた疫病が姿を消したともしている（Ibid., p. 162.）。疫病退散を聖人に祈る、あるいは退散したことを感謝するという聖人崇拝のありようについては、すでに前掲の拙著『ペストの文化誌』や拙論「タラスク再考」（蔵持編著『ヨーロッパの祝祭』、河出書房新社、1996年）などで詳細に検討しておいたので繰り返さないが、快癒と9日間祈祷に戻れば、たとえば聖ユベール（655頃―727）の信仰にもそれがみてとれる。オランダのマーストリヒト＝トングル司教だった彼は、狩りで森の鹿を射ようとしたとき、その角の間に十字架が現れたとの伝承で知られ、この伝承から猟師たちや森林作業者、さらに転じて精肉商や皮革職人ないし毛皮業者などの守護聖人となっている。

一方、ユベールはさらに狂犬病の治癒聖人としてもフランスやフランドル一帯で広く信仰されてもきた。北仏ノルマンディ郷土史家のアンドレ・デュビュクによれば、時代の明示はないものの、ベルギーの古都トゥルネの聖ユベール同宗団は、長いあいだ「タイユ」（字義は「剪定・裁断」）と呼ばれる慣行を実践していたという。それは狂犬に噛まれた者の額を少し切開し、聖人の着衣の糸をそこに押し込んで、厳格な9日間祈祷をおこなうものだった（André Dubuc,《Le culte de saint Hubert en Normandie》, in *Annales de Normandie,* 4e année, no.1, 1954, p. 69）。そうすれば、狂犬病に罹った、あるいはその恐れがある者を救うことができたというのだ。

以下の奇蹟報告書に頻出する9日間祈祷によるパリスの奇蹟は、まさにこうした文脈でとらえなければならない。奇蹟体験者たちがどこまで意識していたかは定かでないものの、祈りのなかで自らの快癒だけでなく、しばしば「教会の平和」も唱えた。はたしてこの教会の平和という唱言は、1668年8月に教皇クレメンス9世が教勅への署名拒否派、つまりジャンセニスト系の司教たちと結んだ――そしていずれ破られることになる――「教会の平和」とかかかわっていたのかどうか。それを明確に示す史料は見当たらないが、より興味深いのは、少なからぬ奇蹟体験者が語っているように、サン＝メダール墓地には、なにがしかの報酬と引き換えに、墓地まで出向くことが困難な本人に代わって、この9日間祈祷を引き受ける女性たちがいたということである（男についての言及はない）。なかにはひとりで何人もの代理祈祷をつとめた者もいただろう。むろん本人も居室で必死に祈っていたはずだが、そうした代理祈祷人のおかげもあって、快癒することができたという。

17. Philippe Boucher, Seconde lettre de M. l'Abbé de l'Isle sur les Miracles de Monsieur de Pâris. BN. 4-LD4-1761.
18. Le Gros, *Abrigé chronologique...*, op. cit. p. 68 et p. 70.

階で9日間祈祷がおこなわれていたという。第1・第2段階では死者のためのミサがあげられ、最終段階のミサを除いて、司式者は5スー、2人の助祭はそれぞれ4スー、神学生は1スー、さらに主任司祭は9回の読唱ミサと赦免の聖務を含めて10スーの謝礼を受け取ることになっていた（Robert Jalby, *Le folklore du Languedoc*, G.-P. Maisonneuve et Larose, Paris, 1971, p. 110）。さらに、医師でありながら、南仏の民俗文化にも精通していたベランジェ・フェローは、その著『プロヴァンス地方の伝統』において、かつてこの地方ではローマ人のノヴェンディアリアが広くみられたとしている（Bérenger Féraud, *Traditions de Provence*, Laffitte, Marseille, 1885, p.220）。

だが、フランス民俗学に巨歩を記したアルノルド・ヴァン・ジェネップによれば、フランス南東部オート＝ザルプ県の一部の地域では、1920年代末まで、村人たちは喪家に直接集まる代わりに、招待客に飲ませるためにワインの入った革袋を携えて墓地に赴き、9日間祈祷最後の日におこなわれる家族の食事を待ったという（Arnold Van Gennep, *Le Dauphiné traditionnel*, t.1, Éds. Curandera, Voreppe, 1932 / 1990, p.187）。ここでは埋葬後の9日間が死者供養の祈りにあてられ、その最終日に遺族と招待客たちが共食をしたというのである。はたしてドーフィネ地方以外にどこまでこうした習俗があったのは不明だが、少なくとも前記教書から300年経っても、なおも一部ではこの祈祷が営まれていたことになる。

一方、快癒祈願のための9日間祈祷は、必ずしも聖書や教書に明記されているわけではないものの、民間信仰の世界では特定の治癒聖人に対してしばしば捧げられていた。たとえば、フランス南西部ケルシー地方の代表的な巡礼地、ロカマドゥール（字義は「アマドゥールの岩」）のノートル＝ダム礼拝堂、通称「奇蹟の礼拝堂」に安置された黒い聖母像に対するものである。作曲家フランシス・プーランクの『ロカマドゥールの聖母への連祷』（1936年）で一躍知られるようになったこの懸崖の聖地は、福音書のザアカイと同一視され、聖女ヴェロニカの夫、あるいは徴税吏だったとする説もある、伝説上の隠修士聖アマドゥール（1世紀）ゆかりの地で、礼拝堂の聖母像は彼が自ら彫ったものだという（実際は12世紀の作）。1166年、この礼拝堂の懸崖に穿たれた小祠から、アマドゥールの遺骸が完全な状態で発見され（宗教戦争の際に焼失）、聖地として多くの巡礼者を集めることになったともいう。

いささか前置きが長くなったが、モンスの名誉参事会員A・B・ケヨーが1854年、前カオール司教のポール＝ルイ＝ジョゼフ・ドープール（司教在任1824—42）に献呈した『ロカマドゥールの聖母の評論的・宗教的歴史』には、次のようなエピソードが記されている。

> （私が知っている）ある聖職者は、神の栄光を求める熱意に突き動かされてロカマドゥールで9日間祈祷をおこなった。すると、教会に奉仕して、苦しみと病のために中断を余儀なくされていた聖務を再開し、罪人たちを教会に復帰させ、病者の魂に勇気を与え、打ちひしがれた精神を活気づけ、自分の無力な文章を至善なる神の慈悲深い母への感謝と愛に満ちたものにまで高めようとする力が舞い戻った（A. B. Caillau, *Histoire critique et religieuse de Notre-Dame de Roc-Amadour*, Andrien Leclère, Paris, 1854, p. 161）。

聖職者の名前といい、苦しみや病といい、具体的な内容が一切触れられてはいないものの、ここには最大の治癒聖人としての聖母《ノートルダム》のイメージがみてとれる。それを端的に示すのが、たとパの民衆文化と疫病』（朝日選書、1995年、第6章参照）。

15. Catherine Maire, *De la cause...*, op. cit., p. 145.

16. アントワヌ・アルノーが聖体にしばしば9日間祈祷を捧げていたということは有名な話だが（*Oeuvre de Messire Antoine Arnauld, docteur de la maison et société de Sorbonne*, t. 26, Paris, 1779, B.M. 4012351）、9日間祈祷は快癒祈願のためだけでなく、死者を哀悼するためにもおこなわれてきた。現在でもなお待降節中の聖務日課では、降誕節間近の12月17日から9日間、晩課に「おお交唱」が唱えられてもいる。この祈祷形態の起源については諸説あるが、たとえばホメロスの『イリアス』には、老王プリアモスがヘクトルの葬儀について問うアキレウスにこう答えている。「九日の間、屋敷で彼を弔い、十日目に葬って町の者に供養の饗応をいたしたい」（ホメロス『イリアス（下）』、松平千秋訳、岩波文庫、1992年、410頁）。この期間中、当然祈りも捧げられていただろう。タキトゥスの『年代記』第6巻にも、葬式後9日目に死者アウグスタに捧げられる饗宴に関する揶揄がある（タキトゥス『年代記（上）』、国原吉之助訳、岩波文庫、1986年、336頁）。

また、ノーベル文学賞受賞者である古代ローマ史家のテオドール・モムゼン（1817—1903）によれば、ローマ市民は毎年2月13日から22日まで、家族の死者全員を追悼する9日間の祖先供養「パレンタリア・ノヴェンディアリア」を営んでいたという（Theodor Mommsen, *Corpus Inscriptionum Latinarum*, I, BBAW, Berlin, 1853, pp. 386 sq.）。なかには、神の怒りを鎮めるための9日間祈祷を、伝説的な第3代ローマ王ホスティリウス（前642没）が制定したとする説もあるというが（César-Pierre Richel, *Dictionnaire de la langue française,ancienne et modern*, Les Frères Duplain, lyon,1680/1759, p. 708）、古代ローマで営まれていた哀悼祈祷は、たとえば古代ローマ史家のニコル・ブレシュの論文「ローマの9日間哀悼祈祷もしくは不可能な死」（Nicole Belayche, 《La Neuvaine funéraire à Rome ou la mort impossible》, in Yann Le Bohec, éd., *La mort au quotidien dans le monde romain*, Boccard, Paris, 1995, pp. 155-69）などに詳述されている。534年に公布されたいわゆる『ユスティヌアヌス法典』（XIX）は、債務者の死後9日間は、債権者が債務者の後継者に負債の取立てをおこなうことを禁じてもいる。

聖アウグスティヌスは聖書に記されていないこうした異教の慣行、すなわちラテン語で「ノヴェナ」（字義は「9日間の祈り」）——ユダヤ人の週7日制が普及するまで、1週は9日間だった——と呼ばれる服喪慣行を信者たちに禁じているが、新約聖書の『使徒言行録』（I、12・14）には、オリーブ山で昇天したキリストを見送ったマリアや使徒たちが、エルサレムに戻って、五旬節の聖霊降臨までの9日間、皆で祈りを捧げたとある。375年頃から384年頃にかけて編まれたとされる「使徒教書（Constitutiones Apostolicae）」にも、9日目の死者の追悼儀礼に関する言及がみられるという（James Donaldson, ed., *Constitution of the Holy Apostles*, Create Space Independent Publishing Platform, 2003, p. 498）。日常的なミサを伴う9日間の服喪は中世に入っても継承され、王侯貴族ではとくそれが華美かつ豪華なものとなっていった。教皇や枢機卿に対する服喪儀礼も営まれた（これら高位聖職者にかかわる服喪の最終的な規定は、教皇ベネディクトゥス14世が1741年11月23日に公布した教書にみられるという）。

1633年4月22日、典礼聖省が9日間服喪を教会内でのみ認めるとの教皇答書を出すと、やがてこの慣行は下火になった。フランス南西部タルン地方、シウラックの教会司祭エミール・トマが1622年に書いた文書によれば、同地では、葬送儀礼は4段階に分けて営まれ、その第3段

レス」を創設している。こうした活動はパリ大学医学部から反発を買ったが、1737年にはこの施設内に公益質店を併設し、41年にはルーヴル宮にも店舗を出すまでになった。ほかにフランス語による新聞としては、ジュネーヴ出身のプロテスタントで、歴史家・外交官でもあったジャン・トロンション・デュ・ブルイユ（1641—1721）が、カトリックへの改宗を拒んで1682年に亡命したアムステルダムで、1691年（異説あり）に創刊した《ガゼット・ダムステルダム》（1796年廃刊）もあった。

6. 驚くべきことに、17世紀後葉から18世紀前葉にかけて、フランスではじつに700点以上（！）の新聞ないし雑誌が創刊されている。まさに出版文化花盛りといえるが、なかには1年かぎり、いや1回だけの刊行で終わったものもある。《アンティ＝ガゼット》（1632年）や《セクレテール・デュ・パルナス》（1698年）などのように、である。
7. François de Noirfontaine et als.,《Un journal de polémique et de propaganda. Nouvelles Ecclésiastiques》, in *Histoire, économie et société,* 10e année, no. 3, 1991, p. 405.
8. *Nouvelles Ecclésiastiques ou mémoires pour servir à l'histoire de la Constitution Unigenitus pour l'année M DCC XXXII*, p.1. BN（Gallica. 以下同）.
9. *Table raisonnée et alphabétique des Nouvelles Ecclésiastiques depuis1728 jusqu'en 1760 inclusivement*, 2 vols. 前述のノワルフォンテーヌらによれば、この目録には8668人の人物が取り上げられ、そのうちの89.18％が男性、女性が10.82％だという（Noirfontaine et als., op. cit., p. 410）。
10. Bernard Plongeron,《Une image de l'église d'après les"Nouvelles Ecclésiastiques"》, in R*evue d'histoire de l'Église de France*, t. 53, no. 151, 1979, p. 258.
11. カトリーヌ・メールは、《聖職者通信》がイエズス会のフランス追放（1764年）までは高等法院の闘いに寄り添いながら時事問題に目を向け、1765年からは無信仰の進展に対する批判や、イタリア、スペイン、オーストリアなどにおける親ジャンセニト的な思潮の不調さ、さらに真理の擁護者たちの追悼記事だけに関心を抱くようになったとしている。そして、たとえば反モプーの攻撃パンフレット活動についてはほとんど看過しており、革命初期の出来事についても、バスティーユ奪取を含めて注意を払っていなかったとする（Maire, *De la Cause...*, op. cit., p. 231）。だが、以下に縷々紹介するように、同通信の視野は国内各地の「通信員」から寄せられる多岐にわたる膨大な情報（とくに宗教関係）を満載しており、メールの指摘はいささかその事実を矮小化しているといわざるをえない。また、革命初期に関する《聖職者通信》の立ち位置については、以下を参照されたい。Robert Favre,《Les Nouvelles Ecclésiastiques au seuil de la Révolution (1788-1790)》, in *Dix-Huitième Siècle*, Année 1989, no.21, pp. 277-284 および Arlette Farge, *Dire et mal dire. L'opinion publique au XVIIIe siècle*, Seuil, Paris, 1992, pp. 63 sq.
12. Lyon-Caen, *La Boîte à Perrette*, op. cit., pp. 130-131. グレゴワール神父によれば、こうした裏帳簿は貧民たちに食糧を与えたり、貧しい神学生たちの修学や学校を支援したり、良書を配布したりするため、パリやオーセール、エクス、トゥールーズをはじめとするフランス国内の都市および外国にもあったという（L'Abbé Grégoire, *Les ruines de Port-Royal des champs, en 1809, année séculaire de la destruction de monastère*, Levacher, Paris, 1809, p. 121）。
13. Barbier, t. I, op. cit., p. 373（1731年11月）.
14. これらの施療院は強制収容所の役割も担っていた。詳細は拙著『ペストの文化誌——ヨーロッ見されている。

2. *Nouvelles Ecclésiastiques*, année 1713. BN.NUMP.1623.

3. Barbier, op. cit., pp. 44-45. 宗教史家のルネ・タヴノーによれば、通常《聖職者通信》は個人宅で印刷され、その拠点はパリ市内だけでも20か所あったという。そこで印刷されたこの新聞は、行商人のほかに、普段着の女性たちが二重底の籠や背負い籠にいれて配布し、ときには偽の皮を着せた犬も用いられていたともいう。その皮と本物の皮のあいだに新聞本体を挟んで運んだというのである（René Taveneaux, *La vie quotidienne des Jansénistes aux XVIIe et XVIIIe siècles*, Hachette, Paris,1973, p. 238）。

4. 文学者で国王秘書官、検閲官、さらに攻撃文作成者としても知られていた「愛国派」のピダンサ・ド・メロベール（1727—79）は、ロンドンで上梓した7巻の大著『フランス大法官モプー氏によるフランス王政における革命の歴史日誌』で、この不倶戴天の敵とでもいうべきイエズス会の追放後、ジャンセニストは教皇独裁主義に対する「愛国派」になったとしている（Mathieu-François Pidansat de Mairobert, *Journal historique de la révolution opérée dans la constitution de la monarchie française, par M. de Maupeou, chancelier de France*, t. 2, s. n., Londres, 1774, p. 351. BHVP. 4349）。愛国派とは自由職業のブルジョワジーが自由主義的な貴族とともに立ち上げた反特権階級の組織で、革命後は彼らを中心としてジャコバン・クラブが結成されている（松浦義弘「フランス革命期のフランス」、樺山紘一ほか編『フランス史2』、前掲、第8章参照）。

ここでの愛国派とは、アメリカ人近代史家のデイル・ヴァン・クレイの指摘（Dale Van Kley,《Du parti janseniste au parti patriote》, in *Chronique de Port-Royal,* no. 39, Société des Amis de Port-Royal, 1990, p. 115）を補足していえば、ルイ15世の愛妾デュ・バリ夫人を後ろ盾とする大法官ルネ・モプー（1714—92）による1771年の「クーデタ」（司法改革）、すなわち高等法院の廃止とそれに代わる上級評定院の新設、伝統化していた司法官職の売官制および裁判官への謝礼廃止、さらに裁判の無償化などに対する抵抗から生まれ、抑圧された法院に好意的な「世論」をマニフェストすることを共通の理解としていたともいう。彼らは愛国的なパンフレットを500部あまり匿名で地下出版し、世論に訴えたりもした（Ibid., p.117）。

たしかに高等法院はジャンセニストたちのひとつの牙城であり、モプーによる改革は彼らにとっては決して座視できないものであった。だが、メロベールはそれより数年前からジャンセニストが愛国派になったとしている。いささか手前味噌の感なきにしもあらずだが、『パリの夜』（1788—94年）の著者レチフ・ド・ラ・ブルトンヌ（1734—1806）とも親交のあったメロベールは、金融資本家で、ヨーロッパ最初の黒人奴隷交易会社を設立して巨万の富を築いた父の遺産を蕩尽して破産した、ブリュノワ侯アルマン＝ルイ＝ジョゼフ・パリス（1748—81）に多額の融資をしていた。だが、侯爵の裁判で評判を落とし、皮肉なことに彼が得手だった誹謗・中傷を各方面から受け、それに耐えかねて、ついに拳銃によって自死した。

一方、貴族特権の擁護者でもあった高等法院は、政府が逼迫した財政を立て直すべく出した免税階層への課税案に反対し、1787年には土地税や印紙税という新たな課税制度の登録も拒否し、納税者代表たちの代表からなる三部会の開催を求め、やがてこれがフランス革命への導火線となった。

5. ルノドーはプロテスタントからカトリックに改宗した慈善活動家でもあり、1629年には国王の認可を得て、シテ島に仕事の斡旋と貧者や浮浪者に医薬品を無料配布する「ビューロー・ダド結んでいた、啓蒙思想家クロード＝アドリアン・エルヴェシウス（1715―71）の代表作『精神論』（1758年1月）の弾圧、すなわち「エルヴェシウス事件」にも深くかかわっていた。ロックの経験論を感覚的な唯物論へと転位させ、人間精神が環境と教育の影響を決定的にこうむるとしたため、この書は1758年8月にカトリック教会からの反発を受けて出版允許を取り消され、11月、ボーモンもこれを断罪してパリ高等法院に告発したのである。そして翌年、この書は高等法院の裁決によって禁書処分となった（この事件の詳細な経緯については、たとえばMonique Cottret, *Jansénisme et Lumières*, Albin Michel, Paris, 1998, pp. 83-86を参照されたい）。

62. 同法院はまた、アンブラン会議に出席し、ソアナン追放後にそのスネ司教総代理となり、33年からアミアン司教に就任した、ルイ＝フランソワ＝ガブリエル・ドルレアン・ド・ラ・モット（1683―1774）が1747年に著した7頁の文書、「教勅ウニゲニトゥスに従わない者たちが秘蹟を求めることに関して、アミアン司教が司教区の司祭たちに出した見解」の印刷を禁じている。最大の理由は、それが長いあいだ議論してきた問題を蒸し返しているというところにあった。

63. 二宮宏之・柴田三千雄「十八世紀の政治と社会」、樺山紘一ほか編『フランス史2』（山川出版社、1996年、266頁）。だが、結局ボーモンは国王から協同司教として呼び戻され、1762年、教書の形式で、ジャン＝ジャック・ルソーの『エミール』を反キリスト教的・理神論（自然神論）的な書として弾劾し、これを発禁処分としている。翌年、ルソーはこれに反論し、「ジュネーヴ市民ジャン＝ジャック・ルソーからパリ大司教クリストフ・ド・ボーモンへの手紙」を著わして自然宗教を擁護し、思想の自由を訴えながら、原罪や奇蹟に疑義を唱えている。

64. この間の詳細は、たとえばウィリアム・バンガート『イエズス会の歴史』、岡安喜代・村井則夫訳、上智大学中世思想研究所監修、原書房、2004年、452―464頁参照。

65. Dale K. Van Kley, *The Damiens Affair and the Unraveling of the Ancient Regime, 1750-1770*, Princeton Univ. Press, Princeton, 1984, p. 99.

66. Pierre-François Lafiteau, *Histoire de la Constitution Unigenitus*, Gauthier Frères et Compagnie, Besançon, 1820, p. 4. BN. 8-LD3-143 (B).

67. Jean d'Alembert, *Sur la déstruction des Jésuites en France*, 1765. BHVP. 6008F 117.

第3章　聖職者通信

1. ちなみに、翌1714年にはサン＝マグロワール神学校の教師陣を中心として、反教勅の叢書『エクサプル（Hexaples）』が刊行されている。ケネルの『省察』を擁護するため、教父文書や聖書、さらにフィギュリストたちの立論などを集めたこれは、1721年にアムステルダムで出版された第7巻をもって終刊となるが、叢書名はヘブライ語の子音テクストやヘブライ文字を古典ギリシア文字に転写したテクスト、古代ローマの雄弁家・総督・執政官で、反アンブロシウス派のシンマクス（340頃―410頃）によるギリシア語訳など、6通りの版を対比的にまとめた多言語聖書『ヘクサプラ（Hexapla）』に倣った。興味深いことに、7世紀に紛失したこの叢書の一部が、1713年、上訴派のクロード・レオテと同じベネディクト会士でサン＝モール修道会の碩学、そして科学としての考古学――文献のみならず、遺跡・遺物の調査による過去の復元と理解の学――の提唱者としても知られる、ベルナール・ド・モンフォーコン（1655―1741）によって発ちの摂政とラス（ローの異名）は、いったいどこで手を結んだのか」（Mathieu Marais, *Journal de Paris*, t. I, Publication de l'Université de Saint-Étienne, Saint-Étienne, 2004, p. 126）。

42. Pierre François Labelle, *Nécrologe des appelants et opposants à la Bulle Unigenitus*, s. l., 1755, p.310. BN. 8-LD-154,
43. 呼称はスペイン出身の神学者・イエズス会士で、ポルトガルのエヴォラ大学や母校コインブラ大学で神学および哲学の教授とつとめたルイス・デ・モリナ（1535—1600）にちなむ。1588年に提唱した彼の神学論「モリニスム（モリナ主義）」は、イエズス会に受け入れられたが、神の恩寵が人間の内面に働きかけて効力を発揮すると唱えるドミニコ会から激しい攻撃を受けた。
44. Augustin Gazier, *Histoire générale du mouvement janséniste, depuis ses origines jusqu'à nos jours*, t. I, Ancienne Honoré Champion, Paris, 1924, pp. 276-277.
45. Strayer, op. cit., p. 241.
46. この事件の詳細とゲランについては、ル・ロワ・ラデュリ著『南仏ロマンの謝肉祭』、拙訳、新評論、2002年を参照されたい。
47. *Lettres de Messire Jean Soanen, Évêque de Senez*, t. I, Aux dépens de la Compagnie, Cologne, 1750, p. 499. BN. LD3-148.
48. ソアナンが没して翌1741年4月、パリの聖職者や司法官たちの立ち合いのもと、外科医によって彼の遺骸から心臓が取り出され、鉛製のハート形の聖遺物箱に納められた。箱には彼の名と享年を刻んだ銅製のプレートが象嵌されていた。1770年に他界したデトマールに対しても、同年7月に同様の聖化がおこなわれたという（N. Lyon-Caen, *La Boîte à Perrette*, op. cit., p. 313）。
49. *Consultation de Mrs. les avocats du Parmement de Paris, au sujet du jugement rendu à Ambrun contre Mr. l'Évêque de Senez*, Jean Daniel Beman, Rotterdam, 1728, p. 126.BN. 4-LD4-1540.
50. Barbier, op. cit., p. 31.
51. Ibid., p. 36.
52. Ibid., pp. 22-23.
53. 拙著『英雄の表徴』、前掲、103—114頁。
54. Marais, op. cit., p. 886.
55. Ibid., p. 198.
56. Le Gros, *Abrigé chronologique*, op. cit., pp. 52-53.
57. Ibid. p. 54.
58. Tancin, *Quatrième lettr de M. l'Arch. d'Embrun, à M. l'Évêque de Senez, communiquée aux ecclésiastiques du diocèse d'Embrun, pour leur Instructions*, Pierre Faure, Grenoble, 1729, pp. 34-35. BN. MFICHE 4-LD-4-1628.
59. Jean-Baptiste Gaultier, *La vie de Messire Jean Soanen, Évêque de Senez*, Aux dépens de la Compagnie, Cologne, 1750, p. 957. BN. 8-LD4-2244.
60. バルビエの『日記』1729年10月によれば、ノアイユの死後、新たな主人ヴァンティミルを迎えた大司教宮殿の壁に、早速次のような落書きが刻まれたという。「聖アントワヌ（ノアイユの名）死して、雄豚残す」（Barbier, op. cit., p. 83）。
61. ボーモンはまた、徴税総請負人で、自らサロンを主宰してヴォルテールや百科全書派とも親交をルベールは、1759年に著した『ポール＝ロワイヤル・デ・シャン修道院に関する歴史的・編年的記憶』（第6巻、1709年）のなかで、自分たちを迫害する王令や宗教裁判所の裁決、さらには1671年9月のクレメンス10世の教勅に抗して、1709年8月に高等法院に上訴したポール＝ロワイヤルの修道女たちを「女性上訴派《アプラント》（appelantes）」と呼んでいる（Pierre Guilbert, *Historique et chronologiques sur l'Abbaye de Port-Royal des Champs*, Utrecht, 1759, p.2. BN. 8-LD3-101）。

28. Gabriel-Nicolas Nivelle, *Le cris de la foi, ou recueil des différents témoignages rendu par plusieurs facultés, chapitres, curés, communautés ecclésiastiques et régulières au sujet de la constitution Unigenitus*, s. l., s. n., 1719, t.I, p. 1. BN. 8-LD4-1116 (1).

29. Dominique Dinet et Marie-Claude Dinet-Lecomte, 《Les Appelants contre la bulle Unigenitus d'après Gabriel-Nicolas Nivelle》, in *Histoire, Économie et Société,* 9e année, no. 3, 1990, pp. 371-375. カトリーヌ・メールもまたこの数値を採用している（Catherine Maire, 《Les querelles jansénistes...》, op. cit., p. 76）。なお、再上訴派については後述する。

30. Marie-José Michel, 《Clergé et pastrale jansénistes à Paris (1669-1730)》, in *Revue d'histoire moderne et contemporaine*, t. 26, no. 2, 1979, p. 190.

31. Nicolas Lyon-Caen, *La boîte à Perrette. Le Jansénisme parisien au XVIIIe siècle*, Albin Michel, Paris, 2010, p. 87.

32. パリスを含む上訴派の詳細については、たとえば前記バラルの『著名な上訴派たち』を参照されたい。

33. これらの文書を全61巻（！）にまとめた、通称「コレクション・ランゲ」は、現在、サンス市立図書館に所蔵されている。このコレクションについては、Jean Carreyre, 《Les luttes du jansénisme. Sujet d'histoire diocésaine》, in *Revue d'histoire de l'Église de France*, t. 10, no. 49, 1924, pp. 456 sq. や、Nelson - Martin Dawson, 《Le Pari de Languet et le pari antijanséniste》, in *Revue d'histoire ecclésiastique*, vol. 94, no. 3, 1999, pp. 871-875 を参照されたい。

34. Jean Jeseph Languet de Gergy, *Recueil de pièces importantes en faveur de la Constitution Unigenitus*, Joseph Chastel, Avignon, 1717, p. 2. BN. 8-LD-4-949.

35. Ibid., pp. 17-22.

36. Ibid., pp. 215-216.

37. Nelson-Marie Dawson, 《Le pari de Languet et le Paris antijanséniste》, in *Revue d'histoire ecclésiastique*, vol. 94, no. 3, 1999, p. 892.

38. Ibid., p. 879.

39. Mandement de son Éminence Monseigneur le Cardinal de Noailles, Archevêque de Paris, pour la publication de l'Appel qu'il a interjeté le troisième Octobre 1718, au futur Concile général..., Jean-Baptiste Delespine, Paris, 1718, pp. 5-6. BNVP 40179.

40. Archevêque de Noailles, 《Première proposition sur l'autorité de la Constitution》, in *Première instruction pastorale de son Éminence Monsieur le Cardinal de Noailles*, Chez Lean-Bapriste Delespine, Paris, 1719, p. 187.

41. 当時、ローと彼を登用したオルレアン公を揶揄した次のような戯れ歌が巷間出回っていた。「ジョン・ローはロープ（絞首刑）、フィリップ（オルレアン公）は大包丁（斬首刑）が相応しい。俺た

à M. Boileau de l'archevêché de Paris : à qui l'on doit croire, de Messire Loüis Antoine de Noailles évêque de Châlon en 1695. Ou de Messire Loüis Antoine de Noailles archevêque de Paris en 1696, s.l., s. n., 1698/99. BN. D-32801.

18. M. Spiertz, 《"Autour de l'Unigenitus", une oeuvre magistrale sur l'origine de la Constitution Unigenitus》, in *Revue d'histoire ecclésiastique*, vol. 83, no. 2, 1988, p. 394.

19. Dale Van Kley, *The Religious Origins of the French Revolution*, Yale Univ. Press, New Haven, 1996, p. 74.

20. Claude Le Pelletier, *Défence de la Constitution de N.S.P. Le Pape, portant Condamnation du Nouveau Testament du Père Quesnel*, J.F. Broncart, Liège, 1714, s.p.BN. D-12606.

21. Nicolas Le Gros, *Réponse à diverses questions touchant la Constitution Unigenitus*, s. l., 1715, p. 11. BN. D-12520. ル・グロはまた1717年にも2巻の書『教勅「ウニゲニトゥス」問題におけるガリカン教会の自由の瓦解』(*Du renversement des libertés de l'Église gallicane dans l'affaire de la Constitution "Unigenitus"*) を著して、教勅を論難している。

22. 1714年3月に「ウニゲニトゥス」が送られてきたソルボンヌの神学者たちもまた、多くが同様の考えを抱いた (Nicolas Le Gros, *Abrigé chronologique des principaux évènements qui ont précédé la Constitution Unigentus qui y ont donné lieu, ou qui en sont les suites*, 1732, p. 34. BN. LD 4 -1777)。

23. これについて、近代史家のフランソワズ・イルデシェメールは次のように指摘している。「絶対権力を制限しようとする法曹家(高等法院)と王権との紛争は、18世紀に過激さを増す。宗教問題は擾乱のもっとも重要な口実となり、この擾乱はパリ高等法院による教勅の登録とともに始まった。法曹家たちはそれが王権による強制的な奴隷化だとして、宗教問題をきっかけとして自らをガリカニスムの自由の擁護者とした。(・・・) きわめて活発な、だが少数のジャンセニストたちとともに、高等法院の擾乱は18世紀前半全体まで続き、ジャンセニスムをして絶対主義に抗する主たる要素にした」(Hildesheimer, op. cit., p. 70)。ちなみに、サント＝ブーヴは、高等法院のジャンセニスム的姿勢を次のように指摘している。「18世紀の高等法院のジャンセニスムはもはやポール＝ロワイヤルではなく、イエズス会への敵対によってのみ、ジャンセニスムを支持したにすぎなかった」(Sainte-Beuve, *Port-Royal*, vol. I, 3e éd., texte présenté et annoté par Maxime Leroy, "Bibliothèque de la Pléiade", Gallimard, Paris, 1952, p. 99)。だが、この指摘には法院が自任していたガリカニスムの擁護者という特性が看過されている。

24. この間の詳細な経緯は、イエズス会士で王室に近く、1720年には摂政のオルレアン公フィリップの命で教皇庁に特使として送られることになる、システロン司教 (在任1719―64) のピエール・フランソワ・ラフィトーが編んだ『教勅ウニゲニトゥスの歴史』(Pierre François Lafitau, *Histoire de la Constitution Unigenitus*, livre II, Gauthier Frères et Compagnie, Besançon, 1820. BN. 4-LD3-143) を参照されたい。

25. Henri Duranton, 《La théologie à l'encan》, in Olivier Andurand & Sylvio H. de Franceschi (éd.), *8 Septembre 1713. Le choc de l'Unigenitus*, Société des Amis de Port-Royal & Bibliothèque Mazarine, Paris, 2014, p. 117.

26. Ibid., p. 119.

27. ちなみに「アプラン」という呼称はそれ以前からあった。ジャンセニスト司祭のピエール・ギして1629年、リシェは著書を撤回し、ローマ教会が全教会の母であり、主人であり、自分がカトリックの教義に背いたものを書いたと認める。それでも迫害は終わらず、聖職禄を没収された挙句、終油の秘蹟にあずかることも拒まれた。だが、その過激なガリカニスム、すなわちリシュリスムはそれで滅びず、以後もジャンセニストたちに影響を与え続け、革命後の憲法制定国民議会で1790年に制定された「聖職者民事基本法」に、思想的な根拠を与えたとされる。

7. Madame de Sévigné, *Correspondance*, t. I, éd. par Roger Duchêne avec la collaboration de Jacqueline Duchêne, Gallimard,"Bibliothèque de la Pléiade", Paris, 1973, p. 680.

8. この間の状況については以下を参照されたい。Gabriel-Nicolas & Claude Mey, *Apologie des jugements rendus en France contre le schisme par les tribunaux séculiers,* 3e éd. s.l., 1753, t. I, BN. LD4-2411.

9. Vincent Thuillier, *Rome et la France, d'après Lucien Ceyssens : Le sort de la Bulle Unigenitus*. Recueil d'études offert à Lucien Ceyssens à l'occasion de son 90e anniversaire, présenté par M. Lamberights, University Press – Uitgeverij Peeters, Leuven, 1992, p. 36.

10. 同名の教勅は、1343年に教皇クレメンス6世（在位1342―52年）によっても出されている。

11. エドモン・プレクランは、この教勅を契機としてそれまで互いに距離を置いていたジャンセニスムとリシェリスムが接近し、「教会と国家内における彼らの権威の強化」を図ったとしている（Edmond Preclin,《Les conséquences sociales du jansénisme》, in *Revue d'histoire de l'Église de France*, t. 21, no. 92, 1935, p. 356.）。

12. Constitution du pape Clément XI, du 8 septembre 1713, p. 1. BHVP. 907 133.

13. Ibid., pp. 2-3.

14. Ibid., pp. 6 sq. なお、ケネルの恩寵論はいうまでもなくアウグスティヌスに負っている。たとえばこの中世最大の教父は、「ローマ人への手紙」（3. 24）を引きながら恩寵についてこう記している。「したがって、子供であれ成人であれ、それなしには救われることのないキリストの恩寵は、われわれの報賞とはならないが、われわれに無償で与えられる。だからこそ、それは恩寵と呼ばれるのだ。使徒は言っている。《キリスト・イエスの贖いの業を通して、神の恵み（恩寵）により、無償で義とされるのです》」（Saint Augustin, *De natura et gratia*, IV, 4-v, 5, éd. et trad. de G.de Plinval et J. de la Tullaye, Paris, Bibliothèque augustinienne, 1966, p. 30）。

15. Mandement de son Éminence Monseigneur le Cardinal de Noailles, archevêque de Paris, portant défense & condamnation du Nouveau Testament en français, avec des Reflexions morales sur chaque verset, in *Recueil de pièces, touchant les Prélats qui refusent d'accepter la Constitution Unigenitus de nôtre Saint Père le Pape Clément XI, du huitième Septembre 1713. Portant comdamnation du Nouveau Testament du Père Quesnel*, 1714, BN. LD4-748. この教書はそれまでジャンセニストに好意的だった高位聖職者たちに少なからぬ影響を与えた。たとえばノアイユに近かったトゥール大司教のマテュー・デルヴォー・ド・プルーマルタン（在位1693―1716）もまた、1714年2月15日、ノアイユの教書をそのまま引き写したような教書を教区民に出している。

16. Olivie Andurand,《Fluctuat nec mergitur, les hésitations du cardinal de Noailles》, in *Cahiers de recherches médiévales et humanistes*, vol. 24, 2012, pp. 280-296 参照。

17. Hilarion Monnier, Thierry de Viaixnes, Gabriel Daniel et Louis Douci, *Problème ecclésiastique, proposé*

第4巻、丸山熊雄訳、岩波文庫、2001年、286頁)。事実、ケネルはジャンセニスムを擁護したとして、1681年にパリを追放される。そしていつからかは不明だが、ブリュッセルで先に亡命していたアントワヌ・アルノーと親交を結び、94年にこの大アルノーが没したあと、彼の仕事を受け継ぐ。だが、1703年、ブリュッセルで逮捕・投獄(大司教監獄)されてしまう。それでも3か月後に脱獄し、アムステルダムに移って生涯を終えた。

このケネルに関しては、さらに興味深い著作がある。イエズス会士のルイ・パトゥイエ(1699—1779)が編んだ『カルトゥーシュの弁明もしくはケネル師の恩寵によって無実となる極悪人』(Louis Patouillet, *Apologie de Cartouche, ou le scelerat sans reproche, par la grâce du Père Quesnel*, Chez Jean Le Singer, Cracovie, 1731, BN.D-47115)である。奇しくも3点の『パリス伝』と同じ1731年に上梓されたこの書では、大盗賊カルトゥーシュを引き合いに出しながら、ジャンセニストと著者の分身である神学者とが対話するという一種の教理問答の形式をとっている。論争に勝利した神学者の主張は、ケネルのいう恩寵があれば、どれほどの悪人でも罪を免除されるとして、カルトゥーシュ一味をケネル派と同一視し、返す刀で、ジャンセニストが多数派を占める高等法院も「無実」のカルトゥーシュを裁いたことになると断罪する。詳細は拙著『英雄の表徴』(前掲、462—463頁)を参照されたいが、10年前に処刑されたカルトゥーシュにしてみれば、まさか自分が神学論争の種になるとは思ってもみなかったろう。

3. Pasquier Quesnel, *Le Nouveau Testament en français, avec des reflexions morales sur chaque verset, pour en rendre la lecture plus utile, & la méditation plus aisée*, t. I, Aux depens de Joseph Nicolai, Amsterdam, 1727, p. XIX. BN. FBBNF36116792.
4. A .Vacant et als., *Dictionnaire de Théologie catholique*, t. 13, Librairie Letouzey, Paris, 1937, p. 1520.
5. Quesnel, op. cit., pp. VII-VIII.
6. カトリーヌ・メールによれば、ケネルは「教会の至高性と国家の至高性は宗教的に等しいもの」とし、そのかぎりにおいて、彼は「教会と国家内における神聖な権利の体系的な思想家」であるリシェの衣鉢を継いだという(Catherine Maire, *De la cause de Dieu à la cause de la Nation*, Gallimard, Paris, 1998, p. 44)。一方、ガリカニスムの推進者だったリシェについては、古くはアドリアン・バイエの『ソルボンヌ博士エドモン・リシェの生涯』(Adrien Baillet, *La Vie d'Edmond Richer, docteur de Sorbonne*, Amsterdam, E. Roger, 1715)、近年ではマルティモールの前掲書『ガリカニスム』(90—93頁)に多少詳しく記されている。それらによれば、1590年、ソルボンヌで学位を得た後、母校カルディナル=ルモワヌ学寮長をつとめたリシェは、1611年、パリ高等法院初代院長のニコラ・ド・ヴェルダンの勧めで『教会的・政治的権力について』(Libellus de Ecclesiastica et Politica Potestate)を著わしたという。教皇無謬論を否定して、司教たちが教皇より上位にあるとし、各司教区は司教自らが統治する直接的・基本的な権限を有するといった主張を展開したそれは、当然のことながら教皇大使や司教・神学者たちの激しい反発を招いた。彼らはこの書を断罪して、彼を破門にしようとしたが、ヴェルダンがそれを阻止した。

だが、親プロテスタントから転向してサンス大司教をつとめ、フランス・バロック期の詩人としても名をはせたペロン枢機卿は、配下の司教たちを集め、1612年にこの書を告発する。その結果、同年、教皇庁はついにこれを禁書に指定した。リシュリュー枢機卿もまたリシェの思想を聖俗両権威を攻撃するものとして危険視し、彼をサン=ヴィクトル監獄に投獄してしまう。そ

37. Lettre de M. de Pâris, diacre du Diocèse de Paris, écrite en 1724, à un Ami qui vivait dans la pénitence depuis quelques années, Bib. Municipale de Lyon, SJCS831 ／6.

38. Doyen, op. cit., p. 94.

39. Ibid., pp.95-97.

40. Strayer, op. cit., p. 238.

41. だが、助祭パリスのいわば精神的な助言者だったポマールは、1730年に司祭職を停止され、40年、その小教区からジャンセニストを一掃しようとしたジャック・コワフレルにとって代わられている（この罷免に対する教区委員たちの反対運動については、たとえば松本礼子「教区という空間」、土肥恒之編『地域の比較社会史』、日本エディタースクール出版部、2007年、104-105頁を参照されたい）。また、同じ1730年には、パンテオンに隣接するサン＝テティエンヌ＝デュ＝モン教会の主任司祭でジャンセニストだったピエール・ブロンデルが、教区民に惜しまれながら追放され、同教区財産管理委員の造幣局長やシャトレ裁判所検察官たちの署名活動も不発に終わったという（Joseph Dedieu,《Le désarroi janséniste pendant la période du quesnellisme》, in *Revue d'histoire de l'Église de France*, t. 20, no.88, 1934, p. 450）。

42. Christine Gouzi,《L'image du diacre Pâris portant gravé et hagiographie》, in *Chrétiens et Société*, no.12, 2005, p. 41.

43. Doyen, op. cit., p. 151.

44. Testament du feu François de Pâris Diacre.... BN. FOL-QB-201.

45. 38m × 24mあったというこの墓地は、パリの街路事典の決定版ともいうべきジャック・イレレ――パリの12区には1990年に彼の名が冠された通りがある――の『パリ街路歴史事典』によれば、1763年頃、毎年350体あまりの遺骸が埋葬されていたという（Jacques Hillairet, *Dictionnaire historiques des rues de Paris*, Éds. de Minuit, Paris, 1997, t. II, p. 165）。はたして全体の埋葬数がどれほどになったかは不明だが、むろんそのなかにはパリスの遺骸も含まれていたはずである。革命期の1793年、教会は閉鎖され、2年後には宣誓聖職者の管理下で再開されたが、墓地はすでに1765年の市域内墓地法によって撤去されており、1798年には一部がオーリオなる錠前商ないし金具製造業者に売却されたのち、1875年に小公園となっている。残りの部分も、1901年にカテキスム礼拝堂が建てられた。

46. Doyen, op. cit., p. 173.

47. Ibid., p. 176.

48. Albert Mousset, *L'étrange histoire des convulsionnaies de Saint-Médard*, Éds. de Minuit, Paris, 1953, pp. 40-41.

第２章　上訴派パリス

1. Philippe Dieudonné,《Fragilité de la Paix de l'Église》, in *Chronique de Port-Royal*, vol. 29, 1980, p. 24.

2. 興味深いことに、ジャンセニストに手厳しかったヴォルテールはケネルをこう評している。「彼は、同胞間の分裂の因になったという点で、不幸な人間であった。その上、貧しい亡命生活を余儀なくされる。その著書のうち三十頁（を）書きかえ、内容を和らげていたら、祖国の論争の種にならずにすんだだろう。だが、これほど有名にはならなかったに違いない」（『ルイ14世の世紀』

イヤル略史』(1742年、死後刊行)を編んだことは、フランス・ジャンセニスムのみならず、その研究者たちにとっても僥倖といえる。

29. 18世紀のジャンセニスム研究者であるニコラ・リヨン＝カーンによれば、この転居に際して、パリスはパリ南西18㎞のパレゾー村に有していた別荘を売却したいという(Lyon-Caen, op. cit., p. 618)。

30. Doyen, op. cit., p. 57.

31. Marie-José Michel,《La paroisse Saint-Médard au faubourg Saint-Marceau》, in *Reveu d'histoire modene et contemporaine*, vol. 26, no. 2, 1979, p. 188.

32. メルシエ『タブロー・ド・パリ』【邦題名『十八世紀パリ生活誌　上』】、原宏編訳、岩波文庫、1989年、85―86頁。

33. 当時、靴下はエリザベス女王を辟易させたという手編みの靴下ではなく、織機によってつくられていた。この織機はイングランド中北部ノッティンガムシャーのカルヴァートン村出身の牧師ウィリアム・リー(1563―1610)が、手織りメリヤス産業が盛んだったエリザベス女王時代の1589年に発明したとされる。だが、せっかくの発明品が女王から特許を受けることができなかったため、彼はフランス北部のルーアンに移り、プロテスタントの国王アンリ4世の庇護のもとで、靴下製造工房を立ち上げる。業績は順調だった。しかし、1610年にアンリ4世が暗殺されると、その庇護を失い、やむなくリーは帰国し、貧困のうちに他界した。

　やがて繊維産業が勃興しつつあった南仏ニーム――デニム(字義は「ニーム産」)の発祥地――出身のジャン・アンドレ(生没年不詳)なる人物がイングランドに渡り、1656年、靴下織機をフランスに導入し、ルイ14世の認可を得て、パリ西郊ヌイイ＝シュル＝セーヌのマドリ館で編み靴下の生産を始める。この製品はたちまちパリの女性たちの評判を呼ぶようになるが、それまで靴下も作っていたメリヤス製造業者たちの反発をこうむる。事態を重くみた国王は、1672年、2万リーヴルを下賜して、双方が協同で経営する製造工場を設立させる。そして10年後には、靴下製造人たちの同業組合は、守護聖人に聖王ルイ9世をいただき、もっともすぐれた職人10人に親方の免状を与えるようになった。

　1720年、この組合は新たな規約をつくる。そこには徒弟と職人の修業期間をそれぞれ5年とし、親方になるにはカトリックでなければならないこと、さらに6人の宣誓親方が2年の任期で組合員の活動を監視することなどが定められた。それから3年後の1723年4月、靴下製造人たちの同業組合はメリヤス製造人のそれと合体することになる(Alfred Franklin, *Dictionnaire historique des atrs, métiers, et professions exercés dans Paris depuis le XIIIe siècle*, Kean-Cyrille Godefroy, Paris, 1906 ／ 2004, pp. 69-70)。また、近代史家のアラン・ティエによれば、18世紀前葉のパリの靴下製造業は親方約500人、職人2500人を抱えていたという(Alain Thillay, *Le Faubourg Saint-Antoine et ses faux-ouvriers. La liberté du travail aux XVIIe et XVIIIe siècles*, Champ Vallon, Seyssel, 2002, p. 153)。

34. D'après Paul Valet, *Le diacre Pâris et les convulsionnaires de St. Médard. Le Jansénisme et Port-Royal. Le Masque de Pascal*, H. Champion, Paris, 1900, pp. 14-15.

35. Ibid., p. 16.

36. 職人パリスに関する詳細は、たとえばLyon-Caen, op. cit., pp. 613-642などを参照されたい。

ジャンセニスムを支える重要な役割を担うようになるからだ。さらに1643年には、後述するように、その末弟であるアントワヌ・アルノーがジャンセニスムの普及を狙い、迫害を招くことになる『頻繁な聖体拝領』も出ている。サン＝シランの思想はこうして確実に継承されていった。

デ・シャン修道院での施物分配。マドレーヌ・オルテメルの想像画（制作年不明。国立ポール＝ロワイヤル・デ・シャン博物館、筆者撮影）

修道院に戻ろう。『ポール＝ロワイヤル修道院規程』を定めたメール・アニェスは、1642年、修道院長の座を姉のメール・アンジェリクに譲る。再び院長となった後者は、1651年にその職を最終的に辞すまで、デ＝シャン修道院の再建につとめた。おそらくその一環なのだろう、王権の拡大を抑えようとした高等法院による、いわゆるフロンドの乱が起きる前年の1647年、彼女は修道女の着衣を変えている。それまで黒いスカプラリオ（肩衣）とシトー会系の頭巾付き外套をやめ、白い羅紗の外套と赤い十字架がついた白いスカプラリオを正服としたのだ。同じ年、メール・アニェスが初代パリ大司教のジャン＝フランソワ・ド・コンディ（1584―1655）から、ポール＝ロワイヤルの修道女数人をデ・シャンに移す許可を得ると、翌年には彼女もまた9人の修道女を連れてデ・シャンに戻った。

貴族と民衆によるフロンドの乱が起きる前年の1649年末には、アントワヌ・ル・メートルの弟で、神学者のルイ＝イサク・ルメートル・ド・サシ（1613―84）が、デ・シャン修道院の司祭に叙され、修道女や1652年に校舎の新築がなった「小さな学校」の子弟たちの聴罪司祭をかねるようになる。人文主義者でもあった彼はまた、1650年、ヘブライ語から直接訳された58の詩篇や讃美歌の翻訳などからなる『ポール＝ロワイヤル時祷書』を編み、バスティーユ投獄中の1667年には、ウルガタ版を底本として新約聖書の仏訳版、いわゆる『ポール＝ロワイヤル聖書』を完成させてもいる。

前述したように、ラシーヌは、父の死後、身を寄せていた祖父が亡くなったのを機に、1649年、10歳でこの「小さな学校」に入っている。おそらく彼の入学に際しては、デ・シャンの修道女だった（1690年から99年まで修道院長）、叔母のアニェス・ラシーヌことマリ・デムーランの勧めがあったのだろう。1653年にグランジュを去った彼は、55年に再入学してギリシア語やラテン語、修辞法などを学んだ。だが、1666年、彼は旧師ピエール・ニコルが自作を中傷誹謗したとして、ポール＝ロワイヤル反駁の詩を書いている。詳細は不詳だが、明らかにこの事件によって、そして何よりも「小さな学校」、いやポール＝ロワイヤル修道院自体が禁じていた演劇の道に入ったことによって、ラシーヌはこの修道院と袂をわかった（皮肉なことに、彼が1664年に発表した出世作の5幕物悲劇『ラ・テバイード ないし兄弟は敵同士』は、デ・シャンでの孤独な生活から生まれている）。これにより、修道院のみならず、フランスのジャンセニスムもまた、不幸にして強力な理論家ないし実践家をひとり失ったことになる。ただ、彼が遺作『ポール＝ロワば16巻からなる『6世紀までの教会史に資するための論集』(1693—1713年。死後刊行)を編んだル・ナン・ド・デュモン(1637—98)などがいる。ル・メートルは1637—60年に20人程度いたというソリテールについて、以下のように定義しているという。

「ここにはいかなる形であれ共同体はない。(・・・)信仰告白や誓願をおこなわず、それを称えたり尊んだりすることもない。特別な規律を設けず、安定した住まいもない。福音(書)以外に規則はなく、カトリック、つまり普遍的な慈愛以外の絆もない。個人であれ集団であれ、天国に至ること以外に関心もない。まったくの自発的かつ自由な隠棲の場に過ぎない。(・・・)ここにいるのは通常かつ一般的な自由にしたがって共住する仲間たちである」(Françoise Hildesheimer, *Le Jansnisme. L'histoire et l'héritage*, Desclée de Brouzer, Paris, 1992, p. 42)。

ただ、ソリテールたちはそこで学者や宮廷人のような礼儀作法を弁えたオネットムを育成するのではなく、信仰心の涵養を本義とするサン=シランの方針に沿って、世俗的な「学」を追放し、イエズス会系の学寮が認めていたダンス教育や悲劇の上演も認めなかった。イエズス会がラテン語で教育したのに対し、「小さな学校」はフランス語でそれをおこなった。ときに1000名を超える生徒を擁する各地のイエズス会の初等学校と異なり、それは名称のとおり少人数での教育を目指した(この学校での教育やソリテールに関する詳細については、たとえばI. Carré, *Les pédagogues de Port-Royal*, Ch. Delagrave, Paris, 1887やLouis Cognet,《Les Petites-Écoles de Port-Royal》, in *Cahiers de l'Association internationale des études françaises*, nos. 3-5, 1953, pp. 19-29、Laurent Plazenet, *Port-Royal*, Flammarion, Paris, 2012, pp. 415-598などを参照されたい)。つまり、この学校は当初からイエズス会系の教育と差別化を図っていたのだ。しかし、当然のことながら、この学校はイエズス会の反感を煽った。パリ大学はさておき、それまで良家の子弟教育をいわば一手に引き受けていたイエズス会の影響力や信用に対する、あからさまな挑戦と思われたからである。

加えて、サン=シランはイエズス会の道徳教育が倫理的・宗教的に堕落していると舌鋒鋭く批判していた。そのため、彼はヤンセニウスがイーペルの司教に叙されて2年後、問題の書『アウグスティヌス——人間の本性の健全さについて』を脱稿し(1640年死後刊行)、ペストに罹って没した1638年、もうひとりの旧友リシリュー枢機卿の命により異端の罪で逮捕され、バスティーユ監獄(ヴァンセンヌ城とする説もある)に幽閉される。権謀術策を駆使して政治の実権を握ったこの枢機卿は、その栄達を支えてくれたカトリック至上主義者で、オラトリオ会をパリに創設した枢機卿ピエール・ド・ベリュル(1575—1629)をすでに王権拡張の妨げとして退けており、1637年には、ルイ13世の聴罪司祭で、政敵の王大后に同心していたとしてイエズス会士のニコラ・コーサン(1583—1651)を追放してもいた。

そんなリシュリューが没して2か月後、そしてルイ13世が没してルイ14世が即位する3か月前の1643年2月、サン=シランは前記アルノー・ダンディイらの働きかけで釈放される。だが、長年の入牢生活で心身ともに衰弱していた彼は、数か月後に不帰の客となる。享年62。辛うじて救いとなったのは、彼のジャンセニスムへの想いを、毎日のように牢を訪れてくれたダンディイが受け継いでくれたことだった。のちにアウグスティヌスの『告白』(1649年)や、フラウィウス・ヨセフスの『ユダヤ古代史』(1667年)などの翻訳を手がけることになる彼が、1642年、北仏ルーアンのブレーズ・パスカル宅で、ヤンセニウスの100頁あまりの『内的人間改革論』も仏訳し、終焉の地となるデ=シャン修道院のソリテールとして、85歳の天命を全うするまで、で捏造したものだった。ソヴァージュがその真実を知っていたかどうかは不明だが、1755年版（パリ）は58年4月にパリ高等法院から発禁処分を受けている。にもかかわらず、彼の書自体は1787年（リエージュ刊）まで、書肆を替えて版を重ねた（Lucien Ceyssens,《Pour une histoire plus poussée et plus explicite de l'antijansénisme》, in *Actes du colloque sur le Jansénisme*, organisé par l'Académie Belgica, Rome, 2 et 3 nov. 1973, Université de Louvain, Louvain, 1977, p. 1）。とすれば、少なくとも反ジャンセニスト勢力のあいだで、この偽りの謀議説がまことしやかに2世紀以上出回っていたことになる。

26. Doyen, op. cit., pp. 38-39.
27. この年、奇しくもルイ＝ル＝グラン学寮を創設したイエズス会がフランスから追放されている。3年後にはスペインとナポリからも追放され、1773年、ついに教皇クレメンス14世による同会の解散命令が出されることになる。
28. 1637年頃からソリテール（隠修士）と呼ばれるようになる彼らは、多くがジャンセニストだった。彼らは、アルノー家出身の初代デ・シャン修道院長メール・アンジェリク、本名ジャクリーヌ・マリ・アルノー（1591—1661。彼女の生涯に関しては、Fabian Gastellier, *Angélique Arnauld*, Fayard, Paris, 1998 などを参照されたい）の妹メール・アニェス、本名アニェス・ド・サン＝ポール・ド・アルノー（1593—1671）が、第2代修道院長となって2年後の1638年（ないし37年）、パリのポール＝ロワイヤル修道院に近いキュル＝ド＝サック・サン＝ドミニク通り（現ロワイエ＝コラール袋小路）にあったものとは別に、デ・シャン修道院が丘の上のグランジュに設けた、「小さな学校（プティット＝ゼコル）」（Petites-Écoles）で教鞭をとった。この「小さな学校」の初代校長は、パリのヴァンサン・ド・ポール（1581—1660。1737年列聖）が営む捨て子院で修道士として働き、のちにサン＝シランの弟子となったアントワヌ・サングラン（1607—64）である。

これらソリテールのなかには、たとえばアンジェリクの甥で最初のソリテールとされる弁護士のアントワヌ・ル・メーストル（1608—58）や、デ・シャン修道院長をつとめた叔母の口利きで移り住んだ神学者で、『論理もしくは思考法』（1662年）を著したピエール・ニコル（1625—95）、さらにアンジェリクの長兄で詩人・作家・翻訳者、そしてマザリナド（マザラン風刺詩）の書き手として名をなしながら、マリ・ド・メディシスの寵を得て国務評定官となり、デ・シャン修道院で没したロベール・アルノー・ダンディイ（1589—1674）、その弟で、のちにジャンセニスムの中心的人物のひとりとなる、「グラン・アルノー」ことアントワヌ・アルノー（(1612—94）——パリの16区に彼にちなんだ通りがある——、さらにアルノーと共著で有名な『ポール＝ロワイヤル文法』（1660年）を上梓した、文法家のクロード・ランスロ（1615—95）もいた。さらに1639年には、パリのポール＝ロワイヤルでサン＝シランの指導を受けていた弁護士のアントワヌ・ル・メートル（1608—58）が、前年に師が逮捕されてヴァンセンヌ城の監獄に幽閉されたため、グランジュの農家に移り住んだ。

詳細は前記飯塚勝久の『フランス・ジャンセニスムの精神史的研究』第3章に譲るが、「小さな学校」では、ほとんどがサン＝シランと何らかの繋がりを有する家の子弟からなる少人数の生徒たちに、早朝5時半から夕刻まで歴史や地理、ラテン語の詩、文法、さらにギリシア語などが、フランス初の「教科書」を用いて教えられた。この学校で学んだ者のなかには、のちに『ポール＝ロワイヤル略史』（1742年）を編む劇作家ジャン・ラシーヌ（1639—99）のほかに、たとえ

E. Strayer, *Suffering Saints. Jansenists and Convulsionnaires in France, 1640-1799*, Sussex Academic Press, Brighton and Eastbourne, 2008, p. 3)。だが、王権にとって、ジャンセニストたちはほとんどの場合、国内を騒乱させる危険分子と映っていた。

23. Figuier, op. cit., p. 316.

24. この弟ジェローム＝ニコラは、1719年3月、官職保有者人事官の一人娘クロード＝フランソワズ・ブコと結婚している。フランス国立古文書館の史料によれば、ブコ家の跡取りであるフランソワズの婚資は、新郎が継いだ遺産より多い15万リーヴル以上だったという（AN. X1A8717, f.137)。だが、その結婚は妻の早世によって長く続かず、ジェローム＝ニコラは1730年、上座裁判所刑事代行官の娘で、4年前に夫と死別していたシャルロット・ロジエ・ド・リュード（1688—1775）と再婚している。

25. 84歳という長寿をまっとうしたデュゲの遺骸は、のちにパリスが助祭をつとめ、その墓地に埋葬されることになるサン＝メダール教会に安置されている。ソルボンヌで学位をとったグルノーブル出身の文学者で、熱心なジャンセニストとしても知られていたモンペリエ司教総代理のピエール・バラル（1700—72）の『著名な上訴派たち』(Pierre Barral, *Appélants célébres*, s.l.,1753, BN.8-LD3-153）によれば、デュゲは反「ウニゲニトゥス」および反イエズス会の書、すなわち神学者ローラン＝フランソワ・ブルシエ（1679—1749）が匿名で著した、『被造物に関する神の行為について』（1713年）や『エクサプル』（後出）などの著者だとイエズス会から疑われたという。彼を折り紙付きの「異端」だとみなしていたイエズス会は、そこで自分たちに肩入れしていた国王に上申書を提出する。これを受けた国王は、パリ警察総代行官のダルジャンソン侯マルク＝ルエ・ド・ヴォワイエ（1652—1721）に調査を命じる。そして1715年5月16日、ダルジャンソンはデュゲに面談したいとの書状を送る。何の疑いももたずに出かけていったデュゲは、世間話のあと、ダルジャンソンがさりげない口調で問題の書についてあれこれ尋ね、国王が彼の新書を刊行前に読みたがっているとまで話した。この時点で、デュゲはこれが「罠」だと気づき、自分はこれらの書とは無縁であると答えたという。こうしてその場は事なきを得てすんだが、以後、彼は当局の目を逃れる日々を送ることになった（Pierre Baral, *Appélants célébres*, s.l., s. n., 1753, pp. 60-63. BN. LD3-153)。

ちなみに、バラルの『著名な上訴派たち』と同じ1753年には、『ブールフォンテーヌ計画の実態』と題した2巻本も出ている。著者（匿名）は反ジャンセニストのイエズス会士アンリ＝イシェル・ソヴァージュ（1704—91）。北仏のブールフォンテーヌ近郊の森で、1621年頃にジャンセニストたちが密かに集まり、教会転覆の謀議を計画したことを暴露したものである。そこには以下のような一文もみられる。「このセクトの創設者たちは異端さを信仰の仮面で隠していたが、今日、ジャンセニストたちの生活態度や行動は、その過ちと同様、彼らへの信頼を失わせている。サン＝メダールの笑劇もまた悪巧みを易々と疑ったりしない善良な人々の目を開かせている」(Henri-Michel Sauvage, *La réalité du projet de Bourgfontaine*, t.I, Les Libraires Associés, Paris, 1764, p. 16. BN.8-LD3-43 -A1)。ジャンセニストたちの過去の悪行を持ち出して、現在の彼らを糾弾する。そこでは助祭パリスの奇蹟さえ、「笑劇」だと切って捨てられている。だが、じつはこの「謀議」とは、ポワティエ上座裁判所の弁護士で、やはり反ジャンセニストだったジャン・フィロー（1600—82）が、1654年に上梓した書『ジャンセニストたちの新たな教義にかかわる裁判報告』

＝フィリップ・ラルマン（1660—1748）は、1717年からこの学寮の院長をつとめている。彼はいささか奇をてらった題名の『本人およびその擁護者や聖アウグスティヌスによって断罪されたヤンセニウス』（1705年）を、次のような言葉で締めくくっている。「ヤンセニウスとその弟子たちは、彼らより前にルターやカルヴァン、さらにその信奉者たちがおこなったのと同様に、恩寵の博士（聖アウグスティヌス）の権威を濫用している」（Jacques-Philippe Lallemant, *Jansénius condamné par l'Église, par lui-même et ses défenseurs, et par S. Augustin*, François van Den Abbeelen, Bruxelles, 1705, 240. BN. 8-T-3992）。

15. この記述には誤解がある。パリスが入学した当時のサン＝マグロワール神学校長は、『真理の証言』の著者で、その2年後の1716年にパリ大司教ノアイユによってローマに派遣され、クレメンス11世とその教勅「ウニゲニトゥス」問題について交渉することになるヴィヴィアン・ラボルドだった。学識と慈悲心で知られていたファレルがいつこの神学校の校長だったかは不明。
16. Figuier, op. cit., pp. 314-315.
17. Mathieu, op. cit., p. 56.
18. Paul Dubé, *Le Médecin et chirurgien des pauvres*, Edme Couterot, Paris, 1669, p. 296. BN. 8-TE17-80.
19. Jean-Jacques Paulet, *Histoire de la petite vérole, avec les moyens d'en préserver les enfants et d'en arrêter la contagion en France*, Ganeau, Paris, 1768, t.2, p. 373. BN. 8-TD64-156.
20. AN. MC. LXXXII, 141, d'après Nicolas Lyon-Caen, 《Un Saint de nouvelle fabrique》, in *Annales. Histoire, Sciences Sociales, 65e* année, no.3, 2010, p. 617.
21. Doyen, *Vie de Monsieur de Pâris, diacre du diocèse de Paris*, Nouvelle édition augumentée de plusieurs faits qui ne se trouvent dans aucune des précedentes, s.l, s. n., 1733, pp. 31-32. BN. 8-LD4-1726 (C).
22. エメ＝ジョルジュ・マルティモールによれば、このガリカニスム（Gallicanisme）という語は1870年の第1ヴァチカン公会議で市民権を得ているが、その思想は実際にはすでに旧体制時代から存在していたという（『ガリカニスム』、朝倉剛・羽賀賢二訳、白水社クセジュ文庫、1987年、7頁）。この指摘が当をえていないことは、本書後段で明らかになるだろう。一方、アルベール・ソブールはガリカニスムの起源を14世紀初頭の教皇ボニファティウス8世と端麗王フィリップ4世の争いに求めている（『大革命前夜のフランス』、山崎耕一訳、法政大学出版局、1982年、185頁）。この争いは教皇庁の重要な資金源であったフランス教会に、フランス国王フィリップ4世が課税しようとしたことに端を発する。1300年を「聖年」に定めたボニファティウス8世は、1302年に教勅「ウナム・サンクタム（唯一聖なるもの）」を発して教皇至上権を唱えたが、同年、フィリップ4世は聖職者・貴族・市民の3身分からなる「三部会」をパリのノートル＝ダム司教座聖堂で開いてフランスの国益を訴えた。これに憤ったボニファティウス8世はフィリップ4世を破門し、フィリップ側も教皇弾劾の公会議を開くよう求めた。やがてこの対立は教皇の死後、「アヴィニョンの捕囚」へと展開していった。

なお、近代史家のブライアン・E・ストレイヤーは、その著『苦悩する聖人たち』において、教皇の無謬性を受け入れず、国王や司教たちを凌駕する教皇権力を否定したジャンセニストたちは、三重のガリカニスムを支持していたとしている。すなわち、司教たちが教皇や国王にたいして自らの権威を維持する司教的ガリカニスムと、国王が教皇から独立するという王権的ガリカニスム、そしてローマの支配から自由たろうとする高等法院的ガリカニスムである（Brian

第１章　助祭パリスの生涯

1. Jean-Louis Barbeau de La Bruyère, *La vie de M. François de Pâris, diacre*, s.l., s.n., 1731.
2. デトマールはオラトリオ会出身のジャンセニスト司祭で、ジャック＝ジョゼフ・デュゲ（後出）の弟子。1709年に叙階を受け、閉鎖直前のポール＝ロワイヤル・デ・シャン修道院で最初のミサをあげている。1725年、彼はローマに赴き、ベネディクトゥス８世とフランスのジャンセニストたちとの和解を働きかけたが、不調に終わり、帰国後、ジャンセニストたちに好意的だったケリュ司教のいるオーセール司教区に定住し、各地のジャンセニストたちと夥しい数の交信をしたことでも知られる。
3. Pierre Boyer, *La vie de Monsieur de Pâris, diacre*, Chez Foppens, Bruxelles, 1731. 面妖なことに、ブリュッセルの書肆フォペンスを版元とするこの書の初版は、パリスの生前である1721年に刊行されたことになっている。おそらく印刷所の手違いだろう。
4. *Biographie universelle anciennes et modernes*, t. 5, A. Thoisnier Desplaces, Paris, 1843, pp. 377-378.
5. Balthélemy Doyen, *Vie de Monsieur de Pâris, diacre de diocèse de Paris*, s.l, s. n.,1731.
6. B. Robert Kreiser, *Miracles, Convulsions, and Ecclesiastical Politics in Early Eighteenth-Century Paris*, Princeton Univ. Press, Princeton, 1978, pp. 246-247.
7. Doyen, *Vie du bienheureux François de Pâris, diacre du diocèse de Paris*, Aux dépens de la Compagnie, Utrecht, 1743.
8. Barbier, op.cit., p. 232.
9. たとえば『真実の知識』で、パリスは「ひたすら真実を学び、認めようとする人々のために書いた」と言挙げし、奇蹟についてこう述べている。「優しさに満ちたイエス様・・・、私はきわめて惨めな状態にあり、それゆえあなたのご慈悲による偉大な奇蹟を必要としています。あなたのご意志、命のパン、生きているパン、あなたの肉。それが私の糧となります。しかし、それには無数の奇蹟が不可欠なのです」(Pâris, *Science du vrai*…, s.l., p. 46,.BA. B-H-27187)。このパリスの想いは、興味深いことにやがて彼に治癒の奇蹟を求める病者たちのそれを予示している。
10. Pierre-François Mathieu, *Histoire des miraculés et des convulsionnaires de Saint-Médard*, Didier, Paris, 1864, p. 53.
11. Louis Figuier, *Histoire du merveilleux dans les temps modernes*, t. I, Lib. de L. Hachette, Paris, 1860, p. 312. なお、「痙攣派」に関するわが国唯一の本格書『ファランの痙攣派』（法政大学出版局、1994年）を著した中村浩巳氏は、このフィギエの書に依拠してパリスを紹介している（66頁以下）。
12. Doyen, op. cit., pp. 7-8.
13. Catherine Maire, op.cit. p. 46. このサン＝マグロワール神学校は財務卿ニコラ・フーケの２度目の妻で、セヴィニェ夫人やビュルレスク文学の旗手スカロンらが足繁く通ったサロンの主宰者でもあった、マリ＝マドレーヌ・ド・カスティユ（1635—1716）と、その息子で、南仏アグドの司教総代理をつとめ、上訴派＝ジャンセニストのスネ司教ソアナン（後出）とも交流があった、シャルル＝アルマン・フーケ（1657—1734）の庇護を受けていた。
14. ルイ＝ル＝グラン学寮については、拙著『英雄の表徴』（前掲）、155頁および第５章註23を参照されたい。ちなみに、一連のジャンセニスム批判で知られる神学者でイエズス会士のジャック

2017年、917-918頁)。

4. Édouard Fournier, *Variétés historiques et littéraires*, t. IV, P. Jannet, Paris, 1857, pp. 192-193, note 5 ほか。

5. Reflexions sur l'Ordonance du Roi, en date du 27 Janvier 1732 qui ordonne que la porte du petit cimetière de la paroisse de S. Médard sera & demeura fermée, & sur les procès-verbaux de plusieurs médecins & chirurgiens, qui sont le fondement de cette ordonnance ; & sur évenements qui en sont la suite. pp. 2-3. BHVP. 102767.

6. このjansénisteという語は本来控えめな女性たちが着ていた服の、刺繍なしの袖端を意味していた。ベルギー北西部イープルの司教だったコルネリウス・ヤンセニウス(ヤンセンとも。1585—1638)の思想に共鳴する者たちを指す語としては、一般にブレーズ・パスカルが『プロヴァンシアル』(1656年)で用いたのが最初とされる(Albert Dauzat et als., *Dictionnaire étymologique et historique du français*, Larousse, Paris, 1993, p. 404)。だが、近世史家のモニク・コトレはその文献初出を1641年だとし(Monique Cottret, 《Jansénisme》, in Lucien Bély, dir., *Dictionnaire de l'Ancien Régime*, PUF, Paris, 1996, p. 684)、カトリーヌ・メールはジャンセニストが1643年、ジャンセニスム(Jansénisme)が49年の新造語だとしている(Catherine Maire, 《Les querelles jansénistes de la décennie 1730-1740》, in *Recherches sur Diderot et sur l'Encyclopédie*, vol.38, 2005, p.75)。

残念ながら、いずれもその出典の明記はないが、いずれにせよこのジャンセニストという語は、ジャンセニスムと同様、反ジャンセニスム側(とくにイエズス会)が作り出した蔑称だった(野呂康「サン—シランの残像—論争における操作とその展開」、《大学教育研究所紀要》、第10号、2014年、2—3頁参照)。とすれば、のちにジャンセニストたちはこの「蔑称」を自称することになる。いささか間尺に合わない話である。なお、ジャンセニスムという語の意味や用法における問題点については、御園敬介がその論文「〈ジャンセニスム〉を語ることは可能か」、《慶応大学日吉紀要フランス語フランス文学》、第63号、2016年、1-17頁で明確にまとめている。

7. Jacques Dupâquier, *La population française aux XVIIe et XVIIIe siècles*, PUF., Paris, 1979, p. 65.

8. Barbier, op.cit.p.247.

9. Guillaume-Hyacinthe Bougeant, *Le Saint déniché, ou la banqueroute des marchands de miracles*, Pierre L'Orloge, La Haye, 1732, p. 134. BN. NUMM-6465669.

10. ジョン・ローのバブル経済やカルトゥーシュ裁判の詳細については、拙著『英雄の表徴』(新評論、2012年)を参照されたい。

11. 邦題名『王の奇跡:王権の超自然的性格に関する研究』、井上泰男・渡邉昌美訳、刀水書房、1998年。

12. この修道院の歴史についてはわが国でも数多くの紹介があるが、ここではとくにジャン・ラシーヌの『ポール=ロワイヤル略史』(金光仁三郎訳、審美社、1989年)や、飯塚勝久の名著『フランス・ジャンセニスムの精神史的研究』(未来社、1984年)をあげておきたい。また、拙論「奇蹟の文法:ポール=ロワイヤル修道院とジャンセニスム」(《人間科学研究》、29(2)、143-160頁、2016年)も参照されたい)。また、アンリ・ド・モンテルランにはこの修道院の修道女たちを主役とする戯曲がある(『ポール=ロワイヤル』、川口篤訳、白水社、1972年)。

13. ミシュレ『魔女 下』、篠田浩一郎訳、現代思潮社、1967年、142頁。

14. 拙著『英雄の表徴』、前掲。

奇蹟と痙攣　註

略称：BN. フランス国立図書館　AN. フランス国立古文書館　BHVP. パリ市立歴史図書館
BA. アルスナル図書館（パリ）　BN. マザリヌ図書館（パリ）
＊題名の表記は原則として現代フランス語に変更

序章

1. Edmond-Jean-François Barbier, *Chronique de la régence et du règne de Louis XV ou Journal de Barbier, avocat au Parlement de Paris,* Deuxième série 1727-1734, Charpentier, Paris, 1857, pp. 2-3.
2. 邦題名『ちびの聖者』、長島良三訳、河出書房新社、2008年。
3. 聖メダール（ラテン語名メダルドゥス）は456年に北仏ピカルディ地方のサランシーに生まれ、545年にノワイヨンで没している。父はメロヴィング朝のヒルデリヒ（キリデリク）1世（436頃―481／482）に仕えていた騎士ネクタルドゥス、母はガリア＝ローマの貴族の娘プロタジーとされる。「最初の聖女」を意味するギリシア語のプロタジアに由来する名をもつこの母は、処女と引き換えに夫をキリスト教に改宗させたという。のちに北仏ルーアンの司教となる聖ゴダール（448頃―514）を弟――双生児とする説もあるが、生年が異なる――として生まれたメダールは、伝承によれば、子供の頃から貧者に共感を抱き、新しい衣を裸同然の盲目の物乞いに与えたりしたという。また、仕事で用いる馬を死なせて途方に暮れていた貧しい男に、父から預かった馬を差し出してもいる。怒った父がそれを取り戻そうとすると、突然大雨が降りだしたが、メダールの上にだけは降らず、それを見た父はこれを神意だと悟ったともいう。

   やがてメダールは、北仏サン＝カンタン近郊にあるヴェルマンの司教アロメルのもとで聖職者となり、ヒルデリヒの、ついでその息子クロヴィス1世（初代フランク王在位481―511）の宮廷に伺候し、480年頃に後者がソワソンに移ると、彼はトゥルネ（現ベルギー）の修道院に入る。だが、496年にクロヴィスがランスの司教座聖堂で戴冠式をおこなった際には、ゴダールとともに司教ルミによる聖別を補佐したとされる。530年、彼は他界したアロメルの後任としてヴェルマン司教となり、翌年、司教座を生地近郊のノワイヨンに移す。さらに532年、トゥルネ司教が没すると、その住民たちやクロヴィスの息子で、のちにフランク王（在位558―561）となるクロタールの要請を受けて、76歳という高齢にもかかわらず後任司教となり、トゥルネとノワイヨンの司教区を合体させた。それから12年後、メダールはノワイヨンで他界する。享年88（！）。彼の遺骸はソワソン近くに埋葬され、やがてその場所にサン＝メダール修道院が建立されるようになる。のちに彼の聖遺物の一部は、本文にあるように、パリのサン＝メダール教会に安置されるようになった。

   ちなみに、聖メダールは近代までとくに北仏の村祭りで営まれていた民俗慣行「ロジエール」の創始者とみなされてもいる。彼は毎年、もっとも美徳を備えているとの評判をとった教区の少女に、25リーヴルとバラで飾った帽子、つまりバラ冠を与えることにした。ロジエールとはその名誉に浴した少女を指すが、525年に誕生した最初のロジエールは、地域全体から推された聖メダール自身の妹だったという（ベルナール・ステファヌ『パリ地名大事典』、拙訳、原書房、

Un lieu de mémoire. Port-Royal des Champs, Chronique de Port-Royal, Paris, 2005.

ロジェ・シャルティエ『読書の文化史』、福井憲彦訳、新曜社、1992 年。

同『読者と読書』、長谷川輝夫・宮下志朗訳、みすず書房、1994 年。

ロジェ・シャルティエ&グリエルモ・カヴァッロ『読むことの歴史』田村毅・片山英男ほか訳、大修館書店、2000 年。

ミシェル・パストゥロー『赤の歴史文化図鑑』、蔵持・城谷民世訳、原書房、2018 年。

ミシェル・フーコー『狂気の歴史』、田村俶訳、新潮社、1975 年。

マルク・ブロック『新版 歴史のための弁明』、松村剛訳、岩波書店、2003 年。

話・象徴・イメージ』所収、原書房、2003年。

J・ディディ＝ユベルマン『アウラ・ヒステリカ』、谷川多佳子・和田ゆりえ訳、リブロポート、1990年。

終章　歴史の生態系――「声」の来歴

Briggs, E. R. : 《Le rôle des sentiments religieux dans la formation de l'esprit philosophique et anti-gouvernemental en 1732, d'après des gazetins secrets de la politique parisienne et d'autres inédits》, in *Lias*, vol. 4, 1977.

Chaisemartin, Amélie de : 《Le type du janséniste dans les romans de Standhal et de Georges Sand》, in *Port-Royal au XIXe siècle*, Actes du Colloque, Chronique de Port-Royal, 2015.

Dierkens, Alain : 《Réflexions sur le miracle au haut Moyen Âge》, in *Miracles, prodiges et merveilles au Moyen Âge*, Publication de la Sorbonne, Paris, 1995.

Farge, Arlette : *La vie fragile*, Hachette, Paris, 1986.

Ibid. : *Effusion et tourment, le récit des corps*, Odile Jacob, Paris, 2007.

Faure, Olivier : *Les Français et leur médecine au XIXe siècle*, Belin, Paris, 1993.

Fournel, Victor : *Les cris de Paris*, Les Éditions de Paris, Paris, 2003.

Garrioch, David : *The making of Revolutionary Paris*, University of California Press, Berkely/Los Angeles, 2004.

Gaxotte, Pierre : *Le Siècle de Louis XV*, Éds. Tallandier, Paris, 1933 ／ 2003.

Gazier, Augustin : *Études sur l'histoire religieuse de la Révolution française d'après les documents originaux et inédits*, Armand Colin, Paris, 1887.

Ibid. : *Port-Royal des Champs*, Typographie Plon Nourrit, Paris, 1905.

Hamon, Léo (dir.) : *Du jansénisme à la laicïté. Le jansénisme et les origines de la déchristianisation*, Maison des Sciences de l'Homme, Paris, 1987.

Julia, Dominique : 《Jansénisme et déchristianisation》, in Jaques Le Goff & René Remond, dir., *Histoire de la France religieuse*, op. cit.

Kahan, Michèle Bokobza : 《Les lumières au service des miracles》, in *Dix-huitième siècle*, no.39, 2007.

Léonard, Jacques : *Médecins, malades et société dans la France du XIXe siècle*, Sciences en Situation, Paris, 1992.

Lévy, Jean-Paul : *Le pouvoir de guérir*, Éditions Odile Jacob, Paris, 1991.

Maire, Catherine : 《Des comptes-rendus des constitutions jésuites》, in Pierre-Antoine Fabre et Catherine Maire (dir.), *Les Antijésuites*, Presses Universitaires de Rennes, Rennes, 2010.

Malandain, Gilles : 《Les gazetins de la police secrète et la surveillance de l'expression publique à Paris au deuxième quart du XVIIIe siècle》, in *Revue d'histoire moderne et contemporaine*, année 1995, 42-3.

Maultrot, Gabriel-Nicolas & Claude Mey : *Apologie des jugements rendus en France contre le schisme par les tribunaux séculiers*, 3e éd. s. l., 1753.

Michel, Marie-José : *Jansénisme et Paris ; 1640 - 1730*, Klincksieck, Paris, 2000.

Saveur-François Morand : *Opuscule de chirurgie*, 1ere partie, Guillaume Desprez, Paris, 1768.

Taveneaux, René : *La vie quotidienne des jansénistes aux XVIIe et XVIIIe siècles*, Hachette, Paris, 1973.

第８章　痙攣派もしくは「痙攣の共同体」

Bergasse, Louis : 《Un janséniste lyonnais. Alexandre Bergasse》, in *Revue d'histoite de l'Église de France*, t. 38, no. 131, 1952.

Bourseiller, Christophe : *Les faux messies*, Payot, Paris, 1994.

Breton, André : *Oeuvres*, t. II, La Pléiade, Gallimard, Paris, 1992.

Callebat, Louis(dir.) : *Histoire du médecin*, Flammarion, Paris, 1999.

Calmeil, Louis-Florentin : *De la Folie considérée sous le point de vue pathologique, philosophique, historique et judiciaire*, t. II, Laffitte, Marseille, 1982.

Chantin, Jean-Pierre : *Les amis de l'oeuvre de la vérité*, Presses Universitaires de Lyon, Lyon, 1998.

Ibid. : 《Anticoncordataire ou Petite Église. Les oppositions religieuses à la loi du 18 germal an X》, in *Chrétiens et sociétes*, vol. 10, 2003.

Ibid. : 《Des Jansénistes entre orthodoxie et dissidence au début du XIXe siècle》, *Hisoire @ Politique*, no.18, 2012/13.

Charcot, Jean-Martin : *Foi qui guérit*, Félix Alcan, Paris, 1897.

Charcot et Paul Richer : *Les Démoniaques dans l'art*, Adrien Delahaye et Émile Lecrosnier, Paris, 1887.

Collée, Michel : *Les convulsionnaires chez Louis-Basile Carré de Montgeron*, Album no.1, s. l., s.d., in *Figures des miracles opérés par l'intercession de M. de Pâris et autres appelants de Montgeron.*

Dubreuil, Auguste : *Étude historique ou critique sur les Fareinistes ou Farinistes*, A. Rey, Lyon, 1908.

Grégoire, (L'Abbé) : *Histoire des sectes religieuses*, t. II, Baudouin Frères, Paris, 1828.

Hermon-Belot, Rita : 《L'Abbé Grégoire et le retour des Juifs》, in *bibliotheque.amisdeportroyal. org*, 1990.

Jaquemont,François : *Remède unique aux maux de l'Église et de l' État, par un curé de campagne*, Adrien Egron, Paris, 1816.

Juratic, Sabine : 《Solitude féminine et travail des femmes à Paris à la fin du XVIIIe siècle》, in *Mélanges de l'École française de Rome*, v. 89, t. 2, 1987.

La Genetière, Desfours de : *Lettre d'un curé du diocèse de Lyon, à ses confrères, sur les cause de l'enlèvement de M. Bonjour, curé de la paroisse de Fareins, en Dombes*, s.l., s. n., 1786.

Ibid. : *Recueil de prédictions intéressantes, faites depuis 1733*, s. l., 1792.

Le Père Crêpe, *Notion de l'oeuvre des convulsions et des secours, surtout par rapport à ce qu'elle est dans nos provinces du Lyonais, Forez, Mâconnais, etc.*, 1788.

Maury, Serge : *Convulsions et prophéties jansénistes à la fin du XVIIIe siècle*, Éditions Universitaires Européennes, Saarbrücken, 2010.

Morand, Jean-Salvy : *Le Magnétisme animal*, Garnier Frères, Paris, 1889.

Moreau, Patrice : *Le Jansénisme en Forez au XVIIIe siècle*, Université de Saint-Étienne, 2004.

Regnault, Félix : 《Des Béguins》, in *Bulletin de la Société d'Anthropologie de Paris*, I^{e} série, t. I, 1890.

Séché, Léon : *Les derniers jansénistes depuis la ruine de Port-Royal jusqu'à nos jours*, t. II, Perrin, Paris, 1891.

Vidal, Daniel : *La morte-raison*, Jérôme Millon, Grenoble, 1994.

蔵持不三也「表象論Ⅰ：コルシカ島の〈ムーア人の顔〉をめぐって」、蔵持・松枝 到・永沢 峻編著『神

第６章　奇蹟の語り――墓地閉鎖後

Appolis, Émile : 《Les miracles jansénistes dans le Bas-Languedoc》, in *Annales du Midi*, t. 67, no. 31, 1955.

Bergounioux, J. : 《Les éditions du Codex Medicamentarium de l'Ancienne Faculté de Médecine de Paris》, in *Bulletin de la Société d'histoire de la pharmacie*, 16e année, no. 58, 1928.

Delamare, Nicolas : *Traité de la Police*, t. I, Aux Dépens de la Compagnie, Amsterdam, 1729.

Franco, Pierre : *Traité des hernies*, Thibaut Payant, Lyon, 1561.

François, Jean : *Bibliothèque générale des écrivains de l'ordre de Saint Benoît, patriarche des moines d'Occident*, t. I, Bouillon, 1777.

Helvetius : *Traité des maladies les plus fréquentes et des remèdes propres à les guérir*, t. II, Le Mercier, Paris, 1723.

Joret, Charles : *La rose dans l'antiquité et au moyen âge*, Émile Bouillon, Paris, 1892.

Sainte-Marthe, Denis de : *Reflexions sur la lettre d'un Abbé d'Allemagne aux RR. PP. Bénédictins de la Congrégation de S. Maur, sur le dernier Tome de leur édition de S. Augustin*, s. l., 1699.

蔵持不三也『異貌の中世』、弘文堂、1986 年。

第７章　奇蹟の遠近法

Berger, Caroline et Jean-Sylvain Rey : *Archives du mouvement Convulsionnaire (1727-1816)*, Univ. de Versailles –Saint-Quentin-en Yvelines, 2007.

Dominique Julia, « Le catholicisme, religion du royaume (175-1789 », in Jacques Le Goff et René Rémon, éd., *Histoire de la France religieuse*, vol. 3, Seuil, Paris, 1991.

Duguet-Mol, Armande de Isabelle : *Journal historique des convulsionnaires du temps*, s. l., 1743.

Lepetit, Bernard : 《La population urbaine》, in *Histoire de la population française*, t.II, dir. de Jacques Dupâquier, PUF., Paris, 1988.

Maddison, Angus : *The World Economy*, OECD, Paris, 2006.

Manuel, Louis-Pierre : *La Bastille dévoilée ou Recueil des pièces authentiques servir à sa histoire*, Desenne, Paris, 1789.

Meslé, France & Jacques Vallin : *Montéé de l'espérance de vie et concentration des âges aux décès*, INED, Paris, 2002.

Vidal, Daniel : *Miracles et convulsions jansénistes au XVIIIe siècle*, P.U.F., Paris, 1987.

Voeux, Antoine Venchon des : *Lettres sur les miracles, où l'on établit les caractères distinctifs des vrais miracles en général, & en particulier de ceux qui s'opèrent sur le corps humain ; & l'on fait voir que sans entrer dans l'examen de la doctrine, on a droit de rejetter les miracles que les Jansènistes attribuënt aux reliques de Mr. l'Abbé de Pâris*, Rotterdam, Jean Daniel Beman, 1735.

Wilson, Lindsay : *Women and Medicine in the French Enlightenment*, The John Hopkins Univ. Press, Baltimore and London, 1993.

ディディエ・アンジュー『集団と無意識―集団の想像界』、榎本譲訳、言叢社、1999 年。

第５章　奇蹟の語り——墓地閉鎖前

Alexandre, Nicolas : *La médecine et la chirurgie*, Laurent Le Conte, Paris, 1714 /1741.

Bollème, Geneviève : *La bible bleue*, Flammarion, Paris, 1975.

Dedieu, Jeseph : 《L'agonie du jansénisme (1715-1790)》, in *Revue d'histoire de l'Église de France*, t. 14, no. 63, 1928.

Dumarsais, Claude : *Des tropes ou des différents sens*, Flammarion, Paris, 1988.

Gastelier, Jacques-Élie : *Lettes sur les affaires du temps*, vol. IV, Champion-Slatkine, Paris & Genève, 1993.

Hecquet, Philippe : *La médecine, la chirurgie et la pharmacie des pauvres*, Nlle éd., t. II, Clousier, David, Durand, et Damonneville, Paris, 1742.

Helvetius, Jean-Claude-Adrien : *Traité des maladies les plus fréquentes, et des remèdes propres à les guérir*, t. I, Chez la Veuve Le Mercier, 1724.

La Beyrie et Jean Goulin : *Dictionnaire raisonné universel de matière médicale*, t. IV, F. Didot, Paris, 1773.

L'Ami de la religion, t. 96, Libraire Écclésiastique d'Ad. Le Clère, Paris, 1835.

Lataste, Louis : *Lettres théologiques aux écrivains défenseurs des convulsions & autres prétendus miracles du temps*, Seconde partie, Marc Chave, Avignon, 1739.

Lémery, Nicolas : *Pharmacopée universelle,* 3e éd., Aux dépens de la Compagnie, Amsterdam, 1717.

Lick, Richard : 《Les intérieurs domestiques dans la seconde moitié du XVIIIe siècle d'après les inventaires après décès de Coutances》, in *Annales de Normandie*, vol. 20, no. 4, 1970.

Louis, Antoine: *Dictionnaire de chirurgie*, t. II, Chez Saillant & Nyon, Paris, 1789.

Maire, Catherine-Laurence : *Les convulsionnaires de Saint-Médard*, Gallimard/ Julliard, Paris, 1985.

Plongeron, Bernard : 《Les Lumières (1715-1826). Sainteté pour un siècle réputé "philosophique"》, in Plongeron et al. (dir.) : *Histoire des saints et de la sainteté chrétienne*, t. 9, Hachette, Paris, 1987.

Potiez, Pierre-Joseph : *Proposition sur l'emploi du quinquina et sur le traitement des fièvres intermittentes*, Didot, Paris, 1806.

Richelet, César-Pierre : *Dictionnaire de la langue française, ancienne et moderne*, Les Frères Duplain, Lyon, 1680/1759.

Schmitt, Jean-Claude : *L'Invention de l'anniversaire*, Les Éditions Arkê, Paris, 2009.

伊藤正男ほか編『医学大辞典』第２版、医学書院、2010 年。

蔵持不三也『祝祭の構図』、ありな書房、1979 年。

同「キナ讃」、《Is》、第 70 号、ポーラ文化研究所、1995 年。

デイヴィッド・ヒューム『奇蹟論・迷信論・自殺論』、福鎌忠恕・斎藤繁雄訳、法政大学出版局、1985 年。

松本礼子「教区という空間」、土肥恒之編『地域の比較社会史』所収、日本エディタースクール出版部、2007 年。

ロベール・マンドルー『民衆本の世界』、二宮宏之・長谷川輝夫訳、人文書院、1988 ／ 89 年。

déstruction du saint monastère de Port-Royal des Champs, 3e éd., 1734.

Fontaine, Nicolas ：*Mémoires ou histoire des solitaires de Port-Royal*, éd. par Pascal Mengotti-Thouvenin, Champion, Paris, 2001.

Gouzi, Christine & Philippe Luez : *Port-Royal ou l'abbaye de papier*, Yvelin Édition, Magny-et-Hameau, 2011.

Gres-Gayer, Jacques M. : *Le Jansénisme en Sorbonne*, Klincksierck, Paris, 1996.

Lesaulnier, Jean :《Où est passéz la Sainte Épine de Port-Royal de Paris》, in *Société des Amis de Port-Royal*, série 2009.

Leclerc, Pierre : *Histoire des persécutions des religieuses de Port-Royal*, Aux dépens de la Société, Ville-Franche, 1753.

Lettres de la Mère Agnès Arnauld, Abbesse de Port-Royal, éd. par P. Faugère, t. I, Benjamin Duprat, Paris, 1858.

Marin, Louis :《Signe et représentation. Philippe de Champaigne et Port-Royal》, in *Annales. Histoire, Sciences Sociales*, 25e année, no. 1, 1970.

Mesnard, Jean :《Le sacré dans la pensée de Pascal》, in *Bulletin de l'Association Guillaume Budé*, no.2, juin 1989.

Pascal, *Oeuvres complètes de Pascal*, t. III, éd. par Jean Ménard, Desclée De Brouwer, Paris, 1991.

Pericho, Lorenzo : *Philippe de Champaigne,* La Renaissance du Livre, Tournoi, 2002.

Petitpied, Nicolas : *Obedientiae credulae vana religio...*, t. II, 1707.

Racine, Louis : *Mémoires sur la vie de Jean Racine*, t. II, Marc-Michel Bousquet, Lausanne, 1747.

Richardt, Aimé : *Le Jansénisme de Jansénius à la mort de Louis XIV*, François-Xavier de Guibert, Paris, 2002.

Quantin, Jean-Louis :《Augustinisme, sexualité et direction de conscience. Port-Royal devant les tentations du Duc de Luynes》, in *Revue de l'histoire des religions*, vol. 220, no.2, 2003.

Tallen, Alain :《Prière et charité dans la Compagnie du Saint-Sacrement》, in *Histoire, Écinomie et Société*, vol. 19, no.3, 1991.

国府田武「ジャンセニウスの〈五命題〉の断罪――勅書 “Cum occasione”」、《ノートルダム清心女子大紀要・文化学編》、vol. 9, no. 1、1985 年。

塩川徹也『パスカル　奇蹟と表徴』、岩波書店、1985 年.

パスカル『パンセ』、前田 陽一・由木 康訳、中公文庫、1973 年。

パスカル『プロヴァンシアル』（第 16 の手紙）、『パスカル著作集 IV』田辺保訳、教文館、1980 年。

御園敬介「フランスにおける反ジャンセニスム政策の形成――六五四年九月の教皇インノケンティウス十世の小勅書 Ex litteris をめぐって」、《一橋社会科学》、第 3 号、2007 年。

森川甫『パスカル「プロヴァンシアルの手紙」――ポール・ロワイヤル修道院とイエズス会』、関西大学出版会、2000 年。

望月ゆか「アントワーヌ・アルノー『頻繁な聖体拝領』（1643）における崇高性」、《武蔵大学人文学会雑誌》、第 34 巻 4 号、2004 年。

リュシアン・ゴルドマン『隠れたる神 上』、山形頼洋訳、社会思想社、1955 ／ 72 年。

Grégoire（L'Abbé）, *Les ruines de Port-Royal des Champs, en 1809, année séculaire de la destruction de monastère*, Levacher, Paris, 1809.

Jalby, Robert : *Le folklore du Languedoc*, G.-P. Maisonneuve et Larose, Paris, 1971.

Kley, Dale Van : 《Du parti janseniste au parti patriote》, in *Chronique de Port-Royal,* no. 39, Société des Amis de Port-Royal, 1990.

Mairobert, Mathieu-François Pidansat de : *Journal historique de la révolution opérée dans la constitution de la monarchie française, par M. de Maupeou, chancelier de France*, t. 2, s. n., Londres, 1774.

Mommsen,Theodor : *Corpus Inscriptionum Latinarum*, I, BBAW, Berlin, 1853.

Noirfontaine, François de et als. : 《Un journal de polémique et de propaganda. Nouvelles Ecclésiastiques》, in *Histoire, économie et société*, 10e année, no. 3, 1991.

Plongeron, Bernard : 《Une image de l'église d'après les "Nouvelles Ecclésiastiques"》, in *Revue d'histoire de l'Église de France*, t. 53, no. 151, 1979.

蔵持不三也『ペストの文化誌―ヨーロッパの民衆文化と疫病』、朝日選書、1995 年。

同「タラスク再考」、蔵持編著『ヨーロッパの祝祭』、河出書房新社、1996 年。

同「文化の見方、考え方」、蔵持監修、嶋内博愛・出口雅敏・村田敦郎編『エコ・イマジネール―文化の生態系と人類学的眺望』所収、言叢社、2007 年。

蔵持・松平俊久「民衆造形文化論」、『ヨーロッパ民衆文化の想像力』所収、言叢社、2013 年。

松浦義弘「フランス革命期のフランス」、樺山紘一ほか編『フランス史２』所収、前掲。

第４章　奇蹟の系譜――ポール＝ロワイヤルから

Annat, François : *La bonne foi des Jansénistes en la citation des auteurs, reconnue dans les lettres que le secrétaire du Port-Royal a fait courir depuis Pasques*, Florentin Lambert, Paris, 1656.

Ibid. : *Défense de la vérité catholique touchant les miracles, contre les déguisemens et artifices de la réponse faite par MM. de Port-Royal, à un écrit intitulé "Observations nécessaire sur ce qu'on dit être arrivé à Port-Royal au sujet de la Sainte Épine"*, ibid.,1657.

Asson, Baudry de Saint-Gilles d' : *Le Journal*, J. Vrin, Paris, 1936.

Besoigne, Jérôme : *Histoire de l'Abbaye de Port-Royal*, t. I, Aux dépens de la Compagnie, Cologne, 1752

Billot, Claude : 《Le message spirituel et politique de la Sainte-Chapelle de Paris》, in *Revue Mabillon*, t. 63, 1991.

Chronique de Port-Royal, no. 2, Paris, 1951.

Colportage et lecture populaire. Imprimés de large circulation en Europe, XVIe-XIXe siècles, dir. de Roger Chartier et Hans-Jürgen Lüsebrink, Éditions de la Maison des Sciences de l'Homme, Paris, 1996.

Delforge, Frédéric : *Jacqueline Pascal (1625-1661)*, Classiques Garnier, Paris, 2016.

Dorival, Bernard : *Philippe de Champaigne, la vie, l'oeuvre et le catalogue raisonné de l'oeuvre*, Léonce Laget, Paris, 1976.

Ibid. : 《L'ex-voto de 1662 de Philippe de Champaigne》, in *Bibliothèque éléctonique de Port-Royal*, 2007.

Dumas, Alexande : *Chronique de la Régence*, éd. par C. Schoppe, Vuibert, Paris, 2013.

Etemare（d'）, Jean-Baptiste d' et Pierre Boyer : *Les gémissements d'une âme vivement touchée de la*

1719.

Patouillet, Louis : *Apologie de Cartouche, ou le scelerat sans reproche, par la grâce du Père Quesnel*, Chez Jean Le Singer, Cracovie, 1731.

Preclin, Edmond : 《Les conséquences sociales du jansénisme》, in *Revue d'histoire de l'Église de France*, t. 21, no.92, 1935.

Quesnel, Pasquier : *Le Nouveau Testament en français, avec des reflexions morales sur chaque verset, pour en rendre la lecture plus utile, & la méditation plus aisée*, t. I, Aux depens de Joseph Nicolai, Amsterdam, 1727.

Sainte-Beuve, *Port-Royal*, vol. I, 3e éd., texte présenté et annoté par Maxime Leroy, Bibliothèque de la Pléiade, Gallimard, Paris, 1952.

Sévigné, Madame de : *Correspondance*, t. I, éd. par Roger Duchêne avec la collaboration de Jacqueline Duchêne, Gallimard,"Bibliothèque de la Pléiade", Paris, 1973.

Spiertz, M. : 《"Autour de l'Unigenitus", une oeuvre magistrale sur l'origine de la Constitution Unigenitus》, in *Revue d'histoire ecclésiastique*, vol. 83, no. 2, 1988.

Thuillier, Vincent : *Rome et la France, d'après Lucien Ceyssens*, University Press–Uitgeverij Peeters, Leuven, 1992.

Vacant, A . et als. : *Dictionnaire de Théologie catholique*, t. 13, Librairie Letouzey, Paris, 1937.

ウィリアム·バンガート『イエズス会の歴史』、岡安喜代·村井則夫訳、上智大学中世思想研究所監修、原書房、2004年。

二宮宏之·柴田三千雄「十八世紀の政治と社会」、樺山紘一ほか編『フランス史２』所収、山川出版社、2001年。

第３章　聖職者通信

Arnauld, Antoine : *Oeuvre de Messire Antoine Arnauld, docteur de la maison et société de Sorbonne*, t. 26, Paris, 1779.

Belayche, Nicole : 《La Neuvaine funéraire à Rome ou la mort impossible》, in Yann Le Bohec（éd.）, *La mort au quotidien dans le monde romain*, Boccard, Paris, 1995.

Caillau, A.B. : *Histoire critique et religieuse de Notre-Dame de Roc-Amadour*, Andrien Leclère, Paris, 1854.

Chsristophe, Blanquie : 《Un procès en Jansénius. Le curé de Labourne (1656-57)》, in *Revue d'histoire de lÉglise de France*, t. 86, no. 216, 2000.

Donaldson, James（éd.）: *Constitution of the Holy Apostles*, Create Space Independent Publishing Platform, 2003.

Dubuc, André : 《Le culte de saint Hubert en Normandie》, in *Annales de Normandie*, 4e année, no. 1, 1954.

Farge, Arlette : *Dire et mal dire. L'opinion publique au XVIIIe siècle*, Seuil, Paris, 1992.

Favre, Robert : 《Les Nouvelles ecclésiastiques au seuil de la Révolution (1788-1790)》, in *Dix-Huitième Siècle*, année 1989.

Féraud, Bérenger : *Traditions de Provence*, Laffitte, Marseille, 1885.

Gennep, Arnold Van : *Le Dauphiné traditionnel*, t.1, Éds. Curandera, Voreppe, 1932 / 1990.

vol. 94, no. 3, 1999.
Dinet, Dominique et Marie-Claude Dinet-Lecomte :《Les Appelants contre la bulle Unigenitus d'après Gabriel-Nicolas Nivelle》, in *Histoire, Économie et Société,* 9e année, no. 3, 1990.
Dieudonné, Philippe :《Fragilité de la Paix de l'Église》, in *Chronique de Port-Royal*, vol. 29, 1980.
Duranton, Henri :《La théologie à l'encan》, in Olivier Andurand & Sylvio H. De Franceschi (éd.) , *8 Septembre 1713. Le choc de l'Unigenitus*, Société des Amis de Port-Royal & Bibliothèque Mazarine, Paris, 2014.
Gaultier,Jean-Baptiste : *La vie de Messire Jean Soanen, Évêque de Senez*, Aux dépens de la Compagnie, Cologne, 1750.
Gazier, Augustin : *Histoire générale du mouvement janséniste, depuis ses origines jusqu'à nos jours*, t. I, Ancienne Honoré Champion, Paris, 1924.
Kley, Dale Van : *The Religious Origins of the French Revolution*, Yale Univ. Press, New Haven, 1996（仏訳版 *Les origines religieuses de la Révolution française*, Seuil, Paris, 2002）.
Ibid. : *The Damiens Affair and the Unraveling of the Ancient Regime, 1750-1770*, Princeton Univ. Press, Princeton, 1984.
Labelle, Pierre-François: *Nécrologe des appelants et opposants à la Bulle Unigenitus*, s. l., 1755.
Lafiteau, Pierre-François : *Histoire de la Constitution Unigenitus*, livre II, Gauthier Frères et Compagnie, Besançon, 1820.
Languet, Jean Jeseph : *Recueil de pièces importantes en faveur de la Constitution Unigenitus*, Joseph Chastel, Avignon, 1717.
Le Gros, Nicolas : *Réponse à diverses questions touchant la Constitution Unigenitus*, s. l., 1715.
Ibid. : *Abrigé chronologique des principaux évènements qui ont précédé la Constitution Unigentus qui y ont donné lieu, ou qui en sont les suites*, 1732.
Le Pelletier, Claude : *Défence de la Constitution de N.S.P. Le Pape, portant Condamnation du Nouveau Testament du Père Quesnel*, J.F. Broncart, Liège, 1714.
Lyon-Caen, Nicolas : *La boîte à Perrette. Le Jansénisme parisien au XVIIIe siècle*, Albin Michel, Paris, 2010.
Maire, Catherine : *De la cause de Dieu à la cause de la Nation*, Gallimard, Paris, 1998.
Marais, Mathieu : *Journal de Paris*, t. I, Publication de l'Université de Saint-Étienne, Saint-Étienne, 2004.
Mey, Gabriel-Nicolas & Claude : *Apologie des jugements rendus en France contre le schisme par les tribunaux séculiers*, t. I, 3e éd. s.l., 1753.
Michel, Marie-José : 《Clergé et pastrale jansénistes à Paris (1669-1730)》, in *Revue d'histoire moderne et contemporaine*, t. 26, no. 2, 1979.
Monnier, Hilarion et als. : *Problème ecclésiastique, proposé à M. Boileau de l'archevêché de Paris, à qui l'on doit croire, de Messire Loüis Antoine de Noailles évêque de Châlon en 1695. Ou de Messire Loüis Antoine de Noailles archevêque de Paris en 1696*, s.l., s. n. 1698/99.
Nivelle, Gabriel-Nicolas : *Le cris de la foi, ou recueil des différents témoignages rendu par plusieurs facultés, chapitres, curés, communautés ecclésiastiques et régulières au sujet de la constitution Unigenitus*, s. l., s. n.,

Mousset, Albert : *L'étrange histoire des convulsionnaies de Saint-Médard*, Eds. de Minuit, Paris, 1953.

Paulet, Jean-Jacques : *Histoire de la petite vérole, avec les moyens d'en préserver les enfants et d'en arrêter la contagion en France*, Ganeau, Paris, 1768.

Plazenet, Laurence : *Port-Royal*, Flammarion, Paris, 2012.

Saint Marc : *Vie de M. Hecquet, docteur regent et ancien doyen de la Faculté de Médecine de Paris*, Closier, David, Durand et Damonneville, Paris, 1742.

Sauvage, Henri-Michel : *La réalité du projet de Bourgfontaine*, t. I, Les Libraires Associés, Paris, 1764.

Strayer, Brian E. : *Suffering Saints. Jansenists and Convulsionnaires in France, 1640-1799*, Sussex Academic Press, Brighton and Eastbourne, 2008.

Thillay, Alain : *Le Faubourg Saint-Antoine et ses faux-ouvriers. La liberté du travail aux XVIIe et XVIIIe siècles*, Champ Vallon, Seyssel, 2002.

Valet, Paul : *Le diacre Pâris et les convulsionnaires de St. Médard. Le Jansénisme et Port-Royal. Le Masque de Pascal*, H. Champion, Paris, 1900.

蔵持不三也「医食文化試論―近世・近代フランスにおける《貧者の医学》を巡って」、蔵持・松田俊介『医食の文化学』所収、言叢社、2011 年。

小田桐光隆「ポール＝ロワイヤル神話とモンテルラン」、《上智大学仏語・仏文学論集》、第 23 号、1989 年。

中村浩巳『ファランの痙攣派』、法政大学出版局、1994 年。

アルベール・ソブール『大革命前夜のフランス』、山崎耕一訳、法政大学出版局、1982 年。

エメ＝ジョルジュ・マルティモール『ガリカニスム』、朝倉剛・羽賀賢二訳、白水社クセジュ文庫、1987 年。

ルイ＝セバスチャン・メルシエ『タブロー・ド・パリ』【邦題名『十八世紀パリ生活誌　上』】、原宏編訳、岩波文庫、1989 年。

ル・ロワ・ラデュリ『南仏ロマンの謝肉祭』、蔵持不三也訳、新評論、2002 年。

第２章　上訴派パリス

Alembert(d'), Jean : *Sur la déstruction des Jésuites en France*, s.l.,1765.

Andurand, Olivie : 《Fluctuat nec mergitur, les hésitations du cardinal de Noailles》, in *Cahiers de recherches médiévales et humanistes*, vol. 24, 2012.

Augustin（Saint）: *De natura et gratia*, IV, 4-v, 5, éd. et trad. de G.de Plinval et J. de la Tullaye, Paris, Bibliothèque augustinienne, 1966.

Baillet, Adrien : *La Vie d'Edmond Richer, docteur de Sorbonne*, E. Roger, Amsterdam, 1715.

Carreyre, Jean : 《Les luttes du jansénisme. Sujet d'histoire diocésaine》, in *Revue d'histoire de l'Église de France*, t. 10, no. 49, 1924.

Colbert de Croissy, *Oeuvres*, II, Cologne, 1740, d'après Monique Cottret, *Conclusion, in 8 Septembre 1713*, Chroniques de Port-Royal, Paris, 2014

Cottret, Monique : *Jansénisme et Lumières*, Albin Michel, Paris, 1998.

Dawson, Nelson- Martin : 《Le Pari de Languet et le pari antijanséniste》, in *Revue d'histoire* ecclésiastique,

第１章　助祭パリスの生涯

Andilly（d'）, Robert Arnauld : *Mémoires pour servir à l'histoire de Port-Royal et à la vie de la R. Mère Marie Angélique de Sainte Magdeleine Arnauld, Réformatrice de Port-Royal*, t. III, Aux dépens de la Compagnie, Utrecht, 1742.

Baral, Pierre : *Appélants célébres*, s.l., s. n., 1753.

Biographie universelle anciennes et modernes, t. 5, A. Thoisnier Desplaces, Paris, 1843.

Boyer, Pierre : *La vie de Monsieur de Pâris, diacre*, Chez Foppens, Bruxelles, 1731.

Besoigne, Jérôme : *Histoire de l'Abbaye de Port-Royal*, t. I, Aux dépens de la Compagnie, Cologne, 1752.

Bruyère (La), Jean-Louis Barbeau de : *La vie de M. François de Pâris, diacre*, s.l., s.n., 1731.

Ceyssens, Lucien :《Pour une histoire plus poussée et plus explicite de l'antijansénisme》, in *Actes du colloque sur le Jansénisme*, organisé par l'Académie Belgica, Rome, 1973.

Dedieu, Joseph :《Le désarroi janséniste pendant la période du quesnellisme》, in *Revue d'histoire de l'Église de France*, t. 20, no 88, 1934.

Doyen, Balthélemy : *Vie de Monsieur de Pâris, diacre du diocèse de Paris*, s.l, s. n.,1731.

Ibid. : *Vie du bienheureux François de Pâris, diacre du diocèse de Paris*, Aux dépens de la Compagnie, Utrecht, 1743.

Dubé, Paul : *Le Médecin et chirurgien des pauvres*, Edme Couterot, Paris, 1669.

Duboucher, Georges : *Port-Royal et la médecine*, Nolin, Paris, 2010.

Figuier, Louis : *Histoire du merveilleux dans les temps modernes*, t. I, Lib. de L. Hachette, Paris, 1860.

Franklin, Alfred : *Dictionnaire historique des arts, métiers, et professions exercés dans Paris depuis le XIIIe siècle*, Kean-Cyrille Godefroy, Paris, 1906／2004.

Goujet（L'Abbé）: *Mémoires pour servir à l'histoire de Port-Royal*, s.l., 1734.

Gouzi, Christine :《L'image du diacre Pâris portant gravé et hagiographie》, in *Chrétiens et Société,* no.12, 2005.

Hildesheimer, Françoise : *Le Jansnisme. L'histoire et l'héritage*, Desclée de Brouzer, Paris, 1992.

Kreiser, B. Robert : *Miracles, Convulsions, and Ecclesiastical Politics in Early Eighteenth-Century Paris*, Princeton Univ. Press, Princeton, 1978.

Lallemant, Jacques-Philippe : *Jansénius comdamné par l'Église, par lui-même et ses défenseurs, et par S. Augustin*, François van Den Abbeelen, Bruxelles, 1705.

Lyon-Caen, Nicolas :《Un Saint de nouvelle fabrique》, in *Annales. Histoire, Sciences Sociales*, 65e année, no.3, 2010.

Ibid. *Les Jansénistes*, Le Monde, Paris, 2013.

Maire, Catherine :《Les querelles jansénistes de la décennie 1730-1740》, in *La Formation de D'Alembert*, no. 38, 2005.

Mathieu, Pierre-François : *Histoire des miraculés et des convulsionnaires de Saint-Médard*, Didier, Paris, 1864.

Michel, Marie-José :《La paroisse Saint-Médard au Faubourg Saint-Marceau》, in *Reveu d'histoire modene et contemporaine*, vol. 26, no. 2, 1979.

主要引用・参考文献一覧

＊法令・教令・私信類（書簡集以外）は除く。重複する文献は初出の章に示した。

基礎史料

Recueil des miracles opérés au tombeau de M. de Pâris, diacre. Avec les Requêtes présentées à M. de Vintimille, archevêque de Paris, par messieurs les curés de cette ville, et un discours préliminaire sur les miracles, 3 vols., Aux dépens de la Compagnie, Utrecht, 1733-1736.

Nouvelles Ecclésiastiques ou mémoires pour servir à l'histoire de la Constitution Unigenitus.

Table raisonnée et alphabétique des Nouvelles Ecclésiastiques depuis1728 jusqu'en 1760 inclusivement, 2 vols.

Montgeron, Carré de : *La verité des miracles operés par l'intercession de M. de Pâris et autres appelants, demontrée contre M. l'Archevêque de Sens*, Nlle. Edition, 3 vols., Lib. de la Compagnie, Cologne, 1745-1747.

序章

Barbier, Edmond-Jean-François : *Chronique de la Régence et du règne de Louis XV ou Journal de Barbier, avocat au Parlement de Paris*, Deuxième série 1727-1734, Charpentier, Paris, 1857.

Bougeant, Guillaume-Hyacinthe : *Le Saint déniché, ou la banqueroute des marchands de miracles*, Pierre L'Orloge, La Haye, 1732.

Cottret, Monique :《Jansénisme》, in Lucien Bély (dir.), *Dictionnaire de l'Ancien Régime*, PUF, Paris, 1996.

Dauzat, Albert et als. : *Dictionnaire étymologique et historique du français*, Larousse, Paris, 1993.

Dupâquier, Jacques : *La population française aux XVIIe et XVIIIe siècles*, PUF., Paris, 1979.

Fournier, Édouard : *Variétés historiques et littéraires*, t. IV, P. Jannet, Paris, 1857.

Maire, Catherine :《Les querelles jansénistes de la décennie 1730-1740》, in *Recherches sur Diderot et sur l'Encyclopédie*, vol.38, 2005.

飯塚勝久『フランス・ジャンセニスムの精神史的研究』、未来社、1984年。

蔵持不三也『英雄の表徴』、新評論、2012年。

同「奇蹟の文法：ポール＝ロワイヤル修道院とジャンセニスム」、《人間科学研究》、29(2)、2016年。

野呂康「サン－シランの残像―論争における操作とその展開」、《大学教育研究所紀要》、第10号、2014年。

マルク・ブロック『王の奇跡：王権の超自然的性格に関する研究』、井上泰男・渡邉昌美訳、刀水書房、1998年。

御園敬介「〈ジャンセニスム〉を語ることは可能か」、《慶応大学日吉紀要フランス語フランス文学》、第63号、2016年。

ジュール・ミシュレ『魔女 下』、篠田浩一郎訳、現代思潮社、1967年。

ジャン・ラシーヌ『ポール＝ロワイヤル略史』、金光仁三郎訳、審美社、1989年。

63, 82, 83, 87-96, 101, 102, 104, 106-110, 146, 181, 185, 218, 240, 329, 349, 358, 375, 377, 378, 382, 387, 388, 394, 399, 400, 410-414, 420, 446, 479, 484, 490, 491, 501, 515, 516, 521, 523, 537, 539, 549, 557, 558
聖職者民事基本法（Constitution civile du clergé） 106-109, 421, 428, 429, 431, 444, 445, 454, 458, 483, 487, 510, 511, 553, 563
精神医学（psychiatrie） 20, 459, 462-465, 491, 493, 504, 509

そ

ソリテール（Solitaires） 38, 39, 43, 44, 53, 55, 92, 114, 117, 122, 125-127, 132, 136-138, 391, 454, 486, 507, 568, 569
ソルボンヌ（Sorbonne） 18, 30, 53, 65, 78, 95, 96, 115, 121, 122, 131, 138, 268, 364, 384, 393, 403, 481, 511, 538, 544, 546, 550, 562, 564, 570

た

磔刑（十字架）（crucifixion 痙攣派スクール） 151, 167, 222, 287, 504, 514, 543

ち

小さな学校（petites-écoles） 38, 92, 114, 122, 127, 137, 454, 567, 568, 569

は

バスティーユ監獄（Bastille） 53, 102, 148, 538, 568

ひ

ピネル派（Pinelistes） 418, 419, 421, 422, 423, 425, 456

ふ

ファラン派（Fareinistes） → ボンジュール派
フィギュリスト（Figuristes） 25, 65, 96, 145, 364, 372, 405, 413, 442, 544, 559
フィギュリスム（figurisme） 25, 35, 95, 385, 400, 419, 421, 510
プティ・テグリーズ派（Petite Église 痙攣派） 454, 456, 458

へ

ベガン派（Béguins 痙攣派） 441, 448-454
ベガン（帽子） 448
ベネディクト会 → 修道会

ほ

ポール＝ロワイヤル修道院（Abbaye de Port-Royal） 18, 34, 61, 113, 114, 116, 120, 123, 124, 126, 130-133, 135-317, 374, 485, 486, 538, 546, 548, 551, 567, 569
（ポール＝ロワイヤル・）デ・シャン修道院（Abbaye de Port-Royal des Champs） 34, 38, 53, 55, 56, 92, 113, 114, 118, 122, 124-133, 136-138, 298, 316, 317, 391, 409, 442, 446, 451, 454, 481, 485-487, 547, 561, 572
ボンジュール派（Bonjouristes 痙攣派） 423-426, 428, 430, 431, 441, 442, 444, 445, 448, 512, 514

め

メシアニズム（messianisme） 18, 20, 136, 145, 184, 374, 396, 407, 422, 430, 448, 449, 459, 464, 465, 475, 493, 499

も

モリナ主義者・モリナ派（Molinistes） 72, 87, 232

施療院）309, 311, 312, 368, 549
サン＝マグロワール神学校（Séminaire Saint-Magloire 神学校）30, 32, 34, 35, 47, 65, 72, 79, 95, 96, 401, 470, 524, 528, 559, 571, 572

し

シャルラタン（charlatin）16, 159, 219, 271, 308, 473, 474, 482, 508, 537, 542
ジャンセニスト（Jansénistes）14, 16-20, 25-27, 30, 33, 35, 38-40, 44-46, 50, 53-57, 61, 63-67, 71, 73, 75-83, 87, 89-96, 98, 99, 101, 102, 105, 106, 110, 114, 118, 119, 121, 123, 126, 128-130, 132, 134-138, 140, 143-149, 152, 156, 162, 163, 169, 173, 177, 178, 181-185, 190, 191, 193, 211, 213, 218, 231, 232, 235, 239, 240, 246, 259, 261, 262, 266, 268, 275, 277, 279, 283, 287, 300, 304, 317, 318, 321, 329, 330, 344, 345, 347, 349-351, 353, 354, 358-360, 364, 366, 368, 371-374, 376-379, 381, 382, 384, 387-389, 393-396, 400, 401, 403-407, 409, 410, 412, 415-420, 422-425, 428, 430, 442, 443, 445-448, 450-455, 457, 459-462, 464, 471, 472, 475, 477, 479-487, 491, 492, 494, 496, 497, 499, 507, 509, 510, 512-515, 517-519, 522, 523, 525, 528, 529, 535, 537, 538, 539, 541, 544, 547-550, 554, 558, 562, 563-565, 569-573
ジャンセニスム（jansénisme）17-20, 25, 30, 34, 53, 56, 57, 66, 72, 78, 83, 87, 89, 92, 99, 105, 106, 109, 110, 113, 118-123, 127, 128, 132, 133, 135, 136, 147, 150, 151, 156, 169, 173, 177, 213, 233, 235, 268, 300, 304, 307, 308, 317, 324, 345, 350, 359, 375, 381, 387, 389, 392, 401, 402, 407, 410, 415, 420, 440, 443, 446, 453, 459, 465, 470, 472, 479, 480-483, 485, 486, 490, 491, 501, 506, 509, 510, 518, 519, 528-531, 534, 538, 546, 550, 562-564, 566-569, 572, 573, 580, 586
修道会（congrégation）
オラトリオ会（Oratoire）25, 30, 35, 46, 71, 73, 109, 144, 156, 157, 158, 183, 210, 258, 327, 328, 382, 385, 390, 395, 406, 419-421, 442, 444, 454, 524, 532, 547, 568, 572
サン＝モール（Saint-Maur）30, 38, 300, 303, 304, 529, 530, 559
ベネディクト会（Benédictin）30, 38, 57, 61, 74, 78, 89, 133, 143, 148, 195, 279, 292, 295, 300, 303, 304, 404, 439, 529, 530, 531, 559
上訴派（appelants）・再上訴派（réappelants）20, 25, 30, 33, 38, 45, 50, 51, 57, 64-67, 71-73, 79, 80, 82, 87, 88, 94-96, 98, 99, 101, 102, 143, 145, 148, 150, 151, 160, 173, 177, 178, 180, 183, 184, 190, 191, 193, 202, 213, 218, 227, 239, 283, 284, 324, 326, 329, 331, 345, 353, 366, 385, 389, 390, 391, 393, 394, 397, 413, 414, 442, 447, 451, 455-457, 479, 480, 482, 483, 494, 507, 515, 517, 518, 520, 535, 539, 540, 543, 559, 561, 565, 570, 572, 584
真理の友（Amis de la Vérité）400, 419, 423
真理の業の友（Amis de l'oeuvre de la Vérité）423, 442, 448, 455

す

スクール（secour 痙攣派「救いの業」）19, 363-368, 372, 380-383, 386, 387, 389, 391-393, 397, 398, 401, 403, 405, 410, 423, 425, 427, 442, 453, 455, 458, 462-464, 490, 504, 505, 508, 512, 514, 517, 518, 524-526, 565, 579

せ

聖遺物（reliques）11, 104, 105, 114-116, 118, 133-137, 154-158, 160, 162, 165, 171, 172, 209, 211, 221, 253, 255, 256, 259, 264, 274, 277, 284, 292, 295, 300, 302-304, 306, 308, 312, 315, 317, 318, 320, 353, 354, 355, 356, 368, 404, 455, 476, 477, 478, 479, 490, 500, 506, 507, 516, 522, 531, 538, 541, 542, 560, 574
《聖職者通信》（Nouvelles Ecclésiastiques）19, 46,

25, 28, 39, 40, 47, 48, 97, 98, 101, 144, 145, 152-155, 158, 160-165, 167, 168, 171-173, 175, 176, 179, 182, 184, 187-189, 192, 198, 199, 201, 206, 208, 211, 215, 216, 218, 221, 223, 225, 226, 230, 232-234, 237, 239, 248, 249, 252, 254-256, 259, 262-264, 266-268, 270, 271, 273, 274, 277, 280, 282-284, 288, 290-294, 300, 304, 306, 314, 315, 317, 322, 329, 343-345, 349, 351, 353, 354, 356-358, 363, 364, 370, 374, 378, 379, 399, 406, 410, 411, 419, 420, 442, 446, 447, 459-461, 463, 470, 471, 477, 478, 486, 487, 490, 497, 500, 501, 504, 509, 514, 515, 521-525, 527, 531, 534-537, 544, 554, 570, 574
サン＝ロック（Sainr-Roch）295, 315, 344, 345, 535, 536
「教会（クレメンス）の平和」(Paix de l'Église／Paix clémentine）53, 56, 71, 75, 88, 122, 126, 128, 253
教皇（Pape）20, 45, 53, 54, 56, 57, 59, 61, 62, 63, 65, 67-72, 75, 77, 80-83, 87, 92, 105, 107, 109, 113, 120-124, 127-129, 131, 132, 147, 151, 152, 177, 180, 266, 304, 330, 420, 421, 428, 444-446, 456-458, 480, 482, 483, 499, 506, 510, 530, 550, 553, 554, 556, 558, 562-564, 569, 571, 580
教皇庁（Saint-Siège）20, 45, 53, 63, 65, 68, 69, 71, 72, 109, 113, 121, 127, 147, 177, 183, 266, 421, 445, 480, 506, 562, 564, 571
行商人（colporteur）145, 222, 349, 351, 434, 471, 495, 497, 508, 544, 558

け

痙攣（convulsion）9, 13, 19, 20, 23, 28, 39, 46, 51, 80, 85, 94-97, 111, 136, 139, 141, 143, 148, 165, 174, 183, 184, 196, 197, 200, 203, 205, 211, 217, 219, 223, 224, 228, 230, 233, 238-240, 253-257, 271-274, 276, 277, 280-285, 287-289, 295, 310-312, 333, 343, 345, 347, 349, 350, 352, 353, 356-361, 363-366, 368-412, 415-419, 421-426, 428, 431, 433, 436, 437, 440-444, 446, 448, 452-465, 467, 474-478, 484, 487-494, 499, 501, 504, 505, 508, 509, 511, 512, 514-526, 531, 538, 540, 541, 572, 574, 577, 584
痙攣派（Convulsionnaires）19, 20, 28, 80, 94-96, 148, 165, 200, 277, 283, 284, 287, 343, 345, 352, 353, 357-359, 361, 363-366, 368-410, 412, 415-419, 422-424, 426, 428, 433, 436, 437, 440-444, 446, 448, 452-461, 464, 465, 474, 477, 484, 487, 488, 490-493, 501, 504, 505, 508, 509, 512, 514-526, 538, 572, 577, 584
ゲリスール（guérisseur 民間医療師）473, 474, 508

こ

公証人（notaire）17, 88, 89, 143, 144, 148, 152-154, 163, 168, 173, 174, 181, 212, 213, 233, 235, 236, 239, 246, 249, 250, 253, 258, 260, 291, 292-294, 307, 309, 326, 329, 344, 364, 402, 463, 471, 523, 530, 531, 545
高等法院（Parlement）15-19, 26, 28, 33, 34, 36, 49, 54, 62-64, 66, 69, 71, 72, 75, 76, 79-81, 93, 104, 121, 128, 129, 146-148, 151, 181-183, 205, 207, 217, 218, 249, 257, 258, 262, 292, 310, 349, 350, 364, 372, 379, 395, 407, 410, 417, 420, 470, 482, 483, 491, 492, 497, 499, 503, 505, 522, 523, 527, 544, 549, 550, 557-559, 561, 562, 564, 567, 569, 571
9日間祈祷（neuvaine）525, 526, 530, 533, 535, 536, 539, 541, 551, 554-556
コミュニカン派（Communicants）441, 442, 446
五命題（cinq propositions）68, 105, 120, 121, 123, 131, 551, 580
コンコルダート（concordat 政教協約）90, 421, 445-447, 454, 455, 458, 483

さ

サルペトリエール施療院（Hôpital Salpêtrière

574

ろ

ローマ（Rome）80, 83, 524, 532, 533, 556, 559, 571, 572, 574

3．事項索引

い

イエズス会（Jésuites）15, 16, 18-20, 25, 30, 33, 44-46, 53, 56, 57, 61, 62, 69, 72, 76, 78-83, 87, 90-92, 102, 105, 117, 118, 121, 122, 135-137, 151, 173, 192-194, 211, 218, 233, 250, 261, 262, 275, 304, 308, 324, 326-328, 330, 345, 347, 354, 358, 360, 371, 382, 384, 396, 420, 461, 472, 480-482, 492, 499, 515, 523, 526, 529, 532, 538-540, 543, 550, 552, 557, 558-560, 562, 564, 568-570, 572, 573, 580, 582

イマジネール（imaginaire 集団的・社会的想像力）21, 110, 132, 136, 140, 145, 162, 195, 196, 277, 300, 329, 351, 353, 358, 369, 404, 464, 469, 470, 478, 492, 494, 496, 497, 500, 503, 552, 553, 581

う

ヴァイアン派（Vaillantistes）389, 395, 405, 406, 410, 411, 413-415, 417, 418, 487, 505

ウニゲニトゥス（Unigenitus 教勅）7, 30, 33, 36, 38, 45-48, 50, 53, 57, 58, 60, 62-65, 67, 68, 70-72, 76, 79-83, 87-89, 91, 94, 98, 101, 102, 104-106, 109, 110, 123, 130, 131, 138, 146-149, 151, 165, 191, 213, 228, 235, 239, 323, 326, 327, 330, 349, 351, 363, 372, 392, 398, 400, 401, 413, 419, 420, 428, 445-457, 462, 472, 479, 480, 482, 483, 486, 497, 516, 524, 527, 528, 559, 562, 570, 571

裏帳簿（boîte à Perrette）66, 92, 93, 371, 557

え

エリヤ（Élie 預言者）372, 378, 382, 388-390, 396, 406, 409, 411-414, 417, 419, 422, 423, 430, 431, 447, 448, 452, 453, 487, 488, 489, 493

お

オーギュスタン派（Augustinistes）395, 405, 406, 408-411, 415, 418, 487

か

ガリカニスム（gallicanisme）20, 33, 54, 57, 63, 66, 68, 70, 78, 80, 82, 88, 92, 121, 127, 128, 152, 304, 445, 446, 452, 458, 480, 482, 483, 490, 509, 510, 511, 527, 550, 553, 562,-564, 571, 584

き

教会・小教区（Églises, Paroisses）

サン＝ジェルヴェ（Saint-Gervais）160, 235, 236, 239, 251, 344, 345, 522

サン＝ジェルマン＝デ＝プレ（Saint-Germain-des-Prés）29, 89, 222, 227, 300, 301, 304, 529

サン＝ジェルマン・ローセロワ（Saint-Germain-l'Auxerrois）170, 287, 288

サン＝ジャック＝デュ＝オー＝パ（Saint-Jacques-du-Haut-Pas）39, 114, 344

サン＝シュルピス（Saint-Sulpice）43, 66, 185, 191, 224, 266, 268, 295, 534, 535

サン＝セヴラン（Saint-Severin）40, 186, 187, 199, 284, 312, 314, 344, 345, 506, 538

サン＝タンドレ＝デ＝ザール（Saint-André-des-Arts）93, 211, 318, 344, 345, 378, 433

サン＝テティエンヌ＝デュ＝モン（Saint-Étienne-du-Mont）94, 95, 130, 344, 345, 378, 506, 544, 565

サン＝テュスタシュ（Saint-Eustache）163, 344, 349

サン＝メダール（Saint-Médard）10-15, 17,

557, 559, 564
アンブラン（Embrun）75, 78, 90

う
ヴァンセンヌ（Vincennes）25, 308, 414, 515, 568, 569

お
オーヴェルニュ地方（Aubergne）147, 275, 448, 449

さ
サン＝ジャン＝ボンヌフォン（Saint-Jean-Bonnefonds）431, 436, 448, 449, 451
サン＝テティエンヌ（Saint-Étienne）94, 95, 130, 199, 344, 345, 366, 378, 431, 442, 444, 447, 449, 456, 506, 544, 565
サン＝メダール＝アン＝フォレ（Saint- Médard-en-Forez）442, 446, 447

し
シャンパーニュ地方（Champagne）28, 62, 88, 94, 157, 202, 251, 263, 264, 268, 302, 304, 378, 410, 527, 529, 533

す
スネ（Senez）65, 73, 79, 133, 239, 283, 447, 455, 507, 517, 559, 572

ひ
ピカルディ地方（Picardie）11, 220, 302, 312, 574
ピニャン（Pignan）415-417

ふ
ファラン（Fareins）424, 426-431, 433-436, 438, 439, 406, 441, 445, 513-515, 572
フォレ地方（Forez）424, 425, 429, 431, 442, 455, 514

へ
ベガン（Béguins）448
ペズナス（Pézenas）324-330

ほ
ポントワーズ（Pontoise）36, 71, 80, 420, 527

ま
マルセイユ（Marseille）36, 81, 271, 415, 417, 554

む
ムフタール通り（Rue Mouffetard）11, 39, 291, 293, 357, 470

め
メス（Metz）28, 353, 412, 454, 464, 516

も
モンペリエ（Montpellier）96, 148, 183, 238, 326-328, 330, 353, 406, 510, 517, 516

ゆ
ユトレヒト（Utrecht）26, 109, 135, 177

ら
ラ・シェーズ＝デュ（La Chaise-Dieu）74, 78, 147
ランス（Reims）28, 88, 104, 177, 202-206, 215, 216, 218, 302, 574

り
リヨン（Lyon）20, 177, 378, 418, 420, 421, 423, 424, 429-431, 437, 438, 442, 443, 445, 454-456, 474, 487, 515

る
ルーアン（Rouen）61, 90, 476, 477, 533, 566, 568,

330, 331, 357, 358, 365, 367, 368, 390, 394-404, 406, 409, 415, 418, 431, 460-462, 471, 487-490, 509, 517, 518, 526, 528, 537-539, 543
モンタゼ、アントワヌ・ド・マルヴァン・ド（Malvin de Montazet リヨン大司教・ジャンセニスト）420, 421, 424, 426, 427, 442, 444, 514

や

ヤンセニウス、コルネリウス（Cornelius Jansen 神学者・ジャンセニスム創唱者）18, 30, 44, 57, 67, 68, 105, 120-123, 126, 131, 193, 510, 568, 571, 573

ら

ラヴァレット、アントワヌ（Antoine Lavalette イエズス会士・反ジャンセニスト）81
ラシーヌ、ジャン（Jean Racine 劇作家）79, 92, 114, 124, 126, 128, 130, 137, 156, 454, 481, 487, 538, 547, 548, 551, 567, 569, 573, 586
ラ・ジュヌティエール、シャルル・デフール・ド（Charles Desfours de La Genetière 痙攣派指導者）454-458, 515
ラフィトー、ピエール＝フランソワ（Pierre-François Lafitau イエズス会士・シストロン司教）82
ラ・ブリュイエール、ジャン＝ルイ・バルボー・ド（Jean-Louis Barbeau de La Bruyère 地理学者・編集者・パリス伝著者）25, 135
ラ・ブルー、ピエール（Pierre de La Broue ミルポワ司教・上訴派）65
ラ・ロシュ、ジャック・フォンテーヌ・ド（Jacques Fontaine de La Roche ジャンセニスト聖職者・《聖職者通信》編集者）93. 94
ラングル、ピエール・ド（Pierre de Langle ブローニュ司教・上訴派）65
ランゲ → ジェルジ

り

リシュ、エドモン（Edmond Riche 神学者）54, 564, 563
リシュリュー、アルマン・ジャン・デュ・プレシ・ド（Armand Jean du Plessis de Richelieu 枢機卿・宰相）54, 91, 115, 211, 546, 549, 550, 564, 568

る

ルイ一五世（Louis XV）13, 15, 16, 31, 63, 64, 77, 80, 90, 118, 133, 147, 148, 151, 376, 417, 479, 497, 527, 549, 558
ルイ一四世（Louis XIV）16, 30, 33, 34, 37, 45, 53, 55-57, 61, 66, 68, 73, 92, 115, 122, 123, 125, 126, 128, 129, 133, 160, 292, 295, 299, 303, 497, 542, 544, 547, 549, 565, 566, 568
ル・グロ、ニコル（Nicole Le Gros ジャンセニスト神学者・年代記者）63, 77, 97, 123, 149, 262, 562, 548
ルス、ジェラール（Gérard Rousse 上訴派司祭）88, 89, 157, 160, 206, 447
ルニョー、フェリクス（Felix Regnault 医師・ベガン派調査者）448, 449, 451, 453, 454

ろ

ロー、ジョン（John Law 財政家・バブル経済現出者）16, 33, 36, 37, 64, 73, 76, 300, 311, 561, 573
ロングヴィル（Duchesse de Longueville 公爵夫人・ポール＝ロワイヤル修道院庇護者）125, 126, 128

2．地名索引

あ

アヴネ（Avenay）88, 89
アムステルダム（Amsterdam）70, 72, 165, 389,

Figuier 作家・薬学教授・パリス伝著者）28, 31, 572
フィリップ、オルレアン公（Philippe d'Orléans ルイ 15 世摂政）16, 64, 133, 562
ブシェ、フィリップ（Philippe Boucher ジャンセニスト・《聖職者通信》編集者）93, 95-101
プルーマルタン、マテュー・デルヴォー・ド（Mathieu d'Hervault de Pleumartin トゥール大司教）563
フルリー、アンドレ・エルキュル・ド（André Hercule de Fleury 枢機卿・宰相）16, 148, 156, 183, 330
フレール・オーギュスタン（Frère Augustin 痙攣派指導者）406-409, 411
ブロック、マルク（Marc Bloch 歴史家）18, 495, 504, 533, 575, 586

へ

ペリエ、マルグリト（Marguerite Périer 誓願修道女・パスカル姪・奇蹟快癒者）113, 116, 122, 127, 136, 374, 538, 540, 549, 548, 551

ほ

ボシュエ、ジャック・ベニニュ（Jacques Bénigne Bossuet モー司教・説教家）54, 56, 71, 126, 211, 228, 268, 304, 410
ポマール、ニコラ（Nicolas Pomard サン＝メダール教会主任司祭）39, 46, 47, 161, 162, 165, 537, 565
ボーモン、アルドワン・ド（Ardouin de Beaumont パリ大司教・反ジャンセニスト）123, 550
ボーモン、クリストフ・ド（Christophe de Beaumont パリ大司教・反ジャンセニスト）79, 80, 420, 549
ボワイエ、ピエール（Pierre Boyer オラトリオ会士・ジャンセニスト・パリス伝著者） 25, 131, 390, 395, 406, 407, 415-418
ボンジュール兄弟（Frère Bonjour 痙攣派指導者）423-429, 433, 435-437, 440, 448, 457, 514
クロード（Claude）430, 434, 435, 444
フランソワ（François）423, 426, 433-436, 442

ま

マザラン、ジュール（Jules Mazarin 枢機卿・宰相）117, 408, 549, 550
マテュー、ピエール＝フランソワ（Pierre-François Mathieu 年代記者）28, 31, 33, 45, 235, 504
マルシャン、フランソワ＝マリ（François-Marie Marchand 印刷所経営者・革命委員）433, 436, 437, 439
マレ、マテュー（Mathieu Marais パリ高等法院弁護士・年代記者）76, 183

み

ミシュレ、ジュール（Jules Michelet 歴史家）18, 586

む

ムトン、ジャン＝バティスト（Jean-Baptiste Mouton ジャンセニスト・《聖職者通信》編集者）93, 109

め

メダール（Médard 聖人）11, 574
メルシエ、ルイ＝セバスチャン（Louis-Sébastien Mercier 作家・劇作家）40, 41, 263, 369, 566, 584

も

モリナ、ルイス・デ（Luis de Molina 神学者・モリナ主義創唱者）560
モンジュロン、カレ・ド（Carré de Montgeron パリ高等法院評定官・ジャンセニスト・『諸奇蹟の真実』著者）96, 145-152, 169, 191, 193, 196, 200-202, 207, 212, 213, 215-219, 227, 228, 235, 239, 240, 250, 266, 284, 290, 321, 324, 327, 328,

て

ディゴネ、ジャン＝バティスト（Jean-Baptiste Digonnet 痙攣派指導者）448-453
テクシエ、ジャック＝ジョゼフ（Jacques-Joseph Texier パリ高等法院弁護士・ジャンセニスト）93
デトマール、ジャン＝バティスト（Jean-Baptiste d'Étemare 聖職者・ジャンセニスム指導者）25, 31, 35, 87, 95, 131, 372, 413, 519, 560, 572
デュゲ、アルマンド＝イザベル・デュゲ＝モル（Armand-Isabelle Duguet 次項の姪・反痙攣派）358
デュゲ、ジャック＝ジョゼフ（Jacques-Joseph Duguet 神学者・ジャンセニスム指導者・「フィギュリスム」（旧約象徴論）創唱者・パリスの師）35, 72, 95, 358, 364, 372, 388, 393, 410, 442, 570, 572
デュベ、ポール（Paul Dubé「貧者の医師」）31, 249, 303

と

ドゥゼサール、アレクシス（Alexis Desessarts ジャンセニスト助祭・《聖職者通信》編集者）83, 93, 94, 387-389
ドゥゼサール、ジャン＝バティスト・ポンセ（Jean-Baptiste Poncet Desessarts ジャンセニスト助祭・《聖職者通信》編集者）387-389
ドゥゼサール、マルク・アントワヌ（Marc Antoine Desessarts ジャンセニスト・《聖職者通信》編集者）93, 94
ド・サシ、ル・メートル（Le Maistre de Sacy ジャンセニスト司祭・ソリテール）55, 125, 126, 449, 567
ドルヴェ、ジャン＝ジャック（Jean-Jacques Drevet 痙攣派指導者）431, 433, 436, 448, 451
ドワイヤン、バルテルミー（Balthélemy Doyen ジャンセニスト・フィギュリスト・パリス伝著者）25-27, 33

に

ニコル、ピエール（Pierre Nicole ソリテール）92, 567, 569

の

ノアイユ、ルイ・アントワヌ・ド（Louis Antoine de Noailles パリ大司教）56, 64, 69, 70, 73, 79, 88, 129, 134, 163, 172, 178, 268, 480

は

パスカル、ジャクリーヌ（Jacqueline Pascal ブレーズ・パスカルの妹）115, 551
パスカル、ブレーズ（Blaise Pascal）53, 79, 113, 115, 119, 120, 122, 137, 444, 446, 481, 538, 547, 550-552, 548, 573, 580
パリス、ジェローム＝ニコラ（Jérôme-Nicola de Pâris パリスの弟・パリ高等法院評定官）34, 41, 48, 49, 104, 148, 379, 522, 544, 570
バルー、ジャン＝ジョゼフ（Jean-Joseph Barou リヨン司教総代理・反ジャンセニスト）446
バルビエ、エドモン＝ジャン＝フランソワ（Edmond-Jean-François Barbier パリ高等法院弁護士・年代記者）15, 26, 27, 75, 76, 88, 90, 93, 155, 182-184, 222, 232, 267, 268, 372, 373, 390, 403, 404, 406, 407, 409-411, 519, 522, 541, 560

ひ

ビシィ、アンリ＝ポン・ド（Henri-Pons de Bissy モー司教・反ジャンセニスト）69
ピネル、ジャン（Jean Pinel 司祭）40
ピネル、ミシェル（Michel Pinel 痙攣派指導者）419, 420, 454
ヒューム、ダイヴィッド（David Hume 哲学者・歴史家）193, 539, 579

ふ

フィギエ、ギヨーム・ルイ（Guillaume Louis

クレメンス一四世（Clement XIV 前同）81, 569

け

ケネル、パスキエ（Pasquier Quesnel ジャンセニスム神学者）53, 57, 59, 62, 67, 70, 78, 82, 87, 165, 178, 182, 542

こ

コス、ジャン＝ロベール（Jean-Robert Cosse）→ フレール・オーギュスタン
ゴベル、ジャン＝バティスト（Jean-Baptiste Gobel 立憲派司教）108
コルベール、ジャック・ニコラ（Jacques Nicola Colbert ルーアン大司教）384
コルベール、シャルル＝ジョワシャン・コルベール・ド・クロワシ（Charles-Joachim Colbert de Croissy モンペリエ司教・上訴派）65, 183, 261, 353, 410, 455, 482

さ

サングラン、アントワヌ（Antoine Singlin ジャンセニスト・ソリテール）55, 122, 125, 127, 137, 391, 392, 569
サン＝シラン（Saint-Cyran フランス・ジャンセニスム指導者）113, 120, 122, 126, 387
サント＝ブーヴ、シャルル＝オーギュスタン（Charles-Augustin Sainte-Beuve 作家・文学批評家）117, 118, 124, 136, 551, 562
サン＝マルク、クロード・ゲナン・ド（Claude Guénin de Saint-Marc ジャンセニスト・《聖職者通信》編集者）109, 553

し

シェ、ジャン＝ドミニク（Jean-Dominique Chaix 聖職者・「聖職者民事基本法」反対者）454
ジェルジ、ジャン・ランゲ・ド → ランゲ（Jean Languet de Gergy サンス大司教・反ジャンセニスト）66-69, 146, 178, 184, 190, 192, 195, 196, 201, 202, 212, 222, 240, 262, 266, 326, 330, 331, 382, 389, 537, 539, 540, 541, 561
シムノン、ジョルジュ（Georges Simenon 作家）11
ジャクモン、フランソワ（François Jacquemont 痙攣派指導者）441-447
シャルコー、ジャン＝マルタン（Jean-Martin Charcot 神経病学者）459-464, 509
シャンペーニュ、フィリップ・ド（Philippe de Champaigne 画家）138, 546
シルヴィ、ルイ（Louis Silvy パリ会計法院評定官・ジャンセニスト編集者）

す

スール・アンジェリク・バベ（soeur Angélique Babet 痙攣派幻視・予言者）419, 421, 456, 514
スール・オルダ（soeur Olda 痙攣派幻視・予言者）456, 457, 458
スール・ブリジッド（soeur Brigid 痙攣派幻視・予言者）419, 422, 423
スール・マリ（soeur Marie 痙攣派幻視・予言者）505

そ

ソアナン、ジャン（Jean Soanen スネ司教・上訴派）65, 73, 133, 147, 447, 455

た

ダミアン、ロベール＝フランソワ（Robert François Damiens ルイ一五世暗殺未遂者）80
ダランベール、ジャン・ル・ロン（Jean Le Rond d'Alembert 数学者・物理学者・『百科全書』編集者）74, 83, 169, 405, 406
タンサン、ピエール＝ポール・ゲラン・ド（Pierre-Paul Guérin de Tencin アンブラン大司教・反ジャンセニスト）74, 76, 78

索　引

＊助祭パリス、ナポレオン・ボナパルト、奇蹟的快癒者、国名、パリ、歴史研究書・論文著者（引用・参考文献参照）を除く。
＊＊表記はフランス語。

1．人名索引

あ

アウグスティヌス（Saint Augustin 聖人・教父）34, 98, 123, 239, 304, 442, 485, 507, 529, 530, 556, 571

アモン、ジャン（Jean Hamon ジャンセニスト医師）127, 128, 136, 137, 547, 548

アルエ、アルマン（Armand Arouet ジャンセニスト・ヴォルテールの兄）400, 402

アルノー一族（Les Arnauld ポール＝ロワイヤル修道院庇護家）

　アントワヌ（Antoine Arnauld ジャンセニスト神学者・「グラン・アルノー」）121, 125, 127, 556, 564, 567, 569

　ダンディイ（Robert Arnauld d'Andilly ジャンセニスト）117, 126, 139, 507, 546, 568, 569

　メール・アニエス（Mère Agnès Arnauld 修道院長）116, 117, 122, 138, 139, 507,567, 569

　メール・アンジェリク（Mère Angélique Arnauld 修道院長）115-117, 122, 125, 127, 139, 507, 513, 548, 549, 567, 569

アンナ、フランソワ（François Annat イエズス会士）118, 119, 121, 137, 551

う

ヴァイヤン、ピエール（Pierre Vaillant 痙攣派指導者）93-95, 378, 389, 390, 395, 405, 406, 410-415, 417, 418, 505

ヴァンティミル、シャルル・ド（Charles de Vintimille パリ大司教・反ジャンセニスト）97, 98, 144, 178, 180, 183, 184, 345, 534

ヴォルテール、フランソワ・アルエ（François Arouet Voltaire）66, 87, 366, 381, 400-402, 404, 405, 542, 543, 560, 565

え

エケ、フィリップ（Philippe Hecquet 「貧者の医師」・ジャンセニスト）128, 190, 279, 370, 382, 459, 548

エルヴェシウス、ジャン＝アドリアン（Jean-Adrien Helvétius 医師）159, 278, 299, 315, 543, 559

エロー、ルネ（René Hérault パリ警察総代行官）192, 194, 195, 217, 218, 227, 261, 282, 311, 312, 324, 349, 358, 375, 411, 412, 414, 415, 500, 515, 522, 523, 537, 538, 543

か

カルトゥーシュ、ルイ・ドミニク（Louis Dominique Cartouche 大盗賊）16, 20, 21, 31, 102, 235, 471, 523, 564, 573

く

グレゴワール、アンリ（Henri Grégoire 聖職者・革命政治家）481, 487, 505, 510, 511, 514, 553, 557

クレメンス六世（Clement VI 前同）563

クレメンス九世（Clement IX ローマ教皇）53, 122, 124, 128, 554

クレメンス一〇世（Clement X 前同）561

クレメンス一一世（Clement XI 前同）56, 57, 64, 69, 71, 82, 128, 151, 152, 524, 571

クレメンス一三世（Clement XIII 前同）80, 81

著者紹介

蔵持不三也 Fumiya Kuramochi

1946年栃木県今市市（現日光市）生。早稲田大学第1文学部仏文専攻卒業。パリ第4大学（ソルボンヌ大学）修士課程修了（比較文化専攻）。社会科学高等研究院博士課程修了（民族学専攻）。モンペリエ大学客員教授。早稲田大学人間科学学術院教授を経て現在、早稲田大学名誉教授。

著書：『ワインの民族誌』（筑摩書房）、『シャリヴァリ—民衆文化の修辞学』（同文館）、『ペストの文化誌—ヨーロッパの民衆文化と疫病』（朝日新聞社）、『シャルラタン—歴史と諧謔の仕掛人たち』、『英雄の表徴』（以上、新評論）ほか多数。

共・編著・監修:『ヨーロッパの祝祭』(河出書房新社)、『神話·象徴·イメージ』(原書房)、『エコ・イマジネール—文化の生態系と人類学的眺望』、『医食の文化学』、『ヨーロッパ民衆文化の想像力』、『文化の遠近法』（以上言叢社）ほか多数

翻訳・共訳：エミール・バンヴェニスト『インド＝ヨーロッパ諸制度語彙集』（全2巻、言叢社）、A・ルロワ-グーラン『世界の根源』（言叢社、文庫版・ちくま学芸文庫）、ベルナール・ステファヌ『図説パリの街路歴史物語』（2巻）、同『パリ地名大事典』、ニコル・ルメートルほか『図説キリスト教文化事典』、アンリ・タンクほか『ラルース版世界宗教大図鑑』、ミシェル・パストゥルー『赤の歴史文化図鑑』（以上、原書房）、マーティン・ライアンズ『本の歴史文化図鑑』、ダイアナ·ニューオールほか『世界の文様歴史文化図鑑』、フィリップ·パーカー『世界の交易ルート大図鑑』（以上柊風舎）ほか多数。

奇蹟と痙攣

近代フランスの宗教対立と民衆文化

蔵持不三也著

†

2019年9月10日　第一刷発行

発行者　言叢社同人

発行所　有限会社　言叢社

〒101-0065　東京都千代田区西神田2-4-1　東方学会本館

Tel.03-3262-4827／Fax.03-3288-3640

郵便振替・00160-0-51824

印刷・製本　中央精版印刷株式会社

ISBN978-4-86209-074-4　C3022

装丁　小林しおり